THIERBUCH

GESNERUS
Redivivus auctus & emendatus.
Oder:
Allgemeines

Thier-Buch/

Das ist:
Eigentliche und lebendige
Abbildung
Aller vierfüssigen/ So wohl zahmer als wilder Thieren/ welche in allen vier Theilen der Welt/ auff dem Erdboden/ und in etlichen Wassern/ zu finden;

Sampt einer außführlichen
Beschreibung
Ihrer äusserlichen Gestalt/ innerlichen Natur und Eigenschafft/ angebohrnen Tugend oder Untugend/ zufälligen Kranckheiten und deren Hülffs-Mittel/ wie auch ihrer Pfleg und Wartung/ und sonderbaren vielfältigen Nutzbarkeit/

Was nämlich davon beydes in der Küche zum Essen/ und dann auch in der Apotheck zur Artzney/ wider allerhand unversehene Fälle / alte und frische Schäden und sonst vielfältige menschliche Schwachheiten und schmertzliche Gebrechen/ zu gebrauchen.

Allen Leibs- und Wund-Aertzten/ Barbirern und Feldscherern/ auch Waydleuthen/ Köchen/ Mahlern und Reissern/ sehr dienst- und zuträglich.

Vormahls durch den Hochberühmten
Herrn D. CONRADUM GESNERUM,
In Lateinischer Sprache beschrieben/
und nachmahls/ durch den Hochgelährten
Herrn CONRADUM FORERUM Med. D.
ins Teutsche übersetzt:

Anitzo aber/ nach dem Lateinischen Exemplar/ von neuem übersehen/ an vielen Orten/ nach der gewissen Erfahrung/ verbessert/ und von der alten duncklen und unverständlichen Redens-Art gereiniget/ und in die heutige zierliche und helle Teutsche Sprache gebracht/ auch mit mehr/ als 100. Figuren außländischer Thieren und deren Beschreibung gezieret und erweitert/
durch
GEORGIUM HORSTIUM, Med. D.

—⚬(○)⚬—

Franckfurt am Mayn/
In Verlegung Wilhelm Serlins/ Buchtruckers
und Buchhändlers.

Im Jahr M. DC. LXIX.

CIP-Kurztitelaufnahme der Deutschen Bibliothek

Gesner, Conrad:
Gesnerus redivivus auctus & [et] emendatus oder allgemeines Thier-Buch [Tierbuch] : d. ist eigentl. u. lebendige Abb. aller vierfüssigen Thieren, sampt e. ausführl. Beschreibung / vormals durch Conradum Gesnerum in lat. Sprache beschrieben u. nachmals durch Conradum Forerum ins Teutsche übers. In d. heutige teutsche Sprache gebracht u. erw. durch Georgium Horstium. — [2. Aufl.], unveränd. Nachdr. d. Ausg. von 1669. — Hannover : Schlütersche, 1980.
Einheitssacht.: Historiae animalium ⟨dt.⟩ Teilaus. d. Orig.-Werks. — Nebent.: Thierbuch / Conrad Gesner.

ISBN 3-87706-176-1

Nachdruck der Ausgabe von 1669 unter Verwendung des Originals der Niedersächsischen Landesbibliothek in Hannover, Signatur N-A 10027.

© 1980 Schlütersche Verlagsanstalt und Druckerei — GmbH & Co. —,
Georgswall 4, 3000 Hannover 1.
Alle Rechte vorbehalten. Ohne schriftliche Genehmigung des Verlages ist es nicht gestattet, dieses Buch oder Teile daraus in irgendeiner Form zu vervielfältigen oder unter Verwendung elektronischer bzw. mechanischer Systeme zu speichern, auszuwerten und zu verbreiten.
Druck: Schlütersche Verlagsanstalt und Druckerei — GmbH & Co. —, Hannover

Dem Aller-Durchleuchtigsten/ Großmächtigsten und Vnüberwindlichsten Fürsten und HERRN/

Hn. LEOPOLDO,

dieses Nahmens

Dem Ersten/

Durch Gottes Gnade/ erwehltem

Römischen Käyser/

Zu allen Zeiten Mehrern deß Reichs/ wie auch in Germanien/ zu Hungarn/ Böhmen/ Dalmatien/ Croatien und Sclavonien 2c.

Könige/

Ertz-Hertzoge in Oesterreich/ Hertzoge zu Burgund/ zu Braband/ zu Steyer/ zu Kärnthen/ zu Crain/ zu Lützenburg/ zu Würtenberg/ wie auch in Ober- und Nieder-Schlesien/ Fürsten in Schwaben/ Markgrafen deß Heil. Röm. Reichs zu Burgau/ in Mähren und Ober- und Nieder-Laußnitz/ Gefürstetem Grafen zu Habspurg/ zu Tyrol/ zu Pfierd/ zu Kyburg und zu Görtz/ Landgrafen im Elsaß/ Herrn auf der Windischen Marck/ zu Portenau und zu Salins/ 2c.

Meinem Allergnädigsten Käyser/ Könige und Herrn.

Aller-Durchleuchtigster / Großmächtigster
und Unüberwindlichster Römischer Käyser /

Aller-Gnädigster Käyser /
König und Herr:

VOr E. Käyserl. Majest. Allerdurchleuchtigstem Antlitz / und unvergleichlich-Majestätischem Throne lege zu Dero Käyserl. Gnaden-Füssen sich dieses gegenwärtige allgemeine Thier-Buch / welches ist eine lebendige Abbildung und eigentliche Beschreibung aller auf dem gantzen Erd-Kreyß und in den Wassern befindlicher zahmer und wilder vierfüssiger Thiere / in allertieffster Gehorsams-Demuth nieder / als vor dem / unter allen andern Christlichen weit und breit herrschenden Monarchen / mächtigen Königen und grossen Potentaten / Allerhöchstgeehrtestem Ober-Haupte und gewürdigstem Beherrscher deß Heil. Röm. Reichs / dessen vormahlige Regenten den damahls bekannten gantzen Erd-Boden mit allen seinen Thieren (ausser was die beyde / gegen dem Ost und West / neu entdeckte Indien anbelangt) unter ihrer Monarchischen und einzelherrischen Bothmässigkeit gehabt; wannenhero dann E. Käys. Maj. Allerhöchst-gepriesener Name mit höchster Billigkeit diesem Thier-Buche / zum allerkräfftigsten Schutz / als ein unüberwindlicher Pallas-Schild / von mir hat sollen vorgesetzt werden / in allerdemüthigster Betrachtung / daß E. Käyserl. Maj. derjenigen Völcker Majestät / Kron und Zepter führen / welche über aller in diesem Buche enthaltener Thiere sehr weitläufftige Wohnung / das ist / durch die damals bewußte drey Theile der Erden / als Europam, Asiam und Africam, geherrschet haben / zumahlen auch Weltkündig / daß E. Käyserl. Maj. in Allerhöchstlöblichster Nachahmung dero Aller-Glorwürdigster und Allerhöchst-lobseligster Käyserl. und Königlicher Vorfahren / neben anderen vielfältigen recht Käyserl. und Königlichen Tugenden / Jhro auch / durch die unsterbliche / sonst aber bey grosser Herren Höfen seltsame Studia,

wie

wie in Erlernung fremder Sprachen und anderer löblichen Wissenschafften/ also auch in Erkündigung natürlicher Sachen/ einen bey hohen Prinzen fast ungemeinen Verstand zuwege gebracht haben/ so daß dieses allgemeine Thier-Buch/ ihm das auch allgemeine weltliche Haupt deß Römischen Reichs zum allerhöchstgültigsten Patron suchen/ und unter dessen Allerliebholdesten Nahmens- und Allermildreichesten Gnaden-Strahlen beschirmt seyn wollen.

Ob mir nun wol gleich Anfangs dieser harte Anstoß hätte im wege stehen/ und mich schier strauchelnd machen sollen/ daß nämlich/ je grösser die Vortrefflichkeit E. Käyserl. Maj. Wissenschafft in allerhand Künsten und Tugenden wäre/ ich mich desto weniger unternehmen solte/ dieses geringschätzige Werck deroselben hohem Käyserl. Namen zuzuschreiben; So hat mich doch dargegen in solchem Vornehmen auch dieses bald wiederum aufgerichtet/ daß die Tugenden und Wissenschafften allezeit die Leutseligkeit und Gütigkeit gegen die Niedrigern und die Fertigkeit zu verzeihen/ als Gefehrten bey sich zu haben pflegen. Zwar wird man gestehen müssen/ daß diese Sachen weder von solcher Wichtigkeit noch Würdigkeit seyen/ daß sie von hohen Prinzen und Potentaten solten begünstiget und durch Lesen betrachtet werden; Aber gleichwol wird auch dieses nicht zu leugnen seyn/ daß die Wissenschafft der natürlichen Dinge ein gantz freyes Wesen sey/ und nicht allein den Privat- oder solchen Personen/ die ex Professo, und von Amts wegen Philosophi, oder Naturkündiger/ sind/ gebühre/ sondern auch daß eine mittelmässige Erkanntnuß davon hohen Regenten und Fürstlichen Personen wol anstehe/ und zwar also/ daß/ nächst der wahren Gottes-Furcht und anderen in menschlichem Thun und Lassen bestehenden rühmlichen Tugenden/ ihnen keine grössere Zierde zuwachsen könne. Allermassen der/ unter allen irdischen Regenten/ an Weißheit und Herrlichkeit von der Heil. Schrifft unvergleichlich gepriesene König Salomon sich nicht gescheuet hat/ für sich selbst aller Thiere Naturen zu erforschen/ und auch etliche Bücher (die aber/ leider! nicht mehr vorhanden) darvon zu schreiben. So erzehlet ingleichem der nahmhaffte Römische Philosophus und Naturkündiger/ Cajus Plinius Secundus, in seinem achten Buche/ am sechszehenden Capittel/ dem an sieghafften Thaten unvergleichlichem Welt-Beherrscher Alexandro, (von solchen grossen Verrichtungen zugenamt) dem Grossen/ zu unsterblichem Nachruhm/ daß demselben

ben / bey seinen wiewol sehr schweren Regiments-Geschäfften/ dennoch eine sonderbare innerliche Lust/ allerley Thiere Naturen zu erlernen / sein Königliches Gemüth angeflammet habe/ weßwegen er seinem gewesenen Lehrmeister / dem vortrefflichen Philosopho, und in allen Künsten und Wissenschafften hochverständigem Manne / Aristoteli, anbefohlen / daß er sie ihm beschreiben solte / auch dabenebenst anderweitige Königl. Befehle ergehen lassen/ daß ihm etliche tausend Menschen/ durch gantz Asien und Griechenland/ welche mit jagen/ Vogelstellen und Fischfangen/ oder mit Thier-Gärten/ Viehzucht/ Bienen-Stöcken/ Fisch-Teichen und Vogel-Herden/ ihre Nahrung gesucht/ mit ihrer Erfahrung und Wissenschafft nachrichtlich zur Hand gehen müssen / auß deren vorgebrachtem Bericht Aristoteles alsdann seine herzliche Bücher von den Thieren beschrieben / woran dieser grosse Monarch sich / bey müssigen Stunden / sonderlich belustigen können.

Also nun gelanget an E. Käyserl. Maj. mein aller-unterthänigst-demüthigstes Anflehen/ Sie geruhen Allergnädigst/ dieses gegenwärtige Thier-Buch ingleichem mit Dero angebornen Aller-mildesten Käyserl. und Königl. Hulden und Gnaden anzusehen/ und fernerweit mein Allergnädigster Käyser/ König und Herr zu verbleiben/ nebenst hertzinniglichster Anruffung und aufwallenden eyferigsten Seufzern zu der Allerhöchsten Göttlichen Majestät für E. Käyserl. Maj. langwürige glückliche Regierung und Dero gantzen Höchstlöblichsten Käyserl. und Königl. Ertz-Hauses selbstwehlendes Aufnehmen und immer grünend und blühendes Wolergehen / erkenne / bin und lebe ich allerbeständigst

E. Käyserl. Maj.

Gegeben in Dero Käyserl. und deß
Heil. Reichs Freyen Wahl-und
Handels-Stadt/ Frankfurt am
Mayn / den 24. 14. Septemb.
1668.

Aller-unterthänigst-demütigster und
gehorsamster Knecht

Wilhelm Serlin/ Bürger
und Buchhändler daselbst.

An den Anschauer und Leser dieses allgemeinen Thier-Buchs.

Uldgeneigter und Wunder- und Kunstbegieriger Leser: Es wird demselbigen allhie deß Hochberühmten Herrns GESNERI allgemeines Thier-Buch von allen vierfüssigen Thieren/die (so viel wissentlich) in der gantzen Welt/ auf dem Erdreich und in Wassern/ zu finden/ von neuem vorgelegt/und zwar als ein rechtes Wunder- und Kunst-Buch/ja als ein sonderbarer Spiegel der wunderbaren Allmacht und vätterlichen Vorsorge Gottes deß Allerhöchsten/in Anschauung der so mancherley und doch alle von einander gantz unterschiedlicher verwunderlicher Gestalten/ Farben/ Naturen und Eigenschafften an allen diesen Thiern/ und dann auch in Betrachtung der von ihnen zu Erhaltung deß menschlichen Lebens und Wiederbringung der verderbten Leibs-Gesundheit herflissender fast unzählich vieler Nutzbarkeiten und Artzneyen. Zwar was das äusserliche Ansehen dieses unsers Gesneri anbelangt; So stehet derselbige noch in seinem vorigen alten Kleide da/das ist/man hat die alten Figuren und Abbildungen der Thieren in ihrer Grösse/ Postur und Gestalt/ wie auch die Ordnung nach dem A. B. C. mit Willen behalten; Aber nach dem innerlichen Wesen ist er gleichsam für gantz neu anzusehen.

Dann erstlich ist die gantze Dolmetschung deß Herrn Foreri, welcher dieses Thier-Buch auß der Lateinischen Sprache in die Teutsche übersetzt/und damit bey der Teutschen Welt sein gebührendes Lob (welches man ihm hiesiges Orts unbefleckt gelassen haben will) verdienet hat / durch unnd durch mit grossem (jedoch ungerühmtem) Fleisse durchgangen / unnd nicht allein von einzelen unverständlichen Wörtern/ sondern auch von gantzen / dunckelen / verwirreten unnd unannehmlichen Redens-Arten dergestalt gesäubert/ unnd in die heutiges Tages gewöhnliche recht Teutsche Construction und Mund-Art gebracht worden / daß sie wol eine gantz neue Dolmetschung kann genennet werden.

Zum andern/hat man auch in dem Context, oder in dem Innhalt der Sachen an sich selbst/eines und das andere/was die Erfahrung (welche eine Lehrmeisterin ist aller Dienge) in der seitherigen Zeit/anderst und besser an Tag gebracht/geändert und verbessert/ auch bald hier bald dort ein mehrers hinzugesetzt.

Ferner und zum dritten/ sind noch gar viel Figuren und Abbildungen frembder und außländischer Thieren/ mit ihrer zugehörigen eigentlichen Beschreibung / darzu kommen/welche zu deß Sel. Herrns Gesneri Zeiten noch nicht bekannt gewesen/ sondern erst nach ihm auß den neu entdeckten Landen und Insulen in Ost- und West-Indien / zu uns herauß gebracht worden.

Der Huld-geneigte Leser wolle ihm diese mühsame Arbeit wolmeinend gefallen lassen/ und/ nebenst uns / lieber ein Christlicher Verwunderer deß grossen wunderbaren

Schöpf-

Vorrede.

Schöpffers solcher verwunderlicher Creaturen/als ein unzeitiger Tadler oder mißgünstiger Richter der etwann mit unterlauffenden oder doch nur scheinenden Irrthümer seyn/ und die Schuld nicht so wol uns/ als anderen beylegen/ denen wir nachfolgen müssen/weilen alles selbst zu probieren/oder allenthalben in so unterschiedlichen weit entlegenen Landen in selbsteigenen Augenschein zu nehmen/nicht eines jeden Thun und Gelegenheit/ja auch gar unmüglich seyn will. Er wird uns damit verbindlich machen/ihm ins künfftig mit dergleichen mehr zu dienen.

Von dem Affen.

Simia. Ein Aff.

Von auß- und innwendiger Gestalt deß Affens.

Er Aff / Lateinisch Simia, Griechisch ΠίΘηκΘ, Arabisch [Arabic] Hebräisch הקוף, Italienisch Simie, Frantzösisch Singe genannt/ ist an äusserlicher Gestalt dem Menschen etwas gleich / innwendig aber / am Eingeweid / ist kein Thier das jhm / dem Menschen / ungleicher ist/ nach der Beschreibung Alberti, und deren so demselbigen nachfolgen/ als der Aff. Aber Galenus will sampt Plinio, daß das Gehenck und Kuttlen im Affen/ wie in dem Menschen liege. Und wo in den Thieren wegen Hitz der Leber und deß Hertzens/ die Nahrung sich mehr in die vordere Glieder/ dann in die hindere außtheilt / da ist allweg der Vordertheil etwas höher/ dann der Hindertheil. Wie dann augenscheinlich an den Pferden / die etwas auffrechter vornen/ dann hinden sind/ zu sehen/ dergleichen an dem Thier/ so man Gyraffen nennet/ abzunehmen / das vornen umb so viel höher dann hinden ist/ daß man gleich meynet/ es stünde auffgelähnt. Derwegen vermag in diesen Affen/ so dem Menschen etwas ähnlich/ die Außtheilung der Nahrung so viel/ daß sie/ gleich dem Menschen/ etwaß auffrecht einher tretten.

Und wie etliche sagen / der Aff habe ein zottichte dick Haar/ so siehet man/ daß sie/ die Affen/ unden am Bauch und überall an allen Gliedern/ die sich wie der andern Thiere ihre Glieder auff die Erden neige/ haarigter sind/ als andere vierfüssige Thiere. Deßgleichen auch oben auff/ da sie dem Menschen an Gestalt gleich sind/ da nicht alle vierfüssige Thiere solch Haar haben. Doch überall ist das Affenhaar dicker und rauher dann anderer Thiere.

Das Angesicht eines Affen kompt der Gestalt eines menschlichen Angesichts nah bey/ wie zu sehen an Ohren / Nasen und Zänen/ die vornen im Maul/ und auch hinden/ wie die Stockzän/ im Kiefel stecken. Andere vierfüssige Thier haben nicht alle unden und oben Augdeckel/ sondern das unterste Auggelid hat keine Augbrauen: Die Affen aber haben unden ein gantz dünn Auggelid/ das sich weiter außstreckt/ dann das Obere/ also daß sie über und unter dem Aug mit Brauen beschirmet sind.

An der Brust haben sie zwey Duttwärtzlein/ und Arme wie der Mensch/ aber etwas raucher/ dieselben können sie auch / als die Schenckel / wie der Mensch/ von sich strecken und an sich ziehen. Darzu sind der Affen Hände / Finger und Nägel/ den menschlichen nicht gar ungleich / nur daß sie etwas gröber und wilder sind. Die Füß am Affen seynd einer sondern Art/eben wie etwas grosse Hände/ da die mittelste Zechen etwas länger: Ja seyn Fußtritt ist einer Hand ähnlich / nur daß er nicht so breit ist/ sondern in die Länge gleich einer Gauffen unnd Handhöle/ gegen dem hindern Theil der Versen sich schmälert: Dann daselbst ist sein Fuß etwas dickhäutiger/ fast einer Versen gleich/ doch gegen dieselbige zu rechnen etwas zu klein / und nicht fast wol geformiert. Seine Füß brauchet der Aff auch auff zwo Weysen/ er gehet darauff/ und kan sie/ wie die Händ/ hin und her biegen und wenden/ damit etwas zu thun: Seine Arm oberhalb Ellenbogens/ sind dicke/ oberhalb Knyes/ gar kurtz/ gegen der Gliedmaß der Armspindeln/ und Schienbeinen zurechnē. Sein Nabel ragt jhm nirgends herfür/aber an desselben statt/da finden sich etwz harte Knöllelein. Von oben herab biß an den weichen Bauch/ sind alle seine Glieder viel grösser dann die undere: Wie dann alle vierfüssige Thier gemeiniglich von fünf Theilen oben drey Theyl einnehmen. Derwegen so tritt nun der Aff von der Gestalt deß Menschens/dieser Ursach halben/etwas ab/gleich wie zu sehen an den Füssen/die schier einer Hand gleich/ unnd bald so wol Hand als Fuß sind: Dann jhre Fersen mögen sich wol etwas mit den Füssen vergleichen/der Rist und Zehen aber sehen der Gauffen und den Fingern ähnlicher. Sie gehen auch wie andere Thiere auf vier Füssen/mehr unter sich gehenckt dann aufrichtig: Haben keine Arßbacken/ welches jhnen gemein ist mit andern vierfüssigen Thieren/und tragen keinen Schwantz/der dann auch dem Menschen/so auf zweyen Füssen gehet/ mangelt. Man muß zwar gestehen/daß der Aff ein klein Warzeichen eines Schwantzes hat/so aber nit wird in Acht genommen. Das Geburts-Glied/ist am Weiblein einer Frauen Schaam gleich/am Männlein aber fast wie an dem Hund. So ist auch wahr/daß Albertus, wider die Meynung Aristotelis,dem Affen als einen Sitz/Arßbacken zugiebt/ und sagt/daß er auch im Angesicht glätter/als sonsten anderswo sey. So will auch Plinius, der Aff sey innwendig und außwendig dem Menschen ähnlich/außgenommen an Füssen/welche wie ein Hand länglicht und einer Spann gleich seyen: Sonsten hätten sie Daumen und Knödlein in Fingern gleich wie der Mensch/auch sey das Weiblein an der Schaam einer Frauen ähnlich/und habe der Aff fast unter allen Thieren keinen Schwantz/wie dann auch der Mensch desselbigen mangele. Die Nägel deß Affens/spricht er/seyen hol.

Es schreibet auch Galenus, dz d' Aff ein lächerlich spötlich Thier sey von Natur/als welche seinē Cörper und seiner lebhaften Bewegung allerhād Possierlichkeit eingepflantzet habe. Doch seye keines under allen anderen Thierē

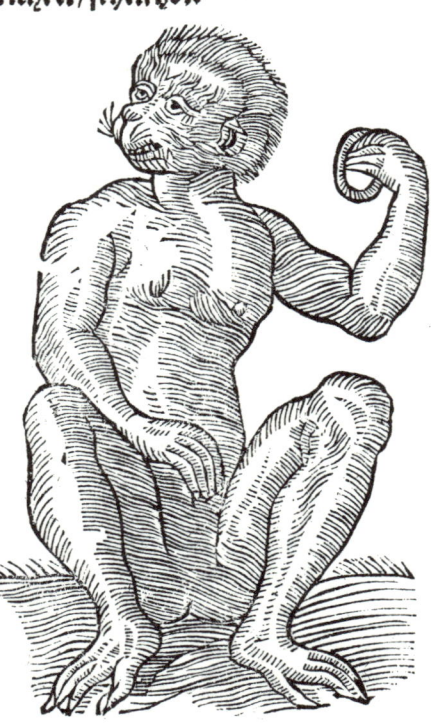

was anlange das Eingewayde/und alles Geäderes/ als Spann-Mauß-oder Pulßadern/deßgleichen deß Gebeins halben/dem Menschen so ähnlich/als der Aff/daher er auch bißweilen auf zweyen Beinen aufrichtig herein trette/die vorderen Tappen an statt der Arme und Hände gebrauche. So habe auch kein Thier so ein breites Brustblat unter den vierfüssigen Thieren/deßgleichen so habe er/gleich wie der Mensch/ein rundes Angesicht/und langen Halß. Daher er dem Menschen am gleichsten sehe/ dieweil sein Angesicht nicht länglicht sey/und er keinen langen Kinnbacken/noch eine Schnautze/Hundsgebiß oder Kripfzäne habe. Dann under den vielerley Arten der Affen/sey das die wahre und rechte Art/die kein länglichtes Angesicht/kein Hundsgebiß oder langen Kiefel haben. Unter so vielerley Arten der Affen aber finde man diese Stücke bey der einen Art mehr/als bey der andern/ und seye der rechten Affen-Art zuwider/sich lang außdehnen: Aufrecht gehen aber/schnell lauffen/die Daumen/wie auch das fleischichte Geäder an den Schläffen/Item die Weiche und Härte deß Haares/die Länge und Gräde unterscheide der Affen Arten. Wäre auch Jemand/der durch augenscheinliche Besichtigung erfahren wolte/wie deß Menschen gantzer Leib/inn-oder außwendig beschaffen/wie alle Glieder desselbigen geordnet und gestaltet/der zerschneide einen Affen/würde er sehen welches Glied dem Menschen in allen Stücken am gleichsten: Könte er aber den Affen nicht haben/so nehme er einen Hundskopf/ein Thier davon wir hernach sagen werden/oder ein Geyßmann/oder einen Luchsen/als welche Thiere etwas weniger und mehr in obgemeldten Gestaltungen dem Affen am ähnlichsten sind vor anderen Thieren. Wo du nun ersiehest/daß ein Aff aufrecht gehet/so bistu vergewissert/daß er ermeldte Stuck an jhm hat/und wie wir gesagt/dem Menschen etwas gleich ist/mit rundem Angesicht/vorderen kurtzen Zänen/und grössern Daumen/weder sonst einige Art der Affen hat. Er hat auch an Füssen kleinere Zehen weder die anderen Affen/ist gantz ran umb die Schläf/wie auch in der Dicke oberhalb des Schienbeines/welche von Lenden herab nicht lang ist/und etwas dünne/ ein kleinen Hindern/oder Sessel hat er/ist auch nit so gar rauchhärig/noch mit fast harten und langen Zotten bedeckt: So er aber deren Stück etwas Mangels hat/so ist es gewiß/daß er auß der Art der rechten Affen schlägt/und der Gestalt nach underschiedlich ist. Dann etliche/wiewol sie Affen sind/ kommen dannoch der Art der Hundsköpf bey/also/daß auch der Hindern oder Sessel etwas länglich und spitz/biß zum Schwantz sich erstreckt/ auch sind sie etwas rauchhäriger/haben ein startzend oder börstiges hart Gehär/und sehen etwas grausamer/ wiewol die rechten Affen etwz unanmuthiger anzusehen seyn. Es haben auch die rechten Affen umb die Schläf etwas mauechtigen oder weichhaarichten dicken Fleisches/das sich aufbörstet/aber wie an den Menschen bey der runden Schädelfüge oder Schädelnaat nidersitzt. Dahingegen die anderen Affen alle Zäne etwas grösser/die Kripfzän aber schärpffer/auch ein langen Kiefel/darzu den Daumen an den vorderen Tappen gantz spitz und klein/und von dem Vich oder Geburtsglicde ab eine lange mauechtige Dicke haben/die sich biß auf das Schienbein hinab zeucht/daß jhnen die Knyescheiben mit den Waden verhefft/derowegen sie die Bein nicht recht und vollkommen außstrecken/noch auf den Beinen aufrecht stehen mögen/auch nicht aufrecht gehen noch lauffen können. Die grosse Zehen an Füssen

Von dem Affen.

Füssen ist nicht grösser dann die andern / so seynd auch die anderen nicht kleiner / sondern sie seynd alle gleich / allein diejenige Zähen / so jhnen am kleinsten / ist am Menschen die Gröste. Derhalben so haben sie an Füssen nichts / das dem Menschen gleich sey. Sie haben auch ein Stümplein eines Schwantzes. Nun dergleichen Affen sind den Hundsköpffen schier am ähnlichsten. Die rechten Affen aber / so menschlicher Gestalt am gleichsten / haben einen Gebrechen / der zwar klein / sie aber dannoch verhindert / daß sie nit so gar / als der Mensch / auffrecht gehen mögen / dann der Anfang der Hüfften mit dem Wirbel an der Dicke ist aneinander gehefft / so haben sie reiche Maußadern / die vom End deß Schienbeins / biß mitten in das dicke Bein sich erstrecken / und daselbst ein wenig oberhalb wurtzeln sie ein / und verwinden sich mit den Maußadern / die sich oben herab ziehen / dadurch dann die Außstreckung der Scheckelspindel verhindert / ja also hinder sich gezogen wird / daß auch das Knye nicht mag recht außgedehnet werden. Daher kompt es / dz der Aff seine Scheckel nit anders gebrauchen kan / dann als ein Mensch / der etwann eines anderen Hinckenden spottet / mit Köpffen / Hopfen und Schnappen / und mag deßwegen nicht recht aufrecht noch steiff stehen.

Deß Affen Fuß aber / ist auch deß Menschen Fuß in dem ungleich / weil die Zehen desselbigen / den menschlichen Zehen nit ähnlich: Dann der Mensch hat kleinere Zehen an den Füssen / als die Finger an Händen sind: Dargegen hat der Aff an den Füssen grössere auch längere Zehen weder andere Thiere / denen die vordere Tappen gespalten sind. Dann viel kriechende Thier / und der mehrere Theil hat gespaltene Klauen / so weit von einander zertrennet sind. Sonst hat der Aff auch ein Dängäder / oder Senn- und Spann-Ader / so sich bey dem Rist einbeugt / und von oben ab biß auf die understen Glieder reicht / und eben dieselbige Dänader ist am menschlichen Fuß nicht zu finden / und auß solcher Spaltung kompts / daß der Aff leichtlich auff die Bäum / und überall an alle Orte wol kläbern unnd klettern kan / wie dann auch die Wiselein / Mäuß / und das Veechthierlein dergleichen wol können. Er hat darzu eine schmale Versen: Und wiewol das alles einen Unterscheid zwischen dem Menschen und dem Affen / den Gliedern nach / macht / so ist solcher Unterscheid doch geringer an den rechten und wahrē Affen / und köpt der menschlichen Form näher bey / als die Glieder an dem Hundsköpffigen Affen / massen desselbigen Gebeine weit anderst gestaltet sind.

Das Geäder in den Armen deß Affen / ist eben so außgetheilet wie die Adern in den Armen deß Menschen: Auch hat der Aff zwar einen Daumen / er ist aber kurtz / ran / krumm und ungeschickt / ja die gantze Hand deß Affens ist etwas ähnlich der menschlichen Hand / hat aber einige Gebrechen und Mängel. Unter der Achsel deß Affens findet sich eine Maußader.

Nun nach dieser Meynung Galeni / werde sich der Aff in vielen Dingen mit der menschlichen Gestalt vergleichen / welches aber Andreas Vesalius / ein gelehrter Artzt starck widerspricht / und macht eine Ungleichheit in den Maußadern / so zur Beweglichkeit deß vorderen oberen Leibs und der Arme dienen: Item an der inneren oder holen Hand / an deß Maußgeäder / so die Ellbogen und Hüffte beugt und lencket. Item am Geäder der Finger und Zehen / deßgleichen der Schulteren. An der Dehn- oder Senn-Ader / so den Füssen angewachsen / an dem Mittel- darm / am Netze / am fünfften Däumling der Lungen / welcher die Hüladern unterstützt / dessen der Mensch mäglet. Der Budel der Affen / sagt Vesalius, sey zu theil wie im Menschen / theils wie im Hund gelegen.

Man hat auch in einem Affen / so ein Mänlein gewesen / ein Hertz funden / welches zwo Spitzen gehabt hat / und nit für natürlich / sondern für ein Wunder und Mißgeburt gehalten worden / wie Albertus schreibt / der dann auch sagt / daß der Aff seine Dutten an der Brust trage wie ein Weibsbild / da die andere Thier jhre Eutere oder Zitzen am hindern Underbauche tragen / damit die Jungen sie erreichen mögen. Dieweil aber der Aff sie oben habe / seyen jhm auch / wie den Weibern / von Natur / zween Arme angehenckt / damit er seine Jungen zum Saugen aufheben / an sich halten und tragen möge.

Die Thiere so ein lebendiges Thier gebähren / dieselben biegen jhre Knye vor sich anhin / und die Widerbück der Gelencken hindersich / außgenommen die Menschen / Affen und Bären / derhalben sie nicht schnell lauffen können.

Wo die Affen am meisten zu finden / vorkommen und wohnen.

IN der Barbarey / da erzeigt sich der Aff / und zwar in Mauritanien / worinnen die Königreiche Fezza und Marocco, gelegen sind / da findet mā sie Hauffenweiß / wie Strabo und Possidonius melden. So schreibt Herodotus, daß in Africa ein Volck / Zygantes geheissen / nahe bey den Horden / oder umbschweiffenden Völckern und Hirten / an dem Berolischen Gebürge / wohne / allwo es gar viel Affen gäbe. Und Solinus will / daß die gantze Einöde und weite Wüsten / zwischen Egypten / dem Königreich Nubien und Barbarey / voller seltzamer Affen stecke. So sagt auch Possidonius, daß er auf eine Zeit auß der Insul Calitz / in Italien schiffen wollen / seye aber in der Gegend und auf der Küste der Barbarey bey einem Walde vorüber gefahren / der am Meer gelegen / und voller Affen gewesen / deren etliche auf der Erden gesessen / die andern aber an den Bäumen auffgeklättert wären / jhrer etliche hätten lange Dutten herab hangen / und etliche Junge daran saugen gehabt. Er sagt auch / wie er habe lachen müssen / da er gesehen / wie etliche so lampechte Dutten gehabt hätten / die jhnen schier zu schwer werden wollen / etliche aber wären kal auf dem Schädel / und etliche gebrochen gewesen. Und will auch Arianus, daß in Indien schöne und grosse Affen seyen / und Clitarchus meldet / wie vielerley seltzame Affen darinnen erwachsen / und auf denselbigen Bergen in so grosser Anzahl wohnen / daß sie auch den grossen Alexander mit seinem mächtigen Heer Hauffenweiß erschröckt hätten / dann er vermeynt gehabt / er wäre vom Feind etwann hinderzogen / und listiglich umbgeben worden. Dann wie sie ungefähr deß Alexandri ansichtig wurden / zogen sie aufrecht und stoltzig- lich in jhrer Ordnung umb / sagt Ælianus. Das Königreich Bañman in Tartarien / wie Marcus Paulus von Venedig anzeiget / hat vielerley Affen / theils

theils kleine/theils grosse/welche dem Menschen fast gleich gestaltet. Plinius und Strabo haben da ein Gezänck/ dann Strabo will/ daß in Indien bey den Leuten/ so man Orseer nennet/ Plinius aber/ daß in der Gegend der Prasier/ so jetzt das Königreich Melinde heißt/ schneeweisse Affen oder weisse Meerkatzen gefangen werden. Und meldet Ælianus weiter/ daß die Indianer jhrem König weisse Affen schencken/ auch jezuweilen schwartze fahen/ aber die kästenbraune und rothen bringen sie mit an Hof/ dann dieselbe gefärbte Affen seyen gar begierig auf die Weiber/ und fallen sie auß hitziger Brunst an: Ja so viel rother Affen als sie bekommen können/ die tödten sie alle/ als wie Ehebrecher.

Philostratus zeiget an/daß die Affen in holen und schroffigen Bergen jhre Wohnung haben. Der Berg Caucasus, dessen Fuß sich biß an das rothe Meer erstreckt/ sagt Philostratus, trägt zu öberst auf dem Gipfel allerhand fürtreffliches und kösliches Gewürtz/ und darunter auch Pfefferstauden/ welches Gestäud zu öberst und in den Schroffen deß Gbürgs aufscheust/ daß offters schier kein Mensch darzu kommen kan/ daselbst in den Hölen wohnen auch Affen/ also daß kein Loch ist/ es wohnen derselbigen Thier eine Anzahl darinnen. Die Indianer halten derhalben diese Affen in hohen Ehren/ als die den Pfeffer/ wenn er zeitig ist/ ablesen/ darumb so streiten die Indianer wider Hunde/ Löwen oder andere Thiere/ so den Affen aufsetzig sind/ und sie stelen oder mausen den Affen den Pfeffer auf solche Weise ab: Deß Tags gehen sie zu den Bäumen/ die sie erreichen mögen/ brechen daselbst die Früchte ab/ machen unter den Bäumen etliche kleine Thennen/ oder gleiche Plätze/ daselbst werffen sie den abgebrochenen Pfeffer hin/ als ob sie dessen nicht achteten/ und den Pfeffer für nichts werth schätzten; Die Affen/ so in der Höhe das ersehen/thun/ so bald die Nacht angeht/ wie Tags die Indianer gethan/ brechen gantze Pfefferstauden ab und werffen sie auf die von Menschen gemachte Thennen hin/ also daß die Leuth deß Morgens viel deß Pfeffers finden/ den jhnen/ weil sie geschlaffen/ die Affen zugetragen. Dargegen schreibt Albertus, daß sie auf den Bäumen und Felsen nisten. Nirenbergius schreibet l. 9. c. 46. daß die Indianer einem weissen Affen haben Göttliche Ehr erzeiget/ und seinen Zahn als ein Heiligthumb verwahret/ und als Constantinus der Portugesische Vice-Re mit andern köslichen Sachen diesen Zahn erobert/ hätte der König auß Pegu eine grosse Summa Gelts vor das vermeinte Heiligthumb gebotten/ selbiges an sich zu lösen/ Constantinus aber hätte die Abgötterey abzuschaffen/ den Zahn zerstossen und ins Feuer werffen lassen.

Von Speiß und Tranck der Affen.

Nuß und Obst/ als Aepfel/ ist jhr angenehme Speiß/ wo aber die Schal und Schelen etwas bitter an solchem Obst/ so werffen sie es hinweg/ dann sie die süsse Speisen sehr lieben/ insonderheit den Zucker/ und Mandeln/ dannenhero Gregorius Nyssenius schreibet/ daß in der Statt Alexandria ein köslich gekleydeter Aff künstlich gedantzet/ als jhm aber etliche Mandeln vorgeworffen worden/ er also bald seines Tantzens vergessen/ denselben nachgesprungen/ und unter allen Zusehern ein groß Gelächter verursachet: Doch essen sie auch allerley Kräuter und Früchten/ dann sie mit grosser Anzahl den zeitigen Aehren sollen nachgehen: Sie suchen auch Würm und Spinnen: Die Läuse und anderen Unflat auf dem Haupt und in Kleyderen/ klauben sie fleissig ab und fressen dieselbigen/ wie Albertus sagt. Sie trincken auch Wein/ und übersauffen sich dermassen/ daß sie also leichtlich voll gefangen werden. Daher kompts auch daß jhnen die Nägel oder Klauen nicht scharpf wachsen/ dann Plinius bezeuget/ daß den Thieren/ so auf vier Füssen gehen und Finger haben/ die Nägel nicht wachsen/ so bald sie Weinsauffens gewohnen.

Von natürlicher und innerlicher Neygung/ oder angeborner Art und Anmuth deß Affens.

Gegen seinen Jungen hat der Aff vor anderen Thieren eine besondere Liebe: Dann wo der Aff in einem Hauß auferzogen wird/ und Junge macht/ da trägt er dieselbigen zu allen Haußgenossen/ zeigt sie allem Volcke/ und will/ man solle sie auch umbfahen/ und jhnen liebkosen/ eben als ob er gar wol verstünde/ wann man sich seiner Wolfarth freuete/ und jhm zur jungen Zucht gleichsamb Glück wünschte. Wo er auch zwey Junge mit einander macht/ so liebt er das eine/ das andere hasset er/ ja er ist so gar verhetzt/ auf das/ so er lieb hat/ daß er es fast niemahls aufbringt/ auß Ursach/ weil er es stäts in den Händen umbher zottelt/ und für und für an seine Brust drückt/ und so lange küsst/ und umbhälset/ biß daß ers erstickt und tödtet: Das andere so er hasset/ sitzt jhm stättgs auf dem Rücken/ derhalben es eher aufkompt/ dann das Geliebte/ es begiebt sich auch offtermals/ daß er das Liebste schier

Von den Affen.

am ersten verlieret/ dann dieweil er es über die maßen lieb hat/ und vor jhm trägt/ muß er es alsdenn/ wenn er vom Jäger gejagt/ und/ umb zu entfliehen/ auf einen Baum zu steigen/ genöthiget wird/ von jhm werffen und verlassen / da das Verhaste jhm auf dem Rucken sitzend mit jhm darvon kompt/ welches er dann an statt deß Geliebten / so verlohren gangen/ hernach lieblich und treulich erzeucht.

Der Aff wird bald heimisch oder zahm: Bey abnehmendem Monden/ und zur Zeit deß neuen Liechtes aber seynd sie traurig/ im zunehmenden und vollen Monden gantz frölich/ wie Solinus sagt/ der es allen Affen zuschreibt/ da andere/ als Mutianus und Plinius, wollen / es widerfahre diese Mondsucht allein der jenigen Art von Affen/ die da beschwäntzet ist.

Forchtsamb/ possierlich und toll ist der Aff/ will alle Ding dem Menschen nachthun/ jede Schimpf will er außrichten können/ den man jhn lehret/ doch lernet er das Böse eher dann das Gute vom Menschen / und wiewol er seiner wilden Art etwas vergist/ so wird er doch nimmer so zahm/ daß er nicht leichtlich angereitzt/ gantz rasend und zornig werde. Doch wenn er heimisch und zahm gemacht worden/ so erkennt er seinen Herren/ ob derselbige gleich über lange Jahr wiederumb zu jhm kompt/ sagt Alexander. Er trägt gegen den/ so jhn verletzt/ langen Haß/ untersteht sich jhm stätigs Leyds zu thun/ und vergißt nicht bald was jhm Leyds begegnet. So geil und unrein ist der Aff/ daß er auch in der Brunst auf den Löwen springt/ und an jhm nellen darf.

Die reichen Leuth haben die Affen gern/ und gemeiniglich an lange Ketten angelegt/ und das umb der Ursach/ weilen sie so possierlich und kurtzweilig sind von Natur. Der Aff stecket voller Schimpfs und Possen. Und die junge Kinder spotten deß Affens / dann er will stetigs alle Geberden deß Menschen nachmachen/ aber er ist nicht so geschickt/ und fählt jhm bißweilen der Possen/ das macht dann/ daß die Kinder sein lachen müssen. Etwann nimbt der Aff ein Stecklein/ will pfeiffen/ etwann will er tantzen/ etwann schreiben: Und understeht sich alles das zu thun/ was dem Menschen wol anstehet/ sagt Galenus. Ohne welches Ælianus weiter schreibet/ daß er ein geschäfftig unruhig Thier sey/ und darzu tauglich einem etwas nachzuthun: Ja wo man jhn lehre mit dem Leib etwas thun/ so lerne er dasselbig fleissig und wol/ und könne mit allen Geberden dem Thun einen Possen geben: Was du jhn für einen Tantz lehrest/ dantzet er frey nach: Lehrest du jhn pfeiffen/ er pfeiffet. Ich hab gesehen

daß er mit Fuhrwägen fahren/ das Lenckseyl frey an sich ziehen/ nachhängen/ und die Geysel brauchen können: Und kurtz davon zu reden/ in was Kurtzweil oder Geschäfften du den Affen underweisest/ so verleurest du deine Mühe nicht/ er thut dirs nach: So gantz und gar ein abentheurig/ spitzfindig/ fürwitzig Thier ist der Aff/ daß er alle Possierung nachthun kan von Natur. P. Jarricus erzehlet/ daß in Guinea Affen seyn/ so gewehnet werden im Mörsel zu stossen/ Wasser zu holen/ und andere Dienst im Haußwesen zu verrichten. Mit den wilden Leuten sollen sie solche Gemeinschafft halten/ wann Iohannes Ardenois anderst recht schreibet: Daß sie sich mit jhnen unterstehen zu spielen/ von dem gewunnenen Gelt aber sie in die Weinschencken laden/ und allda den getruncknen Wein zu zahlen wüsten: Unter den Soldaten in Havana seye ein Aff gewesen/ so gewust welcher am meisten im Spielen gewunnen/ von welchem er ein Tringkelt gefordert/ wann man jhm nichts geben wollen / hätte er sich mit Stöß lassen abweisen/ habe er aber etwas bekommen/ seye er so bald zu dem Wein gangen/ und dem Wirth ein Geschirr umb einzuschencken dargereichet/ welches er alsdann außgetruncken/ und bezahlet/ ja er soll gar gewust haben/ wann das Gelt ein Mehrers getragen und sich ofter zwey/ ja drey mahl lassen einschencken. Iosephus Acosta schreibet von einem Affen welcher gewohnet gewesen/ das Gelt nicht eher darzulegen/ bis er die Flasch wieder bekommen/ welche er vor den Knaben wohl verwahret/ sich mit Steinen zuweilen gewehret/ und ob er zwar dem Wein sehr geneigt/ doch allezeit seinem Herren alles ohne Mangel überbracht habe.

Er treibt gern Kurtzweil mit Kindern und Hunden/ doch ist jhnen nicht zu trauen bey jungen Kindern/ dann sie ersticken offtermals dieselbigen/ oder werffen sie von der Höhe hinab zu todt. Derhalben Ælianus sonst weiter sagt: Unter allen wilden Thieren ist eben der Aff das fürwitzigste/ will alle Ding nachthun/ doch verkehrter Weise/ und bevorab in den Dingen/ die er dem Menschen nachthut/ da greifft er die Sache also an/ daß sie verkehrter Weise/ und offtermahls übel außschlägt. Dann als auf eine Zeit ein Aff sehen/ wie ein Säugamm ein Kind in einem Wäschbecken gebadet/ darnach die Windeln geknütschet/ gewäschen und außgewunden/ und das Kind wiederumb nidergelegt/ da hat der Aff gelaustert und jhm den Ort wol eingebildet/ wohin das Kind geleget worden/ und als er ersehen/ daß gar niemands mehr vorhanden/ der es verwahrete/ stieg er von der Höhe/ da er das gesehen/ herab/ und kroch durch ein Fenster in das Hauß/ fieng an/ wie die Säugamm gethan/ das Kind aufzubinden/ und zu entblösen/ legte Feuer under das Geschirr/ darein er Wasser gethan hatte/ goß selbiges also siedend über das Kind/ und badete es zu todt.

Es sagt auch Mutianus, daß der Aff lerne im Schach spielen. Item/ daß er dieselbige Steine auß Wachs gemacht zu ziehen gewohne. So will Plinius, er erkenne am Ansehen und Augenschein/ was jegliches für eine Nuß/ ob sie gut oder böß sey. Martialis aber schreibt/ daß der Aff dem Geschoß frey entweichen könne.

Der Aff hat einen sondern Lust an dem Geschmack

oder Geruch deß Leoparden/ welches Thier doch deß Affens Feind ist/ und/ wie wir bey demselben melden werden/ jhn listiglich umbbringt.

Der Mondsaff/ oder die Meerkatz/ ist dem rechten Affen so gar zuwider/ daß sie nimmer eins sind/ sondern sich stäts miteinander beissen und würgen: Und wiewol die Meerkatz nicht so starck als der Aff ist/ sie doch etwas listiger und freudiger / womit sie dem Affen überlegen.

Die Schiltkrot förchtet der Aff gar sehr / also/ daß Erasmus von Roterdam einen geschehenen Possen von dem Affen zu beschreiben sich nicht scheuet/ und sagt: Zu Rom satzte einer eine Schildkrotte einem Knaben auf den Kopf/ und über dieselbige ein Hütlein/ führte jhn zum Affen hin/ welcher schnell auf den Knaben sprang/ und jhm lausen wolte/ und wie er dem Knaben das Hütlein abzog/ so fand er die Schildkrott. Da hätte einer sein Wunder gesehen / wie der Aff so gantz erschrocken von dannen sprang/ wie er so ängstiglich flohe und sich umbsahe/ ob jhm die Schildkrott nit nachkröche. Und als wir das noch besser versuchen wolten / banden wir die Schildkrotten an die Ketten/ daran der Aff gebunden war/ also daß er nicht entfliehen solte. Es ist nit zu sagen / ja unglaublich / was für grosse Noth der Aff damahls hatte/ es fehlete wenig/ daß er nicht vor Angst dahin fuhr: Underweilen understund er sich mit den hindern Füssen das anklebende Thier abzuscharren: In Summa/ er beschmeiste und besprengte sich / daß jhm nichts in den Därmen noch Magen blieb/ er ward auch so kranck vor Forcht/ und fiel in ein Fieber/ daß man jhn von der Ketten lösen/ mit Labung stärcken/ und mit Wasser/ darein Wein gemischet war/ wieder erquicken muste.

Etliche sagen / der Aff erschröcke nicht vor den Schildkrotten/ aber vor den Schnecken/ so man sie umb jhn herlege/ so schmiege er sich in einander/ und dörffe keine anrühren. Den Hund förchtet der Aff auch / und so man jhn auf ein nidriges Pferd setzt/ und die Hunde anhetzet/ darf er nit herab springen/ aber wunderseltzame Possen treibt er auf dem Pferd.

Es schreibt auch gemeldter Herr Erasmus, daß Thomas Morus in Engelland einen grossen Affen in seinem Hauß gezogen habe/ welcher wund worden/ weßwegen man jhn/ biß er wieder heil worden/ ledig umbher gehen lassen. Nun hatte selbiger Herr in dem Baumgarten/ in einem Ecke/ etliche Küniglein/ welchen ein Wiselein nachstellete sie zu tödten. Der Aff sahe dasselbige / laustete fein still auf das Wiselein/ was es doch machen wolte/ und so lang jhnen das Wiselein mit Graben keinen Schaden thun konte/ war der Aff ruhig : Wie er aber sahe/ daß das Wiselein das Näst schier undergraben und erbrochen hätte/ also/ daß die Küniglein nicht wol mehr sicher waren/ lief der Aff schnell zu/ die arme Thierlein zu retten/ und stieg auf ein Geträm/ zog das Käfig/ darein die Küniglein jhr Nest hatten/ wieder an seinen alten Ort/ und rückte es so meisterlich wieder an die Wand/ daß auch kein Mensch es hätte geschicklicher rücken können. Durch welches wol abzunehmen/ daß dieses Thier/ der Aff/ eine besondere Anmuth und Neigung gegen das Küniglein trage. Was kleine junge Thierlein/ als Welfe oder junge Hunde sind/ hat der Aff gar gern/ trägt sie stäts in dem Schoos/ hälset und lecket sie.

Wie die Affen gefangen werden.

Wie Plinius, Strabo, Solinus, Diodorus und Ælianus davon schreiben/ so werden die Affen auf nachfolgende Weise gefangen. Dieweil männiglichen wissend / daß der Aff ein Thier ist/ welches dem Menschen alle Ding nachzuthun begehret / so ist es auch desto eher gefangen: Dann dieweil es den Jägern alle Ding fleissig nachthun will/ so gehen die Jäger/ die sie zu fahen begehren/ hin und setzen sich under die Bäum / darauf die Affen sitzen/ alsdann füllen sie ein Geschirr mit Wasser/ die andern sagen mit Honig/ darauß wäscht der Jäger sich im Angesichte/ dem der Aff genau zusiehet/ alsdann gehet der Jäger hinweg/ füllet aber anstatt deß Wassers das Geschirr mit Vogel-Leim. Die Affen kommen und wollen/ wie der Jäger/ der sich versteckt hat/ jhre Augen auch wäschen/ damit aber verkleiben und verschmieren sie jhre Augenlieder/ daß sie nicht mehr sehen mögen / und werden also blind gefangen. Ein anderer Jäger aber/ der legt Stiefeln oder andere Schuhe an/ und bindet selbige umb die Füß/ so er dann hinweg gehen will/ setzt er andere Stieffeln dar/ die inwendig mit etwas Lettich und Vogelleim beschmieret sind / woran die Affen behangen bleiben. Auch so füttern die Jäger bißweilen solche Schuhe mit Bley/ damit die Affen wegen der Schwerigkeit nicht weiter lauffen mögen.

In der Landschafft Baßman / so dem grossen Cham in Tartarey unterworffen/ da ist es alles voll seltzamer und grosser Affen/ es sind auch viel kleine Affen daselbst/ welche die Jäger/ wie obgemeldt/ in grosser Anzahl fahen/ dann berupffen sie die Getödeten an dem gantzen Leibe/ und lassen jhnen allein ein wenig Haar am Bart und Hindern/ hernach so balsamiren und machen sie dieselben Cörper ein/ daß sie nit verfaulen mögen/ und geben sie den Kaufleuten/ daß sie dieselbigen hin und wieder in die Welt umbher verführen/ mit Vorgeben/ als ob in der neuerfundenen Welt solche Zwerglein wohneten.

Wie aber die Egyptische Katz den Affen fahe/ wann sie jhm nachjagt/ solches beschreibet Ælianus also: Den Affen/ sagt er/ jagt die Katz in Egypten/ derselbige gibt sich in die Flucht/ und laufft/ was er nur immer lauffen kan / den Bäumen zu. Sind aber der Katzen mehr dann eine hinder dem Affen her/ so springen sie auch auf die

die Bäume / dann an der Baum-Rinde können sie hinauf klättern: Wann dann der Aff allein sich von vielen Katzen umbgeben siehet / begiebt er sich an die äussersten Aeste / und henckt sich mit den vordern Tappen daran / also / daß die Katzen sich so weit hinauß nicht getrauen / und also vergebens abstehen müssen.

Der Aff und Elefant sauffen sich voll Wein / derhalben sie also truncken desto eher gefangen werden.

Was man von den Affen in der Artzney brauche.

Das Affenhertz gebraten / gedörrt / und gepülvert / ist eine gute Artzney zum Hertzen. Dann desselbigen Pulvers ein Quintlein in Weinmät eingenommen / stärcket / und machet das Hertz dapffer / keck und freudig / mehret die Mannhafftigkeit / vertreibt hingegen die Zaghafftigkeit / und das Hertzklopfen / stärcket auch und machet die Vernunft spitzfindiger. Ist auch gut für die fallende Sucht.

Wann einem Schlaffenden ein Affenhertz unter das Haupt geleget wird / kommen ihm erschröckliche Ding für im Traum / schreibt Rasis.

Die Chineser machen auß dem Affenblut eine gute braune Farbe / wie bey dem Neuhof zu sehen in Beschreibung Chinæ.

Was für Kranckheiten der Aff unterworffen.

Wegen übergrossen Netzes / bekommen die Affen weil sie sehr springen / leichtlich Brüch / sind auch behafftet mit der schweren Noth / Schwindsucht / Entzündung der Leber / Miltzes / und der Blasen: Galenus schreibet / daß er in eines außgezehrten Affens Hertz-Cammer / ein Geschwulst so voller Wasser und sonsten nicht natürlich / gefunden habe: Dergleichen auch in der Anatomi deß Affen zu Marpurg erschienen.

Was für Artzney zu gebrauchen / wann der Aff jemanden beißt / oder was sonst nachtheilig an ihm sey.

In Africa sind Völcker / Zygantes genannt / bey denselben sind die Affen mit Hauffen / darumb so ist der Brauch / daß man die Affen daselbst isset: Aber / wie Rasis sagt / so ist der Aff kalter Complexion, und rauher / grober herber Qualität oder Art am Fleisch / derwegen / so man ihn isset / zeugt er überauß böse Feuchtigkeit.

Wo aber der Aff Jemanden beißt / so ist gut dafür / braun Batengen in gutem alten weissen Wein getruncken / verstehe gepülverte Batengen.

Item die Schälen vom Rettich gesotten / gedörrt gepülvert / und alsdann über den Biß geleget / sind auch heilsam.

Ein Ochsengallen / gelegt über die Wunden / so einem ein Aff gebissen / heilet auch.

Und sagt Avicenna, daß deß Affen Biß bißweilen vergifft seye / derhalben man Gifftjagende Artzney darzu brauchen müsse / als nemblich ein solches Pflaster darüber legen / welches von Zwiebeln in der Asche gebraten / und mit Honig und Essig angemachet ist.

Item es sey auch gut / wann man ein Pflaster von bittern Mandelkernen / und unzeitigen Feigen gemacht / darüber schlage.

Item Kümichwurtzeln gepülvert / mit Saltz und Silberschaum angemengt / ist auch ein gut Pflaster.

Das Geschwär / so von deß Affens Biß aufflaufft und geschwüret / wird geartzneyet und aufgeweichet / wenn man Silberschaum in Wasser weichet / und darüber legt / auch es mit einem Pflaster von gestossener Raten und mit Honig vermenget / zubindet.

Etliche sagen man soll auß gepülverten Feldwicken / auf Lateinisch Ervum geheissen / mit Honig ein Pflaster machen / und darüber legen.

Die andern machen ein Träncklein auß Raten / Lauch / und Honig / in Wein oder anderes Getränck gethan / und geben es dem Gebissenen zu trincken.

Es nehmen etliche den Orobum, welche Wicken (so man mit den Erven oder Feldwicken für ein Kraut achtet) und stossen dieselben / vermengen das Pulver mit Honig / machen es zu einem Pflaster / und legen es darüber.

Einmal will Arnold von Villa-Nova, es sey gar eine heylsame Artzney / so man Raten und Erven undereinander mahle / und es mit Honig anmische / darauß ein Pflaster mache / und über den Biß lege.

Ferdinand Ponzett, sagt / daß gekäuete Bonen über deß Affen Biß geleget / gantz heylsamb seyen.

Wann Jemand vom Affen oder anderen Thieren / als von Katzen / wilden Mäusen / oder dergleichen gebissen worden / so soll man ihm in gutem alten Wein Batengen und Wegwarten zu trincken geben / Geißbonen in Essig sieden / und über den Biß legen.

Von lustigen Historien und anderen Sprüchwörtern / die vom Affen herkommen.

Ein König in Egypten / hatte auf eine Zeit einen gantzen Hauffen Affen beyeinander / die er alle Kurtzweil / Tantzen / Springen / ꝛc. lehren lassen / bekleydete sie auch aufs köstlichste / und wann er dann Freud haben wolte / musten die Affen vor ihm ihre Possen treiben: Er richtete sie auch dermassen ab / daß etliche einfältige Leuth nicht anderst meynten / als es wären rechte Menschen. Als nun auf eine Zeit der König ein Schauspiel angestellt / und unter den anderen auch diese Affen zur Kurtzweil hervor bringen lassen / und aber von den Zusehern etliche über diese Affen / als Menschen / die so geschwind wären / sich zum höchsten verwunderten / etliche sonst an solchem ihrem Gauckeln ein Wolgefallen trugen / war under anderen Zuschauern / ein unbekandter / doch possierlicher Mensch / der die Einfältigen ihres Zweifels erledigen / und den Possen da er am besten war/ noch angenehmier machen wolte/ dieser hatte etliche Nüß verborgen zu sich genommen/ die warff er unter die Affen: So bald die Affen das Klappern der Nüsse hörten/ und die Nüß hin und her rollen sahen / liessen sie den Tantz Tantz seyn/ lieffen den Nüssen zu/ zerrissen einander die Kleyder / und bissen und kratzten einander umb die Nüß/ also daß/ da sie jetzt bloß da stunden/ an jhrer Gestalt und an der sonderlichen Begierde/ so sie zu den Nüssen trugen / wie auch an dem wütenden Streiten männiglich mit grosse Gelächter schauen konte/ daß ein Aff/ ein Aff/ und sonst nichts seye/ und wie lang man es verhäle/ so bleibe er doch ein Aff.

Von der Geschwindigkeit deß Affens ist ein Sprichwort erwachsen/ damit man anzeigen will/ wenn einer seiner Sach und Kunst stäts nachgehet/ so spricht man/ er ist so hurtig/ wie ein Aff.

Ungestalte Leuth werden/ gleich wie etwann von Homero der Thersites, Affen-Angesichter genant.

Von anderer und vielerley Gestalt der Affen.

Er Affen seynd vielerley/ die dann alle ins gemein das an jhnen haben/ daß sie der Gestalt deß Menschen etwas ähnlicher kommen/ als andere Thier/ und mit den hinderen Füssen sich aufrichten können/ auch gelehrsam sind/ dem Menschen etwas nachzuthun. Unterschiedlich aber sind sie undereinander/ am Bart und Schwantz: Diese zwey Stück/ oder deren Stücken eins/ hat die eine Art der Affen/ und die andere Art nicht. Deßgleichen so sind sie unterschieden an der Grösse/ an der Farb/ und an Gestalt deß Angesichts/ womit sie bißweilen weniger oder mehr dem Menschen/ Hund oder dem Schwein sich vergleichen. Nun von dem wir erst zuvor gesagt haben/ heist einmal der Aff/ da die anderen Arten der Affen/ auch deß Nahmens halben/ von diesem underschiedlich sind: Dann etliche nennet man Meerkatzen/ etliche Blumenaffen/ etliche Bartschwäntzer. Es seynd auch Munaffen/ Baabwein/ oder Strobelköpf/ andere heissen Hundsköpf/ etliche Geyßmännlein: So sind jhrer auch/ die man Jungfrauenaffen/ und die man Fuchsaffen heist. Es zählen auch etliche die Zwerglein / so man Pigmæos nennet/ unter der Affen Geschlecht. Von diesen allen und jeden insonders wollen wir gleich allhie nach einander schreiben.

Von der Meerkatzen äusserlicher und innerlicher Gestalt.

Cercopithecus.   Meerkatz.

Je Meerkatz/ Lateinisch Cercopithecus, Griechisch Κερκοπίθηκος, (bey den Hebreern und Arabern finden sich keine eigene Namen) Frantzösisch un Marmot, Italianisch Gatto Mammone, Hispanisch Gatto Paus, genannt/ ist auch in viererley Gestalt außgetheilet jhrer Grösse halben: Dann man findet/ die nicht grösser sind/ als ein Eychhorn. Sie hat ein rundes Köpflein/ und das Angesicht ist dem menschlichen Angesicht fast ähnlich/ etwz schwartzlecht/ und vom Halß an/ biß an die Stirn/ ohne Haar/ die Naß stöst jhr nicht gar herab auf das Maul/ sondern es bleibt eine breite Oberleftzen zwischen der Nasen und dem Maul/ wie auch an dem Menschen. Der gantze Halß biß hinab auf die Brust/ ist eben so dick als der Kopf/ derhalben/ so man sie au Ketten oder andere Bande bindet/ so fässelt man sie umb die Weiche deß Bauchs bey den Lenden/ und nicht umb den Halß an. Darzu hat das Thier einen langen haarigen Schweiff / oder Schwantz/ den es starrend nach sich schleifft.

Ihre Stimm ist mancherley/ sie können sie auch offtermals verwandeln.

Der Schwantz macht/ daß sie mehr als der erste Aff/ davon wir gesagt/ dem Menschen unähnlich sind.

Deßgleichen so sind sie auch underschiedlich an deß Cörpers Form und Gestalt/ dann jhre Lendenwirbel unnd derselben Gleich oder Gelencke sind an jhnen andersfer/ als an den Menschen. Ja sie bewegen sie auch auf eine andere Weise/ als der Mensch thut. Es mangelt jhnen auch die dritte Sennader/ die an dem Menschen die Hand bewegt.

Von Farben ist sie auf de Rücken dunckelbraun/ und am Bauch weiß. In Morenland haben sie schwartze Köpf/ Eselhaar/ und sind von andern Meerkatzen an der Stimm underschiedlich.

Woher die Meerkatzen kommen/ und zu finden.

IN Indien/ und umb die Emodischen Berg/ giebt es gar viel Meerkatzen / die groß sind/ und

Von der Meerkatzen.

und so verwegen/daß sie grosse Steine von den Felsen auf die vorbey Reysenden/herab stossen und fallen lassen/also/daß sie auch dem Heer deß Grossen Alexanders/in einer gemachten Ordnung/als ob sie Feind wären/auf den Bergen erschienen. Worüber ein grosser Lärmen ward/und wo Taxiles, der Indianer/das Heer nicht abgewendet/wären die Macedonier mit gemachter gantzer Schlachtordnung auf diese Thiere zugezogen.

Sie werden auch/wie die vorgedachte Affen/gefangen/dann sie den Jägern eben auch alles/was sie sehen/nachzuthun vermeynen. Und findet man Jäger/die etliche lederne Säcke/als Hosen oder Strümpfe anziehen/werffen dann andere under die Bäum/die innwendig voller Vogelleim und Lätich sind/und gehen darvon/alsbald kompt die Meerkatz/und will auch dergleichen anlegen/aber sie wird durch ihren grossen Fürwitz gefangen.

Nicht weit von der Statt Aden/die in Arabien gelegen/schreibet Ludwig Bartoman/seye ein Berg/da sich unzählich viel Meerkatzen erzeigen/auch seye in Indien ein Königreich/so man Joga nenne/dessen König/wenn er eine Wallfahrt thue/so führe er eine grosse Menge Meerkatzen mit jhm.

In Calechuten seynd der Meerkatzen gar viel/also/daß eine umb 4. Cassis zu kauffen ist/welche Müntz einen Ort eines Ducaten thut/also daß umb jeden Ducaten ein Meerkatz gekaufft wird. Die armen Leuth haben diese Thier gar ungern/weilen sie jhnen gantz überlästig und schädlich sind: Dann in Calechuten wächst ein Baum/desselben gleichen findet man schwerlich in der gantzen Welt/derselbe trägt eine Nuß/gleichwie ein Dattelkern/und kä man Jährlichen von demselben zehenerley Nutzen haben. Erstlich gnug Holtz zum Feur: Eine anmuthige Nuß gut zu essen: Flachs zu der Kleydung/welche nicht anderst/als ob sie von Seyden waren/und dann auch zu Schiffseylen Basts gnug. Er giebt auch Schalen zu Kolen/die lang Feuer halten: Einen Tranck/an statt deß Weins/und sonsten Safft oder Most/Oel und Zucker: Das Laub so darvon fällt/ist gut auf die Häuser/und braucht man es an statt der Ziegel/welches ein halb Jahr Wasser hält. Jeder dieser Bäume trägt deß Jahrs auf 200. Nüsse/von denselben nimbt man die erste Schale/und brauchet sie auch an statt deß Holtzes: Under derselben Schalen findet man ein Gefässel/gleich wie Baumwollen oder Flachs/dasselbe hechelt man/und bereitet das Beste zu Tuch: Das Mittlere gibt gute Schnür/auß welchen sie dann grösse Seyler machen. Die Schal hernach giebt gute Kolen/das Häutlein über dem Kern ist lieblich zu essen/und eines Fingers dick/zwischen demselben und dem Kern: So bald die Nuß wächset/so bald wächset ein guter Safft mit/also daß/wann die Nuß zeitig wird/man desselben Saffts/zwischen der Haut und Kern bißweilen einen Becher/drey oder vier voll findet/der gar süß und lieblich zu trincken/welcher schön hell/unnd einen guten Geschmack hat/ist am Geruch wie ein Rosenwasser/der Kern ist nachgehends ein wolschmackende Speise/zu dem so machet man ein köstliches Oel darauß: Dasselbige wächst an einem Stammen deß Baums. Am anderen Stammen lassen sie keine Frucht oder Nüsse wachsen/sondern die Schösse am Stamm zwicken sie in der Mitten ab/und ritzen sie mit einem Instrument/Morgends und Abends/und giessen weiß aber nicht/was für Feuchtigkeit darein: Dieselbe zeucht dann der Safft deß Baums an sich/und tropffet in die darzu verordnete Geschier/denselben Safft distillieren sie bey dem Feuer ein mahl oder zwey/wie hier zu Land das Aqua vitæ, oder Brätewein gemachet wird/dasselbe hat so einen starcken Geschmack/daß der/so deß Geruchs zuviel nimpt/gleich taub wird/und zur Erden als ob er truncken/niederfällt. Und diesen Tranck brauchen sie/wann sie wol leben wollen/an statt deß Weins. Darnach hat dieser Baum etliche Aeste/darauß Hartz trieffet/welches zu Zucker gemachet wird/doch ist er nit so lieblich/als anderer Zucker. Diesen Bäumen und Geschirren nun/darein jhr Safft gefasset wird/sind die Meerkatzen gar gefähr/verwüsten/verschütten/und zerbrechen den Einwohnern viel an diesen Bäumen/derhalben sie den Armen beschwerlich und überlästig sind.

Von natürlicher Anmuth oder innerlicher Neygung der Meerkatzen.

Die Meerkatz hat einen gar gleichen Leib/ist auch possierlich/und begehrt dem Menschen alles nachzuthun: Und dieweil under andern unvernünfftigen Thieren/der Hund/der Elefant/und die Meerkatz für die gelehrsamste und klugste Thier gehalten werden/ist bey vielen der Streit/ob die Meerkatz den anderen zweyen vorgehen solle.

Bey neuem Monden trauren/bey vollem aber freuen sich die Meerkatzen.

Gegen die Affen tragen sie stäten Haß/und ist ein immerwehrender Krieg zwischen jhnen/wiewol sie dem Affen zu schwach/so ist sie jhm doch zu listig und zu geschwind/weßwegen sie jhm obliegt.

Wann man jhnen Fleisch zu essen giebt/werden sie gantz begierig/also/daß sie vor Lusten bißweilen jhren eigenen Schwantz abbeissen.

Vor dem Crocodill förchtet sich die Meerkatz so sehr/daß sie desselbigen Balg nur von ferne/auch nicht anschauen mag/ja ehe sie denselben ansähe/oder sich zu demselben nahete/ehe lieff sie durch Wasser und Feuer: Dasselbe zu erfahren/sagt Petrus Gillius, habe er auf eine Zeit eine außgefüllete Crocodyllshaut/võ der Höhe herab/zu einem Fenster außgehencket/und sie etlichen/gar weit darvon

von angebundenen Meerkatzen gezeigt/ die von stůd an zu schreyen/ zu zittern und sich zu beschmeissen angefangen/ so daß sie also angebunden durch Feuer und Wasser/ so umb sie herumb gemacht gewesen/ zu lauffen sich unterstanden.

Nierenbergius schreibet von jhrem Verstand also: Die Meerkatzen tragen eine grosse Lieb gegen jhre Jungen/ und umbfassen dieselbigen mit sonderlichem Verstand/ sie essen Früchte von den Bäumen/ und den Vögeln vertragen sie jhre Eyer; Sie trincken ihren eigenen Unrath wieder/ bißweilen so sie einen Menschen allein sehen/ fangen sie an mit jhme zu schertzen. Zu verwundern aber ist es/ daß sie von den Spitzen der Bäumen/ welche sie bestiegen/ auf die Vorübergehende mit Steinen werffen/ überschwimmen breite Flüsse/ worinnen alle Gefahr zu verhüten sich eine an der andern Schwantz anfasset/ und also wunderlich sich überhelffen: Uber alles ist/ daß wann sie von den Pfeilen getroffen/ sie sich das Blut/ mit Moß von den Bäumen zu stillen unterstehen / dadurch die Wunde zuheilen/ und wo müglich sich vor dem Todt bewahren. Sie ziehen jhre Jungen auf/ tragen sie herumb/ und setzen sie auf die höchste Spitze der Berge/ allwo die Jäger ein Holzhauffen aufrichten/ und sich eines Steines Caculotet genannt/ bedienen/ welcher die Natur/ wann er im Feuer warmb werde/ gleichsamb einen Donnerschlag thue/ und zerspringe/ durch welche Furcht alsdann die alten Meerkatzen jhre Flucht nehmen/ derer Jungen vergessen/ und den Jägern zu einem Raub hinderlassen. Ihr Junges trägt sie auf jhrem Rücken/ dann sie meistentheils nur eines gebähren/ und damit solches wol in Acht genommen werde/ umbfasset es die Alte umb jhren Halß/ und lieget mit dem andern Theil deß Leibes auf jhrem Rücken. Der Meerkatzen Geschwindigkeit ist übergroß/ also daß sie gleichsamb wie ein Vogel auf die Bäume/ und bald von einem Baum auf den an-

dern fliehen. Man hat derer gesehen/ die in einem Sprung über einen Fluß gesprungen: Wann sie die Pfeile/ welchen sie offters entrunnen/ auf sie gerichtet sehen/ springen sie gleich wie der Wind auf die höchste Spitzen der Bäumen/ und blecken die Zähn/ jhren Zorn durch Drauen zu beweisen: So geschwind sollen sie seyn/ daß sie den Pfeilen zu entrinnen wissen/ oder mit solcher Behendigkeit zu ergreiffen/ als wann sie jhnen dargereichet würden. Wann sie jhre Gesellen getroffen sehen von den Bäumen fallen/ und von den Menschen aufgehoben werden/ führen sie solch Geschrey und Gethön in die Lufft/ daß man es vor ein Tiger- und Löwen-Brüllen halten solte.

Vom Gebrauch der Meerkatzen.

Sonst wird wenig anders von jhnen geschrieben/ daß sie nutz wären/ als nur zum Lust der Reichen/ von wegen jhrer Possen. Und dieweil die kleineste Art unter jhnen etwas rothbrauner Farb/ sagt man die Kürschner brauchen jhre Fell auch unter anderem Peltzwerck. In Indien aber werden sie nit allein gessen/ sondern auch in Kranckheiten vor eine gesunde Speiß gehalten; Die Bein zerstossen/ eingenommen / und darauf geschwitzet/ sollen die Schmertzen der Frantzosen lindern/ davon zu lesen Nardus Anton. Rechi in lib. 9. rerum Medicarum novæ Hispaniæ pag. 319. apud Hernandez.

Von dem Blumenaffen.

Cepus. Blumenaff.

Diß Thier hat seinen Namen überkommen von seiner sprencklichten getüpfleter vielfaltiger Farb/ und heist auf Griechisch und Latein Cepus, das sonst ein Garten verdollmetschet werden möchte. Dann wie ein Garten durch vielerley Art der Blumen gezieret wird: Also ist auch der Balg dieses Thiers von den vielfaltigen Farben schön anzusehen.

Von deß Blumenaffens Gestalt.

In Beschreibung der Welt/ sagt under anderen Strabo, daß diß Thier am Angesicht gestaltet sey wie ein Löw/ sonsten aber am Leib/ wie ein Panterthier/ welches man in Arabien finde. Aber in Ethiopien/ spricht er/ finde man den Blumenaffen/ der habe ein Angesicht wie ein Geyßmann/ sonst sey er ein halber Hund und halber Bär.

Ælianus beschreibt diß Thier etwas weitläuffiger/ welches viel glaublicher/ und spricht: Ein Thier wird umb das rothe Meer gezeuget/ so auf dem Land sich nähret/ das wird nicht so gar ungereimbt der Garten genannt/ darumb weil sein Fell/ eben wie ein Garten von mancherley Farben geblümet ist: Daßselbige / wann es in sein vollkommen Alter kompt/ und gar erwachsen ist/ ist es so groß/ wie ein Egyptischer Rüden. Sein Kopf und der Rucken biß zum Schwantz hinunter/ ist feuerroth/ darinnen etliche Goldhaar glitzen. Der Rüssel ist weiß/ und gleich als güldene Bendel/ und ober dem Halß sind etliche Striemen: Unter dem Halß biß auf die Brust/ wie auch die vorderen Tappen sind weiß: Hat zwo Dutten/ einer Faust groß/ welche Himmelblau sind/ und einen weissen Bauch: Die hindern Füß sind schwartz: Und hat eben einen Rüssel wie ein Hundskopf.

Es wollen zwar etliche/ dieser Aff und die Meerkatz wären einerley Thier/ und geben jhm mancherley Namen/ aber der Leser mag nach seinem Gutbedüncken selber davon urtheilen: Dann ob gleich hier von viel geschrieben worden/ ist doch keine Außführliche Anzeige dabey.

Von Bartschwäntzern und den Indianischen Munaffen.

Von Bartschwäntzern.

Callitriches. Bartschwäntzer.

Diese Art der Affen / sagt Plinius, findet man nirgends und auch an keinem andern Ort gezeuget in der gantzen Welt/ als eben in Ethiopien/ und ist der gantzen Gestalt nach/ den andern Affen ungleich: Hat einen Bart im Angesicht/und einen Schwantz/der zu hinderst wol hervor ragt und dick außgeschweifft ist. Sie seynd leichtlich zu fahen/aber man kan sie nicht wol aufbringen in frembder Lufft/ wann sie auß Ethiopien oder Morenland verführet werden: Sie sind auch viel lieblicher und kurtzweiliger/ dann andere Affen/ wie Solinus und Albertus melden. In Indien findet man auch die Bartschwäntzer/ doch gantz weiß / die werden geschossen/und also gefangen: Wann sie zahm worden/werden sie zu allen Dingen hurtig: Dann sie allein zur Kurtzweil erschaffen sind.

Man bringt zu Zeiten in Teutschland kleine Meerkatzen/die gebärtet sind/ und lange Schwäntze haben/die sind vielleicht dieser Art/oder eben diese Affen/davon wir hie schreiben.

Etliche kommen auf Löwen Art / so von den Brasiliensern Cagui, Congensern Pongi genannt werden/ und sind deren zweyerley Art / grosse und kleine: Die Grosse kömmet fast mit der Grösse der Meerkatzen überein.

Eine andere Art wird genannt Cataja, hat ein weißgelblichtes Haar/einen runden Kopf/kleine Naß/ wird sonsten auch mit einem spitzen Bärtlein/ Brasilianische Biesemkatz genannt.

In Guinea giebts ein andere Art Meerkatzen/ welche auch bärtig seyn/ mit rauhen und dunckelgelben Haaren/fast wie die Haasen auf dem Rücken sehen/einen kleinen Kopf/ und langen Schwantz. Clusius beschreibet ein Geschlecht von kleinen Meerkatzen/ welche er Sagovin nennet/ so von dem Vordertheil deß Kopfs einem Löwen gleichen solle/ aber von so schwacher Natur / daß sie auch die Bewegung deß Schiffes nicht erdulden können/hingegen so hoffärtig/ daß sie lieber Hungers sterben solten/als die geringste Ungemach außstehen/ welche Nierenbergius gesehen/ von Roderico Lincio herauß gebracht/ ist kleiner als ein Eichhorn gewesen/und so zart/ daß sie im Beltz hat müssen verwahret werden/das Gesicht soll einem Löwen geglichen haben/ von Farben dunckelgelb mit roth vermischt/ mit weiß zottichten Ohren/ die Brust theils mit rothen/ theils mit weissen Haaren bedeckt/ die andern Haar auf dem Rücken weiß und schwartz undereinander gestreiffet/

einen langen Schwantz von gleicher Farbe/schwar=

tzen Bauch/kurtze Bein/und jede mit fünf Fingern unterschieden.

Von dem Indianischen Munaffen.

Simia Prasiana. Indianischer Munaff.

Dese Affen findet man in Indien bey den Prasiern/dieselben haben von Natur so zarte und glatte Haar/daß die/so es nicht wissen/vermeynen/es seye also künstlich gesträlet und gekämmet: Ihr Bart ist eben wie deß Geyßmanns Bart gestaltet: Hat einen Schwantz wie ein Löw: Sein Haupt und der underste Theil deß Schwantzes ist gelb/der übrige Leib weiß. Und wiewol sie im Gebürge grobe Speise geniessen/und in Wäldern und Wüsteneyen ohne Vernunft wohnen/dennoch sind sie nicht so wild/sondern zahmer Natur/also/daß sie auch hauffenweiß den Stätten zulauffen/insonderheit der Statt Latage, darinnen der Indianische König seyne Residentz hat: In dieselbe Vorstatt kommen sie/allwo der König ihne täglich/umb zu essen/Reiß fürschütten läst: Wann sie denselben genossen/begeben sie sich nach ihrer Wohnung zu: Im Begegne thun sie Niemanden einiges Leyd an: Ihre Grösse gleichet sich einer Hircanischen Rüden oder Schafs=Hunde. Also werden sie vom Æliano beschrieben.

Strabo schätzt ihren Schwantz zwo Elen lang/ und meldet/sie seyen gar zahm/im Kurtzweilen aber erzörneten sich selbe etwas zu geschwinde.

Megasthenes schätzet dieser Affen Grösse/gleich den grösten Hunden/fünff Ellenbogen hoch/hätten Haarlocken wie ein Mensch/weiß von Angesicht/ dagegen am Leibe schwartz/doch nicht so unansehnlich wie andere Affen/sondern gantz holdselig und freundlich.

Es schreibet Petrus Martyr,daß in der neugefundenen Welt/umb die Gegend der Landschaft Carial, etliche Thier von seltzamer Art/erzeuget würden: Bevorab eines/so unter den natürlichen Geschöpffen gar wunderbar/und so groß wäre als ein starcke Meerkatze/selbiges habe ein langen dicken Schwantz/ mit demselben hencke es sich an einen Ast/schwencke und schockele sich ein mal oder drey/hin und her/ biß dasselbe einen starcken Schwung gewinne/umb auf einen andern Ast oder Baum sich zu schwingen/ dasselbe aber so geschwind/als ob es flöge. Dergleichen Thier/spricht Petrus Martyr, ward einsmals von einem Bogenschütze mit einem Flitschpfeile getroffen: Der Aff/so bald er die Wunde fühlete/lief er seinen Feind mit grossem Grimm an: Der Schütz zuckte sein Gewehr/setzte dem Thier mit Hauen und Stechen/so viel immer müglich war/zu/und hiebe demselben einen Arm ab/fieng also das gestümpelte Thier/wie sehr es sich auch sperrete/und führete es ins Schiff/da es dann under den Leuthen etwas zahmer/aber doch an eine Ketten geleget ward. Nach diesem giengen ohngefähr etliche Schifsgesellen auf das Land/und fiengen ein wild Schwein/dasselbe brachten sie auch lebendig in das Schiff. So bald diese zwey Thier einander ansichtig wurden/spreusseten sie ihre Borsten und Haare in die Höhe/und der Munaff sprang gantz erzürnet auf das Schwein/verwickelte es mit dem Schwantz/ und erwischte es mit dem übrigen Arm bey der Keel/ oder Gurgel/also/daß er das Schwein/wie sehr es auch zappelte/erwürgte und erstöckte.

Von den Baaben/Bawynen/oder Strobelköpffen.

Die Pilgerer/so zu Heiligen Grab ziehen/und ihre Wallfahrt durch die Wüsten Sinai nehmen/ schreiben von einem Affen/den sie Babuyen nennen: Und Hieronymus Cardanus beschreibt einen Affen/dessen Gestalt mit der Pilgerer ihrer Aussag fast überein kommet.

Dann er schreibet/

er sey

Von den Baaben und Hundsköpffen.

er sey so groß wie ein Mensch / und an den Schenckeln / dem männlichen Glied / und im Angesicht / wie ein wilder Mann / der gantz und gar mit Haar überwachsen: Ausserhalb dem Menschen sey kein Thier das grader auffrecht stehe. Es hat Weiber und Knaben lieb / und die Frembden eben wie seine Landsleuthe: So bald dieses Thier ledig wird / reisset es alles nieder / und will seinen Muthwillen offentlich und unverschämpt mit ihnen treiben. Es ist zwar ein wild Thier / aber doch so künstlich und geschickt / daß man wol etliche Menschen finden möchte / die nicht so Sinnreich / bevorab in Aethiopien / Morenland / in Tartarien / und bey den Pilappen.

Von den Hundsköpffen.

Cynocephalus. Hundskopff.

Von der Gestalt der Hundsköpffe.

Dieser Affen Nahmen kompt daher / weil sie einen Hundskopff haben / da sie sonst fast an allen Gliedern dem Menschen gleich sehen: So hat er auch Zähne wie der Hund / ist gantz wild / frech und kühn / und umb ein gutes grösser / als ein Hund: Seine Zähne sind auch härter und länger / und beissen gar übel: Diese Thier haben keine Stimm / klappern mit den Zänen gar laut: Undern Kynn sind sie bärtig / und haben gantz scharpffe Klauen an den Händen: An der Brust sind sie haarig wie am Kopff: So gehen sie auch aufrecht / und sind schnell mit ihren Füssen. Sie sehen sauer / und haben einen wilden rauhen Anblick: Von Geburt sind sie am männlichen Glied (welches ziemblich groß bey ihnen ist) beschnitten: Dem Weiblein hanget seine Mutter stäts vor dem Leib herauß.

Wo diese Hundsköpffe am meisten zu finden.

IN Lybien und Morenland / so jetzt under dem Priester Johann ist / da findet man diese Affen mit grosser Menge / bevorab bey den Wasseren: Dann sie sind zum Fischen gantz geschickt und geneigt. Dannenhero sagt Strabo, daß in der äussersten Gegend Arabiæ / von der Statt Dira an biß zu dem Gebürg / so gegen Mittag in das Meer daselbst gehet / der Hundsköpffe viel seyen. Welche Gegend dann jetzt fast das gantze Königreich Nubien heisset. So zeiget auch Arrianus an / wie von der Barigazischen See-Küst / am Meere hin / gegen Mittag zu / Völcker wohneten / die man Dachniabades heisse: Oberhalb denselbigen / gar tief im Land hinein / liege ein grosses Gebürg / welches under anderen Thieren / auch den Hundskopff erzeuge: Welches sich fast auf das

Königreich Cambejen unnd Narsindi ziehen läst: Dann die Barigazische Gegend wird jetzund Calicut genennet. So stimmet Philostratus mit dem auch überein/ da er schreibet/ daß solche Hundsköpf zwischen den zweyen Wassern/ Gange und Hyphas/ gefunden werden: Welche Gegend heutiges Tages für Cambejen und Narsindi gerechnet wird.

Von Nahrung dieser Hundsköpffen.

Wiewol Orus schreibet/ daß die Hundsköpf keine Fische essen/ so findet sichs doch auß Prete (oder Priester) Johannes Schreiben/ daß dieses Thier sich fast einen ganzen Tag under dem Wasser halte/ Fische zu fahen/ und auch ein grosse Menge Fische zu wegen bringe. Mandeln/ Eichlen/ Nüsse/ und dergleichen Obst/ so eine Schalen hat/ wann es das findet/ so beißt es solches auf/ isset den Kern davon/ und wirfft die Schalen hinweg. Gesotten oder gebraten Fleisch/ isset es gar gerne/ und so viel desto mehr/ wann es wol zugerichtet und gekochet ist: So es aber nicht gnug gesotten/ so ist der Appetit gar schlecht dasselbe zu essen. Wildprät fressen sie auch gern/ und weil sie gar behend und geschwind/ fahen sie desselben eine grosse Menge: Hernach bringen sie das Wild so sie gefangen/ umb/ zerreissen es mit den scharpfen Klauen in Stücke/ und braten es/ doch nit beym Feuer/ sondern an der Sonnen: Den Wein schlagen sie auch nicht auß.

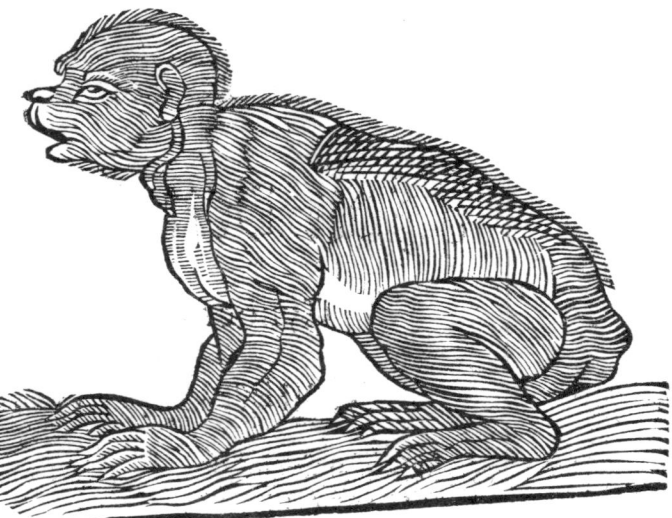

Wann sie jung gefangen werden/ so können sie mit Frauenmilch wol ernehret werden: Dann sie saugen an einer jeden Frau/ die jhnen die Brust darreicht.

Diese Affen mehren sich von Schaafen und Geissen/ und leben von derselbigen Milch.

Gemsen und Büffel aber/ erwürgen und fressen sie.

Von Natur und innerlicher Beschaffenheit deß Hundskopfs.

Ælianus will/ daß er ein gar gelehrsamb Thier sey/ ja fast Menschen Verstand habe: Begehre auch den Menschen allen Wandel nachzuthun: Und wann diese Thiere bekleidet/ wären sie gantz wol gemuth: Sie bedecken sich mit den Fellen so sie dem Wild außziehen: Was recht und billich halten sie steiff/ und beleidigen niemanden: Gleichwol können sie nicht reden/ verstehen hingegen die Indianische Spraach wol: So man mit jhnen redet/ heulen sie: Und findet man bey Oro, und anderen/ daß sie auch die Schrifft lernen: Strabo. Geogr. l. 15. meldet/ daß sie in Aegypten die Brief herumb tragen/ und bestellen: Und Bellonius obs. l. 2. c. 52. schreibet/ daß er derer gesehen/ die von den Leuten das Gelt vor jhre Herren eingefordert/ etliche können wol tantzen/ etliche pfeiffen/ etliche treiben Seitenspiel/ wie dann zu den Zeiten der Aegyptischen Könige/ die Ptolomäi genannt wurden/ viel Hundsköpfe/ solch Künste zu Höf getrieben/ hernach auch jhren Lohn dafür gleich gefordert/ und wann sie den empfangen/ in jhre Säckel/ so sie an jhnen getragen/ eingesteckt habe. Einmahl trug sichs zu/ daß der Hundsköpf einer in den Tempel kä/ da bot der Priester jhm zur Stund einen Grieffel und Schreibtäflein dar/ umb zu erfahren ob er auch der gelehrten Affen einer wäre.

Von Natur sind sie auch wilder als andere Affen/ beissen auch härter/ und werde nimmer so zahm/ wann sie erzürnet/ so werden sie rasend. Sie seynd bissig/ har.bändig/ eygensinnig/ raubgierig/ unverschämpt und zornig/ vielmehr als andere Thiere.

Wenn Tag und Nacht gleich seynd/ so brunztet der Hundskopf deß Tags und die Nacht 24. mal/ durch welches er den Tag und die Nacht in gleiche Stunden außtheilet/ und mit eben dergleichen und vielfältigem/ nemblich vier und zwantzig mahligem Heulen und Schreyen/ zeigt er die Stunden an.

Im Springen ist er künstlich/ aber unkeusch und unzüchtig/ also daß er vor Geylheit/ Frauen und Jungfrauen anrennt/ und sie nothzüchtigen will.

Er wäscht sich zwar stäts im Wasser/ besudelt sich aber gleiwol niemahls/ denn es bleibt kein Koth an jhm/ ob er gleich also naß auf dem Land umbher zeucht.

Er stirbt auch nicht/ wie andere Thiere/ so auf einmal dahin fahren: Sondern täglich erstirbt ein Glied an jhm/ welches man alsdann vergräbt/ und solches treibt er 72. Tage/ da immer ein Glied nach dem andern ermattet und vergraben wird/ so lang und viel/ biß auch das letzte todt bleibet.

Bey abnehmendem Mond/ richtet das Männlein sein Haupt nicht auf/ henckt die Schnautze stäts gegen der Erden/ siehet niemanden an/ und frisset nichts. Das Weiblein ist eben so wetterläunisch als das Männlein: Und über das hat es auch den Monatsfluß/ wie ein Weibsbild. So bald aber der Mond wiederumb zunimpt/ so sind sie frölich und guter Ding.

Es schreibt ein ungenandter Naturkündiger/ daß zu seiner Zeit dem König von Franckreich ein Thier so groß als ein grosser Rüde/ oder Schaafs-Hund/ seye verehret worden/ dessen Kopf einem Hundskopf nicht gar ungleich/ und die anderen Glieder fast alle/ wie menschliche Glieder/ als Halß/ Arme/ Schenckel/ und alles glatt und weiß/ gewesen. Es esse auch/ sagt er/ gern gekochtes Fleisch/ sitze bey dem Tisch und prange/ spitze die Finger/ und schiebe die

Von dem Hundskopf.

die Speiß züchtiglich ein/ also/ daß männiglich ihm menschliche Vernunft zumässe. Es sässe und stünde aufrecht wie ein Mensch. Mit Jungfrauen und Frauen hätte es gern zu thun: Manns- und Weibsbilder wüste es wol zu unterscheiden. Es hätte ein männlich Glied/ welches/ nach seiner Proportion, die anderen Gliedmasse deß Leibs/ an der Grösse übertraffe. Wann man es zu Zorn reitzte/ wütete es grausamlich / und beleydigte auch die Menschen hart. Wann man ihm aber fein leiß und freundlich zuredete/ wäre es gar zahm und züchtig/ wie ein Mensch/ und kurtzweilte mit den jenigen/ so mit ihm schertzten.

Was von dem Hundskopf dem Menschen zu nutz komme.

Die umbschweiffende Moren essen die Milch von den Hundsköpffen/ wie Plinius und Solinus davon melden.

Etliche lustige Historien/ vom Hundskopf herrührend.

Die Aegyptier haben den Brauch/ wo sie irgend eine Tugend/ Laster oder Gleichnuß anzeigen wöllen/ daß sie dasselbige nit durch Buchstaben/ sondern durch Bilder beschreiben oder vormahlen lassen. Derhalben/ wann sie die Zeit anzeigen wöllen/ da Tag und Nacht gleich ist/ mahlen sie einen solchen Hundskopf/ umb obangedeuteter Ursach willen/ dieweil er alsdann bruntzet und heulet zu außgetheilten Stunden.

Zu den Hundsköpfen kan auch gezogen werden das jenige Thier/ dessen Alvarez in seiner Aethiopischen Reißbeschreibung gedencket/ und so groß als ein Hämel/ mit langen rauhen Haaren abmahlet. Als auch deß Clutii seines/ mit zottichten Aschenfarbenen Haaren. So einen Schwantz gleich einer Meerkatzen/ mit einem langen Schnabel/ und gantz entblößtem Hindersten/ welcher so roth gefärbet/ als wann die Haut davon wäre abgezogen und gesehen worden.

Auf ihre Wasser-Uhren machen sie einen abgehauenen Hundskopf/ welcher Tropffenweiß tröpffelt/ und also zugerichtet ist/ daß das Wasser nicht langsamer/ auch nicht eher/ als eben zu rechter Zeit außlauffen kan: Und das thun sie wegen obiger Ursach/ dieweil der lebendige Hundskopf alle Stunden bruntzet.

Wann sie einen wollen einen guten Schwümmer anzeigen/ oder daß man schwümmen müsse/ so mahlen sie abermahls einen Hundskopf/ auß vorangezogener Ursache/ dieweil diß Thier ausser- und in dem Wasser nicht kothig wird.

Wo auch sein Bildnus stehet/ da wird man erinnert/ daß der Umblauff deß Himmels 72. Staffeln habe: Eben gleich wie diß Thier so viel mahl abnehmen muß/ ehe und biß es gar erstirbt.

Wolten sie einen gelehrten Mann andeuten/ so mahleten sie ihm einen Hundskopf bey/ weil dieses Thier/ wie gemeldet/ so gelehrsam.

Dem Gott Mercurio, als einem Gott der Geschwindigkeit und Künste/ ist dieses Thier geweyhet und zugeordnet gewesen.

Nimpt der Mond ab/ so zeigen sie solches durch das Gemälde dieses Thiers an/ und das umb gesagter seiner Traurigkeit willen. Den zunehmenden Mond beschreiben sie durch einen gecrönten Hundskopf/ so die Händ gen Himmel aufhebt. Dieweil der zur selbigen Zeit/ da Sonn und Mond sich mit ihrem Schein/ gleichsamb als Ehegatten/ zusammen verfügen/ so frölich zu seyn pfleget.

Die Beschneidung zeigen sie auch an durch dieses Thier: Dieweil es also beschnitten geboren wird.

Dergleichen vor wenig Jahren/ eines allhier nach Franckfurt/ auch gebracht/

Von Geyßmännleinen.

Satyrus. Geyßmännlein.

IN den Welttaffeln/ so jetzo Mappen genannt/ werden vielerley seltzamer Völcker/ und etlicher Thiere (als den Hundskopf/ von dem allererst geredet worden/) gedacht/ als ob es Menschen wären. Daher kompts/ daß dieselbige/ und andere/ wie auch die Geyßmännlein/ sind für Menschen gehalten worden. Etliche haben sie für Götter/ andere für Geister/ theils für halb Mensch und halb Vieh gehalten/ und beschrieben/ als ob dieselbe Hörner auf dem Haupt/ deßgleichen Geyßfüß und Geyßschenckel/ einen grossen Roßschwantz hätten und trügen/ und hielten sich in den Wüsteneyen auf. Jedannoch finden sich Affen so aufrecht gehen / rauchhärig und gantz wild sind/ und doch dem Menschen sonst an Glied

Gliedmassen fast gleich sehen: Und kan wol seyn/ daß der Teuffel zu Zeiten/ umb die Menschen und Schwachglaubige zu betriegen/ solcher Affen Gestalt und Natur an sich genommen/ in den Wüsteneyen sein Teuffelswerck getrieben/ und mit Muthwillen seine Geylheit verübet hat.

Neben dem so ist auch wahr/ daß die Forchtsamen und Bluthitzigen/ wann sie in Eynöden oder sonsten allein sind/ ihnen selbsten dergleichen Fantastenwerck fürbilden/ und sich bereden/ als ob sie dergleichen Geister/ Teuffel oder Gespenste sehen: Ja in den Träumen kompt ihnen solches für/ wiewol es im Werck selbsten/ nichts anders als blosse Einbildung. Dann wer gern solch Fabelwerck glaubet/ kan wol sagen/ diese Geyßmännlein seyen rechte Menschen.

Welches sich in deme gnugsamb zeiget/ daß ihrer viel in dem Wahn stecken/ als würden zu Nacht võ den Unholden (etliche nennen es Schröttelein) gedruckt: Dann sie bedüncket/ wie ein Mensch auf ihnen liege/ der sie mit schwerem Drucken ersticken wolle/ wolten gern um Hülf ruffen/ aber sie können nicht/ biß sie erwachen. Nun kompt dasselbe nirgend anders her/ als wo der Leib mit vielem Essen und Trincken überladen wird/ und weilen sie es nicht so bald verdäuen können/ als steiget solcher Dampf der Unddäuung auß dem Magen in das Haupt/ welches mehrentheils ein Vorbott der hinfallenden Sucht ist. Und wird diese Kranckheit bey den Lateinern Incubus genannt/ könte wol der Auffsitzer verteutschet werden. Auf Sächsisch nennet man es den Alp/ von dem Griechischen Wörtlein ἐφιάλτης her: Auch giebt man solchen Krancken ein Getränck von einem Stein ein/ den sie das Schoß nennen.

Es ist zwar nicht ohne/ daß die bösen Geister/ so die Hexen treiben/ und ihren bösen Muthwillen mit ihnen üben/ auch diesen Nahmen haben/ und Incubi oder Auffsitzer heissen: Hingegen die Schandteuffel/ so da den Mannsbildern deß Nachts allerhand Venus-Wercke/ und unzüchtige Anreitzungen einbilden/ die Underhaurer oder Buhl-Teuffel/ zu Latein Succubi genennet werden.

Wo diese Geyßmännlein wohnẽ/ und wie sie gefangen werden.

Ein weiterfahrner Mann/ Nahmens Euphemus, schreibet/ wie daß er den Oceanum, oder das grosse Welt-Meer umbfahren/ und etliche Insulen darinnen gefunden/ die Satyriades heissen (ohne Zweiffel sind es diese/ welche man heutiges Tages Groß- und Klein-Java, auch Angania genannt/) wo lauter dergleichen Geyßmännlein innen wohnen. Und spricht Plinius, daß in dem Indianischen Gebürg/ so gegen der Sonnen Auffgang gelegen/ in der Cartaduler Gegend/ so jetzund das Königreich Turquestam seyn möchte/ ein gätz schnell Thier gesägen werde/ das auf vier/ bißweile wie ein Mensch/ auf zweyen Füssen lauffe/ welches dem Menschen gleich sähe/ könte aber nicht gefangen werden/ es geschehe dann/ daß es Alters oder Kranckheit halben/ nicht weiter lauffen könte.

So sagt Ælianus, daß in India/ bey Palibothra, da die Parier wohnen/ in demselben Königreich/ so heutiges Tages Narsindi genannt wird/ eine solche Gestalt der Affen/ wie die Geißmännlein/ erfunden werde.

Deßgleichen gedencket auch Mela, daß in der Barbarey/ jenseit deß Bergs Atlas, deß Nachts offtermahls viel Liechter gesehen/ und ein grosses Gethön von Schallmeyen/ und Cymbeln/ oder Heerpaucken gehöret würde/ man könne aber daselbst niemand finden: Derhalben männiglich in dem vesten Wahn stünde/ daß die Geyßmännlein und Schröttelein solches Gerümpel hätten.

Solches zeigt auch Plinius an/ und sagt weiter/ wie in Morenland/ nicht weit von Hesperien (so jetzt das grünend Vorgebürge/ oder Capo-Verde, das ist/ Caput Viride, genannt wird) etliche lustige/ und gantz dick mit Bäumen besetzte schattichte Hügel/ gefunden werden/ da diese Geyßmännlein ihre Wohnung haben.

In Griechenland an dem Ort/ so vormahls Achaja gewesen/ und worinnen der Berg Parnassus gelegen/ jetzund ungefähr bey Roxa und Ostira, da hielte man vor Zeiten/ ein Jahr umb das ander/ dem Gott Baccho zu Ehren/ ein hohes Fest/ daselbst ließ sich alsdann eine gantze Procession und Versamblung der Geyßmännleinen sehen/ die ein grosses Jubilieren und Trommeln trieben. In Thüringen/ nicht weit von Eysenach/ ist ein Berg/ Hirselberg genannt/ davon ins gemein gesagt wird/ daß die Geyßmännlein darinnen wohnen sollen: Wie Irenicus und andere davon schreiben.

Von Speiß und Nahrung dieser Geyßmännleinen.

Die Geyßmännleine samblen ihre Speiß in die Backen/ die sie außfüllen/ und an einem sichern und gelegenen Ort/ ziehen sie dieselbige allgemach wieder auß dem Maul/ und käuen sie mit guter Ruhe.

Dem Wein sind sie so geneigt/ daß sie sich auch daran übertrincken und voll sauffen/ also/ daß sie in der Truncken heit gefangen/ und gezähmet werden.

Von innerlicher natürlicher Beschaffenheit deß Geyßmännleins.

Wegen Gaucklen/ Springen und Hüpffen/ haben sie keine Ruh/ sagt Plinius, und sind zahmer als die Hundsköpff: Sie werden in India gantz wol erzogen gefunden/ und solches haben sie mehr von sich selbst/ als von der Zucht und Unterweisung/ wie Ælianus bezeuget: Aber sie sind auch über die massen geyl und voll stinckender Böckischer Unkeuschheit/ also/ daß von ihne her die Kranckheit/ so man den Schlier oder Auffsatz nennet/ ihren Namen bekommen hat/ und Satyriasis geheissen worden/ wie Paulus der Artzt anzeiget: Uber das wird das unkeusche und unnatürliche Stiel ragen/ sonst Priapismus genannt/ von ihnen auch benamset. Ja der Auffsatz wird vornemblich/ wie Galenus sagt/ der Unkeuschheit halben/ und von wegen der Schäffer-Reuden/ so sich an diesen Geyßmännleinen auch befindet/ von ihnen her benahmet. So wird auch die Ragwurtz/ Stendelwurtz/ und das Knabenkraut

Von den Geyßmännleinen.

benkraut/ von jhnen her genennet: Darumb/ dieweil solche Wurtzeln und Kräuter / die Glieder zu den ehelichen Wercken etwas erfrischen und wieder stärcken sollen.

Von jhren schandbaren Geberden/ und stätigem Hüpffen / ist bey uns der Schläffer=Morisckentantz=Reyff=Schwert=und Nasentantz auffkommen / so zur Faßnacht und anderer übelangelegter Zeit / in unchristlichen Mummereyen gebraucht wird.

Schand=Lieder/ Ehrenrührige Gedichte/ Sprüche und Reymen / sind/ von dieser unverschämbter Geyßmännlinnen Art wegen/ Satyræ genennet worden.

Von jhrer unreinen Art schreibet Pausanias, daß Euphemus, ein Welterfahrner Mann/ zu etlichen Insulen kommen/ dahin er vom Ungewitter zu Land geworffen worden/ da sind dergleichen Geyßmännlein zugelauffen / die gantz stillschweigend auf die Schiff gesprungen/ und die Weiber überwältigen wollen: Derhalben die Schiffleuth jhnen ein gefangenes frembdes Weib hinauß aufs Land geworffen/ auf welches sie gesprungen/ und nicht allein an natürlichen Orten jhren Muthwillen mit solchem Weibe getrieben/ sondern auch ain gantzen Leibe geschwächt hätten.

Etliche lustige Historien/ von diesen Geyßmännleinen.

Die Mahler und Steinmetzen/ so bey den Alten geehret und in hohem Ansehen gewesen/ haben sich / mit Mahlung und Außhauung der Geyßmännleinen/ sonderlich geübt / under welchen Praxiteles die schönsten köstlichsten Bilder auß Marmel gehauen/ die unter die prächtigste Kunststücke der Römer zuzählen gewesen; Aber seinem eigenen Bedüncken nach/ hielt er under anderen seinen Bildern zwey Stücke für die Beste und künstlichste / deren das Eine sich einem Geyßmännlein vergliche. Nun war ein Weib zu Rom/ mit Nahmen Phrine/ die/ wegen jhrer Schönheit/ in aller Welt so hoch gepriesen war/ daß männiglich/ wie gewaltig/ reich/ künstlich und fürnehm er war/ jhr nachstellete/ und umb sie buhlete: Derhalben auch dieser Praxiteles versucht / jhre Liebe zu erwerben. Sie aber begehrete hingegen von jhm zu Lohn ein Bild/ under den jenigen/ so er gemachet/ und selbst für das köstlichste unnd künstlichste hielte: Der Steinmetz gab jhr die Wahl: Doch wolt er jhr nicht sagen/ welches jhn das Fürnehmste bedunckte. Darumb das Weib bald eine List erdachte / und jhn zu Gast lud. Hernach/ als der Schmauß am besten/ hatte sie es bestellt/ daß eylends eine Vettel gelauffen kam/ und sagte/ wie deß Praxitelis Werckstat mit Feuer angangen/ und der meiste Theil seiner Bilder verdorben wäre. Praxiteles sprang auß grossem Schröcken auf/ und fragte/ ob Cupido und das Geyßmännlein noch unversehret wären. Durch welche Frag Phrine gar wol verstund / welches Bild er am höchsten achtete. Derhalben sagte sie/ er solte frölich seyn/ es wäre an der Brunst gar nichts/ er solte jhr den Cupido geben: Dann sie hatte nun gut wissen/ was jhr Lohn/ und welches Bild jhm under seinen Bildern am liebsten wäre. Wovon beym Pausania zu lesen.

Als Lucius Cornelius Sylla, der Römische Hauptmann/ (oder Dictator) von Durazo auß/ in Welschland/ auf Brandizo, zuschiffen wolte/ kam er nicht weit von einer Statt an/ die vor diesem Apollonia geheissen/ und jetzund La Velona genannt wird/ da ward jhm angezeigt/ wie daselbst eine kleine Wasserhöle zu finden/ die geweyhet wäre/ und auß einem gantz grünenden und lustigen Berglein/ lieffe ein gantz fuериger Brunnen/ durch eine schöne Wiesen/ der sich in viele Bächlein außtheile/ und nimmer außtrockne: Und eben bey demselbigen hätte man ein Geyßmännlein schlaffend gefunden und ertappet/ das nicht anders gestaltet gewesen/ als wie die Mahler und Bildhauer es zu mahlen / und außzuhauen pflegten. Sylla befahl/ man solte den Geyßmann vor jhn bringen / und stellte dabey viel Dollmetscher/ die allerhand Sprachen kündig waren/ und den Geyßmann fragen sollten/ wer er doch wäre/ oder woher er käme. Je länger diese Dollmetscher mit jhm redten / je weniger sie auß jhm brachten: Und letzlich ließ er eine Stimme hören/ gleich wie ein Pferd wiegert/ und wie ein Bock meckelt/ also/ daß Sylla über dieser vermischten Pferds= und Bocksstimm erschracke / und die Götter anruffete/ daß sie solche unverständliche Stimm jhm nichts Böses noch Unglückseliges bedeuten lassen/ und jhn für Unglück bewahren wolten: Und gebott demnach/ man solte das Wunderthier hinweg führen/ und lauffen lassen. Wie bey Plutarcho weitläufftiger zu lesen.

Zu deß Kaysers Vespasiani Zeiten / war ein weiser Mann / Apollonius genannt/ der wegen Kunst halben/ die gantze Welt durchwandert hatte: Und als er in Morenland kommen/ an den Ort/ da deß Nils Strudel ist/ hat er sich sampt seinen Gefährten in einen Weyler zur Ruhe begeben/ und da sie zu Nacht essen wollen / haben sie ungefährlich etliche Weiber/ als eine/ sähe jhn: Die andere/ schlag drauff/ ꝛc. und etliche jhren Männern zuruffen hören/ sie solten dapffer nachlauffen/ drauf schlagen/ und jhn fahen und dergleichen mehr. Die Männer ergrieffen Spieß und Stangen/ und was jhnen am ersten zu Handen kam / die Weiber zu erretten. Dann es war vor Ankunfft deß Apollonii bey vierzig Wochen / in denselben Flecken ein Geyßmännlein kommen/ das den Weibern gantz gefähr/ und auf dieselb gar verleckert und erbrönst gewesen/ auch zwo zu Todte geritten/ denen es vor anderen hefftig nachgegangen war.

Wie nun die Gefährten Apollonii diesen Lermen hörten/ erschracken sie / und sagte einer under jhnen/ mit Namen Nilus: Da wird unser wol übel gewartet werden/ dieweil wir alle nackend: Der Unflat darff uns wol auch beyspringen / und werden wir uns seiner schwerlich erwehren können. Philostratus sagte: Seyd zufrieden/ für dieses sein Springen/ weiß ich schon eine Kunst/ welche Midas gebraucht hatt. Dann Midas ist auch ein wenig so genaturt und geartet gewesen/ wie die Geyßmännleine/ das spürt man an seinen Ohren: Derhalben auf eine Zeit ein Geyßmännlein den Midam nit allein mit der Stimm / sondern auch mit Pfeiffen und Singen verspottete. Solches abzuwenden/ hieß

Midas

Midas den Brunnen bey dem Königlichen Pallast/ darauß das Geyßmännlein tranck/ voll Wein füllen: Dann er hatte von seiner Mutter gehöret/ die Geyßmännlein würden mit Wein begütiget und zu Freunden gemachet. Da nun das Geyßmännlein getruncken/ ward es voll/ und also gefangen und gezähmt/ wodurch dann Midas seines Spottens abkam.

Und damit jhr solches nicht für Narren-Possen und Fantasey haltet/ so gehet fragen/ ob die Landleut nicht etwas Weins haben/ so wöllen wir denselben dem Geyßmännlein zu trincken geben/ so wird er hernach ruhig seyn. Der Landvogt ward angesprochen/ und wurden vier Aegyptische Eymer (so fast bey acht und viertzig alter Baßler Masse machen) deß besten Weins/ in die Vieh-Träncke/ so nicht weit vom Flecken lag/ geschüttet. Das Geyßmännlein so entweder vom Apollonio heimlich verzaubert/ oder aber durch den Geruch deß Weins gereitzet worden/ lief der Träncke zu/ soff sich voll/ und entschlieff. Apollonius sagte: Wolher/ lasset uns dem Geyßmännlein gute Possen machen: Rief darauf alle Einwohner deß Fleckens zusammen/ führte sie zu einem Wasserbade/ so etwann ein Ackerlänge von dem Flecken lag/ und zeigte jhnen den schlaffenden Geyßmann. Nun sagte er: Ihr sollt jhn weder mit Worten noch Streichen beleidigen/ so wird er hinführo euch auch zufrieden lassen.

Darbey sagte Apollonius weiter: Lasset euch diesen vorgegangenē Handel nicht seltzam seyn: Dann diese Geyßmännlein sind von Art und Natur auf die Weibsbilder verhitzt. Auch habe ich (sagte er) von einem/ der in meinem Alter/ und in der Insel Salamine/ die etwann Lemnos hieß/ geboren gewesen/ gehöret/ daß ein Geyßmännlein mit seiner Mutter gebuhlet/ und sagte mir/ er wäre eben wie dieser/ der da vor uns liegt/ gestaltet/ und nur über die Schultern mit einem Rehefell bedeckt gewesen/ welches er vornen auf der Brust mit deß Fells Beinen zugeknüpffet gehabt. Und diese History beschreibt Philostratus mit mehrern Worten.

S. Hieronymus schreibet auch/ wie dem heiligen Einsiedel S. Antonio, in einer Clausen zwischen einem rauhen Gebürg und finsterm Walde/ ein kleines Männlein mit einer hackichten Nasen/ und spitzgehörneten Stirnen begegnet sey/ an dem der Untertheil deß Leibes vom Gürtel hinab/ eben wie ein Geyß gestaltet gewesen. Antonius den Schild deß Glaubens/ und Pantzer der Hoffnung nehmende/ ließ sich/ als ein steiffer Kriegsmann/ nicht erschröcken/ denn das Thier jhm etliche Dattelkerne/ als Proviant/ zuwarff/ umb Fried und Freundschafft bey jhme zu erwerben. Er stunde still/ und fragte das Thier/ was es doch wäre. Es antwortete: Ich bin auch sterblich/ und in dieser rauhen Wildnuß ein Einwohner: Die thörichte Heydenschafft hat sich biß hieher lassen äffen/ und uns für Götter gehalten/ die wir aber nicht sind. Jetzund bin ich als ein Anwald und Bottschaffter von meines gleichen Heerde außgesandt/ dich zu bitten/ daß du den allgemeinen Gott für uns anruffen wollest: Dann wir dessen versichert/ daß er umb der gantzen Welt jhres ewigen Heyls willen vom Himmel kommen ist. Solche Worte hatte das Thier kaum außgeredt/ da lieff es so geschwind davon/ als ob es Flügel hätte.

Damit aber dieses was von den Geyßmännleinen gesagt worden/ nicht für ein Tandmährlein geachtet/ und für unglaublich gehalten werde/ so hat man dessen ein gewisses Muster under dem Kayser Constantino, wovon noch Zeugnüsse in der Welt vorhanden/ warhafftig gesehen: Dann ein dergleichen Thier damals in die Statt Alexandrien/ jetzo Scanderia geheissen/ also lebendig gebracht/ und in offenem Schauplatz gezeiget: Und als es gestorben/ dessen todter Leychnamb/ damit er nicht von Hitz erstäncke und verfaulte/ in Saltz eingemacht/ und dem Kayser gen Antiochien/ zusehen/ zugeschickt worden.

Von den rauhen Waldmännleinen.

Pilosus. **Rauch Waldmännlein.**

ES schreibet Ælianus, daß jenseyt dem Indischen Gebürg/ eine gantz rauhe Wildnuß sey/ denselbigen Ort nenne man Cortuden/ da seyen wilde Thier/ die sich schier mit diesen Geyßmännleinen vergleichen/ aber am gantzen Leib rauch und haarig seyen/ und einen Roßschwantz tragen. Dieselbigen bleiben jhr Lebenlang stäts in dickem Gebüsch und Gesträuche/ und werden nimmer zahm gemacht.

Solche Thier werden von den umbwohnenden Leuthen gejagt/ welche Hunde halten/ sie damit zu hetzen: Aber sind so schnell/ daß sie nichts drauf geben: Dann sie sind so unglaublich geschwind auf die Berge/ und lassen Steine und Felsen von oben herab/ auf die/ so jhnen nachjagen/ herunder lauffen. Doch spricht er/ wann sie Junge tragen/ oder kranck seyen/ so werden sie zu Zeiten gefangen.

Das ist eben nicht weit ab von vorhergehender Beschreibung/ so andere dem Geißmännlein beylegen. Lasse derhalben den Leser davon urtheilen.

Albertus Magnus schreibet/ daß in Sachsenland/ gegen der Marck zu/ da jetzt die Dietmarsen wohnen/ in einem Wald zwey Thiere/ ein Fräulein und ein Männlein seyen gefangen worden/ so fast dem Menschen an allen Gliedern gleich/ doch überall haarig und zottricht gewesen. Die Hund haben das Weiblein todt gebissen: Das Männlein aber ist gar kirr und also zahm gemacht worden/ daß es gantz aufrecht daher gangen/ und etliche wenige Wort reden gelernet/ die es aber gar übel geradbrechet/ und nie habe herauß bringen können. Es habe eine Stimme gehabt wie eine Geyß oder Rehe/ aber keine Vernunfft/ und sich geschämet/ seine Notturfft mit Bruntzen/ oder sonsten zu thun. Den Weibsbildern sey es gefährlich gewesen/ und habe sie an allen Orten/ zu jederzeit/ offentlich angefallen/ Büberey mit jhnen zu treiben.

Nun

Von den rauhen Waldmänleinen und dem Forstteuffel. 19

Nun dieses Thier nennet Albertus Pilosum, und schätzet es dem Geyßmännlein gleich/ wie an anderen Orten zu sehen/ und nicht nöthig hiezu erzählen.

Hieher gehöret der Indianische Orangoutang,

Von dem Forstteuffel.

Gleich wie dieses Thier/ weiters von niemanden mehr/ als im Jahr nach Christi Geburt 1531. gefangen und gesehen worden; Also ist es ohne Zweiffel eine erschröckliche und bedeutliche

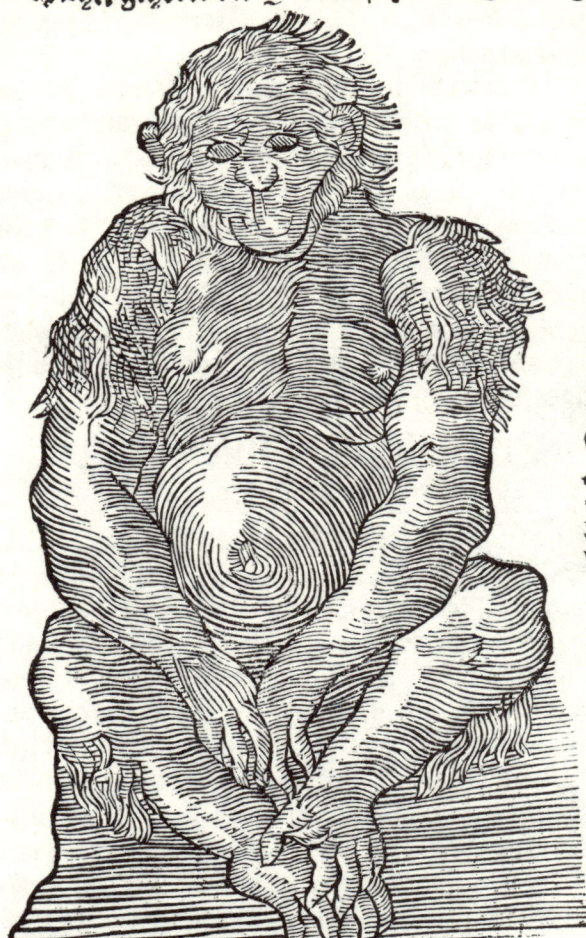

so auß Angola dem Prinzen von Oranien geschicket/ und von Tulpio lib. 3. Obs. 56. weitläufftig beschrieben wird.

Wundergeburt gewesen/ hat auch keinen besonderen Nahmen/ darumb hab ich es einen Forstteuffel genannt/ dieweil es seiner abscheulichen Gestalt nach/ den gemahlten Teuffeln nicht ungleich siehet: Wol wissende/ daß der verdampte Geist/ so man den Teuffel nennet/ zwar ohne Gestalt und Leib sey/ von Malern aber aufs ungestalteste/ so viel immer müglich/ fürgebildet wird: Anzuzeigen/ in was grausamen Jammer der Fluch Gottes/ den Menschen umb der Sünden willen/ auch die herrlichste Creatur/ gestürtzet/ und in unsägliche Abscheulichkeit verstossen. Nun dieses Thier ist im Ertz-Stifft Saltzburg/ im Häßberger Forst under anderm Gejägt/ gefangen worden/ ist falbgälber Farb/ und ganz wild gewesen/ so daß es/ als mans gefangen/ keinen Menschen ansehen wolte/ sondern es verschloff und verbarg sich in alle Winckel/ dahin es kommen konte. Auch konte man es weder mit Locken noch mit Gewalt dahin bringen/ daß es gessen oder getruncken/ starb derhalben in wenig Tagen/ nachdem es gefangen worden.

Von dem Jungfrauaffen.
Sphinx. Jungfrauaff.

s meldet Plinius, diese Affen seyen braunhärig/ hätten zwey Dutten an der Brust/ und wären sonsten unterschiedlicher wunderbarlicher Gestalt: Solinus setzet hinzu/ sie seyen von Haar zottight/ hätten rundlicht starrende Dutten oder Brüste/ und seyen leichtlich zahm zu machen. Dann von Natur/ sagt Diodorus Siculus, sind sie gütig/ auch zu mancherley Possen und Künsten geartet/ eben wie der Elefant/ der Sittich oder Papagey/ und

das Geyßmännlein/wie Ælianus sagt: Es thut Albertus hinzu/ob sie schon wild sind/ so lassen sie sich dannoch zähmen/ aber so zahm werden sie nimmer/ daß sie denjenigen nicht Schaden thun/ die sie vexiren und plagen: Den jenigen aber/ so sie unbekümmert und mit Frieden lassen/ thun sie nichts.

Etliche schreiben jhm eine Gestalt zu/ daß er Haupt/ Arme und Händ habe wie eine Jungfrau/ der Leib sey oben her wie ein Hund/ er habe Flügel wie ein Vogel/ eine Menschenstimm/ Klauen wie ein Löw/ und einen Schwantz wie ein Drach. Doch sagt Ælianus, die Aegyptier haben diesen Affen allein in zweyerley Gestalt gemahlet/ oben wie eine Jungfrau/ und unden wie einen Löwen.

Alciatus, ein gelehrter Jurist/ hat von diesem Jungfrauaffen/ dieses Verstands geschrieben:

Du wunderst dich vielleicht
Warumb diß seltzam Thier/
Den Jungfrau-Nahm erreicht?
Man stellet dir hier für/
Mit diesen Löwen Füß/
Mit dieser doppeln Brust/
Und den gepaarten Flügel/
Der Hochmuth seye süß/
Die Unkeuschheit eine Lust/
Und schwing sich über Hügel
Des Menschen leichte Hand/
Durch blosen Unverstand.

Derowegen dieser hochvernünfftige Mann/ diesen Affen/ nach anderer Meynung/ oben als eine Jungfrau/ und unden wie einen Löwen/ mit Flügeln beschreiben/ darbey anzeigen wollen/ daß der Unverstand durch Wollust/ als die da durch das Jungfrauenbild angezeigt wird/ wie auch durch Hoffart/ so deß Löwen Füß vorbilden/ und durch Verwegenheit/ so die Flügel bedeuten/ ernehret/ ja verursacht werde. Dahingegen ein jeder/ so sich selbst erkenne/ eines andern Fehler und Gebrechen erkennen/ und wie ein weiser Mensch/ nach dem Exempel/ so er vor jhm siehet/ seinen Mangel verbessern/ und eines anderen Ubelstand zum Besten zu kehren sich befleissen könne. Diese Gestalt legt jhm auch Ausonius zu/ da er sagt:

Ein Vogel auf dē Rück/ ein Jungfrau vō Gesicht/ und mit vier Löwenfüß/ hat manches hingericht.

Die Mahler und Steinmetzen mahlē und hauen dieses Thier in vielerley Gestalten/ und ist auch wol glaublich/ daß sie darzu gutte Fug und Macht haben/ auch nicht fehlen mögen an seiner Gestalt/ dieweil auch die Naturkündiger ungleich davon schreiben/ und jeder sein Bedüncken davon/ was er nie gesehen anzeigen will. Dann ob wol etliche schreiben/ daß solche Thier bey den Traglodytern/ so man heutiges Tags das Königreich Seylam nennet/ und auch in der Gegend deß Landes Habesch gefunden werden/ ist dannoch jhrer keiner/ der fürgeben könne/ daß er es gesehen habe. Derhalben ich der Meynung bleib/ daß diese Gestalt deß Thiers ein Gedicht der alten Aegyptier sey/ die solche Bildnüsse/ an statt jhrer Schrifft/ aller Welt fürgebildet haben/ mit jhren eigenen geheimen Bedeutungē. Dann wie Celius schreibet/ so haben sie dieses Thiers Bildnüsse auf alle Portale/ oder Thürgestelle jhrer Tempel und Götzenhäuser mahlen oder hauen lassen/ umb dem gemeinen Mann dardurch zu verstehen zu geben/ daß jhre Lehre von der Gottheit verdunckelt/ auch wohl mit Mährleien verdeckt/ und also verrückt und verfinstert wäre/ daß man durch solches die helle Warheit nicht wol erkennen könte.

Michael Psellus vermeynt/ es hätten die Poeten diese Wundergestalt also beschrieben/ umb dadurch zu erkennen zu geben/ wie der Mensch durch mancherley kräfftige Qualitäten und Arten/ zu einem rechten Menschen würde. Als nemblich durch den Sinn/ durch die Vernunfft/ durch den Verstand und die Gedancken/ durch die Einbildung/ und Begreiffung oder Gelehrsamkeit wodurch er gleichsam zu einem Mittelding wird zwischen einem vernünfftigen und unvernünfftigen Thiere.

Etliche lustige Historien/ von diesem Thiere.

ES schreibet Palephatus, daß Cadmus ein Amazonisch Weib gehabt habe/ mit Nahmen Sphinx, die hab er mit jhm gen Theben geführet/ so in Boetien gelegen. Daselbst war ein König/ Nahmens Draco, den brachte Cadmus umb/ und nahm das Land ein/ darzu vermählete er jhm Harmoniam, deß Dracons Schwester. Wie Sphinx das vernommen/ daß sich Cadmus an ein ander Weib gehenckt/ plünderte sie den Pallast/ und machete eine Meuterey wider Cadmum, also/ daß viel Bürger auß der statt mit Haab und Gut jhr nachzogen/ und sich auf einen Berg lägerten/ den sie nach jhrer Hauptmännin/ Sphincium nenneteē. Nun hatte sie under anderen dem Cadmo auch einen lieben Hund hinweg geführet/ der gar groß und schnell war/ dessen er übel entbehren konnte. Und als sie sich auf dem Berg mit jhrem Anhang verschantzet hatte/ überfiel sie die Underthanen deß Cadmi täglich/ raubte/ brannte und brachte umb/ was sie bekommen konte/ und hielte sich ritterlich gegen sie/ daß jhr nit beyzukommen/ oder etwas abzubrechen war/ biß zuletzt Cadmus groß Gelt außbieten ließ/ dem jenigen/ der Sphingen umbbringen würde. Also war ein Jüngling auß Corinthen/ mit Nahmen Oedipus, derselbe war wol beritten/ und gantz hurtig zu Pferd/ der kam bey Nacht auf den Berg/ und brachte das Weib umb/ dardurch dann dem Krieg ein Loch gemacht ward.

Suidas erzählt diese Historiam anders/ und sagt/ daß dieser Oedipus ein Sohn gewesen/ Laij deß Königs zu Thebe/ welcher Lajus, so bald jhm Oedipus gebohren/ das Kind hinwerffen heissen. Also ward es in ein Gebürg geworffen/ und von einem Hirten Melebo genannt/ gefunden/ auferzogen und underhalten/ biß es zu seinen Jahren kam/ da begab sich Oedipus auf die Rauberey. Umb dieselbe Zeit war in selbiger Gegend herumb/ ein Weib seßhafftig/ das von Gestalt unförmlich/ und von Gemüth rauberisch und wild war/ und nach dem Todt jhres Mannes/ alle Strassenräuber und Mörder an sich henckte/ auch einen vesten Ort einnahm/ und denselbigen wol verwahrete/ wer dann darfür zog/ den grieff sie an/ und brachte jhn umb: Und dieses Weib hieß mit Nahmen Sphinx. Oedipus understund sich einer gefährlichen List/ wagete es/ und gesellete sich

Von dem Jungfrauaffen.

zu jhr / als ob er jhr Spießgesell und Helffer seyn wolte/ nahm der Zeit war / understach sie und allen jhren Anhang / weßwegen die Thebaner jhn als einen dapffern Mann / zum Könige auffwarffen/ dargegen Lajum, jhren König / als einen verzagten Mann / der sie von gemeldtem Weib nicht retten mögen/ erwürgten. Als das geschehen/ nahm die Königin Jocaste Oedipum zur Ehe/ unwissend/ daß er jhr Sohn war.

Sophocles und andere beschreiben diese Fabel anders/ nemblich: Lajus, der König zu Thebe/ nahm zur Ehe Jocasten/ die war unfruchtbar: Er aber hätte gerne Kinder gehabt/ derhalben er den Apollo anruffte/ er solte jhm Erben bescheren. Der Abgott sagte jhm/ er bäthe umb sein Unglück/ es würde jhm ein Sohn gebohren werden/ der würde jhn tödten. Als er nun auff eine Zeit/ wol bezechet/ sich zu seiner Frauen gelegt/ und sie geschwängert hatte/ gedachte er an die Dräuwort deß Abgotts / und so bald das Kind gebohren ward/ befahl er einem Hirten/ er solte das Kind erwürgen. Der Hirt nahm das Kind/ stach jhm durch die Füß / und hängte es an einen Baum/ da ward es von einem andern Hirten/ Melebo genannt/ deß Königs Polybi zu Corintho Diener/ gefunden/ derselbige löste es auß Erbarmung ab/ und brachte es seinem Herrn / der auch keinen Erben hatte. Also ward Oedipus am Hof ehrlich aufferzogen. Als er nun zu seinen Jahren kommen/ ruckte jhm seiner Gesellen einer auf/ daß er ein Fündelkind wäre. Da zog er gen Delphi zu seinem Abgott/ und fragete jhn/ wer doch sein Vatter wäre: Der Abgott gab jhm eben diese Antwort/ er würde seinen Vatter selbst umbbringen/ und seine Mutter zum Weibe nehmen: Derowegen wolte er nicht wieder gen Corintho kehren. Wie er nun auf der Strassen an eine Wegscheide kommen/ so gegen Thebas zuführte/ da begegnete jhm sein Vatter Lajus, Oedipus kante jhn nicht / wolte jhm auch nicht auß dem Wege weichen: Da zuckte der König den Scepter/ und schlug Oedipum auf den Schädel: Dieser ward zornig/ und stach Lajum todt. Zur selben Zeit war ein Wunderthier/ mit Nahmen Sphinx, das hatte ein Jungfrauen-Angesicht/ verlegte die Strassen/ und thät den Thebanern viel zu Leyd: Dann wo es einen/ der vorüber gieng/ erwüschte/ so führte es jhn auf einen hohen Felsen/ und gab jhm ein Räthsel auf/ erriethers nicht / so stürzte es jhn über den Felsen ab: Und brachte also viel umb jhr Leben: Das Rättsel aber soll also gelautet haben:

Es ist ein einig Thier mit zwey/ drey und vier Füssen (Flüssen
Demselben gleichet kein's in Lufft / Erd / Feuer
  Wann es viel Füsse braucht/ kom't es auß zahrter Krafft/
Und daß de alten Holtz zuletzt gebricht der Safft.

Aber als auch dieser Oedipus von dem Thier dieser Frag halben angeredet worden/ soll er darauf geantwortet haben:

Die höchste Creatur/ der keine ander gleichet/
Der Feuer/ Lufft/ und Erd/ das Wasser/ alles weichet (bohren/
Ist freylich ja der Mensch: Und wann er wird geboren
So braucht er Händ und Füß/ biß er die Blut erreicht
Nach rechter Art zu geh'n/ bald wenn er die verlohren (schleicht.
Nimbt er noch einen Fuß/ damit ins Grabe

Diese Außlegung (sagen etliche) habe Sphinx für gut geachtet/ und darumb sich von einem hohen Felsen gestürzet/ und also sich selbst ertödtet/ darauff die Thebaner jhn zum König erwählt hätten/ ꝛc.

Von dem Fuchsaffen.

Simivulpa.   Fuchsaff.

Als under andern mit Herren Christophoro Colombo, einem Genueser/ der sich in Königliche Hispanische Dienste begeben / neue Insulen zu suchen/ auch etliche andere geschickte Männer mitgefahren/ als Vincentianus Pinzonus, der in die jenige Gegend/ so man heut zu Tage Payra heisset/ kommen/ daselbsten er (wie er sagt) so dicke Bäume gefunden/ daß einen sechszehen Mann kaum umbklaffteren mögen. Under denselben haben sie damals ein Thier gesehen/ das vornen eine Fuchs/ außgenommen die Ohren/ die wie an einer Fledermauß gewesen/ an vordern Tappen einer Menschen Hand etwas

etwas ähnlich/hinden aber/von der Brust an/einem Affen gleich gewesen: Doch unden am Bauch hat es ein Beutel/ gleich wie ein grosser lederner Sack/ darein verbirgt es seine Jungen / und trägt sie/ wann es sie gebohren/ stäts in demselben Beutel hin und wieder: Sie kommen auch nicht darauß/ es sey dann/ daß sie saugen wollen/ oder so starck worden/daß sie ohne der Mutter Hülff/ ihre Nahrung selbsten zu finden wüsten. Also hat die Natur diesen Jungen Thierlein eine Zuflucht verschafft/ damit sie vor dem Jäger/ oder anderen wilden Thieren/ etwas sicherer seyn könten.

Dieser Thier eines/hat mehrgemeldter Pinzon/ sampt dreyen seiner Jungen gefangen/ und in die Schiffe gebracht / da die Jungen bald gestorben sind: Das Aelteste ist erst in Sevilla/von dannen gen Granaten gebracht worden/wo es etliche wenige Monat gelebt / aber wegen Veränderung der Lufft und der Nahrung/gestorben.

Diesen Nahmen/ Fuchsaffen/ haben wir ihm darumb gegeben/ dieweil sich keiner bißher besser auf ihn reymen wollen/ sonsten mag ein jeder ihn nennen/wie es ihm gefället.

Von einem frembden Affengeschlecht.

Galiopithecus.   Sagoin.   Eine Art der Meerkatzen.

Dieses Thier wird auß Brasilia gebracht/ist mittelmässiger Grösse/ artig/ geschwind/ aber doch forchtsamb dabey/ hat einen zarten Beltz/ isset Fastenspeiß/ Weinbeeren/ Weißbrod/ und dergleichen.

Von dem Aychhorn.

Sciurus.   Aychhorn.

Von äusserlicher und innerlicher Gestalt deß Aychhorns.

Das Aychhorn Arabisch &, Griechisch Σκίουρος, Lateinisch Sciurus, Frantzösisch un Escurieu, Italiänisch Schirato, Hispanisch la hordo Disquilo: Ist etwas dicker/ als das Wiselein/ aber nicht länger/ an der Farb fahl/ Kestenbraun oder schwartz/ darnach werden sie goldgelb: Im Alter findet man sie gantz grau: Doch haben sie gemeiniglich weisse Streiffen am Bauch.

Den Mastdarm hat es seiner Grösse nach grösser als andere Thiere: Und so man ihn auffschneidet/ ist er voll Unreinigkeit und gleich hart.

Vesalius will/ deß Männleins Geburtsglied seye von Bein. Sein Schwantz ist fast so groß als der gantze Leib/in Ansehung dessen Länge/ wie auch seiner dicken und zottichten Gestalt halben. Im undern Kyefel hat es zween hervorragende Zäne/ die alle seine andere Zänlein an der Länge unden und oben weit übertreffen.

Wo ihre Wohnung seye / und wo sie zu finden.

Nach Alberti Magni Außsage/wohnen dieselben in holen Bäumen/ haben gemeiniglich gegen Mittag einen/ und gegen Mitternacht den andern Außgang/ die sie entweder zustopffen/ oder offen

Von dem Ayhhorn.

fen laſſen / nachdem die Lufft wähet: Dann diß Thier will vom Wind unbekümmert ſeyn. In allen Landen iſt es ein gemeines Thier / doch ſoll es die meiſten und ſchönſten nach Mitternacht geben.

Von deß Ayhhorns Nahrung.

Nüß / Aepffel / Bieren / und anderes ſüſſes Obſt / das kernhafft iſt / iſſet es gern / ſetzt ſich auf die hinderen Füſſe / und mit den vorderen Pfoten ſchälet es die Speiſe / und ſteckt ſie damit ins Maul.

Etliche wollen / den Sommer trage es ein / wie die Omeyß / damit es den Winter zu eſſen habe. Dahingegen wollen andere / den Winter liege es verborgen innen / und ſchlaffe für ſeine Speiſe.

Von natürlicher Anmuth und Eygenſchafft deß Ayhhorns.

ES iſt das Ayhhörnlein / ein hurtiges und unruhiges Thierlein: Und wiewol es von Natur etwas wild iſt / wird es dannoch ſo zahm / daß es dem Menſchen in den Buſen / Ermel / und auf das Haupt laufft / und in die Kleider ſich verſteckt / auch ſo man ſie ſchon ledig läſt / und ſie außkommen / laufen ſie doch wieder zu Hauß. Bißweilen werden ſie gewöhnt / daß ſie ihre Wohnung in einem alten Hut haben / in Stuben / Saal- oder Kammer-Winckeln / da es dunckel iſt. Die Reichen machen jhnen Häußlein auß kleinen Schindeln / oder Bretlein / mit einem Außgang / und vor demſelbigen / ein von Dräten gemachtes Rad / welches auch nur einen Eingang hat / womit es an deß Häußleins Außgang in ſeinen Waltzen hart angerücket wird: Dann ſchleifft ſich das Ayhhörnlein in das Rad / treibt luſtige Poſſen darinnen / und laufft mit dem Rad ſo lange umb / biß es müde wird. So man dem Ayhhorn Knobloch vorleget / daß es darinnen beiſſet / ſo wird es deſto zahmer / und wird nicht leichtlich jemand beiſſen.

Es kan das Ayhhorn wiſſen / wann das Wetter ſich verändern will / derhalben pflegen ſie die Außgäng ihrer Wohnung zu verſtopffen / woher ſie mercken / daß ſolche Witterung kommen möge.

Wann das Ayhhorn / umb ſeine Nahrung zu ſuchen / an ein Waſſer kompt / und gern über daſſelbe wäre / ſo ſucht es ein Spänlein / darauff ſetzt es ſich / braucht ſeinen Schwantz an ſtatt eines Segels / richtet auch denſelben nach dem Winde / und ſchiffet alſo über das Waſſer. Man hat ſie auch dermaſſen über das Waſſer ſchiffen geſehen / daß ſie im Maul einen Tann- oder Zyrbelzapffen getragen.

So im Sommer die Sonn zu heiß ſcheinen will / braucht es ſeinen Schwantz als ein Dach / und machet jhm ſelbſten damit Schatten.

Wenn es von einem Baum zum anderen ſpringen / und jhm der Sprung zu weit ſeyn will / überſteigt es den Aſt / darauff es zu ſpringen willens iſt / und im Sprung wadlet es mit dem Schwantz / gleich als ob es mit Flügeln ſich in die Lufft ſchwänge / und erreicht dardurch ſein für genommenes Ziel.

So bald es ſeinen Schwantz erſicht / kriegt es Luſt zu ſpringen.

Laufft es auf der Erd / ſo ſchleiffet es ſeinen Schwantz nach: Setzt es ſich aber / ſo ſchlägt es jhn über den Rucken.

Den Frühling gehen ſie zuſammen / und bauen ſich von Reiſer und Blätter / Neſter / auf die Spitzen der höchſten Bäumen. Die Jungen aber / derer ſie gemeiniglich drey oder vier gebähren / ſollen den dritten oder vierdten Tag jhr Neſt verlaſſen.

Was man vom Ayhhorn brauche.

DAs Ayhhorn iſt gut zu eſſen / und gar ſüß am Fleiſch / ſagt Albertus, auch findet ſichs ſonſten / daß ſolches Fleiſch lieblich ſchmäckt: Auch blöden / ſiechen und ſchwachen Leuten zur Geſundheit dienlich geweſen: Doch ſeynd die Schwartzen beſſer zu eſſen dann die Rothen. Es mag auch ſein Fleiſch an Zärte / und dem guten Geſchmack nach / dem jungen Geyß- oder Caninichens-Fleiſche verglichen werden.

Seinen Balg brauche die Kürſchner / die Fuchs-Pelze damit zu füttern: Sonſt braucht man jhn zu keinem Futter / ob gleich etliche ſagen / er halte den Menſchen viel wärmer / als anderes Fellwerck. Deß Schwantz brauchen etliche zu Penſeln.

Nicht weit von der Tartarey iſt ein Ländlein / Sibirn genannt / bey dem Waſſer Jaick / das in das Caspiſche Meer / ſo jetzt der Chelueciſche See / ſöſt Gualinsko morie, oder Morze, genannt wird / fleuſſet / daſelbſt hat es ſonderlich viel und groſſe Ayhhörner / ſo andere an Schönheit weit übertreffen / und bey den Moscowitern gar theuer verkaufft werden. Es haben auch vor Zeiten die Moscowiter jhren Herren / an ſtatt deß jährlichten Tributs und Zinſes / auß jedem Hauß etliche Ayhhorns-Bälge hergeben müſſen / dieweil damahls weder Gold noch Silber bey jhnen im Brauch geweſen.

Das Fett von dem Eichhorn erweichet / und wird von Galeno ſonderlich hoch gehalten in Schmertzen der Ohren. Die Wahrſager gebrauchen die Zähn / damit von zukünfftigen Dingen wahrzuſagen.

Von dem Africanischen Aychhorn
Scyurus Getulus genannt.

Diese sonderliche Art der Aychhorn wird auß Barbarien gebracht/ und ist von Farben roth und schwartz gemischet/ an der Seyten hat es weisse und schwartze Strich/ so sich biß durch den Schwantz ziehen. Der Bauch aber ist blaulecht. Ist ein wenig kleiner/ als das gemeine Aychhorn/ hat auch nicht solche außgestreckte Ohren/ sondern rund-und der Haut gantz gleich/ an dem Kopf gleichet es den Fröschen/ an anderer Gestalt aber ist es dem Aychhorn so wohl an Gebärden/ alt Art und Natur/ gantz ähnlich/ den Schwantz trägt es zuweilen auch auf dem Rucken/ und hat ein sehr gut/köstlich Fleisch.

Von Indianischen Aychhorn sollen fünfferley Arten seyn/ wie Nierenbergius bezeuget: Deren erste Tliltic oder Tlilococotequillin von schwartzer Farb deß gantzen Leibes also genannt wird/ dieses Thier hat einen wollichten Schwantz/ und eine Stimm wie die Spatzen/ lässet sich leichtlich bezwingen/und von allerhand Speiß erhalten. Das zweyte heisset Quauhtechalloti, Quapactli, oder Cortric-Olotequilin, dieweil es einen gelblichten Bauch hat/ ist noch zweymahl so groß als das Vorige/ und siehet an dem übrigen Theil deß Leibes/ weiß/ schwartz/ und dunckel roth vermischet/ es lebet in der Erden/ worinnen es auch seine Jungen heckt/ isset und träget zusammen von Indianischen Früchten/ und lässet sich gantz nicht zahm machen. Hieher schickt sich das Mexicanische Aychhorn/ so Nardus Antonius Rechus beschreibet pag. 582. Die dritte Art wird Techallotl genannt/ so ein kahlen und kürtzern Schwantz haben/ lässet sich nicht bezwingen/

sondern beisset schröcklich/ und zerbeisset alles was ihm vorgeworffen wird/ siehet von Farben dunckelgelb und weiß/ die Speise kan es auch wie die Gemeine/ aufgerichtet essen/ hat sehr grosse Augen/ wann sie nach dem Leib betrachtet werden/ machet sich in die Hölen von Baumwoll ein weich Nest/ und hat eine Stimm wie die Spatzen. Die vierdte Art nennen sie Thalmototli, welches einer Spannen lang ist/ und hat nach seiner Grösse ein dicken Kopf/ und grosse Augen/ sein Schwantz ist weiß mit dunckelgelb und roth vermischet/ wie auch sein gantzer Leib von vielen Farben ist. Das fünffte Geschlecht wird Yztactechalolt genannt/ dieweil es ein weißlecht Thier/ und an Gestalt den andern fast gleich kommet.

Von dem Veeh.
Mus Ponticus sive Venetus. Das Veeh.

Das Veeh/ welches die Polacken Popieliza nennen/ ist dem Aychhorn an Gestalt fast gleich/ doch etwas grösser/ und mit kleinerem Schwantz/ dann das Aychhorn: An Speiß/ Wohnung/ und Art/ ist gantz kein Underscheid zwischen jhnen: Nur daß das Veeh an der Farb auf dem Rücken Aeschenfarb/ oder wie der meiste Theil redet/ grau ist/ am Bauch ist es weiß/ und wird sein Balg für ein köstliches Futter gehalten/ welches Manns-und Weibs-Personen brauchen: Gemeiniglich werden den Weibern jhre Beltz darmit verbrembt. Die Chorherren machen und tragen Chorkappen darauß.

In Polen/ Preussen/ und im Dännemarckischen Walde/ der Landsruck genannt/ wird dieses Thier mit Hauffen gefangen. Hierbey kan gebracht werden Mus Ponticus aut Scythicus volans, das fliegende Veeh. Welches bey den Litthauern insonderheit gesehen wird/ die es brauchen in Triessen und Schmertzen der Augen/ damit zu säubern und abzutrucken: Bey den vordern Füssen hat es etliche

Haar

Von dem Veeh.

Haar rund beyeinander/ gleich wie ein Flügel/ mit einem Baum auf den andern fliehen soll: Der Schwantz dieses Thiers soll eines andern Aichhorns Schwantz gleichen/ ohngefehr fünff Finger lang/ mit weiß und schwartzen dicken Haaren. Der Bauch und Rucken ist weiß mit braun gesprengt. Der Balg aber so zart und weich als Sammet/ die Ohren kürtzer und runder als des gemeinen Veehs. Ihr Leib dünn und breit: Und werden die Kleyder sehr mit diesen Bälgen gefüttert.

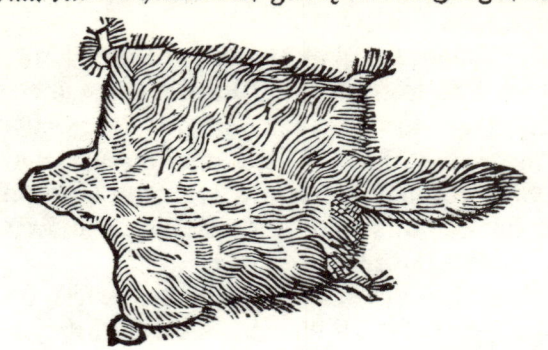

welchen/ nach Bezeugung der Einwohner es von

Von dem Bären.
Ursus. Bär.

D Der

Der Bär Hebräisch דוב, Arabisch ךב, Griechisch Ἄρκτος, Lateinisch Ursus, Frantzösisch Ours, Italiänisch Orso, Hispanisch Osso genannt/ ist ein fast flüssiges/ grosses und ungestaltes Thier/ mit einer dicken zottichten und rauhen Haut/ fast schwartz/ wiewol er an etlichen Orthen auch weiß ist. Und etliche wollen/ sonderlich Albertus, daß er wegen seiner flüssigen/ kalten/ schleimigen unnd frostigen Natur/ wann er sich mit seinem Weiblein vermische/ ein solchen Saamen lasse/ der sich gar nicht in der Bärmutter formiren könte/ wo er nicht biß an den eingehenden Frühling mit seinem Springen wartete: Dann in dem Hornung ist er läufftig/ und trägt das Weiblein nicht länger/ als 30. Tage: Seine Jungen gebiert es/ in der Zeit da es innliegt und schläfft. Es gebiert auch seiner Grösse nach/ das kleineste Thier/ so ein wenig grösser dann eine Ratten/ und kleiner ist als eine Katz/ und zwar gemeiniglich viere miteinander/ zuweilen auch fünffe: Dieselbigen sind blind/ wann sie erst gebohren werden: An Füssen und anderen Gliedern den Alten gantz unähnlich/ und anzusehen/ als ob sie ihre Glieder nicht alle hätten/ oder eine Mißgeburt wären: Weßwegen sie ihre Jungen lecken/ und dardurch erst recht formiren/ auch immer an der Brust und in dem Schoß haben/ sie damit gleichsamb erquicken/ und ihnen leibliche Wärme mittheilen. So gar ungestalt ist der erstgebohrne Bär/ daß auch etliche vermeynter Weise geschrieben/ die alte Bärin gebähre erstlich nur ein rohes Stücke Fleisch/ dasselbige wärme und brüte sie dann an ihrer Brust erst recht auß/ und lecke es/ biß daß es zu einem Bären gestaltet werde/ wie bey Aristotele, Horo, Virgilio, Gellio, Ovidio, Petronio, Plinio, Plutarcho, Polluce, Æliano, Solino, Oppiano, Galeno, Clemente, Ambrosio, Isidoro, Phile, Damir zu lesen. Scaliger, Camerarius, Laurentius, Matthiolus, Dalecampius und Vossius aber legen es besser auß/ und sagen/ daß die junge Bären wie ein Stuck Fleisch außsehen/ weil sie in einer starcken Nachgeburt liegen/ so die alten Bären durch Lecken und Beissen von den jungen Bären loß machen/ und also ihre Gestalt bekommen.

Er hat ein schwaches Haupt/ insonderheit vornen auf dem Schädel/ und einen langen Rüssel/ fast wie ein Schwein/ Nachzähn und ein Gebiß wie ein Hund/ einen kurtzen Halß/ stumpffe Ohren/ und blöde Augen/ aber gar mächtig starck ist er in den vordern und hindern Schenckeln: Seine Füß heist man Tatzen/ die sind wie menschliche Händ und Füß gespalten/ in fünf Theil oder Finger/ mit scharpffen Klauen. Ein kleines Schwantzstümplein hat er/ wie andere zottige Thiere.

Vier Dutten oder Säugwartzen hat der Bär/ oder die Bärin: Und das männliche Glied des Bären ist beynern. Daß er nicht gar schnell lauffen kan/ ist die Ursach/ weil er/ wie der Mensch seine Gelenck und Gleychwürbel hinder sich lencket/ und auch die Gauffen oder innwendige Fläche an seinen Tatzen fleischlicht ist. Bißweilen gehet er auf seinen hindern Füssen aufrecht.

Der Bär hat nicht mehr Eyngeweyde/ als den Magen/ welcher etwas grösser ist/ als in andern Thieren: Gleich auf den Magen folgt sein Gedärm. Er hat auch kein Marck/ wie Plinius meldet/ aber doch Schmär und Speck. Seine Stimme wird ein Brummen genannt/ dessen gebrauchet er sich/ wann er erzürnet ist.

Das Weiblein ist auch grösser von Leib/ und grimmiger als das Männlein: Und wie etliche sprechen/ wächst er weil er lebt.

Galenus schreibet/ daß in dem Bären die Nerven an dem Halß/ so Nervi recurrentes genannt werden/ und in den andern Thieren sehr subtiel/ hier aber wegen ihrer Grösse leicht zufinden seyen/ worauß zu schöpffen/ daß deßwegen die Bären stätig/ und laut brummen können/ dann weilen die Lufftröhr durch diese Nerven im Reden und Schreyen muß beweget werden/ geschiehet es/ daß wann man mit grosser Müh in Hunden und andern Thieren diese zarte Nerven ablöset/ und entzwey schneidet/ der Hund alsbald ohne weitere Verletzung keine Stimme mehr von sich geben kan.

Wo und wie vielerley Bären zu finden.

Ob gleich der Bär ein gemeines Thier ist/ sind doch desselbigen vielerley Arten/ und werden auch an unterschiedlichen Orten gefunden/ als Seinbär/ Schlagbär/ Hauptbär/ Fischbär/ Ymbär/ Omsbär/ Obstbär/ und ist doch alles fast ein Thier/ ausserhalb der Farb und Nahrung so es braucht. Vornehmlich aber findet man in Teutschland im Alpgebürg/ oder in dem Schweitzerland/ Bären mit Mengel/ die groß/ starck/ und muthig sind/ und Ochsen/ Pferd/ und was sie finden: niderschlagen: Darumb sie/ von wegen deß Gebürgs/ Steinbären/ ihres Schlagens halben aber Schlagbären genannt werden.

In der Littau findet man Hauptbären/ deren einer bißweilen zwantzig Schuch lang ist: Wie dann dem Kayser/ Herrn Maximiliano hochlöblicher Gedächtnus eine Haut zukommen/ die zwey und zwantzig Schuch und ein halben lang/ und so breit gewesen/ daß man keine so weite Ochsenhaut nicht finden können.

Von dem Bären.

In Yßland und andern Mittnächtigen Insulen/ findet man einen grimmigen und gar grossen weissen Bären/ der mit seinen Tatzen das Eyß aufbricht/ und fischet: Dergleichen findet man in Wossen/ oder Bosnia/ Syrfien/ Rätzen/ Sogocien und Bulgarey. Item in Indien bey den Baccalaoten.

Bey den Moscowitern sind auch sehr grosse weisse Bären/ welche dem Honig gar gefähr/ wie dann alle Bären der Bienen Jägteuffel sind.

In Indien findet man einen grossen Bären/ den nennen sie Omsbär: Dann die Menge der grossen Omeissen thut daselbst dem Land grossen Schaden/ und die frißt der Bär/ wo er sie antrifft: Auch lecket er alle harte Omeyssen Hauffen mit seiner feuchten Zunge auf: Ist sonsten nicht wild oder grimmig/ und mehr von Gestalt/ als von Natur/ ein Bär.

Und wiewol Plinius behaupten will/ daß in Barbarien/ oder im gantzen Africa/ kein Bär seye/ so ist doch durch andere Scribenten angezeiget worden/ daß daselbst viel grimmigere/ auch zottichtere Bären gefunden werden/ als anderswo: Und wie grimmig sie auch wären/ so machte man sie/ wie etliche wollen/ dennoch so zahm/ daß sie sich zähmen/ und jhnen ein Gebiß einlegen liessen.

In Morenland/ da Priester Johann regieret/ ist auß desselben Schreiben zu ersehen/ daß weisse Bären darinnen sind.

In Arabien/ so heut zu Tag das Reich Habesch genannt/ giebts fleischfrässige/ grosse/ grimmige/ und schnelle Bären/ die falb und Kästenbraun sind.

Noch findet sich bey den Reussen und Wossen/ (oder Bosniern) eine Art weisser Bären/ welche einen vergifften Athem haben/ also/ wo sie etwas anhauchen/ welches andere Thier fressen sollen/ so vergifften sie dasselbige mit jhrem Athem/ daß es jhnen zur Speiß nit nützlich ist. Jagt jhme ein Hund nach/ so hauchet er denselbigen an/ daß er krafftloß wird/ und in wenig Tagen hinfällt und stirbt. Kompt jhm ein Jäger oder Hund zu nah/ so sprützet er so viel Schleim oder Geyffer auf jhn/ biß er jhn ersticket.

Die grimmigsten Bären/ so zu finden/ will Ammianus Marcellinus, seyen in Persien.

Wie etliche wollen/ so zeuget Candia und Engelland keinen Bären.

Eine andere Art ist/ so allein dem Obst gefährlich/ sonst aber nit schädlich ist/ und von einem Ort zum andern wandelt/ die heissen Wandel- oder Obstbären/ sind nit so groß wie die anderen/ etwas forchtsamb/ ohn allen Grimm/ man beleidige sie dann.

Von Nahrung der Bären.

Der Bär/ wie gemeldet/ frist Honig/ Obst und Fleisch/ auch Kraut: Hirsche und wilde Schweine überrumpelt er/ wenn es jhm geräth. Fällt auch das Rindvieh an und tödtet es. Den Ochsen fällt er an/ und treibt jhn zu ermüden/ eine Weile sein Spiel mit jhm/ dann fällt er jhm an den Rucken. Der Ochs will gegen jhm stossen/ der Bär aber erwischt jhn mit den vordern Tatzen bey den Hörnern/ und die hindern Tatzen schlägt er jhm in den Brustkern/ henckt sich also an/ umb jhn mit seiner Schwere niderzureissen/ und beißt jhm in die Nasen/ damit er jhn allda/ als am zärtesten Gliede verwunden möge/ und das treibt er so lang mit jhm/ biß er jhn zu Boden reist. Desselbigen frisches Fleisch frisset er also roh: Wiewol etliche wollen/ Aristotelis Meynung sey/ der Bär frässe kein Fleisch/ es sey dann fast faul/ da gleichwol die Erfahrung das Widerspiel bezeuget/ so man sie etwa in Metzgen auffzeucht.

Den Schaafställen ist er auch gar gefährde/ und gehet deß Nachts umb sie her/ und suchet einzubrechen/ damit er eines und anderes Schaaf zerreissen und fressen möge.

Und wiewol man sagen will/ daß sie keinen todten Menschen fressen (derhalben die/ so von jhnen nidergeschlagen würden/ wann sie sich aufs Angesicht legten/ und den Athem einhielten/ also unverletzt davon kommen können) so schreibet doch Ammianus Marcellinus, daß der Bär frisch erwürgte Menschen biß auf das Gebein atnage und fresse.

Doch ist nichts/ daß sie lieber fressen als Honig:

Im Hunger aber/ so sie anderst nichts finden können/ nagen sie das neuaußgeschlagene Laub und die jungen Schosse oder Reyser an den Bäumen ab: Ja sie verderben auch allerley Saat von Getreyd und Graß/ Weintrauben sind nicht sicher vor jhnen/ wann sie sonst keine andere Speise bekommen können.

Er frist auch Krebs und Fische/ sagt Plinius und andere mehr/ deren zuvor gedacht worden. Darzu schreibt ein Seneser/ Matheolus genannt/ daß ein Baum seye/ den etliche auf Lateinisch Spinam albam

D 2

albam heissen/ die Etschländer nennen die Frucht so er trägt/ Bärenbrot: Hie zu Land wird sie Meelbeer genannt/ welche der Bär gar gerne frist. Deßgleichen die Hindbeer/ Item die Kräuselbeer/ Saurach oder Erbsich/ und die S. Johannes-Beerlein/ frist er auch gern/ wie etliche schreiben.

Doch was ich hie Bärenbrot und Meelbeer verteutscht/ nennen die Aertzte Spinam albam, Oxycanthum, Spinam appendicem, (anderswo heist man es Frauendistel/ oder Hagdorn) Kreuselbeer nennen sie Vvam crispam, oder Crispinam, Uvam ursi, Erbsich ist Berberis, (anderswo Berber-Beeren genannt) wiewol etliche Vvam ursi für S. Johannes Träubel schätzen: Vermeyne auch der Nahme Hindbeer (Himbbeer/ Hundsbeer) räume sich besser auf den Namen Cinosbatus, dann der Buckten (oder Hagebutten) Doch so hab ich dieses alles hie darüb melden wöllen/ damit nit jemand gedächte/ ich wüste nicht/ daß es den Aertzten in Benennung der Kräuter/ Stauden/ Bäumen und dergleichen auch bißweilen mangle: Dann ein jeder nennet solche Geschöpffe wie es jhm gefällt/ oder seine Lands-Art mit sich bringet. Sonst hindert es hie nichts/ dann der Bär frist von allen diesen Stauden und Bäumen die Früchte alle ab/ wann jhn hungert. Im Trincken so lappet und sauft der Bär nicht wie ein ander Thier/ sondern er beisset in das Wasser wie in die Speise.

Von natürlicher Art oder innerlicher Neygung und Beschaffenheit deß Bärens.

Als Männlein und Weiblein vom Bären/ haben ein blödes Gesicht/ deßhalben sie offtermals Plerr- oder dunckele Augen bekommen: Und weil sie wol wissen/ daß jhnen solches von überflüssigem Geblüte und böser Feuchtigkeit deß Haupts herkompt: So lauffen sie zu einem Ymmen- oder zu einer Bienenzucht/ reissen die Körb und Stöcke auf/ darmit dieselben sie stechen/ und jhnen solch überflüssiges Geblüt benehmen. Hat sich der Bär überfüllt/ so sucht er einen Omeyßhauffen/ setzt sich zu demselben hin/ streckt seine geyfferige Zunge/ die jhm von süsser Speise noch gantz feucht ist/ in den Hauffen/ und läst sie also darauff still liegen/ biß daß sie voller Omeyssen wird/ alsdann zuckt er sie mit den Omeyssen in Rachen/ und verschluckt sie/ das reiniget jhm seinen Magen/ und machet jhn zum Erbrechen geschickt/ wovon er wieder lustig und gesund wird.

Deßgleichen thut er auch/ wann er etwann Allraunäpffel verschluckt und gefressen hat/ woran er sonst sterben müste/ wo er nicht jhm selbsten mit den Omeyssen hülffe.

So er verwundet wird/ alsdann sucht er Kräuter/ die truckener Krafft sind/ und heilet sich darmit. Und bevorauß sucht er das Kraut/ so Wildwullkraut zu Teutsch/ Griechisch Φλόμος, Lateinisch Verbascum agreste genennet wird: Sonsten heilet er alle Schläge und Geschwulst/ außgenommen die offene Wunden/ mit Saugung seiner Tatzen.

Der Allraundpffel halben muß ich den Leser erinnern/ wie daß Mandragora, so wir Allraun verteutschen/ nicht das Kraut sey/ davon die Landstreicher reden/ wie man desselben Wurtzel under dem Galgen graben müsse/ allwo sie von der Gehenckten jhrem Harn/ in Gestalt eines Weib- oder Männleins zu wachsen pflegte/ und man sie also finden könne. Dann diese Kälberärtzt und Leutbetrieger schnitzen eine solche Manns- oder Weibsform auß Hundskürbsen/ ziehen dann mit reinen Nadlen reine Fäden durch derselben geschnitzte Häupter/ und legens in Latten oder Leymen/ da gewinnt es Erdfarbe/ und nennen es denn Allraun. Aber Allraun ist an jhm selbst ein Kraut mit Blättern/ dem Lattich fast gleich/ trägt grosse schwartze Beeren/ wovon einer/ der davon isset/ gleich entschläffet.

Der Bär ist ein falsches und unverschämtes Thier/ das so ungeschickt und tölpisch ist/ daß jhm niemand/ wegen seiner Unverschämigkeit trauen darff/ sintemal er in närrischer Weiß und im Vexiren tückischer ist/ als man sich zu jhm versiehet. Man sagt/ er stelle sich nicht leicht zur Wehr gegen dem Menschen/ es treibe jhn dann der bittere Hunger dazu/ wie grimmig er auch sonst von Natur seye: David aber dancket Gott/ daß Er jhn über den Bären Meister seyn lassen.

Gauckeln/ Tantzen/ und seltzame Sprünge/ lernet er: Daher bißweilen etliche Landfahrer solche Bären umbherführen/ und wie wir sagen/ ein Himmelreich und Schauspiel mit jhnen halten: Und zwar sind deren in Engelland viel/ die sich mit solchen Bären ernähren. Bißweilen lernen sie Brunnen außschöpffen durch einen Kran/ oder Ziehrad/ wie auch Steine an hohe Gemäur aufziehen: Doch werden sie nimmer so gar zahm gemacht/ daß sie jhres Grimmes und wilden Art gäntzlich vergessen: Sondern wann man am wenigsten Acht darauff hat/ dörffen sie einem wol am ehesten eine Tück beweisen.

Wann er zahm wird/ hat er Lust mit dem Menschen zu ringen/ doch will er unüberwunden seyn/ und muß der/ so mit jhm ringet/ bey Zeit fallen/ sonst erzürnet der Bär/ unnd darff dem Menschen der Schimpf wol zu sauer werden. Auch will er jhm nit leichtlich ins Maul sehen lassen: Hat auch nit gern daß man jhm viel die Nasen drücke: Daher Martialis sein Schimpf-Gedichte genommen/ dessen er sich wider seine Verleumbder gebraucht hat/ und ohngefähr also geteutschet werden mag.

Dem Bären traue nit; Ob er sich schon wird stelln
Als wär' er gantz gezähmt/ und sich wolt' zugeselln/
Beleckt

Beleckt dir auch die Händ: Wann er zu Zorn bewegt
So wirfft er von sich auß / was er im Hertzen hegt.

Dem Pferde / welches sonst dem Menschen zu Dienst erschaffe / ist er todfeind: Selbiges aber reucht jhn von ferne / rüstet sich derhalbe zu Streit / und liegt jhm auch mehr mit Geschicklichkeit ob / als durch Stärcke. Dann es springt über den Bären hin / schlägt im Springen mit den hindern Füssen auff jhn zu / und zerknitscht jhm den Schädel. Dargegen fällt der Bär auf den Rücken / und mit seinen scharpffen Klauen zerreist er jhm den Bauch / da das Pferd am weichsten ist.

Dem Esel ist er auch feind / dem Löwen gehässig / und dem Maulthier gefährlich.

Was aber sonst von Natur sonderliches und wunderbares an jhm ist / und vō seiner grossen / feuchten und geysserigē Complexion und Art herkompt / ist eben das Klauen=saugen / das Schlaffen / und das kana verborgen liegen. Aber hier ist noch ein grosser Zanck unter den Naturkündigern / ob er Kälte halben oder wegen anderer Ursach sich so lang verberge. Dann das Männlein liegt viertzig Tage / und das Weiblein vier Monate innen. Etliche wollen / er thue solches nicht der Kälte halben / sondern darumb / dieweil er von Obst und überflüssiger Speise sich etwas schwach befünde / und seine allzu grosse Fettigkeit für eine Kranckheit halte / dann schliesse er sich also ein / umb abzudäuen / und sich zu casteyen / :c.

Wann nun solche jhre natürliche Zeit herzu köpt / essen sie ein Kraut / das schlaffend macht / wie die gemeine Rede ist / aber niemand weiß deß Krauts Namen zu nennen. Doch will man sagen / daß auff eine Zeit im Schweitzer Gebürg ein Sēn oder Schweitzer / auß dem Sennhoff gangen / und auf dem Kopf einen grossen Käßnapf getragen / und von fernen einen Bären gesehen habe / welcher ein Kraut außgerupffet / und gefressen. Wie nun der Bär hinweg gangen / seye der Senn auch hinzu getretten / und habe der Wurtzeln und deß Krauts auch gessen / da sey jhm zur Stund der Schlaff ankomen / daß er sich desselbigen durchauß nicht erwehren können / darauf hab er sein Haupt mit dem Käßnapff bedeckt / und sich gleich am Wege zu schlaffen nidergelegt. Und ob es schon zu Anfang deß Winters gewesen / habe doch der Senn den Winter durchauß in aller Kälte unverschrt / biß in angehenden Frühling / geschlaffen / da seye er erst erwacht. Ob nun dieses ein Märlein / weiß ich nicht / aber es ist die gemeine Sage also. Fides penes credentem.

Wann nun den Bären der Schlaaf ankompt / und er keine Höle hat / so macht er jhm mit Rasen / Aesten / Reissig / Laub und anderm Gesträud / ein so dickes Nest / daß es dardurch gar nicht regnen kan. Zu seinem Lager oder Bette / trägt er Dornen / Laub und Gemöß ein: Ist es unsauber / so reiniget und säubert er es auß. Wann er sich nun einlegen will / gehet er zuvorderst auf seinen Zehen / und so leiß als er immer kan / doch nit vor sich / sondern Rücklings nach der Hölen / und so er nahe bey derselben ist / wältzet er sich darein / damit der Jäger seine Spur nicht finden möge.

Das Männlein hat sein eygen Nest / deßgleichen auch das Weiblein / welchem zu Ehren der Bär weitern Raum läst / und weil es schwänger / damit es weniger gedrückt werde / besser understreuet / und grössern Platz eingiebt.

Wenn sie dann an das Schlaffen kommen / so liegen sie die ersten viertzehen Tag so gar still / daß sie sich gar nicht regen / es poltere was da wolle: Ja weder vom Schlagen/ Stechen/ Hauen/ noch Verwunden sie mögen aufgeweckt werden. Darnach so richten sie sich zu Zeiten auf/ und saugen die Tatzen: Dann andere Speise versuchen sie gar nicht/ biß sie außgehen. Doch ist das kein stätes Sitzen/ sondern über eine kleine Weil/ wann sie gesogen/ schlaffen sie wieder ein/ richten sich dann abermahls auf/ und sitzen wie vor/ gehen aber nicht auß der Höle.

Zu dieser Zeit aber werden sie so feist/ daß sie sich kaum wenden oder umbkehren können/ insonderheit aber das Männlein: Wovon aber/ kan man eygentlich nicht wissen. Vom Schlaffe kan es nicht seyn: Dan derselbige währet allein vierzehen Tag/ so geneust er ja sonst keine Speiß: Dann in Zeit ihres Innliegens findet man gar nichts in ihrem Magen/ ja auch keine Feuchtigkeit und kein Blut/ als nur etliche kleine Blutstropffen umb das Hertz: Und sein Gedärme ist zur selben Zeit so leer/ daß es gleichsam aneinander klebt/ und als verschmachtet ist.

Ob es auch wol eine gemeine Baurenregel ist/ daß auf den andern Tag Hornungs/ so wir den Liechtmäßtag nennen/ der Bär/ so es kalt sey/ auß der Höle gehe/ seye es aber warm Wetter/ so schlieffe er wieder hinein: So bedunckt mich doch/ das köme daher/ dieweil das Männlein allein vierzig Tag/ das Weiblein aber vier Monat/ wie obgemeldet/ innliegt: Und nach der Außrechnung Alberti, gehet das Männlein im Hornung/ das Weiblein im Mayen auß. Dann der rechte Winter fahet an/ wann die Sonn in den Steinbock tritt/ welches gemeiniglich umb den zehenden/ eilfften/ oder zwölfften Tag deß Christmonats zugeschehen pflegt/ da dann von dar/ biß auf Liechtmeß/ zum meisten 42. Tage sind/ also daß das Männlein alsdann wol außgehen mag. Das Weiblein aber/ das seine Jungen in der Zeit seines Einliegens gebiert und außbrütet/ muß länger innliegen/ und findet man es vor der Zeit/ ehe die Früchte angehen/ nicht: Dann man nie gehört/ daß ein Bär gefangen worden/ der Junge getragen. Nun kompt der neue Meyschein/ gemeiniglich umb dē 10. 11. 12. oder 13. April/ also/ daß die Rechnung Alberti, dem Monschein nach/ zutrifft/ und dieweil das Weiblein viel grimmiger/ schädlicher/ und freudiger dann das Männlein/ auch nicht so leichtlich zu fangen noch zu finden/ glaube ich/ der gemeine Mann habe diesen Wahn/ daß der Bär wieder in das Loch gehe/ auß Ursachen/ dieweil bißweilen umb Liechtmeß/ das Männlein selten/ gegen dem Sommer aber beyde Weiblein und Männlein zum öfftern gesehen werden. Dem seye aber wie ihm wolle/ so ist doch glaublicher/ der Bär habe seine Zeit auß-und einzuschlieffen/ und seiner natürlichen Art halben/ verändere er dieselbige gar nicht.

Das könte wol seyn/ daß/ dieweil er/ der Bär/ im ersten Außgehen so gar blöde Augen hat/ daß er gleichsamb starrblind von dem Taglicht wird/ er alle mahl wieder zu der Hölen lauffe/ biß er allgemach nach und nach den Schein der Sonnen erdulden lernet. Dann das ist gewiß/ daß er/ wegen seiner blöden Augen/ bey seinem ersten Außgange die Sonne nicht erleiden kan.

Dieweil er auch die Zeit seines Innliegens ohn alle Speiß gewesen/ und dahero geschrumpffte Gedärm bekommen/ so sucht er gleich bey seinem ersten Außgange etliche saure/ dünstige und räsche Kräuter/ das Eingeweyd darmit auffzublähen und zu eröffnen: Auch ihm eine Lust und Begierde zum Essen zu erwecken: Und fürnemblich weiset ihn die Natur auf Aronen/ das Kraut und Wurtzel/ welches unserer Naterwurtz an Gestalt oder aber wegen habender gleichwürckender Krafft/ gantz ähnlich ist: Es hat zwar viel Namen/ und ist auch etwas Streit under den Aertzten/ wegen seiner Gestalt/ Blumen Frucht und Wurtzel halben. Darnach ist noch ein Kraut/ das heissen wir Gauchampffern/ oder Guckucksbrot/ das frist er auch: Dann eben wie Aron/ Dracontia minor, pes Vituli, Tarus, Aluf, wenn sie schon nicht einerley Gestalt/ doch wegen ihrer Krafft gleich saur und dünstig sind: Also hat auch dieses Kraut gleichen Geruch und gleiche Würckung.

Der Bär ist auch ein unkeusches unnd geyles Thier/ bevorab das Weiblein/ dasselbe reitzet stäts/ bey Tage und bey Nacht das Männlein zu der Liebe an. Und dieweil kein wildes Thier sein Weiblein mehr besteigt/ wann es trägt/ so befleist sich die Bärin/ wann sie vermerckt/ daß sie geladen hat/ die Frucht im Leib umbzubringen/ und von ihr zu werffen/ damit sie wieder mit ihrem Männlein ihres Willens pflegen möge. Daher haben die Araber ein Sprüchwort von den leichtfertigen Hurenhengsten

بالسِّ بَﻫْل Vrso libidinosior, daß sie geyler als Bären seyen.

Sie reiten auch einander nicht/ wie sonst vierfüssige Thiere/ sondern sie umbfahen einander wie die Menschen/ das Weiblein das oben aufliegende Männlein am Rücken. Solche ihre Vermischung geschicht mit angehendem Winter/ so sie jetzt sich einlegen wöllen/ welches dahero abzunehmen/ weil man selten eine Bärin findet/ die vorher ihre Jungen gebracht habe/ oder weil man selten eine fängt/ die Jungen in ihr trage: Und am 30. Tag nach ihrer Vermischung/ wirfft sie die Jungen ohn alle Form/ weiß und gestaltet/ wie ein Stuck Fleisch/ ohne Augen/ ohne Haar und ohne Blut/ gleich wie ein zusammen gewachsener Eyterstock/ nur daß er etliche Warzeichen hat der Klauen und Nägel/ dasselbige brütet sie/ wie oben gesagt/ an der Brust auß/ und lecket es so lang/ biß ein Bärlein darauß wird. So bald sie die Junge gemacht/ will sie zur Stund mit dem Männlein wieder geylen.

Und zur Zeit ihres Ge____s/ ist die Bärin viel grimmiger als sonst.

Grosse Liebe trägt sie zu ihren Jungen: Dann wann sie dieselben anführt zu weyden/ und sie von dem Jäger überrumpelt wird/ treibt sie die Jungen vor ihr her/ und mahnet sie zum Fliehen/ können sie/ so tragen sie selbige gar von dannen/ eines auf dem Rücken/ das andere im Rachen/ und fliehen auf die hohe Bäume mit ihnen. Ja alles was ihnen müglich/ thun sie zum Schutz und Auffenthalt ihrer Jungen. Ja sie wird gantz rasend/ so ihnen etwas begegnet/ oder so sie ihr gefangen werden. Weßwegen

unser

Von dem Bären.

unser HErr Gott / der die Sünden deß Volcks Israel durch Oseam den Propheten zu straffen geträuet / sagt: Ich will sie anfallen / wie eine Bärin / deren ihre Jungen geraubet worden.

So trägt auch der Bär eine besondere inbrünstige Liebe zu seines gleichen: Dann die todten Bären vergräbt er in die Erden. Ob er aber zu seinen Jungen eine Liebe trage / oder sich ihrer / sie zu nähren / annehme / ist noch im Zweiffel / dieweil neulich zu Bern im Nüchtland / da stäts etliche paar Bären / võ alter Stifftung her / auferzogen werden / der Bär die Jũge / so die Bärin brachte / alsbald erwürgt hat.

Daß er einen schwachen Schädel habe / weiß er wol / derhalben / wann er etwann hoch fällt / oder über einen Felsen abgestürtzt wird / schlägt er die vorderen Tatzen für / den Schädel darmit zu beschirmẽ.

Seine Feinde sind / der Löw / Aurochs / Naßhorn / Stier / Esel / Pferd / Fuchs / und das Meerkalb / welches er am meisten und ärgsten fürchtet: Wann es auf das Land kommet / so streiten sie miteinander / und muß der Bär leyden.

Was der Bär behauchet / das frist kein Thier nach ihm / so bösen Athem hat er.

Wie der Bär gefangen werde.

In dem Schweitzer Alpengebürg / läst man den Sommer über / alle Herden an Rindvieh / Schaafen und Geyssen / frey ledig im Gebürg gehen / und thut sie nicht in die Ställe / sie haben auch keinen Hirten bey jhnen / und kompt niemand zu jhnen / dann der Senn oder Melcker / so sie Morgens und Abends zu melcken zusammen locket: Derhalben ist man den Bären auffsetzig und feind / und beuth ein gewisses Geld darauf / wer dieser Thiere eins mit der Büchsen / oder mit dem Armbrust scheust / oder sonst umbbringet: Er wird / wann er gefangen oder erschossen worden / geschunden / und seine Haut mit Stroh außgefüllt / und für die Häuser an die Strassen außgehenckt: Sonst fällt man gemeinlich allein die Haut seines Kopfs auß / dieselbe wird mit gläsernen Augen / und einer roth tüchenen Zunge an die Thor und Thüren gemeiner Rathshäuser / oder an reicher Leuthe Palläste / angenaglet.

Die Chur-Wälder machen etliche Hurden oder Fallen / Bären und Wölffe darinnen zu fahen / hierzu richten sie etliche zusammengefügte Balcken auf / und hencken ein grossen schweren Block daran / das sie mit grossen schweren Steinen beschweret / und woran sie etwas vom Aaß vest gemacht haben: So dann der Bär kompt / und das Aaß fressen will / bewegt er das Zünglein / das das Bloch hält / fällt es / so tödtet und würgts den Bären / wo er anders mit gantzem Leib darunter kommen ist: Bißweilen geschicht es / daß es jhm nur ein Bein oder Tatzen abschlägt / darbey es jhn erwiescht hat / und kompt also auf dreyen Beinen darvon.

Underweilen werden tieffe Gruben außgegraben / und mit Reyssig überlegt / darauf werden grüne Wasen außgebreitet / und denn ein Luder / als Geyssen / Schaaf oder dergleichen / in die Mitten aufgesteckt: Oder man gräbt sie sonst umb einen fruchtbaren Baũ herũb. Wann nũ der Bär dẽ Aaß zulauffen will / fällt er in die Grubẽ / und wird also gefangẽ.

In Armenien führt der Jäger einen Leithund an einem Seyl in den Wald / wann dann der Hund eines Bären Nestes gewahr wird / und es erreucht / springt er und wolte gern dem Gespür nachlauffen. Der Jäger läst den Hund nicht lauffen / sondern nimpt mehr Gesellen zu sich / umbhäget die Gegend deß Gespürs / und läst im selben Gehäge oder Gezäune etliche Läuff offen / die mit Fällbenglen oder Schlagbäumen versehen / und mit außgespannten Wildseylern vermacht sind: Bey jeden Lauff versteckt er einen Mann. Hernach so spannen sie ein gestrieffelt härines Seyl auß / an einer Seyten deß Gehägs / etwann eines halben Mannes hoch von der Erden / mit allerley vielfarbigen Federen / als Geyren- Schwanen- und Störckenfedern besteckt / und behenckt / welche vom Wind beweget werden und schimmern / flattern und sausen. An die andere Seyte deß Gehägs machen sie vier Hütten / auß grünen Reysern / und in jeder Hütte ist ein Mann mit grünem Gemöß oder Aesten bekleidet und bedeckt. Wann dann alle Ding solcher Massen zugerichtet sind / so lauffen die Jungen Gesellen Hauffenweiß hinzu / und vor deß Bären Höle / haben ihre Jägerhörner / und blasen damit / durch welches Getümmel der Bär auß seinem Nest gereitzet wird / daß er grimmig / mit gläsernen feurigen Augen herfür laufft / und weil er vor der Menge erschrocken ist / laufft er dahin zu / wo es am weitesten Platz ist. Alsdann so schüttelen die Jäger das härine Seyl / das auch vom Wind sich bewegen läst / dasselbige machet ein Gesauß und Rauschen / dann wischen die grünen wilden Männer auch auf der ãnderen Seyten hervor / schreyen und jauchtzen / dergestallt / dz der Bär von solchem Geschrey / Gethön und Getümmel / nicht weiß / wo er hinauß soll / laufft stracks den Läuffen zu / und fällt in die Wildseyler / darinnen bleibt er behencken / und wird also gestochen. Wenn er aber umb sich greifft / und die Seyler vernagt oder zerreisset (wie er dann vielmals also entrunnen ist) findet man doch wol so geschickte Jäger / die ihm indessen ein Fußseil an die vorderen Tatzen werffen / und jhn damit so lang an einen Stock oder Baum binden / biß man jhnen zu Hülff kompt / den Bären zu bezwingen.

Bißweilen findet man einen muthigen Mann / der einen gantzen Küriß anlegt / und den Bären suchet / wo er jhn finden möge. Wann dann der Bär / mit jhm zu ringen / an jn fällt / zuckt er einen scharffen Sticher / suchet damit dem Thier das Hertz oder den Wanst / und sticht es zu todt. Doch muß ein solcher gar ein starcker unnd behertzter Mann seyn: Dann der Bär fällt jhn ungestümmig an / und läst sich nit leichtlich überwinde / sondern will stäts Meister seyn: Und jhrer viel seynd also ringend zu Boden geworffen worden: Er darf auch wol einen mit verbrochenen Armen / Schenckeln oder umbgedrehetem Halß abfertigen / wo er jhm nit entspringt / oder zur Erden auf den Bauch liegend / niderfällt / und den Athem an sich ziehet. Ist deßwegen besser / es stehe einer hinder die Lauffseiler / mit einem Schweinspieß / und wenn der Bär darin fällt / daß er zappelt / zeert und sich verwicklet / so sehe er / daß er jhm durch den

den Rachen und Halß einen guten starcken Stich gebe und also umbbringe. Der Bär zerbeißt zwar die Wildseiler nicht so gar leichtlich und bald / aber auß Stärcke zerreißt er sie: Dann er hat einen starcken / dicken und stumpffen Rüssel / und die Zähn stehen ihm weit drinnen / also / daß er nicht wol zukommen kan / sie zu zerbeissen. Sonst verläßt er sich auch auf seine Stärcke / und richtet mit Reissen mehr auß / als mit Beissen. Doch so ist er geschickt mit Waltzen / und wältzet sich offt auß / daß er den Jägern entgehet: Er überburtzelt sich auch vielmals / und löst sich also auß den Seyleren. Wo aber gute und grosse Rüden und Schaafhunde sind / da muß sich der Bär leyden / ob er wol ihrer viel schlägt und ertruckt. Umb Rom herumb jagt man sie gemeiniglich beym Monschein / da schleicht man ihnen nach / und schiesset sie entweder mit Armbrüsten oder Feuer-Röhren.

Die Polacken / wann sie innen werden / daß Bären vorhanden / und sie dieselben gern lebendig fangen wollen / so umbstellen 2. 3. oder 4000. Mann einen Wald / also / daß sie kaum Klafferweit von einander stehen. Alsdann machen sie ein groß Getümmel mit Trommen / Hörnern / Posaunen und dergleichen: Unterdessen hauet man Bäum und Gestäud umb / daß gleichsamb davon ein dicker Hag und Zaun wird / darauf wird der Bär alsdann zugejagt: Da stehen dann die Jäger und haben zubereitete Gablen / darmit fassen sie den Bären / einer die Tatzen / der andere die Füß / und der dritte den Kopf / biß man ihnen Maulkörb / oder Fußseyle angeworffen / damit werden sie also gefangen dem König zugeführet oder fürgeschleifft / der denn / seinem Lust nach / sie entweder mit Hunden hetzt / oder sonst mit Weydwerck fällt und umbbringet.

Bey den Moscowitern steigen die Bären auf die Bäume den Bienen nach / die Waben oder das Honig zu fressen. Wo aber keine Bienen in einem Baume sind / da hauen die Jäger ein Loch in den Baum / und bestreichen es mit Honig / so fliegen alsdann die Bienen hinzu / welche der Bär sucht und ihnen nachschleicht. Daselbst machen die Jäger eine schwere Kolbenzunge / die dicht vor dem Loch hängt / und mit spitzigen Nägeln beschlagen ist / und so offt sie der Bär aufflüfft / schlägt die Zung wieder zu / und trifft den Bären auf die Tatzen / worüber er erzürnet / und will den Kolben im Grimm hinweg reissen / aber je schneller er aufflüpft / je härtern Widerstreich thut der Kolben / so lang biß der Bär von Stacheln und Nägeln verwundet und matt wird / daß er über den Baum herab fällt / in etliche gespitzte Pfäl / welche darzubereitet / und unter dem Baum eingegraben sind.

In Norwegen werden dieser spitzigen Pfäle auch viel unden umb einen Baum geschlagen / auf welchem entweder Obst oder Bienen sind / die der Bär gern frißt: Und oben auf sägen sie den Baum ab / doch nicht gar / daß er bloß so lang halten möge / biß der Bär hinauf kompt / da er dann im Herabfallen / entweder umbbracht / oder gefangen wird.

Etliche hölen einen Baum oder Klotz auß / so tieff wie einen Brunnen-Eymer / an den Boden schütten sie Honig / und oben über werden etliche eyserne Halßringe gehenckt / durch welche der Bär seinen Kopf zwar einstossen / aber nicht wieder herauß bringen kan / daran zappelt er sich so müde / daß wenn er schon darauß kompt / er den Leuthen / so ihm begegnen / doch nichts thut / auß Ursach / weil ihm die Augen dunckel / die Zähne stumpf / und der Halß gar verrückt worden.

Die Jäger wissen zu erzählen / daß / wann der Bär gejagt / und dahin getrieben werde / daß er zu entgehen kein Mittel ersehen könne / er sich auf die hindern Füß setze / und dergestalt umb sich schlage / daß ihm auch keiner mit dem Schweinspieß gar wol zunahen dörffe. Derhalben so wirfft der Jäger ihm eine Haut oder ein altes Kleyd dar / das zerreisset er / und hat deß Stichs nicht acht / der ihm indessen vom Jäger gegeben wird / den er im Schmertzen je länger je weiter aufreißt / und also damit selbst seinen eigenen Todt befördert.

Jedes Thier / das blind gebohren / wird zu Zeiten mit Giefft getödtet / wie die Churländer fürgeben: Nun ist under den Kräutern eine Art / so die Waldenser Thora nennen / darvon auch in der Beschreibung deß Wolffs drunter weitere Meldung beschehen soll / mit desselben Kräuts Safft / der auß der Wurtzel / die eine Weil an einem feuchten Ort muß gelegen haben / gestossen wird / wird der Stral oder Stahl / damit man den Bären schiessen will / bestrichen. Es ist wunderlich zu sagen / wie schnell diß Giefft das Thier umbbringt. Dann von einem Waldenser glaubhafftig erzählet worden / daß ein Verwandter desselbigen / auf eine Zeit seinen Stral mit dem Safft vergifftet / und von ferne den Bären ein wenig / aber nicht tieff / darmit verwundet habe / da sey der Bär so grimmiglich im Wald hin- und wieder gelauffen / daß der Schütz vor Forcht auf einen gähen Felsen gestiegen / dahin der Bär nicht nachkommen können / von da herab habe er gesehen / wie der Bär also eine gute Weile herumb gezwirblet / und zuletzt nidergefallen und gestorben / als das Giefft ihm zum Hertzen kommen: Wie dann augenscheinlich zusehen gewesen / wie der Bär aufgeschnitten worden.

Es sagen auch etliche / als Arnoldus de Villa nova, und andere / daß ein Kraut sey / Marcillium genannt / welches / wann es in Speck einem Bären gelüdert werde / denselben / wie auch die Wölf und Füchs umbbringe. Doch vermeynen etliche diß Kraut Consiliginem zu seyn / so etliche wilde Benedicten Wurtzeln verteutschen. Und ist Consiligo ohne Zweiffel / das Kraut / davon Plinius und Columella schreiben / daß es bey den Æquicolis und Marsis wachse / da jetzund die Grafschafften Tagliacozo und Alba, der Ursiner und Colonneser Herrschafften / sind: Als welche ein sonderes Volck gewesen / dem Giefft zuwider: Dann was andere Leuth auß Giefft getödtet / das hat ihnen nicht schaden mögen: So haben sie auch alle gifftige Schlangen bannen und zusammen bringen können. Und dieweil der Abt Benedictus daselbst umbher eine Zeitlang gewohnet / dem zu Ehren auch die berühmte Kirche sampt dem Kloster mit seinem Nahmen allda an einem

Von dem Bären.

nem See gebauet worden / und deß Krauts gar viel umbher gefunden wird / mag so wol an der Krafft deß Krauts / als auch an dem Namen etwas seyn. Dann auch die Piemonteser diß Kraut Marsieure nennen.

In Armenien findet man schwartze Fische / die sind eben auch gifftig: Nun hat es viel Feygenbäum darinnen / denselben ist das Wild gar gefährlich / darumb so stossen die Leuth diesen Fisch zu Pulver / und bestreuen hernach die Feygenbäum darmit / kompt dann ein wildes Schwein / Hirsch oder Bär / so stirbt er / wann er von solchen Feygen gefressen hat / sagt Ælianus.

Es schreibet auch Plinius, daß die / so mit Löwen und Bären streiten müssen / eine List erdacht hätten / und jhnen bey dem ersten Anfall / in den auffgerissenen Rachen / Schusterschwärtz hinein geworffen / die so gar herb wäre / und jhnen das Maul zusammen zöge / daß sie nicht mehr beissen könnten.

Und dieweil auch der Bär einen gantz schwachen Schädel hat / ist es offt geschehen / daß sie mit der Faust oder Jagtspiesse / wann man sie auf den Kopf getroffen / getödtet worden / wie Plinius bezeuget.

Was vom Bären gutes zu nutzen.

ES sagt Galenus, daß etliche Bärenfleisch essen / nachdem es zwey oder drey mahl / biß es zu geniessen / gesotten worden. Die beyden Medici, Rasis und Isaacus, melden / daß es kalter / und garstiger Feuchtigkeit / auch schleimig und böß zu verdäuen: Und über das dem Miltzen und der Leber nachtheilig sey / und sehr böse Nahrung mit sich bringe / darumb es auch mehr zur Artzney / als zur Speiß zu gebrauchen: Und thut Platina hinzu / daß es viel Unflat im Menschen zeuge / und die Begierde und Lust zum Essen benehme. Doch so essens etliche in Pasteten / und zwar sollen die vorderen Tatzen ein Fürstliches Essen seyn an grosser Herrn Höfen. Welches vielleicht auß deß Plutarchi Meynung erlernet worden / der da sagt / daß die Stück / so an einem Thier am meisten und besten zur Däuung dienen / am besten zu essen seyen. Nun däuet das wol / das wol dünstet / welches dann gewißlich der Theil ist / der am meisten gebraucht und geübt wird. Wann dann der Bär seine vorderen Tatzen / in dem er damit gehet / und sonst alle Ding verrichtet / auch alles langt und thut / am meisten übet: Derhalben haben etliche gesagt / es nehme sie nimmer Wunder / warumb der Bär Winterszeit seine Tatzen sauge / dieweil sie eingesaltzen / und im Rauch gedörrt / so gar ein süsse Speiß wären / dergleichen nicht zu finden / was auch die Schleckmäuler bessers suchen möchten.

Und worüber sich noch mehr zu verwundern / so wüchse das Bärenfleisch / wann es zu der Zeit / da er pflegt innzuliegen / gekocht und aufbehalten würde / noch stäts in dem Topfe / und würde dessen immer mehr.

Das Bärenblut über Grind / Rauden und Krätze / und andere Geschwär deß Leibs gelegt / heilet es alles. Auch so einem Haar in den Augen wächst / und man jhm solches außrupfft / hingegen aber deß Bären Blut hinein tropfft / so ist es heilsam.

Bärenschmaltz ist zu vielen Dingen gut / auch deßhalben wunderbar / daß es zur Zeit / wann der Bär innligt / in demselbigen Geschirre / worinnen man es behält / auch zunimbt und wächst. Doch muß man dasselbige Schmaltz / wie Dioscorides will / auf nachfolgende Weise bereiten. Man soll das Schmaltz gantz warm / inwendig / und zwar umb die Nieren / da es am fettesten ist / auß dem Bären nehmen / in gantz kalt Regenwasser legen / alsdann das Häutlein darvon schälen / und das andere wol in Händen ballen oder knäten und außtruckenen / biß es ein wenig hart wird: Jedoch aber unter dem Ballen und Drücken in den Händen allezeit mit frischem Wasser anfeuchten. Hernach soll mans in einen irdenen Hafen thun / worein noch so viel Wasser gehen könne / als Schmaltz darinnen sey / und dann das Regenwasser darüber schütten / den Hafen füllen / und bey einer kleinen stäten Glut erwallen und auffsieden lassen / stäts aber mit einer Spattel umbrühren / und wenn es zergangen / durch eine Seyge lauffen lassen. Wann es dann wiederumb gestanden / und das Wasser darvon getropffet / soll man es abermahl in einen sauber außgewaschenen Hafen schütten / und darinnen nachmals ballen / darmit der gifftige Unflat desto ehe darvon gehe. Alsdann thue man abermahl Regenwasser darüber / und lasse es allgemach wieder zergehen: Und schütte es nachgehends in einen Mörser / der zuvor mit einem Schwamm feucht gemacht worden. So es dann wieder gestanden / schabt man die Trüsen oder das Garstige / so sich am Boden gesetzt / darvon ab / und zerschmältzt es zum dritten mahl / doch ohne Wasser: Wann man es nun also wol gesäubert / thue man es in ein verglassierte irrdene Büchse / und setze es an einen kalten Ort.

Wann jemanden das Haar außfällt / und er braucht Bärenschmaltz darzu / so wächst jhm das Haar wieder / wiewol Galenus sagt / man finde wol bessere Artzneyen darzu / das vielleicht wahr ist / wann man das Schmaltz allein brauchen wolte. Aber Galenus selbst hat dieses Schmaltz mit andern Sachen vermischt / und denn vielmahls zu dieser Kranckheit oder Schaden gebraucht. Dann er sagt: Man soll nehmen Bärenschmaltz / und eine gebrannte gepulverte Mauß / beydes mit Honig in einander rühren / und den Schaden damit schmieren.

Item man solle den Schaden mit Feygenblättern fleissig reiben / und den Bärenschmaltz darüber streichen.

So schreibt auch Rasis, daß Bärenschmaltz und Bärengall mit Pfeffer vermischt / und angestrichen / Haar zeuge.

Eychäpffel gestossen / und mit Bärenschmaltz vermischt / heilen ermeldten Schaden / und bringen das Haar wieder.

Nimb Bärenschmaltz / Bärenhaar / Callmusblätblätter und Wurtzel/ Geyßhaar und Steinfarn/ aber alles muß gebrennt und gepülvert seyn/ thue darzu Bülhartz/ und Cedertrauff/ jedes gleich viel/ misch dann also die acht Stuck undereinander/ und legs über den Schaden.

Brauchstu das Bärenschmaltz mit wilden Heidrosen/ so hilffstu dem Schaden auch.

Wann sich dieser Schaden am Haupt erzeiget/ so scheere das Haar hinweg/ nimb alsdann die scharpffste Zwiblen/ und reibe jhn darmit. Hernach mische gebrannte gepülverte Gersten mit Bärenschmaltz und lege sie darüber.

Eben das würcket das Bärenschmaltz/ so es mit Ladan (ist ein Gummi auß Cypern) und mit altem Wein vermischet wird.

Vor Zeiten hat man jrdene Leichttiegel oder Lampen gehabt/ die in Häusern und Herrenhöfen stäts gebrunnen/ auch für und für mit Oel gefüllt worden: Wann dann feuchtes Wetter vorhanden/ so dämpfte es/ nach Gewohnheit hefftig/ und schlugen kleine Flämmlein auß/ die von wegen der Feuchtigkeit nicht wol auffahren mochten/ sondern hiengen sich am Tiegel an/ also/ daß gleichsamb ein Schwämmlein/ wie ein kleiner Pfifferling/ oder Reyßken und Pilz/ darauß wuchs. Nüz Bärenschmaltz und solche Schwämme/ wie auch Ruß von denselbigen Liechttiegeln mit Ladan und Steinfarn vermischt/ halff dem außfallenden Haar/ wo man es nur hinstriech.

Heydochsen oder Edexen/ frisch gebrannt/ und mit Zwieblen gepülvert/ auch mit Saltz und Bärenschmaltz gemischt/ sind auch gut für diesen Schaden.

Bärenschmaltz/ Unschlicht von einem Stier/ und Wachs/ eines so schwer/ als wie das andere/ undereinander vermischt/ heilet das Ornickele/ oder die Geschwär hinder den Ohren: Etliche mischen darzu Hypocischidem, welches etliche Haberrosen verteutschen.

Wann einem am Gumen etwas mangelt/ nehme er Bärenschmaltz/ Unschlit von einem Stier/ und Wachs/ eines so schwer wie das andere/ und streiche es außwendig an/ sagt Serenus.

Bärenschmaltz und Butter ist sehr gut/ wann einem das Gnick weh thut/ wann man es damit schmieret.

Wider die rumpelnde Winde oder Dünste im Bauche/ so auß unverdaulicher kalter Feuchtigkeit herrühren/ auch für das Lendenweh/ ist Bärenschmaltz gut.

Für das Lendenweh ist auch Schwertelwurtzel/ und gegrabener Schwebel gut/ wann sie undereinander gestossen/ und mit Bärenschmaltz vermischt werden.

Uber Contracte, oder lahme Glieder und Podagra/ haben jhrer viel gestossenen Nesselsamen/ oder Nesselblätter/ mit Bärenschmaltz vermengt/ übergelegt.

Den Augliedern/ welchen die Brauen außgefallen/ ist Bärenschmaltz gut/ wann man Eselsmiltz dünn pülvert/ und mit Oel vermengt/ und gleichsamb einen dicken Brey darauß macht/ wie Honig/ und damit dann die Auglieder bestreichet.

Bärenschmaltz mit Gilgenwurtzel vermischt/ ist gut für Brand/ wann sich jemands verbrennet hat: Und wann der Brand mit Wasser geschehen/ so menge man solches Schmaltz mit Wachs/ und streiche es darüber.

Das Schmaltz/ so von des Bären Nieren geschunden wird/ ist fast gut wider das wilde Feuer.

Zu verstopfften/ verrenckten und zerschlagenen Gliedern/ brauchen die Aertzte Bärenschmaltz absonderlich.

Schwären und andere Trüsen/ weichet diß Schmaltz auf/ wann mann es darüber legt.

Flecken und Fell in den Augen/ auch andere Mähler und Narben/ vertreibt dz Bärenschmaltz.

Bärenschmaltz mit Rebenäschen in Laugen gesotten/ stillet und setzt alle Geschwulst/ doch so soll die Aesch auß dem Kammen und Träberkernen im Backofen/ weil man das Brot backt/ gebrännt werden.

Alle Geschwär der Schienbeinen und Schenckeln heilet Bärenschmaltz/ wann man es mit Röttel vermengt/ oder/ wie etliche wöllen/ das Kraut/ Rötte genannt/ gepülvert/ darunder vermischt/ und ein Pflaster darauß macht.

Die Schrunden und Ritz an Versen oder Füssen/ so einem die Mertzlufft oder andere Kälte auftreibt/ heilet Bärenschmaltz/ doch ist es krafftiger/ wann Alant darunter gemischt wird.

Zum Podagra brauchen etliche dieses Pflaster oder Salbe/ nemblich Bärenschmaltz/ Stierunschlicht/ Haberrosen/ und Eychäpffel/ gepülvert/ oder gestossen/ und zwar am Gewicht deß einen so viel/ als deß andern/ dasselbe undereinander vermengt/ und darüber gestrichen.

Deß Bären Gall hat fast eine gleiche Krafft mit der Geissen- und Stier-gallen/ doch ist die Stiergall krafftiger: Drüb soll man deß Bären Blase sampt der Galle von der Leber schneiden/ sie auffhencken und dörren/ kan also zwey Jahr lang gut behalten werden.

Wenn man deß Bären Gall und Schmaltz nimbt/ und ein wenig gestossenen Pfeffer darzu thut/ ist es gut wenn einem das Haar außfällt.

Alle Dunckelheit der Augen/ und das Augenwehe/ im ersten Anfang/ und vornehmlich das Sternfell oder den Staren/ vertreibt die Bärengall/ in zwey Theil Wassers vermengt/ und darüber gestrichen.

Zum Zahnwehe ist diese Gall sonderlich gut: Dann so bald man sie darüber streichet/ so höret der Schmertzen auff.

Der Husten stillet sich auch/ wann man Bärengallen mit Honig vermischet einnimbt.

Dämpfigen und keichenden Leuthen ist die Bärengall in warmem Wasser getruncken/ gut: Sie macht selbige in wenig Tagen wieder gesund: Dann/ wie Plinius sagt/ so eröffnet sie die Athemadern und Lufftröhre.

Rasis schreibt/ man solle den Kreistenden Bärengalle 6. Gerstenkörner schwer/ mit Honig und Wasser zu trincken geben. Uber das vertreibe diß Getränck den Blutfluß.

Für

Von dem Bären.

Für die Gelbsucht/ sagt Galenus, seye gut/ wann man einer Welschen Bonen groß Bärengallen zu essen/ und denn Wasser darauf zu trincken gebe.

Auch den Außsatz vertreibet die Bärengall/ so jemand/ der sich deß Schadens halben besorget/ sich stets darmit salbet.

Den Krebs unnd andere umb sich fressende Schäden heilet die Bärengall/ingleichen/ wann sie mit einem Federlein darüber gestrichen wird.

Die fallende Sucht (oder schwere Noth und Kranckheit) vertreibt Bärengall in Wasser getruncken/ oder in Latwergen eingenommen.

Die Giecht/ den Schlag/ und andere Lähme heilet die Bärengall.

Wenn einer sich erfroren hätte/ also/ daß ihm gleichsamb mit keiner Artzney mehr zu helffen wäre/ so mache man Bärengall in Wasser warm/ und bade oder wäsche ihn darmit/ er kompt wieder zurechte.

So jemand Schaden am Sitz und Hindern hat/ der nehme Silberschaum/ Weyrauch und Gallen/ und Schmaltz vom Bären/ mache ein Sälblein darauß/ und schmiere sich daselbst damit.

Welcher eine Bärengall über die rechte Hüfft bindet/ der ist/ so offt er will/ ohn allen Schaden/ sagt Rasis.

Die Empfängnuß wird sehr befördert durch nachfolgendes Mittel: Nimb Bärengallen/ und leere sie auß/ hernach nimb Oel von Lavendel/ Rosen/ Schwertelwurtzeln/ blauen Gilgen/ und Honig/ und zwar eines jeden so viel als deß andern: Vermenge dann dasselbige mit Aeschen/ und thue es in die Haut der Gallen/ hebe es auf/ und nachdem die Frau unfruchtbar gewesen/ und ehe du mit ihr zu schaffen hast/ so brauche dieses Mittel.

Deß Bären Hirn/ sagen die Hispanier/ sey gifftig/ und man treibe Zauberey darmit: Dann dasselbe zu Aeschen gebrannt und einem zu trincken geben/ macht grimmig und wütend.

Deß Bären rechtes Aug außgestochen/ gedörrt/ und den Kindern angehenckt/ vertreibt den Kindern die Forcht/ und den Schrecken im Schlaaf.

Wann man einem/ der das viertägige Fieber hat/ Bärenaugen an den lincken Arm bindet/ so wird er wieder gesund.

Seine Hoden gessen/ sind gut den jenigen/ so die fallende Sucht haben.

Nimb Bärenhoden/ Wolffshoden/ Schwalwenblut/ und den Stein so man in der Schwalben Magen findet/ wie auch eins jeden zwey Quintlein geschelten Knobloch/ deßgleichen von Hirsch- und Geißhorn/ jedes 1. Quintlein/ rc. und beräuchere darmit den/ so die fallende Sucht hat.

Bärenmilch in die Ohren getröpfft/ lindert den jenigen die Schmertzen/ so daselbst Wehtag leyden.

Die Bärenhaut ist gut den jenigen/ so von wütenden Hunden gebissen worden/ so man sie darein wickelt.

Die Lappen/ ein Volck hinder Schweden/ sind bekleidet mit Bärenhäuten/ die Kleydung ist gantz und so artig an ihren Leib gemacht/ daß dieselbige sonst nirgends offen ist/ als allein auf dem Kopf/ da wird sie mit Riemen zusammen gezogen/ wie ein lederner Sack/ sie hat aber ihre Augenlöcher/ daher ihrer viel vermeynt/ sie wären so wilde und gantz härige Leute.

Es ist ein Wurm/ der das neuaußgeschlagene Reblaub abfrißt/ den nennt man Stichling/ thut grossen Schaden/ demselben fürzukommen/ bestreicht man das Rebmesser/ ehe man die Reben schneidet/ mit Bärenblut: Oder man zerläst Bärenschmaltz in Oel/ und behält es übers Jahr/ wenn dann der Schnitt kompt/ bestreicht man doch so soll es der/ so die Reben schneidet/ nicht wissen: Und will Columella, Cato, Varro, und andere mehr/ daß dieses so ein kräfftig Ding sey/ daß weder Kälte/ Nebel/ Reiff/ noch anders den Reben schaden möge/ wo es heimlich geschicht: Weiß man es/ sagt Palladius, so helffe es nicht.

Wann man Bärenblut/ oder Bärenschmaltz in einem Hafen oder Scherblein under das Bett stellet/ da versamblen sich die Flöh und sterben.

Wann sich jemand mit Bärenschmaltz/ das zerlassen ist/ im Angesicht schmieret/ so sagt Rasis, daß er alles/ was er liest oder höret/ wol verstehen und erörtern könne.

Wann einer ein Gewehr hätte/ womit er jedes Streichs von diesen dreyen Thieren eins/ als ein Menschen/ ein wild Schwein/ und eine Bärin umbbracht hätte/ und würffe dasselbige über ein Hauß/ darinnen ein Frau wäre/ so in Kindsnöten läge und nit gebären könte/ so genäß sie zur stund.

Wann jemand von einem Bären beschädiget/ gebissen oder geschlagen worde/ wie ihm zu helffen wöllen wir auß der Lehr Aetii, im Löwen anzeigen.

Von nutzbarem Gebrauch deß
Bärens/ schreibet Becherus in seiner Zoologia, folgende Reymen.

Der Bär/ mit Ratzen wol/ kan schlaffen umb die Wett/
Giebt zu der Artzeney sein Augen (1)/ Gall (2)/ und Fett (3).

1. Das rechte Aug pflegt man den Kindern anzubinden
   Der Schrecken in dem Schlaf der soll darvon verschwinden
2. Die Gall die dörret man/ und reibet sie gar klein
   Ein Untze stellet bald das schwere Keuchen ein
3. Beerschmaltz das lindert Hitz/ erweichet doch darbey/
   Man saget daß es gut zu kahlen Köpffen sey.

Etliche lustige Historien und Sprüchwörter/ so von dem Bären herkommen sind.

Es ist ein Kraut/ heist Bärendappen/ Bärenbruch/ oder Weingrün: Wenn der Wein aufzügig/ zehe oder trübe werden will/ und man denn mit einem gespaltenen Stecken jhn abbräuet/ hernach dieses Kraut umb einen Kißling windet/ und in Wein hencket/ bringet es den Wein wieder zürechte/ und erfrischt jhn. Es ist ein rauch Kraut/ hat gemeiniglich drey Stenglein/ wie die Zehen an den Füssen/ und klebt vest an Mauren/ mit kleinen Zäserlein/ gleich wie Tannenblätter/ darmit es dick und voll henckt.

Es ist sonst noch ein Kraut/ das nennet man Bärenwurtzel/ wächst auf gleich wie Fenchel/ hat aber doch weissere/ kleinere und härigere Blätter/ und einen Stengel/ der gerad über sich/ und eines Schuchs hoch aufwächst/ und eine süsse und wolgeschmackte Wurtzel hat. Die Aertzt brauchen diese Wurtzel sehr in Artzneyen wider das Bauchgrimmen/ und die Harnstrenge: Item zu alten faulen Schäden und Wunden/ und wo Kugeln/ oder andere Waffen noch im Fleisch stecken: deßgleichē für der Frauen Unfruchtbarkeit/ auch harte Geburt/ so das Büschlein oder die Mutter verweilen wolte.

Es sind auch etliche Sprüchwörter vom Bären herkommen/ als wann jemand unlustig oder widersinnisch umbhergeht/ und mit jhm selbst redt/ oder widerbäfftzet/ so sagt man: Er gehet brummen wie ein Bär.

Item/ wann einer arm ist/ und dannoch stoltz darbey seyn/ und den Schein deß Reichthumbs führen will/ so spricht man: Er saugt an den Tappen (oder Klauen) wie ein Bär.

Item von den jenigen/ so sich hoher Sachen berühmen/ und selbige doch nicht hinauß zuführen vermögen/ sagen wir: Er verkaufft die Bärenhaut/ und hat den Bären doch nicht gestochen/ (oder gefangen.) Welches Sprüchwort ohne Zweiffel auß dieser Geschicht entsprungen/ da zween gute Schlucker einem Kürßner eine Bärenhaut/ als ob sie dieselbige daheim schon aufghenckt hätten/ zu kauffen angebotten/ denen der Kürßner auch etwas Gelt darauff gegeben. Als sie nun nach einem Bären außgiengen/ und das Thier jhrer ansichtig ward/ und gegen sie zulief/ sprang der Eine auf einen Baum: Dem Andern ward das Ziel zu kurtz/ dieser wuste wol der Bären Art/ daß er kein schelmisch Fleisch fresse/ legte sich auf den Bauch/ hielt den Athem innen/ und war ohne das vom Schrecken erkaltet/ daß der Bär keine natürliche Wärme an jhm spührte: Doch schnauffte er den Kerlen an/ kauchte jhm umb die Ohren und den Kopf/ und gieng endlich hinweg. Da kam der ander von dem Baum/ und sprach zu seinem Gesellen: Lieber/ was hat dir der Bär gethan und gesagt/ als er dir also umb den Kopf nussen gegangen. Er antwortete: Ey/ alles Guts/ nemblich/ so hat er mir zwo Lehren geben: Ich solle mich vor böser und untreuer Gesellschafft hinfort hüten: Und keine Bärenhaut verkauffen/ ich hätte dann den Bären zuvor gestochen.

Das Siebengestirn wird der Bär genannt/ und von den Sternsehern in der Figur eines Bären abgebildet. Wir nennen es den Heerwagen/ wiewol der Bären am Himmel zween verzeichnet werden. Der Grössere/ ist der erstgedachte/ und der Kleinere/ von dem wird anderswo gesagt: Der Grössere hat 27. sichtbare Sternen/ deren die sieben nahmhafftesten für das Siebengestirn gehalten werden: Drey am Schwantz/ einer auf seiner lincken Hüfft/ zween am Rücken/ und einer mitten an der lincken Seyten. Zu dieser Figur ist die Fabel erdichtet worden/ daß Calisto von dem Jupiter geschwängert/ hernach von der Diana in eine Bärin verwandelt/ und auß Erbarmung jhres Bulens deß Jupiters under das Gestirn genommen worden. Doch wollen etliche/ Juno habe sie in eine Bärin verwandelt/ und Diana erschossen/ ꝛc. Aber Palephatus sagt/ diese Fabel sey daher entstanden/ weil diese Jungfrau Calisto auf Bergen gewohnet/ und sich deß Jagens beflissen habe/ da sie dann auf eine Zeit in eine Höle gegangen/ umb einen Bären darinnen zu stechen: Der Bär aber habe die Jungfrau umbbracht/ und sey hernach auß der Hölen geloffen/ da haben die einfältigen Umbwohner geglaubt/ der Bär sey selbst die Jungfrau/ die in einen Bären wäre verwandelt worden.

Die Statt Bern im Nüchtland/ so under den Stätten der Eydgnoßschafft an Gewalt und Vermögen eine von den Vornehmsten/ zeucht stäts einen oder ein paar Bären auf/ und zwar von den gestifften Pfründen der Hertzogen von Lothringen. Dann als im Jahr Christi 1476. Hertzog Carolus auß Burgund/ den Hertzog Reinharden von Lothringen zum andern mahl deß Landes verjagte/ und andere Hülff etwas zu schwach und langsamb kommen wolte/ kam der vertriebene Fürst gen Bern/ und sprach die Herrn Schultheiß unnd einen Ehrsamen Rath daselbst in gemeiner Statt Namen/ sonderlich umb Hülffe an. Und als man jhm Stund und Ziel angesetzt hatte/ sein Anbringen zu hören/ begab es sich/ daß ein zahmgemachter kirrer Bär/ der auf der Gassen umbzulauffen pflegte/ dem Fürsten auf dem Fuß nach/ und die Rahtshaußstiegen hinauf in die Rahtsstuben folgete. Wie nun der Fürst seine obliegende Noth erzählete/ und anfieng umb Hülf zu bitten/ satzte sich der Bär auf seinen Hindern/ und hub seine vordere Tatzen auf/ gleicher massen und Gestalt/ wie ein Mensch/ der mit aufgehabenen Händen/ in seiner grossen Angst und Noth/ von Gott oder anderen Hülff bittet. Und solche Gebärde deß Thiers fassete gleich der Fürst zu Bekräfftigung seiner Worten/ und sprach: Ihr Herren/ ob ich schon gern dieses mein Anliegen wolte klein und gering machen/ auch jhr solches nit so gar tieff zu Hertzen nehmen möchtet/ so sehet jhr doch jetzund/ daß dieses unvernünfftige Thier wie

Von dem Bären.

wie hoch die Sach sey/ euch anzeigen/ und gleichsamb verbinden will/ daß ihr nicht unbarmhertziger/ als dasselbige/ gegen mir seyn wollet. Mit diesen und dergleichen Worten/ erhielte der Fürst Zusage und Hülff/ und wie er hernach durch der Eydgnossen rühmliche Thaten sein Land wieder bekommen/ hat er sein Fürstliches Gemüth auch gegen das Thier sehen lassen wollen/ als welches ihm vielleicht durch Schickung Gottes zuvor ein Mitleiden erzeigt hatte: Und also hat er eine ewige Pfründe dem Bären daselbst gestifftet/ und sie mit Zinß und Einkünfften versehen/ auf daß dieser fürgegangenen Wundergeschicht/ durch Erhaltung der Bären/ in Ewigkeit nicht möchte vergessen werden.

Den Namen und das Wapen soll diese Statt daher haben/ weil zur Zeit jhrer Erbauung/ Hertzog Berchtold von Zeringen ihm vorgenomme/ die Statt nach dem jenigen Thiere zu nennen/ welches er am ersten fangen würde.

In Saphoyen ist eine gemeine Sage/ daß auf eine Zeit/ ein Bär eine schöne junge Tochter in eine Hölen geführt/ sie darinnen mit fleischlichen Wercken erkannt/ und ihr täglich Holtzobst mit Hauffen zugetragen/ ja wie ein Buhler/ allemahl das Beste und Schönste außgelesen/ und ihr gegeben habe. Aber so offt er auß der Hölen gangen/ habe er dieselbige mit einem so grossen Stein verwahret/ daß die Tochter den Stein nicht von dannen wältzen mögen. Als der Bär dasselbe Mägdlein nun etliche Tage eingesperret gehalten/ und seine Eltern es hin und wieder gesucht/ hätten sie es gleichwol zuletzt also versperrt in der Hölen gefunden/ und mit Angst wieder erlöst.

Der Hertzog in der Littau/ welchen etliche Sindrigal, andere Suidrigal, die Gewissesten aber Sigismundum von Starodup nennen/ der diesen Suitrigellen vertrieben/ derselbe hat an seinem Hof eine Bärin aufgezogen/ die zu Zeiten in den Wald lief/ aber doch wieder heim kam/ und dem Fürsten Brot auß der Hand fraß. Wann sie bißweilen im Holtz gewesen/ und wieder kam/ lief sie den nächsten Weg durch alle Guarden und Gemächer deß Fürsten Kammer zu/ und dorffte ihr niemand abwehren: Wann sie dann an die Thür kam/ kratzete sie an/ und wann sie hungerig war/ so thät ihr der Fürst auf/ und gab ihr zu essen. Ein Edelman am Hof/ der von Geburt und auch von Religion ein Reuß war/ mit Namen Inan von Czethra, machte mit etlichen andern Adelspersonen eine Meuterey wider den Fürsten/ und nahm der Zeit war/ als die Bärin zu Feld gelauffen war/ da gieng er mit seiner Rott vor die Thür deß Hertzogen Gemach/ und kratzte/ wie die Bärin zu thun pflegte: Der Fürst vermeinte/ die Bärin wäre da/ und wolte aufmachen/ da wurde er ermordet.

Der Keyser Valentinianus hat zwo Bärinnen aufferzogen/ nur zu dem Ende/ wo er einen Menschen wüste/ dem er feind war/ daß er diese Thier an denselben hetzte/ und ihn zerreissen liesse. Die eine nennete er Micam auream, die andere Innocentiam. Man muste bey Hofe grosse Achtung auff sie geben/ damit ihnen ja kein Leyd wiederführe. Unnd hernach als sie Leut genug zerfleischet hatten/ ließ er die eine/ als wolverdient/ wieder in den Wald lauffen/ ohn alle Entgeltnuß.

Hertzog Wittold in der Littau war auch ein grosser Tyrann/ der allein die Bären am Hoff darumb aufferzoge/ daß er umb geringer Ursachen willen denselbigen einen Menschen zu zerreissen fürwerffen/ unnd seine Lust daran sehen könte/ wann die Thiere den Menschen grausamlich zerknirschten und zerfleischten.

Paris von Troja (schreibet Phavorinus) sey von einer Bärin gesäuget worden. Deßgleichen sol in Franckreich ein Geschlecht grosser Herren noch verhanden seyn/ deren Stamm von einem/ Urso genant/ herkompt: und derselbige soll eine Zeitlang von eim Bären in der Wildnuß erzogen und ernehrt worden seyn.

Die Athenienser haben ein Gesetz gehabt/ das verbot/ man solte keine Tochter verheyrahten/ sie hätte dann zuvor der Göttin Dianæ das Opffer gebracht/ so man im Jenner zu thun pflag. Da legte man den Töchtern (die nicht über zehen Jahr/ unnd nicht unter fünffen waren) ein gelb Schäublein an/ und musten sie im selben der Göttin ein Opffer bringen/ zur Gedächtnuß vergangner Geschicht. Wobey sich auff eine Zeit dieses zutrug: Eine Bärin war in gantzem Attica wol bekant/ und so zahm/ daß Jung und Alt seine Kurtzweil mit ihr hatte. Nun begab sich/ daß ein Jungfräulein mit der Bärin schertzte/ und zwar etwas zu viel/ wovon das Thier sich erzürnete/ die Tochter beschädiget: Jhre Brüder/ da sie den Schaden an der Jungfrauen sahen/ schossen den Bären zu tod. Der Bär aber war dieser Göttin Dianæ zu geeignet/ wie zu unsern Zeiten etliche Färcklein/ so man dem S. Antonio schenckt und umblauffen läst. Dannenhero kam es nachgehends/ daß/ als eine Theurung einfiel/ die Pfaffen weissagten/ die Göttin wäre von wegen der getödten Bärin erzürnet/ könte aber doch begütiget werden/ wann man ihr etliche Jungfräulein auffopfferte. Nun war der Betrug in dem/ daß im Griechischen das Wörtlein ἄρκτος, ein Jungfräulein/ unnd auch eine Bärin bedeutet: doch vermochte der Teuffel so viel/ daß man einen Fantasten fand/ der Embarus hieß/ welcher sich versprach/ daß/ wo man ihm zusagte/ daß das Pfaffenthumb unnd Ampt zu ewigen Zeiten bey ihm und seinen Nachkommenden bleiben solte/ er seine eigne Tochter dargeben unnd auffopffern wolte/ wie er dann thät. Doch sagt Plutarchus, er habe eine Geyß in seiner Tochter Kleyder angelegt/ und sie also geopffert/ ꝛc.

In der Moscowiter Landschafft/ so an Honig in Wäldern/ und sonst überflüssig/ sagt man/ daß es sich auff eine Zeit zugetragen/ daß ein Baur außgangen Honig zu suchen/ unnd auff einen Baum gestiegen/ der gantz tieff/ holl unnd voller Honig gewesen/ da sey er in das Honig gefallen biß über die Brust/ daß er nimmer habe herauß steigen können/ sondern also zween Tage im Honig stecken müssen/ dieweil er in der Einöde weit von den Leuten/ niemanden der ihm hätte zu Hülff kommen mögen/ erruffen können. Wie er sich nun deß Sterbens versehen/ sey ein Bär kommen/ der diesen Honigwaaben wol gewust/ und in den Baum gestiegen Honig zu schlecken: Der gute Gesell habe den Bären erwischt und umbfangen/ und überlaut geschrien/ daß das Thier von dem unversehenem Geschrey erschrocken/ stracks darvon geloffen/ unnd den Bauren mit ihm herauß gezogen/ der sonst im Honig umbkommen wäre. Scheint einer Fabel gleich: doch meldet Paulus Jovius, daß deß Groß-Fürstens in der Moscau/ Demetrii Legat/ solches in Rom erzählet habe.

Sonst lesen wir auch in heiliger Schrifft/ daß Heliseus, der Prophet/ auff Bethel zu gezogen/ allwo junge böse ungezogene Kinder auß der Statt gelauffen/ und ihn verspottet/ mit Zuruffen komm her Kalkopff/ her her Glatschädel. Worüber der Prophet erzürnet worden/ unnd ihnen/ im Namen deß HErren gefluchet/ worauf alsbald zween Bären auß dem Wald gelauffen kommen/ die der Kinder zwey und viertzig zerrissen. Dannoch sagt das Buch der Weißheit: Deine Allmacht mochte sichs nicht annehmen/ sondern auß gewaltiger Krafft schickte sie eine Menge Bären über sie.

Das Persische Reich wird Danielis 7. einem Bären vergliechen/ weil die Perser sehr fräßig und versoffen/ unruhig und zanckicht/ grausamb und tyrannisch seyen/ wie Ammianus zeuget/ daß sie lebendigen Menschen die Häut abgeschunden hätten. Das Thier so die vierte Monarchi bedeutet/ soll deßwegen Bären-Füß haben/ weil seine Macht und Gewalt langsamb ergehen solle. Das Löwenmaul soll die Stärck selbsten/ der Leib aber vom Pardo vielerley Nationen List und Tück/ vorbilden.

Die Aegyptier/ wann sie ein unförmliches Kind gesehen/ das hernach etwas schöner worden/ und sie daßelbige abbilden wollen/ haben sie eine Bärin die Junge getragen/ gemahlet/ und das angezeigter Ursach halben/ weil dieses Thier/ durch sein schnelles Gebären/ ungeformiete Jungen gebiert/ die unzeitig/ und noch ein lauter Eyterklotz/ und ohne Augen sind/ woran das Fleisch erst mit Lecken geformiret werden/ und gleichsamb auf ein neues zeitigen muß.

Pythagoras ein gelährter Philosophus, hat zu seiner Zeit ein gar grausame Bärin im Land umherlauffen sehen/ die grossen Schaden gethan/ und männlichen Schrecken eingejagt hat. Er berieff das Unthier zu sich/ machte sie mit Speise satt und zahm/ und beschwur sie hernach/ daß sie in Wald gehen/ und weder Leuthen noch Vieh keinen Schaden hinfort nicht mehr thun solte. Das/ sagt man/ hab die Bärin nachgehends so steiff gehalten/ daß bey den Menschen kaum ein geschworner Eyd so handvest würde gehalten werden.

Von dem Biber.

Fiber. Biber.

Von äusserlicher Gestalt deß Bibers.

Er Biber Lateinisch auch Castor, Arabisch [Arabic] Griechisch Κάστωρ, Frantzösisch on Bieure, oder un Castor, Italiän. Bivaro, Hispanisch Bivaro ò Bivero genannt: Ist ein Thier/ so auff dem Land und in dem Wasser lebt/ ist sonsten wol bekannt/ und so groß als ein mittelmässiger Hüd/ äschenfarbig/ doch mehr schwärtzlicht/ dann je schwartzer er ist/ je köstlicher er wird geach=

geachtet. Er hat Haar wie ein dicker linder gleissender Sammet/ der viel linder ist als eine Feder/ wie auch einen linden Balg/ außgenommen der Schwantz/ der allweg fast einer zwerch Hand breit/ und drey mahl so lang/ mit schüppechter Haut überzogen ist. Sein Peltz ist nicht gleich/ sondern es ist allweg ein kurtzes Zäserlein/ wo zwey lange fürgehen. Er hat kleine runde Ohren/ aber ein grausames Gebiß/ im obern und undern Kiefel/ weit hervor gehen/ und breite/ harte/ starcke und überauß scharpffe Zähne/ deren oben zween goldgelb herauß stehen/ und auch unten zween gegen den Obern von gleicher Farbe/ die übrigen sind vast alle Nagzäne/ wie bey den Mäusen/ welche hart aneinander stehen/ aber die Obern gehen fast anderthalb Finger hoch für den Kiefel herauß/ und die Undern bey drey Finger. Diese alle viere sind vornen/ gegen dem Rachen/ gleichsamb als wie ein wenig hol außgeschlieffen/ und wie ein Messerballen geschärpft: Und mit diesen Zänen wehren sie sich/ hauen auch Bäum umb/ und schlagen sie ohne Zweiffel in die Fische/ als wie Hacken. Sonst haben sie hinden im Maul in jedem Kiefel acht Stockzän/ die sind gantz kurtz/ aber scharpf mit hervorragenden Spitzen/ oder Krinnen/ eben wie eine Sägen/ daß sie die Rinden an den Bäumen damit wol zerkiffeln unnd zernagen mögen.

Sein Bart oder Maulstoppeln vornen/ sind hörnen: Die Füß nidrig/ davon die Vorderen den Hundsfüssen/ die Hinderen den Gänßfüssen nit unähnlich: Dann zwischen den gespaltenen Klauen hat er ein dünn Häutlein/ das wie bey den Gänssen im Schwümmen sich auß einander dänet: Ist also mit den vorderē Füssen zum Lauffen/ mit den hindern zum Schwümmen gerüstet. Er hat einen langen Leib/ der doch fast lauter Bauch/ und sonsten wenig an jhm ist/ darumb jhn etliche das Bauchthier nennen.

Von innerlicher Gestalt/ gleichet der Biber an Hertz/ Zung/ Magen/ Gedärm/ und Leber/ welche auß fünf Lobis oder Theil bestehet/ mehr einem Schwein als einem andern Thier/ das Gallbläßlein lieget unter dem kleinsten Lobo der Leber/ Matthiolus schreibet/ daß das Weiblein nur einen Außgang habe/ wordurch es gebähre/ und beyde Notturfft verrichte.

Wo die Biber zu finden/ und wo sie wohnen.

Wiewol dieses in allen Landen ein gemein Thier ist/ und in gemein gern wohnet/ wo es Fisch und Krebs giebt/ als wie die Mörder an den Strassen/ so seynd sie doch am liebsten/ wo grosse Wasserflüß lauffen/ als wie die Ar/ Reuß und Lymmat im Schweitzerland/ auch hat die Byrß umb Basel deren viel/ und Hispanien vast bey allen Wasseren/ wie Strabo sagt/ in Italien/ da der Pau (oder Poo) ins Meer laufft. Die Marne in Franckreich zeuget sie auch gut. In Preussen/ Reussen/ Moscau und Samogithen/ giebt es jhrer viel: Deßgleichen findet man deren auch an der Thonau/ am Rheyn/ am Necker/ und anderen Wasseren/ welche still und in lettigem Grund lauffen/ doch nicht in solcher Menge/ als in denen Wassern so nach Mitternacht liegen. In Ponto/ welches Land heutiges Tages von wegen weil daselbst der Türcken erster Sitz gewesen/ eigentlich die Türckey/ sonst aber Natolia genannt/ sind der Biber ohnzählig viel/ daher sie auch die Pontischen Hund genannt werden.

Wann der Biber sein Nest macht an dem Rande oder Ufer deß Wassers/ so gräbt er von der Höhen hinab gegen dem Wasser zu: Alsdann nimbt er die abgehauene Reiser/ und bauet wunderbarlicher Weyse/ zwey/ drey/ oder vier Gemach auf einander/ deren das Niedrigste schier halb in das Wasser reicht/ die anderen aber stehen im Truckenen: Nimbt nun das Wasser zu/ so hat er stäts/ gleich als von einer Stiegen zur anderen/ sein zugerüstet Nest/ darinnen er mit halbem Leibe trucken liegen/ und vornen ungenetzt bleiben kan: Nimbt aber das Wasser ab/ so hauset er stäts der Tieffe nach.

Von deß Bibers Nahrung.

Den Fischen und Krebsen ist er gefährd/ und vornehmlich einem Fische/ den Albertus Magnus Melicam nennet. Ich aber wolte Albertus meyne die jenige Art Fische/ so die Griechen μαλακτία nennen/ darumb daß sie ohne Gräten/ ohne Blut/ und ohne Eyngeweid sind/ als der Pulp/ Lulling/ etc. Oder meyne vielleicht den Fisch den man Milago nennet/ welche Art/ gleich wie die Wettervögel/ mit gesamptem Hauffen/ wann sich ein Ungewitter auf dem Meer erheben will/ daher fliegen/ und auf dem Wasser mit außgespannten Flossen unglaublich hoch in die Höhe springen. Dieser Fisch ist von Grösse und Farb wie ein zimblicher Bersich: Wann das Meer still ist/ und die Schiffleuth bey stillem Winde auf den Schiffen oder Böthen essen/ und das Tischtuch oder Uberbleibsel außschütten/ kommen sie rings umb das Schiff und warten auf die Speise/ dann sticht man sie eben wie die Lächs hie zu Land/ mit eysenen Zacken. Ich (schreibt einer/ so mit auß dem Mittel-Meer gefahren) hab auch jhr Warnen wahr befunden/ als ich von Palermo in Sicilien auf Genua zu fahren/ da wir zwischen den Insulen Alicur und Lustica ohne Wind/ auf dem Meer schwebten/ daselbst sahen wir die fliegenden Fisch so unglaublich weit in einem Schuß fahren/ daß ich dazumal zu meinem Gefährten sagte: Wann man das in Teutschland erzählte/ würde man es für eine Fabel und Mährlein halten. Es kam auch gleich die folgende Nacht/ wie es umb den Abend war/ ein solcher Sturm/ der unsere acht mit Früchten geladene Schiffe/ also von einander zertrennete/ daß das Schiff/ in dem ich war/ biß an die Barbarey verschlagen/ und innerhalb

Von dem Biber.

halb in acht Tagen und acht Nächten / biß der Wind sich legte / grausamb hin und wieder geworffen ward. Es bekannten auch die Schiffleuth selbst / daß sie dergleichen Ungewitter nie erlitten / welches an jhren schwachen und krancken Leibern wol zu sehen war: Dann keiner von jhnen / die im Schiff bey uns waren / blieb gesund: Jedoch kamen wir nach dem fünfzehenden Tag / durch Gottes Hülf noch bey die Insel Phocida, nicht weit von Neapolis gelegen / wiederumb zu Land.

Daß nun Albertus auf diese zwo Meynungen / oder deren eine ziehle / kan darumb wol seyn / dieweil viel solcher Fische in Ponto sind / da diß Thier gern wohnet: Es wolte dann jemand sagen / es würde von dem Land / und nicht von dem Meer der Pontische Hund genennet: So könnte auch wol seyn / daß der Fluß Sangarius und andere Wasser / derselbigen auch überkämen / dieweil sie ins das Meer lauffen: Dann daß der Pulp auch dem süssen Wasser zuschwümm / ist bekannt. So seynd auch sonst viel Meerfisch / die zu jhrer gewissen Zeit in die süsse Wasser steigen; Von welchen anderswo: Und kan es also im Abschreiben der Bücher Alberti seyn versehen worden. Doch sind vielerley Fisch im Rheyn / Donau / Altmüle / und andern Wasseren / umb welche Albertus gewohnet hat: Kan vielleicht ein Nahmen seyn eines Teutschen Fischs / dem ein jeder selbst nachdencken und nachfragen kan.

Biber schreiben / und unter denselben auch dem Plinio, Glauben geben will / so ist an diesem wie auch an anderen Thieren / so jhrer Natur halben im Wasser und auf dem Land / ein feuchtes trockenes Leben führe / der Natur jhre sonderliche Kraft und Würckung scheinbarlich zusehen: Dann seine hindere Füß und der Schwantz sind auf der Fischart / hingegen hat der übrige Theil seines Leibes einen Geruch und Geschmack / wie das Wildprät auf dem Lande. Zudem sucht er nicht allein der Speiß halben seine Nahrung im Wasser / sondern wie etliche wollen / so könne er nicht in die Länge leben / wann er nicht stäts seinen Schwantz im Nassen habe / wie er dann auch die hindern Füß stäts im Wasser hangen läst.

Neben dem ist auch wol abzunehmen / daß es ein arglistiges uñ verschlagenes Thier sey: Dañ wañ es mit seinen Zänen an einen Baũ setzt / (welches es meistens bey Nacht thut) daß es jhn umbhauen will / so thut es / als ob es gar wol wüste / daß sich viel Sachen auf einmal nit thun lassen / und daß nach und nach mit Weile / auch schwere Sachen außgericht würde / läst derhalben nit ab / und wenn der Baum eines Manns schenckels dick / so hauets jhn doch umb. Wann er vermeynt / daß der Baum schier fallẽ werde / siehet er alle Streich über sich / wohin sich derselbe hänge / und ob er wackle / damit nit etwann im Hauen / der Baũ auf jhn falle.

Die Bäum so gern an Wassern wachsen / als Fälben / Weyden / Scharweiden / Erlen / und Aspen / sind deß Bibers Speiß / doch frist er nur die Rinden davon / und fast von allen Bäumen / so bitteres Laub und bittere Rinden haben / hat er seine Nahrung her. Deßwegen andere schreiben / daß sie gar keine Fisch essen / auß Erfahrung / daß Pelicerius, Bischoff von Monpellier den Biber zum öfftern todte und lebendige Fisch vortragen lassen / welche sie nicht berochen / vielweniger davon gessen hätten / sondern / sich an besagte Gewächs gehalten.

Von innerlicher Art und natürlicher Beschaffenheit deß Bibers.

Etliche wollen / er sey gar ein zahm Thier / da doch weder seine Gestalt / noch sein Gebiß / noch Schwantz einige Anzeig geben / daß er könne gezähmt und kirr gemacht werden.

Und wann man den vielen Authoren / so vom

Wie fleissig und sorgfältig nun der Biber in der Arbeit ist / eben also beständig hält er auch im angefangenen Werck auß: Dann er läst nit nach / ob er gleich viel Zeit an einem Baum verlieren muß / und beisset so hart biß jhm die Zähn knorren. Ja Häusern sollen sie wegen Schamhafftigkeit / keine Unrath machen / und gleichsamb jhre Nottufft zu verstehen geben / wann sie verschlossen. Die Lieb gegen jhre Junge / soll so groß seyn / auß Bischofs Bellicerii Erfahrung / daß wann sie jhnen genommen werden / jhnen nachzueylen / sie sich von hohen Gebäuen stürtzen. Mit den vordern Füssen nehmẽ sie die Speiß / und gebrauchen sie an statt Hände.

Deß Bibers Natur muß Trockene und Feuchte haben: Wann an Wassern jhrer viel wohnen / und nit Holtz vorhanden / ziehen sie mit einander in die nächsten Höltzer / legen einen auf den Rücken / strecken und binden jhm seine Beine / als wie einem Wagen mit Wagenleytern / laden alsdann Holtz auf / so viel als sie bedünckt / daß der Liegende tragen möge / und ziehen jhn also bey dem Schwantz

Schwantz zu dem Ort und Neste/ dahin sie das Holtz haben wollen.

Wiewol nun da keine Vernunfft/ so ist dennoch in diesem Thier eine solche natürliche Eygenschafft/ daß sie zu dieser Bosselarbeit/ (gleich als würde der solcher Gestalt auf der Erden liegende und geschleppte Biber beschimpfet und geschändet/) keinen Einheimischen und umb die Gegend da sie wohnen/ erzeugten Biber brauchen/ sondern wo sie under jhnen etwann einen wissen/ der auß andern Landen verjagt worden/ oder sonst bey jhnen eingenistet ist/ den brauchen sie als einen unbekannten/ und der mehr Schmach als andere erdulden möge/ weil er als frembd/ keinen Beystand oder Vertheidiger habe/ sondern etwas Dienstbarkeit erleyden müsse/ indem er jhrer Weid geniessen wolle.

Etliche sagen/ dz sie solches auch den Frembden nicht thun/ sondern nur den Alten/ so zum Hauen und zum Holtzen untauglich wegen abgewätzter Zähne. Man findet auch etliche Jäger/ die/ als vernünfftige Menschen/ sich über die natürliche Geschicklichkeit dieses Thiers sehr verwundern/ unnd mit einem solchen Gezwungenen und Geschleppten ein Mitleyden haben/ dann wo sie einen solchen Biber/ der diese Arbeit thun muß/ antreffen/ so befindet sichs allweg/ daß er einen beschabenen Rücken hat/ und auf demselbigen gantz schwöllicht und dickhäutig ist/ deßhalben lassen sie jhn desto lieber wieder ledig und frey lauffen/ wän er schon gefangen worden.

Solches/ sagt Albertus Magnus, hab er von erfahrnen Jägern gehört/ und Olaus Magnus hilfft jhm seine Meynung bestättigen/ derhalben es fast der Warheit gleich siehet.

Von der Bibergeyl und jhrem Nutzen/ soll hernach viel erzählt werden: Doch ist hierinnen bey den Gelährten ein Streit/ der doch leichtlich an einem Ort zu entscheiden/ am andern aber weiß ich nicht/ wie dieselben zu vereinbaren/ welchem zu glauben oder nicht zu glauben.

Etliche sagen/ wann der Biber gejagt/ und so nah an den Hag oder die Netze getrieben werde/ dz er sich besorge gefangē zu werdē/ haue er jhm selbst seine Geylin auß/ und werffe sie dē Jäger dar/ als eine Rantzion und Lößgeld für sein Leben. Andere wollen/ er sey so neydisch/ dz er dem Menschen solche seine Geylein/ die er dem Menschen nutzbar wisse/ nit gönne/ und wann er sähe/ daß er gefangen sey/ sie jhm außhaue und verschlucke. Welcher Streit aber vielleicht damit entscheiden werden möchte/ wann man sagen wolte/ der Biber würde übereylt im Außhauen/ also daß der Jäger sie bekäme/ ehe als er sie verschlucken könte. Wiewol Ælianus den Ersten mehr zustimpt/ und sagt/ daß/ wann der Biber jhm selbst die Geylin einmahl außgehauen habe/ und hernach etwann mehr gejagt werde/ so zeige er dem Jäger von fernen/ was jhm vorhin schon außgehauen worden/ und der Jäger jhm darumb vergebens nachjage: So wollen dennoch etliche/ daß der Biber solches nur thue von wegen deß starcken Geruchs/ so seine Geylin haben/ dardurch er die Hunde/ so den Geruch scheuen/ hinderhalte. Sonsten schreibt auch Ælianus, der Biber könte seine Geylin dermassen verbergen/ daß er diejenigen/ so jhm nacheyleten/ betröge/ und/ als ob sie jhm außgeschnitten worden/ von ferne verführte. Dieser Meynung nun sind gewesen Solinus, Cicero, Juvenalis, Andromachus, Servius, Ælianus, und die Alten biß auf diese jhre Zeit: Darumb auch die Aegyptier/ wann sie haben anzeigen wollen einen jhm selbst schädlichen Menschen/ so haben sie einen Biber/ dem man nachjagt/ und der jhm seine Geyle selbst außbeißt/ gemahlet. Aber Sextius, Dioscorides, Plinius und Albertus wollen/ es sey nichts daran/ und ist zu muthmassen/ der Marcellus Vergilius gebe es den alten gelehrten Leuthen nach/ daß sie solches erdichtet hätten/ damit ein so nutzbar Ding der Welt desto anmüthiger würde. Das aber ist einmahl wahr/ daß der Biber seine Geylin oder Hoden gantz verstrickt/ und so gar am Rückgrad in den Lenden inwendig/ auch so klein habe/ daß er sie nicht erreichen/ und sie jhm/ ohn seinen Todt/ nicht außgeschnitten werden können.

Unter dem Wasser kan der Biber nicht lang bleiben/ sondern muß Athems halben/ denselben zu erholen/ bald auß dem Wasser: Auch kan er im Wasser nichts fressen/ auß Ursach/ er hat keine Kiepen/ oder Ohren wie sonst die Fische haben/ dadurch jhnē das Wasser wieder außfleust/ welches sie im Speißfangen erschnappen und einsupffen.

Einen sondern Trab hat der Biber/ darvon auch bey den Griechen ein Gethön und Schlag herkommen ist/ daß man den Biberthon nennet/ dessen sich die Kriegsleuth/ wann sie im Harnisch angethan und bewaffnet gewesen/ gebraucht haben. Dessen Pindarus gedenckt in dem Lobgesang Hieronis deß Königs zu Syracusa, welchen er gemacht/ als derselbig im Wägenrennen obgelegen.

Wie der Biber gefangen werde.

WAnn die Jäger einen Biber außgegangen und erspehet haben/ wo sein Nest sey/ so graben sie von oben gegen dem Loch zu: Und so sie den Gang gefunden/ lassen sie einen kleinen Hund in die Höle lauffen/ und haben dann gegen dem Wasser Garn und anders fürgespannet. Wann nun der Biber/ der den Hund fleucht/ zum Außgang herauß laufft/ und in die Garne fällt/ so wird er mit Kolben zu todt geschlagen. Die Wasserhund/ so zu den Endten und anderem Gevögel gut/ sind wol bekannt: Und eben dieselben sind dem Otter und Biber feind und gefährlich.

Wann aber der Hund ohngefähr deß Bibers Nest im Wasser antrifft/ so beist der Biber sich so lang mit dem Hunde herumb/ biß er sihet/ daß sein Losament zerbrochen ist/ alsdenn entfällt jhm der Muth/ und giebt er die Flucht/ oder ist deß Tods.

In Preussen da hat man Reussen/ und auch Rinden von den Bäumen/ welche die Biber gern fressen/ darzu gemacht/ in denselbigen werden sie gefangen/ wann sie darein kriechen und fressen wollen.

Von dem Biber.

Dieweil der Biber nicht lang unter dem Wasser seyn kan / und offt Lufft oder Athem schöpffen muß / so wird er im Jagen auf dem Wasser leichtlich geschossen/ oder mit langen Picquen gestochen. Dann wann bißweilen die Fischer oder Schiffleuth/ deß Bibers gewahr werden/ so fahren sie jhm nach: Der Biber scheuchet dann das Fladern in dem Wasser/ scheust über sich/ und suchet das Land / wird aber darüber erstochen und umbgebracht.

Etliche vermeinen / der Biber seye unter den kriechenden Thieren/ so den Juden Levit.11.v.30. zu essen verbotten worden/ das Thier Anaka, so in vulgata mygale genänt wird/ beym Tremellio & Junio, attelabus, beym Luthero der Igel/ bey R. Sclomone, so ein Frantzoß gewesen Bieure, seye der Biber. Allein es kan nicht klappen/ weil deß Bibers Natur sich nicht reimet auf der keichenden Thiere Art/ und mag der Irrthumb davon kommen seyn/ weil einige den Unterscheid nicht in acht genommen unter den Castoribus und Castoridibus, weil die Castorides zwar in dieser Zahl wohl können genommen werden/ die Castores (Biber) aber nicht/ und kan von Castoridibus gelesen werden Oppianus, wiewol etliche die Castorides vor ein Gedicht halten.

Was man vom Biber brauche.

ES ist vorzeiten der Biberbalg in hohem Wert gehalten/ und sind gemeiniglich Hauben/ oder Mützen auf dem Haupte zu tragen/ darauß gemacht worden: Jetzund achtet man jhn in unsern Landen nicht mehr gar groß: Aber die Moscowiter bezahlen sie noch wol/ und verbrämen alle jhre Kleydung darmit/ wie der Freyherr von Herberstein in seinem Reißbuch davon schreibet. Doch welche der Schlag getroffen/ dieselben/ wann sie sich mit Biberbälgen bekleyden/ haben eine gute Artzney daran. Und so man den Balg brennt/ pülvert/ und mit Hartz und Lauchsafft zu Kugeln machet/ stillet er das übermässige Nasenbluten/ wenn man jhn vor die Nasenlöcher hält.

Wer das Podagram hat/ der mache jhm Stiffeln auß Biberbälgen/ es bekompt jhm wol/ sagt Plinius.

Deß Bibers Fleisch/ dieweil er bittere Rinden und Laub von herben und ungeschmackten Bäumen frist / ist auch durch und durch eines bittern Geschmacks/ ausser dem Schwantze. Doch so findet man Leuth/ die den Biber gar essen/ und sein Fleisch loben: Aber man muß im Zubereiten und Kochen/ Kunst darzu brauchen. Derhalben so sieden jhn etliche erstlich/ hernach rösten sie jhn in einer Pfannen/ und brauchen keinen Deckel darüber/ damit das Wildern/ oder der bittere Geruch darvon außdämpffe.

Den Schwantz aber kochet man sampt den hindern Füssen gemeiniglich in gelber Brühe: Es ist ein liebliches/ süsses/ zartes/ und gar feistes Essen drumb / gleich wie umb ein hartes Fett oder Speck/ und eben wie ein Aal und Hausen. Aber man muß dasselbe auch erst sieden / ehe man es sonst zubereitet / jedoch nicht gar / sondern nur etliche Walle darüber gehen lassen. Die Schläckmäuler essen sonderlich gern von den Häutleinen zwischen den Klauen: Dann sie Plutarchum wol verstehen/ der da schreibet/ das Fleisch sey am geschmacksten/ welches nicht Fleisch sey/ da denn der Schwantz unnd die hindern Füß eben derselben Art/ massen sie mehr Fisch/ als Fleisch/ sind: Derwegen man auch in der Fasten darvon essen darff.

Etliche die braten den Biberschwantz/ und bestreuen jhn stets mit Jngber: Etliche sieden jhn/ und machen denn etwann ein Pfeffer oder schwartzes Brühlein darüber.

Deß Bibers Harn ist wider alles Gifft / und deßhalben eine Giefftjagende Artzney: Und nach der Meynung Plinii, bleibt sie gantz kräfftig wann sie in deß Bibers Blassen aufgehencket wird.

Seine Gall ist zu vielen Dingen gut / sein Gummi oder Rennin stillet die fallende Sucht/ wie Avicenna will.

Die Aertzte halten die Bibergeylin für hoch/ welche seine Hoden denn Zeugen sind/ daß er ein Männlein sey: Und dieweil sie zu so vielen Kranckheiten/ Gebräften/ Schäden/ Zufällen und Mängeln gebraucht werden/ so ist es gut und nöthig/ daß fleissig darvon geschrieben werde. Dannenhero Becherus:

Der Biber ist ein Erd-wie auch ein Wasser-Thier/
Der Apotecken er drey Stück gibt zum Gebühr.
Das Fett/(1)die Bibergeyl/(2)wie auch die Biberhaut/ (3)
Die ins gemein sind auß dem Biber feyl erlaubt.
1. Gerechtes Biberfett in warme Glieder tringt/
    Zu recht vom Schlag und Fraiß / Contract Glieder bringt.
2. Geruch von Bibergeyl ist unannehmlich zwar/
    Er stillt das Mutterweh/ hilfft Weibern auß Gefahr.
3. So man auß Biberfell ein Stauchen machen thut
    Denselben trägt/ er ist vor lahme Glieder gut.

Unter den Geylen / so in der Artzney am nützlichsten/ haben die Alten die von den Türckischen Bibern/ (welche nemblich in Ponto oder Natolien gezeugt werden) für die Besten gehalten/ vielleicht allein darumb/ weil dieselbige Gegend gantz frostig und kalt ist/ daher auch Strabo deß Spanischen Bibergeyle nicht sonderlich in Artzneyen lobt / ohne Zweiffel der lauen warmen Landsart halben. Wo aber je die frostige Gegend und Landsart etwas zu der Sache thut / sind ohne Zweiffel die Geyle deß Teutschen / Schweitzerischen / oder Moscowitischen Bibers am allerfürtrefflichsten.

Nun diese Geyle liegen (wie obgemeldet) dem Biber tief innen/ gleich wie der Sau oder dem Eber/ am Ruckgrad/ und hangen an einem einigen Stamme/ und ist einer grösser dann der andere. Man findet Biber/ deren gantze Geyle auf ein Pfund und ein Loth wägen/ die grössere Hode ist etwann 6. Fingerbreit läg/ und 4. breit: Ob gleich Sextus sagt/ daß sie gar klein wären; Er mag vielleicht solches von der Geyle verstehen/ so man im Weiblein (wie etliche sagen) findet.

Von einem Testiculo, oder Zeuglein und Hoden zum andern hat es eine eintzige Samenader/ zehen Finger lang/ und so man dieselbige außschneidet/ findet man da ein beinern Zümpelein oder männliches Gliedlein wie die Wiesel haben/ doch ist etwas Fleisch darumb/ das hat schwartze rauhe Düpflein. Jedes Hödlein hat sein Tüttelein oder Hölbälglein/ darinnen ist eine weisse fette Feuchtigkeit/ die ist gleichsam als schleimicht/ wie Honig/ lind/ und riecht wie ein fauler Käß/ und ist zween Daumen lang/ läst sich seiner Feiste halben ungern dörren: Ist auch am Geruch der rechten Geylin ungleich und stinckender/ doch räß und gantz dünn.

Dioscorides sagt/ daß dieser Schleim/ wie Wachs/ und stinckend sey/ und mäckele am Geruch/ dabey auch räß oder scharpf/ und körnicht sey/ der sich zerreiben lasse/ und seine eigene Pfümlein habe. Da denn wol zu verstehen/ daß die Geylin/ und dieser Schleim zweyerley sind/ und etliche von den Grammatic-Lehrern darinnen irren/ weil sie der Bibergeylin einen bösen Geruch der herb sey/ zuschreiben. Dann Plinius sagt selbst/ daß die Bibergeyle ein unaußsprechlichen süssen Geruch habe/ der gantz lieblich sey. Derhalben die rechte Geylin von dieser Fettigkeit sollen geschälet/ und absonderlich gedörrt werden.

Man soll aber diese Bibergeyle/ wann man sie also frisch nicht zu brauchen weiß/ auf einen künfftigen Notfall wol aufheben/ und also aufgehenckt/ am Schatten dörren: Wann sie dann also gedörret sind/ so legt man sie in Wermut. Es ist auch gar viel daran gelegen/ daß sie recht gedörrt werden/ weil der Mensch/ wann jhm die Bibergeylin/ die faul oder verdorben wären/ eingegeben würde/ den ersten Tag/ so er die genossen/ darvon sterben müste.

Der Geruch muß einmal starck und räß seyn/ er klebt auch lang an/ also/ daß die Geschirr/ das Tuch oder ander Zeug/ darinnen die Bibergeyl gelegen/ oder womit sie eingewicklet/ und zugedeckt gewesen/ lang und stäts darnach riechen/ und der/ so sie für die Nasen hält/ darvon niessen muß/ ja offtermals fängt auch einem die Nasen an davon zu bluten. Etliche schreiben/ sie verliehren ihre Kraft nicht in sechs oder in sieben Jahren: Dem sey aber wie jhm wolle/ so sind sie doch allewegbesser frisch.

Herr Ludwig Vartomann/ welcher viel Länder erkündigt hat/ schreibt im 2. Buch seiner Schiffart am 5. Capitel/ daß in Persien/ bey einer Statt/ Valascha geheissen/ der Biber eine grosse Anzahl gefunden/ und der Bibergeylen viel in andere Lande zu verkauffen geführt werden. Der Geruch von selbigen Geylin/ spricht er/ habe ihrer vielen so daran gerochen/ nacheinander das Blut zur Nasen außgezogen. Ihm habe auch der Persische Kauffman selbsten gesagt/ wann sie nicht gefälscht würden/ so behielten sie ihre Krafft wol zehen Jahrlang vollkömmlich. Er hab auch in der Statt Schira daran gerochen/ und auß dem Kaufmann erfahren/ daß die Persier diese und dergleichen Artzney zu verfälschen gantz geschickt/ und geschwinde Künstler wären. Welche Bibergeyl aber so einen starcken Geruch habe/ die sey ungefälscht/ und derselben werde wenig in diese Lande recht gebracht.

Hie laß ich die Aertzt darüber zancken/ ob Herr Ludwig der ungefälschten/ oder der rechten Bibergeylin gerochen hab: Oder/ ob in Persien dieses Thier mehr/ als hie zu Lande dieser seiner Art nach krafftig seye.

Doch will ich deß Galeni Meynung hieher setzen/ welcher also davon schreibet: Die Hoden deß Bibers nennet man Bibergeyle/ ist eine edle Artzney/ deren Gebrauch zu vielen Dingen gut ist. Der Bibergeylin Art ist an jhr selbst trucken/ daher hat sie eine wärmende Krafft hinder jhr/ darmit sie außtrücknet. Weil aber dieselbige vor anderen Artzneyen subtil/ so ist sie auch anderen heißtrucknenden Artzneyen fürzuziehen.

Neben dem ist auch zu wissen/ daß diese gantz subtile und schleimige oder fette Artzneyen gar wol durchschlahen/ und in die Theil deß Leibs/ darüber sie gestriechen werden/ gar tief einsitzen/ und zuvorderst/ wo dieselbigen Theile dick sind/ als an dem Waldenwachs/ oder/ wie man es sonst nennet/ an den Zug- oder Spannadern.

Wann man aber den Geruch in Acht nimbt/ oder die Bibergeyl zum Munde hält/ sollte man meynen/ als ob sie dem menschlichen Leib über die Maß zuwider wäre/ da sie doch jhrer Natur nach gantz und gar keine Anzeige von sich giebt/ daß sie etwas Widerigs bey dem Menschen anrichte/ wie andere Sachen jhm zuwider sind/ ob man schon derselben Bibergeyl gar in Leib einnimpt: Dann sie innwendig gar nichts verletzt.

Legt oder streicht man die Bibergeylin über einen feuchten Leib/ der wol Tröcknens darff/ oder schmieret man darmit einen kalten Leib/ so der Wärme nottdürfftig ist/ oder salbet man darmit einen feuchtkalten Leib/ so wird man wol erfahren/ was man da für Nutzen schaffe: Und vornemblich wann der Krancke oder Prästhaffte kein Fieber an jhm hat.

Wann aber auch schon etwann ein Fieber vorhanden/ als wie bey denen ist/ die da Gähn- und Schlafsüchtig (zu Latein Veternosi und Torpidi) genennet werden/ so habe ich dannoch vielen die Bibergeylin und weissen Pfeffer/ jedes ein Löffel voll/ auß Weinmåt/ eingegeben/ das keinem nie Schaden gebracht.

Und wie es eingenommen die Theil innwendig im Leib heilet/ also thut es auch außwendig/ wann man

Von dem Biber.

man es auf die Haut mit dem Oel von Clarenza, etwann Sicyonien geheissen/ darauf leget/ welches Oel seine Zusätz hat / und zuvorderst die Wurtzel von wilden Kürbsen/ꝛc.

Wer aber der Hitz am meisten bedarff/ ja wann er derselbigen zum höchsten bedürfftig wäre / da streiche man die Bibergeyl allein an. Dann seine Krafft ist so groß/ daß es den Mängeln der Lungen und deß Haupts hilfft/ wann man sie auf glüende Kohlen legt/ und den Menschen darmit beraucht/ꝛc. Biß hieher Galenus.

Platearius giebt der Bibergeil den dritten Grad zu hitzen/ oder zu wärmen: Avicenna thut biß in vierdten hinzu: Beyde sagen/ sie habe zu trucknen den andern Grad. Dahingegen Dioscorides jhr die höchste Krafft zu wärmen/ in einer Summa beylegt/ und vorgiebt/ daß sie in allen Artzneyen mancherley Nutzen habe.

Hierauf nun/ weil gesagt worden/ was für eine Art diese Artzney an jhr habe/ und wie köstlich sie sey/ wollen wir auch anzeigen/ wie dieselbe verfälschet werde/ und das darumb/ damit man sehen möge/ wie der Mensch zu allem Bösen geneigt sey/ und damit auch die Aertzte möchten ermahnet werden/ daß sie/ weil der Biber vast in aller Welt zu finden/ solche Bibergeyle jhnen selbst zubereiten/ und nicht allweg der Apoteck Glauben geben/ da man zu Zeiten alle species und frembde Artzneyen zum wolfeilesten einkaufft/ und zum theuresten außgiebt/ ungeachtet ob quid pro quo, und ob das/ so dem Menschen zum Leben nutzlich seyn soll/ zum Todt außgegeben werde. Dann das ist gewiß/ ob wol Hermolaus Barbarus, den Spanischen Biber/ dieser Artzney halben geringer/ und dem Pontischen oder Türckischen ungleich achtet/ so thut er doch hinzu/ Vis illa medica, als ob er sagen wolte/ daß er jhn dem Türckischen Biber in seiner Krafft vergleiche/ darauß dann so viel zu verstehen/ daß etwas Würckung habe: Und kan durchauß nicht seyn/ daß ein Ding/ welches pur und gantz für sich allein gelassen wird/ nicht solle kräfftiger seyn/ als wann man es mit andern Sachen vermischet/ es werden gleich solcher Sachen viel oder wenig darzu gethan. Derhalben auch die schlechste Bibergeyle ohn Zweiffel zu jhrem Gebrauch fürtrefflicher ist/ dann die beste gemischte Sachen/ die man under dem Schein der Bibergeylin verkaufft.

Sextius, ein gantz fleissiger Artzt/ wie Plinius schreibet/ sagt/ man fälsche die Bibergeyl auf diese Weise: Daß man bißweilen seine Nieren/ die groß wären/ für seine Geylin/ die klein wären/ außzugeben/ und die Bälglein der Geylin mit Gummi/ oder mit Ammonischem Sandhartz (das man auß dem Königreich/ so heutiges Tages Barche genannt wird/ bringt) auch mit deß Bibers Blut/ und gepülverter Bibergeylin anzumachen pflege/ wie dann Dioscorides und Marcellus Vergilius damit übereinstimmen: Auß Ursach/ weil der Geruch und die Farb deß Sandhartzes sich mit der Bibergeylin gar sehr unnd mehr/ als je ein anderes Ding vergleicht: Zudem/

so verliehret ein solches Ding und Geschirr/ worinnen die rechte Bibergeylin verwahret oder eingewickelt gewesen/ jhren Geruch nimmermehr. Wobey auch wol zu bedencken/ daß das Blut und Nieren/ wie auch die Bälglein deß Bibers/ auch noch etwas Krafft und natürliche Mitwürckung darzu geben.

Platearius spricht/ man nehme die Bälglein/ darinnen die rechte Bibergeylin gelegen/ oder sonst ein Hodenbälglein/ das frisch sey/ fülle es mit Blut und Waldenwachs auß/ darnach thue man darzu gepülverte Bibergeylin/ daß es den Geruch behalte. Etliche mischen darunter Blut und Erden: Etliche die noch geschickter und listiger/ nehmen Blut/ den Safft Sagapenum, so man in der Apoteck/ Serapinum nennet/ deßgleichen Waldenwachs/ und thun Pfeffer darzu/ daß es räß oder scharpf werde.

Uber das so ist die Bibergeylin/ die zu Venedig verkaufft wird/ fast ungleich derjenigen/ so man allhie bey uns zu Lande auß den Bibern nimpt/ so sagt auch Mattheolus, er hab auß dem Bibern selbst eine Geylin bekommen / die weder an der Grösse/ Farb/ Geruch/ noch Würckung derjenigen gleich gewesen/ so man in Apotecken feil habe.

Es ist auch ein Oel / so die Aertzte brauchen/ welches Oel von den Bibergeylin den Namen hat/ darumb/ dieweil in einem Pfund Oel 2. Loth Bibergeylin/ und selbige biß auf den dritten Theil eingesotten werde. Doch thun die Apoteker hinzu das Fette/ so an der Bibergeylin wächst/ und lassen es in dem Oel zergehen/ dasselbige heben sie hernach auf/ und streuen gepulverte Geyle drein.

Wann man jemanden von Bibergeyl etwas eingeben will / soll man die Hödlein oder Geyle recht/ wie sie sind/ darzu gebrauchen: Den Safft und Schleym aber/ der (wie oben gesagt) innwendig in den Belghäutleinen steckt/ soll man brauchen/ wann man jemanden außwendig am Leibe anstreichen will.

Und so viel vom Betrug und Verfälschung der Bibergeylin: Jetzt folgt nun auch/ was für eine köstliche Artzney die rechte Bibergeylin seye/ und wie dem Menschen in vielen Gebrästen darmit zu helffen.

Fast wider alles Giefft nützt die Bibergeylin/ wann man sie einnimbt: Allein muß man den Underscheyd wissen/ womit man sie anmischen solle/ wann einen dieses oder jenes Giefft verletzt hat. Sticht einen der Scorpion oder Tarant/ so muß man sie auß Wein trincken: Wann jemand Spinnen gessen hätte/ oder von jhnen wäre gestochen worden/ sie mögen gleich seyn schwartze Bauchmäuler/ oder solche Spinnen/ die auf dem Rücken gesprengelt sind/ und Muckenfahrer/ Wespen oder Omeyßspinnen genennet werden/ oder aber solche Spinnen / die da in den Früchten stecken/ so soll derselbige die Bibergeylin auß Honigwasser trincken/ damit er die Spinnen wieder von jhm gebe: Oder/ so er sie sonst will tödten/ und lieber anderswo / als zum Mund herauß haben/ nehme er sie ein mit Rauten.

F iij   Der

Der Heydechs oder die Edechs (Eyder) so in Nigroponte sprenglicht ist und farbige Streiffen hat/wann die jemanden verletzt/ so nimpt man die Bibergeylin ein mit Myrtenwein. Welchen die Hornschlang (Lateinisch Cerastes) oder der Straal-Wurm (sonst eine gifftige Otter/ und Lateinisch Præster genannt) verletzt/ der nehme sie mit Sassft von dem Panax, den etliche für Angelicam halten/ oder mit Weinrauten-Sassft ein. Für andere Schlangenbisse gebe man dem Krancken die Bibergeylin mit Wein zu trincken ein: Aber der Bibergeylin allein ist auf ein mahl ein Quintlein gnug/ was man aber darzu thut oder mischt/dessen nehme man 2. Quintl. schwer darzu.

Wann aber sonsten jemand durch Speiß und Tranck vergifftet worden/ oder vergiffte Kräuter versucht/ oder von solchen Kräutern den Saamen unwissend eingenommen/ als Ixiam, die etliche Cameleon, oder die Eberwurtz nennen wollen/ Manardus nennet sie Carlinam, so trincke er Bibergeylin auß Essig: Hat einer Aconitum, welche Cordus eine Art der Wolffswurtz nennet/gessen/ so nehme er diese Geyle mit Milch oder Wasser ein. Hätte er dann Elleborum album verschluckt/ welchen etliche für unsere Nießwurtz halten/ etliche Starundellam, etliche Veratrum heissen/ so nehme er die Geylin mit Honigwasser ein/ darinnen Nitrum zergangen sey/ so man heutiges Tages/wiewol ohne Grund/Salpeter heist/ und vor Zeiten gar gemein gewesen/ anitzo aber nicht mehr findet noch kennet/ und darinnen will man an desselben statt brauchen/ was vormahls den Alten unbekannt gewesen.

Plinius schreibet/diß Saltz oder Nitrum, so von Natur dem Saltz nicht fast ungleich/ werde in Medien/ jedoch nicht überflüssig/in Thälern gefunden/ und daselbst Halmiraga genannt: Desgleichen in Thracien (welche Landschafft heutiges Tages Romania, oder Romaney heisset) nit weit von Adrianopel/ doch sey es voller Erd und Unsauberkeit/ und nenne mans daselbst Agrium. Zum letzten aber finde man es in Albanien oder Macedonien/ in dem See Lychnidis, welcher heutiges Tages der Valoner See heisset/ dasselbige seye rein/weiß/ und gleich wie Saltz. Der See ist dieses Niters voll/ und entspringt er doch auß einem süssen Brunnen. In Hundstagen schwimmet es neun Tag empor/ dann setzt es sich wieder zu Grund/das thut es zweymahl/und hört denn auf durchs gantze Jahr. Regnets in selben Tagen/ da es empor schwimmet/ so ist es desto gesaltzener: Wehet der Ostwind/so ist es desto unsauberer/ dann der Grundlätten gehet mit auf. In Aegypten hat es eygene Gruben darzu/ darein sie den Nilum leyten/ erfordert grosse Sorg/ Müh und Arbeit. Der See bey Nicea, ist unten am Boden voll deß Nitri, und darbey doch süß. Aber der Schaum von diesem Nitro, wird für köstlicher gehalten/ dann das Nitrum selbst/ welcher Schaum/wie sie sagen/ zur Zeit/ da das Nitrum auffgehet/vom fallenden Tau wächst: Oder auch sonst in Asien in etlichen Hölen/ so davon Feuchtigkeit trieffen/ gefunden/ und hernach an der Sonnen getrücknet wird.

Nun das gute Nitrum soll gantz leicht/ rosenfarb oder weiß/ schwämmecht/ rein/ sauber und dünn seyn/und leicht zergehen. Und wiewol vor Zeiten das Nitrum fast alleweg in der Speiß und im Baden gebraucht worden/soll man es doch ohne grosse Ursach nicht essen/oder an statt deß Saltzes brauchen. Die Araber nennen es Baurach, und schreiben jhm wermende Krafft zu/ biß in Anfang deß dritten Grads. Wer aber wissen will/ zu was Gebrästen oder Kranckheiten/ es zugebrauchen/ der lese Plinium im 31. Buch am 10. Capitel/Avicennam, Dioscoridem, Mesue, Æginetam, und andere mehr.

Wider alle vergiffte kleine Thier/und jhr Beschädigen/ spricht Avicenna, seye die Bibergeylin gut und nützlich.

Erfrornen Leuthen ist die Bibergeylin gut/ so man dem Krancken derselbigen ein halb Quintlein in einem halben Baßler Sechsling ungefährlich/ so sonst 4. Cyathos oder Trincklein machen mag/ oder in einem Augspurger Quärtlein Wein zu trincken eingibt.

Daß das Haar nicht wachsen möchte/ haben etliche/ so die jungen Knaben vor Zeiten für Mönche verkaufften/ alle Orte da Haar wachsen solte/ etliche Tage mit Bibergeylin gesalbet/ an statt der Kalsalbe/ so man Psilothrum nennet.

Wann man an Bibergeylin riecht/ so macht sie niessen/ und bringet auch den Schlaf wieder/ stillet auch andere Hauptwehe/ als das Hirnwüten/ so man sie mit Rosenöl und Moreischem oder Samotrattischem Fänchel/ den man Peucedanum oder Fœniculum Porcinum nennet/ etliche aber für Haarstrang halten/ mische/ und den Kopf damit anstreicht. Doch vermeyn ich/daß hie gesagt werde von dem Sassft/ so auß derselbigen Wurtzel fleust: Dann wann man das Kraut Peucedanum im Herbst gräbt/hat es gar eine zarte und tieff in der Erd stehende Wurtzel/ die schlitzt man in vier Theil mit einem beynernen Messerlein/darauß fängt man am Schatten einen Sassft auf/ der so starcken Geruch von jhm giebt/ daß man sich zuvor mit Rosenöl am Haupt und der Nasen bestreichen muß/ damit einem auß dem starcken Geruch der Schwindel nicht ankomme. Der Stengel giebt auch Sassft. Doch ist der beste Sassft davon dick und Honiggäl/ eines lieblichen satten Geruchs/ und bitzenlechten Geschmacks/ das Rosenöl hierzu aber wird also zubereitet: Man nimpt die Blätter von den rothen Rosen (die Stiel werden weggeworffen) und thut sie in unzeitig Oel/je zu anderthalb Loth Rosenblättern ein halbe Maß Oel/ und zwar in ein Geschirr/welches wol zugemacht ist/ und da nichts außdämpffen noch außrinnen kan/alsdann läst mans 40. Tag an der Sonnen stehen/ und setzt es hernach an einen truckenen Ort. Etliche hencken es über einen külen Brunnen/doch daß die 40. Tag die Sonn darzu kommen kan: Dann die Küle behält die Rosen lieblich und bey jhrem Geruche.

Von dem Biber.

Wider die fallende Siechtage giebt man von der Bibergeylin 2. Quintlein / mit Essigmäth vermischt/ auß einem Waldgläßlein/ so 3. Cyathos fassen mag/ nüchtern zu trincken ein. Der Essigmäth wird aber also gemacht / nimb 4. Theil Honig/ 1. Theil Meersaltz/ 2. Theil Regenwasser/ ein wenig minder als 2. Theil Essig/ laß es bey einer Glut zehenmal erwallen oder aufsieden/ alsdann giesse und mische es in 2. Geschirr undereinander biß es kühle worden/ hernach hebe es auf. So aber jemand stäts und offt darnieder fiele/ soll man jhm ein Clistier machen auß Bibergeylin/ nemblich derselbigen 1. Quintlein unter Honig und unter ein halbe Maß Oel/ und unter so viel Wasser vermischen. Aber denen/ so erst anfangen zu fallen/ zu helffen/ soll man jhnen den Rauch võ der Bibergeylin in die Nasen kommen lassen wider diese Kranckheit: So ist sie auch für alle andere Mängel die da auß Kälte deß Haupts kommen/ gut / wann man dem Patienten bey anderthalb Quintlein in Rautensafft/ oder in Wein/ darinnen Rauten gekochet worden/ zu trincken eingiebt.

Für den Schwindel/ für die Gähn- und Schlafsucht ist sie auch gut / so man das Haupt damit schmieret/ oder sie mit Samen von Schafmilte/ (sonst auch Schafmühle genannt) so man Viticem zu seyn vermeynt / so dick als wie Honig stößt/ und mit Essig oder Rosenhonig eintrinckt.

Krempfigen/ am Halß verstrupfften/ mit dem Glieder-Giecht und Grieß beschwerten/ wie auch verlähmten / däulosen/ zitterenden / und vom Schlag geplagten Leuthen/ wann solche Gebrästen auß überflüssiger Nahrung herkompt/ ist die Bibergeylin gut wan sie wie oberzählt / in einem Träncklein eingenommen wird: Wo aber solche Mängel auß der Trockene und mangelnder Nahrung herrührten/ wäre solches jhnen zuwider/ wie Galenus sagt.

Die Halßstärre oder ein krummer Halß wird erlindert mit Bibergeylin/ so man dieselbige trincket auß Honigwasser/ darinnen Frösch mit Pfeffer/ Honig und Saltz gesotten worden.

Sie stärcket auch das Hirn/ darumb wann jemand den Witzschlaf oder die Schlafsucht hätte/ soll man jhm einen Rauch darvon in die Nasen machen/ daß er niessen kan/ sagt Platearius.

Wann einer/ nach überstandener Kranckheit/ als auf die Pestilentz/ oder andere Schwachheiten/ in Vergessenheit gerieth/ daß er seine Sinnen nicht mehr hätte/ so schmiere man jhm den Nacken mit Oel/ darinn Bibergeylin lieget/ oder man koche sie mit Fischmüntz/ Rautensafft und ein wenig Essig/ alsdann so beschäre man jhm den Nacken/ reibe jhn darmit/ und legs jhm Pflasterweiß über: Gepülvert stosse man sie jhm mit Rautensafft in die Nasen/ oder laß jhm den Rauch darvon in die Nasen gehen: Doch soll er zuvor mit Hiera Ruffi purgiert werden.

Es ist aber diese Hiera Ruffi, ein heylsame und heilige Artzney/ so zu Erhaltung und Vorbereitung der Gesundheit gebraucht wird. Und haben die Aertzt erstlich võ keiner andern Hiera gewust/ als von deren die Ruffus, ein gewaltiger Artzt zu Epheso, der zur Zeit Adriani deß Kaysers gelebt/ erfunden hat: Es sind zwar hernach auch andere Hieræ erfunden worden/ als Justi, Galeni, Archigenis, Logodion Philagrii, Antiochi, Pauli, und anderer; Aber Ruffus hat zu seiner Hiera diese Mixtur und Vermischung gebraucht.

Das weiß in den Kürbsen / und desselbigen 2. Loth/ Drachmas octo, Gamenderleinsaamen dritthalb Loth/ Sagapeni-Safft 2. Loth/ wild Epffen oder Eppich/ (Apium, montanum Petroselinum zu Latein genannt) ein halb Loth ein Quintlein/ Holwurtz (Aristolochia rotunda) weissen Pfeffer/ jedes ein halb Loth 1. Quintlein/ Zimmet oder Casiam, (da wir deß rechten Zimmets mägeln/ und vielleicht Casia jetzt an statt deß Zimmets verkaufft wird) 2. Loth/ Spicanardi-Wurtz (wo anderst die rechte Spica vorhanden) Saffrã/ Meerpoley/ Polii/ Myrrhen/ jedes ein halb Loth/ Honig so viel/ als genug darzu ist/ und denn nüchtern eingenommen. Also beschreibt sie Paulus Ægineta, Avicenna aber thut noch viel hinzu. Weitern Bericht findet man daselbsten.

Welchem das männliche Glied erlahmet/ der mache ein Pflaster auß Bibergeyle darüber/ und schlage jhm stäts warme Tücher in Wein genetzt/ darinnen Bibergeylin gesotten worden / über das Scham-Gewölbe.

Wem die Zung vom Schlag getroffen worden/ dem lege man gepülverte Bibergeylin unter die Zungen. Die soll man darunter liegen lassen/ biß sie võ jhr selbst erweicht/ und sich hinein zeucht.

Streicht mã Bibergeylin mit Attischem oder besten Honig/ so man bekommen kan/ über die Augen/ es machet sie lauter.

Bibergeylin mit Magkolbensafft in die Ohren getreifft/ stärcket das Gehör.

Welches auch Becherus erinnert in folgenden Reymen:

Magsamen bringt den Schlaf/ stopfft/ schafft gelinde Ruh.

Verständig doch mit jhm/ und lind verfahre thu.

Er macht sonst schlaffen biß an liebe jüngste Tag/

Darumb in diesem Thun man sich vorsehen mag.

In Klapperrosen auch man solche Würckug find/

Doch jhre Krafft / die ist in etwas mehr gelind.

Doch so ist hie zu mercken/ daß dieser Safft/ wie nützlich er auch ist/ gleichwol grossen tödtlichen Schaden bringen kan/ wo man jhn nicht in rechter Maß einnimbt/ dann zum Schlaf/ wann einer denselben verlohren/ ist/ einer Wicken groß eingenommen/ schon gnug/ und gantz fürderlich: Wann man aber desselbigen mehr/ als einer Wicken groß/ einnehmen wolte/ schliff sich einer bald zu todt. So schreibt und erzählet Plinius, daß der Römische Landvogt in Hispania, Licinii Cecinnæ Vatter / durch desselben allzuvieles Einnehmen gestorben.

Wann einem von kalten Flüssen das Gehör vergangen/ oder das Sausen und Brausen in die Ohren kommen/ so ist nichts bessers darzu/ als die Bibergeylin/ davon man einer Linsen groß mit

Nardenöl darein treiffen soll/ wie Avicenna lehret.

Für das Zahnwehe ist die Bibergeylin auch gut/ wann sie gestossen/ und mit Oel in das Ohr getreifft wird/ an welcher Seyten einem die Zähn wehe thun. Und schreibt Hippocrates, daß bey grossem Zahnweh und Schmertzen deß Kiefels/ oder Kienbackens/ der Schmertz nachlasse/ wann man Bibergeylin und Pfeffer undereinander vermische/ und eine Weil im Mund halte.

Wann einem die Lung schwiert/ oder andere Schwachheit an ihr hat/ soll man dem Patienten Bibergeylin in die Nasen räuchern.

Hertzgespann oder Keychen heilt man auch mit Bibergeylin/ so man dem Krancken ein wenig davon mit Methessig nüchtern eingiebt.

Bibergeylin bringt den Durst/ und auß Essig getruncken/ stillet sie die Heysserkeit oder den Sod: Doch wann diese Kranckheit auß Truncken heit oder sonst von Uberfüllung herkompt/ soll man sie nicht hierzu brauchen.

Für das Bauchblähen und Grimmen im Leib/ auch andere reissende und stechende Kranckheiten des Leibes/ ist Bibergeylin gut/ so man dieselbige trinckt in einem Augspurger Quärtlein warmen Honigwasser/ und Dauci (Bärwurtzel) Samen/ wie auch Petersiliensamen/ so viel als mit drey Fingern gefast werden mag/ darein gethan. Das Grimmen aber/ welches man die Bärmutter nennet/ heilet die Bibergeylin in Essig getruncken/ der mit Wein vermischt ist.

Oder man nehme Aniß aufs beste gestossen/ deßgleichen gepülverte Bibergeylin/ und gebe davon dem Krancken zwey Löfflein voll mit Honigwasser zu trincken/ und eben diese Artzney lobt Galenus vor allen andern.

Wer verstopfft und hart im Leib ist/ der nehme ein Bibergeylin zwey Quintlein schwer mit Honigwasser/ er wird erweicht/ so einer aber etwas stärckere Auflösung haben wolte/ der nehme die Wurtzeln von Garten-Cucummern/ oder Gorcken gedörrt und gestossen 1. Quintlein/ und Niterschaum zwey Quintlein.

Weibspersonen/ so ihre Zeit nicht haben können/ sollen Bibergeylin auß Mäth oder Honigwasser trincken/ sagt Plinius.

Den Weibern/ denen die Mutter das Hauptwehe macht/ kan auch mit Bibergeylin geholffen werden/ so man sie damit beräuchert. Doch so brauchen etliche dazu gepülverte Indianische Schneckenhäußlein/ die in den Seen/ in denen Spicanarden wächst/ gefunden werden. Aber so einmal Bibergeylin darzu genommen wird/ ist es desto heilsamer.

Deßgleichen/ wann eine Frau in der Geburt Noth litte/ oder das Büschlein (das ist/ die andere oder Nachgeburt) nit hernach wolte/ gebe man ihr 2. Quintlein schwer mit Poleyen zu trincken ein/ und sagt Dioscorides, es helffe: Und auf diese Weiß eingenommen/ erwärmet es auch den Männern den erkalten Werckzeug.

Man giebt auch so schwer/ wie gesagt/ Bibergeylin in einem Quärtlein Wein/ darinnen Panax, (welches etliche jetzt für Angelicam halten/) liegt/ den Weibern zu trincken ein/ wenn ihnen das Büschlein oder andere Geburt nit hernach will. Denen aber so die Mutter erkaltet ist/ desselben ein halb Quintlein/ oder tres obolos schwer/ wie man in Apotecken redet.

Galenus meldet/ er habe vielen Weibern auf diese Weise geholffen/ die ihre Zeit verlohren gehabt. Er ließ ihnen eine Ader auf dem Knoden springen/ und doch nicht zu starck lauffen: Darnach gab er ihnen Bibergeylin ein mit Poleyen/ oder mit Steinmüntz: Welches dann zur Stund ihnen ihre Zeit wieder brachte ohn einigen Schaden.

So einer Mannsperson der Saamenfluß zu Handen stiesse/ so nehme er Bibergeylin/ den Safft von Schafmilt/ (Viticis,) und ein wenig Essig/ laß es undereinander sieden/ lege es dann also gepflastert über die Nieren/ das Schamgewölb/ und andere männliche Glieder/ es hilfft.

Die Bärmutter bey den Weibsleuthen hat eine Art an ihr/ gleich als ob sie ein lebendig Thier wäre: Wolriechenden Dingen folget sie nach/ und fleucht den Gestanck. Derhalben wann sie zuviel tringt/ soll man sie jagen/ das ist/ oben herab mit Beräuchern zur Nasen ein/ mit stinckenden/ unden auf aber mit wolriechenden Sachen. Hingegen wann sie sich unten vor den Leib setzt/ soll man das Widerspiel/ und oben guten Geruch/ unden aber Gestanck brauchen. Und alles was böckelt oder mäckelt/ kan hie an statt der Bibergeylin/ wann man sie nicht haben möchte/ genommen werden/ als angezündete Federen/ glimmenden Liechtdacht/ wöllene oder alte Lumpen/ auch Schuhlappen gebrennt/ Zwiebel- oder Knobloch-Schälen auf glüende Kolen gelegt/ Haar/ Geyssenhörner/ Bech/ Galben/ Gummi/ Metram den man Parthenium nennet/ Sauwurtzen/ die man Scrophulariam majorem nennet/ und anders so da übel raucht/ soll man alsdann räuchern und brennen. Dieses Wehe/ nemblich das Drängen/ oder Auffsteigen der Mutter/ heissen die Aertzte Suffocationem, oder Strangulatum uteri, das Setzen/ Procidentiam: Und kompt gemeiniglich das Drängen daher/ wann der Saamen sich verlohren hat/ und die Mutter zur Zeit ihrer Monate erkaltet ist: Bißweilen auch daher/ wann ihr die Geburt mißrathen ist/ oder so man ihnen (den Weibern) ihren Fluß zu bald stillen wollen. Ihr Setzen (Procidentia) aber kompt daher/ wann bißweilen eine Frau auf die Seyten fällt/ und etwann eine Ader daran die Mutter hanget/ zersprengt/ oder so sie sonst in der Geburt verwarlost worden: Bißweilen wann sie zu schwer auf sich nimpt oder hebt/ und trägt/ bißweilen auch auß Leyd und Klag/ so ihnen etwann die Kinder sterben/ die Feind sie überfallen und erschröcken/ oder von andern dergleichen Schröcken. Manchmal kompts auch daher/ weil der gantze Leib innwendig an den Nervadern geschwächt/ zerschlagen und aufgelöst ist: Dann thut es je zuweilen

Von dem Biber.

der schleimig überflüssige Fluß/ dieweil derselbige zu schwer/ und die Anhäng der Mutter durch viel Gebären zum theil zerrissen sind.

Etliche Aerzte machen zu diesem Drängen und Auffsteigen der Mutter/ einen Knopf oder Kugel/ daran die Weiber riechen sollen/ darmit sie dieser Kranckheit zuvor kommen: Zu demselbigen nehmen sie Blätter von Rauten/ und Mutterkraut/ Item den Saamen von der Bärwurtzel/ (zu Latein Daucus genannt) wie auch von Raten und Wermut/ eines jeglichen nemblich deß Saamens und der Blätter/ ein halb Quintlein/ Bibergeylin ein halb Quintlein/ und der Schwertlinwurtz nicht gar ein halb Quintlein/ etwann einen Scrupulum. Darauß macht man eine Kugel/ ist gar ein guter Geruch/ auch für die aller subtilesten Weiber.

Wann einem ein Geschwär von kalter eyteriger Matery aufgehe/ oder sonst andre böse Schäden zustossen/ da ist Bibergeylin gut dafür.

Und ob gleich/ wie gemeldet/ die Bibergeylin eine so köstliche Artzney ist/ wann sie recht frisch auffgehoben und gebraucht wird/ so ist sie doch/ wann sie faul/ schwartz/ stinckend/ und verschrüpft ist/ so schädlich/ daß der/ so sie einnimpt/ desselben Tags/ wie Avicenna sagt/ sterben muß: Dann sie erhitzt zu viel/ machet dem Hertzen auffsteigende hitzige Dämpfe/ erschellt die innwendige aneinander hangende Aederlein/ und machet bißweilen hirnwütig oder unsinnig/ daß der Krancke die Zung außstreckt/ und so ein hitziges Fieber bekommet/ welches jhn in einem Tag tödtet/ als wie Mattheolus und auch andere melden. Unnd ob gleich der Mensch nicht darvon stürbe/ sondern jhm (wie hernach gedacht wird) geholffen würde/ so ist doch dieses gewiß/ daß er deßwegen eine Kranckheit/ und vorab den Stich/ welcher sonst Pleuritis, oder das Seytenstechen genannt wird/ erdulden muß: Dieweil die unverdäute/ rauhe/ schwäre und dicke Feuchtigkeiten/ sich umb das Brustnetze herumb/ da es leer ist/ legen/ oder die Lungen überziehen/ und das Netze also durch jhren Uberfluß außdähnen/ dardurch gleichsamb ein Stechen und der Athem verhinderet wird/ der Husten aber/ und ein stäts fliegendes Fieber erfolget. Da der gemeine Mann vermeynt/ es sey ein innwendiges Geschwär. Doch dem zu helffen/ der da von der verdorbenen Bibergeylin genossen/ so gebe etliche dargegen dem Krancken Eselsmilch ein/ oder den Syrup von saurem Pomerantzensafft. Hie will ich lieber verstehen Citrangulen/ die da länglecht sind/ und eine bleichgrüne Schäle haben: Deren gar viel umb Nola/ Cajeta/ und Neapels wachsen/ deßgleichen auch in Calabrien/ bey Manthia/ Bellomonte, und vornemblich an dem Ort/ den man Cedraro nennet: Deren dann viel herauß kommen mit den Limonen/ die rund und nicht so groß sind/ dahergegen der Citrangulo länglecht und groß ist/ und so er eine Weile liegt/ gleich gelb wird.

So aber das auch nicht helffen wolte/ nehme man die Frischbehaltene/ oder Antidotum Philonis, und gebe dem Krancken ein halb/ oder zum höchsten ein gantz Quintlein ein. Diese Artzney oder Verwahrung der Gesundheit wird also gemachet: Man nimbt des weissen Pfeffers 5. Loth/ Bilsensaamen (Alterci) 1. Loth/ Magkolbensafft dritthalb Loth/ Saffran 5. Quintlein/ Bertramsafft (zu Latein Succus Pyrethri genannt) deßgleichen Euphorbii und Spicanardisafft/ jedes 1. Quintlein/ deß besten Honigs so zu bekommen/ und so viel als gnug ist/ darmit läst mans undereinander auffsieden/ etc.

Etliche geben dem Krancken Butter und Honigwasser/ darmit macht man jhn undäuend/ so viel/ biß er alle Bibergeylin wieder von sich giebt/ und das jenige so von jhm gehet/ nicht mehr nach Bibergeylin räucht: Alsdann giebt man jhm obgemeldten Citrangelsafft/ oder den Safft von Maulbeeren. Auch ist das eine Artzney für diese Kranckheit/ so man dem Krancken geprägleten Coriandersaamen/ etwann bey dritthalb Quintlein eingiebt.

Es sagt auch Avicenna, wider faule verdorbene Bibergeylin/ seye Essig/ saurer Citrangelsafft und Eselsmilch eine gewisse Artzney.

Bibergeylin/ 2. Quintlein schwer in Honigwasser getruncken/ bringt den Stulgang.

Der Stichling/ ein Graßwurm/ so die neu hervorschiessende Augen an den Weinreben verderbt und frist/ wird verhütet/ wann man die Rebmesser auf einem Biberbalg wetzet/ ehe man die Reben schneidet/ wie oben schon angedeutet worden.

Man sagt/ (wie Plinius schreibt) wann eine schwangere Frau einen Biber überschreite/ so komme sie umb die Frucht/ deßgleichen auch/ wann sie über die Bibergeylin gegangen sey/ oder ein erstgeboren Kind darüber getragen worden.

Etliche lustige Historien von dem Biber.

Die Aegyptier/ wann sie einen Menschen anzeigen wollen/ der jhm selbst unnütz und schädlich/ haben sie einen Biber gemahlet/ als solte dieses Thier (wie droben auch gemeldet/) jhm selbst das Seinige außbeissen.

Alciatus, der hochgelährte Mann/ siehet auch auf diese Sage/ wann er in seinen Sinngedichten anzeigen will/ daß zu Zeiten besser sey/ das Gut als den Leib verlohren/ dannenhero er/ dem Lateinischen Innhalt nach/ auf diese Art schreibet:

Dieweil sehr hoch geacht in Artzney der Biber/
Von wegen seiner Geyl/ so giebet er viel lieber
Und beisset selbsten auß/ was sonst sein Leben fällt/
Wer das erhalten kan/ der geb dem Feind das Gelt.

Vom Bisemthier.

Moschi Capreolus. Bisemthier.

Das Bisem-Reh/ Bisem-Geyß/ oder Bisemthier/ hat unterschiedene Namen bey den Latinis, und wird genannt Capreolus Moschi, Gazella Moschi, Animal Moschi, Dorcas Moschi, die Siner nennen es Xe, die Araber aber geben jhm gleichfals vom ‏المسك‎ den Namen/ und die Hebräer. Von den alten Latinis und Græcis haben wir keine sonderliche Nachricht davon/ die Saracenen aber und Araber/ sonderlich Avicenna, haben deutlich davon geschrieben/ wie auch Aetius und Ægineta, und die heutige Schiffahrer und Beschreiber der Indien. Seiner Höhe und Grösse halber gleichet es einem Rehe/ das Haar aber ist etwas grauer und dicker/ es soll vier Zähn haben/ zwey oben und zwey unden drey Finger lang/ die Klauen sind auch gespalten wie beym Reh. Etliche geben jhm Hörner zu/ so aber vielleicht auß Irrthumb geschehen/ weil die Zähn heraußgehen/ und selbige vor Hörner gehalten worden.

Die

Von dem Bisemthier.

Die rechte Gestalt aber des Bisemthiers ist nachfolgende/ wie sie von dem Herrn Neuhofen beschrieben wird in seiner Chinesischen Reyßbeschreibung: Unten am Nabel hat es ein länglecht Säcklein/worinnen sich der Bisem samblet/ wie ein Geyl/ in dessen Eröffnung a. sich zwey Höhlin b. c. finden/ voneinander getheilet/ umb und umb seyn-äusserlich weisse Haar f. Die Oberhaut ist voll Löchlein d. g. das innerliche Häutlein h. unter dem Fleisch e. und der Höhe worinn der Bisem lieget/ist gantz gelb gefärbet. Das andere Häutlein i. ist dicker. Ein Jesuit Mich. Boym schreibet/ daß die Nieren und Geylen im Bisemthier nach lauter Biesem riechen.

Andere Scribenten halten nachfolgende Gazellam vor das Bisemthier/ so aber nicht übereinstimmet mit denjenigen/ so selber in China und andern Ländern das Bisemthier kennen lernen.

Wo das Bisemthier am meisten zu finden.

IN Aegypten soll dieses Thier wie etliche schreiben/ auch gefunden werden: Aber Marcus Paulus, ein Venediger/ sagt/ in dem Königreich Gathal, und auch im Reich Cergut, das unter dem grossen Cham oder Tartarischen Kayser ist/ da werden sie in grosser Menge gefunden/ deßgleichen auch in der Sinischen Landschafft Xensi, wie solches Neuhof gedencket/ und wie sie in Aegypten am hurtigsten sind / also werden sie daselbst am köstlichsten gefunden.

Es soll auch (nach Außsage Brasavoli) dieses Thier an vielen Orten in Aegypten und andern Enden der Barbarey/ Item in der Gegend Thebeth, so auch unter dem grossen Cham liegt/ und in dem daran gräntzenden Land Caniclu zu finden seyn. Zu Zeiten findet man sie auch in Syrien.

Von natürlicher Art und innerlicher Beschaffenheit deß Bisemthiers.

WAnn ihm die Zähn außgebrochen werden/ so wird es gantz zahm/ wie Alexander Benedictus schreibet: Dann es weiß/ daß es sich nit mehr wehren kan: Weil die Waffen/ so es wider Jäger und Hunde gebraucht / ihm alsdann genommen sind.

Es will auch von Natur seinen freyen Zug und Lauff haben/ und hält sich in Bergen auf: Und wann es in die Brunst tritt/ so bläst sich sein Bültzen oder Hautseckel bey dem Nabel auf/ jückt und brennt es dermassen/ daß es seiner Nahrung/ als Speiß und Trancks nicht achtet: Alsdann so schwüret innwendig der Bisem/ der sich/ gleich als ein Eyter/ in den Hautsäckel gesetzet hat/ und weich und etwas lind wird: Dieser treibt auch das Thierlein dahin/ daß es vor Jücken und Brennen keine Ruh haben mag/ also/ daß es scharpffe Felsen/ oder rauhe Steine suchen muß/ die gegen der Sonnen gelegen und erhitzet sind / an denselben jückt und reibet es sich so lang/ biß daß es den Sack aufkratzet/ und der Eyter/ welcher der Bisem ist/ herauß laufft. Alsdann so scheust in den geleerten Hautsäckel/ der gleich zur Stund wieder zuheilet/ das Blut vom Thier / und hält sich so lang darinnen/ biß es/ wie zuvor schwäret und zu Eyter wird. Etliche fabulirē/ daß das Bisemthier gleich wie der Biber wüste/ daß diese Wahr hoch geachtet/ und deßwegen zur gewissen Zeit es lasse von sich gehen.

Wann aber diesem Thier der gemeldte Hautsäckel abgeschnitten wird/ bringt es keinen Bisem mehr. Deßgleichen wann es gefangen/ und in frembde Land geführet wird / hat es zwar etwas Eyter in dem Säckel/ und bringt jhn auch hervor/ aber hernach samblet sich kein Bisem mehr darein/ oder da es schon ein wenig hervorbringt/ ist er doch nimmer so gerecht und gut wie der vorige: Zudem so kan es auch in die Länge selbst nicht leben/ vielleicht wegen Veränderung der Lufft oder der Nahrung. Wann dieses Thier auß dem Reich Lu, in das angrentzende Reich Laos gebracht wird/ stirbet es von Stund an/ wie die Fisch außerhalb Wassers sterben.

Uber das so wird es durch das Außgiessen deß Bisems/ wie andere Thier durch den Monatfluß gereiniget: Mag auch nicht lang leben/ wann jhm solche Reinigung abgehet.

Sein gantzer Leib und Fleisch reucht und schmäcket nach Bisem/ das nicht von der Natur/
son

sondern auß Krafft deß Bisems herkompt: Darumb wann der Bisem aufhört/ so nimbt auch der Geschmack ab/man stosse es dann in den Hautsäckel/ so währet es lange Jahr.

Ein sonderliche Art den Bisem zu bekommen/ beschreibet Johann Albert Mandelslo/ in seiner Reißbeschreibung mit folgenden Worten:

Es wird der Muscus von einem Thier genommen/ welches einem Rehe ähnlich siehet/ dasselbe Thier sollen etliche/ wann sie es fangen/ eine Weile in jhren Häusern halten / mit einem Prügel starck schlagen/ welche nach Pegu handeln/ daß grosse Beulen darvon auflauffen/ darein setzt sich eine Materie / auß welcher der Muscus kommet. Dieses haben mir die Englischen Kauffleut berichtet/dann sie es selbst gesehen haben.

Von Highmoro wird es also beschrieben: Die Einwohner verfolgen mit Hunden dieses Thier / so lang biß es ermüdet und keuchent zur Erden fället/alsdann schlagen sie es/und lassen es die Hunde so lang beissen/biß die gantze Haut geschwollen/und mit geronnen Blut durchzogen ist/ alsdann heben sie / so lang es noch warm ist/ die Haut an allen Orten auf/ und binden sie zusammen/daß es dicke Beul gebe/welche sie dann/wann das Thier noch lebet/abschneiden/und diese Beutel vor den besten Bisem unsern Kauffleuten verkauffen. Johann Kellner in der Beschreibung Chinæ meldet/ daß sie dieses Thier so lang schlagen/biß es sterbe/ aber wohl in Acht nehmen/daß kein Blut von jhm gehe/und wann sie alsdann die Bein mit der gantzen Substanz, wol zerstossen und geschlagen/verkauffen sie das gantze außgetrucknete Thier vor den besten Bisem.

Wie das Thier gefangen werde.

Im Land Thebeth werden sie gejagt und gefangen mit Hunden: Doch sind viel Orte da sie geschossen / oder sonst in Garnen und Seylern gefangen werden: Dann es gar einen schnellen Lauff hat/ und kaum lebendig gefangen werden kan.

Von seiner Nahrung.

An den Orten/ da sie wohnen/wächst gar viel wilde Spicanarden / und je weiter sie vom Meer in den Wildnussen wohnen/je bessere Spicanarde haben sie / deßgleichen auch andere wolriechende Kräuter:Doch ist ein Ort nicht wie der andere / dann hier sind die Kräuter etwas bessern Geschmacks/als dort/ also/ daß auch der Bisem von der bessern Nahrung einen besseren Geruch überkompt. Derhalben so sie gegen dem Meer zu jhre Wohnung haben/ fressen sie Myrrhen/ der bringt das mit sich/ daß der Bisem daselbst nicht so wol räucht als anderswo.

Von der Artzney und Nutzbarkeit/so von diesem Thier herkompt.

Das Bisemthier wird von den Sinern zur Speiß genutzet / wie Neuhoff in seiner Tartarischen Reißbeschreibung gedencket: Und ist der Bisem daher diß Thier den Nahmen hat/ trucken und hitzig im andern Grad / und wird zu vielen Dingen gut unnd hoch geachtet / Constantinus, Matthiolus, Fallopius und andere/ ziehen den Bisem allen köstlichsten Artzneyen vor/ und Renodæus vermeynt nicht/daß etwas an annehmlichen Geruch dem Bisem gleiche: Salomon Albertus schreibet/ daß in Mangel deß Bisems die gantze Artzney verringert würde. Aber wie sonst alles/also wird auch derselbige durch den Geitz und Boßheit der Menschen gefälscht und verderbt/ also/ daß ein grosser Mangel und Underscheid darinnen gespührt wird. Derhalben/ehe von dem Gebrauch und Nutzen/ den der Bisem in der Artzney hat/ Meldung geschicht/ nicht undienlich seyn wird/ allhie zuvor anzuzeigen/ welches der rechte aufrichtige / und welches der verfälschte Bisem sey.

Oben ist angezeigt worden/ wie das Thierlein sich an den von der Sonnen erhitzten Felsen reibe und jücke/ also/ daß das wolriechende Eyter daran kleben bleibt/allwo es durch der Sonnen Hitz/ etwas gedörret wird / das dann die Einwohner/ als die deß Thierleins Art unnd Zustandes wol kündig sind/ gar fein wissen zu finden und zu samlen:Und eben solcher zusammen geläsener Bisem ist der Köstlichste/und so hoch geachtet/daß er gemeiniglich ein Königlicher Schatz ist/ und allein die höchsten Personen damit verehret werden. So wird auch desselbigen in der gantzen weiten Welt nicht mehr noch aufrichtiger gefunden/als in dem Land Egrimul,und fürnemblich in der Statt Singui, so unter dem grossen Cham ist/ daselbst wird der Bisem also ungefälscht aufgefasset : Sonst wird wenig deß recht aufrichtigen Bisems herauß zu uns geführt.

Nach diesem aber kompt Bisem zu uns / der mit dem Hautsäckel von diesem Thier/ aber nach dem es todt oder lebendig gefangen worden/ außgeschnitten wird / da es sich dann begiebt / daß manchmal das Geblüt im selbigen noch nicht erschworen/ und also noch nicht zeitig ist/ und deßhalben nicht gar einen guten Geruch hat: Aber da sind die Jäger so verständig / daß sie das Säcklein/ wie es ist/ an die Lufft aufhencken/ alsdann so vergehet jhm mit der Zeit der Gestanck / und wird der Bisem darinnen gantz geschmackt und wolriechend/ wie übel er auch zuvorhero gestuncken hat.Doch ist dieser Bisem dem Vorigen gar nicht zuvergleichen : Und deß Bisems wird viel auß Thebeth und Seni in unser Land gebracht.

Und diese beyderley Bisem werden in einem dicken / mit Wachs wolvermachtem Glaß verwahret:Doch so sind jhrer viel/ die da jhn/in seiner Krafft zu behalten/ in eine blecherne Büchsen thun/

thun/ darmit die natürliche Feuchtigkeit und Kühle die Art des Bisems desto länger erhalte: Oder wann sie jhn in ein anderes Geschirr thun/ so legen sie 1.2. oder 3. Stück Bley darzu/ jhn desto länger auffzuhalten: Und vor allen Dingen/ so verhüten sie/ daß nichts von Gewürtze oder nichts Wolriechendes darzu komme/ dann zur Stund verlieret der Bisem seinen Geruch: Und wo er sonst durch Zufall am Geruch abnimpt/ so hencken sie jhn in einem Glaß das oben offen/ oder in einem irrdenen Geschirr/ in ein Secret oder heimliches Gemach/ worinnen derselbige/ weil jhm der Gestanck zuwider/ seine wolriechende Krafft erholet/ und wiederumb erobert/ und damit also gleichsam als wie im Streit seinen vorigen Geruch wieder gewinnet.

Die jenigen so den Bisem fälschen wollen/ bringen es leichtlich zuwegen/ derhalben ob sie wol die Hautsäcklein feyl tragen/ so ist jhnen doch nit gleich zu glauben/ dann man kan eben dergleichen Säcklein machen (wie dann die Saracenen auf solchen Betrug gar hurtig sind) daß einer schwüre/ es wären die rechte: Dieselbigen Säcklein füllen sie mit vielerley Specerey auß/ und lassen sie zwischen und unter rechtem guten Bisem lang liegen/ biß daß sie den Geruch deß Bisems an sich ziehen/ alsdann vervortheilen sie die Leuth darmit.

Es ist auch ein Vogel/ mit dessen Geschmeiß man den Bisem verfälscht/ wie Alexander Benedict schreibet. Offt verkaufft man Marter oder Mäußdreck vor Bisem/ vornehmlich für den schwartzen oder braunen: Dann man thut darzu ein wenig gebränntes Bocksblut/ oder gebrannt Brot/ und desselben alleweg drey mahl so viel als des Bisems/ oder etwann vier mahl mehr: Und dieser Betrug ist so subtiel/ daß man jhn kaum innen werden mag/ und der Bisem wird gar brößmicht von dem gebrannten Brod/ vom Bocksblut aber gantz gläntzend und durchscheinend.

Etliche Landfahrer machen den Bisem/ den sie für gut verkauffen/ also: Sie nehmen Muscatnuß/ Macis/ Zimmet/ Nägelein/ Spicanarden/ jedes 1. Hand voll/ stossen es gantz fleissig/ und rädens durch ein Sieb/ rühren es mit Taubenblut an/ und dörren es an der Sonnen/ denn stossen sie es nach und nach sieben mahl/ sprengen doch alleweg Rosenwasser darein/ und so offt sie es pulveren oder stossen/ so offt trücknen sie es wieder. Zuletzt thun sie einen dritten oder vierdten Theil deß rechten Bisems darzu/ den sie auch stossen/ und giessen wiederumb gebißmet Rosenwasser darein/ theilen es in Küglein/ nehmen weisse Geyßlein oder Lämblein Haar/ das sie den Thieren unter dem Schwantz außrupffen/ darein wicklen sie die Küglein/ und heben sie in einem Glase auf.

Andere fälschen jhn also: Sie nehmen Laserwurtz/ weiß ungebrauchtes Wachs/ das Wurmmäl vom Eschbaum/ und thun Bisem darunter. Das ist dann ein angemachter Augstein oder Amber/ der da einen Geruch hat wie Bisem oder Zibeth.

Man fälscht den Bisem auch/ auf diese Weiß/ nimb Styrax/ oder wie es die Apotecker nennen/ Storax Gummi: Item Gummi deß Ladans/ und geschabenes Aloeholtz/ thue darunter Bisem oder Zibeth/ und vermenge es undereinander mit Rosenwasser.

Etliche vermengen den Bisem mit dem Saamen der Angelicawurtzeln: Wiewol in diesem Stück ein Zweiffel seyn will. Dann die Frantzosen nennē das Angelicam/ was die Gelährten Laser Gallicum heissen/ wir aber für Laserwurtz/ Meisterwurtz nennen. In den Apotecken wird es Laserpitium, Ostritium, Belzuinum, oder Benzuinum geheissen.

Nun der rechte natürliche Bisem ist am Geruch höher/ und übertrifft alle andere riechende Ding/ die biß auf den heutigen Tag bekannt sind. Doch hat er die Art/ daß der jenige/ so jhn bey jhm trägt/ den Geruch nicht empfindet: Darzu wird deß rechten Bisems ein halb Loth umb drey Ducaten verkaufft: Und die Zärtlinge und vornehme Leuthe/ legen jhn zu den Kleydern/ räuchern die Säl und Wohnungen darmit/ tragen an Paternostern güldene oder silberne Aepffel/ darinnen Bisem ist/ umb die rauhe/ oder vergiffte und ungesunde Lufft darmit zu verhüten: Oder aber bißweilen geschicht es nur auß Hochmuth/ jhren Pracht damit sehen zu lassen. Und also muß der Unflat und die Kranckheit dieses Thiers der hoffärtigen und geylen Menschen jhre Belustigung seyn: Dann viel Weibsbilder schmücken sich darmit/ nur den Bulern zu gefallen. Wiewol die Edlen Weiber zu Venedig weder den Bisem noch Zibeth/ als einen gar zu starckē Geruch/ gern bey sich tragen/ und auch nicht loben.

Weil der Hautsäckel am Thierlein noch voll Eyters/ und das Eyter darinnen noch nicht zeitig ist/ so stinckt es gar übel: Und ist dieser der beste Bisem/ den man von Orient zu uns bringt: Dann daselbst haben sie jhre Weyd in Spicanardi und anderen wolriechenden Kräutern.

Man probiert oder versucht auch den Bisem ob er gefälscht/ oder nicht gefälscht sey/ auf vielerley Wege: Etliche wann sie jhn erstlich abgewogen haben/ legen sie jhn zur Stund in ein befeuchtet Becken/ über eine kleine Weile wägen sie jhn wieder/ wann dann der Bisem bey seinem alten Gewicht bleibt/ halten sie jhn vor gut: Wann er aber etwas schwärer worden/ halten sie jhn vor gefälscht. Wovon Simeon Sethi zu besehen/ wiewol etliche das Widerspiel wollen. Doch laß ich mir die erste Meynung gefallen/ auß Ursach/ dieweil der Bisem an jhm selbst heiß und trucken/ doch etwas trückner als heiß ist/ derhalben seine Trückne die Schwäre der Befeuchtigung nicht so bald annehmen kan.

Etliche Kaufleuth/ wann sie Bisem kauffen wollen/ verstopffen die Naßlöcher/ halten den Athem ein/ und lauffen einen halben Steinwurff weit vom Bisem/ und wenn sie denn die Lufft wieder zu sich ziehen/ und den Geruch schmäcken/ so achten sie jhn für gut. Es überwiegt auch der ge-
fälsch-

Von dem Bisemthier.

fälschte Bisem den guten doppel/ und wann man jhn in Wasser oder feuchte Geschirr thut/ so erzeigt er an seinem bald und schnell Zerweichen/ wie auch an dem Geruch/ an der Farb/ und anderem/ daß er falsch sey: Dann der gute Bisem wird nicht so bald feucht: Und wann man jhn in Rosenwasser zerläßt/ so schäumt er empor/ und der Zusatz setzt sich zu Boden.

An der Farb ist der Goldgelbe besser dann der schwartzlechte/ Doch bringt man auß Cathay jetzt gar Schwartzen/ den man für den Besten hält. Etlicher ist röthlicht/ und etlicher an der Farb wie Spicanardi/ und den hält man auch hoch: Doch sagt man/ es sey Bisem/ nicht von diesem Thierlein/ sondern von den Geyssen/ so da sich der Enden in Spicanardi weyden. Derwegen so soll man den Bräunesten außlesen/ der nicht so leicht gefälscht werden kan/ und/ nach deß Platearii Außsage/ gar bitter ist/ wann man jhn kostet.

Es sind/ nach dessen Meynung auch andere Zeichen/ darbey der gute Bisem erkannt wird. Als wann das Hirn zur Stund von desselbigen Geruch versehrt/ und er nicht gleich alsbald weich wird und zergehet/ oder so er auch nicht überlang hart bleibt: Oder der Innwendig nicht gantz glitzend breite Körner an allen Orten gleich hat/ eben wie die Fasoli, oder welschen Feygbönlein/ so Siliquæ, Dolichium, Phaseoli, oder Xyloceratia, und Charub genannt werden.

Viererley Bisem setzt Elluchasem in seinen Tacuinis, und sagt: Die Bälglein/ darinn der Bisem Cubit behalten wird/ sind gar subtiel und zart auß dem Bläterlein und Bisem. Gergeri aber sind Bälglein dem Cubit gar unähnlich: Dann der Bisem darinnen ist grob und nicht so wolriechend. Der Bisem Charam ist zwischen den oberzehlten beyden Bisemen weder zu verwerfen/ noch für den vortrefflichsten zu schätzen: Dann man thut Silber und Bleyfeylten darein/ damit er desto mehr wäge. Der beste und gültigeste ist der Bisem Salmindi: Dann dieser wird auß seinem Hautsäckel genommen/ und in Gläsern verwahret.

Von der Landsart/ von welcher der Bisem zu uns kompt/ sind auch vielerley Meynungen vorhanden/ und will Avicenna, der auß der Sceniter Gegend seye der Beste/ und nach demselbigen der/ so auß Giurgien gebracht wird/ und letztlich der jenige/ der auß Indien/ so am Meer gelegen/ herauß komme. So sagt Serapio, die Saracenen kauffen jhn von den Seenitern/ schicken jhn in Aegypten/ in Persien/ Babylonien/ und andere Gegenden/ und vertreiben jhn/ als ob er auß Tumbasca käme.

Am Geschmack/ wie auch an der Farb/ will Avicenna, vergleiche sich der Bisem dem Citrangel/ welchem andere widersprechen/ und sagen/ daß der eysenfarbige Bisem/ klein gestücklet/ am Geschmack dem Cyreneischen Magsafft gleich/ aber doch stärcker sey/ umb seines starcken Geruchs willen.

Nun biß hieher sey von dem Geruch/ deßgleichen von der Farb und Gestalt des rechten/ wie auch des gefälschten Bisems genug gesagt. Jetzund folget nun/ was für Nutzen er in der Artzney habe. Dann unter den Aertzten geben jhm etliche zu/ daß er heiß und trocken sey im andern Grad/ wie Mesarugis: Doch sagt Averrois, dieses sey wol wahr/ aber im Ende deß andern Grads. Die andern schreiben/ er sey hitzig im andern/ und im dritten trucken. Etliche/ als Simeon Sethi/ wollen/ er sey im dritten Grad hitzig und trucken/ auch theile er sich gar subtiel und dünne auß. Darzu so hitziget er sehr/ wann man jhn einnimpt oder über etwas auffschlägt/ und augenscheinlich trücknet er auß/ welches auch bey seinem Geruch abgenommen werden mag/ weil er so hefftig starck ist: Dann der Geruch kompt her auß der Trückne/ wie Aristoteles bezeuget. Doch hat er etwas Feuchtigkeit/ die jhm nicht mag entzogen werden/ und dieselbige ist eben dick.

Den Alten ist er Winterszeit gar nützlich/ dann er zerschmältzt und verzehrt von wegen seiner Hitz und Dürre.

Ein klein Brösemlein darvon/ hat grosse Krafft/ derhalben er gar kärglich in die Artzney gethan wird/ und zwar nicht zerrieben/ sondern in Rosenwasser zerschmältzt. Sein Nahmen/ so man in Apotecken Dosin nennt/ soll über vier oder fünf Gran zum meisten nicht wägen.

Wider Gifft/ und bevorab wo jemand Wolffstodt/ welches an theils Orten auch Wolffsbeer/ oder Wolffswurtz/ oder Eysenhut genannt wird/ (Lateinisch Aconitum; sonst Napellum geheissen) gessen oder eingenommen hätte/ ist es so gut als ein außerwählter Tyriack.

Under den wolriechenden Dingen ist es das fürnehmste Stück/ und mit seinem Geruch stärcket es die Lebenskrafft unnd die Lebensgeister im Leib/ und das in einem Augenblick/ von wegen seiner Subtilität und dünnen Vertheilung: Doch vergehet sein Geruch nicht so schnell als gähling er gerochen wird. Was schwach im Menschen ist/ das erquickt er: Derwegen wann einem der Athem vergeht/ braucht man den Bisem/ jhn wieder zu rechte zu bringen/ und den Athem jhm wieder zu erholen.

Wer zu viel Artzney eingenommen/ also/ daß er darvon in Gliedern schwach worden/ demselben soll man (wie Aetius schreibet/) Bisem eingeben in einer Purgatz von Zeitlosen gemacht: Doch findet man in der Apoteck dreyerley Pillulen/ die da Pilulæ de Hermodactylis genannt werden. Deren die Grössesten also gemacht werden: Recipe, Hermodactyli, Aloe/ Myrabolan/ Citrangel/ Turbit/ Coloquint/ Bdellen/ (so ein Hartz von einem Saracenischen Baum ist) Serapinum (welches ein Safft ist von einer Wurtzel in Medien wachsend) jedes 6. Quintlein/ Bibergeyl/ Sarcocolla deß Gummi, Euphorbii deß Saffts/ Opoponax/ wild Rautensamen/ Eppich/ jedes vierthalb Quintlein. Dann rührt mans an mit Kölsafft/ und macht Pillulen darauß: Sonst findet man zweyerley dieser Pillulen: Wer
Lust

Lust hat / der kan selbst die Bücher davon nachschlagen.

Wer viel ohnmächtig wird / und in Gliedern schwach ist / dem ist Bisem gut / ob gleich solche Ohnmachten vom Haupt / oder von der Leber / oder auß dem Magen kommen: Und wo die Kälte an diesen Ohnmachten schuldig / so soll man dem Krancken etwas bey fünff Grän schwer des Bisems mit Wein eingeben.

Das Hertz und alles Eingeweyd stärckt der Bisem / wann man jhn als ein Pflaster überlegt / ja allen Gliedern / auch dem Gebein giebt er Krafft. Das Hauptwehe / wie auch den Schwindel / so derselbige auß überiger Feuchtigkeit herkompt / dämpft und vertreibt er: Er macht auch schlaffen / und erweckt die Unkeuschheit: Und hat ein sondere Art frölich zu machen.

Das Hertzgesperr und den Ritten vertreibt der Bisem / er machet aber eine bleiche Farb am Menschen. Das Hirn / so es unverletzt / stärckt er: Kalte Flüsse des Haupts heilet er: Die Hitz des Haupts machet er noch schwächer / also / daß er die fallende Sucht bringe / wann er hitzige Häupter mit seinem Geruch übertreibt.

Etliche können den Geruch des Bisems nicht erdulden / so gar / daß jhnen das Haupt davon wehe thut / wo sie jhn riechen müssen / ja gar den Schlag bekommen sie davon: Und etliche Weiber / so sie jhn riechen / werden gar kranck / dieweil jhnen von dem Geruch die Mutter zu steigen anfängt.

Zum Niessen ist er eine gute Artzney: Dann er hitziget und trücknet das Hirn / und stärcket es / heilet auch alle alte Hauptwehe / die von übriger Feuchtigkeit herkommen / wann man jhn nemblich mit Saffran und einem wenig Gamfer vermischet / und zu Nießpulver oder Schnupf-Toback brauchet: Dann der Bisem hat die Art zu stärcken und aufzulösen.

Den Ubelhörenden und Wahnwitzigen / auch den jenigen / so auß Sorgen in seltzame Fantasey fallen / ist der Bisem gut: Dann alle Forcht vertreibt er und machet muthig.

Zur Augsalbe wie auch zu Pulver / das man zu den Augen braucht / mischt man Bisem: Dann er trücknet die Dunckelheit / wie auch die schädlichen Flüß / und die dünne Fell über den Augen ätzt und frist er weg / und stärckt auch das Gesicht nicht wenig.

Den Schnuppen / und dergleichen Unlust vertreibt er / und macht Lust zum Essen / wo jemand Widerwillen hat.

Die groben Bläst oder Winde in dem Gedärm löst er auf: Und zu dem Steigen der Mutter kan er auch gebraucht werden / so man jhn unten her bey den Weibern räuchert / ob er gleich schon etlichen Weibern dasselbige Wehe bringt / so ist er dennoch etlichen darfür gesund und heylsam / wann er in Zäpflein gebraucht wird.

Die Bärmutter der Weiber wird durch seinen Geruch gar sehr bewegt / derwegen er für das Aufsteigen derselbigen sonderlich gut ist: Deßgleichen auch wann der Monatfluß den Weibern von wegen der Kälte zurück bliebe / oder wann sie der Kälte halben unbärhafft oder unfruchtbar wären / und jhnen Bisem sampt dem grossen Triet (so man Triferam magnam heist / und überall in der Apoteck im Brauch ist) undergeschoben wird.

Man machet auch Zäpflein auß dem Rohrgummi Styrax (Storax Calamites genannt) Ambra und Bisem / die sind für dieses Wehe gar gut. Deßgleichen wann man Baumwolle mit Bisemöl befeuchtet / so heilet es diesen Schaden auch.

Bisemöl wird also gemacht: Baumöl das gemein lib. vj. Gilgen / Folij / Spicen / Costen / Mastix / jeglichs anderhalb Quintlein / Rohrgummi / Storax / Myrrhen / Casienholtz / Balsamreiß / jedes 3. Quintlein / Nägelein / Balsamfrucht / Bdellen / jedes 1. Loth / Indianischer Muscatnuß / 3. Quintlein / Bisems 1. Quintlein / des besten Weins 12. Loth. Alles gestossen ohne den Bisem / und so lang / biß der Wein eingesotten / in einem glasierten bedeckten Hafen gesotten / und dann den Bisem in Oel zerlassen und darein gethan / und in einem Glaß aufgehoben. Diß Oel stärckt / hitziget / und zertheilet.

Der Bisem hat etwas Feuchtigkeit / welche zur Unkeuschheit reitzet / derhalben wann man jhn in Oel das von den Zäckenkörnern deß Wunderbaums gemacht wird / zergehen läßt / und die Mannsruth darmit bestreichet / so hilfft er zur Unkeuschheit. Dannenhero jhn etliche Aertzte in der Artzney Diasatyrion brauchen.

Wer ein stinckenden Athem hat / der geniesse ein wenig Bisems / er mildert jhm den Gestanck: deßhalben knetten heutiges Tages die Apotecker den Zucker mit Rosenwasser an / darinnen Bisem zerlassen worden / und machen krause Zuckerkörner darauß / die kaufft und isset man für den stinckenden Athem.

Wer unter den Achseln oder Armen übel riechet / der reibe und salbe sich am selben Ort fleissig / er verändert den Gestanck darmit. Becherus in seiner Zoologia schreibet von dem Nutzen des Bisemthiers folgende Reymen:

Das Bisemthier das giebt den Bisem zum Gebrauch /
Der Bisem stärckt das Hirn / und Hertz / er wärmet auch.

Und rühmet eine trefflich Tinctur so auß dem Bisem köme / und flüchtig / blutroth / und über alle massen wohlriechend seye / von welcher etliche Tröpflein genossen / das Hirn / Hertz / Gedächtnus / und die lebendige Geister stärcke / dieweil sie aber von wegen des Bisems sehr theuer käme / habe er den Proceß nicht beyfügen mögen.

Von lustigen Historien / oder anderen Sachen / die von dem Bisem herkommen / oder sich darzu ziehen lassen.

Etliche Wurtzeln / Kräuter und Blumen / riechen auch ein wenig nach Bisem / als der Nacht-

Nachtschatt/ und das Judenhütlein/ dieselben haben vast an ihren Blättern einen Bisemgeruch. Von Bäumen riechet der weisse Sandal sehr wohl/ wie auch das Rhodis-Holtz. Vor alles aber ein Saamen / so bey den Arabern Hab & Mosch, und von etlichen auch wegen dieses erkenntliche Bisemgeruchs/ Bisemkörner genannt wird.

Zwischen Basel und Losanna/ an fetten schattigten Orten wird ein Kraut gefunden/ etwann anderthalb Spannen hoch / das hat eben solche Blätter wie Epffig/ die gantz dünn sind/ und kleine bleiche Blümlein haben/ deren jedes vier kleine Blättlein hat / und diese Blümlein stehen oben auf an den Stengeln/ gleich wie eine Cron/ denn die vier Stenglein stehen gleichsamb als an vier Ecken / und hat jedes ein Blümlen/ und in der Mitten siehet noch eines über die andern hervor/ doch stehen sie alle nah beyeinander. Dieses Kraut hat an sich selbst eine kurtze/ kleine/ gekerbete Wurtzel eben wie der weiß Sanickel in Hessen: Und wird von etlichen eben dieses Kraut auch Sanickel genennet. Die obersten Blümlein riechen eben wie der Bisem : Doch bleibt einem der liebliche Geruch nicht lang in der Nasen.

In dem Gebürg bey Sitten in Wallis/ wird auch eine Blume gefunden/ die hat gar einen kurtzen Stengel / aber Blätter und Farb wie rothe Kornblumen / dieselbe riechet auch als wie der Bisem. Dasselbige Kraut hat Finger wie die Creutzblumen/ und seine Blum hat eine wie vom Feuer roth besengte Farb/ also daß sie schier etwas schwärtzlicht ist : Und derhalben wird sie auch Brendle genannt. Ein lieblicherer Geruch ist kaum zu finden / und thut derselbige dem Haupt nicht wehe/ wie etwann anderer Geruch.

In Barbarey und Hispanien/ wie auch in Italien/ findet man etliche Rosen/ die nennet man Damascenische- oder Bisemrosen/ dieselbige Rose hat einen dornichten stechenden Stammen / ist weiß/ und riecht dem Bisem gleich. Sie ist heiß und drucken im dritten Grad : Sie drucknet ab/ dünnert/ und ist dem erkalteten Geäder gut: Tödet die Würm in den Ohren/ und stillet das Ohrensausen; Sie lindert auch das Zahnweh; Und ist zu Geschwären und Geschwulsten im Mund und Halß gut. Das Undäuen und den Soth stillet sie. So man derselben Blätter zwey Loth nimpt/ purgiert sie.

Es ist auch ein kleines Kräutlein/ welches wie Bisem riechet / ein Art von Storckenschnabel/ und dahero Geraneum Moschatum genannt wird/ deßgleichen auch eine dicke runde und purpurfarbe Blum / auf einem ziemblichen hohen Stengel gefunden wird/ welche vor allen dem Bisemgeruch gleichet/ und Cyanus Moschatus heisset.

Man findet auch Weintrauben und Bieren/ die etwas Geschmacks oder Geruchs vom Bisem haben/ und Muscatellerwein/ oder Muscatellerbieren genannt werden. Die Bieren sind groß und klein/ die Kleinen werden gar bald zeitig/ und an theils Orten auch Zuckerbieren genannt: Aber die Grossen werden spat zeitig / und liegen lang. Unter diesen beyden Arten der Trauben und der Bieren aber / schmäcket die Muscatellerbier vor/ als welche einen annehmlichen/ gewürtzten/ und gleichsamb mit Bise vermischten Geschmack hat : Wie aber und was Gestalt den Zwetschen/ Melonen und andern Obst ein Bisemgeruch einzubringen/ schreibet davon Aldrovandus, Tabernæmontanus und andere weitläufftiger.

Der Martertreck riecht auch Bisemhafftig/ auch sollen die Crocodillen ein Bisemgeruch von sich geben/ wie Thomas Bartholinus meldet: Ein Schlang wird gefunden/ welche Bissa argela, oder Serpens Æsculapii genennet wird/ welche nicht allein wie Bisem riechet/ sondern auch in alle Ort wo sie gelegen/ diesen annehmlichen Geruch hinderlässet. Aldrovandus schreibet von dergleichen Art Bisemmäuß Muscardino genannt/ deßgleichen auch in Moscau Bisemratten gefunden werden. Etlicher Menschen wird gedacht/ derer Athem und Schweiß gantz wie Bisem soll gerochen haben.

In Franckreich und andern Orthen werden Vögel mit Bisem gespeiset/ welche endlich den Geschmack und Geruch auch annehmen. Burrhus hat mit Ambra und Bisem die Hüner gespeiset/ welches man an ihren Eyern geschmäcket.

H Von

Vom dem Büffel.

Bubalus. Büffel.

Von der Gestalt deß Büffels.

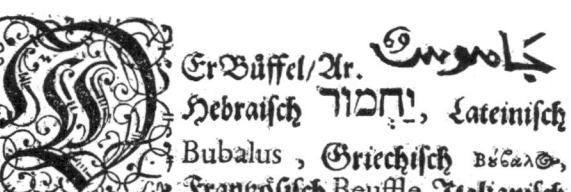

Er Büffel/Ar. [Arabic], Hebraisch [Hebrew], Lateinisch Bubalus, Griechisch Βύβαλος, Frantzösisch Beuffle, Italianisch Boufali, und Hispanisch Bufano genannt/ ist gantz schwartz/ und so hoch wie ein zimblicher Ungarischer Ochs/ auch von Gliedern etwas stärcker/ jedoch nicht von so dick-dürr-unnd harter Haut: Welche dünnhärig ist/ gleich als ob er stäts sich härete/ oder geschaben wäre. Er hat eine rauhe breite Stirn/ daran oben bey den Hörnern etwas rauhes und starriges Haar ist: Den Kopf hängt er stäts unter sich/ und derselbe gegen seinen andern Leib nicht gar groß. Er hat zwey grosse starcke breite Hörner/ welche schwartz sind/ und gleich wie die Steinbocks-Hörner sich hinden über die Ohren krümmen/ doch vornen nicht so gar spitzig und krumm sind/ jedes ist gemeiniglich einer zwerchen Hand breit.

Der Halß und andere Glieder seynd/ wie vorgesagt/ dem Ochsen gleich/ nur daß sie grösser/ jedoch nicht so feist/ und gantz und gar schwartz sind. Der Schwantz aber ist lang/ und schier gar ohne Haar/ und rahn oder geschlang: Hinden ist der Büffel zwar etwas nideriger dann vornen.

Wo sie zu finden und ernährt werden.

Etliche sagen/ dieses Thier sey ein wilder Ochs gewesen/ und in den Wildnüssen Africæ erzogen/ von dannen aber in Europam geführt worden. Wie aber dem allem/ er sey gleich allwege wild gewesen/ oder nicht/ so ist hinder Rom in Italien/ in Campania, so jetzt terra de Lavoro heist/ in Abruzo, in Neapels/ in Puglien/ und den Gegenden am Meer gelegen/ der Büfflen ein grosser Hauff/ also/ daß es gantze Herden hat/ die man weidet/ wie hie zu Lande das andere Rindvieh: Dann je wärmer die Länder sind/ je mehr jhrer daselbst sich zeugen.

Von natürlicher Art/ und innerlicher Beschaffenheit deß Büffels.

Es melden etliche/ der Büffel sey ein einfältiges und zames Thier/ doch weiß man/ daß er gar sehr zornig wird: So daß er weder auffs Schlagen/ Stechen/ noch Zwicke etwas giebt/ so es jhm in Laun kompt: Und darumb so hat er einen Ring durch die Naßkröspel/ darbey wird er geleitet und geführet/ dieweil er am selben Ort am empfindlichsten/ darmit er gleichwol könne gezwungen werden.

Ist er erzürnt/ so hat er ein grausames Brülen/ scharret umb sich/ und stampffet mit den Füssen: Und wiewol er nicht sehr lauffen kan/ rennet er doch im Zorn wider ein jede Maur oder Wäd/ durch Feuer/ Waffen und Schwert/ und durch alle Leuth/ umb den/ so auf jhm sitzt/ zu beschädigen: Oder das/ so vor jhm stehet/ zu zerknitschen: Oder das/ so er under sich bringt/ zu zertretten.

Wann er noch ein Kälblein/ und jung ist/ so ist er gantz geil/ schertzhafftig und zahm: Aber so bald er aufgewachsen/ ist er tückisch oder stutzig.

Wann

Von dem Büffel.

Wann jemand durch eine Herd Büffeln reiset/ so sehe er sich wol für/ daß er nichts Rothes an jhm habe; Dann von rother Farb werden sie gar auffrührisch und grimmig.

Die Büffelin säuget kein ander Kalb/ als nur das Jhrige: Dann von Stund an/ wann sie am Geruch innen wird/ daß es von einer Kuh ist/ so stöst sie es von jhr. Es sey dann/ daß man das Kalb mit Büffelkoth beschmiere/ so wird sie vom Geruch betrogen/ und ernähret das Kalb also für jhr Junges.

Im Zorn und Müdigkeit begehrt der Büffel des Wassers: Und offtermals/ wann die Knaben auf einen Büffel sitzen/ jhn zu reiten und anzureitzen/ so laufft der Büffel dem Wasser zu/ wann er es anders bekommen kan/ und fällt darein/ auch mit Gefahr dessen/ so auf jhm sitzt.

Es haben es Leuthe zum öfftern gesehen/ daß die Bauren in Calabria, wann sie zu Acker gefahren/ die Büffel deß Morgens so bald die Sonn auffgangen/ in den Pflug gespannet haben: Wann aber der Tag sich etwas biß auf acht oder neun Uhren erstrecket/ und der Büffel seine Zeit zu essen unnd zu ruhen vorhanden zu seyn/ vermeynet gehabt/ habe er sich nimmer/ weder mit Schlägen noch Stichen treiben lassen wollen/ sondern der Bauersmann hat jhn mitten in der Furche unter dem Ackern müssen außspannen/ und jhm zu essen geben: Alsdann trabt er dem Wasser zu/ legt sich darein/ daß man von jhm anders nichts/ als den Kopf siehet: Unnd also hat man mehrmals zwantzig/ dreyssig/ biß in hundert Büffeln in dem Wasser sehen liegen/ so daß ein jeder bloß den Kopf auf deß anderen Rücken liegen gehabt/ sonst hat man an jhnen nichts sehen können. Wann dann die grösste Taghitz hin ist/ und jetzt die Abendtlufft herbey kompt/ ziehen sie auß dem Wasser allgemach dem Pflug wieder zu/ und lassen sich ungetrieben einspannen/ biß der Bauersman deß Nachts heimzeucht.

Ferner ist zu Rom vormahls/ und noch nicht so gar lang/ die Gewonheit gewesen/ daß man Jährlich zur Faßnachtszeit/ vom Capitolio herab/ biß zu S. Peterskirchen/ oder vom Compostor auß/ biß zu des Papsts Pallast zu lauffen/ den jungen Knaben/ den jungen Gesellen/ den gemeinen Weibern/ den Juden/ den Barbarischen Pferden/ und endliche auch den Büffeln/ etliche Geschenck oder Scharlach außgetheilet hat. Nemblich es sitzen auf zweyen Büffeln bißweilen zwo hohe Personen/ die sich vermasquerirt/ oder vermummet haben/ und wann sie den neuen Weg herab vom Castelangelo, gegen dem Pallast über kommen/ steckt da der Scharlach/ und überall am Wege ist Pulver gestreuet/ das wird dann angezündet/ davon die Büffel scheu werden/ und ob wol die/ so auf jhnen sitzen/ sie mit starcken Knüttlen oder Stricken welche durch des Büffels Ring an der Nasen gehen/ zum Scharlach leiten/ andere aber mit Stecken/ Spießruten und Siachlen hinzu treiben wollen/ ist doch der so oben auf sitzt eher und mehrmals durch das zornige Thier/ welches sich nimmer wollen weisen lassen/ beschädiget worden/ als daß er den Scharlach erreichet hätte. Es sind auch offt in solchem Zusehen viel Personen/ die das Thier nidergestampft/ gestossen oder zuruck geworffen hat/ umbkommen. Ob nun diese Gewohnheit noch im Brauche sey/ werden diejenigen wissen/ welche erst neulich zu solcher Faßnachts-Zeit allda gewesen.

Von deß Büffels Nahrung.

Der Büffel wird auch wie ander Rindvieh auffgezogen/ also/ daß kein sonderer Underscheid ist/ unter jhrer und anderes Rindsviehs Nahrung.

Von Nutzbarkeit der Büfflen.

Die Büfflin giebt jhre Milch jederzeit/ wie eine andere Kuh/ darauß werden köstliche gute Käß gemacht/ die kugelicht/ und einer Faust groß sind/ und deren allweg ein halb dutzent bey einander hangen: Und ist mir recht/ so werden sie zu Rom Mutschaschen genannt. Es ist ein zäher/ doch überauß fetter Käß. Wann man jhn zu dünnen Schnittleinen schneidet/ in ein Pfännlein oder Irrdenes Geschirr legt/ und auf eine Glut oder über glüende Kohlen setzt/ so schmiltzt die Fettigkeit also herauß/ daß sie über dem Käß schwebet/ und wie andere Kühbutter/ gelb und wolgeschmackt ist/ auch ist der Käß dann also warm mit Brot gessen/ eine köstliche wolgeschmackte Speiß. Wiewol er auch sonst an jhm selbst ungeröstet/ mild und wolgeschmackt zu essen ist.

Des Büffels Fleisch/ wann er auch gleich jung ist/ ist grob/ und nicht sehr gut zu essen/ doch so hab ich desselben gessen: Dann die armen Leute im Land/ scheuen sich nicht dasselbige zu metzgen/ und einzusaltzen.

Roh hat das Fleisch eine schöne Farb/ aber im Sieden und Kochen ist es etwas unlustiger.

Er hat eine dicke Haut/ welche aber nicht so hoch geachtet als des anderen Rindviehes. Und schreiben etliche/ die Engelländer hätten vorzeiten jhre Schifflein/ die auß Bintzen geflochten gewesen/ mit Büffel-Leder überzogen/ und bißweilen hätte man es zu den Roßbaaren gebraucht/ von wegen seiner Dicke.

Der Büffel wird gebraucht zum Wagen/ Karren und Pflug/ wie auch zu den Schleiffen/ und zeucht ein Büffel so schwer/ als 2. Roßziehen mögen. Starck zeucht er an/ und legt sich im ersten Anzug in das Geschirr/ daß er sich gleich biß auf die Knye beugt. Wird jhm aber etwas aufgelegt oder angehenckt/ das jhm zu schwer seyn will/ und er empfindet/ daß ers nit führen könne/ so legt er sich nieder/ und kan weder mit Streichen noch Treiben aufgebracht werden/ man entlade jhn dann/ und erleichtere jhm seine schwere Last.

Auß den Klauen und Hörnern der Büfflen/ werden Fingerring gemacht/ die an die Hände oder Zähnen gesteckt werden für den Krampf / darfür sie sehr probiert / gerecht und gut seyn sollen.

Etliche aber lassen in dieselben Ringe 4. Drätlein machen von 4. Metallen / oder Ertz / Gold / Silber / Glockenspeiß / und Eysen / alsdann sollen sie desto mehr Krafft haben für den Krampf unnd andere Schwachheiten. Andere nehmen allein die vier Drätlein / und winden oder flechten sie zusammen / und tragen sie für dieses Weh.

Noch sind etliche / die (aber fälschlich) fürgeben / als ob die Ringe / so auß Büffel Klauen oder Hörnern gemacht worden / zerspringen thäten / wann einer mit einem Weib zu schaffen hätte: Aber darauf ist nichts zu halten: Becherus hat folgendes:
Der Büffel ist sehr starck / ein grosses wildes Thier
In Grob- und Wildigkeit / bestehet seine Zier
Er giebt sein Bestes was er brauchet in dē Kampf
Auß seinen Klauen macht ein Ring / er dient zum Krampf /
Die Hörner dienen auch zu eben solchem Ding /
Wann mā auß jhnen macht ein rechtē Fingerring.

Es dienē zwar auß dem Büffel eben die Stück / als auß dem Ochsen / seynd aber nicht so gebräuchlich. Absonderlich sind auß dem Büffel die Klauē und Hörner / so man Ring darauß machet / und an den Händen träget / zum Krampf gut: Es wird auch bißweilen auß der Büffelsleber ein Extract gemacht / folgender Gestalt: Digerire Myrrhen mit Spir. Vini, solchen Spir. Vin. giesse über getrocknete Büffelsleber / digerirs / filtrirs / abstrahirs ad Consistentiam, thue etliche Tröpflein eines Ol. appropriati darzu / Dosis ein Scrupul / bringt der Weiber ihre Zeit / ist gut in Verstopffungen des Miltzes wie auch der Leber.

Sprüchwörter / so vom Büffel herkommen.

Wann man einen geylen / tollen / groben / unverfahrnen und bissigen Menschen in Teutschland nennen will / so sagt man / du bist ein ungeschickter / böser / grober / ꝛc. Büffel.

Item wann einer sich zu unbilligen / nachtheiligen und schädlichen Sachen bereden / und leichtlich in seinem Fürnehmen abwenden läst / spricht man / er läst sich bey der Nasen führen / wie ein Büffel / ꝛc.

Von dem Affricanischen Büffel.

Bubalus Affricanus.

Dieser Büffel ist an seiner Gestalt klein / und dick zusammen gesetzt / kleiner als ein Hirsch / grösser aber und dicker als ein Gemß / und so schön von Leib gestallt / daß er mit Lusten anzusehen: Seine Haar sind gelblecht und gantz glatt / am Bauch aber fast rothlecht. Hat Füß wie ein Rind / kurtze dicke Bein / ein kurtzen dicken Halß und fast ohne Schlauch. Sein Kopf gleichet einem Rindskopf / dessen Hörner schwartz /

Von dem Büffel

schwartz/über sich stehend/gekrümmet/und als ein wachsender Mond seynd/die Spitz an den Hörnern so scharpf/eins gegen das ander gekrümmet/wie ein Gemsenhorn/auß welcher Ursach ihn dieselbe zu beschirmen oder zu beschädigen untüchtig sind. Er hat Ohren wie Küheohren/die Haar seines Schwantzes sind schwartz unnd dicker als die Pferdshaar/hat eine Stimm wie ein Ochs/doch nicht so laut oder hoch: Es sollen auch dergleichen Art Weisse gefunden werden.

Wie sonsten diese Art Büffel in den Affricanischen Historien beschrieben werden/sollen sie/wie Scaliger meldet/noch nicht so groß seyn als unsere Kälber/aber von grosser Stärck/und die viel ertragen können/werden genennet Dant, Lant, und Elant, sehen den Ochsen gleich/aber dieweil sie viel kleiner/sind sie auch viel geschickter und hurtiger/so gar/daß sie alle Thier in dem Lauffen übertreffen sollen. Ihr Fell soll so starck seyn/daß es keinen Waffen/außgenommen den Kugeln/weiche/von Haaren sind sie weiß/und werden mehrentheils deß Sommers gefangen/wann ihnen die Klauen beweglich sind und wacklen.

Bellonius beschreibet ein andern Affricanischen Büffel also: Jetzunder (sagt er) war er alt/und recht erwachsen/von Leib kleiner als ein Hirsch/doch grösser als ein Geyß/mit solchem schönen und wohlformierten Leib/daß er ein Lust anzusehen. Hat gelblichte Haar/welche so glänzeretend und glatt waren/als wann sie poliret wären/ein roth oder dunckelgelben Bauch/sonstē Rindsfüß/und kurtze starcke Bein: Ein dicken kurtzen Halß/ein Kopf wie ein Rind/darauf zwey schwartze zu sich gebogene Hörner/ein Schwantz wie ein Camelopardalus, von schwartz dicken Haaren. Brüllet/doch nicht so starck wie ein Ochs. Und ist von Gestalt viel anders/als derselbe dessen Horatius Fontana, dem Aldrovando eine Beschreibung zugeschicket/als welcher viel einen kleinern Kopf gehabt. Die Hörner hinder sich gebogen/nach dem Kopf waren die Ohren zimblich groß/und gleichete fast mehr einem Hirsch oder Reh/als einem Ochsen/weßwegen es auch etliche unter die Affricanische Rehe rechnen wollen/das gantze Thier/außgenommen das Maul und Hörner/welche schwartz/war gelb/und hatte lange Haar.

62 **Geßneri Thierbuch**

Der Indianische Büffel hat wegen der zottichten Haar/nachfolgende Gestalt.

Von

Von dem Dachs.

Meles. Dachs.

Von Gestalt deß Dachs.

Er Dachß heist auf Arabisch عـﻼﺝﺍلﻐﺮس, Hebräisch חזיר, auf Lateinisch Meles, Grichisch Μελις, Italianisch Tasso, Französisch Taisson, und Hispanisch Texon, ist grösser als ein Katz oder Fuchs, hat aber niedrigere und kürtzere Füsse, oder Beine, als ein Fuchs, jedoch ist er auch am Leib dicker und fetter, bißweilen auch kürtzer. Er hat einen harten wüsten Balg, der zottricht, dick, und graufarb ist: Auf dem Rücken ist er etwas schwärtzer, und am übrigen Leibe grauweiß. Aber auf dem Kopf ist er schwartz und schön weiß gestreiffet, biß auf den Rüssel hinab.

Er hat scharpffe Zähn, und ein hartes Gebiß, einen breiten Rücken, und kurtze Bein, welche, wie etliche sagen, nicht gleich lang sind: Dann die auf der lincken Seyten sollen etwas kürtzer seyn, als die auf der Rechten: Wiewol die Erfahrung das Widerspiel bezeuget. Aber einen kurtzen zottichten und gestreiffelten Schwantz hat er. Sie empfangen und tragen ihre Jungen wie die Füchse, nach drey Monaten gebähren sie, gemeiniglich aber in Herbstzeit, zuweilen zwey, zuweilen drey.

An welchem Ort der Dachß zu finden.

Im Königreich Sicilien hie disseit und jenseit des Fars, das ist im Neapolitanischen, und in der Insul Sicilia selbst, auch in Lucania, so jetzt Basilicata gennenet wird, seyn der Dächse viel. Deßgleichen im Schweitzerland, Alpgebürg, ja überall im Teutschland und Italien ist der Dachs ein gemeines Thier.

Von ihrer natürlichen Eygenschafft, und innerlicher Beschaffenheit.

Unter und in dem Erdreich hat der Dachß sein Nest oder Hole: Und wann sie ihre Hölen graben, so legen sie einen under ihnen auf den Rücken, beladen ihn mit dem, so sie auß der Hölen außgegraben haben, fassen hernach ihn mit dem Maul bey den Füssen, und ziehen ihn herauß, und thun das so offt, biß sie ihre Wohnung weit genug geräut haben. Dieses Thier hat ein solch dick und hart Fell, daß es keinem Hauen weichet: Aber ein solche schwache Naß, daß es alsbald sterben muß, wann sie ihm verletzet wird. Deßwegen Plinius saget, daß diese Thier ihre Haut aufblasen und außdöhnen, daß ihnen die Hundsbiß und Schläge der Menschen, nichts schaden können: Wann er von Hunden oder andern wilden Thieren geäussert wird, wirfft es sich selbsten auf den Rücken, mit seinen Füssen und Zähn zu widerstehen. Weil es weiß, daß es kleine Füß hat, und nicht geschwind lauffen kan, hält es sich nicht weit von seiner Hölen, worinnen es sich in Winterszeit verbirget, und wann es zur kalten Zeit bey glimmende Kolen gebracht wird, wirfft es sich hinein, wie solches Carolus Stephanus bezeuget. In zunehmendem Liecht, soll der Dachß fetter werden und zunehmen, im abnehmenden aber, wieder abnehmen, sein Biß ist übel zu heilen, dieweil es Käffern und andere gifftige Sachen isset. Ihr Verstand scheinet gleichsamb auß diesem, dieweil ihrer etliche ihre Hölen graben, etliche aber die etwas fauler, die gegrabene Erd außtragen, können ein solchen Hauffen Blätter zu ihren Nestern mit dem Kopf und Füssen in ihre Gruben tragen, welches kaum ein Mensch mit den Armen wegbringen könte. Vor dem Nordwind machen sie ihre Hölen zu, und wann der Sudwind wehet, machen sie dieselbe wiebe wieder auf/ die Speise samlen sie auf den Winter/ und wird erdichtet/ daß wann das Männlein sorgete/ sie hätten nicht gnug biß auf den Frühling/ erinnerte es das Weiblein/ daß es nicht zu viel essen solte. Wann sie alt und blind werden/ gehen sie nicht mehr auß/ sondern werden von den Jüngern unterhalten: Wann sie auf den Bergen die Jäger spühren/ legen sie die vordere Füß über den Kopf/ wickeln sich zusammen/ wie ein Kugel/ und stürtzen sich gleich wie die Bären herunder. Zwischen den Dachsen und Füchsen/ soll ein grosse Antipathia und Haß seyn/ daß wann die Füchs anders nicht schaden können/ nehmen sie in Acht wann der Dachs außgangen/ beschmeissen ihre Löcher/ welche dann diesem Gestanck zu weichen/ sich ein andern Eingang graben müssen.

Es ist auch der Dachs ein Thier/ das lang schläfft: Jedoch nicht so lang/ als andere schlaffsüchtige Thiere/ als wie der Bär/ die Ratt oder das Murmelthierlein: Dann zu Winterszeiten gehet er auf die Nahrung auß: Wird er gefangen/ so ist er leichtlich zahm zu machen/ und ist kurtzweilig.

Wie der Dachs gefangen werde.

Wann ihn der Jäger jaget/ und er an ein Wägenleiß kompt mit den rechten Füssen/ so könne er/ wie etliche fabulirt haben/ schnell lauffen/ und dem Jäger entfliehen/ weil ihm die lincken Füsse kürtzer wären als die rechten.

Sonsten hat man kleine Hündlein/ welche Lochhündlein genannt werden/ die führet man für deß Dachsen Höle/ dieselbigen schlieffen hinein/ und beissen ihn herauß/ da er dann von vielen Hunden umbgeben/ gefangen wird.

Er ist aber gar hartbissig/ darzu so listig/ daß wann er siehet/ daß er von Hunden umbstellet/ und übersetzt sey/ so bläst er seinen Balg auf mit eingehaltenem Athem/ also/ daß die Hund mit Beissen ihn schwerlich fassen mögen. So es aber je seyn muß/ und er sich zu erwehren kein Mittel mehr siehet/ so legt er sich auf den Rücken/ beißt und kratzt so lang umb sich/ alldieweil er kan und vermag.

Die Frantzosen fangen den Dachs/ Wolf und Fuchs in etlichen Garnen oder Stricken/ die sie Haudsepied nennen.

Von deß Dachsen Nahrung.

Der Hundsdachs (dann ihre Art ist unterschiedlich) frist was der Hund frist: Hingegen gebrauchet der Saudachs sich Säuischer Speiß: Doch so ist er dem Honig und den Bienen gefähr: Mästet sich zur Herbstzeit mit wildem Obst/ wie er dann zur selben Zeit am fettesten und gern ist wo viel wildes Obst wächset.

Den Roß- und andern Käfern/ wie auch dem Gewürm ist er gefähr/ und das machts/ weil er sonst nicht viel erjagen/ und nit hefftig dem Raub nacheylen kan. Sonderlich aber/ sollen sie das Küniglein fleisch lieben/ wie sie dann auch den Gänsen und andern Vögeln sehr nachstellen.

Von unterschiedlicher Art der Dachsen.

Es giebet eine Art/ welche Taxus Caninus, oder Hunds-Dachs genennet wird/ so von dieser Gestalt sind/ und essen todte Aaß/ auch alles was die Hund essen/ und machen sich weite Löcher in die sandichten Ort/ worinnen sie wohnen.

Die zweyte Art wird Saudachs oder Taxus Suillus genannt/ welche Carolus Stephanus weißlecht/ und grösser als die Hunds-Dachs beschreibet/ werden sonsten also abgemahlet/ und essen Wurtzeln/ Früchte/ und alles was die Säu essen/ ihre Gestalt und Natur gleichet sehr den gemeinen Dachsen. Es werden aber noch andere gefunden/ welche gleichfals Taxi Porcini genennet werden/ so aber wegen ihrer Gestalt und allem ihrem Thun/ mehr den Schweinen/ als den Dachsen gleich sind/ wie solches auß nachfolgenden Figuren zu ersehen ist.

Von dem Dachs.

In America ist ein gemein Thier / so Heyrat heisset / welches so viel / als ein Thier welches auf den Honig sehr begierig / ist Castanienbraun / und so groß als eine Katz. Zu den Dachsen kan auch gezogen werden Quaupecotli, & Tzcuintecuani, dessen Niremberg. Hist. Exot. l. 9. c. 43. Meldung thut / welches Thier beynahe zwey Schuh lang ist / hat einen langen Schnabel / einen grossen und langhärigen Schwantz / der nach dem Leib zu weiß / im übrigen dunckelroth ist / schwartze Füß und krumme Klauen: Kaleichtlich zahm gemacht werden / ist fräsig und schlaget keine Speise auß / was ihm auch vorgeworffen wird. Ist schmeichlecht / aber welche es nicht kennet / gegen dieselbe ist es böß. Wird in neu Hispanien gefunden / und hält sich auf den Bergen auf. Tzcuintecuani oder Cynodeticus, ist diesem gantz gleich / so wol an Grösse und Art / als an dem langen dünnen Schnabel / und den Füssen. Siehet weiß auß mit schwartzen Flecken gesprenckelt / hat den Namen von dem Beissen / wohnet nicht weit vom Meer. Diesem siehet auch nit ungleich / ein dick harichte Thier / welches Tlalcoyotl genannt wird / so zwey Spannen lang / und Klauen wie ein Katz / kurtze schwartze Bein / einen gantz kurtzen Schwantz / ein kleinen Kopf / unnd ein dünnen und langen Schnabel hat. Von Farben siehet es liechtgelb / und fast weiß / aber auf dem Kopf / Halß und Rücken mit einem schwartzen Strich gezeichnet. Isset wovon sich das Quanperotli erhält.

Von Nutzbarkeit deß Dachses.

SEin Balg ist gar eine köstliche Decke für Regen und Schnee: Darumb auch die Hirten jhre Rantzen oder Brotsäcklein mit demselbigen überziehen: Deßgleichen die Fuhrleut die Kommete an den Pferden / und die Schützen jhre Pfeilköcher. Vor Zeiten hat man auch die Tareschen und Schilde darmit überzogen.

Den Hunden füttert man ihre Halßbänder darmit / auf daß sie vor dem Biß anderer Thiere desto mehr beschirmet seyn: Und wie etliche sagen / so werden sie desto weniger taub oder wütig / und können auch nicht bezaubert werden.

In Italien und Teutschland isset man den Dachs / und wird sein Fleisch / als ein herrliches Essen gerühmt: Und soll dasselbige eben der Art seyn / deren das Igelfleisch ist / wie auch die Katz.

Wann

Wann der Dachs gepülvert ist / und jemand Blut außwirfft vom Brustweh / so nehme derselbige deß Pulvers ein / er kompt wieder zu rechte.

Des Dachs Blut mit Saltz in die Hörner des Viehs getröfft / ist gut für die Blattern und Keibet.

Etliche sagen / das Dachsblut distilliert / sey gut wider die Pestilentz.

Andere brauchen für die Pestilentz nachfolgende Artzney: Sie nehmen frisch Dachsblut / Armenisch Erdrich / Saffran und Tormentill / dieses alles dörren und reiben sie undereinander / und heben es hernach auf / biß sie es brauchen wollen / alsdann stossen sie ein viertheil eines Güldens darunter / oder schaben so viel davon / und mischen das Gold darunter / und nehmen allemahl einer Bonen groß ein: Doch so muß man auch Hanenfuß (ist ein Kraut) umb die Scham herumb binden und tragen: Oder / so einer schon angestossen wäre / über die Pestilentzblattern legen.

Dachsblut gedörrt und gepülvert / ist wider den Außsatz über die massen gut.

Des Dachs Hirn in Oel gekochet / lindert alle Wehtagen.

Seine Leber im Wasser oder in einer Brüh gekochet und gessen / vertreibt den stinckendē Athem.

Die Geyle des Dachses mit Honig gekochet / erweckt die Unkeuschheit / und Begierde zu ehelichen Wercken.

Dachsschmaltz / obs wol die Griechen nit melden / lindert doch sehr in der Artzney / und ist etwas dicker als Schweinenschmaltz: Etwas dünner aber als das Fett von Rindern: Gleich wie der Katzen-und Hunde-Schmaltz: Auch hitzet und zertreibet es mehr / als das Schweinen-oder Rindern-Schmaltz.

Wider Fieber und andere böse Hitze des Leibes / ist Dachsschmaltz gar gut: Deßgleichē wann einem die Nieren wehe thun / oder so einer das Wasser nicht halten kan / und vom Grieß oder Stein gepeiniget wird: Auch für andere Schmertzen der Glieder / ist es gut sich darmit zu schmieren / oder durch Clystier einzunehmen.

Das Dachs-Wildkatzen-und Fuchsschmaltz / wird gemeiniglich in die Artzney vermischt / die man für erlähmte oder krumme Glieder braucht.

Schmaltz vom Dachs unnd Hunden braucht man für das Strupffen der Pferd. Wann man den Pferden das Haar außropfft / und an dieselbige statt Dachsschmaltz schmieret mit ungeläutertem Honig / so wächst weisses Haar hernach.

Albertus schreibet / wann man einen lincken Dachsfuß / under einen Arm binde / schärpffe es das Gedächtnuß / das Dachsschmaltz ist sehr gut in Schronnen der Wartzen. Becherus bringt des Dachses Nutzen / in folgende Verß.

Auß seinen Löchern kompt der Dachs gemach herbey /
Der Apotecken giebt er von sich dreyerley /
Der gantze Dachs (1) der dient / sein Fett / (2) wie auch das Blut / (3)
Ist in der Artzeney zu vielen Dingen gut.
1. Man thut den gantzen Dachs zu puren Aschen bereiten / (Leuten.
Sie dient in Lungensucht / und bey dergleichen
2. Das Dachsschmaltz giebet auch dem Schweinenschmaltz nichts nach /
Es lindert / stillet bald der Nieren Ungemach.
3. Dachsblut gepulvert ist im Außsatz mächtig gut /
Gedistillirt / es vor der Pest bewahren thut.

Was für Schaden vom Dachs komme.

Zu Zeiten ist sein Biß vergifft / doch nicht allezeit / und ist auch gemeiniglich gar schädlich / und unheilsam: Dann er frist Hürnüssen / Roßkefer / und andere vergiffte Thier / die da in der Erden kriechen / davon werden seine Zähne vergifft. Doch spricht Arnoldus, daß der Dachs / der Luchs / und die Katze schmertzlicher und mehr verwunden mit ihrem Beissen / als sie vergifften.

Sprüchwörter / so von dem Dachse herkommen.

Der Dachs ist ein sonderlich fettes Thier / deßhalben die Teutschen von dicken und fetten Leuten gemeiniglich Sprüchwortsweise zu sagen pflegen: Er ist so fett wie ein Dachs. Deßgleichen von verschlaffenen Leuten: Er schläfft wie ein Dachs oder Ratze; Wie auch von zänckischen und wehrhafftigen Personen: Er beist / oder haut umb sich wie ein Dachs; Und dann auch von Calmäusern / oder eingezogenen Menschen: Er sitzt / oder hält sich innen / wie ein Dachs.

Von dem Dornschwein.

Hystrix. Dornschwein.

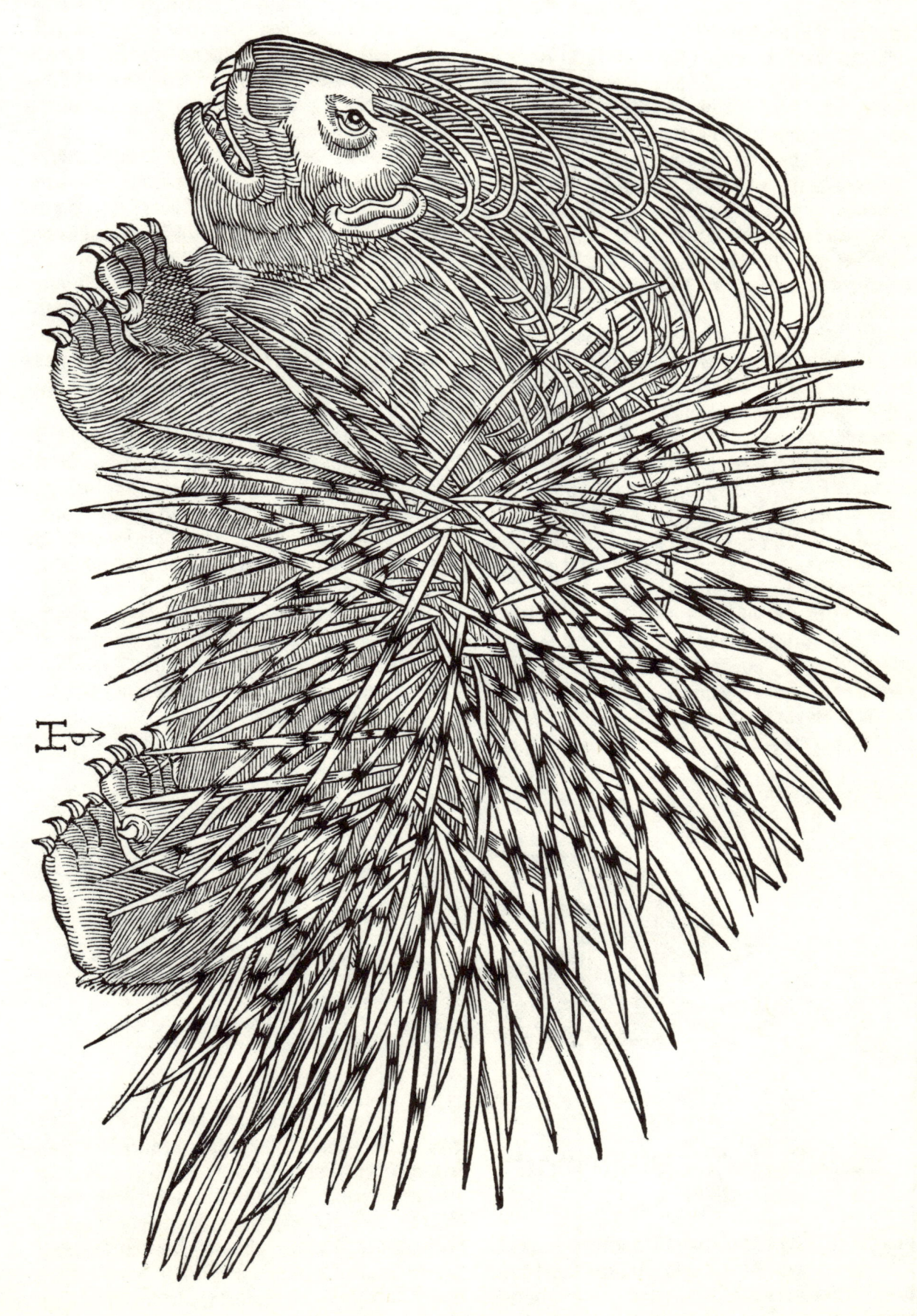

Geßneri Thierbuch

Von äusserlicher Gestalt des Dornschweins.

Dieses Thier heist auf Lateinisch auch Erinaceus marinus, Griechisch ὕστριξ, Frantzösisch Porc-Espic, Italiänisch Porco spinoso, und Hispanisch El puerco Espin, wird zu Teutsch auch Stachelschwein/ Meerschwein/ Taran/ und Procopick genannt. Es ist so groß/ (sagt Georgius Agricola,) als ein zweymonatliches Schwein: Ist rauch und voller Stacheln/ wie ein Igel: Sein Kopf aber gleichet einem Hasenkopffe/ und hat Ohren wie Menschen-Ohren/ und Füsse/ wie Bärenfüß oder Dappen: Seine Halßmäne ist obenauf gestreust/ und unten her glatt. Die Wartzlen oder Wangen so es an der Haut umb den Rüssel herumb hat an beyden Backen/ haben gar lange und schwartze Borsten/ die daselbst ihm herauß gewachsen sind: Auch sind seine andere Borsten gantz schwartz. Seine ersten Stächlen fahen an/ mitten auf dem Rücken und an den Seyten: Aber oben auf seynd sie gar lang/ schwartz und weiß gesprengelt/ und etwann zwey/ drey/ oder vier zwerchhände lang. Dieselbigen richtet es auf (wenn es will) wie ein Pfau ein Rad macht: So es aber in sein Nestlein gehen will/ läst es die Stacheln nider.

Wie ein Haas hat es vier lange Kiffzän/ oben zween/ und unden zween. Seine Stachlen spitzen sich oben auß wie eine Nadel.

Es beschreibt auch Hieronymus Cardanus ein Thier/ welches/ wann es nicht eben das ist/ so ist es doch ohne Zweiffel von der Art. Dann also spricht er: Am 19. Jenner im Jahr 1550. haben wir zu Pavi ein seltzames Thier gesehen/ es war so groß/ wie ein Fuchs/ doch etwas länger: Hatte einen Kopf und Rüssel wie ein Haas/ mit hangenden Borsten/ und zween weit herauß ragenden Zänen/ die eines Fingers lang ihm vor den Kifel herauß giengen/ wie Aichhornszähn: Augen hatte es wie eine Schlang/ dann sie hatten keine Augwinckel/ und wären gar schwartz.

Es hatte auf dem Kopf eine Hauben oder Koppen/ gleich wie ein Bocksbart/ der stund ihm eben wie einem Pfauen seine Crön über sich: Von Farben war sein Haar gantz klar/ schön und durchauß gelblicht/ außgenommen an dem Halß war es wie weisse Wolle. Seine vordern Füß wären gleich wie Dachsdappen: Die Ohren und hindern Füsse/ vergleichen sich gerad mit deß Menschen Ohren und Füssen.

Hinden auf dem Rücken trug es bey hundert Stacheln/ deren etliche sich vornen am Spitzlein krümmeten/ sonst stunde sie steif über sich. Wann es sich rührete/ so klapperten und fielen sie alle an- und wieder einander.

Es hatte einen Schwantz wie eine Ganß/ nur daß daselbst an statt der Federn/ Stacheln waren: Und wo einer das Thier sonst nicht gesehen/ hätte er geschworen/ es wäre eine Ganß gewesen/ so gar sahe es den weissen und äschenfarbigen Pflaumfedern der Gänse gleich.

Es hatte eine hole und heissere Stimme/ wie ein bellender Hund: Ich glaub es sey von einem Dornschwein und Bären geboren/ und nicht einer eigenen Art/ noch auch von dieser/ deß Dornschweins Art allein: Dann das Dornschwein hat Stacheln die es niederlassen und von sich schiessen kan. Diese Stacheln aber gehen nicht auß: Auch sind sie über eine zwerch Hand nicht lang: Doch eben so schwartz und weiß wie dieselbigen/ aber nit so scharpf und leicht. Bey Jonstono ist eine Hystrix abgemahlet Tab. 64. unter dieser Gestalt/ wird aber nicht erkläret.

Wo man diese Dornschwein finde.

Die Alten haben/ was seltzam gewesen/ allweg dem Africæ und Indien zugeschrieben: Und meynt auch Georgius Agricola, sie wären vor diesem über Meer zu uns gebracht worden. In Morenland findet man sie auch: So sind sie ingleichem umb die Statt Seassem in Tartarey gar gemein. Und will ich nicht zweiffeln/ man finde sie auch in Teutschland/ Hispanien/ Franckreich/ und in Italien/ allwo ich selbst ein Lebendiges gesehen/ nicht weit von Siena/ bey der Carthauß Belriguardo: So bringen auch die Bilger von S. Maria de Loreto, von S. Michelsberg/ uns

Vom Dornschwein.

und vō S. Jacob zum Compostell/ auf ihren Hüten dieses Thiers Stachlen mit sich herauß/ also/ daß ohn Zweiffel dieser Thiere viel in Europa hin und wieder gefunden werden.

Es wohnet gern in den Wäldern/ und an den Berglein die einen weichen Grund haben/ darein es sich vergraben kan: Und spricht Oppianus, daß kaum ein erschröcklicher/ und anzusehen scheußlicher Thier in Wäldern und an schattichten Orten wohne/ dann eben dieses.

Von dieses Thiers natürlicher Beschaffenheit und innerlicher Art.

ES ist ein stinckendes und unsauberes Thier/ das sich in Wäldern wie ein Dachs eingräbt/ darumb es auch die vörderen Füß gar bequem zum Graben hat.

Uber das gehet es schwer zu Fuß/ gebiert ein lebendiges Thier: Und verbirgt sich vier Wintermonate/ wie der Bär: Doch weiß man nicht/ ob es das thue wegen Frosts oder anderer Ursachen halben. Auch trägt es seine Jungen dreyssig Tag/ und gebiert wie der Bär/ꝛc.

Albertus Magnus, hat eine andere Meynung hievon/ und sagt/ daß es in Sommerszeiten sich einthue/ und im Winter außlasse/ dahingegen man (jedoch diesem gelährten Manne nicht zu nahe geredet) das Widerspiel findet/ und vielleicht die Abschreiber seiner Bücher gefehlet haben.

Es ist den Hunden/ und vorauß den jungen Bracken gar feind/ und sonst bald erzürnet: Doch läßt es sich von den Gaucklern/ die es mit sich herumb führen/ fein meistern: Deß Tags schlaffen sie viel/ deß Nachts aber seyn sie munter/ und gehen der Nahrung nach.

Wann es gejagt wird/ so bringt es mit seiner Stimm oder Rächeln so viel zu wegen/ daß alle andere Dornschwein seines gleichen zusammen rächlen/ ihren Balg außspreussen/ und den Hunden und Jägern gleichsamb Trutz biethen/ und ihre Stacheln entgegen schiessen. Es ist auch seiner Schüsse gantz und gar gewiß/ daß es nicht bald fehlet.

Wie sie gefangen werden.

OHne Zweiffel müssen die jenigen/ welche also umbgeführt werden/ etwann gar jung seyn außgenommen und aufgezogen worden: Dann wann ein solches Dornschwein von Hunden erdappet/ oder vom Jäger erhäschet wird/ wird es leichtlich verletzt/ daß es sterben muß: massen man wol ehemahlen gesehen/ daß ein solches Thier/ als es im Lauff/ mit einer kleinen Spießruthen über den Rücken geschmissen worden/ nidergefallen und bald gestorbe: Dann es ist gätz Gliederweich/ und hat keine Krafft. Sonst verderbet es/ wann es auf die Weite kompt/ viel Hunde und Leuth mit seinen Stacheln und deren Schiessen: Wie dann einsmahls ein solches Thier einem Jäger einen Stachel in das Bein oder Waden/ wol drey zwerch Finger tief geschössen/ darinnen der Stachel oder Dorn abgebrochen: So daß nach langem Artzen der gute Gesell hat lahm werden müssen. Dann eine solche Wunde heilet auch sonst nie gern/ weil sie tief und klein ist/ und vornehmlich das Geäder bald rühret und verletzet.

Von Nahrung dieses Thiers.

ES wollen etliche/ diß Thier trincke nichts: Die Andern sagen/ es trincke Wasser und auch Wein/ so er mit Wasser vermischt sey.

Brot frißt es gern/ deßgleichen Obst/ als Aepfel/ die es zuvor mit den Zähnen schälet/ wie auch Bieren/ Rüben/ Pasteneyen/ und dergleichen: Doch so isset es Brot in Wasser geweicht/ am allerliebsten.

Was von diesem Thier zu nutzen.

IN Italien hab ich gesehen und gehöret/ daß die Bauersleuth/ auch die vom Adel/ dasselbige essen/ ausser dem Eingeweid/ und halten es für ein gut Essen/ wie dann andere Igel auch gessen werden. Die Araber essen es auch/ wie Damir schreibet auß Algazale de Rept. Selbiger sagt/ dz das Crocodil gessen werde/ wie auch Aliarbuo eine Art Mäuß/ Wiesel/ Ummo habini, Igel und Dornschwein.

Sein Fleisch ist dem Magen gut wann es gessen wird: Es reiniget und löst den verstopften Leib/ und vertreibt Aussatz und Rauden: Gesaltzen stillet es die Wassersucht: Und wann die Kinder in das Bett brunzen/ soll man ihnen des Fleisches geben/ sie underlassen es.

Seine Stacheln sind gut zu Zahnstöchern/ auch wann einem die Zähn wehe thun/ sollen sie die Wehtage lindern.

Die Weibspersonen brauchen auch diese Stacheln zu Scheitelspindeln/ das Haar damit außzutheilen.

Sein Fleisch/ wie auch die Stacheln/ wann sie

zu Pulver gebrännt werden/ und von derselbigen Aeschē die schwangere Weiber etwas einnehmen/ so mißlingt es jhnen an der Geburt nit/ und wird die Frucht erhalten.

Was für Schadē diß Thier thue.

Droben ist angezeiget worden / wie es dem Jäger und Hunden / mit dem Schiessen seiner Stachlen gantz zuwider/ sonst befindet sichs nicht/ daß es fast schädlich sey.

Von dem Indianischen Dornschwein.

Dieses Thier so võ den Indianern Hoitzlacuatzin, oder Tlacuatzin genennet wird/ ist so groß als ein mittelmässiger Hund/ und an Gestalt dem Dachsen nicht sehr ungleich/ woher es auch Tlacuatzin heisset/ sein gantzer Leib ist mit holen und spitzen Stacheln bedecket/ so drey Zoll lang/ zwischen welchen es doch lange schwartze Haar hervor stehen hat. Gegen die Hunde wann sie dieses Thier verfolgē/ wirfft es seine Stacheln auß/ daß sie mit keiner Müh wieder können herauß gezogen werden/ dann sie durch ein sonderlich Geheimnuß der Natur je länger je mehr hinein kriechen / und der Hunde Eingeweyd zerstossen/ auch die innerliche enthaltende Feuchtigkeit dergestalt außsaugen/ daß endlich die durchstochene Hund in sich selbsten verzehren müssen. Diese Stacheln verwahren die Indianer wohl/ und geben vor/ daß wann derer neun Stück in gelindem Feuer gewärmet und getrucknet werden/ (also daß derer Krafft nit entgehe) nachgehends zu Pulver gemacht/ und endlich mit Wein oder Wasser eingenommen/ den Stein zermalmen/ den Harn weg und die Blaß reinigen/ und zu der Mannheit verhelffen sollen: Deßgleichen sollen sie auch die Hauptschmertzen lindern/ dann wann sie an die Stirn oder Schlaf gehalten werden/ sie sich dergestalt anhängen/ und nicht ehe herunder fallen/ (gleich wie die Sugigel) biß sie mit Blut erfüllet / dardurch aber zugleich die Kranckheit aufheben. Dieses Thier ist wohl zu sehen/ und noch mehr die Krafft seiner Stacheln zu verwundern/ wordurch Gottes grosse Allmacht gepriesen in so vielen Gutthaten / womit er die Welt gezieret. Die Stacheln aber sind gelb und weiß/ ohngefähr drey Finger breit lang/ fornen aber schwartzlecht und sehr spitz. Der Schwantz ist kürtzer als deß Tlacuatzin, aber etwas dicker/ voll Spitzen/ biß an das End. Die Füß sind wie deß Quauhpecotli, aber etwas breiter/ hat einen vorderen Kopf wie ein Hund/ unten und oben zween Zähn/ auf dem Bauch hat es keine Stacheln/ sondern Haar/ wie dann auch an den Beinen. Ob das Indianische Thier so Jonston hat Tab. 60. Cuandu nemblich/ auch hieher gehöre/ ist ungewiß/ weil es nit außgelegt noch erkläret worden.

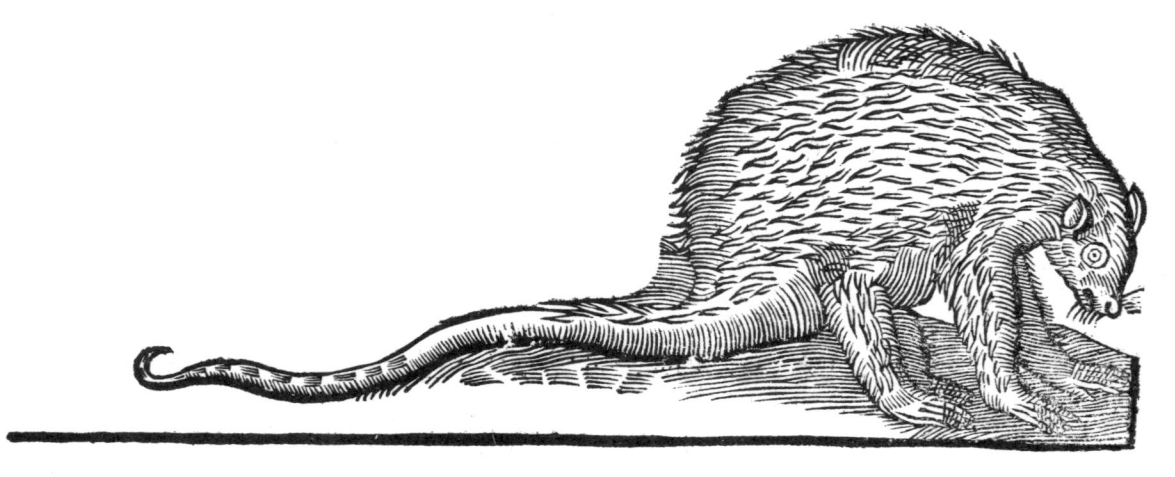

Von dem Einhorn.

Vnicornis. Einhorn.

Von äusserlicher Gestalt des Einhorns.

DAs Einhorn wird Lateinisch Unicornu, Griechisch Μονόκερως, Frantzösisch Licorne, Italiänisch Licorno, Hispanisch Unicornio, Arabisch الكركدن Hebräisch Reem ראם genannt/ und weil vielerley Arten der Einhörner beschrieben werden/ da doch niemahlen einiger Scribent solches selber gesehen / derwegen will ich alter und neuer Scribenten Meynungen nach einander setzen/ wie ein jeder das Thier beschreibt / damit der Leser desto besser Acht haben möge / den wahren Grund zu erfahren. Ins gemein aber muß man wissen/ daß Hörner auch wohl an Menschen wegen erlittener Kranckheit wachsen / wie davon weitläufftig Bartolinus in seinen Observationibus, und in seinem Buch vom Einhorn geschrieben / auch zum Exempel diese Frau angezogen/ und schön außgeleget / wie solche Hörner sollen vertrieben und weggemacht werden/ von welcher Matery man auch lesen kan Amatum Lusitanum, Dalechampium, Lycostenem, Weinrichium, Paræum, Thuanum, Vrbisium, Renodæum, Zacutum Lusitanum und andere mehr.

Es giebt auch gehörnichte Thier unter den Vögeln und Insectis, dem Geschmeiß/ wie dann in Morenland solche Vögel seyn sollen/ nach Aristotelis, Æliani, A. Marini und Wormii Meynung/ so ein Horn vornen auf der Stirn haben.

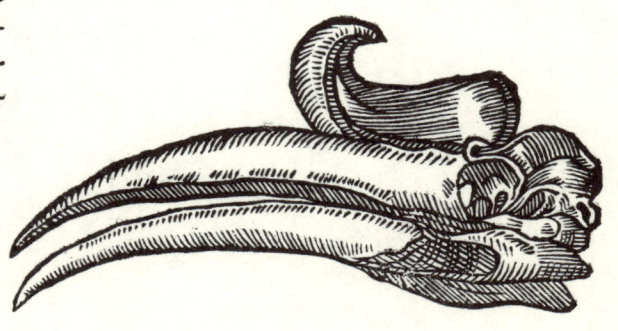

Ingleichem giebt es auch Einhornichte Schröder/ davon Plinius, Scaliger, Aldrovandus und Imperatus können gelesen werden.

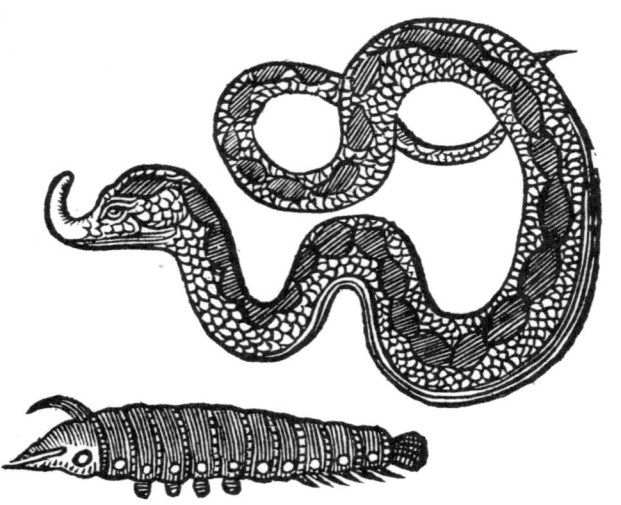

Zu Alckair hat Veslingius gehörnte Schlangen gesehen/ wie Rhinocerotos gestaltet/ in Istria aber Avantius so vorn ein Horn am Kopf haben.

Bey dem Cardinal Barbarini zu Rom ist zu sehen dieser nachfolgende Drach/ in der Grösse/ wie er hier abgebildet/ so vornen auf dem Kopf ein recht hart Horn hat/ wie ihn Fabius Columna weitläufftig und artig beschreibet.

In Indien finden sich Bäum/ auf denen rechte Hörner wachsen/ so bey Hernandez pag. 86. durch hernachfolgende Figur abgezeichnet zu finden. Zu unsern Einhörnern aber ferner zu schreiten. Es sagt Plinius/ dz ein Volck in Indien seye/ so die Orsei genannt werden/ dieselbigen fangen gar ein grimmiges und unzahmes Thier/ das am Leib einem Pferd / am Kopf dem Hirschen / an Füssen dem Helfant/ am Schwantz dem wilden Schwein gleich sihet/ und ein starckes Brüllen hat : Mitten auf der Stirn hat es ein Horn/ zweyer Elnbogen oder dreyer Schuch lang: Und sagen diese Völcker/ man könne diß Thier nicht lebendig fangen / weil vielleicht niemand solch lebendig Thier/ und auch wohl kein todtes jemals gesehen hätte.

Ælianus schreibet also: Man sagt/ zu äusserst in Indien sey ein Gebürg/ das schwärlich zu besteigen/ da werde under anderem Wild auch das Einhorn gefunden / das die Indianer Cartazanon nennen / und sprechen / es sey von solcher Grösse/ als wie ein erwachsener starcker Hengst: An Haaren unnd der Mähne gelb/ rahn und über die massen schnell von Leib und Schenckeln: Doch seyen seine Füß ungespalten/ wie die Helfanten Füß: Und habe/ wie ein Wildschwein/ einen Schwantz; zwischen den Augenbrauen aber ein Horn/ das schwartz und nicht glatt sey/ und von Natur sich aufwinde/ und wie eine Nadel vornen zusammen spitze.

Philostratus sagt in Beschreibung deß Lebens Apollonii hiervon also: In Indien ist ein Wasser/ genannt Hyphasis, das machet viel Moräste und Seen/ umb dieselbige werden wilde Esel gefangen/ die an der Stirn ein Horn tragen/ mit dem sie/ wie die Ochsen/ sich dapffer wehren. So sagt man/ daß man auß demselbigen Horn Trinckgeschirre in Indien mache/ und wer auß derselben Trinckgeschirr einem trincke/ desselbigen Tags könne er nicht kranck werden. Ja ob gleich einer verwundet würde/ so thue es ihm doch nicht weh/ und könne ein solcher Mensch unverletzt durch Feuer lauffen/ und kein Giefft ihm Schaden bringen/ ob ihm gleich jemand vergeben wolte. Deßhalben so sey es ein Königlich Trinckgeschirr/ und dörffe niemand/ ausser dem Könige solches Wild jagen.

Dannenhero Aristoteles, da er von Gliederen der Thieren schreibet/ sagt: Daß Thier seyen/ so allein ein einig Horn haben sich zu wehren/ wie der Orix und Indisch Esel. Orix aber hat gespaltene Klauen/ und der Esel hingegen einen gantzen Huff: Mitten an der Plassen haben ihre Hörner: Also dienet das Horn für jede Seyte/ dieweil die Mitte jedem Ort das Aeusserst ist. Das mit dem ungespaltenen Huff mag für das Einhorn gerechnet werden: Dann die Klauen und Huff haben eine Natur mit dem Gehörn: Derwegen so spaltet sie auch die Klau und Horn/ das auß Mangel natürlicher Kräfften kompt.

Derwegen weil diese Thiere gantzen Huff/ und also an Füssen die an jhnen ungespalten sind/ keinen Mangel haben / so hat die Natur jhnen was hie zum Überfluß/ oben destoweniger/ und nicht mehr dann ein einiges Horn gegeben. In Italien hat sich eine alte Tafel gefunden/ darinnen auf diese Art die Oryges vorgebildet worden/ wie in der nachfolgenden die Hörner absonderlich zu ersehen.

Herr

Von dem Einhorn.

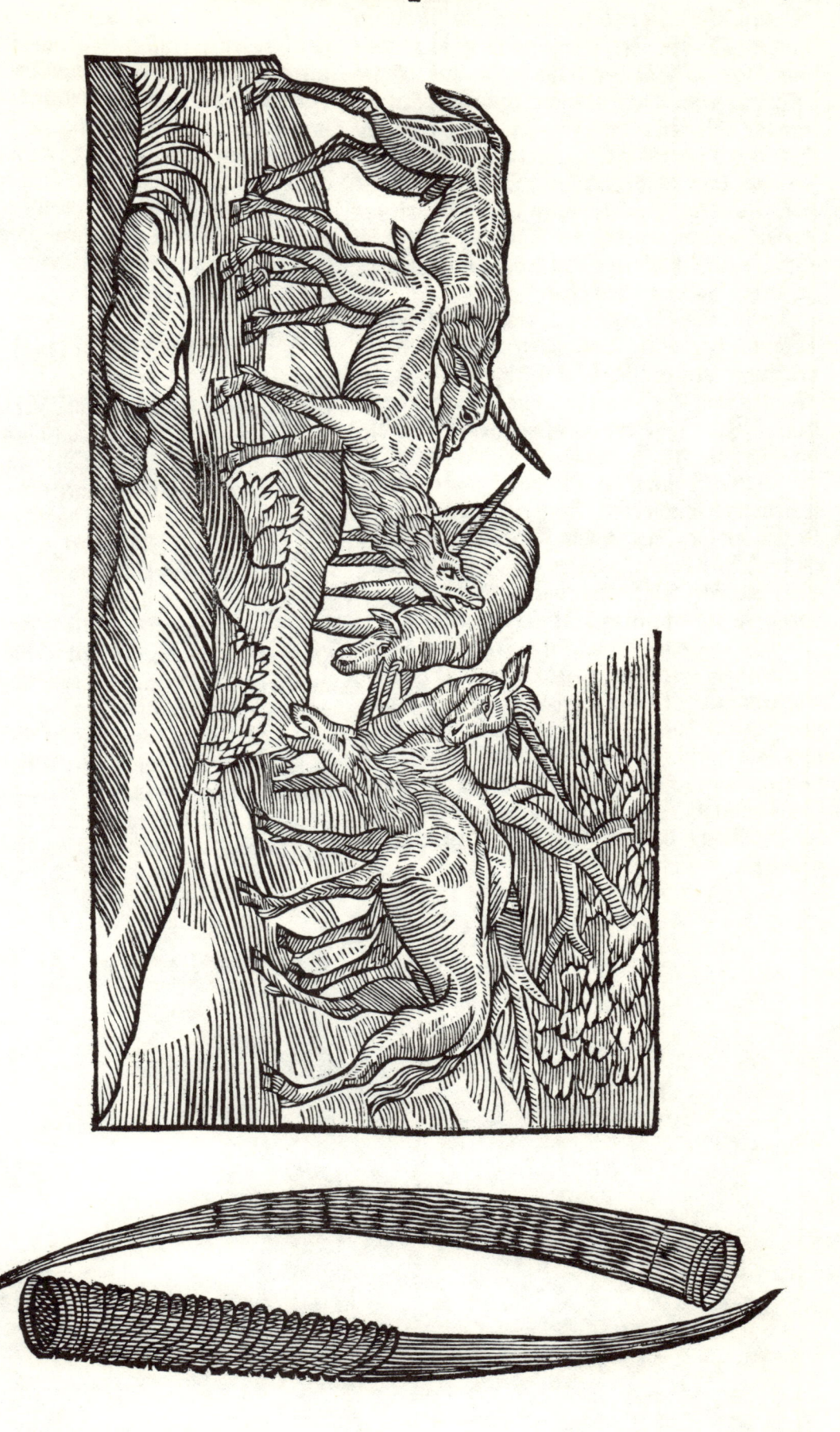

Herr Ludwig Roman schreibt/ daß zu Mecha in Arabien / da der Mahomet sein Begräbnuß und Wallfarth hat/ ein verschlossener Schrancken sey/ darinnen zwey Einhörner behalten/ und dem Volck zum Wunder gezeigt werden. Das Grösste under den Zweyen/ ist in der Grösse eines Füllens/ das dritthalb jährig ist: An der Plassen hat es ein einiges Horn/ das fünffthalb Schuch lang ist. Das Kleineste ist etwan/ als ers dafür angesehen/ jährig/ und wie ein junges Füllen und sein Horn etwann vier Spannen lang. An der Farb ist es fahl: Hat einen Kopf wie ein Hirsch/ keinen langen Halß/ und eine dünne Müne/ so jhm auf eine Seyte abhängt.

Gantz rahne Schenckel hat es / eben wie ein Rehe/ seine Füsse sind vornen gespalten in zwoen

K ij   Klauen/

Klauen/ schier wie an den Geyſſen: Auſſen an den hindern Huffen oder Schenckeln iſt es zotticht von Haaren. Es ſcheinet ein wildes und zahmes Thier zu ſeyn: Doch iſt ſolche ſeine Wildheit mit etwas Liebligkeit vermiſcht. Und dieſe zwey Einhörner hat einer dem Soldan zu Mecha verehret/ als einen gantz köſtlichen Schatz/ der nicht bald zu finden: Sind kommen auß Aethiopien oder Morenland/ welche der König daſelbſt/ umb ihm Freundſchafft und Huld bey dem Soldan zu ſuchen/ daher geſchickt hat.

Paulus von Venedig/ ein Welterfahrner Mann/ ſagt/ daß in Baßmann/ welches Königreich unter dem groſſen Cham gelegen iſt/ der Elephanten und Einhörner gar viel gefunden werden. Die Einhörner aber ſind etwas kleiner als die Elephanten: Haben Haar wie die Ochſen oder Büffel/ Füß wie der Elephantē/ und ein Kopf wie ein wild Schwein: Auch wältzen und kehrn ſie ſich wie die Säu gern im Kaat umb. Mitten an der Stirn haben ſie ein einiges Horn/ das dick und ſchwartz iſt: Und eine rauhe ſtachlichte Zunge/ damit ſie Menſchen und Vieh verletzen.

Nicolaus Contz von Venedig ſagt/ zu äuſſerſt in Aſien liege eine Landſchafft/ welche ſie Macunum nennen/ zwiſchen Cathay und dem Gebürg von Indien/ daſelbſt finde man ein Thier/ welches habe einen Schweinskopf/ Ochſenſchwantz/ und ein einiges Horn an der Stirne/ das ſey eines Ellbogens lang/ und an der Farb und Gröſſe wie der Elephant/ daſſelbe ſtreite ſtäts mit dem Elephanten.

Obgedachte Pauli und Nicolai Beſchreibungen ſchicken ſich faſt auf das Naaßhorn/ und ſtimmen wenig mit dem Einhorn überein/ wie an der Gröſſe/ an dem Horn/ und an dem Streite mit dem Elephant abzunehmen.

Viel ſchreiben ihm ungeſpaltene/ und ungleiche/ doch ſchnelle Beine oder Schenckel/ wie auch einen Pferdsleib und Hirſchkopf zu: Doch ſind auch etliche/ welche ihm einen Löwenrachen zugeben/ deßgleichen geſpaltene und andre Füſſe/ wie auß den Figuren zu ſehen.

Wo das Einhorn zu finden.

Niemand iſt/ der dieſes Thier jemahls in Europa geſehen habe: Und wiewol der Römiſche Pracht alle Thier der Erden in ihre Schauplätze und Triumpf zu bringen ſich underſtanden/ lieſt man doch nicht/ daß das Einhorn jemahls dem Römiſchen Volck gezeiget worden ſey/ da ſonſten Tiger- und Pantertiere/ Naßhörner/ Löwen/ Drachē/ ꝛc. und allerhād grauſames Wild/ gekirrt und gezähmt/ vorgeſtellet worden.

Derwegen man nur den Landfahrern unnd weitgereyſten Leuten hiervon Glauben geben muß/ was ſie ſagen: Dann einmahl ſo iſt das Thier auf Erden/ ſonſt wären ſeine Hörner nicht vorhanden: Und läſt man es darbey bleiben/ daß Indien/ Arabien und Morenland ſie erzeuge. Man ſagt auch daß es Waſſer-Einhörner gebe/ die ſich im Waſſer nähren/ nachfolgender Geſtalt.

Von natürlicher Art und innerlicher Beſchaffenheit dieſes Tziers.

Ein gantz fräches/ wildes und ungezähmtes Thier iſt es von Art/ welches/ wann es alt iſt/ nimmer lebendig gefangen wird: Aber jung außgenommen/ wird es gewöhnt und gezähmt/ auch mit andern Thieren zu Streiten angewieſen/ wie dann Ælianus ſchreibet/ daß ſolches in der Praſier Gegend geſchehen. Und muß es gefangen werden

Von dem Einhorn.

werden/ehe es zweyjährig wird: Dann ist es älter/so ist es so grausam/daß es alles/was Fleisch hat/zerknitscht und frißt: Und läst sich ehe umbbringen als fangen.

Seine Wohnung hat es gern in hohem Gebürg und Wildnüssen/Und ist muthig/daß es keine Waffen förchtet.

Ein keusch Thier ist es/welches in der Brunst sich allein zu seines Gleichen gesellet: Und das Männlein ist dem Weiblein nimmer angenehm/ auch maßt sich das Männlein des Weibleins weiters nichts mehr an/ als nur in der Brunst: Sonsten führen sie stetten Krieg wider einander/ auch so hart/biß sie einander umbbringen/also/ daß die Einhörner/ da sie sonst gegen allen Thieren/die bey ihnen weyden/mild/zahm und gütig sind/ jedoch ihres Gleichen durchauß nicht dulden. Daher es dann ohne Zweiffel kompt/daß dieser Thier so wenig sind/dieweil sie mit ihrem stetten Streiten einander aufreiben.

Dem Löwen ist es auch feind: Derselbige/ wann er das Thier gegen ihm sihet hertraben/ stellt er sich an einen Baum/ihm auß dem Stich deß Horns zu weichen: Und so dann das Einhorn in der Gähe seines Feinds fehlet/und den Baum trifft/bleibt es darinnen stecken/und wird also behafftet/von dem Löwen zerrissen. Bißweilen aber übersihet der Löw die Schantz/und mißlingt ihm die Sache.

Es hat eine grausame erschröckliche Stimm/ welche sich mit keines andern Thiers Geschrey vergleichet/ und ist auch überauß starck. Diese Sachen werden eben von hören Sagen so erzählet/ es hat es aber niemand gesehen oder erfahren. Es soll auch Einhörner mit Mähnen geben/ sonderlicher Art/ wie Jonstonus abbildet Fig. 2.3. Tab. XI.

Wie sie gefangen werden.

Oben ist gemeldet worden/ daß sie jung müssen außgenommen werden/sonst seyen sie lebendig nicht zu fangen. Doch wollen etliche/ welcher Meynung auch Albertus ist/ das Einhorn verehre die Jungfrauschafft so hoch/daß es/ wo eine Jungfrau vorhanden/derselbigen zulauffe/ sich in ihren Schoß lege/ darinnen ruhe und schlaffe/ biß es also gefangen und gebunden werde. Man schreibet auch/ vornemblich aber Arlunnus, daß das Einhorn grosse Liebe zu den Jungfrauen trage/ und dieselbige am Geruch erkenne.

Joannes Tzetzes schreibet ein Stück/ wie sie zu fahen: Nemblich/ man erwähle bißweilen einen starcken Jüngling under den Jägern/ der köstliche Jungfrauenkleider anlege/ und mit wolriechendem Geruch balsamiret und angestrichen werde/ dann stelle er sich an einen Ort/ da das Thier wohne/ und zwar so nahe/ daß es auch den Edlen Geschmack riechen möge. Die andern Jäger verbergen sich nicht weit von demselbigen Stand: Und wann das Thier den Geruch empfindet/ und die Weibskleidung ersiehet/ laufft es hinzu/ und legt sich dem Jungengesellen in den Schooß: Der dann mit seinen weiten und wolriechenden Ermeln das Thier blendet/ bedeckt/ und einschläffert: Alsdann lauffen die Jäger herbey/ und nehmen das Horn vom Thier/ das für Gifft gut ist/ das Einhorn aber lassen sie unverletzt wieder weglauffen.

Nun diese Meynung/ achte ich/ komme daher/ weil diß Thier sich seiner Art so wenig anmaßt/ als nur allein in der Brunst. Auch ist solches von keinem alten Scribenten nie fürgeben worden/ dann eben von diesem Tzetze/ der umb das Jahr 1176. geschrieben. Und wann das Thier am Geruch die Jungfrauen erkenne/ würde der übel bestehen/ welcher in Jungfrauenkleidern deß Thiers erwarten wolte. Doch lassen wir solches in seinem Werth/ und eines jeden Urtheil anheim gestellt. Einmal sagt Job am 39. Cap. Das Einhorn wirst du nimmer mit Riemen binden/ so wird es auch nicht in der Krippen liegen. Also halte ichs für ein Gemähl/ wie mā es Mariā in den Schooß mahlet/ zum Zeichen jhrer Reinigkeit. Etliche vermeynen/ Job rede nicht von dem rechten Einhorn/ sondern von Oryge, allein die Oryges lassen sich zahm machen/ daß sie Wägen führen/ wie Athen. lib. 5. in des Ptolomæi prächtigen Einzug davon zeuget.

Von Nahrung deß Einhorns.

Ob es wol mit andern Thieren in der Wildnuß sich weidet/ so ist es dannoch wie andere Thier in seinem Alter wild/ und wie etliche sagen/ Fleischfrässig/ welches wol zu glauben ist. Man sagt auch das Einhorn trincke auß keinem Fluß/ es habe dann zuvor sein Horn hinein gesteckt/ und das Wasser von Gifft und gifftigen Thieren dadurch gereiniget.

Von Nutzbarkeit und von dem Gebrauche/ der von diesem Thier kompt.

Wie des Indianischen Esels Fleisch bitter/ und zur Speiß nicht dienlich ist/ also glaube ich/ seye auch deß Einhorns Fleisch: Dann sie sonst gar wenig/ außgenommen nur an der Farb einander unähnlich sind. Des Africanischen Einhorns Tire Bina soll wolschmäckend seyn/ und darzu den Aussatz heylen. Das Haar vom Schwantz gebrannt und gepülvert/ soll die rothe Ruhr vertreiben/ davon Bartolinus zu lesen/ Cent. 2. hist. 61. Es soll fast wie diese Figur aussehen.

Sein Gehörn aber wird jetziger Zeit in der Artzney sehr gelobt und gebraucht/ võ dem/ wie es sey/ und wie es etliche fälschen/ wir hie sagen wollen.

Es sagt Antonius Brasavolus, daß zwey gantze und grosse Hörner von dem Einhorn/ zu Venedig in S. Marxen Schatzkammer aufbehalten werden.

Von denselbigen schreibet Leander Albertus von Bononien also: Zur rechten Seyten in S. Marxen Kirchen gleich mitten in der Wand/ da ist eine schöne weite und hohe Thür/ mit gemusierter Arbeit aufs Köstlichste außgemacht. Hinder derselben Thür ist ein Gewölbe/ und darinn wird der theurest und reicheste Schatz/ den man nennet den Schatz der Procuratorey zu S. Marxen aufgehoben. Es sind nun etliche Jahre/ daß ich den Schatz gesehen/ und in Gesellschafft Herrn Magistri Francisci Ferrariensis, Prediger Ordens allgemeinen Generals/ darein geführt worden. Zum ersten wurden uns von den Herren zwölff güldene Cronen/ mit zwölff Brustblättern/ alles von feinem Gold/ und mit Edelgesteinen/ als Rubinen/ Smaragden/ Topasien/ Chrisoliten und anderen Steinen/ auch Perlen die über die Massen groß waren/ auf das Köstlichste hin und wieder versetzt/ gezeiget.

Hernach wurden uns gewiesen zwey Hörner von Einhorn/ einer grossen Länge/ darbey war noch ein drittes Einhorn/ aber etwas kleiner/ als die anderen. Darbey waren viel schöner grosser Carfunckeln/ ꝛc.

Man sagt der König in Polen habe in seinem Schatz auch zwey solche Hörner/ deren jedes so lang sey/ als ein Mann immer seyn mag.

Herr Nicolaus Gerbelius, ein alter gelehrter Mann zu Straßburg/ schreibet von einem Horn dieses Thiers also:

Die Thumbherren allhie zu Straßburg/ haben in der Schatzkammer deß Stiffts ein Eingehorn/ welches ich vielmahls gesehen/ und mit meinen Händen angerühret habe. In der Länge möchte es so lang seyn als ein Mann/ wenn es seine Spitze noch hätte. Dann vor Zeiten ist ein Thumbherr gewesen/ der von Jemanden gehöret/ daß das Gehörn vornen an der Spitze wider Gifft/ und wider Pestilentz die beste Artzney seyn solte: Derwegen er heimlich vornen ein Stücke davon abgesägt/ etwann bey drey oder vier zwerch Finger lang. Umb welcher Ursach willen er dann von der Pfründ verstossen/ und noch darzu dieses mit gemeinem Gutachten deß gantzen Capitels aufgesetzt worden/ daß niemãd seines Geschlechts zu ewigen Zeiten in das Stifft genommen werden solle: Dann dieser Abbruch der Spitze hat das allerschönste Kleynot gar übel verschändet.

Das gantze Horn ist von dem Ende an/ da es auß der Stirnen kompt/ biß zu der Spitz hinauß/ gantz hart/ hat nicht ein Klüfftlein noch Spältlein/ und ist so dicke/ als ein holer Ziegel: Dann ichs offt in die rechte Hand genommen/ und gar nahe hab umbgreiffen können.

Von vornen an/ biß zu hinderst hinauß an die Spitz/ ist es mit kleinen Linien gewunden/ wie eine Wachs-oder Blaßkertzen: Dasselbige macht/ daß es sich gar artig zuspitzt/ und schön ringlet.

Es ist nicht wol zu glauben/ wie schwer das Horn sey: Und bin ich darbey gewesen/ daß sich ihrer viel darüber verwundert haben/ wie so ein kleines Thier so eine schwere Last/ und grosses Gewicht ertragen könne. Ich hab gar kein Geruch davon bekommen können. Es hat eine Farbe wie alt Helffenbein/ das halb weiß und halb gelb ist. Wer aber dieses Gehörn dem Stifft gegeben und geschencket/ hab ich bißher nit erfahren können.

Sonst

Sonsten hat mir ein guter Freund erzählet/ wie er bey dem Herren von Prat/ damahligem Cantzler zu Pariß/ ein Stück von einem Einhorn gesehen/ welches eines Ellenbogen lang/ gewunden unnd anderthalb zwerch Finger dick/ sonsten aber von rother Farb/ auch auß-und innwendig gantz hart gewesen: Und wann man ein Stück davon in Wein gelegt/ habe es alsbald ungebrent angefangen zu sieden/ jedoch aber keinen Geschmack gehabt.

Zu Benedig sind etliche böse Vögel und Landstreicher/ die einen zerstossenen Kitzling oder Kalck/ oder andern Stein mit Seyffen vermischen/ und darauß einen Zeug machen/ den verkauffen sie für Einhorn: Dann wann sie es schaben/ und in Wein werffen/ so fängt es an zu sieden: Und sagt Barasavola, daß ihrer viel einen Stein/ der diese Art/ in Wein zu sieden/ an sich habe/ für Einhorn verkauffen.

Die Krafft deß Einhorns ist vornen an der Spitze heilsamer dann hinden/ und ist wol Acht zu haben/ daß man von einem gantzen Horn/ oder sonsten von grossen Stücken deß Gehörns kauffe/ damit man destoweniger betrogen werde. Ich habe ein Stück bey einem Kauffmann gesehen/ das etwann zwölff quer Finger lang/ abgesägt/ außwendig schwartz und glatt/ und nicht gewunden gewesen: Habe aber damahls nicht grosse Acht darauff gehabt.

In Apotecken findet man allein kleine Stücklein: Und sagt man/ die kuglichten Stücklein seyen das Marck/ sind auch weisser und weicher als das andere Einhorn. Der ausser Theil aber/ der da ist gleichsamb als wie die Rinden/ ist rauher und härter/ und gestaltet wie die Klingen/ seine Farb ist weißfalb. Und diese Gattung deß Gehörns ist/ wann man darein beisset/ gut zu zerreiben/ und nie zehe wie die Hörner: Deßhalben an der Farb und anderen Warzeichen/ der Betrug leichtlich zu mercken/ ob es vielleicht sonst eines Thiers gebränntes Horn seyn/ und mit untergemischter Specerey/ wolriechend gemacht/ oder also glüend in wolriechenden Wassern abgelöschet worden seyn möchte.

Und ob man wol vermeynt/ wann es im Wasser drein geschaben oder gelegt/ siede/ so sey es das rechte Einhorn; So geschicht doch dasselbe bey einem jeden gebrännten Horn/ also/ daß die Leuth auß Unwissenheit überredt und betrogen werden.

Es ist auch dieses falsch und ein Betrug/ daß man sagt/ wo Einhorn liege/ und Gifft darzu köme/ so schwitze das Einhorn: Es darf wol seyn/ daß es zu Zeiten schwitze/ als andere harte gantze Leiber/ als da sind Stein oder Glaß/ an denen außwendig bißweilen Dampf und Feuchtigkeit gefrieren/ und dann wieder zergehen/ worzu aber das Gifft keine Ursach giebt. Dann also geschicht es auch an dem Stein/ den man Schlangenzungen nennt/ von dem sagt man auch/ er zeige an/ wo Gifft vorhanden: Es ist aber nichts daran.

Etliche wollen das rechte natürliche Einhorn also probieren: Man giebt zwoen Tauben Arsenick zu essen/ und der einen ein wenig Einhorns zu trincken/ bleibt sie lebendig/ und die andere stirbt dargegen/ so ist das Einhorn recht. Die Reichen können das wol versuchen/ wann sie wolle: Dann das rechte Einhorn giebt man so theuer/ daß man es mit Gold abwiegt und demselbigen vergleicht: Das Quintlein gielt fast einen Gülden/ Krone oder Ducaten. Auch findet man deß Marcks/ das aber härter ist/ als die Rind/ ein Quintlein umb fünff oder sechs Kreutzer zu kauffen/ so ungleicher Kauff ist bey dem Einhorn.

Nun das rechte Einhorn ist gut wider alles Giefft/ und vornemblich/ wie etliche sagen/ das so auß den neugefundenen Insulen kompt: Und die Erfahrung hats auch gegeben und bezeuget/ daß einer/ der Giefft gessen/ und schon aufgeschwollen gewesen/ ein wenig Einhorns eingenommen/ und gesund worden.

So hat mir eine glaubwürdige Person erzählet/ daß wie sie geargwohnet/ daß sie in Kirschen etwas Giefts gessen hätte/ alldieweil ihr der Bauch schon angefangen aufzulauffen/ da hab sie deß Marcks vom Einhorn in Wein eingenommen/ und sey davon wieder gesund worden. Vom Einhorn wird bey den Gelährten disputirt. Gewiß ists/ daß das Horn das böse Giefft wegführt.

Wider die fallende Sucht/ wider die Pestilentzische Fieber/ wider wütigen Hundsbiß/ und wider das Stechen und Vergifften anderer Thier/ und Gewürms: Auch wider die Würme im Leib/ darvon den Kindern ohnmächtig wird/ ist diß Gehörn dienstlich und gesund.

Die alten Aertzte haben ihre Artzney zu solchen Schäden võ Einhorn auf diese Weiß gebraucht/ daß sie Trinckgeschirr auß dem Gehörn gemacht/ und dē Krancke darauß zu trincken gebē: Zu dieser Zeit aber/ da man so köstliche Trinckgeschirr deß Horns halben nicht haben kan/ braucht man das Horn selbst im Getränck allein/ oder mit anderer Artzney.

Wider die fallende Sucht/ hab ich mit Nutz und Gesundheit der Krancken/ ein Triet lassen machen auß diesem Einhorn/ und darzu gethan Agstein/ geschaben Helfenbein/ geschlagen Gold/ Corallen/ mit anderem/ das hab ich grob stossen lassen/ und in einem seidenen Säcklein in Wasser gethan/ darinnen Meerträubel/ Zimmet und andere Sachen mehr gesotten gewesen/ und das gebraucht. Doch hab ich andere Artzney darneben nit versaumpt noch underlassen.

Wie oben gedacht/ so trincken die Indianische Könige auß solchen Trinckgeschirren/ die von diesem Gehörn gemacht worde: Und als Apollonius den König gefraget/ warumb er eben auß diesem Geschirr trincke? Hat er geantwortet/ hierauß getruncken/ macht nicht voll oder truncken: Als wolt er damit anzeigen/ daß dieses Gehörn auch wider die Völlerey wäre.

Die reichen Leuthe trincken sehr von den Stücken dieses Horns/ oder lassen zu Zeiten etliche Stücklein in ihre silberne oder güldene Trinckgeschirre fassen/ stets darauß zu trincken/ gleich als

Von dem Einhorn.

ob es auch also im Wein viel Jahr seine Krafft behalten könte. Es wird auch das Gehörn/ das im Wein also lang befeuchtet wird/ braun/ und verliehret seine Weisse. Allhier in Franckfurt ist eine grosse Quantität schöner Einhörner bey hiesigen Apoteckern und Materialisten zu sehen.

Was für Schaden dieses Thier thue.

Es beisset übel/ auch schlägt es mit den hindern Füssen/ und mit seinem Horn durchsticht es alles Fleisch/ das es antrifft/ also/ daß vor demselbigen/ wie vor einem andern wilden und ungezähmten Thier/ sich zu hüten/ oder Schaden davon zu gewarten ist. Die mit Mähnen sollen am eyferigsten seyn.

Lustige Historien/ so von diesem Thier oder seinem Gehörn herkommen.

Im Jahr 1520. ist bey Brugk an der Ar im Schweitzerland/ in demselbigen Wasser ein Horn gefunden worden/ das man für ein Einhorn geschätzet/ innwendig war es gantz weiß/ oben und außwendig gelblicht/ und zweyer Ellenbogen lang/ doch nicht gewunden/ und gantz wolschmäckend an jhm selbst: Und wann man es brannte/ gab es gleich einen Geruch wie Bisem. Das ward alsobald nach Königsfelden in das Kloster gebracht/ hernach aber von dem Landvogt zu Baden wieder gefordert/ darumb/ dieweil es in dem Gebiet/ den acht Orten der Eydgnoßschafft zugehörig/ gefunden worden. Solches hat mir ein guter Freund erzählet/ der auch etliche Stücklein von demselbigen Einhorn gehabt.

M. Antonius Sabellicus beschreibt in der Venediger History am 26. Buch einen Diebstal/ der deßwegen/ weil ein Einhorn dabey gewesen/ dem Leser nicht verdrüßlich seyn wird/ und aller Oberkeit eine Warnung seyn soll/ und sich ungefähr im Jahr 1448. zugetragen hat/ auf folgende Weyse:

Der Fürst zu Ferrarien/ Borso von Este, kam gen Venedig: Die Venediger/ umb jhn hoch zu verehren/ empfiengen jhn wol/ und führten jhn umb/ alle Ding zu besichtigen: Und under anderen zeigten sie jhm auch den Schatz/ der in St. Marx Kirchen liegt. Nun machte sich unter dieses frembden Herrens Hofgesind ein Candiot oder Griech/ genannt Stammato, der ohngefähr auß Candia auch gen Venedig kommen war/ und mit dem Hofgesind kam er/ als ein Bedienter deß Fürstens/ auch in die Schatzkammer. Als er den Reichthum ersehen/ ließ er vom Verwundern ab/ und trachtete/ wie er einen dapffern Diebstal da thun möchte. Nun ist die Kirch zu St. Marxen am Boden und an den Wänden mit Marmelsteinen Tafeln gefüttert/ und bey dem Altar der Unschuldigen Kindlein/ brach dieser kunstreiche Dieb eine Marmeltafel auß/ die er hatte sehen in das Schatzgewölb gehen. Als er die Tafel außgebrochen/ und nicht so bald durch die dicke Mauer hinein kommen konte/ grub er deß Nachts so viel so viel als er immer konte/ weiter hinein/ und trug die Steine und den Kalck in einen finstern Winckel: Gegen Tag aber ehe es hell ward/ machte er die Tafel wiederumb für/ und trug das Außgegrabene mit sich in dem Schoß hinweg/ also/ daß man kein Einbrechen spühren konte. Das trieb er nun etliche Nächte/ biß er in die Schatzkammer kam/ da fieng er an gleicher Gestalt außzutragen. Es ist sich zu verwundern über den unsäglichen Reichthumb der daselbst liegt: Dann under andern Köstlichkeiten sind zwölf güldene Cronen darinn/ mit so viel Brustzierrathen/ die Edelgesteine sind nicht zu schätzen/ viel wunderbare güldene Geschirre/ Leuchter und anderes mehr/ was zum Altar gehört/ sihet man allda: Es ist auch ein Einhorn dabey/ welches überauß hoch geschätzet wird. Deßgleichen deß Hertzogen Hut/ an dessen güldenem Rande/ das alleredelste Gestein/ und oben auf im Horne ein Carfunckel ist/ sampt anderm Schatz mehr. Dieses hatte dieser Dieb fast alles fein mit guter Weile hinweg getragen.

Wie man aber sagt/ es werde nichts so klein gesponnen/ es komme doch endlich an die Sonnen/ und sonst dieser Diebstal nicht wäre offenbar worden/ so verrieth sich der Schelm selbst. Dann er hatte einen Gevattern/ genannt Zacharias Grill/ der auch ein Candiot/ und von gutem Herkommen/ und ein überauß frommer Mann war: Denselben führte der Dieb vor den Altar/ und ließ jhm da einen Eyd schwören/ dasjenige/ was er jhm zeigen würde/ nicht zu offenbahren: Ja er muste das Sacrament mit jhm nehmen. Nach demselbigen führte er jhn zu Hauß/ und zeigte jhm den dapffern Diebstal. Zacharias erschrack darüber/ und wolte darvon gehen. Da das Stammato ersahe/ wolt er jhn erstechen. Zacharias aber sagte: Er verwundere sich so sehr über so einen grossen Schatz/ daß er fast nicht recht bey Sinnen wäre/ er dörffte sich nichts besorgen. Deßwegen schenckte jhm Stammato einen schönen edlen köstlichen Stein/ der jetzt vornen in deß Fürsten Baret oder Haube ist. Zacharias that/ als ob er Geschäffte daheimen hätte/ lieff aber eylends dem Pallast zu/ und wie er für den Hertzog kam/ zeigte er den wunderbaren Diebstal an/ und sagte darneben/ man müste mit der Sach eylen/ dann er hätte den Dieb mit vielen Worten kaum bereden können/ daß er so lange gewartet hätte/ auf daß er sich nit etwann mit dem Diebstal an andere Ort verschleichen/ und darvon kommen möchte: Und zum Warzeichen zeigt er dem Hertzogen das Edelgestein/ so jhm geschenckt worden. Da das der Hertzog ersahe/ schickte er etliche auß/ die den Dieb fiengen/ und ward also der Schatz unversehrt dem Raht wieder zugestellt. Man meynet/ der Diebstal habe sich auf zwey Millionen Golds belauffen.

Der Dieb ward gehenckt/ Zacharias aber wol begabet/ und mit jährlichem Einkommen sein Lebenlang versorget.

Diesen Diebstal beschreibet auch Franciscus Modestus in seinem zwölfften Buch/ von den Geschichten und Thaten der Venediger/ auf diese Arth:

Geschwindigkeit ist gut/
Wann man dieselbe thut
Worinn' sie zugelassen/
Dann anderst/ bringt sie Hassen.
Der Dieb war auch geschwind/
Wordurch er hat verdient
Daß man jhn spöttlich crönet/
Und seine Schand verhönet.
Man ordnete ein Cron
Die jhm zu einem Lohn/
Von Henckern war gegeben:
Und daß sein kluges Leben
Ja weiters werd' erkannt/
War jhm zu einem Band
Ein gülden Strick geschencket/
Womit er aufgehencket
Gleichsamb in hohem Stolz/
Auf ein vergüldetes Holtz.

Eben diese Einhorn aber/ so man zu Venedig weiset/ wie auch in Dännemarck/ zu S. Denys bey Paris/ zu Rom in den Kunstkammern/ zu Antorff/ Straßburg/ Metz/ Polen/ Engeland/ und hier bey unsern Materialisten unnd Apoteckern/ sind keine Einhörner von vierfüssigen Thieren/ davon so viele viel von hören Sagen geschrieben/ keiner aber jemahlen ein solch vierfüssig Einhorn gesehen/ sondern sie kommen von dem Ißländischen Wallfisch Narhual, der/ dieses Horn/ oder vielmehr Zahn führet/ weil mehr ein Zahn als Horn solches scheinet/ wie solches weitläufftig Mercator, Wormius, Bartholinus, Bochardus und Peyrerius, (Autor Præadamitarum) so Grönland in Frantzösischer Sprach beschrieben/ mit Warheitsgrund erweisen. Olaus Magnus zwar und Jacobus Primi Rosius vermeynen/ dieser

Fisch habe das Horn vornen am Kopf/ und habe jhn also abgebildet/ allein der Augenschein giebt ein anders/ daß es ein langer Zan seye/ wie dann klärlich

Von dem Einhorn.

klärlich zu erlernen auß dem jenigen vermeinten Einhorn / so zu Stockholm in der Kunstkammer hencket / und hierbey abgemahlet / da in dem Kopf noch der Zahn / oder das vermeinte Einhorn stecket / unter dem Kiefer.

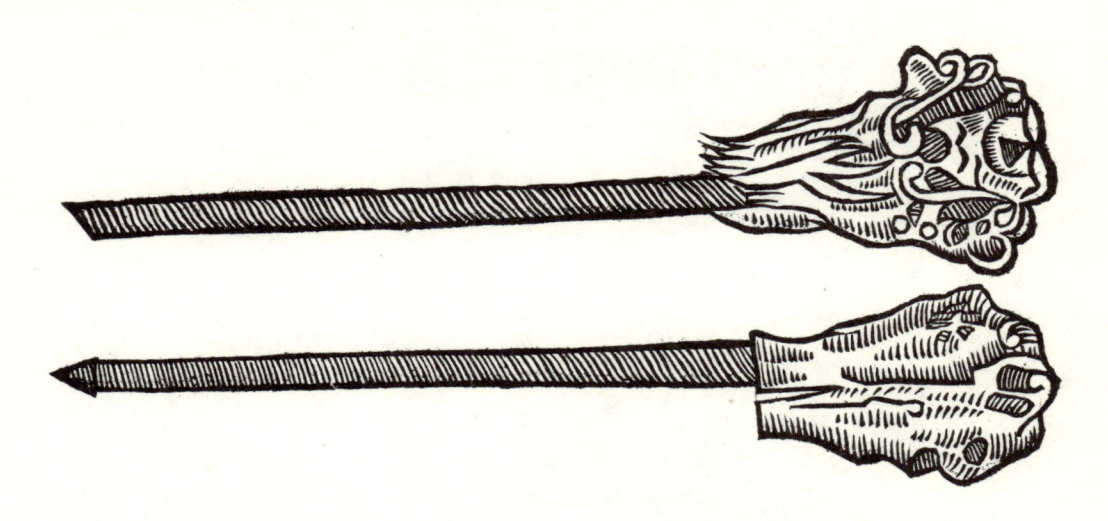

Dergleichen / aber viel längers / hat zu Dreßden Burgermeister Humbracht / so es auß Engelland erhandelt / und stecket solch Horn oder Zahn / wohl zwey Spannen tief unten in dem Gereffel / so wol zu sehen ist. Mit einem Wort zu sagen / das Einhorn / so ein vierfüssig Thier seyn solle / hat keiner gesehen / aber viele beschrieben. Bartolinus das Merckwürdigst: davon / daß nemblich ein Africaner / Marchio de Magellanes, ein Abgesandter vom König auß Güinea, an den Hertzog võ Churland / Anno 1652. zu Coppenhagen erzählet / daß bey jhnen ein Einhorn seye in der Wüsten Cano; so man lebendig nicht fangen oder bekommen könne. Sie nennen es Tirabina, auf Teutsch ein gehörnicht Thier. Es soll fast diese Gestalt haben / wie oben schon gemeldet.

L 2 Von

Von dem Elend.

Alces. Elend.

Von der äusserlichen Gestalt dieses Thiers.

Das Elend/ Lateinisch Alces vel Alce, Griechisch Ἄλκη genannt/ ist gestreifft/ und sonst auch der Geyß fast gleich/ doch etwas höher und grösser: Hat gar stumpfe Hörner/ und solche Schenckel/ die kein Glanch oder Gelencke noch Knoden haben/ wie Cæsar meynet.

Plinius aber thut dieses hinzu/ daß die lange Ohren und die Höhe/ so viel Unterscheids an ihm machen/ daß es nicht gar dem Esel oder Maulthier gleich sey. Auch sagt er sampt seinem Nachfolger/ dem Solino/ daß es eine obere Lefftzen habe/ welche weit fürhange.

Zwey Hörner hat es (doch wie Pausanias sagt/ allein das Männlein/ das Weiblein aber nicht) und zwar/ wie etliche schreiben/ vornen auf den Augen. Die Hörner ziehen sich hindersich nach dem Rücken zu: Aber der vordere Theil/ da die stumpffen Zincken anfahen/ kehret sich gegen der Stirn zu. Jedes Horn soll schier bey zwölff Pfund wiegen/ und zween Schuch lang seyn. Sie seynd nicht so ästig/ als wie die Hirschhörner/ sondern haben allein gar breite und vor sich stehende Zincken/ die nicht so schmal sind/ wie an den Hirschhörnern. Sie seynd gantz hart/ und in einander gekräuselt. Auch wie man sagt/ so fallen sie ihnen jährlich ab. Die Farb der Hörner aber ist eben wie bey den Hirschen.

Albertus Magnus sagt/ daß Anfangs die Hörner schlecht und rund/ und drey oder vier zwerch Finger lang seyn/ alsdann so wachsen sie in die Breite und Dünne/ also/ daß sie gleich wie ein Brett flach werden/ und an den Enden viel stumpffe Zincken bekommen. Ja/ sagt er/ sie werden so breit/ daß man auch Sitzstüel darauß machen kan: Und wiegt der Hörner eines gar viel.

Er sagt auch/ daß diß Thier etwas rauher und grösser/ dann der Hirsch/ und ihm an der Farbe deß Haars gleiche/ mit dem Schwantz aber am

gleich-

gleichsten sey. Seine Stirn schätzt er auf zwo Spannen breit.

Erasmus Stella sagt/es hat gespaltene Klauen/ und ist an der Farb wie ein Hirsch.

Wo diß Thier zu finden.

IN dem Schwartzwald/ sagt Cæsar/ sey diß Thier gern: Welches zuverstehen von den Wildnüssen deß Teutschlandes/ so zu seinen Zeiten waren. Darumb auch Plinius sagt/ in den Mitternächtigen Ländern: Und Solinus thut hinzu/in Skonland/ dem Teutschland gegen über. Auch findet man sie im Moscowiterland / wie Matthæus von Michau schreibet. Und sagt Erasmus Stella, daß dieser Thier viel in Preussen/ wie auch in Liefland/ zufinden seyn. Albertus Magnus schreibet/ man finde sie in Ungarn und in der Windischen Marck. Olaus Magnus der giebt für/ in Schweden und Gothland seyen diese Thiere mit Hauffen. Es giebt unterschiedene Art der Elend/ wie auß nachfolgenden Figuren zu ersehen.

Geßneri Thierbuch

Von dem Elend.

Wie das Thier gefangen wirde.

CÆsar sagt/ diese Thiere hätten keine Glaych oder Gelencke in den Beinen oder Schenckeln/ also daß sie sich nicht zu Ruhe niderlegen/ und wo sie ohngefähr nidergefallen wären/ nicht mehr auffrichten könten. Aber an etliche Bäum lehnten sie sich / und ruheten also an denselbigen stehend. Dieser Bäumen würden dann die Jäger gewahr / die grüben sie hernach an der Wurtzel umb/ oder sägten sie dermassen ab/ daß sie nur eben so lang noch aufrecht stehen könnten/ biß sich das Thier daran lehnete: Da fielen dann die Bäume umb/ und damit wäre das Thier gefangen. Ob nun wol auch Plinius dem Cæsari beystimpt/ so hat man es doch zu unsern Zeiten anderst erfahren/ also/ daß dieses viel ehe vom Helffanten/ als von dem Elend zu verstehen.

Dann man hetzt es mit Hunden/ gegen welche es stäts außschlägt / aber wenig stöst es mit den Hörnern/ sich zu rächen : Und wann es kan zum Wasser kommen/ säufft es desselbigen einen grossen Wanst voll: Dasselbige Wasser erhitziget in jhm dermassen / daß es gleichsamb siedend heiß/ von dem Thier auf: unnd über die Hunde außgespeyet wird / durch welches Mittel es sich dann von den Hunden erlediget / wie mir solches ein wolerfahrner Landkündiger Mann erzählet hat.

Pausanias schreibt/ daß man dieses Thier vor allen andern Thieren nicht spühren noch außspähen könne / sondern es müsse nur ohngefähr mit andern Thieren aufgejagt werden: Dann es habe einen so scharpffen Geruch / daß es auf viel Meil Wegs den Jäger rieche/ und sich in die Hölen und Felsen verstecke.

Die Jäger aber umbziehen ein Gefilde oder Gebürge / auf 15. oder 20. Meyl Wegs rings umb/ und diesen Bezirck kleinern sie stäts mit jhrem Zusammenrücken : Wann dann in diesem Kreysse nichts funden wird/ haben sie diß Thiers halben schon vergebens gejagt.

In Skonland oder Schonen/ da zeucht dieses Thier auf dem Eyß umbher mit gantzen Heerden/ und streitet mit den Birgwölffen/ die dem Thier auffsätzig sind/ und es anfallē. Auf diese Schlacht und Scharmützel laustern nur die Jäger / und den Theil oder Parthey/ so unten liegt/ reiben sie vollends auf. Also giebt/ der liegt.

Von natürlicher Beschaffenheit und innerlicher Neigung dieses Thiers.

Dieses Thier samblet unnd rottet sich gar gern zusammen/ von wegen seiner Forchtsamkeit/ die daran abzunehmen/ weil es zur stund stirbt/ wann es nur ein wenig geritzt oder verwundet wird/ es wird auch alsdann gar Sinnloß/ und tröstet sich seines Bergens/ noch Lauffens nicht mehr : Wiewol es gar über die Massen schnell/ und in einem Tage weiter rennet/ als das schnelleste Pferd in einer halben Wochen.

Es läst sich auch zum Reiten abrichten/ also/ daß man in Schweden darmit auf dem Eyß in Schlitten fährt. Welches aber in Gothland verbotten ist/ von wegen der Kundschaffter/ die auf so schneller Post viel außrichten mögten.

Umb Pfützen/ Lachen/ und Moß wohnet es gern/

gern/ und daselbst zeugt es auch seine Jungen: Ist sonst ein wolgeplagtes/ und mit dem rechten Namen zu nennen ein elendes Thier/ das täglich von den fallenden Siechtagen nieder geworffen/ und darvon nicht eher erlediget wird / es stecke dann seine Klaue an dem rechten hindern Lauff in das lincke Ohr: Welches dann ohngefähr auß grossem Schmertzen/ der die Glieder diß Thiers also einnimpt/ windet und drehet/ geschehen kan.

Wird es unverletzt gefangen/ so verschenckt mans gemeiniglich grossen Herren an ihre Höfe als eine besondere Verehrung.

Von Nahrung dieses Thiers.

Ich halte dafür/ daß dieses Thier/ ohne das Graß und Heu/ eben auch das fresse/ was andere zahme Thiere/ so der Ochsen oder Kühe Art haben/ zu essen pflegen: Dann/ daß es eine besondere Speise haben solle/ finde ich nichts.

Was von diesem Thier zu brauchen/ und worzu es zu nutzen.

Oben ist gesagt worden/ daß es zum Reiten/ und auff dem Schlitte zu fahren in Schweden gebraucht: Wie auch an Fürstlichen Höfen zur Lust unterhalten werde. Seine Haut aber/ (wann sie von den Weißgerbern zubereitet worden) giebt gar gute Leibköller/ die den Regen/ auch Stich und Hieb außhalten/ auch heutiges Tages an statt eines Harnischs angelegt werden. Eine Elendshaut gielt etwann drey biß in vier Ducaten/ und wird auff underschiedliche Weise von einer Hirschenhaut erkannt/ weil sie Lufftlöcher hat/ und der/ so dardurch bläst deß Athems an der darüber haltenden Hand empfindet. Ihre Haare sollen alle hol seyn; Wiewol ich eine Klauen fast mit dem gantzen undern Lauffe oder Schenckel gesehen/ und nachgesucht/ aber in den Haaren nichts holes gefunden habe: Doch will ich nicht bestreiten/ daß die Lufftlöchlein des lebendigen Thiers/ ihm nicht etwann lang nach dem Tod zufallen.

Elendsklauen sollen/ wie Erasmus Stella, Joh. Ammonius Agricola, Graf Sigmund von Herberstein/ ꝛc. schreiben/ wann man sie an den blossen Halß und Brust hencke/ den fallenden Siechtag/ oder die schwere Noth heilen: Und den der nieder gefallen / wann er auch schon schäumete/ zur Stund davon erledigen.

In Polen da feylet man diese Klauen/ und giebt das Abgefeylete den Präßhafften in Wein zu trincken. Etliche tragen eine gantze Klauen bey jhnen/ etliche machen jhnen Ring darauß/ die sie anstecken/ und halten es für eine gewisse Artzney wider diese Kranckheit. Daher kompt es auch/ daß man die Elendsklauen so theuer schätzt. Ich habe erfahren/ daß solches bißweilen geholffen/ bißweilen aber nicht helffen wollen / Gott gebe/ was andere/ wo es nicht hilfft/ für einen Underscheid der Kranckheit vorgeben/ so vermeyne ich doch/ daß bey dieser Artzney/ und bey dem der sie braucht/ etwas Aberglauben mit unterlauffe/ und dieselbe je dem Glauben nach/ dessen der sie einnimpt/ viel oder wenig helffe. Und ist diese Muthmassung/ daß Elendsklau vor solche Kranckheit gut sey/ daher entstanden/ dieweil das Thier selbst täglich auch diese Kranckheit hat.

Dannenhero solte einer hie argwohnen/ daß nur die rechte Klau am hindern Lauff deß Thiers allein dieses thäte/ und eine besondere Krafft hätte/ dieweil das Thier sich/ wie obgemeldet/ selbst dar-

darmit heylet. So ist auch nach Becheri Meynung von den Elendsklauen zu mercken / daß sie nicht alle gut seyn/ dann von dem Weiblein dienen sie nicht; Das Elend muß auch nicht jung / sondern erwachsen seyn. Die Klau muß von dem lebendigen Thier abgeschnitten seyn / umb die Zeit Mariä Empfängnuß / dann umb diese Zeit gehet das Elend in der Brunst.

Die Nerven auß dem Elend gedörret / und umb die Glieder gebunden / stillet den Krampf. Weiterer Bericht ist auß Andrea Baccio zu nehmen/ als welcher von dem Elend ein absonderlich Buch geschrieben.

Das Elendthier / das giebt die Nerven und die Klauen/
Man darff umb andre Stück nicht viel herumber schauen/
Man bindet umb das Glied / die Nerven in dem Krampf/
Ein Scrupul Elends-Klau/ die Fraiß erlegt im Kampf.

An statt der Elendsklauen (da sich dann wol fürzusehen) verkauffen die Landstreicher und Quacksalber bißweilen Kühklauen: Doch findet man Leute/ die sich darauff verstehen/ und / ohne andere Kennzeichen / sie am Geruch erkennen: Dann wann man etwas davon abfeylet und auff Kolen wirfft / hat es einen guten Geruch/ das Kühhorn aber stincket.

Das Horn vom Elend ist auch gar nutzlich in der Artzney zu gebrauchen/ wie das Einhorn und Hirschhorn. Doch ist das Elendhorn dem Kopf viel dienlicher. Sonst findet man in den Apotecken präparirt Elendklau/ auch davon das gemachte Magisterium. Vom Horn kan man ein Gelatinam, Gallrey machen/ so köstlich gut in hitzigen Haupt-Schwachheiten. Auß dem Horn tragen sie auch Ring vor Haupschmertzen/ schwere Noth/ und Schwindel. Ein Stang Elendhorns ist hier abgezeichnet zu ersehen/ welches võ C. biß D. als am breitesten Ort 12. Finger breit ist/ dessen allerlängste Zincken 4. Spannen/ die kleineste aber anderthalb lang sind/ des gantzẽ Horns Länge aber von A. biß B. mit 6. Spannen außgezirckelt kan werden.

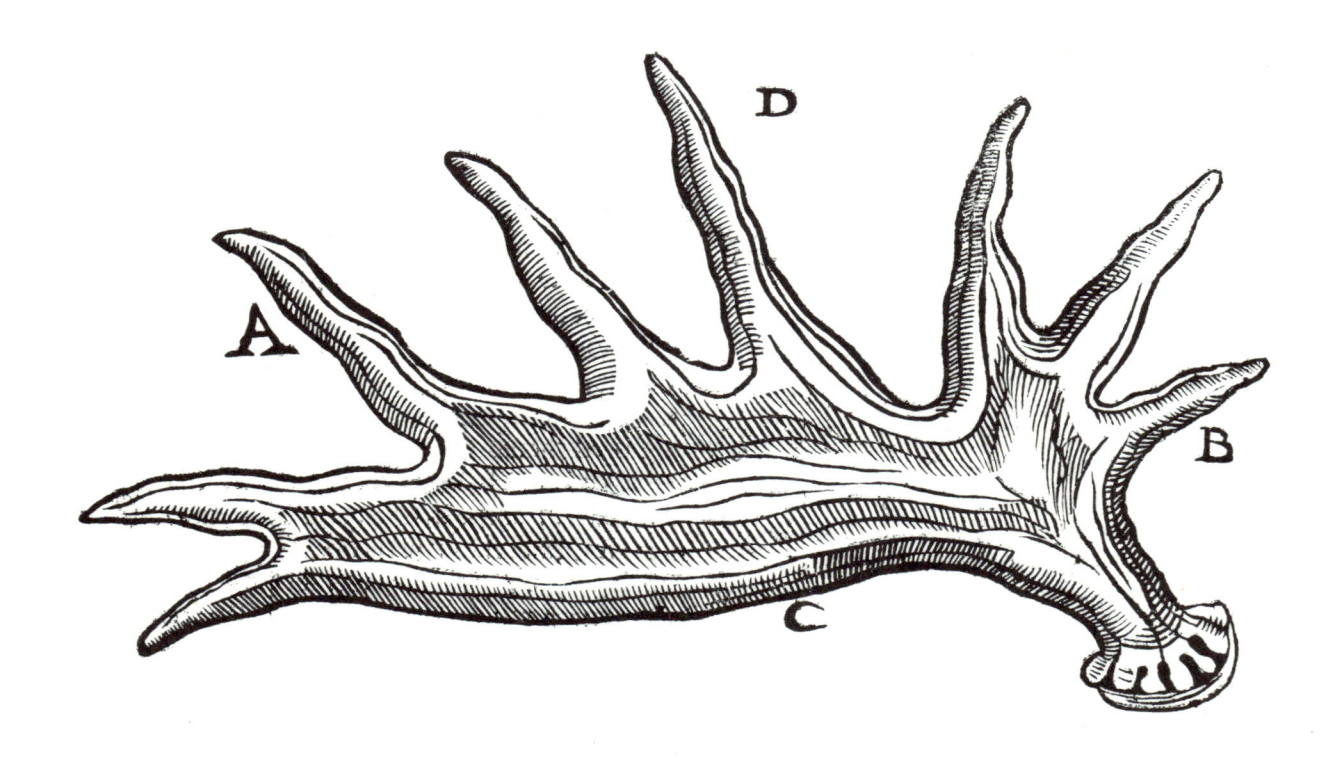

Von dem Esel.

Asinus.   Esel.

Von äusserlicher Gestalt des Esels.

Der Esel/ Arabisch [Arabic], Lateinisch Asinus, Hebräisch [Hebrew], Persisch [Persian], Griechisch ὄνος καὶ κίλλος, Englisch an Asse, Frantzösisch Asne, Italianisch Asino, Spanisch Asno, genannt/ er sey gleich ein Müller- oder anderer Esel/ ist nicht groß/ fällt auch nicht groß/ auß Mangel der Bärmutter der Eselin/ oder sonst der Natur jhrer Heimlichkeit halben/ oder aber von wegen der Kälte der Landsorten/ da sie gemeiniglich fallen.

Einen grossen dicken Kopf hat der Esel/ mit langen breiten Ohren/ einen starcken Halß/ breite Lenden/ und eine gelinde fleischichte Brust/ die voller Zug-Adern/ und eben gleich weit ist: Hinden ist er wolgesetzt/ hat glatte Schenckel/ und eine graue oder röthlichte Farbe/ und in der Wurtzel einen längern Schwantz/ dann das Pferd/ und nach seiner Grösse/ eine überauß grosse Saumgerten/ oder Männliches Glied/ so an etlichen nit gerade/ sondern krumb ist. Er hat auch/ wie alle andere forchtsame Thier/ ein gar grosses Hertz/ einen einfachen Magen/ und keine Galle/ gleich wie auch andere Thier/ so ungespaltenen Huff tragen. Ein Euter trägt das Weiblein zwischen den hindern Beinen/ und ist oben auf dem Rucken zwischen den Schultern etwas schwächer/ als sonsten/ und hat daselbst gleichsamb ein Creutz: Hinden auß über den Rucken aber ist es viel stärcker. Sein Gebein ist gantz dünn/ also/ daß es gute Flötenröhre giebt: Darüber sich Æsopus, der weise Philosophus, verwundert/ dieweil es sonst ein so grobes Thier ist. Er hat eine rauhe grobe Stimm/ böse und nicht fast langwirige Augen/ die jhm vor dem Kopf herauß hangen.

Die Männlein unnd Weiblein under den Eseln/ wie dann auch andere Thiere/ die da einen gantzen Huff haben/ werffen oder schieben zum ersten mahl/ so sie dritthalb Jahr alt sind/ und zwar die ersten oder vordere Zähne/ hernach in sechs Monaten werffen oder schieben sie abermahls/ und zwar andere Zäne. Wann sie nun drey Jahr alt worden / so schieben sie alsdann über andere sechs Monate abermahls / und in eben so vielen Monaten zum vierdten mahl / und damit verschieben sie gar. Darbey wird jhr Alter erkennt. Geschicht es auch/ daß/ ehe sie gar verschieben/ keine Frucht von jhnen fällt/ so ist gantz keine Zuversicht da/ daß weiters etwas von jhnen komme.

Ein Esel ist stets dürr und ungestalt am Leibe: Wächst auch je länger je mehr in die Unförmlichkeit/ also/ daß er je älter je ungestalter wird: Da er doch in der Jugend nicht so gar hesslich ist.

Seine Haut ist so hart/ daß er weder deß Stekkens noch deß Regens achtet.

Seines Hufs halben ist under den Gelährten ein Streit/ davon hernach weiter.

Wo die Esel zu finden.

Heerdweise gehen bißweilen die Esel bey einander: Und werden auch/ wie andere Heerden Vieh/ von dem Bauersmann zu Gebrauch/ und Verkauff auferzogen: Dann zum Saumen oder Tragen/ als in den Mühlen/ wie auch Mist

zu tragen/ sind sie an bergigen und trockenen Oertern/ deßgleichen in ebenem Feld/ und auf weichem Boden / zum erndten gut: Als wie sie in Schampanien / dort in Italien / so jetzt Terra di Laboro genannt wird/deßgleichen umb Brandiß in Puglien gebraucht werden. Aber wo man meynt/ daß sie am ersten im Gebrauch gewesen und herkommen/ist das Land Arcadia, Peloponneso, so heutiges Tages Morea genannt/ gelegê/ und zwar in der Gegend/ da jetzt die Stätte Ravoli, Nessi, Mundi, und Londan stehen/ allwoselbst vor Zeiten deren viel erkaufft wurden/ weil sie zur Bauersarbeit gar nützlich sind. In Granaten und Barbarey bey Bizatz (oder in dem Ländlein Bizacio) wie auch im Hertzogthumb Spoleto zu Riete/ sonst Reate genannt/ da sind der Esel auch allwege viel gefallen/ und hat man sie hoch geschätzet/was von derselbigen Art ist gewesen: Also/daß Varro schreibt / daß derselbigen Esel einer damahls zu seiner Zeit/wie ers rechnet/60000. Sestertzer Pfenning gegolten habe/welche Summa/ wie sie Budæus und Robertus Cœnalis außrechnen/sich auf 1500. Cronen belauffen thut. Es sagt auch Strabo im 15. Buch/ wie die Carmanier/ so heutiges Tages die Tur zuestaner heissen / auß Mangel der Pferde/meistens Esel geritten/ auch im Kriege gebraucht hatten/weil sie derselben gar viel gehabt. Im Windischen Lande/ in Romaney/ vor diesem Thracia genannt/ wie auch in Lacinera / das vor Zeiten Epirus geheissen / hat es auch Esel/ sie sind aber gar klein gegê andere vierfüssige Thiere zu rechnen/welche sonst/ sonderlich in Epiro alle groß sind. Brettagna, sonst Gallia Celtica genannt/ das etwas höher dann Hispania gelegen ist/ wie auch Bursia oder Pontus, deßgleichen Tartarey/ Moscovien/ und dergleichen kalte Länder/ lassen keine Esel herfürkommen. Aber in Teutschland hat es an manchem Ort / als im Lande võ Würtemberg/ Breißgau/ und auch am Mayn-und Rheynstrom viel Esel/ so zu allerley Trag-Arbeit/theils von den Müllern/ theils von Weingärtnern/ und auch von den Bettlern gebraucht werden/ als die in Schwaben/ auf den Alpen/ jhre Kinder darauf umbher führen/ allwo dann ein solcher Esel im Schimpf eine Schwäbische Galeen genannt wird.

Von natürlicher Neygung und innerlicher Beschaffenheit deß Esels.

Zum Tragen ist diß Thier von Natur gleichsamb geneigt und angewiesen: Kan auch Schläge und Hunger wol erdulden: Die Arbeit verrichtet es nicht so bald und geschwind auß/ sondern viel langsamer als anderes Heerdvieh. Er gehet stets faul und träg herein/ und muß derhalben für und für angehalten und getrieben seyn. Hat eine gantz grobe rauhe Stimme / und wann er sich legen soll/ muß er einen guten Raum oder Platz haben / sonst legt er sich an der Enge nicht: Auß Ursach: es traumbt jhm seltzame Ding/ also daß er im Schlaf umb sich schlägt / und wann dann sein Gumpen oder Außschlagen etwann wo anschlägt/ so erlahmt er bald an den Füssen.

Er ist geyl/ und springt offt/ doch weniger als der Hengst. Wann er über eine Brücke gehen soll/ die lück und durchsichtig ist/ also / daß das Wasser / darunder hinfliessend/ gesehen werden mag/ da hat man Mühe/ soll man jhn darüber bringen. Je mehr der Esel gebraucht wird/ je besser er wird: Hingegen bessert er sich auch stäts an dem Müssiggange. So grosse Liebe trägt die Eselin gegen jhr Füllin/ daß/ so sie es schreyen höret/ oder jhm Leyds geschehen siehet/ sie durch ein Feuer jhm zuspringt: Doch trägt sie so grosse Scheuhe für dem Wasser/ daß/ wie klein auch eine Bach wäre/ sie nit leichtlich jhm zulieff: Dann sie erschrickt/ so bald sie den Huf naß macht.

Sein Alter erstreckt sich über 30. Jahr/ doch ist dz Weiblein etwas leblicher/ und wird älter dan das Männlein/ deßwegen Algiahid meldet/

von

Von dem Esel.

von einem schwartzen Esel/den sein Herr über 40. Jahr geritten hätte. Unter allen anderen vierfüssigen Thieren/die haarig sind/thun dem Esel Läuse und Zecken nichts. So bald jhm das Gesicht erstirbt/welches dann gar blöd an jhm ist/muß er auch sterben/sonst hat er selten etwas Gebrechen an jhm/als den/so man Malida, oder die Strenge nennt: Und solcher Fluß erhebt sich auß dem Kopf/davon laufft jhm ein heßlicher röthlicher Unflat zur Nasen auß/der/wann er jhm die Lungen überzöge/den Esel gar hinrichtete: Weil er aber seinen Fluß auß den Naßlöchern/so schadets jhm nicht. Etliche nennen diese Kranckheit μαλισμόν, und sagen/er habe zu Zeiten auch das Grimmen im Leib/welches jhm gar wehe thue.

Alles was er thut/stehet jhm übel an: Ist sonst ein zahmes gütiges Thier / das keine Witz hat/rauhe und faule Wege gelten jhm gleich/darnach es getrieben wird: Es läst sich beladen wie man will/ und so viel immer in seinem Vermögen ist. Wann jhm etwas begegnet/ist er nicht so klug/daß er auß dem Weg weiche. Doch erkennt er seines Treibers (oder dessen/so er gewohnet ist) seine Stimme wol/und den Weg/den er etwann vorher/jedoch aber mehrmahls gegangen ist/behält er auch im Sinn.

Dem Raben ist der Esel gar feind: Auß Ursach/der verboste Vogel fleucht umb jhn her/und verdirbt jhm mit Kratzen seine Augen. Deßgleichen so siehet er auch nicht wol / und ist uneins mit dem Distelzweig oder Distelfincken: (sonst auch Stiglitz genannt) Dann dasselbige Vöglein understehet sich jhm alles Leyds zu thun/auß der Ursach/dieweil er/der Esel/jhm die jungen Disteln abfrist: Der Esel reibt und jückt sich an den Hecken / darinnen er weiß daß Ægithus, sonst Salo oder Salus, ein kleines Vöglein/ (welches an etlichen Orten ein Zötzscherlein/an etlichen eine Graßmücke genannt wird/) sein Nest hat / verderbt jhm also seine Eyer oder Jungen/oder aber die Nistung / wie er kan und mag. Es förchtet auch dieses Vöglein das Rüchlen oder Schreyen deß Esels gar sehr/daß es seine Eyer selbst zum Nest außwirfft / oder auch die Jungen selbst über die Nester außfallen/wann sie sein Geschrey hören; Das Vöglein aber/umb sich am Esel zu rächen/fleugt jhm nach / und wo er getruckt ist / oder ein Geschwär hat / da pickt und hackt es jhm seinen Schaden mit seinem spitzigen Schnabel/nicht ohn sondern Schmertzen deß Esels/auß. Die Colota, sonst Tarantula, eine Art der Mollen/oder wie etliche wollen/der Geyßspinnen/ist dem Esel auch ungünstig/die legt sich in die Krippen / und wann dann der Esel fressen will/ laufft sie jhm in die Naßlöcher/ also daß er nicht fressen kan.

Der Wolff ist dem Esel todtfeind/und so bald der Esel deß Wolffs ansichtig wird/stehet er still/kehrt das Gesicht zur Seyten von jhm/und läst sich also von seinem Feind erwürgen und zerreissen / und vergnüget sich an dem / daß er seinen Mörder nicht ansehen mag. Der Bär ist dem Esel auch gefähr und auffsätzig/welches ich selbst in Italien/und auch zu Bononien wol gesehen/als deß Presidenten Leibknechte/einsmahls den Bären/der bey dem Geschütz an einer Ketten lag/ledig liessen. Dann ob er wol sonst offtermals ledig/und den Knechten nachlieff/auch mit jhnen rang/und hinauß auf den Platz / am Krautmarckte/ der nicht weit von dem Pallast war/zottelte/behalff er sich doch allein mit dem Obst und Kraute/das er den Weibern/so allda feyl hatten/ zu zuweilen wegnahm: Und sonst weder dem Vieh noch den Leuthen nichts Leydes that. Nun begab sich einsmahls/daß er einen Esel ersahe/der Wasser in deß Cardinals Küchen trug/welcher/als er den Bären erblickte/er keines Treibens mehr bedorffte/sondern lieff / was er konte / under die Burg-Fenster/ aber doch vergebens/ dann den Bären konte niemand erhalten/niemand konte weder mit Stangen noch Prügeln so geschwind darzwischen seyn/ er ereylete den Esel/ und zerrieß jhn in aller Angesicht/so grausamlich und ungestümm/daß es uns alle jammerte/und ich wohl abnehmen konte/ daß einiger natürlicher Widerwillen im Bären gegen dieses Thier seyn müste: Denn er fraß nicht viel von jhm/ ward auch vorhin wohl und satt gespeiset: So muste den Esel die natürliche Forcht treiben/dann er fieng an zu lauffen/ehe der Bär auf jhn zulieff/es wuste auch niemand/ was den Esel also triebe/biß man deß Bären gewahr ward.

Der Esel ist sonst sorgloß und faul / wann er aber empfindet/daß er etwas unlustig sey/ so frist er Hirschzunge/ die macht jhn wieder etwas muthiger. Galenus vermeynt/der Esel habe etwas underschiedlichen Verstands in jhm/womit er die Art und Gestalt eines Dinges / und was sich unterscheiden lasse/ erkennen könne/ wann er also schreibet: Es ist bekannt/und einem jeden/ beydes Menschen und Viehe klebt von Natur an/zu verstehen/wie dieses Ding/ seines Wesens halben/ an jhm selbst unveränderlich bleibe/ jenes aber ein andres Dieng sey/seiner Gestalt halben/und also ein Dieng im Wesen/ein anders in der Gestalt behalten werde: Welches auch wol zu ersehen an den Eseln/ die under allen anderen Thieren für das thummeste Thier gehalten werden. Dann eben dieselbige wissen/ daß in der Zahl eines seyn/ und auch in der Gestalt eines seyn/ etwas underschiedliches sey. Dann der Esel/so da zuvor nie kein Kamelthier gesehen/ der fleucht und laufft hinder sich/und förchtet sich dafür: Wann er aber zuvor gewohnet ist/Kameele zu sehen/so macht es die Gewohnheit bey jhm/daß/ ob er gleich jetzt dieses bald jenes siehet/ er sich doch weiter vor keinem nit entsetzt/ sondern siehet es an/ als ein Ding/das in der Gestalt eines ist / und zwar eben so wol das jenige Kameel/so jhm allweil erst vorkompt/ als das jenige/so er zuvor offt gesehen. Unnd daher kompts auch/ daß er auß Gewonheit die Leuth nit förchtet/sondern siehet sie an/ als ein Dieng/das seiner Gestalt einerley ist. Wann er aber dessen gewahr wird/der seiner wartet/und jhn füttert/so

M iij   siehet

siehet er jhn nicht allein als einen einfachen Menschen an / sondern er verstehet und erkennet auch/ daß es eben der Mensch ist/ der seiner wartet/ dann spitzt und wirfft er die Ohren hin und wieder / wadelt mit dem Schwantz/ rühlet und stampffet/ zur Anzeigung/ daß er diesen da/ der vor jhm gehe/ erkenne/ als seinen Wärter oder Futtermeister. Und also erkennet er den Eseltreiber als einen Menschen/ und auch als seinen Zugewandten. Aber den Menschen / der jhm das erste mahl vorkommet/ erkennet er nur wie einen Menschen/ aber nit wie seinen Bekandten oder Zugewandten. Also weiß sich der Esel eines Wegs zu erinnern/ nicht eben als nur bloß und allein eines solchen Dinges/ das nichts anders/ dann ein Weg seye/ sondern eben wie den Weg/ den er vormahls mehr gegangen. Dessen kan man innen werden/ wenn man einen Esel auf eine Straß stellet die er zuvor nie gegangen/ so wird man sehen/ wie er dieselbige für und für anhin ziehen/ fein darinnen bleiben/ und weder zur Rechten noch zur Lincken außweichen wird / es sey dann / daß sich die Straß scheide. Darbey dann abzunehmen/ daß er die Strasse/ auß der Gestalt/ als einen Weg erkenne/ und gar wol verstehe/ dann so lang sie richtig/ so lang zeucht er darauff anhin: Wo sie sich aber theilt/ oder verliehrt/ da gehet er auch irr. Dann auß seiner Erinnerung/ die da unzertrennlich und eintzig an der Zahl/ kan er den jenigen Weg nicht außersinnen noch richtig verbringen/ den er zuvor nicht weiß.

Der Esel und die Eselin / wann sie auf dritthalb Jahr kommen/ bespringen und reiten sie einander. Etliche wollen/ daß man eine Eselin gefunden/ die jährig geladen/ und ein Füllin geworffen habe/ das lebendig geblieben: Doch ist das am stärcksten / das erst im dritten Jahr geladen worden. Auch wann die Eselin die ersten Zähn hingeworffen/ und noch nicht geladen hat/ so ist keine Hoffnung mehr/ daß sie werde weiter fruchtbar werden/ oder etwas von jhr zu erziehen seyn.

Es sagen auch etlich/ daß außgenommen die Mauß/ kein Thier seye/ das ein besseres Gehör habe/ als eben der Esel/ und das machte es auch/ daß er desto forchtsamer ist.

Der Esel giebt auch ein stäts mehr truckenen Kaat von sich/ als weichen. Und der Eselin Bruntz ist etwas dünner/ als des Esels: Auch hat sie jhre Monatsäuberung öffter / dann das Schaaf oder Geyß / aber jhrer Grösse nach viel weniger. Frist er aber das Kraut Onopordon, (darvon die Gelehrten wenig schreiben) so thut er nichts dann fartzen. Ich solte schier meynen/ diß Kraut wäre Ὀνόμωρδ©, Helxine, und eine Art der Kletten/ so da Fartzkletten heissen.

Wie die Esel gezogen und ernährt werden.

MAn soll die Esel ein Kleines vor St. Johannes Tag springen lassen/ alsdann so die Eselin geladen oder empfangen hat / trägt sie zwölff Monat: Man soll auch den Esel zur selben Zeit/ wann er springt/ nicht müssig gehen lassen/ dann er zum Besaamen desto unnützer würde: Sonst ist er geyl genug / doch nicht so gar sehr als das Pferd: Und soll man sie allweg zu warmer Zeit springen lassen / dieweil die Eselin ein Jahr gantz außträgt / darmit die Füllen zu desto wärmerer Zeit fallen und besser aufkommen mögen. Die Eselin ladet so lange sie lebt/ biß in die dreyssig Jahr/ wie Plinius bezeuget. Die so geladen/ soll man mit der Arbeit nicht übertreiben: Dann das Füllin wird durch die Arbeit in Mutterleib abgemärgelt. Es ist auch dieses zu betrachten/ daß das Füllin ehe der Mutter Art nachschlägt/ dann deß Esels: Und je grösser die Mutter ist/ je grösser wird das Füllin/ da am Esel nicht so viel gelegen.

Derhalben wer da will gute Heerde Eseln ziehen/ der habe Acht/ daß er zum Springen gute Esel außerwähle/ die Alters und Leibs halben starck seyen. Er soll auch wohl zusehen/ daß die Eselin den Saamen nicht wieder von jhr werffe/ welches sie gewohnet ist zu thun/ so bald sie gespielt oder gesprungen hat: Derhalben muß man sie/ so bald sie der Esel besprungen hat/ dapffer und mit guten Streichen jagen und umbtreiben/ daß sie lauffe/ wie Aristoteles, und auß demselben Plinius/ schreiben.

Constantinus der Kayser schreibt / nachdem wie einer eine Farb am Esel haben wölle/ darnach solle er der Eselin eine Decken auflegen/ wann sie der Esel bespringe. Die Eselin wirfft auf einmal eins / aber gar selten zwey: Und so sie werffen will/ scheuhet sie den Menschen/ fleucht das Liecht/ und thut sich in die Finsternuß. Gleich am achten Tage/ nachdem sie geworffen/ thut sie sich schon wieder zu dem Esel/ läst sich auch hernach mehr bespringen. Die Euter thun jhnen nach dem Werffen gar wehe/ deßhalben sie über sechs Monat nicht säugen/ sondern stossen die Jungen selbst ab: Die Milch aber kompt jhnen/ wann sie tragen/ im zehenden Monat/ doch will Plinius, daß sie zur Stund/ so sie gespielt/ Milch bekämen.

Man muß auch das erst geworffene Füllin vor dem dritten Tag an der Eselin nicht saugen lassen/ dann es stürbe von derselbigen Milch/ so die Bienschmilch oder Prieschmilch genannt wird/ und zu dick ist: Wie dann auch sonst an anderen Thieren dieselbige erstlich außgemolcken wird. Aber etliche/ so sich auf gute Esel befleissigen/ die stossen die jungen Füllen under die Pferds-Studden / und lassen sie dieselbigen zwey Jahr lang säugen/ umb deßwillen / weil dieselbige Milch den Esel besser bey Leib erhält/ und also auch der Pferde gewohnt macht/ daß hernach Maulesel zu ziehen seyn/ dann diese Esel die Studden desto lieber bespringen. Alsdann so giebt man jhm Stroh/ oder Hexel/ Heu und Gersten zu essen. Man soll auch der Studden wol warten/ damit sie desto besser säuge. Wanns es nun ein Jahr gesogen / alsdann stelle man es deß Nachts besonders / doch neben die Säugmutter mit einer Halffter angebunden. Im dritten

Von dem Esel

dritten Jahr fähet man erst an/ sie darzu zu gewöhnen/ worzu man sie brauchen will: Und läst sie Herdweise auf der Weyd gehen/ vornemblich die man in die Mülen/ und Weingärten zu Hin- und Hertragen gebrauchet.

Man soll der Esel billich fleissig warten/ dann sie werden ohne grossen Kosten underhalten/ und sind gar sehr nützlich/ auch wann man schon jhrer nicht so eben wartet/ als des andern Viehs/ so leidet sich doch das arme Thier. Es treibt auch die Mühlen/ wo man nicht Wassermühlen hat: Holtz/ Wasser/ Mehl/ Korn/ Saltz/ und in Summa/ alles was zu deß Menschen Notturfft gehöret/ trägt er auf seinem Rücken. Es hat nimmer Feyertag. In was für hohem Werthe aber dieses Thier bey den Römern gewesen/ sagt Varro außdrücklich im andern Buch seines Ackerbaus am 8. Capitel. Dann wann man nicht habe einen Spring-Esel finden können/ der von einem Pferd gesäugt worden/ so habe man doch etliche Reitesel erwählt/ Maulesel darmit zu erzeugen/ und bißweilen einen derselben umb 1800. oder auch wol umb 2500. Cronen verkaufft: Und welcher einen solchen Esel verkauffen wollen/ der hat gut dafür seyn/ und bey gutem Glauben versprechen/ oder aber gar Bürgschafft stellen müssen/ daß er keinen Mangel daran wüste. Aber zuvorher/ ehe man sie zum Springen braucht/ füttert man sie wol mit Heu und Gersten. Etliche thun hinzu das Kraut Ocymum/ das/ wie zu vermuthen/ nichts anders dann das Graß und Gemöse/ so auf fetten Aeckern biß in Herbst stehen bleibe/ und ehe der Reiff oder Frost darein kompt/ wie das Häu aufgemacht wird: Wiewol etliche es für wilde Linsen halten/ so überall in den Weingärten und unerbauten Oertern wachsen: Unnd solche Speiß bringt jhnen Lust/ daß sie hurtig und geil werden.

Birckwurtz ist dem Esel gar ein angenehmes und zur Nahrung gantz dienliches Essen: Wann aber anderes Rindvieh/ selbige versucht/ isset es seinen Tod daran. Sonst behilfft er sich mit jungen Dörnen/ die er/ wann sie außgeschlagen/ abfrißt: Und wann er gleich nicht auf einer guten Weyde gehet/ so mag doch leichtlich etwas seyn/ womit er sich behilfft/ bißweilen mit Blättern an den Bäumen/ bißweilen kifflet er auch Weidingärtlein/ oder von Weinstöcken das abgeschnittene Räbholtz. Vom Stroh und Hälmen/ dessen man an allen Orten gnug findet/ wird er feißt. Disteln und Obst/ ist jhm alles gut. Giebt man jhm Weitzen- oder Gerstenkleyen/ so thut man jhm güttlich.

Er wird aber auch vom Wassertrincken fett/ und je mehr er trinckt/ je besser das Futter an jhm zuschlägt: Aber er trinckt allein gern an den Träncken/ derer er gewohnet ist/ und zu denen er truckenes Fusses gehen kan: Dann in fliessende Wasser sind sie nicht leichtlich zu bringen/ sie wollen sich auch gar nit darein netzen/ also/ daß sie sich scheuen/ den Huff naß zu machen/ stehen am Ufer und surfflen das Wasser allgemach durch die Zäne

hinein/ also/ daß man kaum sehen kan ob sie trincken.

Ja wann man sie an eine ungewohnte Träncke führet/ und ob sie gleich durstig sind/ muß man sie doch zum Trincken nöthigen/ und so sie etwas tragen/ entladen. Man findet in Barbarey Esel/ die nimmer nichts trincken.

Ich hab gesehen zu Montalcino in Tuscana, bey Herrn Marcello Landuci, einem Doctor und Ritter von Senis/ daß der Esel dem Wein gefähr sey: Dann als wir einsmals in der Nacht/ von Anenio, dem Wildbad/ etwas Wein zu holen/ dahin kamen/ und aber die Esel unangebunden nicht weit von der Kelter gehen liessen/ sind sie der Weinzüber gewahr worden/ haben die Deckel/ so darauff gelegen/ abgestossen/ und sich voller Wein gesoffen/ daß sie gestampfft und gantz lustig und possierlich worden/ dessen wir alle lachen musten. Man sagt ein Esel hätte einst einem Apotecker einen Zuber Hippocras außgesoffen/ welchen der Apotecker vom Müller bezahlt haben wollen/ der Richter aber hätte den Müller absolvirt/ weil sein Esel Stando getruncken/ und nit gesessen/ wäre also nur ein Ehrentrunck gewesen/ er solle ins künfftige sein Hippocras und andere Apoteckerwahr besser verwahren/ zu Hauß bleiben/ und das Spatzierengehen underlassen.

Was für Nutzbarkeit von dem Esel komme/ sonderlich was davon in der Artzney/ und andern Fällen zu gebrauchen.

ES ist droben gemeldet worden/ daß der Esel zu Ackerbau/ Saumen oder Tragen/ und anderer Arbeit gar gut sey/ und sich gewöhnen lasse. Aber von seinem Haar machen die Araber jhre Zälte/ Blahen und Säck: Seine Haut wann man sie den Kindern überdeckt/ macht/ daß sie im Schlaf nicht erschröcken/ ohne welches man sie auch zu Trummen/ und zum Pergament brauche. Sein Fleisch hat Mecœnas ein Edler Römer/ für ein köstliches Essen den Gästen vorsetzen lassen/ jedoch aber von jungen Eseln/ wie Plinius schreibet. Und Galenus meldet: Es seynd auch etliche/ die alt Eselsfleisch essen/ das aber einen gar überauß bösen Safft hat/ auch sich nicht wol verdäuen läst/ und nur den Magen füllt und kräncket/ darzu ungeschmackt ist am Essen/ gleich wie auch das Roß- und Kameelfleisch: Aber eben wie sie Fleisch essen/ also sind sie auch Leuthe/ nemblich grobe Esel/ Büffel/ und Kameelthier. Doch sagt Plinius weiter/ daß das Fleisch des Esels/ wann es auß der Suppen/ so davon kompt/ gessen werde/ den Schwindsüchtigen helffe/ und daß die in Achaia/ welches Land heutiges Tages Morea genannt wird/ sich desselben für diese Kranckheit viel gebraucht haben. Die Araber haben viel Disputirens davon/ wie bey Assaphio zu sehen.

Das Blut des Esels stillet das Bluten/ so vß Hirnpfläumlein herkompt: Wann man auch desselben drey oder vier Tropffen in Wein trinckt/ so

ver-

vertreibt es daß tägliche Fieber: Aber dasselbe Blut soll zu den Ohren deß Esels auffgelassen werden. Ist sonst sehr gut vor Melancholi, im Martio gesamblet, und in Tüchlein auffgedörret, hernach über selbige getruncken. Und sagt Plinius, man solle ein halb Maß Wasser darzu brauchen. Das Blut von einem jungen Eselsfüllein auß Wein getruncken, vertreibt die Gelbsucht.

Die Eselsmilch aber ist zu vielen Dingen gut, und nächst der Weibs- und Geyßmilch am besten vermischt, darzu gantz dünn, also, daß die Eselsmilch denen so das Grieß und den reissenden Stein haben, nichts schadet, umb deßwillen, weil sie so dünn ist, und leicht aufflösende Kraft hat, da doch sonst alle Milch diesen Krancken zuwider. Aber sie sollen dieser Milch, nachdem sie deß Morgens etwas spatzieren gegangen, ein Baseler Sechsling, oder ein viertheil einer Straßburger Maß trincken, damit auß dem Grieß nicht der Stein erwachse. Wem auch die Nieren schwären, der soll, so bald es Eyter giebt, diese Milch mit Honig einnehmen, dann es säubert die Geschwär, sagt Aetius. Es ist auch diese Milch nächst der Weibsmilch, am kräfftigsten, und hat wenig Fettigkeit: Derwegen so gerinnet sie selten einem in dem Magen; Wann man sie erst gemolcken, warm trincket, auch so ein wenig Saltz und Honig darein vermischt wird, so gerinnet sie gewiß nicht in dem Magen. Derhalben befördert auch diese Milch den Stulgang desto mehr, dieweil sie viel Schotten oder Matten, und wenig Käß hat, da sonst die Käßmilch den Leib hart verstopfft.

Wann man mit Eselsmilch die Zäne wäscht, so stärckt sie die Kiefel oder das Zahnfleisch: Und so sie wacklen, und man sie mit Eselsmilch benetzt, so werden sie steiff, und bringt ihnen das gar keinen Schaden, sondern von wegen ihrer Dünne trücknet sie ab, und thut ihnen gut, sagt Plinius. Den Keichenden und Engbrüstigen ist gut, wann man ihnen das Schottenwasser von Eselsmilch under Kühmilch gewallet zu essen giebt, und in drey Quärtlein, oder Viertlein eines Maß Weines ein Schlucktrincklein thut von weissem Kräßsig, Nasturtii albi, der mit Wasser angerührt, und mit Honig gedünnert ist. Den Weibern, welchen die Brüste wehe thun, soll man Eselsmilch zu trincken geben: Auch wann sie ihre Zeit nicht recht haben, so ist Eselsmilch mit ein wenig Honig eingenommen, gantz fürderlich. Den versehrten Magen heilet auch Eselsmilch getruncken: Ja fast alle Magenwehe heilet sie, wann darein gethan wird Agarischwamm, oder Holtzwurtzpulver ein halb Quintlein. Heraclides der Artzt, gab den jenigen, so das Hertzgesperr hatten, und anderst nicht, als mit auffrechtem Halß athmen konten, Anißsaamen, auch so viel Bilsensaamen, als er konte mit dreyen Fingern auff einmahl von jedem fassen, in Eselsmilch zu trincken ein. Eselsmilch soll auch für Husten, Blutspeyen, Wassersucht, und Miltzstechen gut seyn. Aber einem schwachen Haupt, wie auch wem die Ohren sausen, und der den Schwindel hat, dem ist sie nit gut.

Wider Bleyweiß, Gips, Schwefel und Quecksilber ist sie an ihr selbst allein gut, wann man sie braucht: Und vornemblich im Fieber, so der Leib verstopfft ist, da hat sie eine starcke Würckung. Dem der Rachen wund und auffgebrochen ist, der gurgle sich darmit. Wer eindorret un außzehret, der trincke sie, so hilfft sie ihm wieder zu Leib. Wann einer das Fieber, ohne Hauptwehe hat, der brauche Eselsmilch. Ein Quärtlein Eselsmilch den Kindern nüchtern gegeben, hilfft ihnen wann sie am Stulgang das Nagen befinden, und eben dieses haben die Alten für ein Geheimnuß gehalten. Auch ist sie gut den jenigen, so das Grimmen, oder die Ruhr haben: Deßgleichen hilfft sie den jenigen, die da stäts undäuen. Man findet auch Leute, die durch das Getränck der Eselsmilch von dem Podagra und Zipperlein erlediget worden: Etliche haben in solcher Kranckheit das Schottenwasser oder Molcken davon getruncken, und sind genesen.

Wer zu viel Bilsen gessen hätte, der nehme Honigwasser und Eselsmilch, es schadet ihm nit: Dann sie tödtet fast alles Gifft, vornemblich was von Bilsen, (Lateinisch Hyosciamus,) Chameleonte, (welches etliche Eberwurtz heissen,) Cicuta, so man Bangenkraut nennet, oder von Meerhasen, Pharyco, Dorycnio, Opocarpatho, und dergleichen gifftigen Kräutern herkompt, und gessen, oder versucht wird: Item da einem die Käßrinne, die dann auch gifftig ist, bißweilen schaden wolte, der trincke erst gemolckene und noch warme Eselsmilch, oder aber lasse sie nach dem Melcken zur Stund auffwallen: Dann keine Milch ist, die sich eher scheidet als diese.

Wann man Bach- und solche Krebse, die auß fliessenden Wassern kommen, stößt und pulvert, und mit der Milch trinckt, so hilfft sie wider alles Gifft, und vornemblich so jemand von Scorpionen gestochen wäre: Doch muß man ein wenig Wein darunder thun.

Diese Milch macht auch ein schön und weisses Angesicht: Wie ich dann zu Siena offt gesehen, daß die Knechte, so dem Frauenzimmer auffwarteten, dem Heumarckt zulieffen, und die Eseltreiber und Bauren mit Geld erbaten, daß sie ihnen die Esel malcken: Dann auff den Abend streichen sich die Weibsleute damit an, und deß Morgens machen sie mit Citronwasser und anderm, den Backen eine Hitz, welches eine Röthe giebt zwischen dem Weissen: Da kommen sie dann wie ein Engel hervor getretten.

Es schreibet auch Plinius von Poppea, Keysers Neronis, des Wüterichs, Gemahlin, daß, wo man sie hingeführet, sie allezeit eine Heerd Esel bey 500. Stücke, mit ihr treiben lassen, die alle getragen und mälckig gewesen: Dieselbigen habe sie allein zum Melcken gebraucht, damit sie sich in der Milch baden können: Ursach, die Haut wird nicht runtzlicht, sondern bleibt fein zart, und wird schön weiß, wann man sich darmit badet.

Dieweil aber allhie von etlichen Kräutern, nemblich Hyosciamo, Chameleonte, Cicuta, Do-

Dorycnio, Pharico, Opocarpatho, Meldung geschicht / bedüncket mich nicht so gar auß dem Weg zu seyn / von jedem insonderheit ein wenig zu schreiben/ damit/ wann etwann in nachfolgendem ein mehrers davon vorkommen möchte/ der Leser eines jeden Art und Natur wissen/ und desto besser berichtet seyn könne/ wie er sich derselbigen enthalten oder gebrauchen solle / weil gleichwol viel Guts / und auch eben so viel Böses dem Menschen darvon entspringen mag.

Hyosciamus ist ein Kraut/ das hat nach der Beschreibung Dioscoridis, einen dicken Stengel/ und breite Blätter / so länglecht/ getheilt/ schwartz und härig sind: Seine Blüht oder Blumm wächst und scheust herfür an dem Stengel zu den Seyten/ fein einander nach/ eben wie der Butzen am Granatapffel/ hat seine Schiltlein und Hülsen/ welche voller Saamens stecken/ gleich wie der Maan. Es ist aber diß Kraut auch dreyerley: Eins trägt schwartze Körnlein / und hat doch gleichwol eine gantz goldgelbe Blüt oder Blume/ und Blätter/ fast wie die Stechwinde/ mit harten scharpffen Spitzen. Die andere Art trägt gantz Schwebelgelben Saamen/ schier wie das Eysenkraut/ und eine bleichgelbe Blume: Die Blätter und Saamkörner sind etwas reiner: Die Kräuterleute vermeynen/ es sey Bilsen. Es wächst gern bey Mist/ bey Wassern und auf den Bergen. Dieser beyder Saamen tödtet den Menschen: Dann die jhn essen werden Schlaffvoll/ unsinnig/ und/ wann man jhnen nicht bey Zeiten hilfft/ toben sie sich zu todt. Plinius setzt noch eine Art hinzu/ also/ daß über die dritte Art/ (von der Dioscorides sagt/ daß sie gantz zahm/ feist/ rauch/ wollicht/ und lind/ mit weissen Blumen/ und weissem Saamen/ auch in der Artzney gut sey) er, Plinius, diese für die vierte Art rechnet: Aber zu der dritten Art setzt er noch dieses hinzu/ daß sie einen Saamen trage/ wie das Eysenkrautweiblein. Derhalben man sich wol vorzusehen/ daß man recht mit der Sach umbgehe.

Cicuta (sonst Wütscherling genannt) hat einen Stengel voller Glieder/ wie der Fenchel / doch dick/ und eben ein Blat / wie Burck- oder Zirckwurtz/ (Lateinisch Ferula genannt) doch etwas kleiner/ einen starcken Geruch/ und Aestlein/ und oben auf seine Blumenstiele/ darauf weisse scheinende Blümlein mit Saamen stehen/ der etwas weisser ist/ als der Anißsamen. Die Wurtzel stehet nicht tief/ und ist hol. Dieses Kraut hat ein tödtliches Gieffft in jhm/ und so gar kalte Krafft und Würckung/ daß es mit seiner Kälte den Menschen hinrichtet: Vornemblich ist der Saamen also/ dannhero man sich deß Krauts in der Artzney einzugeben etwas enthalten solle. In den Inseln Candia und Scio wächst dessen viel/ deßgleichen umb Athene / so heut zu Tag von den Türcken Sethin genannt wird: Dann die Athenienser/ wann sie jemanden ehrlich und ohne sondern Schmertzen wolten in der Gefängnuß hinrichten/ so gaben sie jhm einen Tranck von diesem Kraut ein: Also thaten sie Anaxagoræ, Cherameni, Socrati, und vielen andern: Dann so bald man es geneust/ so vergehet einem das Gesicht/ und schwindelt jhm/ die Lufft-

adern verstopffen sich vom Giefft/ das Blut erkaltet/ also/ dz der Mensch an Händ/ Füssen/ Fingern und Zähen/ zu erkalten anfängt/ und gleich wie in Frost dahin fährt. Aber ehe die gifftige Kälte das Hertz berührt/ und man den starcksten Wein dapffer trinckt / so ist noch Hoffnung zu helffen. Und ist in Apotecken ein grosser Irrthumb/ dann man nennet die Cicuten zu Zeiten wilde Rauten/ braucht auch den Saamen für wilden Rautensaamen. Derwegen ein fleissiges Auffsehen vonnöthen/ wann man heilen will/ daß man nit tödt.

Das Kraut Pharicon ist zu erst von einem verdorbenen Buben und Candioten erfunden worden/ wie Praxagoras fürgiebt/ derselbige hat diesen Namen gehabt/ dahero diß Kraut nach jhm genannt worden. Es wäre gut/ daß selbiges/ (ob schon zu Zeiten der Lähme damit kan geholffen werden/) seines Giffts halben unerkant geblieben wäre: Dann in einem Huy tödet es den Menschen/ macht jhn wütend und zitterend/ daß er also jämmerlich dahin fällt.

Dorycnion ist auch ein Kraut / das Milch giebt/ die an Farb/ Geruch/ und Geschmack der Milch gleich/ doch ist es wild/ siehet eben wie ein junger Schoß an einem Oelbaum/ und wächst gern in den Felsen am Meer umbher: Es hat Aestlein/ etwann einer halben Elen hoch / und eine Blum/ eben wie der Oelbaum/ doch kleiner/ dicker/ und gantz rauch: Die Blum ist weiß/ hat oben Körnlein/ die/ wie Ciser-Erbsen/ dick und rund sind/ und jedes derselben hat etwann 5. oder 6. Samenkörnlein/ wie ein kleine Heydlinse groß: Der Saamen ist hart/ leicht und gesprengt/ und die Wurtzel fingersdick und Elen lang: Es macht tollschläffig/ ja bringt auch den Todt: Erstlich thut der Mensch nichts dann gänen und rültzen/ darnach rautzen oder husten/ dann speuet er Blut/ und giebt die Speiß also blutig wieder von sich: Dann es verwundet den Menschen innwendig gar/ sticht und ritzt jhn/ darumb es auch den Namen Spießkraut hat: Letztlich/ so ist jhm der Rachen für und für naß / der Mund aber gantz trucken/ und leydet grosse Noth.

Von Opocarpatho ist in Acht zu nehmen/ wie oben von Opio geschrieben worden / dabey dann dieses zu erinnern/ daß der Leser die Wunderwerck Gottes erkenne und preyse/ weil er höret/ wie die Kräuter/ beydes so grossen Nutzen dem Menschen bringen/ und auch jhm das Leben nehmen/ wenn sie nicht recht gebraucht werden. Deßgleichen/ daß ein so ungeachtes Thier / als der arme Esel ist/ gleichwol etwas an jhm habe/ das so grossem Gifft zuwider ist. Darbey Aertzte und Obrigkeiten treulich sollen erinnert seyn/ daß sie in Apotecken ein fleissiges Auffsehen haben/ damit nicht etwann der Todt geholet und erkaufft werde/ da man Artzney/ Hülff und Gesundheit suchet.

Das Hirn des Esels auß Meth getruncken/ täglich 1. Loth/ und das 30. Tag nacheinander/ ist gut für die fallende Sucht: Doch soll das Hirn zuvor in Laubblätter gewickelt/ und im Rauch wol außgedörret werden.

Etliche nehmen das Hertz von einem jungen Esel/ der ein Männlein und schwartz ist/ und geben das einem under freyem Himmel/ mit Brot zu essen/ an dem Tage/ wann der Möd voll wird/ und den nächsten Tag hernach: Solches soll auch für die fallende Sucht gut seyn.

Eselsleber gebraten/ und gantz nüchtern gessen/ soll auch für diese Kranckheit seyn: Etliche brauchen auch wol darzu Panacen, so man heutiges Tages für die Angelicam hält/ (etliche aber wollen es sey Fenchel) und bestreuen die Lebern darmit/ und geben sie also viertzig Tag nacheinander dem Krancken zu essen: Und das soll auch die jungen Kinder vor dieser und anderer Sucht verhüten/ wann man es jhnen eingiebt.

Welcher Leber- oder Schwindsüchtig ist/ der dörr und pülvere die Leber/ brauche alsdenn zweymahl so schwer gestossene Petersilien/ und geschälte Eycheln drey mahl so viel/ mit Honig angerührt/ darzu/ und also esse er nüchtern darvon/ es hilfft mächtig.

Mertzenschrunden/ Trüsen/ Beulen und Kröpf werden mit Aeschen auß Eselsleber/ und nicht mit Oel angemengt/ bestriechen/ vertrieben und geheilet: Es wollen zwar Dioscorides und Rasis, daß solches die Aesch thue/ so von deß Eselshuff gebrennt worden.

Der Miltz deß Esels/ so bißweilen gedörrt und lang auffgehoben worden/ hilfft auch den jenigen/ die der Miltz sticht/ wann sie vier Tag nacheinander nüchtern darvon essen: Gepülvert und mit Wasser angemengt/ und über die Brust gelegt/ bringt den Weibern die Milch/ und geräuchert/ heilet er die Bärmutter. Wann aber jemanden die Augenbrauen außgefallen/ der nehme desselben Pulvers/ mische es an mit Bärenschmaltz und Oel/ und salbe die kahle Stelle darmit/ es wächst jhm wieder Haar. So jemand das Wasser nicht wol halten kan/ als die Bettseicher/ der trincke desselben Pulvers auß gutem Wein/ der Blasen wird geholffen. Es stillt und vertreibt die Harnwinde/ so man desselbigen eine Nußschalen voll in ein Trüncklein starcken guten Weins thut/ und einnimpt.

Die Eselsgärten (oder das männliche Glied) gepülvert/ und zu Aeschen gebrennt/ macht dick Haar/ und wann sich die Alten beschären lassen/ und alsdann Bley darunder stossen/ und mit Oel vermischt anstreichen/ vertreibt es die Grauheit. Etliche sagen/ man solle die Gärten des Esels siebenmal in siedend Oel eindunken/ und dann das Gemächte mit dem Oel schmieren: So sind auch etliche/ die sagen/ man soll von dem darauß gemachten Pulver in Wein trincken/ es helffe zu Weibsgeschäfften

Eselsschellen/ und vornemblich die rechten/ auß Wein getruncken/ helffen den jenigen/ so der Weiber nicht mächtig seyn können/ und bringt jhnen die Geylheit: Doch soll man nach Gestalt deß Mangels oder der Kranckheit/ davon einnehmen/ oder man mag sie allein im Ermel tragen/ oder an Arm hencken. Sonsten hat einer/ mit Namen Osthanes, gelehret/ man solle den Schaum/ den er im Springen von jhm läst/ mit einem rothen Flecklein aufffassen/ und dasselbige in Silber versetzt an sich tragen. Eben diese Schellen eingesaltzen und aufgehoben/ darnach gepülvert/ und in Eselsmilch oder Wasser zu trincken gegeben/ vertreiben die fallende Sucht.

Deß Esels Urin/ wann er mit dem Staub oder Kaat/ da dasselbe Thier gestallet hat/ über den Schaden/ so einem die Schuhe aufgerieben haben/ geschmieret wird/ so heilet er den Schaden. Item er ist auch gut für und wider den Rauden/ und wider das Nagelschwären. Getruncken hilfft er denjenigen/ welchen die Nieren schwären oder schwinden. Mit gestossenen Raden (Melanthium, sonst von etlichen schwartzer Römischer Kümmel/ oder Kümich genannt) über Trüsen/ Geschwär/ und alle Blattern gestriechen/ ist er eine gute Artzney/ wann schon Eyter vorhanden: Er läst nicht umb sich fressen/ und den Unflat nicht überhand nehmen/ sondern dörret auß.

Spicanardenöl mit eines jungen Esels Urin vermischt/ und denen so von Gestirngesüchten oder von dem Schlag erlahmt oder verdorret/ angestriechen/ ist gar gut. Man streicht solches auch also an das Haupt/ darmit das Haar zunehme und dick werde: Wiewol es deß Nardenöls nicht bedörffte/ wann man es nicht brauchte von wegen deß guten Geruchs. Und wann man den also genetzten Staub/ wie gesagt/ auffhebt/ und über Schwielen und getruckte Geschwulst legt/ so heylet es dieselbige.

Eselskaat mit Rosenöl vermischt/ und also warm in die Ohren geträufft/ vertreibt das Saussen. Wann einem gehling Hauptgeschwär auffspringen/ und man den Safft auß Eselskaat druckt/ und mengt denselbigen an mit gestossenen Erdzwiebeln/ nimbt darzu Rindsfett oder Rinderen Unschlit/ mischt es undereinander macht hernach ein Wachspflaster darauß/ und legt es über/ das heilet trefflich sehr. Das Blut stillet der Eselskaat/ gebrennt und roh/ wann er davor gehalten oder übergelegt wird. Wann auch jemand die Nase lang blutete/ und man jhm solchen gedörreten Kaat in die Nasen reibt/ so gestehet das Blut zur Stund. Solches thut der Kaat auch also frisch/ oder zu Aeschen gebrannt und übergelegt: Und vornemblich ist der Safft davon zu allem Verbluten gut/ es komme das Bluten her/ wovon es wolle. So stillt er auch den übrigen Monatfluß der Weiber/ wie Plinius anzeigt. Rasis will/ man solle jhn warm nehmen/ in Wein legen/ und fein gemach Baumwollen darin thun/ die den Safft an sich ziehe/ oder Tüchlein/ so auß Baumwollen gewäben/ und über das Bluten legen: Oder eine Binden darinnen netzen/ und an die Stirnen binden/ solches helffe auch.

Den Kaat deß Esels/ so da die andern bespringt/ und auf der Weyd under der Heerd gehet/ soll man in Wein weichen/ und so er gedörrt ist/ zergehen lassen/ sticht alsdenn einen ein Scorpion/

pion/ so trincke er davon/ er wird gesund. Die Aeschen deß Kaats in Wein eingegeben/ ist gut für das Grimmen und die Ruhr.

Eine Eselin/ so das erstemahl geworffen/ giebt Polean von sich/ das ist/ das erste Geschmeiß so sie thut/ dasselbige giebt man denen/ so der Miltz stichet/ in Honigessig zu trincken ein: Auch hilfft es für das Grimmen und die Ruhr. In gesottenem Wein getruncken/ ist es gut für die Cholic.

Wann man desselbigen so viel als einer Bonen groß mit Wein einnimbt/ vertreibt es die Gelbsucht in dreyen Tagen. So jemand Wassersüchtig werden will/ oder sonsten Schleimgeschwülste hat/ der streiche Aeschen von Eselskaat mit Butter darüber/ es hilfft wol.

Das Eselschmaltz vertreibt die Flecken/ so von Wunden und Schäden herkommen/ und macht sie der Haut gleichfärbig: Und wann es alt wird/ so heylet es/ neben dem daß es die Runtzeln vertreibt/ den Weibern auch die verrissene oder geschworne Schaam/ ja alle derselbigen Schwiele/ wann man es in seinem Häutlein überlegt. An jhm selbst ist es frisch/ oder aber alt/ mit Wasser erfrischt/ so gut/ als sonst eine Haaraͤtzende Artzney.

Das Eselsmarck/ wie auch das Unschlit/ (sagt Rasis) ist trefflich gut/ wann man einen/ so da die fallende Sucht hat/ damit/ wann es warm ist/ schmieret. Und eben dieses Marck vertreibt dem Menschen auch den Rauden gar bald.

Das Unschlit deß Esels über die Wundmähler/ über den Außsatz und Grind gestriechen/ bringt die Farb und Haar wieder/ auch was schwartz von der Sonnen gebrennet/ das heilet es/ und macht jhm wieder eine Farb. Wird es mit Gentzschmaltz vermischt/ und angeschmiert/ so stärckt es die Geylin. Sextus setzt hinzu/ daß dieses umb den Affterdarm angestrichẽ/ zu den Weibsgeschäfften gut sey: Doch redet er etwas eygentlicher davon/ und nennt es nit Unschlitt/ sondern das Fette.

Das Gebein des Esels gestossen/ gekocht/ und davon gessen/ hilfft wider das Giefft deß Meerhasenkrauts.

Eselshuff ist ein köstliches Ding: Dann so jemand die fallende Sucht hat/ und die Aeschen davon einen Monat lang/ alle Tage zween Löffel voll/ wie Plinius schreibet/ oder aber/ wie Rasis will/ vierthalben Goldgülden schwer davon im Trincken einnimbt/ dem hilfft es. Wann man auch dieselbige Aeschen mit Oel anrührt/ und überschlägt/ vertreibt sie Trüsen/ Schwielen/ Kröpf und Zittermähler: Die blosse Dürräsche aber heilt die Schrunden an den Fersen/ und die Wunden/ so von der Märtzlufft aufgesprungen. Zu allerley Geschwären ist solche Aesch gut/ wann sie eingestreuet/ oder sonst mit warmem Oel übergestrichen wird.

Den Staar oder das Fell im Aug/ vertreibt diese Aesche auch/ wann sie mit Eselsmilch angerührt wird: Und wer da gar eine gewisse Artzney wider solche Mängel haben will/ der laß jhm eines lebendigen Esels Huff feylen/ und stosse das Abgefeylete zu Pulver/ so klein und rein/ als er immer kan/ damit es jhm in den Augen nicht wehe thue/ vermisch es alsdann mit Frauenmilch/ und strich es offt an/ er wird Wunder sehen.

Man sagt/ wann einer einen Ring auß Eselshuff/ der keinen schwartzen Flecken habe/ am Finger trage/ so werffe jhn die fallende Sucht nimmer nieder/ wann er gleich diese Kranckheit an sich habe.

Wann die Frucht in einer Frauen Leib todt wäre/ so nimb Eselshuff/ schab jhn auf Kolen/ und laß den Rauch zur Bärmutter gehen: Aber sonst brauche es bey Leib nicht/ dann dieser Rauch tödtet die Frucht/ und treibt sie von der Mutter.

Es wachsen den Eseln zwischen unnd an den Schenckeln oder Beinen etliche Wartzen/ so man dieselbigen brännt/ zerreibt/ und das Pulver mit altem Oel anmischt und überstreicht/ wächset auch an kaalen Orten Haar: Und ist so krefftig/ daß/ wann man einem Weib die Wangen darmit schmierte/ jhr ein Bart hernach wüchse. Streicht man es einem Schlafsüchtigen an/ mit Essig vermengt/ so erwachet er davon. Also dienet es wider alle Faulheit und schläfferige Kranckheit/ die nicht natürlich ist/ und machet wacker und munder ohn allen Schmertzen: Deßgleichen rein geschaben/ mit Essig vermengt/ und in die Nasen gerieben/ hat es eben dieselbige Krafft und Würckung.

Das Büschlein oder die Bürde/ darinnen der junge Esel fällt/ vornemblich wann ein Eselin geworffen wird/ hilfft dem/ den die fallende Sucht ankommen will/ wann er daran riecht. Becherus schreibt folgende Reymen:

Der faule Esel hat ein Melancholisch Leben/
Er thut zur Artzeney nur sieben Stücke geben:
Die Milch/ der Koth/ das Fett/ die Haar/ Harn
   und das Blut/
Die Eselsklauen auch/ die seynd zu Zeiten gut.

1.

Die Milch ernährt und stärckt/ ist gut in Lungensucht/
Die Schmertzen in dem Stein die treibt sie in die
   Flucht.
Wo man neun Untzen trinckt/ so man sich darmit
   schmiert/
Sie stillt die Schmertzen dem/ dens Podagra berührt.
Sie machet feste Zähn/ ein zartes Angesicht/
Wo man sich darmit wäscht/ und solches offt geschicht.

2.

So man den Esels-Koth getrocknet/ pulvern
   thut/
Mit Pflastern einverleibt/ so stillet er das Blut.

3.

Die Narben in der Haut die thut es eben machen/
Wann man mit Esels-Fett beschmieret solche
   Sachen.

4.
So man ein Küssen füllt von purem Eselshaar/
Man sagt/ die Kinder es vor Schrecken wol bewahr.

5.
Des jungen Esels Blut zwey Untzen am Gewicht/
Der Leib vom Fieber wird dardurch zu recht gericht.

6.
Der Harn thut innerlich die Nieren-Schmertzen heylen
Er stillt die Krätz/ so man sich wäschet nur bißweilen.

7.
Die Eselsklauen geht der Elendsklauen gleich/
Ein halbe Drachma macht den Patienten reich.
So man es täglich braucht/ ein gantzen Monat lang/
Es macht der schweren Noth nicht nur ein wenig bäng.

Was vom Esel Schaden bringe.

Von seinem undäuigen Fleisch/ und wie es im Essen schädlich sey/ ist oben erzählt worden; Deßgleichen/ daß der Dunst und Gestanck von Eselshuff die Frucht in Mutterleibe tödte: Uber welches wenig zu finden/ daß an diesem Thier schädlich sey. Derwegen es hierbey auch sein Verbleiben haben mag: Und ist dieses dannoch zu bedencken/ daß mehr Gutes dann Böses von ihm gesagt wird: Dannenhero die Frommen/ die allezeit müssen geeßlet seyn/ allhie einen Trost haben/ der ihnen weiset/ wie allwege das Beste verachtet werde.

Etliche lustige/ lächerliche/ und Lehrgebende Historien vom Esel.

IN Büchern findet man/ daß etliche Bauersleuth gelehrt haben / sie sollen den blossen Kopff der Eselin auß den Schindgruben nehmen/ und an die Zäun auffstecken/ so bleibe alles/ so weit es könne übersehen werden / und umbsteckt seye/ frisch/ fruchtbar und grünend. Es hat Empedocles den Agrigentinern/ die da in Sicilien/ an dem Orte/ so heutiges Tags Girgento genannt wird/ wohneten/ einen Rath gegeben / als sie von dem Wind so gar belästiget waren/ sie solten zu rings umb ihre Statt Eselshäut außspannen/ damit würde die Ungestümme desselbigen abgetrieben.

Wer eine Kurtzweil machen will / der nehme Geylin/ die die Eselin/ nach dem Springen/ von sich wirfft/ zünde sie an/ und brenne sie in einem Tiegel/ da wird er wunder viel Eselsköpf sehen/ so weit er kan umb sich sehen/ Scilicet.

Dem grossen Alexander/ ist (vermittelst eines Eselshuffs/ wie man dafür hält/) mit Gifft auff folgende Weise vergeben worden. Antipater/ der nach dem Abzug deß Alexandri, zu einem Landvogt in Macedonien war gesetzt worden / als er vernommen/ wie Alexander/ sein Tochtermann/ ein Herr der Lyncester/ wo heutiges Tages Xenoxua, vor Zeiten Heraclia geheissen/ in obern Syrien gelegen/ sampt andern seinen Verwandten / von dem grossen Alexander umbgebracht worden; Daß ihm auch der König nicht gar gnädig wäre/ und Olympia, die Mutter deß Königs/ stäts übel von ihm redete / und ihn verkleinerte: Und weil er auch über das in Forchten lebte/ käme Alexander wieder heim/ es solte ihm ergehen/ wie andern Landvögten/ die übel haußgehalten/ so gedachte er derhalben dem Unglück fürzukommen. Er hatte drey Söhne an dem Hof deß Königs/ die demselben für Mundschencken aufwarteten/ Cassander/ Philipp/ und Jollas genannt/ durch dieselbigen gedachte er den König hinzurichten. Als er nun bey sich schlüssig worden/ solches mit Giefft zu thun/ auch Cassandrum, seinen Sohn/ dessen erinnert und gewarnet hatte / daß er diese Sache niemanden als seinen Brüdern offenbaren solte/ so dachte er weiter nach/ was für Giefft er hierzu gebrauchen wolte. Es sagen zwar etliche/ Aristoteles habe auch zu der Sach geholffen/ weil Alexander ihm zuvorher mit etlichen harten Worten gedräuet/ und er sich etwas entsetzt gehabt/ als der König den Callisthenem erwürgt hätte. Daß aber verantwortet Agnothemis, der solches von ihm außgegossen. Dann es nit gar unglaublich/ daß Antipater selbst wol gewust habe / was für Krafft das Wasser Styx an ihm habe / als welches nicht so gar fern von Macedonien/ in Arcadien / bey einer Statt vor Zeiten Nonacria genannt / auß einem überauß hohen Felsen quillet/ welcher Felß Styx genannt wird/ und herab springt auff einen andern Felsen / den solche Tropffen durchfressen/ und in das Wasser Crathis lauffen: Welcher Fluß Crathis nicht weit von dem heutigen Armiro, oder Pegaso, wie man es vor Zeiten geheissen/ mit vollem Strohm sich in den Sinum Pelasgicum ergeust / und von diesem Brunnen Styx also vergifftet wird / daß weder Menschen noch Vieh leben bleibt/ das darauß trincket. Aber das sagt Theophrastus, daß in demselben Quell Fische gehen/ wovon ein Mensch/ der davon äsfe/ gleich alsbald sterben müste / eben als ob er deß Wassers getruncken hätte. Nun diese Brunnentropffen haben auch diese Art an sich / daß kein Crystall/ kein Gletscher/ kein Marmel/ noch einigerley Stein / auch kein irrden Geschirr sein Wasser behalten mag/ es zerspringt alles: Deßgleichen Horn/ Bein/ Ertz/ Eysen/ Zinn/ Bley/ Glaß/ Agstein/ Silber/ und alles Metall/ wie auch das Gold selbst/ das doch bey den Menschen am höchsten und für das köstlichste Metall geachtet wird/ verrostet und verzehret sich/ wann diß Wasser darein kompt. Darauß dann abzunehmen / daß Gott auß weisem Rath versehen/ daß auch die unachtsamste Dinge/ den Allerköstlichst geachteten überlegen seyn. Dann die Perle wird durch den Essig erweicht/ der Diemant (wie die Alten vorgegeben haben) durch Bocksblut zertheilet und geläutert/ und das Gold/ das sonst durch Giefft gereiniget und gesäubert wird/ muß

Von dem Esel.

diesem Wasser weichen. Wie nun Antipater dem Alexandro mit diesem Wasser vergeben wolte/ schickte er dasselbige seinem Sohn Cassandro zu/ daß er es dem Jollæ seinem Bruder heimlich zustellte/ wann er dem Könige seinen Tranck geredentzt hätte/ damit Jollas hernach solches dem Könige in seinen Tranck / den er hitzig trincken würde/ schütten könte. Als nachgehends Alexander zu Babylonien/ so jetzt zerstöret ist / und vor diesem an dem Wasser Euphrat gelegen gewesen/ in einer Gasterey worzu jhn einer / Mindius genannt/ geladen hatte/ guter Dingen war/ viel getruncken/ und sich im Spiel erhitzt hatte/ und zum Lösch-Trunck ein Geträncke/ den Herculis-Trunck genannt (welches fast dem zu vergleichen ist/ was wir St. Johanns-Mantel/ oder sonst ein gemachtes liebliches Geträncke nennen) forderte; So gab jhm Jolla geschwind deß Wassers im Trunck ein: Darvon er zur Stund kranck ward/ und gleich bald hernach starb. Darmit ich aber wiederumb auf den Esel komme / als umb deß Willen diese History angefangen worden / so ist die gemeine Red bey den Scribenten / dieses giftige tödliche Wasser lasse sich/ von wegen seiner übers auß grossen Kälte / in nichts einfassen/ dann in Eselshuff. Und wie ich oben Eingangs gesagt/ so streiten etliche deß Huffs halben/ und sagen es sey von deß Mauleselshuff zu verstehen: Etliche (worunter auch Ælianus mit ist) wollen/ solches seye von wilden Eseln gesagt / und zwar auch nicht von jhrem Huff/ sondern von den Hörnern die sie haben: Die Meisten schreiben solches dem Esels-Huff / Pausanias aber dem Pferds-Huff zu.

Eine herrliche History lesen wir von dem Esel/ so geredt habe/ im vierdten Buch Mosis am zwey und zwantzigsten Capitel / da der Esel den Engel Gottes gesehen/ den der Bileam nicht sehen konte/ wiewol er ein Prophet seyn wolte: Ja er kan seine Unschuld mit Worten an den Tag geben.

So laß mir einer das auch ›etwas seyn‹/ daß Zacharias so lange Jahr vorsagen soll / wie der König aller Königen/ am reisigsten seyn werde/ wann er werde auff dem Esel daher reiten/ welches durch Christum erfüllet worden / wie wir dann lesen/Zach.2. Matth.21.

Under anderen Gestirnen sind auch etliche leuchtende Sterne/ die man den Esel nennt/ und darmit solches Zeichen den Sterngguckern desto besser eingebildet werden möge/ so zeigen die alten Poeten zweyerley Ursache an/ warüb der Esel under das Gestirn kommen seye/ nemblich/ und zum ersten darumb: Juno war Libero, dem Banckhart/ so gehässig / daß sie jhn gantz wahn-und unsinnig machte / und in solcher Wahnwitz trieb sie jhn durch die Land hin und wieder: Doch war er noch so bey Sinnen/ daß er dem Tempel Jupiters zulauffen wolte/ der in Epiro zu Dodona, da jetzt ungefähr Porto Pagania, nicht weit von Corfu gegen über stehet/ gebauet war: Dann daselbst war sein Vatter Jupiter verehrt: Und auff eine Eych-baum/ mitten im Walde/ der umb den Tempel war/ sassen etliche Tauben/ die gaben den jenigen/ so da von künfftigen Dingen fragten/ Antwort. Doch wollen etliche / die Tauben hätten auff einem Buchbaum gesessen/ die Eychen aber selbst geredet: Dem sey nun wie jhm wolle/ einmal so ist der Heyden Wallfahrt dahin groß gewesen: Und derhalbē wolte dieser Liber auch dahin ziehen und fragen / wie er doch seines Leydens loß werden möchte. Als er aber an einen Morast kam/ und nit dardurch könte/ da ersahe er zween Esel/ von denen er einen auffieng/ und ward von demselbigen also übergeführt/ daß er gantz kein Wasser berührte. Demnach er nun zum Tempel kam/ ward er seiner Wahnwitz loß / und satzte den Esel/ zur Danckbarkeit/ daß er jhn getragen/ an den Himmel under das Gestirn/ und zwar über den Krebs hinauff/ den die Juno zuvor an Himmel gehenckt hatte.

Die andere Fabel sagt/ er habe den Esel redend gemacht/ und jhm Vernunfft gegeben/ derhalben der Esel sich erhoben/ und als er gesehen/ daß er so wol gefaßt wäre mit dem Zeug seiner Saumgärten/ oder männlichen Gliedes/ hab er wollen mit Priapo dem Lampsacener streiten/ und wetten/ welcher am besten bemannet wäre: Worüber der Lampsacener sich erzürnt / und den Esel zu todt geschlagen hätte: Der Liber aber hätte sich dessen erbarmet/ und jhn also under die Sterne erhaben.

Andere thun noch die dritte Fabel hinzu/ und sagen: Als die Riesen den Göttern den Himmel stürmen wollen / und Jupiter alle Götter umb Hülf angerufft hätte/ da wären Vulcanus, Liber, die Satyren und die Silenen auf Eseln daher geritten/ und als sie nahe an den Feind kommen/ wären die Esel vor den Vollanden oder ungeheuren Menschen erschrocken/ und hätte alle angefangen zu kühlen/ und grausamb zu yhhänen/ welches die grausamen Riesen zuvor nie gehört gehabt/ die davon also in Flucht gerathen/ daß sie auff einmahl die Flucht genommen / und die Götter zu frieden gelassen. Darumb hätten die Götter sie wieder verehrt/ und einen auß den Eseln an Himmel gesetzt. Worauß dann der Alten Aberglaub/ und jämmerliche Verführung / darmit sie der Teuffel und Tausendkünstler betrogen/ wol abzunehmen/ und zu sehen/ daß / wo nicht reine Lehr sey/ was für Jammer in der Welt durch die Klüglinge könne angerichtet werden.

Der Kayser Commodus, hatte einen/ welcher seines männlichen Glieds halben vor allen anderen Männern beschreyt war / den nannte er den Esel/ darumb/ weil diß Thier an dem Orte des Leibs so wol staffiret ist. Er machte jhn auch reich/ und gab jhm eine gute fette Pfründe / in dem Stifft Herculis.

C. Marius, vormahls ein Burgermeister zu Rom/ als er zum Obersten Feldherren verordnet war/ und wider die Dänen und Holsater/ so Italien überfallen hatten/verordnet war/ und damit der Troß und das Hurenvölck der Armee nicht zu groß / noch dadurch der Proviant unnütz verzehrt/ die Plätz vergebens verschlagen/ und viel Unraths erhoben werden möchte/ so machte er seinen Knechten bequemliche Tragräfflein/ worauff sie ihre Rüstung auff dem Rücken ohne Hinderung der Gewehr/ selbst mit sich tragen konten: Daher wurden sie Marians Esel geheissen.

Alexander/ der Grosse/ ward von seinem Pfaffen überredt/ er müste den Göttern geloben/ den Ersten zu opffern/ so ihm begegnen würde/ wolte er anderst sein Vorhaben glücklich außführen. Der König versprach solches zu thun. Da begegnete ihm ein Esel/ den ein armer Tropff vor ihm hin trieb. Der gut Gesell ward eylends von den Dienern erwischt/ unnd als ein Opffer zur Schlachtbanck geschleppet: Er fragte die Ursach/ die sie ihm offenbahrte: Ach/ sagte er/ das ist falsch: Dann mein Esel ist dem Könige vor mir begegnet. Darmit erledigte er sich noch.

Nicander beschreibet ein gar bedeutliche und scharpffsinnige Fabel mit schönen Versen/ von einem Esel/ dem der Gott Jupiter/ umb etniger seiner gethanen Dienste willen/ die vergangene Jugend wiederumb von neuem verehret und geschenckt hätte. Dann als er seine Schenckung auf den Rücken geladen hatte/ durch die Wüsten und Einöde zog/ und ihn sehr anfieng zu dürsten/ kam er zu einem Brunnen/ welcher verhütet ward von einer Federschlangen/ die man Dipsas nennet. Sie wolte ihn durchauß nicht trincken lassen/ er gäbe ihr dann etwas Zolls. Der gute Esel gab ihr gleich alsbald seine Jugend dar/ weil er sonst nichts vermochte/ und ihn bedunckte/ daß sie ihm eben so wenig nütze seyn würde/ als wie gering sie wäre. Also tranck sich der Esel satt genug. Daher komme nun/ sagt der Poet/ daß diese Schlang ihr Alter von sich werffen/ und wieder jung werden könne/ aber der übergrosse Durst sey ihr vom Esel anbehangen geblieben: Dann Jupiter seye erzürnet worden/ daß sie dem Esel die Gaab/ so er ihm geschenckt/ abgeschwätzt hätte/ deßwegen suche sie sich jetzt an allem Gethier zu rächen mit ihrem feurigen Biß und Stich/ womit sie den Menschen oder das Vieh zur Stund Dursts tödtet/ was sie mit ihrem Giefft beschmeisset.

Wie Apulejus in einen Esel verwandelt worden/ davon ist gar eine schöne History vorhanden/ worinnen der Welt Ubermut/ Unzucht unnd Schand gar fein erkläret wird: Und kan dieselbige zu eines jeden Warnung gelesen werden/ dann sie ist verteutscht und getruckt zu bekommen.

Wann die Aegyptier einen groben und unerfahrnen Menschen anzeigen wolten/ mahleten sie einen Eselskopf/ oder einen Menschen mit einem Eselskopfe. Daher noch bey uns das Sprüchwort verblieben/ daß wann wir einen groben Dölpel schelten wollen/ wir zu ihm sagen/ du Eselskopf/ ꝛc.

Tacitus schreibe von dem Esel also: Die Juden folgten dem Mosi/ auf sein Zusprechen/ nach/ wiewol sie nicht wusten/ wo hinauß: Doch zogen sie ihm/ als ihrem Hauptmann nach/ klagten und mangelten nichts mehrers/ dann eben allein deß Wassers: Und es war auch schon dahin kommen/ daß der gantze helle Hauffe/ von wegen Durstes/ dahin fallen/ und verschmachten wolte/ da kam eine Heerd wilder Eseln gezogen/ die stiegen einen Pfad an einem Berg hinauff/ der mit einem schönen Wald bedeckt war. Moses gedachte wol/ daß die grünende Weyde auf dem Bühel nicht ohne Feuchtigkeit seyn würde/ fieng an daselbst zu graben/ und fand gute und grosse Brunnenquellen. Darumb auch Plutarchus sagt: Die Hebräer verehren den Esel/ als einen/ der ihnen Wasser gezeigt habe. Daher ists kommen/ daß etliche/ als Appion, Possidonius, Apollonius und Molon geschrieben: Die Juden hätten in ihrem Tempel ein überauß grosses güldenes Eselshaupt verehret/ welches Josephus und Tertullianus dapffer und warhafftiglich widerfechten. Und mag vielleicht solche Fabel daher kommen seyn/ weil niemand die Arch im Heiligthumb/ oder die Lade des Bunds sehen dörffen/ dann allein der Oberste Priester/ da vielleicht in den Kriegen/ ein Heydet was davon kan erblickt haben/ und dieweil die Arch von Cherubim/ und Flügeln bedeckt gewesen/ hat er/ im Vorübergehen/ solche/ für Eselsohren angesehen. Da als dann die Feinde der Juden und spitzfindige Philosophi, bald etwas/ das solcher Lügen eine Gestalt machen könte/ darzu er dichtet haben. Der vornehme Mann Bochardus leget diese Sachen statlich auß/ so kan gelesen werden: Wie auß eines Esels Stock-oder Backenzahn ein Brunnen entsprungen/ und den vom Sieg triumphirende/ doch Dursts halben gleichsamb hinfahrenden Samson erquickt habe/ lieset man im Buch der Richter am 15. Capitel. Darmit aber der Wunderwerck Gottes keines getadelt bleiben möge/ wollen etliche/ es sey kein Zahn/ sondern ein Felsen gewesen/ der einem Zahn gleich gesehen/ und an der Straß gestanden habe.

Den HErrn Christum selbst habe die Römer/ wie auch die Juden/ als noch Unglaubige/ verspottet/ und seinen Anhang die Glaubigen Christen Esel genannt/ den HErrn Christum aber/ mit einem Schandgemählde/ überall mit Eselsohren ab- und ihm einen Fuß mit einem Huff angemahlet/ und im übrigen einen langen Rock angelegt/ und ein Buch in die Haud gegeben/ mit diesem oben über ihn geschriebenen Titul: ὀνόχηλος, der Christen Gott. Welches Tertullianus selbst gesehen zu haben bezeuget.

Polygnotos und Socrates, zween berühmte Mahler/ haben zu ihrer Zeit gemahlet/ daß in der Höll ein Mann sitze/ über welchen sein Nahme Ocnos geschrieben stehe/ derselbe sey anzusehen wie ein Seyler/ spinne am Spinnrad ein Seyl/ hinder ihm aber sitze eine Eselin/ die da/ was er erst gedrähet/ alles hinein schlucke. Darmit haben sie wollen zu verstehen geben/ daß dieser Ocnus ein embsiger guter Haußhalter gewesen/ der seiner Arbeit treulich gewartet/ aber auch darneben ein Weib gehabt habe/ so schleckhafftig und verthunlich gewesen/ welches/ was er gewonnen/ verthan habe. Und also seye ein Sprüchwort entstanden/ daß/

Von dem Esel.

daß/ wann einer es ihm lassen sauer werden/ und doch nichts vor sich gebracht habe/ man gesagt: Der ist deß Esels Seyler. Andreas Alciatus hat es auch under seine Rätzel gesetzt/ und schreibt hievon also:

Mit grosser Müh/ mit grossem Fleiß/
Spinnt offt der Seyler einen Faden/
Er drähet auß/ in feuchtem Schweiß/
Die Eselin nur zu beladen/
   Ja er vermeynt ein reiches Weib
Durch seine grosse Müh zu machen/
   Die aber besser ihren Leib
Verpflegen weiß/ und seiner lachen.

Es ist auch noch eine andere Bedeutung deß Esels vorhanden/ auf die alten geitzigen Leuth/ die Guts gnug haben/ und aber sich selbst nicht mögen essen sehen. Von denen Alciatus also schreibet:

Septitius der Reichste unter allen/
Je mehr ihm schönes rothe Golt
Und beste Aecker zugefallen/
Je mehr er zu sich ziehen wolt:
   Darumb der Reiche arm zu schelten/
   Der sich nichts Gutes läst entgelten.

Er asse vor sein Fülle Geldes/
Die harten/ rauen/ Rüben/ roh;
Der besten Früchten/ seines Feldes/
Der waren andre Leuthe froh/
   Deßwegen er dem Esel gleichet/
   Und recht den Esels-Nahm erreichet.

Trägt nicht der Esel auch das Beste/
Was einig unser Leben hält?
Doch isset er vor diese Läste/
Das Rauh'ste auf dem dürren Feld/
   Es ziehen an/ sein Esels-Magen/
   Die Felder/ welche Disteln tragen.

Man sagt zuweilen/ es seye einer ein stoltzer Esel/ der sich etwas erhebt/ und viel auf sich selbsten hält/ vermeynend/ er könne vor andern etwas. Nun kompt die Ehr von Gott/ und soll sich keiner seiner Künsten überheben/ sonsten verliehret er durch den Hochmuth die Ehrerbietung/ so einem der Künsten halben angethan wird. Derhalben/ wo einem Ehr angethan wird/ umb solcher Gaaben willen/ so laß er sich die Hoffart nicht überwinden/ auf daß ihm nicht geschehe/ wie jenem Esel/ darvon Alciatus schreibet:

Der langsamb Esels Rück/
Als er herumb getragen
Isis, ein heilig Stück/
Vor welches knyend lagen
   Mit ernster Bitt/ mit ernstem Flehen/
   Die nur dieß Heiligthumb ersehen.

Der Esel schrieb ihm zu/
Als wenn man ihn verehre
Mit dieser Frommen Ruh/
Er gäb' auch schon bald Lehre/
   Biß daß der Treiber auß ihm treibet
   Sein Stoltz der sich schon einverleibet.

Er sprach du Esel bist es nicht
Dem man so Göttlich Ehre giebet/
Und wann man also für dir spricht/
So ists daß man was heilig liebet.
   Den höltzern Gott den du geführet/
   Ist/ der dein raren Stoltz gerühret.

Daß Midas, der König der Lydier/ Eselsohren gehabt habe/ ist eine gemeine Sage: Wie sie ihm aber worden/ schreibt Ovidius im 11. Buch der Verwandlungen (in seiner Sprach Metamorphosis genannt) gar fein/ und erzählt die Fabel also: Daß Pan und Apollo in Streit gerathen/ wessen Seytenspiel/ ob die Pfeiffe Pans, oder die Geygen Apollinis, am besten lautete. Wie nun sie beyde bey dem Berg Tmolo als über dessen Außspruch und Entscheidung sie sich verglichen gehabt/ daß sie dem jenigen/ was er sprechen würde/ nachgeleben wollten/ zusammen kommen/ hätte Pan selbst/ auß eigener Beobacht-und Bewegung/ und auf deß Tmoli Urtheil/ die Sache gewonnen gegeben/ und Apollo den Ruhm bey allen davon getragen/ nur eben dieser Midas allein/ hätte die Pfeiffe der Geyge vorgezogen/ worüber Apollo dergestalt erzörnet worden/ daß er sich an ihm gerochen/ wie Ovidius davon schreibet:

Apollo konte endlich nicht
Des Königs grobes Urtheil leyden/
Indem er Pan das Lob zuspricht/
Und nicht weiß Böß von Gut zu scheiden/
   Darumb weil er Gehör verlohren/
   Setz't er ihm auf zwey andre Ohren.

Er dähnet auß sein stumpf Gehör/
Und zieret es mit langen Haaren/
Die wanckten hier bald dorten her/
Er wust' nicht wie ihm wiederfahren/
   Weil ihm der Wind gleich wie den Rohren
   Weht hier/ dorthin/ sein Esels-Ohren.

Er bliebe zwar ein Mensch wie vor/
Doch war er mehr als gantz entzücket/
Bald sah' er an/ verflucht sein Ohr/
Sein Königs Kopf darüber rücket/
   Und will bedecken seine Ohren/
   Die er durch Unverstand erkohren.

Doch weil er einmahls war gewohnet
Ein lang zuzopftes Haar zu tragen/
Er schein't womit er war belohnet
Weil Unrecht er legt auf die Wagen/
   Dann wer so sein Verstand verlohren/
   Bekommet Midas Esels-Ohren.

Auß dieser Fabel ist wol abzunehmen/ daß die grossen Herren viel Kleck steine/ an statt der Ohren an sich haben: Derwegen gantz behutsam von ihnen zu reden/ so sie schon zu Zeiten nicht alle Ding nach dem Geschicksten wissen außzunehmen oder außzulegen.

Im vorhergehenden Blat wird gedacht von Apulejo, wie derselbe durch den Esel ein und anders vorgebildet habe. Vor dem Apulejo haben

diß

diß Werck beschrieben Lucius Samosatensis Atheus, Lucius Madaurensis, und Lucius Paterensis, dessen Bildnuß mit Eselsohren in einem Stein auf nachfolgende Art zu sehen beym Stephanonio.

In einem andern Edelgestein wird vorgebildet der Apulejus, wie er Unkeuschheit zu treiben gesuchet / als er in einen Esel verwandelt gewesen. Sonsten ist ein artig Buch herauß kommen **Eselskönig** genannt / darauß man Tugend und Laster / sonderlich wie es bey Hof hergehe / artig ersehen kan / ist wohl werth zu lesen.

Von dem Waldesel.

Onager.   Waldesel.

Von der äusserlichen Gestalt dieses Thiers.

Der Waldesel / Lateinisch Onager, Griechisch ὄναγρος genannt/ ist nach Oppiani Beschreibung silberfarb / hat über den gantzen Rücken aber einen schwartzen Strich herunder lauffen; Nicephorus Calistus, wann er von India handelt/ saget: In diesem Lande finden sich grosse wilde Esel / welche ein sehr buntes / võ weiß und schwartz wunderlich ineinander gemischtes Fell haben / gantz oben von dem Rücken gehen gleichsamb Gürtel biß unten an Bauch / wo sie wieder unterscheiden / seltzame Falten und Figuren machen.

Wo diß Thier zu finden.

Gemeiniglich hält sich diß Thier auf/in verborgenen / und insonderheit in steinichten und hohen Orthen: Sie werden gefunden in Africa, Lycaonia, Narsinga. In Lycia sollen sie den Berg wo sich dieses unnd Cappadocia unterscheidet/ nicht überschreiten. Die Garamantes sollen sie häuffig fangen / wie Lucianus meldet: In der Insul Psara soll eine Art seyn / so sie anderswo geführt werden / selbige alsbald sterben/ etliche wollen/ bey den Scyther gebe es keine/ welches aber von Strabo wiederleget wird.

Von natürlicher Beschaffenheit und innerlicher Neygung dieses Thiers.

Im Frühling/ wann Tag und Nacht gleich sind/ schreiben Isidorus und Bartholomæus Anglicus, daß der Waldesel Tags und Nachts jede Stund einmal schreye/ unnd gleichsamb dardurch diese Zeit andeute. Scaliger schreibet/ wann sie einen Menschen sehen/ blieben sie auf den vorderen Füssen unbeweglich stehen/ tretten und schlagen mit den hindern Füssen auß / auch lassen sie die Jäger so nahe bey sich kommen/ biß sie vermeinen selbige mit den Händen zu ergreiffen/ alsdann nehmen sie die Flucht. Von jhrem Eyfer schreibet Plinius und Solinus, daß sie jhre Weiber verhüten/ auß Furcht der Mittbuhler/ deßwegen sie auch den Trachtbahren sehr nachstellen/ wann sie etwann Männlein werffen / benehmen sie jhnen jhre Mannheit/ und beissen solche herauß/ deßwegen sich die Eselinnen/ wo sie nur können/ verbergen/ und also heimlich jhre Jungen werffen. Dieses Thier läst sich leicht zahm machen / und wird nicht bald wieder wild.

Von deß Waldesels Nahrung.

Von Kräutern erhaltē sie sich/ und sonderlich wann sie grün sind/ worinnen sie fallen und mit Freuden jhre Eselsstimm hören lassen/ auch nicht leicht von dannen können gebracht werden.

Von Nutzbarkeit/ und vom Gebrauch der von diesem Thier kompt.

Es giebt Ælianus vor/ daß das Fleisch dieses Thiers bitter seye; Aber Galenus vermeynet/ daß es an gesunden und jungen Eseln wenig dem Rindfleisch und Hirschwildprät weiche. Scaliger schreibet/ daß das Fleisch/ wann es noch warm/ stincke/ wann es kalt worden/ nichts rieche oder schmäcke.

Die Medici brauchen die Gall auf die Geschwär/ und mischen sie unter Pflaster/ wider die Rose/ das Fett wird mit dem Oleo Costino gebrauchet/ zu den Nieren und dem Rücken/ das Rückenfleisch wird zu den Gliederschmertzen vor gut gehalten/ Avicenna sagt/ daß der Harn den Blasenstein zermalme. Das Marck soll vor das Podagra dienlich seyn / und soll der Mist mit Eyergelb vermischet und aufgeschlagen / das Bluten stillen / und mit Ochsengall vermischet/ grause Haar machen.

Von dem Maulesel.

Mulus oder Burdo.　　　Maulthier oder Maulesel.

Von äusserlicher Gestalt dieses Maulthiers.

Von Natur sihet dieses Thier/ so auf Arabisch بغل, Hebräisch פרד, Griechisch ἡμίονος, Lateinisch Mulus, Italiänisch Mulo, Frantzösisch Mule genannt wird/ einem Esel gleicher dann einem Pferd/ wie an den langen Ohren/ an dem Creutz zwischen den Schultern/ an den rahnen Beinen/ Schenckeln und Füssen/ wie auch an dem dünnen und magern Leibe zu ersehen. Der Schwantz ist fast wie des Pferdes/ deßgleichen der Kopff auch so rahn/ und der Halß lang und starck. Man findet bißweilen gar schwartze/ aber viel äschenfarbige Maulesel. Seine Augen zu beschirmen/ hat es an statt des Schopffs die Ohren desto länger. Ohne die Zähn so dieses Thier scheubt/ oder außstöst/ hat es sechs und dreyssig Zähn/ als Absyrtus sagt/ wiewol Ruellius πρόσφυας agnatos vel annexos gesetzt: Mich bedunckt aber/ das Exemplar Absyrti sey nicht recht/und πρόσφυξ für πρόσφυς zu lesen. In dieses Maulthiers

O iij   Hertzen/

Von dem Maulesel.

Hertzen / schreibt Hierocles, sey offtmals ein Beinlein gefunden worden. Und/ wie Plinius und Aristoteles vorgeben/ so hat es keine Galle/ und ein einzehligen Magen/oder Dauwanst.

Wo dieses Thier zu finden.

Democritus redet recht und wol / wann er sagt/ daß der Maulesel nicht ein Werck der Natur/sondern der menschlichen Erfindung sey/ so auß der Menschen Nachdencken und Ersinnen der Natur abgelernet und gestolen worden: Dann als in Media, welche Landschafft heutiges Tages Servan genannt wird/ und under dem Sophi oder Könige in Persien gelegen ist/ein Esel eine Pferdstudden mit Gewalt besprungen / und die Stud darvon geladen gehabt/ hätten die Menschen/ die solches gesehen / ein Beyspiel darvon erlernet/ und die zwey Thier nachgehends in der Brunst zusammen gethan / den Maulesel darauß zu erzeugen.

So stehet auch im 1. Buch Mose am 36. Capitel im 24. Vers. geschrieben / daß deß Esaus Schwäher/ Ana genannt/ als derselbige seines Vatters Esel in der Einöde gehütet/ den Fund mit den Mauleseln erst aufgebracht/ und die Esel die Pferd zu bespringen/angewiesen habe. Doch legen es etliche auß / als ob er wilde Esel auf die Zahmen abgerichtet hätte.

Derowege ist zu muthmassen/daß kein Maulesel nirgends in der Welt seye / der von seiner Mauleselsart allein herkommen seye/ dieweil die Maulthier nicht gebähren noch werffen wie anderes Vieh.

Camerarius hat dahero von dem Maulesel folgendes:

> Dem Vatter gleich ich nicht
> Wohin ich mich auch richt/
> Der Mutter auch nicht recht/
> Ich habe kein Geschlecht.
> Ich komme zwar von zwey/
> Man fraget was ich sey?
> Dann niemand kompt von mir/
> Ich bin ein seltzam Thier.

Daß aber Aristoteles sagt/ daß in Syrien oberhalb Phœnicien die Maulthier einander bespringen und junge werffen/ ist von einer sondern Art geredt/ und nicht von diesem Thier: Dann vorher sagt er / dieser Art wären auch zu seiner Zeit noch drey vorhanden gewesen in Phrygien/ auß den neuen/ so da Pharnaze dem Vatter Pharnabazi verehret worden. So ist auch nicht zu achten/daß Theophrastus schreibt/ daß in Cappadocien die Maulesel zu springen unnd zu werffen pflegten/welches als ein Wunder der Natur auch Aristoteles unter dergleichen seltzamen Sachen erzehlet: Dann Plinius leget solches fein auß/ und sagt/es seye eine sondere Art/ die dem Maulesel nicht gar ungleich sehe.

Umb deßwillen ist zu muthmassen / und auch auß nachfolgendem abzunehmen/ daß der Maulesel eben an solchem Ort falle / da die Esel können erzeugt/ und selbige auf die Pferdsstuden zu springen gewöhnet werden / das ist / an solchen Orten/ die von wegen der Lufft etwas laulichter und wärmer sind / gleich wie im Esel gemeldet worden: Wiewol auch nicht an allen solchen Orten. Dann in Eleo, wie Herodotus sagt/ kan kein Maulthier hervorkommen/ob wol dieselbige Gegend nicht so kalt ist/ sondern gar gelinde Lufft hat. Eben also/gleich wie in Phanar, oder in Eleo, kan auch in Teutschland kein Maulesel gefunden werden / das darinnen gefallen oder gezeugt wäre / unangesehen die Lufft und Witterung diß Landes nicht zum rauhesten ist. Engeland erzeugt auch keine / es werde dann dieses Thier auß frembden Landen zu uns und jhnen gebracht / dessen sich an etlichen Orten die Reichen und gemeiniglich die Aertzte zu brauchẽ pflegt oder die jenigen/ so der guten faulen Tag gewohnet sind/ und deß Maulesels Zelten lieber/ dann das Traben der Pferd erdulden können. Sonst haben vor Zeiten/ ehe die Pferde brauchbar worden/ die Griechen und Italiäner zu jhrem Reysen/ wie auch an jhre Karren und Wägen/ nur die Maulesel allein gebraucht. In Moscovia und Tartaria kompt kein Maulesel hervor/eben gleich wie auch keine Esel/ von wegen der grossen Kälte. In India aber / da hat es grosse Heerden der Pferdstuden und Eselen/ auß denselbigen wird eine Art rother Maulesel erzeugt/ die da über die Massen schnell lauffen/ also/ daß sie Anfangs scheinen/ als flögen sie/ aber sie werden bald müd/ und mangelt jhnen der Athem/ so können es auch die Füsse und Hüffe nicht lang außdauren: Hernach wann sie müd worden/ ist jhnen so weh/ daß sie (und zwar über die masse starck) gleichsamb vor Schmertzen weinen wie ein Mensch/ und die Thränen vergiessen/ ja den Rossen angebunden und nachgeschleifft werden müssen/ wie Ælianus anzeiget.

Dieweil nun hierauß zu ersehen/daß diß Thier keine eygene Art / sondern ein vermischter Zeug sey / soll in nachfolgender Beschreibung erzählet werden/ wie es gezeugt werde/ und was seine innerliche Natur und Eygenschafft sey.

Von deß Maulesels Natur und innerlichen Eygenschafften.

Dessen Gestalt ist etwas den Pferden und Eselen gleich/doch vermischt/ derwegen es auch deren beyden Arten nachschlägt/ und jedem Theil nachgenaturet ist. Nun ist zuvor/ in Beschreibuug deß Esels gemeldet worden/ wie ein Springer/ zu Erzeugung der Maulesel/ bey den Alten in so grossem Werth ist gehalten worden/ bevorab wann es ein Rittesel/(wie wir sagen) oder auß Reate, oder ein Türckischer Esel auß Morea gewesen/ der umb die Gegend der Arcadi und Londan herumb gezeuget worden. Einem solchen nun muß man eine Pferdstudden understellen/ die vom Leib weit und groß/ von Beinen und

und Glaichen/ oder Gliedern/ starck/ und auch sonst gantz wol gestaltet ist: Doch darff man nicht so sehr auf jhre Geschwindigkeit und Schnellheit im Lauffen/ als auf die Stärcke sehen. Sie soll nicht under vier Jahren/ und nicht über zehene/ auch sonsten guter Art seyn/ daß sie wol Arbeit leyden möge/ darmit wann sie geladen hat/ sie die Frucht desto besser zur Welt bringe: Dann der Saamen/ so jhrer Natur zuwider/ wird auch nit gar gern leiblich/ und muß an der Zeit mehr Weile haben im Leibe zu wachsen/ als ein Pferd/ und kan kaum im dreyzehenden Monat zeitig werden/ welches die natürliche Trägheit verursachet/ so da von dem Springesel kompt/ und mit der Studden Geschwindigkeit nicht zu vergleichen ist. Wo man aber von einem wilden Esel/ und einer zahmen Eselin/ einen Springer aufzöge/ wäre derselbige auch sehr nutzlich/ dann die Frucht wird gar starck und hurtig darvon werden. Jedoch so ist keine bessere Art der Maulthiere/ als welche von einer Pferdsstudde/ die ein zahmer Esel besprungen hat/ geworffen worden: Wiewol etliche den wilden Esel auf die Studden gewöhnen/ daher Plinius wider anderer Scribenten Meynung schreibet/ daß von denselbigen die beste Art herkomme/ aber der wilde Esel solle zuvor zahm gemacht und abgerichtet seyn/ alsdann so erzeuge er eine Art/ die schnell lauffe/ und harte Hüffe habe/ dieselbige werde zwar an Haar und Haut garstig und rauch/ sey auch etwas wild und anbendig/ aber freudig und frisch dabey. Gleichwol will Columella solche/ jhrer wilden Art halben nicht loben: Doch so hält ers darfür/ daß/ was von derselbigen Frucht nach und nach komme/ immer besser werde als der erste Wurff/ beydes an Gestalt und Farb/ und dann auch an Stärcke und Geschwindigkeit/ seye zwar dem ersten Stammen und Wurffe etwas gleich/ aber bendiger/ und leichter zu zähmen.

Nun ein solcher Springer soll habē einen grossen Kopf/ der nit wie an dem Pferd rahn/ sondern breit über die Nasen seyn/ mit vollen Backen und dicken grossen Lefftzen: Er soll nicht kleine Augen/ die jhm auch nicht tieff einstehen/ nicht außgespitzte/ sondern lange Ohren/ welche aber nicht hangē/ sondern aufrecht stehen: Deßgleichen weite und länglichte Naßlöcher/ und einen dicken/ doch nicht kurtzen Halß haben: Er soll auch zwischen dem vordern Bug weit/ und an der Brust fleischicht und wol gesetzt seyn: Damit er vornen/ wann er der Studden Außschlagen erleyden müsse/ wol versorget und starck/ auch weitständig sey wann er sie besteigen unnd überschreiten will: So soll auch der Rückgrad nicht eingezogen noch höckerig seyn/ sondern einen geraden dürren Beinstrich durchauß haben: Die Schulter soll oben fürgehen/ und nicht biß hinab eingedruckt seyn: Auf den Knye-Gelencken soll er fleischicht/ und über den Hindern nicht schmal noch spitz/ sondern fein rund zugezogen seyn: Auch soll er nicht einen gar langen Schwantz/ aber wolgesetzte Hüffe und Hinderdieche haben/ so kurtz sind/ und nicht außwerts bausen/ sondern voller Muschelen/ oder Geäders seyn: Grosse Hoden oder Schellen soll er haben/ die einander gleich seyen: Die Knye-Glaich

Von dem Maulesel.

Glaich sollen dick und rund / die Beine aber schmal / voll Geäder und Haut seyn / und wenig Fleisch haben / an der Farb sol er schwartz oder apffelgrau seyn: Dann die graue Farbe / so am Esel ist / ist am Maul-Thier nicht sonderlich hüpsch. Und wann gleich der Springer diese Farbe und Gestalt alle an ihm hat / so ist sich doch nicht so gar darauff zu verlassen / wann man nicht auch andere Warzeichen in acht nimmt: Dann die Leit-Hämmel / wie sie am Rachen und Zungen gesprengt / oder schäckigt sind / also erzeugen sie auch solche färbige und gesprenglete Lämmer. Darumb soll man in acht nehmen / was für Haare der Esel / so da springt / in den Augbrauen / oder was für färbige Haare er in den Ohren habe: Dann das ist gewiß / hat er allda mancherley Farbe / so erzeugt er auch einen Füllen / das gespränglet ist. Diese aber sind die hüpschsten / so da / wie auch unten am Bauch gantz schwartz sind / und bißweilen eine Plassen haben. Derwegen in acht zu nehmen / ob der Esel eine schwartze Zunge habe / so zeugt er auch eine schwartze Farb. Es sind etliche weisse Esel / die / wann sie anfangen zu grauen / gleichsam Aschenfärbig werden / die soll man auch nicht zu Springern nehmen: dann sie zeugen wol viel Maul-Thier / aber der Farb halben sind sie wenig wehrt / und nicht wol zu verkauffen.

So wil Absyrtus, man solle solche Springer außlesen / die bey den Rossen aufferzogen worden / wo man je nicht wilde oder Wald-Esel haben könte: auß welchen die besten und schönesten Maul-Thiere erzeugt würden / dieweil sie / als frey auff der Weyd und unbeschlossen / desto kühner wären. Uber das würde der Wald-Esel vor andern Thieren zahm / und nachdem er bendig worden / so würde er nimmer wieder wild.

Die Zeit / wann man die Springer zulassen soll / soll seyn ein klein wenig zuvor / ehe Tag und Nacht einander gleich worden.

Es sind auch etliche / die um der Farb willen / damit sie auff das schönste fallen mögen / dem Springer / und auch der Studten eine solche farbigte Decke überlegen / welcher Farb sie gern das Füllen hätten.

So findet man auch viel Springer / die gar schöne Füllen / von wunderbarer Farb und Gestalt / erzeugen: Bißweilen ist die Maul-Eselin gantz klein / bißweilen der Maul-Esel / und zeugen doch viel schöne / grosse und ansehnliche Füllen / und dannoch bringen dieselbige dem Bauers-Mann keinen Nutzen / dahingegen bißweilen der unachtbareste / garstigste Esel / die köstlichsten Maul-Thier erzeugt / die am meisten gelten. Etliche Springer erzeugen auch wol solche Füllen / die man hoch schätzt / die aber doch gantz muderich und selten brünstig werden. Solchen Springern nun sol man auch eine Studten understossen / die seiner Art ist: Dann gleich und gleiche bringt Liebe und Anmuth. Wann dann so ein hüpscher Esel / von seines gleichen Eselin / in die Brunst angereitzt / und lustig gemacht / auch von Geylheit verblendet ist / thut man die Eselin hinweg / und stoßt ihm eine Studten unter / damit man eine gute Zucht von ihm habe.

Darneben sind etliche Springer so geyl und ungestüm / daß man sie mit Listen stillen muß / sonst thun sie der Heerde Schaden. Dann sie reissen sich zu Zeiten auß den Halfftern / springen auff die Studten so geladen / und beissen sie in die Mänen und in den Rücken: daß ihnen aber dieser Kitzel und Geylheit vergehe / soll man sie eine weil einspannen und das Mühl-Rad ziehen lassen / wie Palladius lehret / dasselbig macht ihn etwas zähmer: und ob schon ein Springer nicht so gar muthig und geyl wäre / soll man ihn dannoch keine Studten bespringen lassen / ehe er zuvor würcklich eingespannet gewesen und gebraucht worden: dann mit der übung wird seine angeartete Thöll- und Dummheit ermuntert / und als dann etwas hurtiger auff die Studten zu springen / also / daß dadurch / als durch eine verborgene / heimliche Krafft der Saamen erfrischet wird / zu dem Geschöpffe das darvon kommen soll.

Man will noch wol was anders sagen / daß nemlich die Esel in Barbarey / die dann schön groß sind / auff keine Studten springen / die ihre Mäne oder Kamm-Haare noch hat / derwegen so bescheret man sie zuvor. Hingegen schreibt Ælianus, daß die Studte so stoltz sey mit ihrer Mäne / und hoffärtigen Gefallen daran habe / daß sie umb derselben willen keinen springenden Esel erdulde.

Es ist auch wol in acht zu nehmen / daß man einen solchen Esel zum Springer überkomme / der da / so bald er geworffen gewesen / heimlich von der Eselin weggenommen / und im finstern unter eine Studten gestossen und gesäuget worden. Dann obwol die Studte keinen Esel gerne umb sich duldet / dannoch wird sie also finsterling biß an den zehenden Tag hin betrogen / daß sie meynt / der Esel seye ein Roß-Füllin: Wann sie dann deß Esels gewohnet ist / gibt sie ihme alsdann von sich selbst zu saugen. Es bringt auch solches saugen dieses zu wege / daß der Esel die Studten desto lieber gewinnt. Wann er aber von einer Eselin gesäuget worden / sol man ihn gleich noch also jung unter die Roß gewöhnen / da wird er alsdann auch desto begieriger auff die Studten.

Einem solchen Springer soll gut Gräß / das grün ist / zu fressen geben / und er mit Gersten wol gefüttert / ihm auch zu Zeiten Saltz zu lecken vorgelegt werden. Ist er aber einer guten Art / so soll man ihn nicht zur Stund auff eine solche Studten springen lassen / die vor ihm noch keinen zugelassen / oder zuvor nicht geladen gehabt: dann sie schlägt ihn hinweg / und wann sie ihn also unlustig hinweg getrieben hat / macht sie ihn bey den andern Rossen auch verhaßt. Derhalben so nimmt man zum ersten mal einen unnützen Esel / der sich um die Studten so lang zuthu / biß daß sie sich vor Geylheit zum springen ergibt: dann thut man den unnützen wieder weg / und läst den / so guter Art ist / springen / wie Columella anderswo anzeiget.

An etlichen Orten haben die Bauren einen Pfärrich oder Noht-Stall darzu der von zweyen durchsichtigen Wänden auffgebauet/ und also eng ist/ daß die Studte sich nicht kan wenden noch umbwerffen so sie der Esel bespringt. Auch ist gegen dem vordern Theyl der Stand etwas tieffer/ also daß die Studt vorne mit der Halffter etwas unter sich gebunden steht/ und der Esel sie gleichsam gesenckt bespringen muß/ darmit sie den Saamen desto besser behalte. Man muß aber Acht darauff haben/ daß die Studte nicht nach dem Esel/ von einem Hengste besprungen werde: dann wie Aristoteles sagt/ so verderbt der Hengst deß Esels Saamen/ da deß Esels Saamen den Pferds Saamen nicht verderbt.

Nun so viel von dem Springer. Wann dan die Studte ein Maul-Thier geworffen/ kan man es ein Jahr under der Studte saugen lassen/ wie Columella und Palladius haben wollen: wiewol Aristoteles, umb die Studte nicht zu verderben/ nur sechs Monat lang setzet. So man es aber je abstößt/ soll man es an rauhe/ wilde Oerter lauffen lassen/ da werden ihnen die Hüff und Sessel hart/ also/ daß sie hernach wol arbeiten und gehen können: Wo sie aber im Gemöß und Lättigem Boden aufferzogen werden/ man die Hüffe weich und linde. Aber wann ihnen zum ersten mal in die Weyde schlagen oder treiben/ soll man den Soffer an die hand nehmen.

Der Maul-Esel ist biß auff seine sieben Jahr mächtig zu springen/ und Junge zu machen/ aber die Maul-Eselin wirfft nimer nichts: dann das Weiblein ist kälterer Natur dan das Männlein/ thut auch nichts zur Sach/ wovon ein lebendiger Leib könne erzeugt und ernähret werden.

Wol ist das jenige wahr/ was Alcmeon (wie Plutarchus von ihm vorgibt) hievon schreibet/ daß weder der Maulesel noch die Mauleselin Fruchtbar seyn: der Maulesel umb deß willen/ dieweiln sein Saamen zu kalt und dünn: Die Maul-Eselin aber/ weil ihre Gebär-Mutter beschlossen/ und die Fluß-Röhre nicht offen. Empedocles setzt hinzu/ daß der Wanst zu klein/ zu niedrig/ und zueng/ und über zwerch in dem Bauch hange/ darein der Saamen nicht stracks fallen/ und auch nicht darin bleiben könne. Diocles bestätiget solches auch/ und sagt: daß ers offtermals im Auffschneiden der Thier/ wie obgemeldt/ befunden habe/ und schier vermeyne daß etliche Weiber umb der Ursachen willen auch unfruchtbar seyn. Dann (spricht Aristoteles) es hat sich wol begeben/ daß eine Maul-Eselin geladen/ hat es aber nicht können zum Leben bringen. Daß aber eine Maul-Eselin in zwey auff einmal geworffen/ ist ein Wunder und Bedeutung gewesen künfftigen Unfalls/ der nichts gutes mit ihm bringen würde. Doch achtet Albertus Magnus solches nicht für so gar böß: Dann er saget/daß an warmen Orthen auch die Maulthiere werffen/ weil die äussere Hitz die innere Kälte deß Thiers ersetze. Und in dem Stück halte ers fast mit dem Varrone, der da sagt: Man wisse wol/ daß zu Rom mehrmalen ein Maulesel geworffen habe. Mago und Dionysius schreiben/ daß Maul und die Studte werffen im zwölfften Monat/ nachdem und wann sie geladen haben: Was für ein Wunder-Zeichen ist es dann/ so in Italien ein Maulesel wirfft? Die Dattel-Bäum tragen in Syrien Kerne/ in Italien keine. Die Schwalben und Störcke brüten Junge auß bey uns und in Italien/ da sie selbige in andern Landen nicht hervorbringen. Columella thut hinzu/ daß es in Africa eben so gemein sey/ daß die Esel werffen gleich wie die Pferde.

Democritus meynet/ wann der Samen nicht einerley sey/ könne die Mauleselin nichts zur Welt bringen: zudem so habe sie nicht eine Bärmutter/ wie andere Thier.

Aristoteles thut sein Theyl auch hinzu/ und streitet wieder etliche/ doch mit viel subtilerm Grunde/und saget weiter: Die Eselin behält den Saamen nicht/ sondern drückt ihn von stund an/ nach dem springen von ihr. So ist auch der Esel an ihm selbst kalter Art/derhalben muß sein Saamen zu der Frucht/ der Kälte halben auch untauglich seyn.

Alexander Aphrodiseus saget/ Die Maul-Eselin ist unfruchtbar/ darumb dieweil sie von solchen Thieren/ die nicht einerley sind/ erzeuget worden: dann die Vermischung deß Saamens/ der an Gestalt und Art ungleich/ der macht etwas über seine einfache kräfte/die er gleichsam gar auß tilget: als wie zu sehen/ wo man weiß und schwartzes unter einander mängt/ da diese beyde an sich selbst einfache dichte Farben ihre Eigenschaft verlihrē/ und gleichsam etwas braunes darauß wird/ welches sonst der Farben keine an ihr selbst ist: derhalben auch allhier die Gestalt der Frucht außgetilget/ und alle taugliche Aenlichkeit (die sonst eine Schöpfferin ist gewisser und unzertrennter Dinge) zerstöret wird.

Ob nun schon Aristoteles in diesem stücke wider Democritum ist/ daß nemlich auch andere Thier/wann sie schon von zweyerley Gättungen der Thiere/als wie der Maulesel/ erzeuget worden/ als wie an den Zwyydornen/ oder Zwyttern der Hunde und Wölffe/ oder Füchse/ deßgleichen mancherley Habichen/ Hüner und Räb-Hünern zu sehen: so sind doch dieselbigen allein an der Gestalt/ nicht aber so viel an der Art und Natur/ wie das Pferd und der Esel einander unähnlich/ wie dan Aristoteles selbst bekeñt/ daß das eine kalt/ daß andere hitzig sey. So sagt Hesychius/ sein Same sey wässerig/ eben wie Molck oder Käs-Wasser/ und dahero zu der Ladung oder Empfängnuß untauglich.

Der Maul-Esel/ sagt Aristoteles, sey allweg zahm/ das mag wol wahr seyn: aber einmal ist kein Maultier nicht/ es hat einen heimliche böse Tück in ihm/ die ihm auch/ biß es verreckt/ nimmer vergeht/ wie den jenigen gnugsam bekañt ist/ so etwan deß Thiers gewartet/ oder auff dasselbige Acht gegeben haben.

Absyrtus sagt/ wann das Pferd sich für etwas förch-

Von dem Maulesel.

förchte oder scheue / so lasse es solches bald mercken/ da sich dann der Reuter fürsehen könne: Aber der Maulesel erstaune und erbebe dermassen vor jeder ungewohnten Sach / daß der/ so es reite/ in grosser Gefahr sey: Dann seine Art sey nirgends dem Menschen so getreu und gehorsamb als wie des Pferdes Art. Welches auch einer zu seiner Zeit/ als er im Jahr 1532. zu Siena, oder Senis in Tuscanen/ bey Herrn Ambrosio de Nutis, der Artzney Doctorn, und Professorn, wie auch deß Raths und Legaten derselbigen Statt/ gewohnet/ von sich schreibet/ daß er es selbst würcklich erfahren / wie diß Thier vor Schrecken gantz und gar verderbt und scheu gemacht werde. Dann (sagt er) als ich auf eine Nacht auß Befehl gemeldtes Herrens Ambrosii, in die schöne/ und einem irrdischen Paradeyß nicht ungleiche Carthauß/ Belvedere genannt/ reiten/ und durch einen Wassergraben setzen will / so weiß ich nicht/ wofür der Esel sich scheuhet/ und hinder sich staunet: Und wie er auß dem Wasser kam/ that er viel Schläge/ und wolte nimmer fort. Ich/ als der solches am Thier nicht gewohnet war / weil ich selbiges zuvor allezeit in seinem Gange hurtig befunden hatte/ ritte dißmahl ohne Sporen an Füssen/ führte sie aber am Sattelknopf bey mir/ ich erwischte sie / und stach das Thier in die Seyten/ es solte fortgehen: Je mehr ich trieb/ je mehr es sich aufleinete: Stach ichs denn mit den Sporen zwischen die Ohren/ so schlugs hinden auß: Und kurtz davon zu reden / ich konte dieselbige halbe Nacht nicht eine viertel Meyl mit fortkommen. Auch nach diesem / so offt ichs für das Thor hinauß in das Feld brachte / war nichts als hinten außschlagen/ also/ daß in kurtzem niemand mehr darauf reiten konte/ sondern / da es zuvor für das beste Thier in der Statt geachtet worden/ muste man es jetzund under dem Bast/ oder gemeinem Gutte verkauffen/ da es ohn Zweiffel eher zu todt geladen worden / dann daß es sein Außschlagen underlassen hätte.

Und ob wol Plinius vom Wein sagt / daß er helffe / so derselbe dem Maulthier offtermals zu sauffen gegeben werde/ so ist doch zu besorgen/ er hätte da nicht geholffen. Es sagt auch C. Calcaginus im 2. Buch seiner Sendbriefe an Thomam Calcaginum, seines Bruders Sohn/ da er jhm antwortete auf diese Frag: Auß was für Ursach die Affe und andere vierfüssige Thier/ so da Wein trincken/ keine Hülfe haben? Etliche sagen/ (spricht er) es köme daher/ weil der Wein eine durchdringende Krafft habe/ die vast lindere oder weich mache/ derwegen dann die grossen Trincker gar leichtlich contract werden/ indem jhnen der Wein die Spannadern zerfäßlet. Wann dann/ wie Plinius fürgibt/ der Huff nichts anders ist/ als ein Wischlein auffgeworffener und dicker Spannadern/ oder wie etliche andere sprechen/ ein vermaseret verwartzet Fleisch/ mag es leichtlich sich begeben daß es der Wein mit seiner Krafft aufweiche/ und zerfäßle. Etliche schreiben/ die Dämpffe und blutige Feuchtigkeiten/ deren viel auß dem Weintrincken kämen / sollen diese übrige schwöllichte und schiferige Uberflüssigkeit erlindern/ und gleichsam faulend machen: Wie man sihet/ daß auch das Wasser und der Essig thut. Dann das Wasser erweicht das Getreyd und Gemüß/ ja es erlinderet/ das sonst nicht zu kochen zu seyn sich beduncken läst. So zerschmältzt der Essig das Bley/ also/ daß darauß Bleyweiß werden kan. Ja ein Ey macht er so zähe/ daß es sich auch mit der Schalē/ gantz durch einen Fingerring ziehen läst. Hierauß nun leichtlich zu schliessen/ warumb die Alten vermeynt/ daß das Weintrincken die Maulesel so da außschlagen/ kirrer mache. Dann weil also durch die Dünste deß Weins der Huff erlindert wird/ woran der Fäßel gleichsamb keinē Schirm mehr hat/ und sie dann ohngefähr an etwas hartes schlagen/ so empfinden sie wol/ daß sie jhnen selbst wehe/ sonst aber keinen Schaden gethan haben/ wollen derhalben nicht mehr so böß seyn / und lassen nach. Eben wie der Hirsch / der sich selbst für schwach erkennt/ zu der Zeit / als jhm die Natur sein Gehörn genommen/ derowegen er sich nicht hervor thut/ so lang/ biß er empfindet/ daß sie jhm wieder wachsen.

Dieses Thier / wann es Heerdweise beyeinander gehet / ist es einander gar getreu / also / daß ein Sprüchwort entstanden / (Mulus scabit mulum) ein Maulthier krauet das andere / diewril sie mit den Zänen einander kratzen. Item Varro sagt / daß auf eine Zeit ein Wolff under eine Heerd Mauleseln kommen / da wären sie zusammen geloffen / und hätten den Feind zu todt geschlagen.

Zur Arbeit und zum Saumen oder Lasttragen ist diß Thier trefflich starck / wie auch zum Reiten gut / also / daß die Reichen und die Aertzte / sonderlich in Italien / sich lange Zeit her der Sänffte halber / nicht besser berittener geachtet / dann auf einem Maulesel.

In Franckreich / Engelland / und auch in Teutschland / ist dieses Thier mit andern außländischen Völckern und Sitten / jetzund auch in Brauch kommen. So haben die Alten in Griechenland und anderswo keine Roß für den Wagen gespannet / als allein Ochsen oder Maulesel. Dann im Acker und Wagen gehet diß Thier gerad / und machet ebene Furchen / das Feld wol zu bauen; Doch muß der Boden denes reissen oder zackern soll / nicht zu lättricht und schwer seyn.

Das Weiblein wird mehrentheils grösser / hurtiger und lebhaffter von Leib / als das Männlein / auch veraltet es langsamer. Sie werden gar alt / also / daß sichs befunden / daß einer biß in die achtzig Jahr gelebt. Und wie die Mauselin zum Reiten köstlicher / also ist der Maulesel zu der Bürden und zum Saumen tauglicher und stärcker.

Der Maulesel hat einen gar starcken Geruch / durch den sie offtermals / wann sie ihren Weg verlohren haben / die Straß wieder treffen.

Es hat auch etwas Merckambkeit in ihm: Dann Ælianus schreibt / daß auf eine Zeit under den Maulthieren eines / so mit Saltz geladen / hin und wieder geschickt worden / ohngefähr in das Wasser / dardurch es gehen müssen / gefallen sey / also / daß das Saltz mit Wasser etwas zergangen und zerflossen / als nun der Maulesel wiederumb auffkommen / habe er empfunden / daß er leichter / als zuvor trüge / und solches gemerckt / auch hernach / so offt er durch das Wasser gegangen / sich allemahl nidergelegt / biß das Wasser über das Geschirr geschlagen / darinnen er das Saltz getragen / und noch darzu von einer Seyten zur andern geneiget und untergetaucht / so viel er gekönnt. Thales / als er diesen Possen vernahm / befahl / man solte / an statt des Saltzes / in die Geschirre Schwämme und Wolle legen / und dann den Maulesel wieder durch das Wasser treiben. Als sich der Maulesel seiner Gewohnheit nach wieder legte / kroch das Wasser in die Schwämme und Wolle / welches der Esel bald empfand und spührete / daß ihm seine vorige List nicht gerathen / und seine Bürden schwerer worden / als vorher: Derohalben gieng er nachgehends so zahm unnd bedachtsam durch das Wasser / daß er gleichsamb seiner selbst schonete / damit er sich nur nicht besprützte / und sein Saum das Wasser anrührte. Dieses erzählet auch Plutarchus.

Avicenna schreibet / daß etliche Maulesel rasend worden / und ihre eygene Herren gebissen / die hernach auch unsinnig worden / und sich zu tod gewütet.

Nun schiessen von deß Maulesels Beissen und Beschädigen bißweilen rothhitzige oder gantz bleiche Blätterlein auf / also daß etliche vermeynen / der Biß seye vergiefft / und zwar nicht unbillich / dann es schlagen offt grosse Zufäll / und schwere Schäden darzu / bevorab / so das Weiblein jemanden verletzt / dessen Geyffer gar übel fäulet / und durch des Thieres Zorn noch mehr erhitzet / des gebissenen Menschen Feuchtigkeit und Geblüt etwz verändert: Dahingegen das Männlein zwar etwas stärcker beist / aber nit so schädlich / dann sein Schaum ist nicht so vergiefft und fäulend. Bißweilen gestehet dem Gebissenen der Harn / und wird alle seine wässerige Feuchtigkeit in Schweiß verkehrt. Bißweilen so folgt auch das Grimmen darauf / da muß man die Artzney brauchen / als ob einen eine Katz gebissen hätte / und der Schaden mit Wasser / darinnen Nepten oder Katzenkraut gesotten worden / stäts besprengt und erkühlet werden.

Was von dem Maulthier gut zu nutzen.

OB des Maulesels Fleisch gut oder nicht gut zu essen / kan man eben bey dem Esel unnd

Pferd

Von dem Maulesel.

Pferd abmercken/ darumb viel darvon hieher zu setzen unvonnöthen.

So ist die Haut über das/ daß sie zu Drömmeln oder Paucken gebraucht wird/ auch sonst bißweilen mehr die Frucht im Leibe abzutreiben/ als zu fürdern geartet. Dann Kiranides schreibet viel von vorwitzigen und abergläubigen Menschen/ dz sie an der Unfruchtbarkeit deß Maulesels abgenommen hätten/ daß/ weil dieses Thier nicht bärhafft/ man von demselbigen und seinen unterschiedlichen Gliedmassen/ mancherley Artzney innwendig in Leib einzunehmen/ und auch außwendig zum Uberlegen und Anstreichen/ bekommen und haben könte/ umb die Frucht und Geburt des Menschen abzutreiben. Welches aber/ wie auch das/ was hernachfolgt/ nicht darumb daher gesetzt wird/ daß leichtfertige Leute solches gottloser Weise probiren und nachthun sollen; Sondern nur damit man GOttes wunderbare Allmacht und Fürsehung in seinen Geschöpffen erkennen möge/ indem nicht allein alle und jede Thiere ihre besondere Eygenschafften/ wie auch ihren Nutzen und Schaden haben/ sondern auch eben so wol in anderen erschaffenen Diengen/ als: Laub/ Graß/ Wurtzeln/ ja in den Elementen selbsten/ als auß denen solches alles erzeuget wird/ widerwärtige/ nemblich gute und böse Würckungen/ und unterschiedliche Kräffte gefunden werden. Derohalben wird nachmahlen auffs zier- und feyerlichste protestirt/ daß niemand sich dessen/ was allhie an diesem Orte/ und so folgendlich in diesem gantzen Buche/ guter/ ehrlicher und Christlicher Meynung/ und zum Preiß der Wunderwercke Gottes/ von so grosser Heimlichkeit der Thiere und ihrer Art/ auß anderer Völcker ihren Büchern und Sprachen zusammen getragen worden/ zu seiner Schalckheit Deckel gebrauchen wolle/ eine jede Christliche Obrigkeit wird verhoffentlich und unmaßgeblichen solche Landstreicher/ Hexenmeister/ Kupplerinnen und Unholden/ als einen bey Gott und der Ehrliebenden Welt verhasten Abschaum/ schon zu straffen wissen.

Deß Wiseleitts linckes Hödlein in die Haut eines Maulthiers verwickelt/ oder beyde im abnehmendem Mond demselben außgeschnitten/ in diese Haut eingebunden/ und darnach davon zu trincken geben/ macht unbärhafft.

Wo jemand in ein Maulthiershaut die Kolen von Tamariscen/ die in eines Kamelthiers Urin außgelöschet worden/ stößt/ und darin dasselbige einem Weibe anhenckt an den Arm/ so bleibt sie unbärhafft.

Das Ohrenschmaltz von dem Maulesel/ so es in Hirschenhaut eingewickelt/ und nach dem Monatfluß dem Weib an den Arm gehenckt wird/ macht sie auch unfruchtbar. Etliche die hencken es mit weisser Wolle an/ die andern trincken es auß Wasser. Dergleichen thut die Bibergeyl/ wann sie mit diesem vermischt: Oder so man nimbt die Kerne von Pöonienrosen/ (ist der Pöoniensame/ oder/ wie es andere verstehen/ Schellkrautsaamen) sie stößt/ und mit dem Ohrenschmaltz vermischt/ und drüber schmieret/ so macht es auch unfruchtbar.

Wann der Maulesel schaumpt/ und derselbe Schaum mit Baumwollen auffgefaßt/ und als ein Zäpflein eingesteckt wird/ hat es gleiche oder mehr Krafft/ also/ daß nimmer keine Frücht kompt.

Wann jemand sich übel verbrennt hat/ und die Haut vom Maulesel pulvert/ und über deß Bränd legt/ so wird er wieder heyl. Dazu heylt das Pulver die Geschwär/ die da nicht hitzig sind/ sondern von kälter Feuchtigkeit kommen. Item wo einen die Schuhe gerieben. Deßgleichen ist es gut wider die Fisteln/ oder Röhrwunden.

Das Hertz des Maulthiers gedörrt/ und mit Wein gesprengt/ hernach gepülvert/ oder zu Pulver gestossen/ und nach dem Monatfluß oder Reinigung eingegeben/ macht unbärhafft/ wie Sextus sagt/ da aber der Aggregator die Leber dafür setzt.

Die Nieren deß Maulthiers mit Sarbaumiser Rinden (welcher Baum sonst Bellen/ oder Päppelbaum geheissen wird) gestossen und getruncken/ soll auch unbärhafft machen/ wie Dioscorides fürgiebt.

Das Kraut Steinfärren/ so man sonst Lateinisch Scolopendrium, oder Asplenum und Hemionion, das ist/ Miltzkraut/ nennet/ wann man es mit dem Miltz eines Maulthiers auf eine Nacht/ da der Mond nicht scheinet/ anhenckt/ soll auch unfruchtbar machen/ wie Serapio und Avicenna schreiben.

Wann man die Höden eines Maulesels alle beyde in desselben Haut einwickelt/ und über ein Weib auffhenckt/ kan sie nicht gebähren/ so lang sie über ihr hangen. Brennt man die Höden zu Pulver/ und henckt sie dem Weib an den Arm/ so thut sie deßgleichen: Und trinckt eine Jungfrau darvon/ wann und nach dem sie ihre Reinigung zum ersten Mahl gehabt/ so empfängt sie nimmer mehr.

Wann eine Weibs-Person deß Thiers gepülverte Leber in Wein trinckt/ so wird sie auch unfruchtbar.

So die Bärmutter eines Maulesels mit Esel- oder andern Fleisch gekocht wird/ und ein Weib unwissend davon isset/ kan sie nimmer mehr keine Frucht zur Welt bringen/ spricht Rasis und Kiranides. So machen auch die scheinenden Käfeklein/ die deß Nachts glänzen/ als ob sie feurig wären/ und man daher Lampyrides, das ist/ Feuerkäfer nennet/ unfruchtbar/ wann sie in die Bärmutter dieses Thiers gewickelt/ und dem Weib angehenckt werden.

Der Huf dieses Thiers ist auch zu vielen Dingen nutz: Dann wann er gebrennt/ und dieselbige Aesche mit Myrrhenöl angerührt/ und dann angeschmieret wird/ bringt sie das außgefallene Haar wieder. Etliche rühren Essig und zerlassen Bech darunter.

So jemand am Hindern/ oder an der Schaam Geschwär und Schäden hat/ so ist diese Aeschen gut/ wann man sie drein streuet. Eben dieser Hüff/

wann er dem Weib angehenckt wird/ macht/ daß sie unbärhafft wird.

Gleich wie droben bey dem Esel gemeldet worden/ also sind die schieferigen Wartzen zwischen deß Maulthiers Gebeinen auch gut/ wann man dieselbigen abschabt/und das Abgeschabte davon auß Honigessig bey dreyen Schlücken außtrinckt/ denn solches soll die fallende Sucht stillen / wie Plinius schreibet.

Nimb dieses Geschabte/ legs auf eine Glut/ stelle den Patienten darüber / der da die Harnwinde hat / und bähe ihn also darüber / daß der Rauch mit den Kleydern gedeckt sey/ und nit herauß kommen könne/so wirstu Wunder sehen.

Den Schaum / so der Maulesel zum Maul außwirfft/ fasse auf/ und gieb dem/ so das Brustgesperr oder Keychen hat/ davon nach und nach/ auß warmem Wasser zu trincken/ so wird der Mensch gesund: Aber das Maulthier muß sterben/sagt Marcellus.

Den der Miltz sticht/ der nehme Maulthierskoth in Honigessig ein zu trincken/ es heylet ihn gewiß/wie eben dieser Marcellus erinnert.

So ein Weibsbild ihre Reinigung zu viel hätte/die laß ihr Maulthierkoth brennen/ hernach stossen und fein rein durch ein Sib lauffen/ trincke dann solchen auß Wein/ so wird ihr geholffen/ schreibt Hippocrates.

Der Harn vom Maulthier/ so der mit seinem Koth angerührt/ und über ein Krähen- oder Hüner-Auge an den Füssen/ so die gemeinen Leute auch einen Leichdorn/ die Lateiner Clavum nennen/ gestrichen wird/ heilet er den Schaden. Deßgleichen soll der Koth auch von einem Maulesel seyn/ wann der Harn von einem ist: Ist aber der Maueselin Harn da/ so soll auch ihr Kath dabey seyn.

Denen so das Podagram haben/schreibt Ægineta in seinem siebenden Buch ein solche Artzeney vor: Nimb 2. Maß Maulthiersharn/ Silber-Schaum oder Glätte 2. Pfund/ altes Oels dritthalb Löffel voll/die reib so lang undereinander/ biß ein dünnes Pülverlein eben wie Strigleten darauß werde/ siede es hernach ein/ biß daß es nicht mehr an den Fingern klebt/ und alsdann streich es über den Schaden/ oder das Glied/ so mit dem Podagra behafftet ist.

Wann ein Weib dieses Thiers Harn mit Teuffelstreck (Assa fœtida genannt) einer Bonen groß einnehmen thäte/ gebähre sie nimmermehr.

Aber Plinius schreibet in seinem dreyssigsten Buch seiner History am 15. Cap. daß die Unbärhafften gleich müsten empfahen / wo sie solches Haar umb sich gürteten/ das der Maueselin auß dem Schwantz gezogen worden / wann sie vom Maulesel besprungen und geladen worden. Solches muß ein Zeichen seyn/ daß die Maulesel nit an allen Orten und nit gar unbärhafft sind.

Wann man die Schafe in einen Stall stellet/ darinnen zuvor Esel oder Maulesel gestanden/ werden sie gern räudig.

So gar wunderbarlich ist die Natur die dem Menschen so unglaubliche und unversehene Artzney zubereitet hat: Gestalt über das alles Plinius noch dieses meldet/ daß/ wo jemand das Hörübel oder Hauptwehe hätte/ daß er gar unsinnig davon worden/ aber den Staub darinnen sich ein Maulesel gewälgert/ nehme / und den über sich herab schüttele/ die grosse Marter ihm vergehen würde.

Hieronymus Cardanus schreibet/ daß die jenigen/ so da Giefft gessen oder getruncken/ indem ihnen damit vergeben worden/ sich in solcher Noth in einen aufgeschnittenen Maulesel / oder in ein Kamelthier nehen lassen sollen/ weiles noch frisch und warm sey: Dann dieselbige Wärme zertreibe das Gifft / und bringe alle Lebens-Geister und Kräfften wiederumb zu rechte / und zu ihrer natürlichen Stärcke.

Was in gemein der Maulesel vor Nutzen in der Artzney habe/beschreibet Becherus in folgenden Reymen.

Das ohnfruchtbahre Thier / so man Maulesel nennet/
Mit viererley es sich zur Apotecken wendet:
Die Leber (1)/ und die Klau (2)/ der Harn (3)/ wie auch der Koth (4)
Den Menschen helffen sie auß mancher Angst und Noth.

1.

Die Leber/ Nieren/ Hertz/ der Schaum wie auch die Geylen
Unfruchtbar machen sie/ thun Fruchtbarkeit verweilen.

2.

Die Huffe macht zur Asch/so ist sie schon bereit
Darvon getruncken/ macht und bringt Unfruchtbarkeit.

3.

Man sagt Maulesels Harn / der solle mächtig taugen (augen.
In Wartzen auf der Haut/ wie auch in Hüner-

4.

Der Koth der wird verbrennt/ zum Pulver dann bereit/
Getruncken/stillet er zu starcker Weiber Zeit.

Von der Wartung deß Maulthiers und seinen Zufällen.

OBwol hernach/ drunten in der Beschreibung deß Pferdes/ viel gesagt werden soll/ wie diesem Thier zu helffen/ wann es einen Mangel oder Kranckheit bekompt (dann Esel/ Maulthier/ Pferd und Rindvieh/ erfordern fast einerley Artzney in gleichen Mängeln; So soll doch/weil in der Beschreibung deß Esels gemeldet worden/daß bey diesem Thier von seiner Artzney eines unnd das andere sollte mit eingeführet werden/nunmehr allhie ein weniges mit einlauffen/ was dieses Thier insonderheit angehen und betreffen thut.

Die gemeine Artzney bey allen Thieren/ist die Aderlaß / da ihnen/ durch die Verminderung deß Gebluts/ auch der Gebrechen geleichtert wird. So aber das Maulthier den Ritten hat/ gibt man ihm rauhen Köl zu fressen.

Ist

Von dem Maulesel.

Ist das Maulthier dämpffig/ so läßt man ihm eine Ader springen/ schütt ihm alsdann ein halb Maaß Wein / darinnen ein Loth Weyrauch-Oels/ wie auch ein Maaß Andorn-Safft zu gleich in den Halß hinein.

So das Maultier hinden gleichsam krampffig wird/ oder ihm sonst Geschwär daselbst auffbrechen und anwachsen/ so bindt man ihm Gersten-Meel darüber/ hauet den Eyter auff/ und trocknet ihm solchen wol auß mit einem Leinen-Tüchlein/oder man schüttet ihm der besten Saltz-Brüh/ Garum genannt/ mit einem Pfund Oel/ eine halbe Maaß voll durch das lincke Nasenloch ein. Doch soll man darunter mischen ein Eyerklar oder vier/ da der Dotter von gesondert sey.

Darmit aber jedermann diß Wörtlein/ Garum, wann es ins künfftig weiter vorkommen solte/ verstehen möge/ was Garum sey/ und wie diese Saltzbrüh gemacht werde/ist zu mercken/ daß diß Wörtlein von dem Griechischen Worte γάρον Garum, herkomme/ und keinen sonderlichen Lateinischen Namen habe: doch ist es vormals Liquor sociorum, das ist/ Gesellen-Safft geneñt/ und auß einem Fische/ den die Griechen zu erst Garon geneñt/ gemacht worden. Das Eingeweide desselbigen Fisches/ wie auch das andere/ das man sonsten darvon hinweg wirfft/ beitzten sie (wie Plinius schreibt) in Saltz ein/ alßdann ward auß demselben eine Lacke/ die sie Garum nannten. Nun sind etliche/ als Jovius, die schreiben/ daß man hernach/ an statt deß Fisches Gari, den Scombrum gebraucht. Celius Aurelianus meldet/ man habe den Fisch Silurum darfür und darzu genommen/ da dann etliche Teutsche/ sonderlich in Schwaben/ und an der Thonau/ den Silurum einen Scheiden/ Waller/ oder Wels/ und andere einen Nil-Hausen/ oder Stil-Störh nennen/ wiewol Ausonius sagt/ man finde denselben auch in der Mosel. Der Scombrus aber ist ein Schwefelgelber Fisch/ der im Spanischen Meer gefunden/ und sonst eine Makrell genennet wird/ auß welchem obgemeldter Safft gemacht worden/ der war vorzeiten bey den Römern in so hohem Wehrt gewesen/ daß man kein Geträncke theurer angeschlagen. Wo aber auß solchen Fischen die Lacke/ oder Brühe nicht möchte zu wegen gebracht werden/ brauchte man an ihre statt auch Fisch-Brühe/ die auß sonst anderen schlechten und kleinen Fischlein/ die von dem Regen zu wachsen pflegen/ und Apuæ genannt werden/ gemachet ward. Die im Friaul machtens auß dem Eingewayd deß Meer-Hechts/ und ward dise Lak letzlich zur Schleckerey und Wollust also zugericht/ daß sie nicht anders als wie sonst ein alter Goldgelber Wein anzusehen/ und auch zu trincken war.

Wie aber solche Brühe gemacht werde/ darvon ist kürtzlich dieses zu wissen: Nim̃ kleine eingesaltzene Fischlein/ als Sardellen oder dergleichen/ alß Kreßling/ Gründeln/ Laugeln/ ꝛc. Sind sie aber nicht eingesaltzen/ so beitze sie ein klein wenig ein in Saltz/ nim̃ derselbigen Fisch-lein ein halbe Maaß/ daran thu Wein anderthalb Maaß/ der gut/ alt und starck ist/ sied es zu saiffen in einem irdinen Geschirr/ also/ daß zween Theyl einsieden/ und allein der dritte Theyl überbleibe/ seige es dann durch ein sauber leinen Tuch so lang es lauter ablaufft/ und so offt biß du es lauter haben kanst. Alsdann thu es in einen gläsern Guttern/ oder Gläsernes Fläschlein/ welches unten rund und weit/ oben aber einen langen/ engen/ und etwas gekrümmeten Hals/ wie eine Gurgel / und daher auch den Namen Guttur hat/ Laß es darinnen sich abkühlen/ und brauche es hernach.

Bißweilen/ wann etwann der Maul-Esel solche Geschwär hat/ so brennet oder schneidet man sie ihm auch auß.

So sich das Blut dem Maul-Esel in die Schenckel setzt/ so läßt man es ihm unten an Füssen durch eine Ader auß/ wie auch den Pferden: Oder man gibt ihnen das Kraut Veratrum, so die Bauren Nieß- oder Christ-Wurtz nennen/ zu fressen.

Wann man Bilsem-Samen stößt/ und daßselbig Pulver ihnen mit Wein einschüttet/ heilet es ihnen eben denselbigen Gebrechen.

Wañ der Maulesel abnim̃t/ mager wird/ und nicht zunehmen will/ oder sonst schwindet/ so gebe man ihm dieß Getränck zum offtern mal ein/ nem̃lich: ein Loth gestossenen Schweffels/ ein rohes Ey/ und pulverte Myrrhen/ wenig mehr dañ ein quintlein/ dieses alles mische man unter einander.

Wann der Maul-Esel den Husten/ oder sonst das Krimmen im Leibe hat/ hilfft ihm die erstverzeichnete Artzney auch. Doch genäsen sie nimmer besser und eher von dem schwinden und abnehm̃/ als so sie Medicam, das ist Spanische Wicken/ und zwar grün/ mit sam̃t dem Kraut essen: oder wann sie nicht zu spät gedörret worden/ so füttern sie das Vieh/ an statt deß Hews/ gar wol: doch muß man ihnen derselbigen nicht zu viel fürwerffen/ sonst überkommen sie zu viel Bluts/ und werden sträñig.

Wañ der Maulesel ermüdet und heisser worden/ so stößt man ihm Speck ein/ und schütt ihm guten Wein in den Hals: auch sol man ihn zur stund entladen/ absatteln/ und im Staub wältzen lassen vor dem Stall/ oder auch auff der Strassen/ wo es sich schicken will.

Daß dem Maulesel der Hals und Mäne nit auffspalte/ oder wund werde/ so nim̃ Schwein n̄ Speck zwey pfund/ und ein Maaß Essig/ laß den dritten Theyl einsieden/ seyhe es darnach fein lauter und mach ein Salben darauß/ und schmier es darüber.

Andere mehr gemeine gebrächen dieses thiers/ und wie dieselbige zu heylen/ sind darunten bey Pferd zu finden.

Nur noch dieses ist allhie zum Beschluß nicht zu vergessen/ daß Vegetius sagt/ wo ein Maul-Esel eine schwimmende Enten erblicke/ und das Krimmen im Wanst habe/ so vergehe es ihm zur stund. Wäre (wo es wahr ist) eine sonder- und wunderliche Chur und Artzney. Et-

Etliche lustige Historien vom Maul-Esel.

AEsopus dort unter der Zahl der sieben weisen Meister/ erzählt bey dem Plutarcho/ gar ein schönes stücklein vom Maul-Esel/ uñ die zu vermahnen/ so da hoch hinauß wollen/ aber nicht betrachten/ was ihr Stamm und Herkommen seye/ und spricht:

In Lydien war ein Maul-Esel/ der kam an ein stilles Wasser/ und wie er seine Grösse und Gestalt deß Leibes erblickte/ streckte er den Hals über sich empor/ fieng an darvon zu lauffen/ und wolts einem Pferd gleich thun/ rühelte und stellte sich nun frölich genüg. Ein kleines hernach besann er sich/ dann es fiel ihm ein/ daß er einer Eselin Sohn wäre/ da stund er still/ hörte auf zu schreyen/ und damit vergieng ihm auch sein Stoltz und Hochmuth.

Daselbst trug sich auch noch ein anderer lächerlicher Possen zu/ auff diese Weise: Einsmals stellten etliche grosse Herren ein Rennen an/ und zwar also/ daß im selben allein Maul-Esel innen lauffen solten/ darzu kam auch Simonides, ein berühmter Poët, dem ward von dem/ so das Beste gewonnen/ zugemuhtet/ Er solte ein Lob-Gedichte von ihm machen/ und seinen Sieg preisen/ bot ihm dargegen einige/ doch schlechte Verehrung an. Den Poëten verdroß/ daß seine Kunst solte so geringe geachtet werden/ schlügs ab/ und wolte nichts machen. Da das der Gewinner vermerckte/ verhieß er ihm eine ehrliche reiche Belohnung für ein solches Lob-Gedichte. Simonides hätte gern das Geld verdienet/ und daurete ihn doch/ daß er viel Wesens machen solte von Maul-Eseln: Gleichwol machte er ihm etliche Verße in seiner Sprache daher/ welche/ ihrem Inhalt nach/ verteutscht ohngefehr also lauten:

Die Pferds-Töchter fliehen wie Pfeile davon!
Ich lob sie/ nur daß ich bekomme den Lohn.

Auß welchen Worten dann zu mercken/ daß der Poët nicht sagen wollen/ daß sie auß ihrem Geschlechte/ der Eselin/ als einem so verachtetem Thier/ erzeuget wäre/ sondern von einem Roß oder Pferd/ als welches etwas ansehnlicher/ ihr Herkoñen hätten. Also muß sich der krümmen/ schmiegen und biegen/ der da nicht gar schöne sächen/ umb Gelds willen/ loben und heraußstreichen will.

Weil auch das Thier zum saumen so leidlich und starck/ ist gleichsam ein Spruch-Wort entstanden von arbeitsamen Leuthen/ daß man sagt/ er kan es alles er-eselen/ oder dieser Mensch eselt sich noch zu Tode; Ist zu verstehen von einem/ der alle Bossel-Arbeit/ und was ihm seine Herrschafft anmuthet/ williglich außrichtet und zu thun nicht scheuet. Darum auch (wie oben schon bey dem Esel Erwehnung geschehen) die Krieges-Knechte deß Römischen Feld-Herrns Marii, von anderen/ Gespötts-Weise/ Marii Maul-Esel geheissen wurden. Auß Ursachen/ dieweiln derselbe seine Knechte gewöhnet hatte/ daß sie deß Tages beydes einen weiten Weg marchirten/ und dann auch ihre Rüstung/ Nahrung und anderes/ ohne allen Troß/ zusampt dem Gewehr mit sich schleppten/ auff Kästlinen/ die sie auff den Rücken gebunden hatten/ eben wie ein Maul-Esel den Saum-Sattel.

Zu Athen hat einsmals ein Maul-Esel biß in achtzig Jahr gelebet/ der ward deßhalben aller Arbeit überhaben/ und auch ledig gelassen. Da begab sichs/ daß zur selben Zeit Pericles im Schlosse einen Tempel bauete/ der Göttin Minervæ: Der Maul-Esel gieng stets also ledig mit den andern/ so Zeug trugen/ gleich als ob er mit seinem Begleit und Rüheln die andern forttriebe und zur Arbeit anwiese. Das gefiel den Atheniensern so wol/ daß sie mit den gemeinen Rahts-Dienern befehlen/ und ein Gebott außgehen liessen: Niemand solte das Thier von den Frucht-Kästen/ oder Kauff-Läden wo es etwas von Frucht fande/ jagen. Das schreibt Plinius im 44. Capitel seines achten Buchs. Plutarchus und Ælianus haben solches auch/ aber auß dem Aristotele genommen/ und so viel hinzu gethan/ daß ihm sey eine Pfründ und Unterhaltung gestifftet worden in der Helden Herberg Prytaneo, da hab man ihn füttern müssen. Dann Prytaneum war das Raht-Hauß zu Athen/ und darinnen wurden erhalten/ gespeiset und ernähret auß gemeinem Säckel/ die dem gemeinen Wesen Gutes bewisen hatten. Es war auch die höchste Ehre/ so jemand daselbst ein Pfründe bekam.

Man sagt/ wann zween ungeschickte Menschen mit einander schertze/ oder groben Schimpff treiben/ es wölle schön Wetter werden/ siehe die Esel spielen und geilen mit einander. Das köñt allein daher: daß/ als wann die Hitz im Soñer groß ist/ und die Thiere auff der Weyde bey einander sich zusammen stellen/ sie einander mit den Zähnen schaben und kratzen. Darauß dann bey den Lateinern das obgedachte Spruch-Wort entstanden/ welches andere also vorbringen: Mutuum muli scabunt, das ist: Die Maul-Esel jücken einander; Oder/ wie wir sagen: Die Hund flöhen einander; Das dahin gedeutet wird/ wann ein böser Bub einen nichts-würdigen Tropffen lobet. Eben als wie ein Spruch-Wort von den alten Leuthen erwachsen/ wann man sagt: Ein Alter kratzt den andern: Welches entstanden zur Zeit Käisers Adriani/ der einsmal in das Bad kam/ und einen alten freyen Krieges-Mann fand sich an der steinernen Wand jücken und reiben/ weil derselbe keinen Knecht unterhalten konte/ der seiner gewartet hätte. Als der Käiser dessen berichtet ward/ schenckte er ihm etliche Leibwärter und Knechte/ auch so viel Einkoñens darzu/ daß er sie wol erhalten mochte. Die anderen/ als auch schon außgediente alte Krieges-Knechte/ wie sie sahen/ daß ihrem Mitgesellen seine Sache so wol gerathen/ befliessen sich auch

auch dem Kayser under die Augen zu kommen/ und an den Wänden sich zu kratzen/ in Meynung/ der Kayser würde jhnen auch so wol helffen: Aber Adrianus merckte jhre List/ und ließ jhnen ansagen. Es solte je einer den andern kratzen/ so bedörfften sie keines Knechtes. Da ward jhnen der Spott noch darzu zum Schaden.

Dieweil die Eselin unbärhafft/ so haben die Alten/ wann sie eine Sach für unmüglich gehalten/ allewege gesagt/ ja denn wirds geschehen/ wann eine Mauleselin wirfft. Wie wir Teutschen sonst auch pflegen zu sagen/ zu Pfingsten auf dem Eyß: Sintemal zur selben Zeit die Hitz deß Sommers vorhanden/ die kein Eyß zu lassen pflegt: Oder wie die Niderländer und Westphalen reden/ wann die Weyden Prunen oder Pflaumen tragen. Dieses Sprüchwort von der Mauleselin haben etliche mächtige Herren und Stätte auf jhres Regiments Bestand unnd Taurhafftigkeit gezogen/ und jhnen einen stätswährenden und unüberwindlichen Gewalt eingebildet. Zum Exempel: Auß dem ist etlicher mächtiger Herrn und Stätte Gelassenheit erwachsen/ daß sie sich gar langes und unüberwindliches Gewalts vermessen. Crœsus schickte zu dem Abgott Apollini in Delphis, und ließ fragen/ wie lang doch sein Reich anstehen und Bestand haben solte: Da antwortete jhm die Zauberin und Weissagerin daselbst in jhrer Sprach auf nachfolgende übersetzte Weise:

Wann sich in Medien ein Maulthier wird eintringen/ (gen:
Und dieses grosse Reich/ mit leichter Müh bezwin-
So seh dich Medie für: Fleuch zu deß Hermus Flüssen/
Damit du weiter nit die Boßheit mögest büssen.

Auß diesen Worten ward Crœsus viel hochmüthiger/ dann zuvor/ gedachte/ er und sein Geschlecht würden stäts in ewige Zeit herrschen in Lydien: Dann es nicht darzu kommen würde/ daß ein Maulthier an statt eines Menschen/ würde König werden: Aber diese Warsagung hatte etwas Verborgenes hinder jhr/ und eine andere Außlegung. Dann sie deutete auf Cyrum, der da von zweyerley Geschlechte herstammete: Nemblich von der Mutter her/ die Mandane hieß/ war er ein Meder/ und vom Vatter/ der Cambyses hieß/ war er ein Persier/ wie Herodotus in seinem ersten Buch schreibet.

Deßgleichen erzählt er auch im vierdten Buch seiner Geschichten eine andere Geschichte/ damit es sich also verhält: Darius, der mächtige König/ hatte sich für Babylonien gelägert/ daß achteten die Bürger gleichsamb für nichts/ sondern stiegen auf die Mauren/ legten sich an die Zinnen/ und trieben viel Gespötts/ und verlachten nur Darium und sein Kriegsheer. Sonderlich schrye einer überlaut: Ihr seyd Thoren jhr Persier/ daß jhr hie lieget/ es wäre euch besser/ jhr zöget ab: Dann eben/ wann eine Mauleselin ein junges Füllin wirfft/ so werdet jhr auch diese Statt erobern. Und daß sagte er darumb also/ dieweil er meynte/ daß kein Maulthier fruchtbar wäre. Wie nun Cyrus anderthalb Jahr unnd einen Monat/ mit seinem und der Seinen grossem Verdruß vor der Statt/ die er in keinerley Weg einnehmen konte/ gelegen hatte/ da begab es sich/ daß unter dem Hauptmann Zopyro, dem Sohne Megabyzi, eine Mauleselin/ die er zum Saumen umb Nahrung und Fütterung zuzutragen/ brauchte/ ein Füllin warf. Als jhm dasselbige angezeiget ward/ wolte ers nicht glauben/ sondern besahe es selbst/ und verbott darauff männiglichen man solte es nicht außkommen lassen/ damit die Babylonier es nicht erfahren/ und darumb desto besser auf jhrer Hut seyn möchten. Dann er vermeynte/ der Babylonier wäre ein Weissager gewesen/ der gesagt/ wann eine Mauleselin ein junges Füllin würffe/ so wird alsdann die Statt gewunnen werden. Daß wäre nun under seinem Eygenthumb geschehen/ darumb wolte Gott vielleicht jhm Gnade geben/ daß er etwas außrichten möchte. Er tratt eylends vor den König Darium, und sagte: Ob er dann eine sonderliche Lust hätte/ die Statt zu gewinnen? Und ob es jhm ein Ernst darumb wäre? Als jhm der König seine so grosse Begierde/ so er nach dem Orte trüge/ erzählt hatte/ und er wol wüste/ daß die guten und mannliche Thaten der Persier in hohem Ansehen wären/ und mit grossen Aemptern belohnet würden/ so rathschlagte er bey sich selbst/ wie doch der Sache zuthun/ daß er derjenige werden möchte/ durch dessen Hülffe diese Statt eingenommen werden könte: Und diese seine Gedancken offenbahrte er niemanden/ sondern schnitte jhm selbst Nasen und Ohren/ und andere Glieder ab/ also/ daß er jämmerlich anzusehen war/ das Haar zersickte er/ und beschar sich rings umb/ wie einen Narren/ machte jhm auch Striemen unnd Wunden am gantzen Leibe/ und kehrte also wieder zu Dario in geheim. Da der König seinen vornehmsten und ehrlichsten Hauptmann also übel geschändet sahe/ ward er so zornig/ daß er vor Grimm auß seinem Königlichen Stul sprang/ und schrye/ warumb er doch/ und von wem/ also zerhackt und geschändet worden? Zopyrus antwortete dem König/ es hat es niemand anders gethan/ dann du O Dari, sonst ist keiner so gewaltig/ der mich also hätte dörffen zurichten. So hat mich auch kein anderer/ dann eben ich selbst angetastet/ auß der Ursach/ dieweil michs so sehr verdreust/ daß die Assyrier uns Perser so gar sehr verachten. Der König sagte: Ach du elender Mensch: Es ist wol kein armseliger Mensch auf Erden/ als wie du bist/ du hast einer so abscheulichen Übelthat ein schönes Färblein angestriechen/ daß du sagst/ der Hon der Belägerten bringe dich darzu/ daß du dich selbst geschändest habest: Du hast es gar wol troffen. Lieber bist du nicht unsinnig? Meinestu/ wann du also zerhackt und gesetzt bist/ die Feinde werden gleich alsbald die Statt deinethalben auffgeben? Wie hastu doch deiner Sinnen so gar vergessen/ unnd dich mit dieser deiner schändlichen Unthat also übel geschändet? Ja/ antwortete Zopyrus, hätte ich di=

König meinen Anschlag Anfangs eröffnet/ du hättest mich das/was ich bereits gethan/ nit thun lassen/hierzu habe ich mir selbst gerathen/und meinem Gutdüncken gefolget. Jetzt wollen wir die Statt Babylon unfehlbarlich einnehmen/ es wäre dann Sach/ daß du dich dein Volck dauren lssest. Dann wie du mich da sihest/so will ich auß dem Läger nach der Statt lauffen/ und zu dē Feinden sagen: Also habest du mich zugerichtet: Ich zweiffele nicht/ sie werden mir/ weil ich so elend und so gar geschändet außsehe/ glauben/ und noch darzu etwann ein grosses Ampt geben. Uber zehen Tag hernach/ wann ich in die Statt kommen bin/ so schicke etwann ein 1000. verlohrner Buben/die du nichts ochtest/gegen das Thor/so man die Pforte Semiramidis nennet: Werden sie schon geschlagen/ so hat es doch nit viel zu bedeuten. Hernach über sieben andere Tage laß etwann 2000. dergleichen Lumpengesindleins bey der Nimerpforten anlauffen. Nach zwantzig Tagen darauff/ schicke zum dritten mahl andere/ und zwar 4000. Mann/ die aber ansehentlicher und besser bewehrt sind/ als die Vorigen/ zu den Chrinen Thoren zu. Gleich den andern Tag hernach/so laß dein Volck die Statt an allen Orten mit Sturm anlauffen/ doch daß die Persier zwischen den zweyen Eingängen/ so man deß Beli und der Cisseer Thor nennet/ihren Anlauff haben. Dann meines Bedunckēs/ dieweil ich diese vorige Mahle bey den Außfällen den Haupt-Befehl gehabt/ so werden sie mir neben demselbigen/ auch wol die Schlüssel zu den Thoren anbefehlen. Alsdann will ich mit sampt den Persiern der Sach schon zurecht helffen. Wie er nun den König solcher Gestalt underwiesen/ lieff er also voll blutiger Wunden und Maasen/ biß an die Mauren der Statt Babylon; Daselbst ward er als ein vermeynter rechter Uberläuffer eingelassen/ und für die Obrigkeit gebracht: Vor welcher er sich kläglich stellte/ und beklagte/ als ob jhm solches vom Dario geschehen wäre/auß der Ursach/ dieweil er dem König gerathen hätte/ er solte von der Statt Babylon/ als die doch nicht zu gewinnen wäre/ abziehen/ Derhalben wolte er nun sich am Dario rächen/ und verhoffte auch solches zu vollbringen dieweil er umb alle seine heimliche Rathschläg wüste: Den Babyloniern aber wollte er nütz und hülfflich seyn. Wie nun die Babylonier den Zopyrum erkannten/ glaubten sie seinen Worten/ und erlaubten jhm/was er begehrete. Er aber forderte Kriegsvolck/ welches sie jhm auch zuliessen. Hiermit hat er/ wie er mit dem Dario verlassen/ alle Ding zu End gebracht/und erstlich die 1000. die Darius geschickt/ erschlagen: Darnach die zwey tausend: Zuletzt auch die vier tausend: Und ist dadurch bey den Babyloniern in ein grosses Ansehen kommen/ also/ daß sie jhm das gantze Kriegsvolck/wie auch die Hut der Stattmauren übergeben. Da er dann durch Verrätherey die Perser eingelassen/daß also die Statt vom Dario erobert worden.

Von dem Indianischen Maulthier.

Zebra Indica.   Eine Art Maulthier.

Von dem Maulesel.

ES schreibet Pigafeta von diesem Thier also: In der Landschafft Congo, wie auch in andern Orte in Africa, befindet sich ein Thier/ welches Zebra genannt wird/ zwar an Gestalt deß Maulesel nit ungleich/ ist aber doch nit unfruchtbar/ sondern gebähret auch wegen der Farb so wol vom Maulesel/ als von anderen Thieren kan unterschieden werden.

Es hat dreyerley Farben/ schwartz/ weiß/ und Castanienbraun/ und vom Rücken biß zu Bauch mit drey Finger breiten Striechen/ wie halbe Circul artlich bemahlet/ hat einen rothlichten glänzenden Schwatz/ Füß und Klauen wie ein Maulesel Und von demselben so behend wie die Pferde/ daß es selbige auch wol übertrifft. Dann wann die Portugiesen eine Geschwindigkeit abmahlen wollen/ sagen sie: Es ist geschwinder als Zebra.

Dieses Thier gebähret alle Jahr/ und wird deßwegen in grosser Menge gefunden; Weil aber die Einwohner solches nicht zu brauchen wissen/ ist es ein unnutzbar Thier/ da es doch an statt der Pferde auf welcher Art es kommet/ im Frieden so wol als im Krieg könte genutzet werden. Weilen aber diese unwissende Einwohner keine Pferd haben/ die Ochsen auch oder diese und andere Thier nit zu bezwingen oder zu zähmen wissen/ als müsse sie selbsten zu aller Arbeit ihren Leib strecken/ und sich auf den Schultern auf hohe Sessel herumb tragen/ und wann sie eine grosse Reiß vorhaben/ haben sie viel solcher Träger/ die sich undereinander ablösen/ und also geschwinder als die Pferd fortlauffen können.

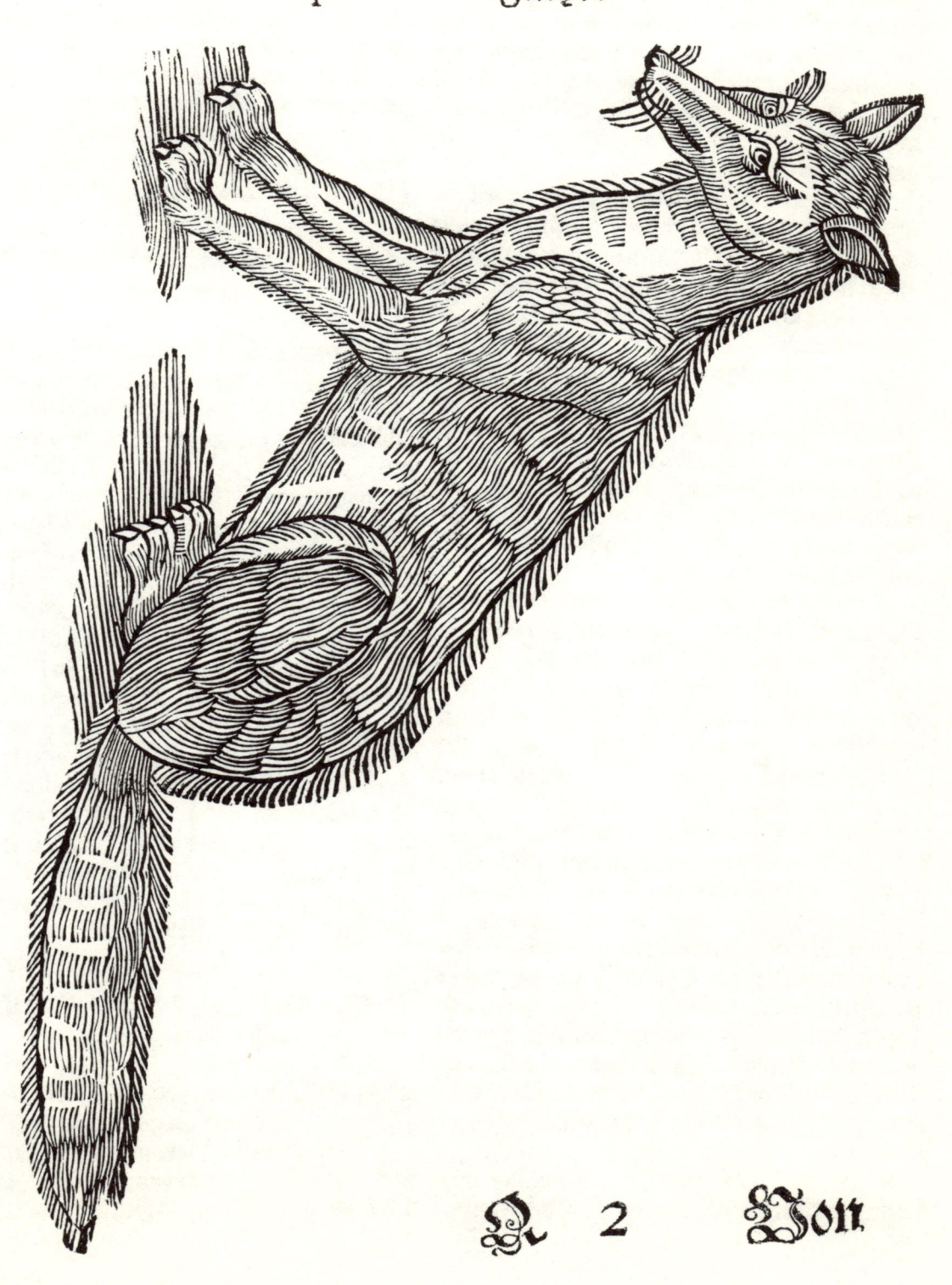

Von dem Fuchs.
Vulpes.   Fuchs.

Von der angebornen Art und Listigkeit der Füchse.

Der Fuchs Arabisch ابو الحصين, Hebraisch שועל, Griechisch Ἀλώπηξ, Lateinisch Vulpes, Französisch Renart, Italiänisch Volpe, und Hispanisch Carapoz genannt/ ist ein listiges boßhafftiges/ fürwitziges/ und stinckendes Thier/ und fast allen anderen Thieren auffätzig. Indem er aber anderen nachjagt/ so nimbt er sein eygenes Leben nicht in Acht. Sonst wohnet der Fuchs in Löchern und Hölen/ die viele und weit voneinander gesetzte Außgänge haben/ damit er deß Jägers Strick und Garn/ desto füglicher entfliehen möge: Und wie Isidorus schreibet/ so machet er jhm die Löcher nicht selber/ sondern nimbt solche mit List ein/ so von den Dachsen schon gegraben sind: Dann wann der Dachs herauß gefahren ist/ so schleifft sich der Fuchs hinein/ und verunreiniget dem Dachsen den Eingang mit seinem Koth/ welcher/ wann er wiederkommet/ vor grossem Abscheuen/ so er vor solchem Gestanck hat/ alsdann sein eygenes Loch und Nest gar verläßt/ welches hingegen dem Fuchs zu bewohnen gar bequemlich ist.

Von dem Fuchs werden viel Listigkeiten geschrieben/ under welchen diese nicht die geringste ist. Dann wann er bißweilen von den Flöhen geplaget wird/ so faßt er ein Büschlein lindes Heu oder Wolle in sein Maul/ und sencket sich also nach und nach in das Wasser; Zum ersten läßt er den Schwantz hinein/ hernach den andern Leib/ und damit fliehen die Flöh das Wasser/ biß daß sie zuletzt alle auf den Kopf zusammen kommen: Alsdann sencket er auch den Kopf hinunter biß an das Heu oder Wolle/ worein endlich die Flöh jhre Zuflucht nehmen: Der Fuchs aber lässet das Büschlein fahren/ schwenckt sich davon/ und wird also der Flöhe frey und ledig.

Auch hat der Fuchs ein so scharpffes Gehör/ daß er zur Winterszeit/ wann die Wasser überfroren/ und er über die Flüsse wandeln will/ Speiß und Proviant zu überkommen/ am Gehör erkennen mag die Dicke und Stärcke deß Eyses: Welches die Thraces gemerckt/ so daß/ wann sie über einen befrornen Fluß setzen wollen/ sie zuvor den Fuchs voran ziehen lassen/ weil derselbige/ auß dem Gethöß deß Flusses/ wann er höret/ daß derselbige nicht tieff under dem Eyß hinlaufft/ dabey abmerckt/ daß das Eyß nicht dick noch vest genug sey/ und sich deßwegen geschwind wieder zurück wendet: Wann er aber auß dem Gethös und Geräusch merckt/ daß das Eyß dick genug sey/ so setzt er kecklich hinüber/ und die Thraces jhm nach. Viel andere Listigkeiten verübet der Fuchs/ wann er seiner Nahrung nachgeht/ wie dann beym Æliano, Georgio Agricola, Alberto, Oppiano, und Aristoteli zu ersehen/ und weitläufftig erzehlet wird.

Dann er kehrt den Ygel fein sachte umb/ und besicht jhm den Kopf/ wovon dann der Igel ersticht. Den Hasen betreugt er mit Schertz/ umb mit jhm zu spielen: Die Vögel damit/ indem er sich besudlet/ und als ob er todt wäre/ auf den Wasen streckt/ dadurch er dann die Vögel zu sich/ als zu einem Aaß lockt/ und sie hernach erfasset/ gleich als wie man die Vögel in einer Kluppen fahet/ dann er ist ein gemeiner Feind alles Geflügels: Die kleinen Fischlein fängt er mit seinem Schwantz/ den er in das Wasser hängt/ und so sich die Fischlein darein verbergen/ zeucht er sie herauß/ schüttelt den Schwantz/ und lebt wol umb eine kleine Oerte oder Zeche. Hierzu kompt jhm der Schwantz gar wol/ welchen er anstatt der Reusen und Garnen braucht: Derjenigen List zugeschweigen/ deren er sich bey den Bienen und Wäspen gebrauchet/ damit er das Honig und Waben ja unverletzt fresse.

Ein Habicht/ welcher zu rechtem Alter und Grösse kommen ist/ fährt harten Streit wider den Fuchs: Dergleichen auch der Fuchs wider den Habicht. Auch ist Oesalus ein kleiner Vogel/ des Fuchs tödtlicher Feind.

Dieweil der Fuchs ein bekannt Thier/ ist nicht vonnöthen/ dessen Gestalt weitläufftiger zu beschreiben; Er hat einen dickhärigen Schwantz/ kurtzere Ohren als die Hund/ und sein männlich Glied ist beynern/ wie bey den Bären und Hunden.

Wo die Füchs am meisten gefunden werden.

In den hohen Gebürgen der Helvetier werden viel Füchse gefunden und gefangen: Daher die Bälge von den Kauffleuten daselbst aufgekaufft/ und in andere Lande geschickt werden. Auch sollen zu Caspien die Füchse mit Hauffen und gantzen Schaaren lauffen/ daß sie nit allein in den Hölen/ in der Wildnüß leben/ sondern auch gar in die Stätte traben/ jedoch keine Schaden thun/ noch Raub suchen/ sondern denen von Caspiis liebkosen/ gleich wie andere Hunde. Sonst ist der Fuchs auch durch gantz Deutschland ein bekanntes und gemeines Thier; In Hispania aber werden auch gantz weisse Füchse gefunden/ und durch die Kaufleuth an andere Orth gebracht: Wann aber Solino zu glauben/ so soll es keine Füchs in Creta geben. In Moscau werden schwartze Füchse/ und in Nova Zembla weisse gefangen. Daß zu Zeiten der Philister viel Füchse gegeben habe/ scheint auß dem Buch der Richter/ allwo am 15. Cap. gedacht wird/ daß Simson 300. Füchs gefangen habe/ ic.

Von innerlicher Natur und Eygenschafft des Fuchses.

Der Fuchs ist ein hitziges Thier/ dieweil er die Natur und Eygenschafft der Hunde/ und grossen Wiselinnen an jhm hat/ auch einen so starcken Geruch von jhm giebt: Eben so reucht auch sein Balg/ sein Fett/ und das Oel gar starck

Von dem Fuchs.

starck/ darein ein gantzer Fuchs gekochet worden. Des Fuchses rechte Stimme eygentlich zu reden/ ist bellen oder beffzen: Wiewol/ so er zornig ist/ oder Schmertzen oder sonst Hunger leydet/ er auch wie ein Hund bellet.

So man die Füchse mit Hunden jagen will/ so soll man auf die Lufft acht haben/ daß man sie gegen dem Wind jage/ damit sie mit keiner List noch Geschwindigkeit den Hunden entgehen müge. Aber Rehböcke/ Hirschen und Hinden sollen dem Wind nachgejagt werden/ wie Bellisarius schreibet. Wann die Hunde dem Fuchs nahe sind/ so besicht er seinen Schwantz/ und schlägt denselbē für und für den Hunden auf die Schnautzen/ von welchem Ubertrang unnd Gestanck die Hunde maßleidig und unlustig werden/ daß sie von jhrem Jagen abstehen/ und der Fuchs also entrinnen kan.

Der Fuchs frisset allerley Speiß/ als Fleisch/ und auch Mäuse/ welche er/ wie etliche schreiben/ mit dem Athem herfür zeucht: Deßgleichen Küniglein/ Hasen und Hüner/ bey welchen man dem Fuchse mit etwas List fürkommen kan/ nemblich so man jhnen des Feinds (oder Fuchses) Leber gedörrt/ in der Speiß fürwirfft: Auch frist er Trauben/ Vögel/ Bieren und anderes Obst.

Der Fuchs sitzt aufgericht/ gleich wie sonst viel der vierfüssigen Thiere/ wiewol Plinius schreibet/ daß sie sich auf eine Seyte legen/ unnd eine vollkommene Frucht/ die blind sey/ gebähren/ unnd zwar mehrertheil viere auf einmahl. Nach der Geburt ernehren unnd erhalten sie die Jungen mit Beschlecken/ welche jhnen offt geraubet werden von den Weyen/ Geyren/ Adleren und dergleichen räuberischen Thieren: So lang sie trachtbar/ verbergen sie sich/ daß sie nicht leicht gefangen werden.

Die Füchs und die Hund vereinigen sich offt miteinander/ dieweil sie schier einer Natur und einer Grösse sind/ daher dann freche und schöne Hunde entspringen.

Wann der Fuchs kranck wird/ frist er Hartz von den Fichten oder Tannen/ und wird also gesund davon: Er wird auch wütend/ wie der Hund/ und thut auch gleichen Schaden.

Es kompt sie auch offt eine Kranckheit an/ daß jhnen das Haar außfällt/ welcher Kranckheit Name auch bey den Menschen/ denen die Haar außfallen/ gebraucht/ und an jhnen Alopecia genannt wird. Andere schreiben/ daß der Nahm daher komme/ dieweil/ wo der Fuchs hinseiche/ derselbige Ort unfruchtbar werde/ und kein Kraut mehr da wachse/ oder da dessen schon allda wäre/ so verderbe es doch: Man heist diese Kranckheit auch Alopeciasie, das Hären: Dann deß Fuchskopff/ oder wie andere schreiben/ seine Leber/ wird bißweilen erhitzt und entzündet/ vornemblich zur Sommerszeit/ alsdann verwundet er jhm selbst die Haut/ und läst also Blut von sich/ auß welcher Ursach jhm zur selben Zeit das Haar außfällt: Sonst kompt der Fuchs zu ziemblichem Alter.

Damit der Fuchs vor dem Wolff sicher bleibe/ strekket er an den Außgang seiner Hölen von der Scilla oder Meerzwiebeln/ welches die Wölf gar nicht vertragen können/ da sie sonsten den Füchsen gar gehässig sind: dan der Wolff jaget den Fuchs/ der Fuchs den Igel/ der Igel die Otter/ die Otter den Sperling/ der Sperling die Heuschreck/ die Heuschreck die Wespe/ die Wespe die Bien/ die Bien die Mücken/ die Mücken die Schnacken.

Was der Fuchs vor einen Haß gegen dem Dachs trage/ ist oben gemeldet. Mit der Schlangen aber sollen hingegen die Füchs so wol leben/ daß sie stetig beysammen in einer Höle wohnen. Etliche Kräuter/ Vögel/ und vierfüssige Thier/ sind jhm zuwider: Als wann die Ruta Sylvestris unter das Hüner-Essen vermischet/ oder den Hünern von diesem Kraut unter die Flügel gebunden wird/ sollen sie vor den Füchsen frey seyn. Deßgleichen rauben die Adler/ Weyh/ und andere Raubvögel den Füchsen offt jhre Jungen: Ein gewisse Arth Habichten/ so Circus und Æsalon genennet wird/ sollen den Füchsen die Haar außreissen. Avicenna hat einen Fuchs und Raben so hart miteinander streiten gesehen/ daß dem Raben der Kopf zwar geblutet/ hingegen aber des Fuchsen Mau so hart zusammen gehalten/ daß er im geringsten sich nicht wehren können. Die Hirsch können jhr Geschrey nicht leyden. In allen Orten wo es mangel an Füchsen/ giebt es viel Hasen.

Was für Nutzbarkeit der Fuchs an jhm habe.

ES wird den Füchsen nicht nachgejagt/ von wegen deß Fleisches/ sondern von wegen deß Balgs/ welcher vor allem andern Peltzwerck den Menschen wärmet/ vornemblich die Wammen/ oder Bäuche/ als welche dicke/ lange und linde Haare haben.

In Franckreich sollen die Bälge von jungen Füchsen hoch gehalten werden: Es ist aber wol zu glauben/ daß samben so wol/ als die/ so im Sommer gefangen werden/ die Haare gehen lassen/ auch sonst für sich selbst dünn und durchhärig sind. Man machet auch zu Winterszeit Kappen oder Hauben und Müsen von den Fuchsbälgen/ gleich wie auch von den Schwäntzen/ wann sie außgezogen/ und wieder zusammen gesetzt worden sind.

Die Fuchsbälge sind auch denen nutzlich/ die von kalten Flüssen Schmertzen in den Gläichen oder Gelencken haben/ wie auch wider das Podagram so von Kälte herkommet/ wann man Hosen und Strümpffe davon machet.

Was für einer Complexion der Fuchs seye/ und was von demselben dem Menschen zur Speise und Nahrung diene.

WIe erst gedacht/ so wird dem Fuchs nicht wegen deß Fleisches nachgejagt/ sondern

dern umb deß Balgs willen: Es wird auch sein Fleisch nicht under die Speiß gezählet/ noch von jemanden genützet: Dann es ist hitzig/ schleimig/ und hart zu verdauen/ hat auch eine böse und arge Feuchtigkeit/ welches der heßliche Gestanck gnugsamb anzeiget: Wiewol sie von etlichen genossen/ und in hohem Werthe gehalten werden/ vorauß zur Herbstszeit/ wann sie sich mit Obst/ Früchten und Trauben gemästet haben.

Von der Artzney/ so von dem Fuchs entspringt.

DEr Fuchs/ lebendig oder todt/ so lang in Wasser oder Oel gesotten/ biß sich das Fleisch von den Beinen löst/ hernach eine Zeitlang darein gesessen und gebadet/ ist den Podagramischen/ oder denen/ so die Gliedergicht haben/ eine herrliche Artzney: Doch soll vorhin der gantze Leib von überflüssiger Feuchtigkeit gereiniget/ und auch nachgehends in guter Diät gehalten werden. Etliche thun auch ein wenig Saltz/ deßgleichen Anethum (Dillen) und Thymum (welches etliche Thymian/ etliche Römischen Quendel nennen) darzu.

Wann man einen außgenommenen unnd gestrifften Fuchs/ dem die Bein zerbrochen seynd/ solange in Wasser siedet/ biß sich das Fleisch von den Beinen schälet/ und mit diesem Wasser den Ruckgrad und die lahmen Glieder begeußt/ soll gar gut seyn.

Wer das Podagram von Kälte hat/ der fülle seine Schuch mit einem Fuchsbalg auß/ er wird sich wol befinden.

Das Fleisch des Fuchses zu Aeschen gebrennt/ ist gut den Keichenden/ und die engbrüstig sind.

Das Blut von einem erst getödeten Fuchs frisch und noch warm ein kleinen halben Becher voll getruncken/ treibt den Stein zur Stund fort/ es kan auch das männliche Glied mit solchem Blut geschmieret: Oder auch das Blut gedörrt/ in Wein genossen werden.

Fuchs- oder Wolffsfett brauchen etliche/ denen das weisse Geäder oder die Spannadern erstarret/ und davon ein Glied contract, oder unbeweglich worden ist: Dasselbige ist auch gut für das Zittern und Schmertzen deß weissen Geäders.

Das Fette von einem Bären oder Fuchs/ oder an statt dessen/ das Fette von einem Stier/ oder jungen verschnittenen Ochsen/ mit Aeschen von Weinreben/ und mit Laugen gekocht/ lindert und verzehrt die Knollen der Geschwulsten: Dann die Seiffe wird auf folgende Weise gemachet/ und kan an statt der obgenandten beyden ersten Stücke/ wo sie nicht vorhanden sind/ gebraucht werden.

Fuchsfette bringt die außgefallene Haare wieder: Auch wird dasselbige zu den offenen Schäden deß Haupts gelobt/ vornemblich aber die Gall und der Dreck/ wann man darzu Senff thut/ und deß einen so viel/ als deß andern nimbt/ und die Schaden damit schmieret: Auch wird auf die offene Schäden der Bärmutter das Fette von Füchsen aufgelegt.

Für grosse Schmertzen unnd Sausen in den Ohren/ wie auch für andere Gebrechen wird das Fette von Füchsen/ welches zuvor beym Feuer zerlassen worden/ oder seine Gall mit Oel eingeträufft.

So einem das Haar außgefallen ist/ und der Schädel eine Glatze bekommen/ soll ein Fuchskopf zu Aeschen gebrannt/ und Alcyonium und schwartze Anchusa Blätter darunter gestossen/ und auf den Kopf gelegt werden/ bekompt der Kopf wieder Haare.

Den Jungen Kindern soll für die schwere Noth offtermals Hirn von einem Fuchs eingegeben werden.

Die Fuchszunge zeucht die Dörner/ Spitzen und Pfeile auß/ wann man sie auf den Schaden legt: Dergleichen thut sie auch/ wann sie schon dürr ist/ doch soll man sie vorher in warmen Wein einweichen/ alsdann wird sie wunderliche Würckung thun.

Die Lunge oder Leber von einem Fuchs mit Wein gewaschen/ und in einem irrdenen Geschirr in einem Backofen gedörrt/ gepülvert/ oder sonst zu Aeschen gebrennt/ oder bey dem Feuer abgetrocknet/ und mit rothem Wein zerstossen/ oder sonst verzuckert/ wird nutzlich genossen von denen die das Keychen haben/ oder sonst engbrüstig sind/ und viel husten/ wann man nemblich des Pulvers 1. Quintlein entweder so bloß in Wein oder Wasser/ oder sonst in ein Tüchlein eingebunden/ in Wein legt.

Denen/ die an der Lunge Mangel leyden/ und von Tag zu Tag abnehmen/ ist die Fuchslunge trefflich gut/ wann sie dieselbige einnehmen/ wie sie können und mögen: Deßgleichen auch denen/ den der Miltz Ubertrang thut/ wann sie in der Aeschen gedörrt/ und darüber getruncken wird. In gleichem dienet denselben auch die Fuchsleber darzu/ gedörrt und zu Pulver gestossen/ oder sonst gebraten/ doch daß sie kein Eysen berühret habe.

Tunckelen Augen hilfft die Gall des Fuchses/ wann davon darein gestrichen wird.

Von Fuchsgallen und Baumwolle ein Zäpflein gemacht/ und in die Bärmutter gethan/ drey Tag also getragen/ und darnach sich der Liebe gebraucht/ giebt Ursach zur Empfängnuß eines Sohns.

Der Miltz von einem Fuchs auf einen hart geschwollenen Miltzen des Menschen gelegt/ erlediget jhn von der Kranckheit.

Für die Mandeln und Knollen hinder den Ohren/ wie auch unden an den Schencklen/ und für die Kröpfe/ seynd gut/ die Fuchshoden aufgeschmieret.

So einem der Rachen roth unnd geschwollen ist/ der nehme einen Nieren von einem Fuchse/ stoß jhn zu Pulver/ mische denselbigen mit Honig/ und salbe den Rachen damit.

Die Fuchshoden gedörrt/ gepülvert/ und einen halben Löffel voll davon getruncken/ machet die

Von dem Kreutzfuchs.

jenigen hurtig / so sich der Weiber nicht gebrauchen könten. Es ist auch ein Kraut / das eben einen solchen Nahmen hat / selbiges ist auch dienlich dazu.

Der Fuchsdreck mit Essig temperiret / und die Räude damit geschmieret / vertreibet sie zu Hand.

Becherus schreibet von der Nutzbarkeit des Fuchses folgende Reymen:

Der Fuchs / so schlau er ist / doch kan er nicht entgehen /
Er muß die Apotheck sein Kräffte lassen sehen /
Neun Stücke giebet er / darunter ist Fett / Gall / Lung / Leber / Miltz / Haut / Koth / Blut / er dient überall.

1.
In lahme Glieder thut das Fuchsfett mächtig tringen /
Das Gliederzittern stillts / un thuts zu rechte bringen.

2.
In bösen Augen dient bereitete Fuchsgall /
Vor andern lobt man sie in solchem Augenfall.

3.
Fuchslung dieselbe thut der Menschen-Lung wol nutzen /
Hierinnen pfleget sie die andre Thier zu trutzen.

4.
Fuchsleber soll man auch zum zarten Pulver machen /
Die Leber hilffts / und thut die Miltzschwachheit verlachen.

5.
Fuchs-Miltz dem Menschen-Miltz / dem thut mans überschlagen /
Desselben Härtigkeit die kan es bald verjagen.

6.
Fuchsbalg / wie auch die Haar / die pflegt man aufzulegen /
Falls sich das Reissen in den Gliedern thut erregt.

7.
Fuchskoth den pfleget mä mit Essig aufzuschlage /
Er thut die Fäuligkeit / die Krätz und Grind verjagen.

8.
Fuchsblut ein Becherlein früh nüchtern eingenommen
Hilfft diesem / der da hat Sand / Grieß und Stein bekommen.

9.
Man pfleget auch den Fuchs in purem Oel zu kochen /
Es stärckt die Nieren / so man sie schmiert etlich Wochen.

Bey der Füchsen Natur ist sonderlich zu mercken: Ob schon das gemeine Sprüchwort lautet / daß kein Wolff den andern fresse / es doch die Erfahrung bezeuget / daß wann ein Fuchs geschossen / die andere jhn alsobald zerreissen und auffressen. Sonsten ist ohne Erinnern gnugsamb bekannt / was die Hüner sampt anderem Federvieh vor einen grausamen Feind an diesem Thier haben / welches nachfolgende Figuren fürbilden.

Von dem Kreutzfuchs.

Vulpes crucigera.   Ein Kreutzfuchs.

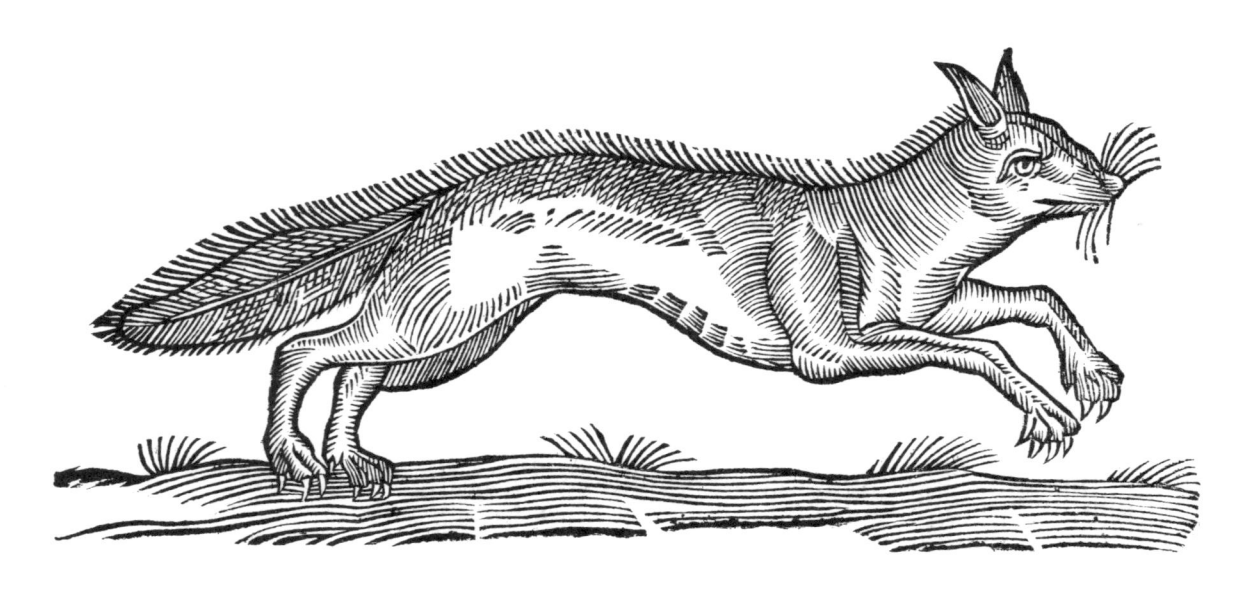

Von der äusserlichen Gestalt dieses Thiers.

Er Fuchse findet mā dreyerley Geschlechte/ nemblich Brandfüchse/ Kreutzfüchse/ und Blaufüchse. Die Kreutzfüchse werden in unseren Landen nicht gefunden/ sondern von frembden Nationen zu uns gebracht/ sind sehr köstlich/ und an der Gestalt den andern Füchsen gantz ähnlich/ außgenommē daß sie einen schwartzen Striemen von dem Kopf über den Rücken hin/ und auch überzwerch/ wie ein Creutz/ über beyde vordere Füß haben.

Von dem Indianischen Fuchs.

Yzquiepatl.   Ein Indianischer Fuchs.

Dieses

Von dem Indianischen Fuchs.

Dieses Thier ist an Betrug unnd Klugheit den unserigen Füchsen sehr gleich / gantz niedrig / und zwey Schuh lang / hat ein spitzes Maul / kleine Ohren / und ein schwartz dickhäriges Fell mit etwas weiß durchmischt / kurtze Bein / und krumme schwartze Klauen. Es lebet und hält sich in den Steinklippen / allwo es auch seine Jungen hecket. Frisset Käffern / Würm / das Federvieh raubet es / und frisset nur den Kopf davon. Von hinden lässet dieses Thier einen solchen Gestanck von sich / insonderheit wann ihm nachgejaget wird / daß es sich offt dadurch errettet. Dieser Fuchs auch an sich selbst / riechet gar starck / sein Koth und Harn giebt ein solchen gifftigen Gestanck / daß demselben nichts zu vergleichen. Daher geschichts / wann er sich in grösser Gefahr siehet / allezeit ein Schritt oder acht beydes von sich gehen lässet / wordurch Kleyder / und alles wo es hinkommet / gelbe Flecken bekommet / und mit einem unvertreiblichen Gestanck besudelt wird. Ist sonsten ein schädlich und frässig Thier. Die Einwohner essen sein Fleisch / und wird der Koth auß sonderlicher Erfahrung in der Spanischen / Frantzösischen oder Indianischen Seuche / wie man es nennen mag / hoch gehalten / deßgleichen auch wider die Schmertzen der Glieder gebrauchet. Es wird ein Oel von ihm gemacht / welches so vor guth als das Unserige zu halten.

Es werden auch sonsten noch vielerley Arthen Füchs in India gefunden: Als erstlich Cajotl, welches Thier einen Wolffskopf hat / auch helle / weisse / und grosse Augen / kleine spitze Ohren / und einen schwartzen / langen / und dünnen Vorderkopf / krumme Füß / und dicke Klauen; Einen dickharichten Schwantz. Sein Biß ist sehr schädlich; Hat lange rothe und weisse Haar / ist an der Grösse zwischen einem Wolff und Fuchse / unnd wird häuffig in Neu Hispanien gefunden: Fället zuweilen Hirsch und Menschen an. Und ist nach Fuchsart so klug / daß wann es auf der Jagt entrunnen / sich längst hernach gegen seine Feinde sucht zu rächen / noch mit mehrern diese Art Thier die Jäger anfällt und beschädiget. Gegen diejenige aber / welche dieses Thier nicht beleidigen / soll es so gütig seyn / daß sie jhnen von jhrem Raub mittheilen. Die zweyte Art aber wird Cuitlaxcojotl genennt / so von gleicher Natur und Eygenschafft ist / nur daß es ein dickern Halß / mit gantz rauen langen Haaren: Auch wegen seiner rauhen Brust und Kopf abscheulich anzusehen ist. Die dritte Art Azcacojotl, hält sich in den Ameißhauffen auff: Wän dieser Fuchs des Nachts heulet / macht er allerley Gethön. Die vierdte Art Ilpemaxtla, hat weisse / schwartze / und gelbe Haar / einen kleinen Kopf / und einen dünnen Leib / ist fast vier Spannen lang / hat ein lang und dünn Maul / wird an allen Orten gefunden / sonderlich an hitzigen Orten. Die fünffte Art Oztoa, gleichet fast an Gestalt und Grösse unsern Füchsen / hat weisse und schwartze / auch an etlichen Orten gelbe Haar. Wohnet in der Hölen / und erhält sich von allerley Vögel. In die tieffsten Gruben wirfft es seine Jungen / und beisset überauß hart. Wann es siehet / daß es dem Jäger nicht mehr entrinnen kan / stellet sich diß Thier als wann es todt wäre. Die Einwohner desselben Landes essen es / wie der Koth gar starck stincket.

Uber das sollen auch Thiere Bachiræ genannt / seyn / so den Füchsen ähnlich / sind viel runder / und haben ein anmuthig Fleisch / werden auch von den Einwohnern Annæ genannt / sind kleiner als Katzen / und geben ein solchen Gestanck von sich / daß man sie auf hundert Schritt empfindet.

Von der Geyß.

Capra.   Eine Geyß.

Von der äusserlichen Form und mancherley Gestalt / wie auch Erwählung oder Außlesung der Geyssen.

Die Geyß wird auf Arabisch Däß, auf Hebräisch עז, Griechisch αἴξ, Lateinisch Capra, Italianisch Chieurs, Hispanisch Capra genannt / und haben die Geyssen und Böck an jhrer Form / Gestalt und Grösse / einen grossen Underscheid: Dann in dem Land / da die Völcker Caspii wohnen / werden gantz weisse Geyssen ohne Hörner gefunden / welche sich mit jhrer Grösse auch den allergrösten Pferden vergleichen / jhre Haar sind gantz lind und zart / welche die Priester zu Caspiis unnd die Reichen deß Landes für das beste Futter halten / unnd Beltze darvon machen. In India aber sind sie gemeiniglich so groß / als ein Esel. Und in Cilicia und

und einem Theil Africæ beschiert man die Geyſſen gleich wie die Schaafe / und ſind jhre Haare
und Woll ſo lang / daß ſie ſich dem Haar der
Weiber vergleichen / auß welchem dann groſſe
Schiffſeyle geflochten werden. In Sardinia klei-
den ſie ſich mit Geyßfällen / welche Haar haben
eines Ellnbogens lang / an welchen ſie zur Winterszeit das Haar hinein gegen den Leib kehren /
Sommerszeit aber herauß. In Lybia ſollen die
Geyſſen die Euter vornen bey der Bruſt und dem
Hertzen haben. In Syria und Langendocken haben
ſie Ohren einer Spannen lang oder länger / welche reich und überflüſſig von Milch ſind. So ſollen auch Geyſſen ſeyn in der Landſchafft Damiat,
welche ſich von den Reutern ſattlen / zäumen / und
wie die Pferde reyten laſſen. Auch ſchreibt Ælianus

Von der Geyß.

hus von etlichen von etlichen Geissen/ die schwäncke haben so biß auff den Boden hinab hangen.

In der Wahl und Außlesung der Geyssen/ so einer eine Herde kauffen wolte/ sol erstlich angesehen werden das Alter/ daß sie jung seyn/ damit sie viel Jahre zur Zucht und Nutzbarkeit mögen gebraucht werden. Zum andern die Gestalt/ daß sie starck/ groß/ und wol gestalt seyn/ mit einer glatten/ und gleichförmigen Haut und Rucken versehen/ woran viel Haare/ die von Art glatt sind: unter dem Maul sollen sie haben zwey hangende Düttlein oder Glöcklein/ und ein grosses Euter/ daß viel und fette Milch tragen können: auch so sie gehörnet sind/ sollen dieselbige nicht viel und keine grosse Knöpff oder Knoten und Ringel daran haben: daß wieviel solche Knotten oder Ringel sie um die Hörner haben/ soviel Jahre sind sie alt. Summa/ sie sollen an der Form und Gestalt deß Leibes den Böcken/ welche nechst hierunten eigentlichen vor Augen gestellt werden/ am allergleichförmigsten seyn.

Von der innerlichen Art und Natürlichen Eigenschafft der Geissen.

Die Geyß ist ein bewegliches/ geschwindes un springhafftes Thier von starckem springen/ und weitschweiffig/ dannenher sie sich leichtlich/ offt und viel von einander zertheylen/ dahingegen die Schaaffe sich zusammen hauffen.

Mutianus beschreibt eine gar artige Historia von der Geyssen Arglistigkeit und Verschlagenheit/ und sagt/ wie er gesehen daß einsmals zwo Geyssen einander begegnet auff einem gantz hohen und schmalen Steg/ da keine neben der andern hingegen auch nicht zurück kehren können/ weil ihnen geschwindelt/ in dem ein gantz starcker und strenger Fluß unten hingeflossen/ da habe sich die eine nidergelegt/ und die andere sey über diser ihren Rücken hingegangen/ so daß keine fallen/ und im Wasser ersauffen dörffen.

Es hat auch die Geyß etwas von Hochfarth in ihr: dann wann sie unter den Schaafen gehet/ schämt sie sich hinden nach zureisen/ sondern ist allezeit zuförderst: und wann ein Geißbock auch mitreiset/ so gehet er vor der Geyß anhin/ gleich als ob er dessen/ wegen seines grössern Barts/ mehr wehrt wäre.

Wann einer eine Geyß bey dem Bart erfasset und sie zurück zeucht/ so stehen die anderen allzumal still/ sehen zu/ und gehen auch nicht weiter fort/ sie sey dann wieder loß. Deßgleichen/ wann der einen eine Distel/ Eringius genannt/ im Maul steckt/ stehen sie auch alle still/ und gehen nit fort/ der Hirt habe ihr dann zuvor die Distel herauß gezogen. Wer es nicht glauben will/ der mag es selbst erfahren.

Von innerlicher Natur und Eigenschafft der Geissen.

Eine rauhe Stimme haben die Geysse/ gleich wie etliche heissere Menschen: Sie ziehen den Athem (als wie etliche schreiben) durch Ohren und Nasen an sich/ wobey abzunehmen/ daß/ wann man ihnen schon den Mund und Nasen verstopffe/ sie dannoch nicht ersticken: auch sollen sie bey der Nacht eben sowol ein scharffes Gesicht haben/ als bey Tag/ auß welcher Ursach ihre Leber denen sol nutz und gut seyn den jenigen Augen/ die bey der Nacht beym Liecht verblenden.

Ein gantz scharpffes Gehör haben die Geisse/ dann (als wie etliche schreiben) so hören sie nicht allein mit den Ohren/ sondern auch mit einem Theyl deß Rachens: und im Schlaaff traumen sie gleich wie die Menschen.

Die Geyß käuet gleich wie die anderen Thiere welche oben keine Zähne haben/ und hat das Geholtze und Gesträuche lieber dañ die Weyde. wird aber von vielen Bauers-Leuthen übel gehasset: dann wo die Geisse die jungen Zweige von den Oel-Bäumen und der Saat beschlecken und abfressen/ so verdirbet der gantze Statt.

Die Geissen und Schaafe feißten und misten zum allerhefftigsten/ wann sie junge tragen/ seynd auch zur selben Zeit gantz frässig/ gleich wie andere vierfüssige Thiere/ scheuhen weder Dörner noch Zäune/ und erlustigen sich an etlichen Sträuchen/ sonderlich an denen/ die Eicheln tragen/ wie auch an Epheu/ Gilgen/ Confort/ allerley Gräs/ Funfffingerkraut/ Tamarisken/ und wilden Hag-Rosen/ deßgleichen an den Stauden/ zu Latein Cytisus, Arbutus, Alaternus, Ladanus, etc. genannt.

Von der Hitze wird die Geiß verletzt/ aber noch vielmehr von der Kälte/ nemlich die tragenden/ welche davon verwerffen/ auch verwerffen sie von Natürlicher Feiste/ und wann man ihnen Eycheln/ aber denselben nicht genug gibt/ daß sie satt werden/ derhalben sol man ihnen entweder der Eycheln gnug geben/ oder dieselbe müssig gehen/ oder gar meyden lassen/ wie Columella erinnert.

Zu Zeiten fressen die Geysse etliche Kräuter/ purgierender Natur/ als weiß Nießwurtz/ Christwurtz/ Yngrün/ Mercurialis, (sonst Bingelkraut) und dergleichen/ von welchen ihre Milch gantz ungesund wird/ daß sie den Magen verdirbt/ Unwillen bringt/ und purgirt/ derhalben soll man sich zu derselben Zeit enthalten/ und müssig gehn.

Es seynd auch der Geyß etliche Gewächse und Stücke ihr Gifft/ als Sabina (ins gemein Siebenbaum/ oder Seven- und Sagbaum genannt) Rhododendron (das ist: Olander/ oder Unholdenkraut) Evonymus, das ist Spindelbaum/ deßgleichen Flöhkraut/ unterweilen auch Honig/ und deß Menschen Speichel.

In Æthiopia leben die Geiße biß auff elff Jahr/ in andern Landen aber biß auff achte.

Die Geiße vermischen sich mit den Böcken im siebenden Monath nach dem Saugen/ und sollen zugelassen werden gemeiniglich im Wintermonat/ damit sie in dem Mertzen gebähren/ da alsdann die Hecken außschlagen/ und die jungen Schoß an den Stauden safftig sind. Bißweilen gebähren sie im ersten Jahr: Bißweilen erst im andern; Aber im dritten Jahr sind sie am besten/ und gebähren biß auff acht Jahr/ und tragen auch eben fünff Monath/ gleich wie die Schaafe/ welches verursachet/ daß sie in etlichen warmen Landen zweymal gebähren. Bißweilen werffen sie nur ein Junges/ und zwar der mehrere Theyl zwey/ zu Zeiten drey/ unterweilen auch vier/ aber gar selten. Die Gitzlein oder Zieglein vom ersten Wurffe sollen von stund der Geyß entzogen/ die von dem andern aber so lang gesäuget werden/ biß daß sie zu verkauffen sind: Dann ehe die Geyssen drey Jahr alt worden/ soll man ihnen keines auffzuziehen lassen/ auch von 7. oder 8. jährigen Geyssen keines erziehen/ dann von wegen deß Alters werden sie unfruchtbar und untragbar/ oder gelde/ wie die Landleute reden. Die Geysse haben einen viel dickern Harn als die Böcke/ wie Aristoteles anzeiget.

Die Geyssen haben mancherley Gebrächen und Kranckheiten/ daß deß Fiebers werden sie selten gar ledig/ daher ihnen der Frost und die Kälte gantz überlegen ist: So überkommen sie auch die Pestilentz/ daß sie gehlingen sterben/ welches von dem allzuvielen Futter herrühret; derhalben so bald eins/ 2. oder 3. gehling hinfallen/ soll man ihnen Blut/ und sie nicht den gantzen Tag fressen/ sondern deß Tages 4. Stund von der Speis und Weyd abgesondert lassen. Kommen sie dann andere Kranckheiten an/ so soll man sie verkauffen/ schlachten und einsaltzen/ und keine andere Zucht Geissen zeugen/ biß die Pestilentialische Zeit vorüber sey/ wie Columella den Raht giebet.

Hippocrates und Plutarchus schreiben/ daß die Geisse auch den fallenden Siechtag (schwere Noth) habe/ gleichwie auch die Schaafe/ welches auß der Feuchtigkeit ihres Gehirns abzunehmen.

Was für Nutzen und Bequemlichkeit die Geiß dem Menschen bringe.

Die Nutzbarkit/ so man von diesen Thieren hat/ ist mancherley: Erstlich ihre selbst eigene Vermehrung und die jungen Gitzlein oder Zieglein/ worbey aber fleissig wahrzunehmen/ daß man die Heerde nicht zu groß mache/ damit/ wo die böse Seuche und Pestilentz unter sie kome/ sie nicht gantz drauff gehen mögen: derhalben können ungefehr fünffzig Geyssen zu einer Heerde/ oder 100. auff das allermeiste/ gnug seyn.

Der Hirt soll geschwind/ hurtig/ unverdrossen und wol zu Fusse seyn/ damit er der Geschwindigkeit der Geissen im gehen nachkommen möge/ und

Von der Geyß.

und auch einen mutigen Hund bey sich haben. Wann dann diese Thiere in ihrer Brunst sind/ so brauchen die Hirten etwas Kunst/ ihre Begierde zu mehren und anzureitzen/ indem daß sie die Natürlichen Orte mit Saltz und Nitro (Salpeter) reiben/ andere thun das mit Pfeffer oder Salpeter/ und etliche mit Nessel-Saamen.

Eine andere Nutzbarkeit kommt von der Wolle oder den Haaren: Dann in Cilicia werden die Geysse (wie schon oben gedacht) beschoren/ und grosser Nutz davon genossen: dann auß solchem Haar flechten in Africa die Schiff-Leuth grosse Schiff-Seiler/ dieweil sie weder brechen noch faulen: Und Florentinus meldet: man webe auch Säcke darvon. In unsern Landen braucht man sie/ gleich wie andere Haare und Wolle zu dem Filtzwerck/ und zum Außstopffen.

Auch braucht man die Felle/ dann wie droben gesagt/ so bekleiden sich die Leute in Sardinia darmit/ welches auch an unterschiedlichen Orten in Teutschland nichts ungewöhnliches/ sonderlich aber in Schlesien gar gemein ist/ zur Winters Zeit/ vornehmlich mit jungen Ziegen-Fellen/ worauß Peltzene Futter-Hembder gemacht werden/ auch sind sie bey den Roht- und Weißgärbern in gemeinem Gebrauch. Am allermeisten aber braucht man die Milch zur Speiß und Artzney/ es werden auch Quarge/ Käß und Butter von solcher Milch gemacht: Dann im Rheinthal/ in den Pündten/ und im Schweitzer-Land werden solche Käse gar anmuthig zubereitet: Auß dem Geyß- und Hirschen-Unschlitt aber/ werden anderswo Liechter gezogen.

Die Geyß-Felle werden als statlich Peltzwerck und Futter/ auch in Schwaben von den Weibsleuthen gebraucht und getragen für Frost und Kälte. In Savoyen werden sie hefftig sehr auffgekaufft/ vorauß von den jungen Ziegen/ dann sie sind bey den Alten viel im Brauch gewesen/ und haben noch heut zu Tag mancherley Nutzbarkeit.

Der Geyßmist wird auch nicht nur wenig gelobt zu allem Feldbau/ wie Palladius und Columella schreiben.

Was dem Menschen von der Geyß zur Speise diene/ und was für Eigenschafft solche Speise habe/ und wie sie zu gebrauchen:

Das Geiß-Fleisch je jünger es ist/ je gesünder und lieblicher ist es/ vornehmlich zur Frühlings Zeit/ wann sie von den jungen Schossen und Zweigen feist worden sind. Je älter aber sie werden/ je ungesünder/ härter und unverdäulicher Fleisch kriegen sie/ welches einen bösen/ argen/ ressen und stinckenden Safft hat/ machen auch dem Menschen einen übelriechenden Schweiß/ und Melancholisches Geblüt/ vornehmlich zur Herbst-Zeit zu machen pfleget.

Geyßmilch ist dem Magen gesünder und nützer dann Kuhmilch/ und ist keine Milch/ die nächst Menschen- oder Frauenmilch so mächtig nähre und so wol speise/ als Geißmilch. Sie schwert auch den Bauch viel weniger/ als die Kühmilch/ von wegen der Art und Krafft der Schossen und und Zweigen/ so die Geyssen pflegen abzuweyden: es sey dann Sach/ daß sie purgierende Kräuter oder Artzney gefressen haben. Doch ist auch das zu mercken/ wann man sich der Geyßmilch gebrauchen will/ so soll man Honig darunter mischen/ sonst bringt es manchem grossen Schmertzen/ und gefährliche Wehtagen/ so sie im Magen gleichsam zu einem Käß wird: daher mische etliche Honig/ Wasser/ und ein wenig Saltz darunter.

Artzney von den Geyssen.

Die Aeschen von der Geyß-Haut mit Oel angestrichen/ heilet die Spalten oder wunden an den Fersen/ und das/ so die Schuch auffgerieben haben: Aber die Haut mit ihrem Haar gesotten/ und das Wasser getruncken/ stillet den Bauch-Fluß/ wie dann auch die gebrannte Haar der Geyssen alle Fluß stillen/ vornehmlich das Blut der Nasen/ wann sie mit einem wenig Essig gemischt/ und in die Nasen geschopffet werden: Der Gestanck von dem gebrandten Horn oder Haar/ oder die Aeschen mit Essig gemischt/ und in die Nasen gethan/ erweckt vom tödtlichen Schlaaff; So werden auch mit genandtem Rauch die Schlangen und Natteren verjaget/ und die Aesche für den Schlangen- und Natter-Biß getruncken oder auffgeschmieret. Die Aesche mit Myrten-Oel angestrichen/ stillet den übrigen Schweiß: Eben diese Aesche mit Myrten-Oel angestrichen/ behält die außfallende Haare. Der Gestanck von den Hörnern/ oder Klauen und Schüchlein/ oder das Haar gebrät/ und für die Nasen gehalten/ ermuntert die so die fallende Sucht haben. Geyß- oder Hirschhorn zu einer weissen Aesche in einem neuen irdinen Geschirr/ in einem Back-Ofen gebrät/ braucht man die Zähne weiß zu machen/ wie auch die weiche/ geschwollene und Wässerische Bällichen damit zu reiben.

Das Geyßhorn geschabet/ und mit Honig gemischt/ stillet den Bauch-Fluß/ der von einer argen Artzney entsprungen ist.

Die Aesche von gebranten Geyßklauen mit starckem Essig angerühret/ vertreibt den bösen Grind.

Der Kopff von der Geiß gantz mit Haut und Haar gesotten und gekochet/ und dann die Brühe getruncken/ heylt die verbrochene/ zerrissene/ und verwundete Därme.

Vom Geyß-Blut.

Welche deß Nachts bey Liecht nicht sehen können/ die sollen ihre Augen mit dem was von der Geiß-Leber/ wann sie gebraten wird/ abträufft/ oder mit der Galle schmieren/ das Fleisch der Leber essen/ und wann man sie anrichtet/ den Dampff in die Augen steigen lassen.

Geyßblut vertreibt die ungestalte Mertzenflecken/ wird auch getruncken wider das Gifft in Wein/ und in Butter geröst/ stillt es die rothen Ruhr/ oder den Bauch-Fluß.

Geyßblut samt dem Geyßmarg/ vertreibt das Gifft und die Wassersucht/ vornehmlich wann die Geissen mit anmuhtigen Kräutern/ als Lentilco, und dergleichen geweydet worden.

Bocks- oder Geyßblut/ gemischt mit geröstem Gersten-Mehl und Terpentin/ hernach ein Pflaster gemacht/ und auff den Bauch gelegt/ stillet auch die rothe Ruhr und Bauch-Fluß/ deßgleichen heylet es die Gebrechen/ die sich in dem Hindern befinden.

Vom Geyß-Unschlitt.

Geyß-Unschlitt ist gut denen/ die die rothe Ruhr haben/ und wird auch denjenigen eingeben die Cantharides (Gleiß-Käfer) getruncken/ oder ein Welsch Süpplein bekommen haben, Aber mit Wachs wirds dem Natter-Biß auffgelegt: mit Kalch heylet es die Kröpff/ mit Sandaracha oder Bergröthe die rauchen und schäbigen Nägel: mit Wachs dämpfft es die Geschwär/ die umb sich fressen/ und mit Bech und Schweffel heilt es dieselbigen: mit Honig und Safft vom Brombeer-Stauden/ offnets trieffende Schäden an der Scham: mit Rosen vermischt vertreibt es Blaterlein/ die bey der Nacht wachsen: und in die Ohren gegossen/ macht es die dummen Ohren hörend/ In einem Kern-Muß/ oder sonst frisch zerlassen/ und mit Meth genossen/ macht diejenigen gesund/ die an der Leber Mangel haben/ und schwinden oder abnehmen.

Geißunschlitt mit geröstetem Gersten-Mehl/ Rhoe und Käß gekocht/ oder Geyßunschlit von den Nieren genommen/ mit Kleyen von rösch- oder hart-gedörtem Gerstenmehl gemischt und Kümmel oder Kümich/ Aneth oder Dyll und Essig/ eines so viel als deß andern darzu gethan/ und in Wasser gesotten/ hernach durchgesigen/ und die Brüh getruncken/ stillet die rothe Ruhr alsobald.

So ein gebärendes Weib auffgeblasen ist/ so soll man ihr Schaaf- oder Geyß-Leber in heisser Aesche gebacken/ gnugsam biß auff den vierdten Tag zu essen/ und alten Wein zu trincken geben.

Von der Geyß-Gallen.

Wann man will/ daß einem die Haare/ vornehmlich an den Augbrauen nicht mehr wachsen sollen/ der rauffe sie herauß/ und schmiere den Ort mit Geiß-Gallen/ und lasse das drey Tage darauff ligen.

Bocks- oder Geiß-Gallen dient wol für die Euter-Beulen und Drüsen/ und mit Honig oder Wein gemischt/ ist sie gut für die finsteren Felle in den Augen/ deßgleichen für die Maasen und Flecken: Aber mit Frauenmilch angemischt/ ist sie gut/ wann etwas in den Augen verletzt oder zerissen ist.

Den stinckenden/ trieffenden und fliessenden Ohren bekommet die Geyß-Galle gantz wol/ Stier-Gallen ist die allerschärpffeste wann man Honig/ Schlangenhut/ oder Knobloch-Safft und zwar einen jeden eben so viel/ als wie deß andern drunter reibt/ und gewärmt in die Ohren geußt/ist es für solche kranckheit eine fast gute Artzney/ wann schon der Krebs darauß worden wäre. So aber etwas in den Ohren verletzt wär/ soll die Geiß-Galle mit Frauen- oder Geiß-Milch gemischt und eingetreifft werden.

Wolle mit Geiß-Gallen genetzt und auf den Nabel gelegt/ treibt die Würme auß: dergleichen thut Geiß-Milch getruncken.

Wofern der Sitz oder Hindern Mangel hätte/ oder etwas daran wüchse/ so soll dasselbige Ort mit Geiß-Gallen sanfft angestrichen werden/ solches ist die beste Artzney.

Welcher den Harn nicht halten mag/ der brenne die Geyß-Blase zur Aeschen/ und trincke sie mit Wein.

Von der Geiß-Milch.

Geyß-Milch wird offt und vil gebraucht in der Artzney/ und mit vielerley andern Sachen vermischt/ umb vermittelst derselbigen andere Artzneyen einzunehmen/ worvon im Nachfolgenden die vornehmsten angezogen worden.

Die Wurtzeln von grossen Waldfahren in Geißmilch gesotten/ und warm auffgelegt ist bewärt für den kalten Brand: oder Camillenblumen mit Mehl in Geißmilch gekocht und auffgelegt. Geißmilch vertreibt die Mertzenblumen/ oder Soisterflecke und Sprenckel im Angesicht/ macht die Zähne leicht wachsen/ und standhafftig/ ist auch gut dem rohen und geschwollenen schlund/ warm gegurglet/ wie sie gemolcken ist.

Geißmilch mit Saltz und Honig genossen/ macht den Stulgang.

Ein Muß oder Brey gekocht von Geißmilch und gedörzetem Gerstenmehl: Auch ein Clistier von Amel- Semel- oder Weitzenmehl gemacht/ ist gut für die rothe Ruhr.

Die Milch mit heissen Kiselsteinen gewärmt/ oder kalt Brod darin gekocht/ und also genossen/ ist gut für alle reissende Bauch-Flüsse.

Denen der Miltz geschwollen oder bresthafft ist/ dieselbigen und die Geiß sollen drey Tage fasten/ alßdann sol die Geiß mit Epheu gespeist/ und die Milch von den Krancken drey Tag nacheinander getruncken/ die Geiß aber/ ehe sie zur Träncke kommt: gemolcken/ oder die Schotten gleicher Form und Gestalt getruncken werden.

Geißmilch mit Honig getruncken/ macht die Männer muthig/ und die Weiber geschickt zu empfahen.

So einem der Sitz vornen außfährt/ und Schrunden überkommt/ der bestreich ihn mit warmer Geißmilch.

Wann man in die warme Geiß-Milch Citronen-Safft/ oder sonsten etwas saures thut/ daß sie sich scheyde/ den Käß hinweg wirfft/ von der durchgeseigte Molcken aber alle Morgen ein halb Echtmaß trincket/ ist sehr gut vor Verstopffung deß Miltzes/ hitzige Leber/ und die Lungesucht.

Es

Von dem Geyßkäß.

Geyßkäß mit grossem Costo (so für eine Art von der Angelic-Wurzel gehalten wird) ist gut für aller gifftigen Thiere Biß/ außgenommen Hundsbiß.

Frische Geyßkäß wol außgedruckt unnd mit Honig genossen/ ist gut denen/ welche das viertägige Fieber haben: Deßgleichen/ wann man jhn also frisch auf die Augen/ oder das Haupt/ oder Füsse legt/stillet er jhre Schmertzen.

Von dem Geyßkoth.

Der Geyßkoth wird gar viel gebraucht in der Artzney/ dann er ist sehr gut und nützlich allen erhärteten und hockerichten Geschwulsten und Bülen/sie seyen gleich vom Miltze oder anderen Theilen des Leibes/ deßgleichen der Wassersucht/ und so er zu Aeschen gebrännt ist/ dienet er dem Grind/ allerley Räude und dergleichen Gebrechen. Mit Essig/ Wein/ oder mit Honig aufgelegt/ heilt er den Naterbiß/ und den Stich deß Scorpions.

Geyßmist oder die gebrannte Aeschen davon mit Essig genetzt/ stillt das Blut/ und allein für sich selber aufgelegt / oder mit Gerstenmeel gekocht/ läst er nichts geschwellen.

So einer ein Glaich oder Gelencke vertretten hätte/ und das Glaich davon geschwollen wäre/ der nehme Geyßkoth/ mische jhn mit Honig/ und lege jhn auf/ so wird es besser mit jhm: Denn die Geschwulst sitzt nider und geschwüllt nicht mehr.

Geißkoth in Essig gesotten/ vertreibt die Kröpffe/ und wird auf die Schäden/ die von einem Ort zum andern kriechen/ wie auch auf die Drüsen hinder den Ohren gelegt: Mit Honig gemischt und aufgelegt/ heilet er den Krebs.

Geyßkoth mit Wein gemischt und aufgelegt/ zeucht auß alle Stacheln/ Dörner/ Spitzen und dergleichen Sachen: Wird er ein wenig mit vielem Cerato Rosato (oder Rosenzug) gemischet/ so ist er gut für den Brand.

Für gebrochene Rippen ist der Geyßkoth auß altem Wein sonderlich gut: Deßgleichen auch für den Schmertzen deß weissen Geäders/ wann er in Essig mit Honig gekocht wird/ wann schon das weisse Geäder faulte; auch vertreibt er/ mit gar starckem Essig gemischt/ die Schmertzen und Wehetage in den Gelencken: Und mit Honig die Drüsen und Geschwulst hinder den Ohren kräfftiglich.

Sieben Geyßpillulen in Essig zerstossen/ und die Stirn damit bestriche/ miltert das Hauptweh.

Wer den Husten hat/ der nehme dürre Geyßbönlein/ reibe sie zu Pulver/ und trincke sie auß starckem edlem Wein/ so wird der weisse Schleim außgeworffen/ und vergehet der Husten: Auf dergleichen Weise genossen/ vertreiben sie auch die Gelbsucht/ und auß Meth getruncken/ treiben sie den Stein auß.

Geißkoth mit Gerstenmeel und Essig aufgelegt/ stillet die Schmertzen in den Hüfften/ und im Schlosse oder Creutze: Deßgleichen zu Pulver gestossen/ mit Weyrauch gemischet/ und mit Wolle in die Schaam gestopft/ stillt er den Weibsleuten jhren Blutfluß/ wie auch mit Essig sonst allerley Flüsse.

Vom Geyßharn.

Geyßharn mit Essig von Meerzwiebeln zubereitet/ heilet den Natter-Biß.

Es ist ein Schmertz im Genick/ wann der Halß und das Haupt gar hinden auß starret/ wird Opisthotonus genannt; Diese Kranckheit lindert der Harn von der Geyß/ wann man jhn frisch und noch warm in die Ohren tropft/ oder nüchtern in Wasser tirnckt.

Dieser Harn frisch und warm/ so bald er von der Geyß kommen/ in die Ohren getropft/ dempft den Schmertzen der Ohren/ und mit Meth gemischet/ zeucht er den Eyter auß: Dannenhero etliche jhn aufffassen/ und in Geyßhörnern an den Rauch hencken.

Geyßharn mit Spicanardi alle Tag ein klein Becherlein mit Wasser getruncken/ treibt das Wasser auß/ und heilet die Wassersucht: Oder aber auch nur bloß an sich selbst getruncken.

Wer das Grieß hat/ und schwerlich harnet/ der trincke den Harn von wilden Geyssen/ warm mit Wein und Wasser gemischt.

Vor das Gehör wird ein herrlich Destillatum auf folgende Art vom Geyßharn gemacht:

Man nehme Salbey/ Majoran/ Roßmarin/ Lavendel/ Rauten/ Wohlgemuth/ Holderblüth/ jedes so viel man mit 3. Finger fassen kan/ Marien Magdalenen-Blumen ein wenig/ Lörbeer/ Wachholderbeer jedes 2. Quintlein/ Violwurtz/ Rund wild Galgand/ Baldrianwurtz/ Liebstöckel/ Saubrod/ jedes anderhalb Quint/ Berträwurtz 1. Quint/ Stickwurtz/ Eselkürbswurtz/ Coloquinten/ jedes 2. Scrupul. Fenchelsaamen/ Bibergeyl/ jedes anderhalb Quint. Dieses lasse die Helfft einsieden mit Geyßharn 16. Loth/ Meerzwiebel-Essig/ Rauten-Essig/ jedes 4. Lot/ in ein zugemachte Geschirr. Und thue darzu Rettigsafft/ Zwiebel in Aeschen gebraten/ jedes 3. Loth/ Galban in D. Langii Aqua Vit. zergangen 2. Quint. Ein grosse Schlang/ und ein Milch gemacht von Petsichkern 2. Quint. Rautensaamen/ Rettichsaamen/ jedes ein halb Quint. Wachholder Brändenwein 4. Loth/ und lasse solches destilliren.

Den gantzen Gebrauch/ so von der Geyß herrühret/ verfasset Becherus in folgende Reymen:

Das Unschlicht (1) von der Geyß / Harn (2)/ Horn (3)/ Marck (4)/ Miltz (5)/ Milch (6)/ Blut (7)/
Haut (8)/ Blaß (9)/ Gall (10)/ Stein (11)/ der Koth (12)/ und das Gedärm (13) ist gut.

1.

Das Unschlicht das zertheilt/ erweicht/ und lindert auch/
Es ist im Podagra deßwegen im Gebrauch.

Bocks-

2.

Bocksharn gantz frisch unnd warm gar früh getruncken ein
Das treibt und löset auf den harten Menschen-Stein.

3.

Wann man das Bockshorn brennt/ und machet daß es raucht/
Es mindert auß der Fraiß / wird in der Pest gebraucht.

4.

Das Marck behält den Preiß in allen andern Thieren/
Es thut hingegen auch ein Schärpffe mit sich führen.

5.

Der Miltz von einer Geiß der trocknet/ und ist gut
Dem Menschen-Miltz/ so man jhn drüber legen thut.

6.

Geißmilch behält den Preiß/ sie bringt zu rechte wieder
Durch Schwind-und Lungen-Sucht die abgematte Glieder.

7.

Bocksblut stehet wider Giefft/ es stopffet auch dabey/
Es stillt die Ruhr / und macht vom Grieß und Sande frey.

8.

Die Haut / wie auch die Haar zum Pulver nur gebrannt/
Es stillt das Bluten/ ist derhalben wol bekant.

9.

Dörrt/ pulvert nur die Blaß/ doch thut sie nicht verbrennen/
Ein Drachmam nehmen die den Harn nit halten können.

10.

Die Gall wie sichs gebührt zum Pflaster nur gemacht/
Das täglich Fieber wird dardurch hinweg gebracht.

11.

Die Stein so man in Gall und Magen finden thut/
Sie treiben/ lösen auf/ und seynd zum Schwitzen gut.

12.

Nehmt wolgedörrten Koth ein Drachmam am Gewicht/
Dann in der Geelsucht er das Seinige verricht.

13.

Legt über Netz und Därm / wann jhr seyd hitzig sehr/
Stillt grosse Schmertzen auch/ so man verrücket wär.

Von dem Bock.

Hircus vel Caper,   Ein Bock/oder ein Geyßbock.

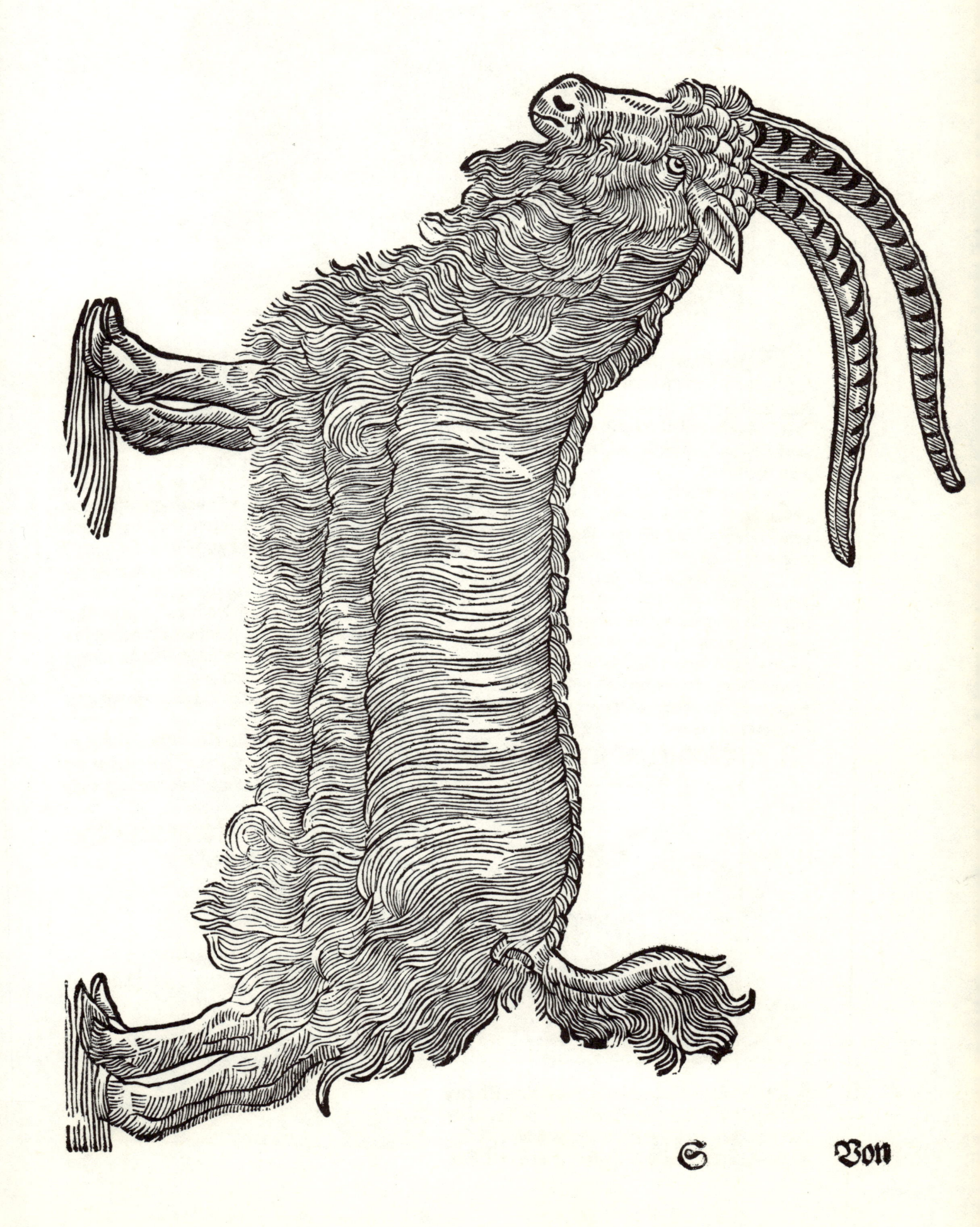

S   Von

Von mancherley Gestalt und Außerwählung der Böcken.

Wie viel und mancherley Arten/ Gestalten/ und Eygenschafften der Geyssen hieroben auß alten Scribenten angezogen und erzählet worden/ eben so viel finden sich auch bey dem Geyßbock/ weßwegen hiesiges Orts weiter nichts davon zu melden.

In Erwählung der Böcke soll gesehen werden auf die Grösse deß Leibs/ auf die Dapfferkeit und Frechheit/ und die lind/ zart und weiß Haar/ wie auch lange und dicke Schienbeine haben. Palladius lobt an jhnen dicke und schwartze Haare/ einen kleinen Kopf mit schönen langen Hangohren/ und einer gantz stumpffen Nasen/ und wie Plinius schreibet/ so soll er under den Kinbacken/ zwey hangende Züttelein oder Glöcklein/ als Wärtzlein/ deßgleichen einen kurtzen und dicken Halß/ und haarige Schienbeine/ oder einen weiten zottichten Vörderbug haben.

Von Natur und Eygenschafft der Böcke.

Der Bock ist ein geiles Thier/ allezeit fertig zum Geylen und Springen/ und von solcher Geylheit und Uppigkeit schilet er über Ecke. Deßgleichen bezeuget Ælianus, daß kein Thier sich so zeitlich der Geylheit und Uppigkeit gebrauche/ als der Bock: Dann er fahe gleich am siebenden Tag nach seiner Geburt an aufzuhocken/ welches jhm ein frühzeitig Alter bringe und verursache: Wann er auf sieben Monat kommen/ so mag er auß solcher Ursach zur Herd gelassen werden: Nach vier Jahren wird er für unnütz geachtet. Sie sollen nicht fett gemacht noch gemästet werden/ dann davon werden sie zum Bespringen und zur Vermehrung träg und nachlässig: Derhalbē/ wann man sie zulassen will/ so pflegt man sie zuvor außzuhungern und außzumagern.

Man schreibt von dem Bock/ daß er gewohnet sey/ die sechs Monate zur Winterszeit auf der lincken Seyten: Nach dem Lentz aber die übrige Zeit auf der rechten Seyten/ zu ruhen.

Habermarck unnd wilde Hagrosen seynd dem Bock eine angenehme Speiß.

Der Bock hat einen starcken unannehmlichen Geruch/ dannenhero auch ein Sprüchwort auf einen Menschen gezogen wird/ daß man sagt: Er stinckt wie ein Bock.

Von innerlicher Natur und Beschaffenheit dieses Thiers.

Der

Von dem Bock.

Der Bock ist ein behertztes/ frech und muhtiges Thier/ von Natur starck und streitbar/ also/ daß er mit seinen Hörnern bißweilen einen Laden/ oder sonst fürgeworffenen Schild/ zerstößt/ und den Menschen mit grossem Gewalt niederfället/ welche seine Stärcke er wol weiß: In Ansehung seines grossen Barts/ hat er allezeit bey der Herde den Vorzug. Und wie etliche schreiben: so kommt er/ wann er seines Barts beraubet wird/ under keine freinde Herde/ und begehrt auch gantz und gar nicht mehr wegzuziehen/ wiewol das Widerspiel möchte geglaubet werden. Er streitet für seine Weiber und Geissen/ und trägt seine Stärcke im Kopff und in den Hörnern.

Was für Nutzbarkeit die Böcke dem Menschen bringen.

Die Nutzbarkeiten/ so von den Geißfellen/ Haaren/ Horn und Hörnern/ und andern Stücken erzehlet worden/ können auch von dem Bocke gesagt werden: Und vorzeiten haben unsere Väter solche Felle an statt deß Papiers gebraucht.

Die alten Naturkündiger und Scribenten/ und unter denselben absonderlich Aristoteles und Plinius, wollen: Es sey kein Ding/ daß Eisen so mächtig härte und poliere als Bocks-Blut; dargegen lindere und erweiche es den Diamanten/ so sonst Eisen und Feur verachte: Dann dieweil Bocksblut hitziger Complexion, dargegen der Demant kalt und trocken sey/ werde er am allermeisten von solchem Blut gezwungen. Aber unsere heutige Gold-Schmiede und Diamant-Schleiffer verneinen und verlachen dieses gantz und gar/ und muß ein Diamant den andern schneiden und zwingen.

Bocks-Unschlitt ist gantz nützlich zu Liechtern/ dieweil es zähe ist/ und nicht leichtlich zerschmiltzt wie anderes Unschlitt.

Von deß Bocks Fleisch/ und dessen Complexion.

Bocks-Fleisch hat gar einen argen und bösen Safft/ und ist hart zu verdauen/ doch sind die verschnittenen lieblicher dann die unverschnittenen/ die alten aber gar zu verwerffen/ vornemlich zur Zeit ihrer Brunst.

Es sollen die Lebern von den Böcken und Geissen Ursach geben der fallenden Sucht/ wie Platina schreibt. Von etlichen Schweitzern wird eine Gattung der Würste davon gemachet/ die nennet man Klob-Würste.

Etliche Stücke/ welche von dem Bock zur Artzney gebraucht werden.

Erstlich werde die Böcke gern in den Pferd-Ställen von den Roß-Kämen und solchen Leuten/ die mit Pferden umgehen/ gehalten/ dann sie sollen die Pferd dauerhafft machen.

Welche Schmertzen haben bey den Gemächten/ die sollen sich mit Bockshaar beräuchern.

Das Bocks-Blut vertreibt alle arge/ böse Reud/ so gleich ist dem Außsatz.

Wider den Lenden- und Blasen-Stein wird Bocksblut mächtig gelobt/ und auff mancherley Weise zu bereitet: Etliche geben es/ wie es an sich selbsten ist/ ohn allen Zusatz/ dem Patienten ein/ oder schmieren darmit also warm die Oerter/ so umm die Scham sind. Etliche speissen zuvorher den Bock mit Kräutern/ welche den Harn und Stein treiben/ und geben das Blut gedörrt in Wein mit Peterlein-Saamen ein.

Etliche fangen das Blut in einen Hafen/ unter gesottenes Wasser/ und mit einer Brechen/ oder Quirl zertheylen sie es in kleine Stück/ seimen es sauber ab/ und trocknen es rein an der Sonnen/ und heben es gepülvert oder klein zerrieben in einer Büchsen auff/ wann es dann die Nohtt erfordert/ so geben sie einem einen Löffel voll darvon auß gesottenem Wein ein.

Andre wollen/ man solle den Bock 7. Tag einschliessen/ und selbige Zeit über mit grüne Lorbeerzweigen füttern/ hernach dessen Blut sauber auffangen/ und dem kranckē davon geben in Wein 3. quintlein: oder aber/ es wird solches blut in einem irdinnen wol zugedecktem und verklebtem Hafen/ im Back-ofen gebrannt/ und zu Pulver gerieben.

Bocks-Fett oder Unschlitt ist einer zertreibenden Krafft/ mit Schab-ab-Saamen/ Schwefel und blau Lilgen-Wurtzel gemischet/ vertreibt es die Mertzen-Blumen/ und andere ungestalte Flecken deß Angesichts.

Bocks-Leber wird vörnehmlich gerühmt für den Hunds-Biß/ wann sie bey zeiten darüber gelegt wird; auch heylet sie/ warm drauff gelegt/ die böse Reude.

Die Bocksgallen vertreibt die Feygwartzen/ und die böse Drüsen und Knollen deß Außsatzes/ verzehrt auch das böse/ süchtige Fleisch: deßhalben sollen die/ so deß Nachts blind sind/ ihre Augen mit Bocksgallen bestreichen.

So einen die Haar an den Augbrauen verstellen/ der soll sie außrauffen/ und den Ort mit Bocks-Galle bestreichen/ so wachsen sie nimmermehr.

Galenus schreibt/ daß funffzehen Bonen von Bocksdreck verschluckt von der fallenden Sucht entledigen.

Welcher keine Haar an den Augbrauen hat/ der sol Mäußdreck und Bocksdreck/ deß einen so viel als wie deß andern/ unter einander mischen und rösten/ und hernach mit Honig anstreichen/ ist fast köstlich.

Für ein böses Gehör ist Ochsen-Galle mit Bocks-Haaren gemischt und eingetraufft/ gut/ und hilfft zur stund.

Hysopen und Bocks-Seich auß süssem Wein getruncken/ treibt das Wasser auß bey den Wassersüchtigen/ vornehmlich wann man die Geisse oder Böcke mit Attich speist.

Von der Gitze/
Oder
Von dem jungen Böcklein und Heißlein/ oder Zieglein.

Hœdus.   **Gitze/ oder junges Zieglein.**

Von Natur und Eigenschafft der Gitzen

WAnn die Gitze geboren worden/ werden sie gleich den Lämmern aufferzogen und verhütet/ nur daß die Gitzen mehr Sorge erfordern/ von wegen ihres springens/ und ihrer Geylheit halben. Es werden ihnen zarte Reiser oder Schosse von allerley Gesträuch/ vornehmlich von Ebheu/ Hag-Rosen/ Samerâ, Cytiso, Lentisco und Arbuto, wie auch sonst viel andre Zwenge vorgeworffen: von zweyen soll allemal das mächtigst und stärckste unter die Herd gelassen/ das ander aber verkaufft oder sonst genützt werden: vor dreyen Monathen aber werden sie selten unter die Herde gelassen.

Die Natur hat in der ersten Schöpffung die Gitzlinne also erschaffen/ daß sie ohn alle Lehr ihre Glieder von sich selbst zu gebrauchen wissen/ welches der berühmte Medicus und Naturkündiger Galenus augenscheinlich erfahren hat. Dann/ als er auff eine Zeit eine tragende Geysse auffgeschnitten/ hat er die Gitze noch warm und lebendig von der Geyß/ als der Mutter/ hinden auß an einen andern Ort tragen lassen/ allwo viel Geschirr stunden/ unter welchen etliche voll Weins/ etliche voll Oels/ etliche voll Honig/ etliche voll Milch/ etliche aber voll anderer nassen Materi waren: daselbst schnitte er/ in Gegenwart vieler anderer/ die Bähr-Mutter auff/ und entledigte das Gitzlein/ welches dann zur stund auffgesprungen/ als ob es von jemand gehöret hätte/ daß die Beine ihm umb solcher Ursachen willen gegeben worden/ darauff zu stehen/ und damit zu wandelen. Hernach hat es die Feuchtigkeit vom Leibe geschüttlet/ und mit dem einen hindern Fuß in der Seiten gekratzet. Darnach hat es angefangen in alle Geschirr zu riechen/ wovon ihm doch keines gefallen. Zu letzt ist es zu der Milch kommen/ hat daran gerochen/ und sie außgesoffen. Als wir solches gesehen/ spricht er/ haben wir alle geschryen/ und gesagt: Hippocrates habe ohn allen Zweifel die Wahrheit geschrieben/ da er lehret: Die Natur und angeborne Art der unvernünfftigen Thiere/ komme von keinem Lehrmeister her/ sondern werde ihnen von Gott eingepflantzet.

Was für Nutzbarkeit dem Menschen von der Gitze herkomme.

Diejenige Käß-Rüsten (oder Käß-Lab/ sind die Mäglein/ womit die Milch zu Matten und Käsen gemacht wird) werden vor allen andern gelobt/ so von den Gitzlinnen genommen werden: hernach die von den Lämmern/ und dann zum dritten von den Kälbern.

Die Gitze-Fell seynd vorzeiten zu Rom zu den Schuhen gebraucht worden/ als Basilius schreibt.

Daß die Gitz-Felle zu dem Peltzwerck gebraucht werden/ ist hiebevor erzählt worden in der Geschicht und Histori der Geissen: Wobey noch dieses zu erinnern/ daß die alten Römer sie auch zu den Betten gebraucht haben/ wie Cicero in etlichen Orten bezeuget: Auch werden sie gebraucht/ etliche Säffte und Trauffen/ als da ist Euphorbium/ mit dem Gitze-Magen auffzufassen.

Wann die Gitzen und Lämmer auß Geylheit untereinander springen/ so verkünden sie schön Wetter. Plinius schreibt/ man solle die Gitzen oder Böcklein verschneiden/ wann der Mond abnimmt.

Was von den Gitzen dem Menschen zur Speise und Nahrung diene/ und was für eine Complexion solches habe.

EIn gutes/ liebliches/ und schleckerhafftiges Fleisch haben die Gitzen/ auch so bald sie an Tag kommen/ welches leicht und geschwind zu verdauen/ auch gar wol speiset und nähret/ und in dem Menschen nicht viel überflüssigkeit gebäret/ sonderlich ist gut denen/ so warmer und trockner Complexion sind/ wie auch fast allem Alter und allen Geschlechten und Naturen zuträglich. Doch werden vornehmlich die jenige Gitzen gelobt/

Von der Gitze.

lobt / so eines mittelmässigen Alters / und nicht gar zu jung / auch nicht gar zu alt worden sind. Ein überauß schönes und gesundes Blut gibt und macht das Gitzen-Fleisch / ob schon die Geisse und Böcke (wie oben gesagt) überall verachtet / und von allen Gelehrten gescholten werden: Und dieses Fleisch ist und bleibt auch gut / es mag gekocht und zubereitet werden / wie es wolle.

Eine Speiß gemacht vom Blut deß Gitzens / sol von denen gebraucht werden / so den Bauch-Fluß haben.

Auß dem Kröß der Kälber und Gitzinnen / gesotten und gewürtzt / wird sonst ein Voressen zu Tische gemacht.

Viel und mancherley Gattungen Gitzen-Fleisch zu kochen / werden von Platina weitläuftig beschrieben / die nicht Noth allhie zu erzählen.

Artzneyen so von dem Gitzen / oder jungen Zieglein herfliessen.

EIne frisch auffgeschnittene Gitze / oder ein Fell / so bald es abgeschunden ist / oder sein Fleisch also warm auff den Natter-Biß gebunden / wird gelobt für eine gute Artzney.

Für einen geschwollenen und rohen Halß oder Rachen ist gut die Brüh von einer Hennen oder Gitzen.

Das Gitzenblut gedörret wird in viele Artzneyen gethan / so wider das Gifft zubereitet werden. Es wird auch gelobt denen / so Blut speyen / nehmlich ij. Loht frisch Blut / eh dann es gestanden / unter ij. Loth starcken Essig gemischt / und drey Tage getruncken.

Das Fett und Unschlitt der Gitzen ist nicht so warmer und trockner Natur / als wie der Geyssen / daher es dem auffgerissenen Munde viel bequemlicher ist. Es wird in den Apotecken ein Sälblein von dem Fette deß Netzens / samt etlichen anderen Stücken gemachet / Pomatum genennt / das ist gar gut den auffgerissenen Lefftzen.

Die Käß-Rennen von der Gitze wird getruncken wider die gifftige Wolffwurtz / und wider gestockte Milch / in Essig getruncken: wider das Stierblut / und wider das Würgen deß Pfifferlings / auch wider viel andre böse gifftige Thier / und wider alle gifftige Biß der Meerthiere / wañ nemlich desselbigen j. Quintlein in Wein getruncken wird. Deßgleichen auß Wein oder wenig Essig getruncken / stillet es das Blut: und einer Bonen groß mit Myrthen-Wein getruncken / stillet es die rohte Ruhr und den Bauch-Fluß. Ein wenig in starcken Essig gebeitzt / und eingegeben / stillt den Weibern ihren Blutfluß / sol aber also nüchtern getruncken werden.

Das Beissen in den Augen und die rauhen Augenlieder vertreibt die Aeschen von gebranter Gitzen-Lungen.

Von den wilden Geyssen / und zwar erstlich ins gemein / hernach auch von jeder Art insonderheit.

OB schon der wilden Geyssen mancherley Arten von den alten Scribenten namhäftig gemacht / und mit frembder Sprache erzehlet werden; So werden doch deren gantz wenig von ihnen beschrieben / und für Augen gestelt / darauß mancherley und widerwärtige Meynungen entsprungen / derhalben es schwer und mühsam ist etwas gewisses / nahmhafftiges und verständiges von solchen wilden Thieren zu schreiben / nichts destoweniger soll allhier so viel immer müglich seyn will / von denselben erstlich etwas ins gemein gedacht / und dann hernach auch eine jede Art insonderheit erkläret werden.

Die wilden Geyssen / so zu unseren Zeiten bekannt sind / auch in unsern Landen gefunden werden / sind Gemsen / Rehböck oder Rehgeyssen / und Steinböck. Die wilden Geyssen haben ein überauß scharpffes Gesicht / daher sie bey den Griechen den Namen haben Dorcas. Sie wohnen auff hohem / wildem Gebirg / Schroffen und Felßen / ersehen schon gar von weitem alle die / so ihnen begehren nachzusteigen / und wann sie vermercken / daß ihnen von Menschen oder andern Thieren feindlich nachgesetzt wird / und sie auff die Spitz und Höhe getrieben werden / so springen sie von einem Feltzen zum andern / stürtzen sich auch offt hinab / und hencken sich an ihre krumme Hörner / vornemlich die Gems / als welcher Hörner eine besondere Form und Gestalt dazu haben. Es schreibt Oppianus viel hüpsche Eigenschafften von solchen wilden Geyssen / so wird auch eine besondere Gattung solcher Thiere von dem Æliano beschrieben. Dieweil sie aber zu diesen unsern Zeiten nicht bekant / noch von jemanden gesehen worden / wollen wir es bey solcher hertzlicher Männer Meynung verbleiben lassen / und von denjenigen / so ins gemein bekannt sind / auch zu jetzigen Zeiten gejagt werden / etwas außführliches / jedoch auffs kürtzeste melden.

S iij Von

Von der Gems.

Rupicapra.   Gems.

Von äusserlicher Form und Gestalt der Gemsen/ und wo sie am meisten zu finden.

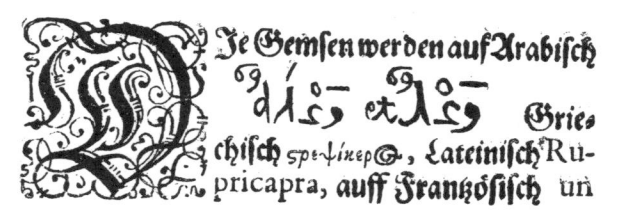

Die Gemsen werden auf Arabisch اياز et اياز Griechisch ϲπϵϯἰϰϵρως, Lateinisch Rupicapra, auff Frantzösisch un Daim, & Camuccie genannt/ vergleichen sich mit ihrer Form und Gestalt/ wie auch mit der Grösse deß Leibes und der Hörner den zahmen Geyssen/ darumb sie billich/ der Gestalt nach/ unter solche zahme Geyssen gezehlet werden. Schwartze krumme Hörner haben die Gems/ die vielmehr bequem sind zum steigen/ oder sich daran zu hencken/ als zu dem Kampff: Auch hat sie rothe Augen (wie Albertus von ihr schreibet) und ein überauß scharpffes Gesicht:

Von der Gems.

Das Männlein und Weiblein haben an Gestalt gar keinen Unterscheid: Ihre Farb ist braunroth/ doch zeucht sich die Farb Sommerszeit mehr auf roth/ Winterszeit aber mehr auf braun: Wiewol sie bißweilen gantz weiß/ aber gar selten gefunden werden sollen. Sie bewohnen/ wie vor gesagt/ die hohen Gebürge/ doch nicht die Spitzen und höchsten Plätze/ wie der Steinbock/ springen auch nit so weit/ sondern lassen sich underweilen hinab auf die underen Alpen/ und samblen sich gemeiniglich bey etlichen sandichten Felsen/ lecken den Sand/ reiben ihre Zung und Rachen damit/ und machen also ihnen selbst Begierde zum Essen/ als ob es Saltz wäre: Auß der Ursach werden solche sandige Felsen von den Jägern und Einwohnern selbiger Lande Sultzen geheissen/ bey solchen Sultzen hinderhalten und verbergen sich die Jäger mit ihren Büchsen und Geschossen/ und wann dann die Gemsen/ nach Gewonheit/ herzutraben/ schiessen sie dieselbe unversehens zu todt.

Deßgleichen wann ihnen nachgejagt wird/ so steigen sie je länger je höher auf die Felsen/ wann dann der Jäger mit Händ und Füssen nachsteiget/ so springen sie von einem Felsen zu dem anderen/ biß sie auf die allerhöchste Spitze kommen/ allda enthalten sie sich mit ihren Hörnern/ und hencken sich daran/ und werden also entweder von den Jägern erschossen/ oder sonst hinab gestürtzt: Oder wo sie selber sich nicht retten können/ sterben sie also/ oder stürtzen sich selber herab/ welches auch von den Steinböcken offtermals geschicht. Von St. Jacobs-Tag an/ heben sie an auf die Höhe zu steigen/ damit sie nach und nach der Kälte gewohnen.

Ein Edel Kraut und Wurtzel/ wird von den Gemsenhaaren genennet Gemswurtzel/ oder/ wie es andere nennen/ Mutterwurtzel/ soll überauß köstlich seyn für das Bauchgrimmen/ Fürtzlen/ Schwindel und andere Kranckheiten.

Von den Gembsen-Kugeln.

IN den Gembsen Magen werden Kugeln gefunden/ welche Agagropili genennt/ und insonderheit von Welschio weitläuffig beschrieben werden.

Was aber die Figur dieser Agagropilorum oder Gembsenkugeln belanget/ werden sie gemeiniglich langlecht/ und selten rund gefunden/ und ob sie schon groß anzusehen/ sind sie doch gantz leicht: Ihre innerliche Substantz ist braun/ auß lauter kleinen Härlein oder vielmehr Zäserlein von Kräuter und Wurtzeln ineinander gewachsen/ bestehend/ wie solches auß folgender ersten und 2. Figur zu ersehen. Von aussen aber sind sie gleichsamb mit einem Leder oder einer Rinde eingefasset/ von Farben/ schwartz/ aschenfarb/ und zuweilen tunckelgelb. In der Grösse sind sie unterschiedlich/ und offtmahls Faustdick/ werden an keinem Ort gefunden als im Magen dieser Thier/ und zwar im 1. oder 2. Theil des Magens (welches die Jäger Säcklein nennen/) dann wie auß folgender 3. Figur zu sehen/ welche Welschius nach dem Leben abreysen lassen/ ist zu wissen/ daß allen wiederkäueten Thieren/ weilen sie Heu/ Stroh/ und dergleichen harte Speise zu verdauen haben/ die Natur ihm vier Magen mitgetheilet. Wovon die Anatomici weitläufftiger Bericht geben.

Außlegung

Außlegung der Figuren.

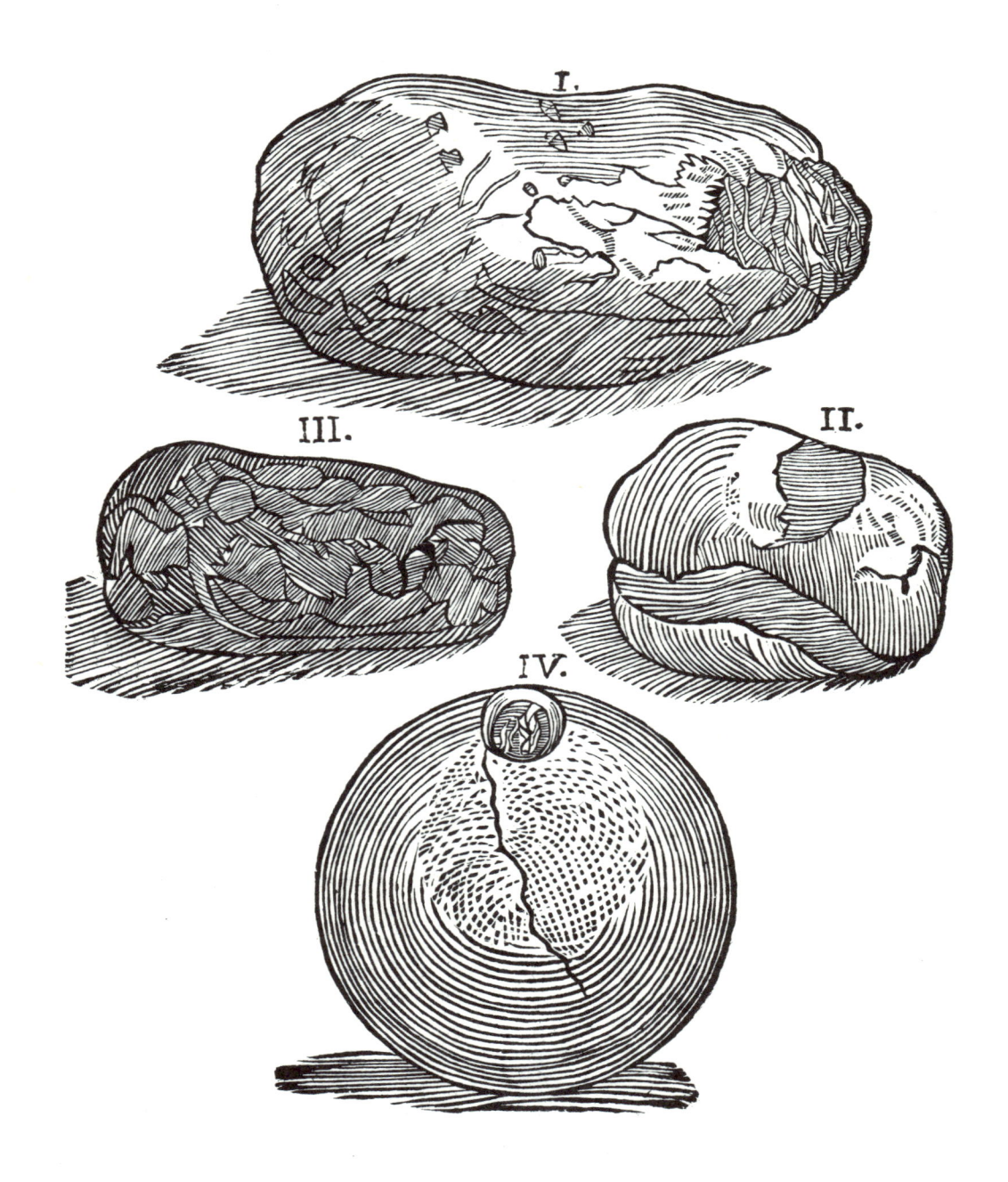

In der I. Figur wird abgemahlet / eine von den grösten Gembsen Kugeln / welche von Farben braun / und hat gewogen 5. Quint / 2. Scrupul. Die II. welche aschenfarb / und gleichsamb einem Hertzen oder Airen gleichet / hat ein doppele Schaal / von Gewicht 2. Quint 2. Scrupul. Die III. ist schwartz von Farben / hat eine runtzelichte glätzende Schaal / und wieget 1. Quint. Die IV. ist die allerschönste und rareste / ist rund wie eine Kugel / hat eine harte Schal wie Holtz / ist vō Farben braun / und gantz voll kleiner Pünctlein: Worauf oben ein rund Loch gemachet ist / durch welches man die dicke Schaal und innwendige Fäserlein sehen kan.

Die

Von den Gemsen.

Die zweyte Figur zeigt/ gemeldte dritte Kugel voneinander gebrochen/ worinnē die Fäserlein in der schwartzen Schaal liegend/ gesehen werdē/ und bedeuten die Zahl 1. Ein lang umbgekrümtes Fäserlein/ so in der ersten Kugel vorhergehenden Figur gefunden worden. 2. Ein gemein Fäserlein. 3. Ein klein Fäserlein/ welches durch ein Rinde gewachsen. 4. Ein wollicht Fäserlein. 5. Ein Stücklein wilde Roßmarin. 6. Ein ander klein Blättlein von einē Kraut. 7. Ein Stengel von Frauenhaar. 8. Ein krumm gebogener Dorn/ so in der dritten Kugel gefunden worden.

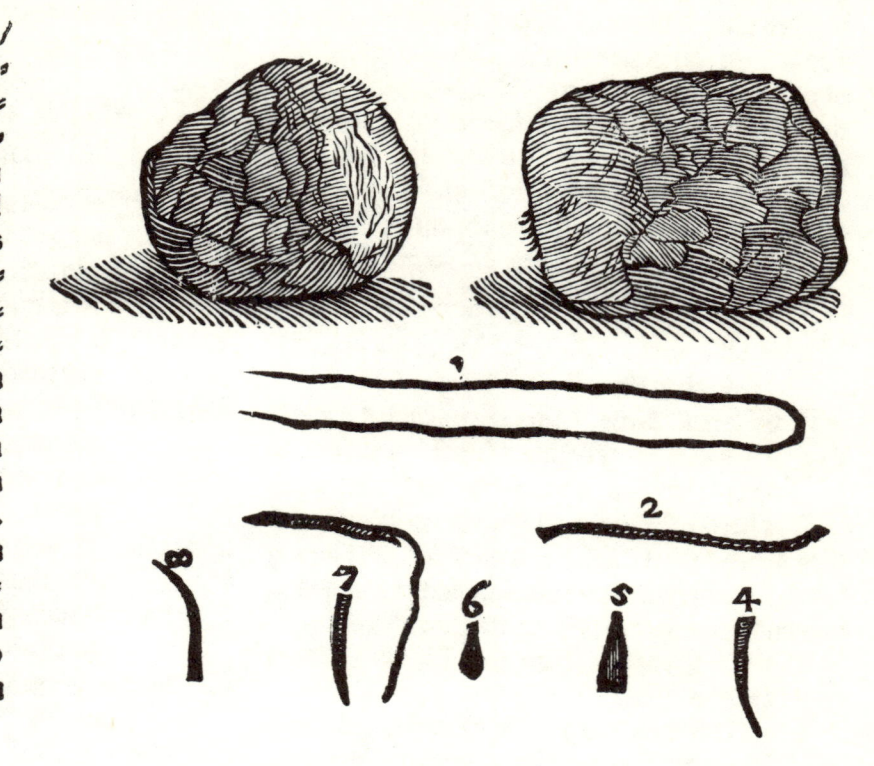

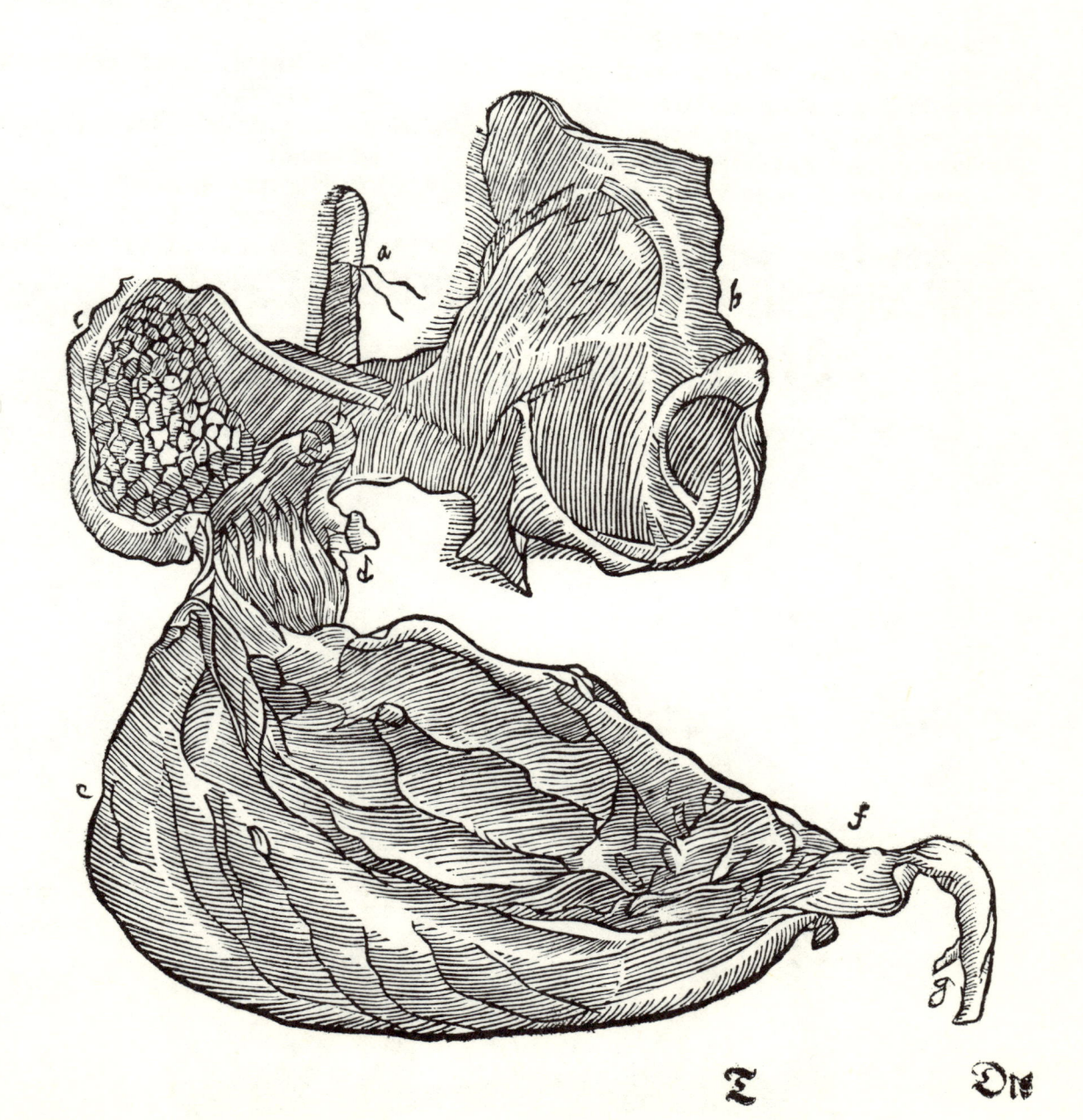

Die dritte Figur stellet vor unter dem Buchstabē
a Die Speiß-Röhr/ wie sie abgeschnitten ist.
b Den ersten Magen/ von Aristotele κοιλία genannt. c Den zweyten Magen/ Reticulum, oder κεκρύφαλ@ genannt. d Den dritten Magen/ Arist. ἐχῖν@, andern Omasum. e Den vierdten/ ἤνυσρον, oder Abomasum. f Den Außgang deß Magens/ pylorum, seu os ventriculi inferius. g Ein stück von dünnen Därmen. h Den oberen Eingang deß Magens/ Os ventriculi superius genannt.

Von der Artzney/ so von den wilden Geyssen herkompt.

ES sollen etliche Jäger Gemsenblut/ wie es frisch auß den Wunden fleust/ trincken/ zu einer besondern Artzney für den Schwindel.

Ein halber Becher voll Gemsenunschlit/ mit eben gleich so viel Milch getruncken/ soll die wieder zu recht bringen/ die Mangel an der Lunge haben/ und deßwegen von Tag zu Tag abzehren.

Wilder Geysser Blut mit Meer-Palmen vertreibt das Haar.

Die Leber von den wilden Geyssen gebraten und gessen/ oder aber gedörrt/ gepülvert/ und das Pulver in Wein getruncken/ stillet den Bauchfluß.

Die Gall von der wilden Geyß wird gelobt für viel Gebrechen und Mängel/ als für finstere und blöde Augen/ vornemblich so es einem als eine Spinnweb vor den Augen schwebt: So ist auch solche Gall ein Thyriac für gifftige Bisse: und sonderlich denen/ so deß Nachts bey Liecht nicht sehen können.

Die Bohnen/ oder (wie sie mögen geheissen werden) der Kaat von wilden Geyssen/ getruncken in Mätth/ treibt auß den Stein/ welches auch thut anderer Geyssenkaat/ so in den Wildnussen geweydet werden.

Folgende Reimen schreibet Becherus:

Das (1) Inschlitt und die (2) Gall/ die (3) Leber und das (4) Blut/

Der (5) Koth/ die (6) Gemsen-Stein/ die hält man auch für gut.

Das [1] Inschlitt oder Fett/ das man auß Gemsen macht/

Mit Milch gebraucht/ die Lung die wird zu recht gebracht.

Es wird auch von der [2] Gall ein Wasser præparirt,

Das allen Staub und Wust bald auß den Augen führt.

Der [3] Bauch-Fluß wird gestillt/ und auch zu Ruh gebracht/

Wann man Gembs-Leber zu eim zarten Pulver macht.

So man [4] früh nüchtern trinckt das frische Gemsen Blut/

Man sagt/ es seye für den Schwindel trefflich gut.

Der [5] Gemsen-Koht in Tranck früh nüchtern eingenommen/

Hilfft diesem der da hat Sand/ Grieß und Stein bekommen.

Die [6] Gemsen-Stein/ so man die Gemsen-Kugel nennt/ (wird abgerennt.

Durch funfftzehn Gran dem Gifft der Weg

Von dem Reh-Bock.

Capra, Capreolus, seu Dorcas, Reh/ Rech/ Rechbock/ Rechgeiß.

Von dem Reh-Bock.

Von äusserlicher Gestalt deß Reh-Bocks/ und wo dieses Thier zu finden.

Wiewol von den alten Scribenten das Reh under die wilden Geyssen gezählet wird/ von wegen der Gestalt und Form seines Leibes/ als womit es sich den Geyssen vergleichet: nichts destoweniger sol es zwischen den wilden Geyssen und Hirschen billich das Mittel haben/ von wegen der Hörner/ als die sich mehr den Hirschen/ als den Geyssen vergleichen: wie dann auch das jenige Geschlecht der wilden Geyssen/ so von etlichen mit breiten Hörnern beschrieben wird/ daher in diese Ordnung/ und unter diese Gattung zu ziehen.

Das Reh ist ein überauß schön/ lustig und liebliches Thier/ das auch von dem Poëten Martiale unter die Wollust gezählet wird: sein gantzer Leib ist mit schönen Flecken besprengt/ vornemlich in der Jugend. Es werden ihrer viel in den Landen der Helvetiern/ oder derjenigen Schweizer/ welche die Alpen bewohnen/ gefangen/ die den Hirschen nicht ungleich/ aber viel kleiner sind/ und in der Grösse sich mit den Geyssen vergleichen/ wie sie dann sonst auch unter die wilden Geyssen gezählet werden: Sie tragen gemeiniglich Hörner/ welche vier Zincken haben. So sollen auch in Hispanien der Reh-Böck viel gesagt werden: Durch gantz Teutschland ist der Reh-Bock und die Reh-Geyß ein gar gemeines und bekandtes Thier/ und darumb unnöhtig/ von dessen äusserlichen Gestalt viel Umbstände zu machen.

Von innerlicher Natur/ Art und Eigenschafft dieses Thiers.

Einen wunderbaren/ geschwinden und leichten Lauff sol der Reh-Bock an ihm haben/ nicht allein auff dem harten Boden/ sondern auch in Wasseren/ welche er geschwind und schnell durch und überschwümmt/ worinnen er (wie Ælianus schreibet) auch etliche Kräuter weyden soll. Wann dem Reh das Männlein/ das ist/ der Rehbock/ gefangen wird/ so sucht es ihm einen andern/ und zieht ihn mit sich in sein Lager oder Wohnung: Wann aber dem Rehbock das Reh/ oder Weiblein/ gefangen wird/ so nimmt es auch ein anders zu sich/ und also zeucht allzeit das Männlein dem Weiblein nach. Daher die listigen und verschlagene Jäger selten pflegen das Weiblein zu fahen/ auch wann sie es bißweilen ohngefähr gefangen haben/ lassen sie es wiederumb lauffen/ damit es offt und viel andere Rehböck an solche bekandte und gewohnte Oerter bringen möge/ wie solches Stumpffius, in seiner Chronica, erzählet.

Oppianus schreibt/ wann man den Rehböcken nachjagt/ soll man ihnen keine Zeit noch Weyl zu ruhen vergönnen / auch nicht nur ein wenig. Dann ihr eigener Harn sey ihnen zur Zeit der Jagt gar beschwehrlich: Derhalben so sie Zeit und Ruhe zu seichen kriegten / würden sie viel schneller und geschwinder im Lauffen/ als sie vor je gewesen: Man sol auch wahrnehmen/ daß sie deß Jägers nicht ansichtig werden/ weil sie auch von weitem denjenigen erkennen/ so ihnen mit List nachstellt. Die Reh werden eben auff solche Art und Weise gefangen wie die Hirschen/ nemlich mit Hunden/ Geschoß/ und auch mit Garnen/ jedoch in der Schweitz mit Garnen selten/ dieweil sie mehr die Höhen und Spitzen der Alpen bewohnen/ als die niedrigen Plätze und Wälder.

Plinius schreibt/ die Rehböck werden von den gifftigen Thieren fast schwer und feist.

Die Reh sollen ein überauß scharffes Gesicht haben/ und deß Nachts sehen gleich wie deß Tages; auch mit offnen/ auffgesperrten Augen schlaffen/ wie Varinus darvon schreibet.

Ihre Gewichter wissen sie nicht/ oder unterstehen sich nicht zu gebrauchen. Umb die Feld-Hühner halten sie sich gerne; Und Bellisarius schreibet/ daß wann die Lufft starck gehe/ sie anfangen zu lauffen/ durch diese Bewegung die erhitzten Geister abzukühlen.

Was für Nutzbarkeit dem Menschen von dem Reh zukomme.

AElianus schreibt/ daß das Geschlecht der Menschen (oder besser zu sagen der Affen) so/ von ihrer Gestalt her/ Hunds-Köpffe genennet werden/ die Einöden ausserhalb deß Ægypten-Lands / bewohnen/ von den gejagten Rehen / und etlichen anderen wilden Geyssen/ leben. Man hat sie auch vorzeiten/ [welches bey Fürsten und Herren auch noch im Brauche ist] in die Thier-Gärte beschlossen und darinnen gespeiset/ wie Varro solches beschreibet. Die Reh-Häute werden von den Kürschnern zu Peltzwerck zugerichtet/ und an theyls Orten den Weibern die Peltze damit verbrämt/ auch Stauchen (oder wie man sie anderswo nennet) Stoß-Aermel und Schlupffer darauß gemacht/ und das rauhe herauß gewendt. Die Gärber nehmen die Haar ab/ und bereiten die Haut zu Leder / Strümpffe und andere Kleydung darauß zu machen; Die Sattler und Riemer aber / brauchen die Haare/ Sitz- und Reit-Küssen damit außzustopffen.

Von Eigenschafft und Complexion derjenigen Speise/ so von dem Reh genutzet wird.

Wiewol sonst aller wilden Thiere Fleisch eines trockenen/ melancholischen Geblüts und Saffts auch hart zu verdauen ist/ so ist doch das Fleisch der Reh-Böcke weniger arg und schädlich/ als der anderen/ und feuchten/ flüssigen und pituitosischen/ oder rotzigen Menschen eine bequeme Speiß und Nahrung/ auch denen/ die das Krimmen im Bauch und die fallende Sucht haben; So ist es auch/ seiner trockenen Art und Natur halben/ dem weissen Geäder nutz und gut/ nur daß es dem Menschen einen gantz harten Stulgang macht.

Ob zwar Julius Alexandrinus, das wilde Schwein-Fleisch dem Reh-Wildprätt gleich hält/ so ist doch dieses viel zärter und leichter zu verdauen.

Ein sonderliches Gerüchte/ Hoff-Nestel genannt/ wird von den Teutschen Edelleuthen hiervon zubereitet auff diese Weise: Sie sieden die Haut / und enthären dieselbige / schneyden sie hernach zu kleinen Riemen/ und machen dann solche an mit einer Sultz-Brühen.

Artzneyen/ so von dem Reh-Bock genommen werden.

Die Artzneyen/ so von den zahmen und wilden Geyssen beschrieben werden/ haben keinen Unterscheyd/ nur/ schreibet Plinius, daß diejenige kräfftiger seyn/ so von den wilden Geyssen und Rehen genommen werden/ dann die/ so von den zahmen herkommen. Hiesiges Orts werden allein die beschrieben/ so die Rehböck ins besondere antreffen.

Das Fleisch vom Reh ist eine gute Speiß den Bauchflüssigen/ und denen so die rothe Ruhr haben.

Die Käßrennen von dem Reh und von dem Hasen sind einer gleichen Krafft und Tugend/ dieselbige in Wein getruncken/ oder mit Reyß-Brey ein Clistier darauß gemacht/ heylen den Bauchfluß und die rothe Ruhr.

Die Leber von dem Reh zerknütscht und in Wein getruncken/ wie auch mit warmen Wasser also heiß getruncken/ ist gut fürs Augenwehe. Item in gesaltzenem Wasser gesotten/ und den Dampff in die Augen gelassen/ deßgleichen auch mit der Brühe die Augen genetzt und gewaschen/ wie auch die Leber also gegessen/ und das so darauß geflossen ist/ an die Augen gestrichen/ ist nutz und gut denen/ so bey Nacht bey dem Liecht nicht sehen können. Etliche braten sie/ und mit der Trauff bestreichen sie die Augen: Etliche essen sie also gekocht/ und trincken die Brüh. Die Aesche von gebrandter Leber angesprengt/ stillet das Blut/ und das thut sie auch/ wann sie gestossen/ und mit Essig in die Nasen geschnupfft wird.

Die Macklen und Flecken auß dem Angesichte zu vertreiben/ so nehme man von der Galle von dem Rehbock/ j. Quintlein/ Mehl von Lupinis, (sind Welsche Bonen) und Honig/ jedes ij. Quintlein/ mische es untereinander/ und bestreiche das Angesicht/ solches machts fast schön. Die Gall für sich selbst mit Wasser angestrichen/ nimmt weg die Schwärtze/ so von der Sonnen gebrannt worden: Auch für sich selbst allein angesalbt/ vertreibt sie alle Flecken und Mahlen im

Von dem Reh-Bock.

Angesicht: Wird sie mit dem besten Kern-Honig in die Augen gethan/ so vertreibt sie die Dunckelheit der Augen/ macht ein helles Gesicht/ vertreibt die Flecken und Stahr im Aug und alle andere Gebrechen: Und wann sie mit Frauen-Milch warm eingetroffet wird/ heylet sie die vom Stossen/ Schlagen/ und anderen Zufällen verletzte und zerrissene Felle/ wie Sextus schreibt/ und je älter solche Galle wird/ je besser ist sie.

Für das Sausen und Brausen der Ohren/ nimmt man Reh-Gallen/ zerläßt sie mit Rosen-Oel/ oder Safft von Knobloch/ und thut sie also warm in die Ohren/ sol köstlich seyn/ auch auff solche Weiß stillt sie das Zahn-Wehe. Wird sie aber mit außgekerntem Honig gemischt und der Rachen damit bestrichen/ lindert sie mit Verwunderung desselbigen Schmertzen.

Von dem Reh-Miltz getruncken/ stillet das Krimmen und Bauch-Fluß.

Für die Gelbsucht ist dieses eine bewehrte Artzney/ nemlich:

Reh-Dreck gedörrt/ gestossen/ gepülvert/ und ein halber Löffel voll auß einem guten/ grossen Becher voll Weins nüchtern getruncken/ und zuvorher gebadet: Aber denen/ die das Kalt-Wehe darbey haben/ gibt man den Reh-Dreck eben auff diese Weise auß Wasser zu trincken.

Becherus beschreibt den gantzen Gebrauch vom Rehbock in folgendem.

Die (1) Leber/ (2) Fleisch/ und (3) Milch/ die da geronnen ist/

Es hilfft die (4) Gall/ wie auch der (5) Koht zu mancher Frist.

Wann man (1) die Leber ißt/ sie hilfft in bösen Augen/

Im Nasen-Bluten sagt man/ soll sie auch wol taugen.

Das (2) Fleisch darvon muß man mit andern Speisen essen/

Der Durchlauff und die Ruhr ihr Wüten dann vergessen.

Wann man mit seiner (3) Gall die Hände offters schmiert/

Die Haut wird dardurch weis/ fein zart und wol gezieret.

Die (4) Milch die dienet auch zu eben solchem Wesen/

Sie muß geronnen seyn/ wann man wil recht genesen.

Der (5) Koht ist eben wol auch in der Geel-Sucht gut/

Wann man im Tranck darvon ein Untze trincken thut.

Von einem andern Gehörn einer Reh-Geyß.

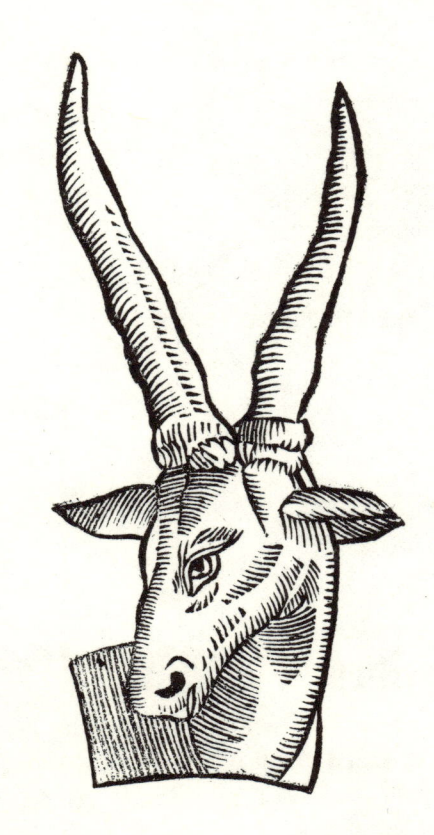

Dieses in hierbey gehender Figur vorgestellte Gehörn/ so von einer Reh-Geyß seyn soll/ ist vormals gesehen worden in dem Schloß deß weyland Wolgebornen Herrns/ Herrn Wilhelmen Wernhers/ Graffens zu Zimberen.

Von dem Stein-Bock.

Ibex.   Steinbock/ Ybschen/ oder Ybsch-Geyß.

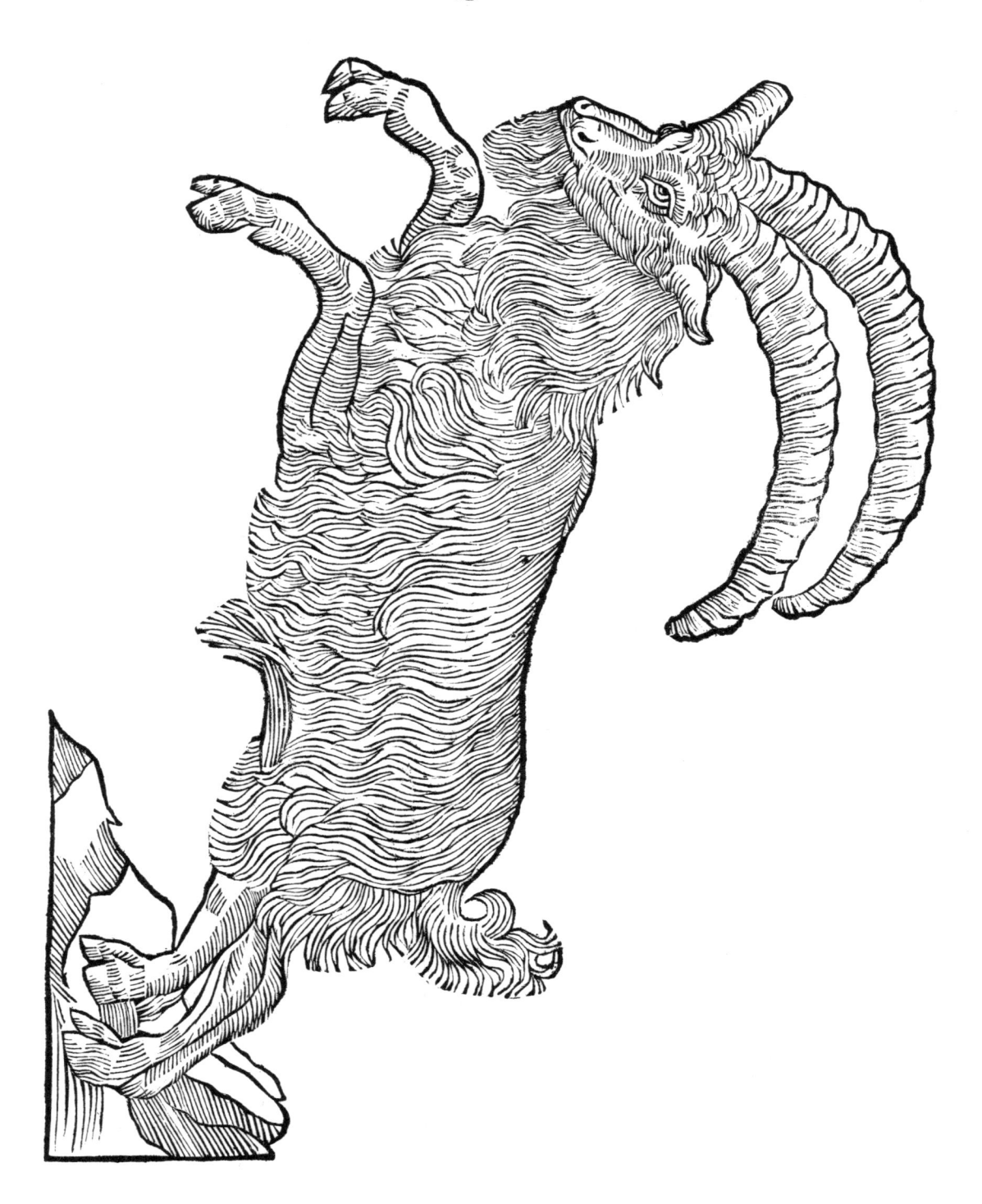

Wo diß Thier zu finden.

Unter die wilden Geißen wird auch der Stein-Bock gezählet/ ist ein wunderlich/ verwegenes/ und geschwindes Thier/ wohnet in den höchsten Plätzen und Orten der Teutschen Alpen/ Felsen/ Schrofen/ und wo es alles gefroren/ Eyß und Schnee ist/ welche Orte genannt werden der Firn und Glättscher: Dann von wegen seiner Natur erfordert dieses Thier Kälte/ sonst würde es erblinden. Die Form solches Thiers ist auß der hieroben gesetzten Figur und Bildnuß zu ersehen: Sihet von Farben Braun-Roth/ im Alter aber sollen sie grau werden/ haben über den gantzen Rücken einen schwartzen Strich/ helle/ frische Augen/ und gespaltene spitze Klauen: Wann die Hörner zu vollkommener Grösse kommen/ wigen sie offt sechszehen oder achtzehen Pfunde/ und hat derer

Bel-

Von dem Steinbock.

Bellonius gesehen/ welche 4 Ehlen lang gewesen sind/ sie wachsen jhnen alle Jahr/ und kan man auß jhrem Absetzen/ welche gemeiniglich auf 20. kommen/ sehen/ wie alt sie seyn/ wie man bey den Hirschen wegen der Zahl jhrer Enden zu judiciren pfleget.

Von Geschwindigkeit/ Art/ Natur und Eygenschafft dieses Thiers.

Was für geschwinde unnd weite Sprünge dieses Thier von einem Felsen zu dem anderen thu/ ist unmüglich zu glauben/ wer es nicht gesehen: Dann wo es nur mit seinen gespaltenen und spitzigen Klauen hafften mag/ so ist jhm keine Spitze zu hoch/ die es nicht mit etlichen Schritten überspringe/ auch selten ein Felß so weit von dem andern/ den es nicht mit seinem Sprung erreiche: Und so jhm der Sprung fählet/ oder es sonst stürtzet/ so fällt und steuret es sich auf seine Hörner/ welche es wie gedacht/ gantz läng/ starck und schön trägt/ die sich fast über den gantzen Rücken hinauß erstrecken. Es soll auch die grossen Steine/ so gegen jhm oben abfallen/ mit den Hörnern auffangen/ und also abwenden: Joannes Stumpffius, ein Geschichtschreiber/ sonst ein gelährter und wolerfahrner Mann/ erzählt in seiner Chronica viel lustige Historien von solchen Steinböcken/ welche wol zu lesen sind.

Die Jäger (schreibt er under anderen) treiben solche Thier auf hohe und glatte Felsen; Wann sie nun weder mit Springen/ noch sonst davon herab kommen können/ so erwarten sie mit Fleiß deß Jägers/ stehen still/ und nehmen wahr/ ob sie irgends eine Schrunden oder Lücke zwischen dem Jäger und Felsen sehen können. Ersehen sie dann eine/ so fahren sie mit grosser Ungestümmigkeit hindurch und stürtzen den Jäger hinab. Wann aber der Jäger in dem/ da er nachsteigt/ sich eben so glatt an den Felsen hält/ daß der Steinbock zwischen jhm unnd dem Felsen gar im geringsten nicht durchsehen kan/ so bleibt das Thier still stehen/ und wird also entweder gefangen oder getödet: Ein sehr lustiges/ und kurtzweiliges/ aber auch gantz gefährliches Jagen soll es seyn/ darumb werden diese Thier mehrerntheils mit den Büchsen geschossen.

Die Walliser/ so bey Sitten umbher wohnen/ sagen/ daß die Steinböck/ so in jungem Alter gefangen worden/ zahm/ und mit anderen Geyssen zur Wayd/ und wiedrumb davon getrieben werden: Jedoch wann sie älter wurden/ so verliessen und vergässen sie die wilde böse Art nicht gantz und gar. Das Weiblein soll kleiner/ als das Männlein/ und den Gemsen/ mit kleinen Hörnern nicht ungleich seyn/ und Hörner haben wie die Gemsen/ oder zahme Geissen und Ziegen.

Etliche Jäger geben vor/ wann der Steinbock mercke/ daß er sterben müsse/ so steige er auf den allerhöchsten Schroffen des Gebürgs/ und stütze sich mit dem Gehörn an einen Felsen/ gehe hernach also in einem Kreyse herumb/ und höre nicht auf/ biß das Horn abgeschliffen/ da er dann herab falle und also sterbe.

Artzneyen von dem Steinbock.

Das Blut des Steinbocks loben etliche wider den Blasenstein/ und bereiten dasselbige auf nachfolgende weisse: Sie nehmen Petersilienwein/ das ist/ Most/ in dem gedörrtes Petersilienkraut/ oder Saamen gejohren/ 6. Theil/ und von gedachtem Blut 1. theil/ solchs sieden sie mit einander/ und heben es dann auff: Hernach gebe sie dem Patienten deß Tags 3. mal davon zu trincken/ als des morgens früh (und dann soll der Krancke in ein Bad gesetzt werden) zu Mittag/ und des Abends: Das soll drey Tag getrieben werden/ dann es soll den Stein zu Sand machen/ und mit dem Harn herauß treiben/ ohne das helffe sonst keine andere Artzney etwas.

Eine edle Artzney für das Hauptweh und Gliedergiecht/ wird vom Marcello also beschrieben:

Die Bönlein oder der Koot des Steinbocks sollen bey altem/ oder vollem Monden gesamblet/ und derselben in ungerader Zahl so viel genommen werden/ als in eine Hand möge gebracht werden/ die soll man in einen Mörser thun und gar wol stossen. Hierzu soll man noch thun 25. Pfefferkörnlein/ auch wol gestossen/ und von dem allerbesten Honig den vierdten Theil einer Maß/ und des allerältesten und besten Weins ungefährlich eine gute Maß voll/ so dann dieses alles wol mischen und in einer gläsernen Flasche auffheben/ damit man solche Artzney im Fall der Noth bey der Hand haben könne.

Von frembden Stein-Böcken.

Ibex Lybicus.   Ein Indianischer Steinbock.

Auf den höchsten Gebürgen in Lybia werden Thiere gefunden / welche fast so groß als Ochsen sind / haben kleine Bein und tieffe Augen: Seine Hörner sind nicht wie der andern Geyssen/sondern krümme sich gantz hinunder fast biß an die Schuldern und wieder hinauf: Unter den Geyssen ist diese im Springen fast die hurtigste/ dann sie von einer Spitzen der Klippen biß auf die andern ohnfehlbar springen können/ und ob es gleich ihnen mißlinge / fallen sie doch ohne eintzige Beschädigung. Ihrer Fell bedienen sich die Hirten und Bergleut in rauer Winterszeit sehr/ wie sie dann auch auß ihren Hörnern an statt der Becher trincken/ welche wann sie recht außgeholet werden/ biß auff drey Maß halten.

Von einer andern Art wilder Geyssen.

Dama Plinii.   Eine Art frembder wilden Geyssen.

Von den wilden Geyssen.

Vnder das Geschlecht der wilden Geyssen/ so jenseit dem hohen Meer sollen gefunden werden / wirdt auch der Damhirsch von Plinio gezählt: Dessen Hörner nicht hindersich/ wie an den Gemsen / sondern für sich sollen gekrümmet seyn: Worauß dieses zu mercken/ daß der Damhirsch keinen andern Underscheid von der Gemse habe / dann nur die Gestalt der Hörner. Derhalben ist der alten Damhirsch viel ein ander Thier / und unterschieden von dem gemeinen Damhirsch / der von den Griechen/ von wegen seiner breiten Hörnern Platicerotes genennet wird.

Albertus schreibet / der Damhirsch sey in der Grösse wie ein Gems / und von gleicher Gestalt und Haaren/ habe Hörner / wie ein Hirsch / aber breit/ lang und spitzig / sey gantz geschwind und schnell im Lauffen / unnd beschädige unnd verletze andere Thiere / gegen welche es Feindschafft habe/ mit seinen Hörnern.

Von rechter Gestalt dieser Thieren/ und wo sie zu finden.

Die Gestalt deß Thiers zeigt es wol an/ daß es soll gezählt werden under die Geschlechte der wilden Geyssen/ dann die Grösse ist einer Geyß gleich/und die Farb einem Rehe. Solche sollen in den äussersten Enden Britanniæ gegen Mitternacht gelegen/ gefunden/ und auch an etlichen Orten in Hispanien gejagt / und die Gestalt davon zu Rom an einer grossen figurirten Seule gesehen werden. Ihre Hörner seynd bey dem Ende nicht hindersich / sondern fürsich gekrümbt oder gebogē/ wider die Art anderer Geyßhörner. Andere geben jhm auch einen Bart zu/ wie auß folgender Figur zusehen / daß es also der Geyß wenig ungleich seye. Plinius meldet aber von jhm / daß es gar ein forchtsamb Thier seye/ und deßwegen nicht leicht könte zahm gemacht werden.

Von der wilden Straubgeyß.

Strepsiceros Bellonii. Eine Art der wilden Geyssen.

Oder:

Eine Art der Schaafe auß der Insel Creta, heutiges Tages/ Candia genannt.

Von jhrer Gestalt und Art.

In der Insul Creta, oder/ (wie man sie heutiges Tages zu nennen pflegt) Candia, sind diese Schaafe den Einwohnern gantz gemein/ welche mit gantzen Heerden beysammen weyden/ gleich wie unsere Schaafe/ gehört auch under die Art der wilde Geyssen/ ihre Hörner sind nit gekrümbt/ sondern grad über sich gestreckt/ und gewunden wie Strauben oder Spritzgebackens.

Von einer andern Art wilder Straubgeyssen.
Strepsiceros. Eine Art frembder Geyssen.

Plinius zählet dieses Thier unter die Geyssen/ dessen Eygenschafft bey Aldrovando *[...]* zu finden.
Hiesige

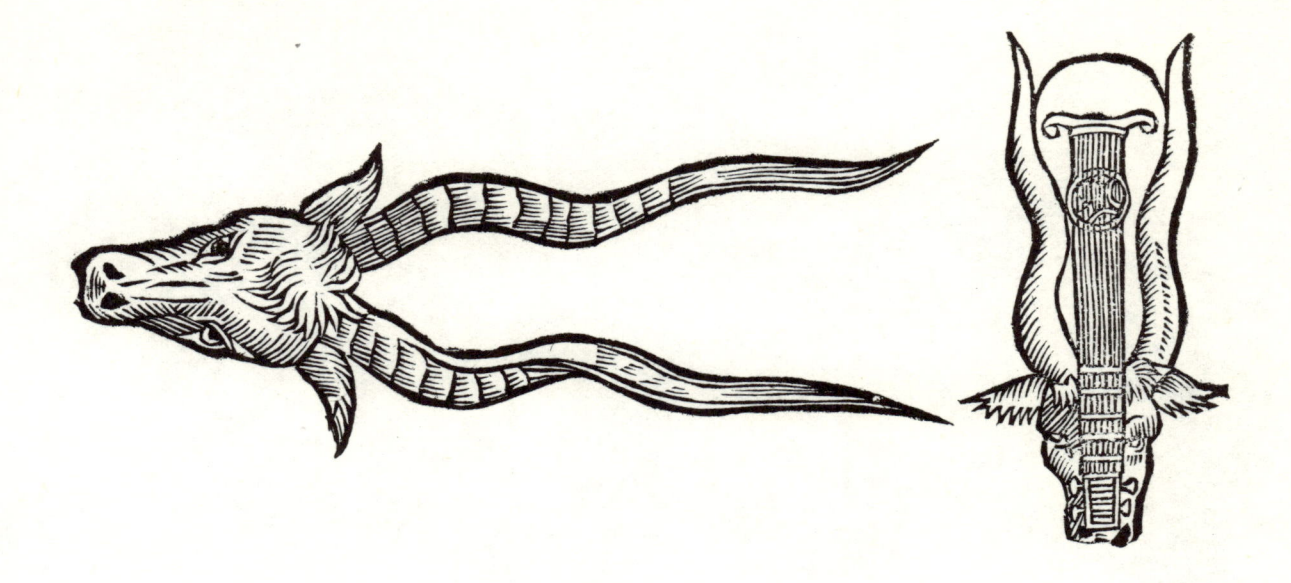

Jetzige Gestalt des gegenwärtigen Gehörns ist auch in Engelland / von einem dürren Scheitel / an welchem die Hörner noch gehafftet / abconterfeytet worden / und herauß kommen: Die Hörner sind mitfolgender Beschreibung: Innwendig hol / und in der Länge / nach der Krümme gemessen / drey Schuch lang; Die Dicke an den Hörnern bey dem Kopff ist drey zwerch Finger und ein halber. Die Runde der Hörner an dem Kopff ist zwo Spannen und ein halbe weit / An dem Ende sind sie scharpff außgespitzt / sonst glatt und schwartz / am Anfang aber mehr braun und geruntzelt. Solche Hörner mit sampt dem halben Kopff / nach der Länge von einander getheilet / wiegen 7. Pfund / 6. Loth und ein halbes. So viel man kan urtheilen auß dem dürren Kopff und Haar / so möchte es ein Thier gewesen seyn / so groß / wie ein Hirsch / und auch braunroth von Haar. Die Krümme der Hörner ist also geformiret und gestaltet / als ob die Weite zwischen den Hörnern mit einer Violen oder Geyge könte außgefüllet werden / welche Gleichnus von Plinio eygentlich beschrieben worden.

Von einem andern Horn.

Bestiæ cujusdam incognitæ cornu.

Gegenwärtiges Horn ist von einem unbekanten freembden wilden Thiere / ist eben auch in deß Weyläd Wolgebornen Herrn Wilhelmen Werners / Graffen und Herrns zu Zimbern Schlosse / eine halbe Meyl von Rothweil gelegen / sampt noch vielen anderen Antiquitäten und seltzamen Sachen gesehen worden.

Von den Indianischen Geysen.

Mambrina Syriaca.   Ein Indianische Geyß.

Von äusserlicher Gestalt / und wo diß Thier zu finden.

IN dem Land Damiata werden Geyssen und Böck gefunden / welche Sättel auf sich leyden / sich zäumen und reyten lassen: Haben lange breyte Ohren / dz sie bey etlichen biß auf die Erde hangen / haben unter sich gebogene Hörner / und sind rauh von Haaren / etliche auch glatt / denen die Hörner über sich stehen / wie auß folgenden Figuren zu ersehen ist.

Von dem Weißars.
Tragelaphus Bellonii, Pygargus Veterum. Der Weißars der Alten / Eine Art eines frembden Wilds.

Von den wilden Geyssen.

Von seiner Gestalt.

Dieses Wild ist mit seiner Gestalt einem Steinbock ähnlich/ hat aber keinen Bart. Seine Hörner seynd den Geyßhörnern gleich / doch bucklicht und gekrümbt / wie die Bockshörner/ solche läst es nimmer fallen. Mit seinem Maul/ Stirnen und Ohren vergleicht es sich einem Schaf/ wie dann auch mit dem langen dicken Hodensack oder Beutel. Seine Bein sind weißlicht/ wie an den Schafen: Sein Schwantz ist schwartz/ der Hindern und Schlägel oder die Hinderviertheil weiß. An dem Halß hat es lange Haare/ als wann es einen Bart hätte. Die Haar an den Schultern sind auch lang und schwartz mit zween äschenfarbigen Flecken zu beyden Seyten: Hat sonst eine schwartze Nase/ die Schnautze aber und der gantze Bauch ist weiß.

Von dem wilden Schaaf.

Musmonis effigies ad vivum expressa. Eine Art frembder Böcke und Schaafe.

Von jhrer äusserlichen Gestalt / und wo sie zu finden.

ES scheinet dieses Wild gäntzlich mit dem vorgesetzten / einerley Gestalt zu haben / ja gäntzlich einerley Geschlecht zu seyn: Diese Thiere vergleichen sich an der Gestalt mit den Schaafen / mit dem Haar oder Wolle aber den Böcken oder Geyssen / und sollen vornen umb die Brust einer Ellen lang Haar haben. Sie werden insonderheit in Hispanien / und in den zwoen Insulen / Sardinia und Corsica genannt / auch an etlichen Orten deß Königreichs Schottland gefunden.

Von jhrer innerlichen Art und Natur.

WIlder und gantz grimmiger Art solle diese Thiere seyn / und schnelle lauffen / womit sie alles Wild übertreffen sollen: Sie mögen zu keiner Zeit unnd mit keiner Kunst kirr und zahm gemacht werden.

Von anderer Art wilder Schaafe.

Colon.   Ein Straubschaaf / eine Art wilder Schaafe.

Von den wilden Geyssen.

Von der äusserlichen Gestalt dieser Thiere/ und wo sie zu finden.

Der hierbeystehende eintzele Kopf/ ohne den Leib/ mit den zweyen Hörnern/ ist gantz eygentlich nach seiner und der Hörner Gestalt/ jhrer Krümme und Postur abconterfeyet/ und auß Polen herauß geschickt worden. Die 2. Figur aber mit dem Leib/ ist allein nach Mutmassung und Gutbedäncken von einem Hörn/ so man gesehen/ fürgebildet worden/ und ist eine gantz wunderliche Art der wilden Schaafe bey den Scythen/ Sarmatern und Moscowitern/ wie auch in der Tartarey/ deßgleichen in den äussersten Enden der Woywodschafft unnd Provintz Podolien. Die Hörner sind gegen der Sonnen oder einem Liecht gehalten/ durchsichtig/ außgenommen am Anfang/ da sie dick und braunlicht sind. Es sollen auch die Weiblein in jhrem Geschlecht gehörnt seyn. Die Hörner sind am Kopf gestaltet wie eine Straube/ und am Ende scharpf zugespitzet. Diese Thier sind an der Farb äschenfarb/ gebähren meistentheils zweymal nach Ostern.

Von Art und Natur dieser Thiere.

Es sollen diese wilde Schaafe wunderlich schnelle lauffen/ und gantz wild seyn. Sie sollen sich auch mehrentheils mit Hauffen und grossen Schaaren weyden/ bißweilen zu 500. auf einmal. Sie sind gern auf der Ebene und weitem Felde/ liegen gern in langem Gräß/ auf guter Weyde/ und kommen nicht in die Wälde/ als nur bey grossem Schnee.

Auch sollen diese Thier gantz unkeusch unnd geyl seyn/ also/ daß sie zu Zeiten von solcher Arbeit lahm dahin fallen/ und 24. Stunden lang/ ohne Bewegung als todt liegen / vor welcher Zeit sie nicht wieder zu sich selbst kommen / können sich auch eher nicht/ wie zuvor / wiederumb bewegen/ sie haben dann zuvor durch Kriechen und Schleiffen so viel sie bey Nacht thun mögen/ eine Art eines Krauts/ oder wie etliche schreiben/ eine Wurtzel gefressen. Wann sie nun also lahm da liegen/ werden sie zu Zeiten gefangen. Wird gleich ein solches Thier lebendig gefangen / so läst es sich doch zu keiner Zeit zahm und kirr machen. Sie können zwar langen Hunger leyden: Aber die Kälte gantz nicht vertragen. Auch wird gesagt/ daß sie Wasser durch jhre Nasen an sich ziehen / und also lang behalten sollen/ daß sie eine gute Zeit auf truckenem Land sich weyden können.

Wie diese Thiere zu fangen.

Man kan die wilden Schaafe auff keine andere Art fangen/ als daß man sie mit vielen Reutern umbgibt/ und mit dem Paucken oder Drommel-Schall also erschröckt/ daß sie von einem Ort zum andern lauffen/ biß sie davon gantz müd und erschlagen werden.

Von Nutzbarkeit dieser Thiere.

Von diesen Thieren werden die Hörner als eine besondere Heimligkeit und Zierd auffgehoben; Auch pflegen die Türcken Ohrenlöffel/ Zähnstöcher/ und Messerhefte davon zu machen. Und diese gantze Beschreibung schickt sich mehr auff den gemeinen Damhirsch/ als auff deß Plinii und der Alten jhren Damhirsch.

Von der wilden Geyß/ Oryx genannt.

Under die wilden Geyssen wird auch gezählet ein Geschlecht anderer Thiere / Oryx genannt: So aber bey uns unbekannt ist / sein Haar soll sich gegen dem Kopff richten / dahingegen anderer Thiere Haar von dem Kopff hinder sich geschlichtet ist. Dieses Thier wird vom Oppiano also beschrieben:

Das Thier Oryx / (spricht er) wohnet in den Wäldern / ist andern wilden Thieren gar auffsätzig / und gantz weiß / außgenommen das Maul und Wangen / hat ein starckes / fettes und dickes Genick / mit hohen auffrechten / schwartzen / und gantz scharpffen Hörnern gezieret / die also harte und veste sind / daß sie Eysen und andere Metall / auch die Steine übertreffen: Seine Natur und Art ist gantz wild und grausamb / dann er entsetzt sich nicht für dem Bellen der Hunde / achtet auch nicht das Kreischen deß Ebers / noch das Blöcken des Stiers / noch das Brüllen deß Löwens / auch nicht die traurige Stimm deß Panterthiers: Läst sich auch nicht durch Menschen gewalt und Stärcke bezwingen: Sondern es bringt zum öfftern auch den allerstärcksten Jäger umb sein Leben. Ja sie selbst bringen bißweilen einander umb ihr Leben. Es schreiben etliche / daß solche Thiere allein mit einem Horn sollen versehen seyn / so sollen auch an etlichen Orten einhörnige wilde Geyssen gefunden werden / nach Anzeig oben gesetzter Tafel / davon oben pag. 75. ist gemeldet worden.

Simeon Sethi schreibt / das Bisemthier / so unter die wilden Geyssen gezählt wird / solle einhörnig seyn / welches / so es gewiß und warhafftig ist / so muß es eben dieses Thier / oder mit dem Orige eines Geschlechts seyn.

Strabo meldet / daß etliche heydnische Völcker / Silli genannt / Streit gehabt mit einem Volck / Strutophagi genannt / welche die Spitz der Hörner von der Geyß / Oryx genannt / an statt der Spiessen gebraucht hätten / dannenher wol abzunehmen / daß solche Hörner eine mercklichen Härte müssen gehabt haben.

Von der Bezoargeyß.

Capra sive Hircus Bezoarticus, vel potius Pazaharticus. Bezoar-Geyß.

Aldrovandus und andere schreiben / daß der Bezoar-Stein in Arabien von den Geyssen komme. Und sagt Bontius, daß diese Geysse den Unserigen nicht gar ungleich seyen / als daß sie längere / und übersich stehende Hörner haben / und etliche gefunden würden / welche von vielerley Farben / und gleichsamb gethiegert seyen. Nachdem sie kleine oder grosse Stein bey sich haben / können sie langsamb oder geschwind fortkommen: Welches dann den verschlagenen Persianern wol bewust seye. Gedachter Author schreibet weiter / daß dieses Thier ein Kraut esse / welches dem Saffran und Hermodactylo nicht ungleich seye / wovon der Stein wachse. Daher geschehen sey / daß einsmals die Insul de Vaccas genannt / durch ein groß Gewässer überschwemmet / und diese Geyssen

sen zu erhalten/ anderer Orthen seyen geführet worden/haben sie keinen Stein bekommen/sobald sie aber auff diese Insul gebracht/ zugleich auch wieder Stein bey jhnen gefunden worden: Es sollen aber diese Steine den Thieren so wohl beschwerlich seyn/ als den Menschen die Nieren-oder Blasenstein. Weilen dann Rontius dieses weitläufftig beschreibet/ und hinzu thut/ daß er selbsten zwey gesehen/ ist zu schliessen/ daß es unrecht seye/ daß Monardus geschrieben/ man finde diese Steine in den Gedärmen. Fragosus in den Nieren/ und Ægyptius in den Gallbläßlein.

Von einem Bezoar-Reh.

Temamaçame.   Ein Bezoar-Reh.

Gleichwie die Authores von dem Bezoar-Thier unterschiedlich schreiben/ und etliche darfür halten/ daß solcher Stein in einer Art Schaafe/ andere bey Geyssen gefunden werden/ ziehet Franciscus Hernandez auch hinzu diese Art Hirsch oder Rehe Temamaçame genannt/ und beschreibet sie/ daß sie kurtze und spitze Hörner haben/ von Farb gelb/ roth/ und unten weiß/ von Gestalt aber wie diese Figur vorstellet.

Von anderer Art Bezoargeyssen.

Algazel.   Eine Bezoar-Geyß.

Dieses

Dises Thier soll an Gestalt mit den Geyssen sehr übereinkommen/ sowol wegen der Grösse/ als auch wegen seiner Hörner/ hat kleine/ weiche/ gelbe Haar/ aber an dem Bauch und Seyten/ sihet es weiß/ hinden/ das dann höher stehet als vornen/ ist es drey Spannen hoch/ an dem Leib und Kopf ist es dick und fett/ aber an den Beinen gantz mager/ hat gespaltene Klauen/ einen schwartzen dickhärigen/ kurtzen Schwantz/ von Ansehen ist es ein frisch Thier/ mit schwartzen/ grossen und hellen Augen/ seine Hörner stehen in die Höhe/ wie auß beygesetzter Figur zu ersehen/ und sind schwartz und Castanienbraun/ artig gestreiffet: Es hat Zähn so klein/ daß man sie kaum sehen kan. Was weiters seine Natur und innerliche Neygung anbelanget/ wird solche weitläufftiger von Francisco Hernandez beschrieben.

Cornu Capræ Bezoarticæ. Ein Horn von einem Bezoar-Thier.

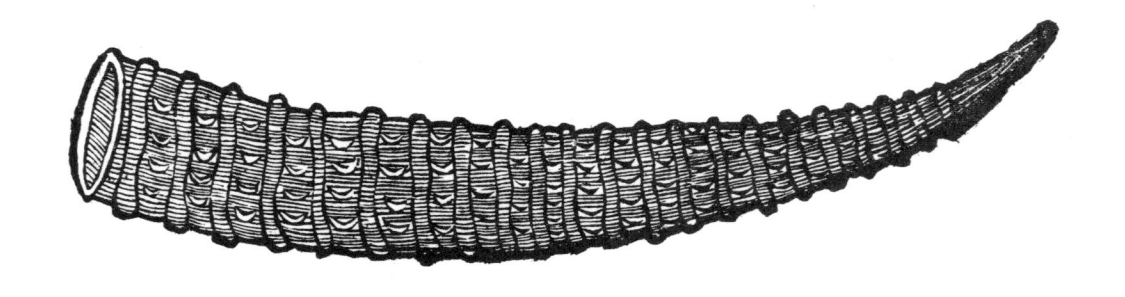

Von den Bezoar-Steinen.

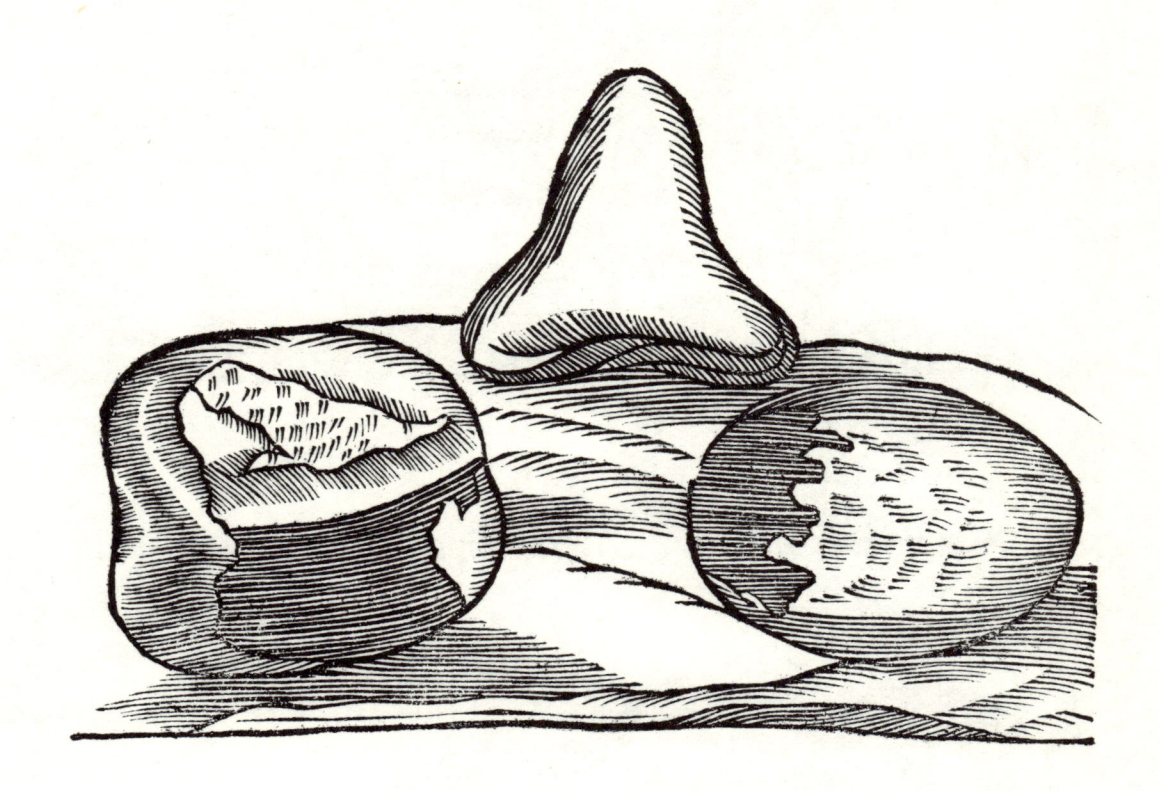

Nebens andern hat Monardes sonderlich wol von dem Bezoarstein geschrieben. Ihre Figur und Farb anbelanget/ findet man etliche gantz weiß/ etliche braun/ andere gelb/ etliche aschenfarb oder schwartz. Diese welche langlecht/andere so rund seyn/etliche wie ein Triangul dreyeckicht sind/ in vielen auch/ wie in dem Adlerstein/ etwas schlappere wann man sie beweget/ und werden jetziger Zeit so wol in Spanien/ als in gantz Teutschland in solcher Menge gefunden/daß wol zu beförchten/ es kommen mehr gemachte Stein durch Betrug hervor / als daß man solche auß den Indianischen Geyssen hole.

Sonsten werden noch vielerley Art Geyssen gefunden/ deren etliche den Hunden/ Schaafen/ und Löwen gleichen/ in allem Thun aber den Unserigen beykommen/ weil aber wegen ihrer Gestalt ein grosser Unterschied ist/ haben wir vor gut erachtet/dieselben in folgenden Figuren abzumahlen.

Capra sylvestris. Wild Geyßart.

Caper Hispanicus. Ein Spanischer Bock.

Von den wilden Geyssen.

Hircus Cotilardicus. **Ein Bock mit viel Hörner.**

Capra. **Ein frembde Geyß.**

Leo Capra. Ein Geyß/welche dem Löwen in etwas gleich sihet.

Colopus.

Capra

Von den wilden Geyssen.

Capra Lybica. Ein Geyß auß Lybien.

Flirus.

Capra

Capra Canis. **Geßneri Thierbuch** Eine Hundsgeyß.

Ein Steinbock.

Eine Art Geyß mit langen hangenden Ohren.

Von dem Hasen.
Lepus.   Ein Has.

Von mancherley Gestalt / Geschlecht / und Unterscheid der Hasen.

Die Hasen / derer Nahmen Arabisch ارنب Hebraisch ארנבת, Griechisch λαγως, Lateinisch Lepus, Frantzösisch Lieure, Italianisch Lepre, und Hispanisch Liebre, sind gar vielerley unnd unterschiedlich / erstlich den Landen nach / worinnen sie wohnen / dann in Aegypten / wie auch in dem Staat von Pisa / deßgleichen in Franckreich über den Alpen gelegen / und in Macedonia / sollen sie grösser gefunden werden / als in andern Landen. Hernach sind sie auch unterschiedlich jhrem Lager nach / oder von wegen der Oerter insonderheit / in welchen sie sich am meisten auffhalten. Dann etliche wohnen auff den Bergen / und diese übertreffen andere mit jhrer Grösse: Etliche halten sich in ebenem Felde und Wäldern / etliche aber in den wässerichten Orten auff.

Pollux schreibt von etlichen / welche er / von der Landschafft her / Elimoes nennet / daß sie ein wenig kleiner / dann die Füchse / und schwartzlicht seyn / und einen langen Leib / mit weissen Flecken besprengt / haben / welche Flecken hinden bey dem Schwantze länger als sonst würden. So ist auch ein besondere Gattung / welche von wegen jhres starcken Geruchs / Moschiæ genennet werden / ist so viel gesagt / als Bisem-Hasen / derer Spuhr die Hunde so scharpff riechen sollen / daß sie vor Zorn gantz wütend davon werden.

Die Hasen sind auch ungleicher Farbe / dann etliche sind schwartz / etliche gantz weiß / etliche aber braunroth oder Leberfarb. Der gemeine Has in den Alpen der Helvetier und Schweitzer verwandelt seine Farb gantz nicht / und wird auch auff den andern Alpen nicht gefangen / ist aber grösser / dann die anderen. Der wenigere Theil / so allein oben auff den hohen Bergen wohnet / soll Winterszeit gantz weiß / zur Sommerszeit aber den andern in der Farb gleich / nemblich braun werden: Dieser ist zu essen eine harte und unangenehme Speise. Man hat auch daselbst jezuweilen einen und andern weissen Hasen gesehen / dessen Fell sich fast auff schwartz gezogen hat / und viel zärter / dann anderer Hasen jhr Fell / und woran das Haar zu oberst auff den Ohren schwartz gewesen: In den Mitnächtigen Landen sollen sie mit Mänge gefunden werden; So werden sie auch in Engelland also gesehen.

Die kleineste Art der Hasen wird ein Küniglein (oder Caninichen und Carnickel) genennet / ist ein fast leckerhafftiges Wildprät.

Etliche alte Scribenten / so von den vierfüssigen Thieren geschrieben haben / geben vor / daß in dem Geschlecht der Hasen / einer sey das Männlein allein / und der andere auch das Weiblein allein / gleich wie sonst die Natur alle andere Thier erschaffen habe: Etliche aber / und zwar der mehrertheil wollen das Widerspiel / und sagen / es habe ein jeder Has beyderley Geschlechtes natürliche Glieder an jhm / dieweil etliche gefunden werden / welche das männliche Glied / das ist / den Stachel haben / und doch auch Junge tragen. Etliche schreiben solches allein dem Männlein zu / dann es werden Hasen gefangen / welche Junge tragen / an welchen doch gantz kein männliches Glied zu finden / auß welchem sie schliessen wollen / daß unter den Hasen kein männliches Geschlecht allein / sondern sie alle mit beyderley natürlichen Gliedern begabet wären: Es seynd aber auch solche Hasen / welche allein under das weibliche Geschlecht mögen gerechnet werden.

Nyphus aber betheuret / daß er habe under den Hasen Männlein allein / und Weiblein allein gesehen / und auch solche / so beyderley Geschlecht / Art und Natur gehabt habe. Das aber ist gewiß / und warhafftig / daß Hasen gejagt und gefangen werden / die ein männliches Glied und Hoden gehabt / und doch auch Junge getragen haben.

Bey Bocharto befindet sich ein Arabischer Text / daß bißweilen das Weiblein das Männlein besteige / daß nemblich jhm die Mutter auß Geylheit geschwelle / und ein Jahr Männlein / das andere Weiblein sey.

Von Natur und Eygenschafft der Hasen.

Alle diejenige / so die Natur der Thiere beschrieben haben / geben vor / daß der Has ein gutes Gesicht haben solle / und wiewol dasselbige nit scharpff seye / so werde er doch von dem stäten vor- und umb sich sehen nicht müde / massen er auch mit offenen Augen schlaffe. Aber ein überauß scharffes Gehör sollen sie haben / dahero die Aegyptier / wann sie ein scharpffes Gehör haben bedeuten wollen / einen Hasen gemahlet haben: Eine hellklingede Stimm hat er / gleich wie auch andere Thier / so forchtsamer Natur sind. Die Hasen lägern sich gemeiniglich in enge Büsche unnd dickes Gesträuche / oder wo sich der Boden voeinander läst / auch (vornemblich zur Winterszeit) an Sonnichte Orte / wo der Schnee am ersten schmältzet: Bey Tag ruhen sie / und bleiben still: Bey Nacht aber streichen sie auff die Weyd / und haben ein Kraut lieber / als das andere. Dann Plinius spricht / daß unter allen Thieren / so Finger zu Klauen haben / der Hase allein sich mit Graß und Kräutern weyde.

Der Haß seicht von sich / das ist hindersich hinauß / es sey Weiblein oder Männlein: Dann unter anderen Thieren pflegen die Weiblein dasselbige auch zu thun.

Die Hasenmilch ist gantz dick / und wie Aristoteles schreibet / so haben sie bloß allein under den übrigen Thieren Milch / ehe dann sie gebären. Schläfferig ist er / und ob gleich der Leib schläfft / so behalten doch die Augen jhr Gesicht: Dann wie Pollux bezeuget / so wacht er mit halb beschlossenen / und mit gar offenen und starrenden Augen schläfft er.

Die Hasen / wann sie sich mehren wollen / so kehren sie sich von einander / und kommen mit den hindern Theilen zusammen / massen sie auch hinden auß harnen / und gebrauchen sich die Weiblein solcher Wercke eben so / gleich wie sonst die Weiblein unter andern Thieren: Sie tragen zwar / säugen aber nicht / und tragen auch zu aller Zeit / doch mehr im Frühlinge / wie Xenophon und Pollux wollē / dann zur selben Zeit findet man ihren Pfad gantz unrichtig.

Die Thiere so einer forchtsamen Natur / und zu der Menschen Speiß und Nahrung von Gott erschaffen worden / sind alle trefflich fruchtbar erschaffen / damit sie nicht durch den täglichen Fang und Gebrauch gantz zu Grund / und abgehen möchten. Auß welcher Ursach dem Ewigen Gott gefallen / daß das Hasengeschlecht under allen anderen das Fruchtbareste seyn sollen: Dann unter allen andern Thieren empfängt er / ob er schon Junge trägt / und bißweilen trägt er in seinem Leib solche Junge / welche erst anfangen zu werden / wie auch andere / die schon den Peltz / und noch andere / die noch keine Haar haben / und über das alles empfängt er dannoch von neuem dazu.

Und von solcher unglaublichen Fruchtbarkeit der Hasen / schreibet Hegesander Delphius überauß lustige Historien. Ihre gebohrne Jungen erhalten und bringen sie auff mit Belecken / wie sonst auch viel andere wilde Thiere zu thun pflegen.

Von innerlicher Art und Neygung dieses Thiers.

Der Has ist ein verzagtes / forchtsames und flüchtiges Thier / und wird gar selten zahm gemacht / nicht so wohl von wegen seiner wilden Art / als von der Forcht wegen / da er doch / eygentlich zu reden / under die wilden Thier nicht kan gezählt werden. Dann unter den Thieren seynd etliche wild / etliche zahm / etliche aber mittelmässig / nicht wild / und nicht zahm / als da sind die Hasen / Küniglein / und dergleichen. Doch sagen etliche / wann die Hasen jung auffgezogen / und von Menschen gespeist würden / so solten sie ziemlich zahm werden / und auch allerhand possierliche Sprünge machen: Man kan aber keine besondere Kunst und Gehorsamkeit in sie bringen.

Plutarchus schreibet / daß wann der Has sich in sein Nest wolle machen / so vertrage er zuvor seine Jungen in viel Oerter / und setze sie etwas / doch nicht gar weit voneinander / damit / wann jhnen von Menschen / wilden Thieren oder anderm Gevögel / so jhm und den Seinigen auffsätzig / nachgestellt würde / sie nicht alle auff einmal in die Gefahr gerathen möchten: Nach solchem Vertragen dann / zertrette und zerstöre er alle Fußtritte / und endlich fahre er mit einem grossen Sprung hindan / in sein Loch und Nest: Dann ein Hase soll eine sonderbare Liebe gegen seine Jungen tragen / und fürchtet nit allein die Hund / sondern auch die Füchs / und etliche Vögel / als das Schreyen der Raben / der Adler und anderer Raubvögel.

Ælia

Von dem Haasen.

Ælianus schreibt: daß der Haas von dem Fuchs mit grosser Listigkeit gejagt werde: dañ (spricht er) wañ der Fuchs bey Nacht ungefehr auff eine Hasenspuhr kom̃t/ und den Hasen nit weit vermerckt/ so hält er den Athem ein/ daß er gantz nicht keychet oder schnaufft/ und also zeucht er gar leise und sachte fort/ läßt auch nicht nach/ biß daß er ihn in seinem eigenen Nest ergreifft und erwürgt. So er ihn aber auffreibt/ daß der Haase zum Sprung kom̃t/ so läßt er ihm keine Ruh/ zu sitzen und sich zu erholen/ sondern zeucht und jaget ihm so lange nach/ biß daß er ihn von wegen der schnellen Flucht/ und deß strengen Wachens gantz müde/ Krafft- und Sorgloß macht/ alßdann erwürgt und braucht er ihn zu seiner Speiß und Nahrung.

Das Wiselein/ damit er ihn betriege/ so spielt und geylet es mit ihm/ wie Albertus meldet: Wañ dann das Spiel am besten ist/ so erfaßt es ihn bey der Gurgel/ hängt sich daran/ und läßt nicht ab/ ob gleich der Haas die Flucht nim̃t/ da dann das Wiselein doch an ihm hangen bleibt/ so lang und viel/ biß daß der Haas von ihm müde gemacht und erwürget wird/ alßdann wird dasselbige Wildprätt von dem Wiselein gefressen.

Von dem Lager der Haasen/ und wie sie pflegen gefangen zu werden.

Der Haas wird am allermeisten von wegen seines Fleischs zur Speiß und Nahrung gefangen/ weßwegen viel und mancherley Arten/ solche zu jagen und zu fangen/ von etlichen erdacht worden. Wovon allhier nur etliche wenige Stücke/ den Jägern zur Nachricht/ sollen erzehlet werden.

Der Haas (spricht Ælianus) erkennt die Art und Eigenschafft der Zeit und der Lufft/ dann zur Winters-Zeit setzt er sich an solche Oerter/ wo die Sonne scheinet/ weil er die Wärme gar gerne hat/ und die Kälte/ als einen Feind meydet: Zur Sommers-Zeit hingegen begehrt er höher zu wohnen/ und sucht ihm kühle und lüfftige Oerter auß. Die Enderung deß Wetters aber zeigt ihm seine eigene Nase an: Sonsten wohnet er gern in engen Büschen/ dickem Gesträuche/ und an solchen Orten/ wo der Schnee am ersten schmiltzt. Zur Winters-Zeit hat er sein Lager gern in schattigtem und dickem Gesträuch/ da der kalte Wind nicht zukommen/ den Ort nicht durchblasen noch beschneyen kan. Vornehmlich trägt er eine Natürliche Liebe zu dem Ort/ an welchem er geboren und erzogen worden.

Die/ so in engem Gesträuche ihre Wohnung haben/ und auß solchem auffgetrieben worden/ werden vor andere mit geringer Mühe gefangen/ dann von wegen ihrer Melancholey werden sie feist/ schwer/ träg und faul zu der Flucht/ und dahero gleich erhascht/ und dieweil sie deß dunckelen Gesträuchs gewohnet/ so verblendet sie der helle Tags-Schein/ daß sie also gar leicht gefangen werden.

Gar früh/ deß Morgens soll man das Jagen anstellen/ dann der Geruch von der Spuhr bleibt nicht lange/ sondern verzeucht gleich in einer Stunde.

Wann der Haase die Berg/ Hügel und Höhe begehrt/ soll man ihn mit den Hunden abtreiben/ dann von wegen seiner langen Hindern-Beine/ so länger sind als die vorderen/ ist er viel geschwinder Berg auff- als abzulauffen/ da die langen Hindern-Füsse ihn offt über und überstürtzen. Dargegen werden die Jag-Hunde/ wann sie sollen Berg- aufflauffen/ müde gemachet/ und ihnen ihre Pfoten von den spitzigen Steinen verletzet: Aber die haarigen Haasen-Tappen sind zu den rauhen und spitzigen Steinen fast bequemlich.

Wann man sie in tieffen Schnee treiben kan/ so erligen sie von sich selbst/ und sind leicht zu fangen/ werden auch also ohne Hülff der Hunden gefangen.

Die Bahn/ so dieses Thier machet/ erstreckt sich zur Winters-Zeit weiter/ als im Sommer von wegen der langen Nächte/ und kurtzen Tage: dann/ wie vor gesaget/ so wandelen sie gemeiniglich bey der Nacht/ deß Tages aber ligen sie still.

Bey vollem Mond/ und zur Zeit deß Frühlings/ sind ihre Bahne gantz unrichtig: dann sie hüpffen und springen vor Freuden gegen dem Monden/ und geylen und spielen auch selbst mit einander. Zur Zeit deß Frühlings sind sie am meisten in ihrer Brunst/ da schweiffen sie herumb/ und verwirren ihre Tritte.

Von den Thier-Gärten.

Den ersten Thier-Garten/ wilde Thiere darin zu erhalten und zu speisen/ hat unter den Römern Fulvius Hirpinus gebauet/ sind lustige Oerter mit Bäumen und Stauden besetzt/ und mit Ring-Mauren umbgeben/ in welchen die wilden Thiere den Menschen zur Lust/ zum Jagen/ wie auch zur Speiß und Nahrung/ so man ihrer bedarff gehalten/ gespeißet/ und auffgezogen werden. Solche Thier-Gärten sind auff mancherley Art gebauet worden/ etliche für besondere Thier/ alß Eber/ wilde Schweine/ Hasen/ etc. Etliche aber gantz weit/ in welchen man allerley wilde Thier/ alß wilde Geißböck/ Hirschen/ Reh/ Gemsen und dergleichen gehalten. Etliche der alten Bauleuthe haben besondere für die Haasen gemacht/ damit man solch fruchtbares Wildprätt allezeit/ zur Speyß und Nahrung/ bey der Hand haben könte.

Von dem Hasen-Balg werden bißweilen Handschuh und Hosen gemacht für solche Personen/ die sich erfrieret/ oder sonst Glieder-Gicht und Schmertzen an den äusserlichen Gliedern haben/ dann solcher Balg wärmet hefftig/ und ist zart/ glatt und lind.

Sein Haar wird auch bißweilen gebrauchet an statt der Schwämme/ trieffende und eyterige Augen darmit außzutrocknen und zu säuberen.

Die Haasen-Tappen werden gebrauchet an statt der Borst-Wische oder Staub-Besemen/ den Staub und Unrath damit abzuwischen.

Von dem Haasen-Fleisch/ wie auch von andern Stücken/ so von solchem Thier genützet werden/ und ihrer Complexion.

Der Haaß wird/ wie oben gemeldet/ nicht gejagt umb seines Balgs/ sondern umb seines Fleisches willen/ als welches jederzeit für niedlich gehalten/ und an Fürsten und Herren Höfen für eine edle Tracht auffgetragen und genossen worden.

Daß im Alten Testament die Haasen verbotten/ und für ein unreines Thier gehalten worden; kan auch aus Natürlicher Ursachen geschehen seyn/ alldieweilen das Haasen-Fleisch nicht allein hart zu verdauen ist/ sondern auch ein dick/ kalt und melancholisch Blut setzet und verursachet. Zacharias Papa schreibet an den Bonifacium, und vermahnet die Christen/ daß sie von diesem Fleisch abstehen/ weil es ein sehr geyl Thier sey/ wie es andere außlegen. Denjenigen aber/ welche von Natur flüssig sind/ und denen/ so an dem Leibe abzunehmen anfangen/ ist es sehr gut.

Es stillt auch den Bauchfluß/ vertreibt den Harn/ weniger oder mehr/ nachdem es viel oder wenig gegessen wird.

Apicius schreibet viel und mancherley Art und Weisen den Haasen zu kochen/ und zu bereiten/ welche aber nicht nohtwendig sind/ so weitläufftig zu erzählen/ dieweil allhier allein die Natur und Eygenschafft deß Thiers beschrieben werden soll/ nicht aber die Kuchenmeisterey.

Unsere Köche machen von dem Blut dieses Thiers/ seinem Eingeweyde und pördern Theyle/ mit Pfeffer ein schwartzes Sod/ oder Gekochte/ welches sie einen Pfeffer/ oder Haasen-Pfeffer/ nennen/ zum Unterschied deß Gänß-Pfeffers/ der eben also von dem Gänse-Blut/ Halse/ Flügeln/ Füssen und Eingeweyde/ mit Pfeffer gemachet wird.

Von Artzney/ so von dem Haasen/ in etlichen Kranckheiten gebraucht wird.

Eine köstliche/ bewehrte Artzney für den Lenden- und Blasen-Stein wird von dem Haasen gemacht/ auff diese Weise:

Das Blut deß Haasen/ sampt seinem Balg/ oder (wie andere schreiben) der gantze Haas frisch/ allein den Kopff und Eingeweyd hinweggeworffen/ sol in einem neuen/ verglaßten/ wol vermachten und verklebtem Hafen/ in einem Brenn-Ofen/ zu kleiner Aesche gebrennet/ hernach klein gesiebet/ und in ein sauberes Geschirr

Von dem Haasen.

schirr gethan werden: Von solchem Pulver giebt man alßdann dem Patienten / so es die Nohtdurfft erfordert / von einem halben Löffel / biß auff einen gantzen voll / in gutem / weissen Wein ein.

Das Blut deß Haasen / warm angestrichen / vertreibt alle Mängel deß Angesichts / als da sind: Mertzen-Flecken / oder andere Flecken / und Sprenckeln / Narben / Schäbigkeit und Räudigkeit / und in Summa / alles was dem Angesicht unzierlich ist. Deßgleichen / wann man solches Blut röstet in einer Pfanne / oder mit Gersten-Mehl / oder in Milch kochet / und also eingibt / so vertreibt es die rohte Ruhr / und stillet den Bauch-Fluß: Wann man es aber also warm und frisch auff eine heisse Geschwulst legt / machet es sie zeitig und lind.

Das Hasen-Fleisch gekochet / und auß der Brüe ein Fußbad gemacht / hilfft dem Podagra und Glieder-Gicht / gleich wie der Fuchs in Oel gekochet.

Das Fette von dem Haase / mit Bonenblühe gemischt / zeucht alle Dörner / Stacheln / Pfeile / und andere dergleichen Sachen / so im Fell und Fleisch stecken / herauß.

So einem ein Stachel oder Nagel in dem Fuß / oder anderswo steckte / der sol einen oder zween lebendige Krebse nehmen / wol stossen / und unter das Haasen-Fette mischen / und über den Schaden legen / am andern Ort aber Bonen-Blüht aufbinden / und das also eine Nacht und einen Tag drauff ligen lassen / sol wunderlich helffen.

Das linde Haar vom Bauch sol man auffheben / und wann einem die Nase blutet / ein Büschlein zusammen wickelen / und ihm in die Nasen stecken / stillet das Blut: Wann man auch genätztes Haar mit Honig auffhebet / und Pillulen darauß machet / und eine auff ein mal / aber offt auff einander einschluckt / so heylet es die zerrissenen Eingeweyde / wie schädlich auch der Bruch und Schade seyn mag / und diese Artzney sol täglich so lang gebraucht werden / biß daß der Schade geheylet ist.

Wann man sich mit Haasen-Haar beräuchert / machet es einen leichten Auswurff: auch so die Füsse von Kälte verletzt wären / soll man die Aesche von Haasen-Haar darauff streuen.

Von dem Haasen-Kopff.

Der Haasen-Kopff zu Asche verbrant / und mit Bären-Schmaltz oder Unschlitt / oder mit Essig angestrichen / bringt das außgefallene Haar wieder.

Zu schwartzen und breßhafften Zähnen ist gut der Haasen-Kopff / zu weisser Asche gebrannt / hernach mit weissen sauberen Fenchel / und Bein von Sepia, das ist / von der Meer-Spinnen / gemischt / und die Zähn darmit gerieben.

Das Hirn von dem Haasen-Kopff gebraten / und gegessen / ist gut für das Zittern: Wann der Kopff gebraten ist / so sol das Hirn genossen / oder in Wein getruncken werden / sol auch eine nützliche Speise seyn wider den Schlag und starcken Schlaaff.

Wann den jungen Kindern ihre Biller / oder Bällerichen im Munde mit gekochtem oder gebratenem Haasen-Hirn bestrichen werden / so sollen ihnen ihre Zähn ohn allen Schmertzen hervor kriechen: dann deß Hirns Krafft ist gleich dem Honig in solchem Fall.

Welche den Harn nicht halten können / oder sonst in das Bette brunzen / denen sol das Haasen-Hirn in Wein zu trincken gegeben werden.

Von dem Haasen-Mäglein.

Ein jedes Mäglein / oder (wie es anderswo genennet wird) Käßrenne / ist einer rässen / scharpffen / und zertreibenden Krafft / und trocknet deßhalben: Also auch das Haasen-Mäglein / dieses zertreibt auch das gestockte oder geronnene Blut im Leibe / es sey gleich wo es wolle: Auch ist es / auß Essig oder Wein getruncken / gut wider Gifft / wider den Natter-Biß / wider den Stich deß Scorpions / und wider allen schädlichen Gifft und Biß der Meer-Thier j. Quintlein eingenommen: Deßgleichen auß Essig getruncken für das gesoffene Stierblut / auß Wein aber wider die getruncken Wolffs-Wurtzel / und die gestockte oder geronnene Milch im Leibe: und solche Tugend hat nicht nur das Mäglein / so von dem Haasen kompt / allein / sondern auch aller anderer Thiere ihre Mägen ins gesamt. Wann man solches Mäglein auch von aussen aufflegt / zertreibt es die gestockte Milch in den Brüsten. Mit Mehl von Weyhrauch und Oel / oder mit Mistel / oder mit dem Wachs / so an den Bienen-Körben / oder Bien-Stöcken klebt / oder mit Käß-Pappeln / oder mit gestoßne Schnecken / gemischt und auffgelegt / zücht es alles / was in dem Fleische steckt / als Pfeile / Dörner / Stacheln / und dergleichen / krafftig herauß. Auff die auffgebrochene Kröpffe sol es auß Wein mit einem Tüchlein auffgeleget werden. Mit eben so viel Cypressen-Wurtzel / wann man nemlich eines so viel als deß andern nimt / selbigs mit Wein besprengt und zusammen stösset / heylet es den Krebs.

Das Mäglein für sich selber sol wider die fallende Sucht fast nutz seyn / wie Dioscorides lehret: Etliche geben es mit Essig ein. Ein Quintlein auß Wein getruncken ist gut denen / so Blut speyen / vornemlich wann man es mit Myrrhen-Wein und Samisches Erdreich einnimt: Es stillet auch den Bauchfluß wann man desselbigen einer Bonen groß auß Wein trinckt: Wo aber ein Fieber darbey wäre / sol es auß Wasser getruncken werden. Eben diese Krafft und Tugend hat alter / fauler Käß.

Von mehr gedachtem Mäglein den 3. Theyl eines Quintlein in einem weich gesottnen Ey 3. Tage nach einander eingegeben / sol wunderlich die rohte Ruhr und den Bauchfluß stillen / oder es kan auch allein an ihm selber in warmen Wein getruncken werden.

Welcher den Harn nicht halten kan/ der brauche solches Mäglein mit Genß-Fett in Gersten-Mehl. Und mit Essig getruncken/ stillet es den Weiberen ihren Fluß.

Von der Lungen.

Die Lunge von dem Haasen/ oder (wie Sextus schreibet) das Hertz eingesaltzen/ wird in der fallenden Sucht mit dem dritten theyl Weyrauchs in weissem Wein dreyssig Tage eingegeben/ solches thut auch sein Mäglein. Die Risse und Spälte an den Füssen/ wie auch die Gebrechen/ so von Kälte kommen/ heylet die Lunge/ wann man sie bey Zeit aufflegt: Sie wird auch gelobt für den Weh-Tagen der Augen/ und gedörrt und getruncken/ ist sie gantz nützlich der Mutter.

Von dem Hertzen und der Leber.

Wider den Schmertzen/ so von der Mutter kommt/ soll das Hasen-Hertz gedörrt/ und klein geschnitten/ zu trincken eingegeben werden. Wer einen strengen Bauch-Fluß hat/ der soll die Hasen-Leber gekocht essen/ so wird er gesund/ und das noch eher/ wann er solche mit rotem rauen Wein begießt.

Von der Gallen.

Die Galle ist eine bewehrte Artzney zu einem scharpffen Gesichte/ und für tunckele Augen/ deßgleichen für die Flecken in den Augen/ wann man die Galle mit lauterm Honig mischt/ und die Augen mit anstreicht.

Das verlohrne Gehör wieder zu bringen/ nimmt man frische Haasen-Galle und Honig eines jeden so viel als deß andern/ wärmet es in einer außgehölten Schale in heisser Aeschen/ und träufft es in die Ohren/ das soll auch einen Taubsüchtigen hörend machen.

Von den Haasen-Hoden.

Haasen-Hoden gebraten/ sollen gegessen werden von denen/ so Mangel an der Blase haben: Auch wann ein Weib dieselbigen zu End ihres Flusses isset/ so empfähet sie einen Sohn/ vornehmlich/ wann sie gestossen und in Wein getruncken werden. Deßgleichen/ so einer den Harn nicht halten kan/ sol er solche gebraten essen/ oder gedört/ und klein geschnitten/ auß Wein trincken. Wann einer solche Hoden gekochet nüchtern isset/ so vergehet ihm das Hüfften-Weh in kurtzem davon.

Die Mutter von der Haasin gedörrt/ und das Pulver in Wein getruncken/ gibt Ursache zur Empfängniß.

Der Haasen-Sprung (ist der Knöchel oder das Beinlein so dem Haasen im Gelencke der hindern Kniebeuge steckt/ und dem Haasen Stärcke zum Springen macht/ daher es auch den Namen hat: dieses Bein nun) gedörrt und in Wein getruncken/ sol eine edle Artzney seyn für den Stein/ deßgleichen mit eben so vieler Muscat-Blüht in dem besten Wein so lang gesotten/ biß der halbe Theyl eingesotten ist/ und also getruncken/ sol es gut seyn für das Krimmen im Bauche: Auch geben etliche Weiber solches den gebärenden Frauen/ auß Wein/ oder von Poley gebrandtem Wasser eyn.

Von dem Haasen-Kohk.

Der Haasen-Kohk ist heylsam wider den Brand/ wann man ihn darauff legt; wird er mit Honig gekocht/ und alle Tage einer Bonen groß darvon eingeschluckt/ heylet er die zerrissene Eingeweide: Wird er aber gedörrt/ und in warmen Wein getruncken/ stillt er die rohte Ruhr und den Bauch-Fluß.

Den gantzen Gebrauch so von Haasen kom̄t/ beschreibet Becherus auff folgende Art:

Die (1) Augen und das (2) Haupt/ die (3) Asche auß dem Haasen/
Die (4) Haar/ wie auch die (5) Gall/ (6) Fett/ (7) Nieren/ samt der (8) Blasen/
Der (9) Haasen-Sprung und (10) Kohk/ (11) Hirn/ (12) Hertz/ (13) Lung/ (14) Leber/ (15) Blut/
Von alten Haasen ist auch die (16) Beermutter gut.
Die (17) Milch so da gerinnt in Haasen die noch saugen/
Thut zu der Artzeney in vielen stücken taugen.

1.
Die Haasen-Augen in dem Martio genommen/
Die treiben die Geburth/ auch die da überkommen
Ein Mond-Kalb/ Mißgeburt/ die Nachgeburt darbey/
Die werden solches Dings durch Haasen-Augen frey.

2.
Den Haasen-Kopff den brennt zur Asch mit allem Fleiß/
Es hilfft dem kahlen Kopff/ und macht die Zähne weiß.

3.
Die offne Füß/ wann man sich in der Kält verweilet/
Sie werden durch die Asch deß Haasens zugeheylet.

4.
So man das Haasen-Haar mit Pflaster mischen thut/
Und solches überschlägt/ dann stillet es das Blut.

5.
Man sagt die Haasen-Gall die solle mächtig taugen
In tauben Ohren/ und in Schmertzen von den Augen.

6.
Dem alten Haasen-Schmaltz wird dieses zugetraut
Daß es die Splitter und die Dorn zieh auß der Haut.

7. Die

Von dem Hasen.

7.
Die Nieren in dem Stein seynd allermassen gut/
Und helffen dem/ der nit mit Willen pissen thut.

8.
Es wird auch sehr gelobt die Blase von dem Hasen/
In tröpffelendem Harn/ und Schmertzen von der Blasen.

9.
Der Hasen-Sprung vertreibt den Schmertzen von dem Stein/
Und Grimmen/ kan darzu den Frauen hülffreich seyn.

10.
Den Durchlauff stillt der Koth von Hasen auch der Stein/
So man sich hat verbrennt/dann lindert er es fein.

11.
Mit frischem Hasen-Hirn den Kiefer wol geschmiert/
Den Kindern es die Zähn gar leicht herausser führt.

12.
Das Hasen-Hertz ist gut/ hilfft an der schweren Noth/
Stillt die Quartan, und macht die Mutter tödt.

13.
Es ist vors Keychen gut ein frische Hasen-Lung/
Sie weiß der schweren Noth ein sonderlichen Sprung.

14.
Die Hasen-Leber hat im Bauchfluß grosse Krafft/
Sie hilfft der Leber/ wann mit Schmertzen sie behafft.

15.
Das Hasen-Blut zerreibt/ und treibet auch den Stein/
Es reiniget die Haut/ und stellt den Bauchfluß ein.

16.
Macht das von Hasen die Beermutter Pulver sey/
Es macht fruchtbar/ und stärcket die Geburt dabey.

17.
Die Milch die da gerinnt in junger Hasen Magen/
Die kan gestockt Geblüt bald voneinander jagen.
Es muß die schwere Noth von jhrentwegen sincken/
Die schwangre Weiber zwar die sollen sie nicht trincken.

Von den gehörnten Hasen.

Lepus Cornutus.   Ein frembde Art der Hasen mit Hörnern.

Bochardus gedencket einer Art Hasen/ welche ein Horn auff dem Kopff tragen/ und ein wunderbar Thier seyen/ vor welchem alle Thier/ die es ansichtig werden/fliehen/werde in den Meer-Insuln gefunden/ wiewol solches viel in Zweiffel ziehen. Von diesen gehörnten Hasen aber/ derer hie gedacht wird/meldet unter andern Gassendus, daß er dergleichen so auß Norwegen gebracht/ gesehen habe/wie dann gleichfals von einer glaubwürdigen Person D. Joh. Daniel Horstio ein solch Gehörn zugeschickt worden/ so 1654. in die Churfürstl. Kunstkammer zu Dreßden verehret worden

worden. Wiewohl etliche wollen/daß vor diesem solche Art Hasen auch in Sachsen gefangen/ und als ein grosse Rarität gehalten worden/weil aber die Hörner unterschiedlich seyn/ haben wir beyde Art groß und klein/ hierbey abmahlen wollen.

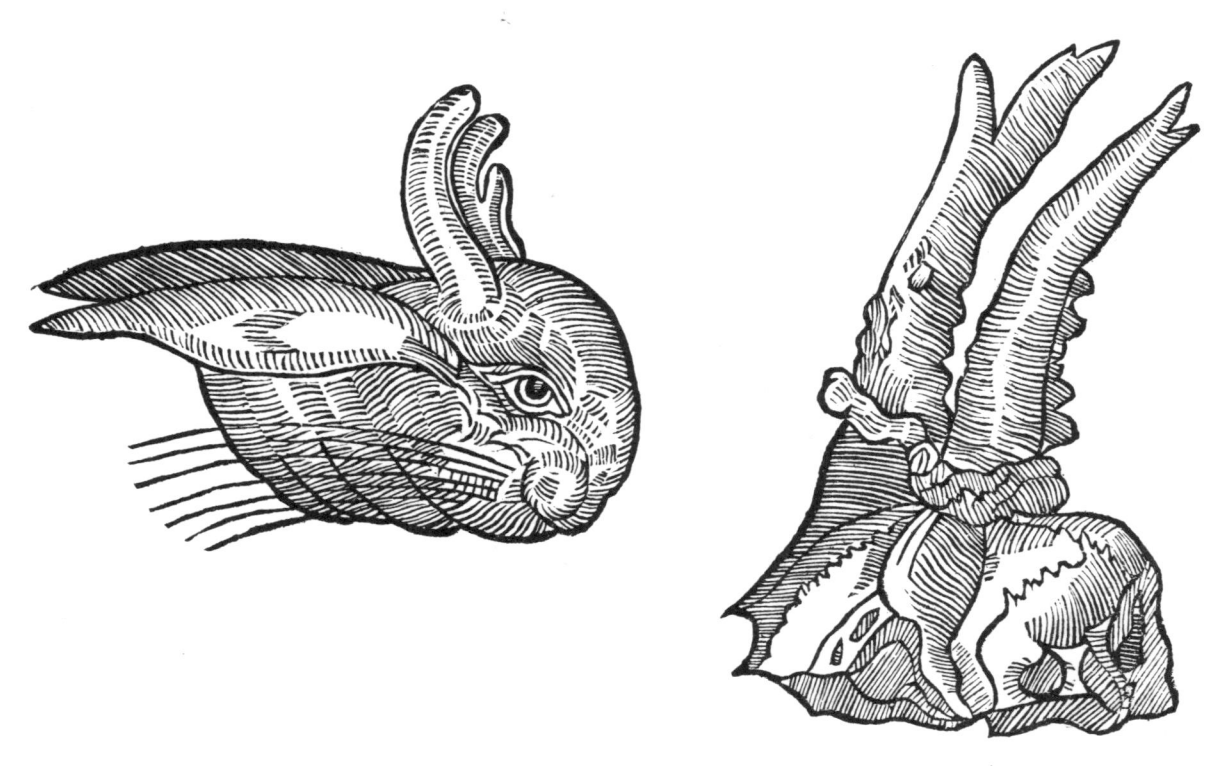

Von dem Küniglein.

Cuniculus.   Ein Künele/Künigle oder Künlein/ sonst auch Caninichen/oder Carnickel/ genannt.

Von dem Küniglein.

Von Art und Underscheid dieses Thiers / und wo dasselbige zu finden.

Es dritten Geschlechts der Hasen / ist das Küniglein / welches Arabisch أَرْنَب, auff Griechisch δασύπους, Lateinisch Cuniculus, Französisch Connil, Italianisch Coniglio, und Hispanisch El Concio genannt wird. Dasselbige vergleicht sich / was anlangt seine Gestalt / Art und Eygenschafft mit dem Hasen / dann es ist gleich wie der Hase / ein forchtsames / flüchtiges Thier: Nur daß der Kopff deß Künigleins kleiner / und der gantze Leib weisser ist / als an den Hasen: Sie werden manchfärbig / als: weiß / schwartz / roth / gelblicht / braun / und mit anderen Farben / auch fleckicht / oder scheckicht gesehen.

Sie wohnen in Löchern und Gruben / so sie jhnen selber graben / under der Erden Boden / von dar fahren sie zu Zeiten auß auff die Weyd / und so bald sie einiges Geschrey oder Gemürmel hören / so fliehen sie wieder jhren Löchern zu.

Von Natur unnd Eygenschafft dieses Thiers.

Wie vorgesagt / so bewohnen die Küniglein die Löcher under der Erden / in Erdreichen Büschlein / in Lustwälden und Stauden / da laufft dann eines herauß / das andere hinein / vornemblich deß Morgens und Abends / dann die andere Zeit ligt es inn: Bißweilen bedeckt es seine Eingänge mit Erden oder Staub zu / damit es nit gemerckt noch ergrieffen werde. Sie mehren sich eben auff solche Art und Weyse / wie droben beym Hasen gesagt worden / sind auch mit der Fruchtbarkeit den Hasen gantz gleich / fahen erst an zu gebähren / wann sie jährig sind / und gebären / dieweil sie noch tragen / dann sie gebären underweilen zwey oder drey Junge / und gleich in 14. Tagen wi derumb so viel / so fruchtbar hat Gott diß Thier erschaffen / damit es dem Menschen eine besondere / angenehme / und schleckerhafftige Speiß seyn solte / der mehrere Theil von jhnen gebieret fünffe / bißweilen auch neune / dieselbige sind blind biß auff den neundten Tag. In der Schweitz mehren sie sich Winterszeit gantz nicht / es sey dann überauß warm: Man soll jhnen Milch geben biß auff den zwantzigsten Tag: Ihre Speiß ist vielerley: Dann sie essen Früchte / Klee / allerley Kräuter und Graß / Rebenlaub und dergleichen.

Von innerlicher Natur und Eygenschafft dieses Thiers.

Die Hasen und Küniglein sind einer gantz geschwinden Natur / aber forchtsam dabey / und werden under die halb wilde Thiere gerechnet / welche nicht zahm / auch nicht gantz wild / sondern mittler und milder Natur sind / dann sie werden nicht gar zahm / so haben sie auch nicht gantz die Art der wilden Thiere. Es schreibt Albertus, daß sie so forchtsamb seyen / daß sie den Ort verlassen / wo jhnen Überlast oder Schaden angethan wird: Und wann eins oder zwey an andere Ort gestrichen seyen / so fahren sie gantz häuffig nach / als ob sie mit jhres gleichen Mittleyden trügen. Sie sind gantz zornig / doch verletzen sie mit jhrem Biß den Menschen gar nicht / aber sie selbst undereinander beissen bißweilen auß Eyfer / so sie gegen einander tragen / einander einen Fuß oder Ohr ab. Die Männlein sind auch jhren Jungen auffsätzig / und erbeissen sie / gleich wie die Kater die jungen Katzen.

Von Nutzbarkeit dieses Thiers.

Es wird den Küniglein wie auch den Hasen / wegen jhres Fleisches / so dem menschlichen Geschlecht zur Nahrung dienet / nachgestellt / und dasselbige der Ursach halben bißweilen an gewissen Orten gespeiset und erzogen: Ist mit Vermehrung seines Geschlechts so fruchtbar / daß man wol ehe an etlichen Orten mit Kriegsvolck wider solche Thier ist auffgewesen. Dann Marcus Varro schreibet / daß in Hispanien eine Statt von den Küniglein undergraben und nidergeworffen worden. Sie sind gar leicht und lustig zu jagen und zu fangen: Dann zu solcher Jagt erzeuget man etliche Thierlein / als da ist der Iltis / diese werden von den Jägern zahm gemacht. Dieselbigen bekleidet und beschirmt man mit einer Kappen / von Leder gemacht / wider den Biß solcher Cannichen / hencke jhnen auch eine Schelle an den Halß / und läst sie also in die Schlüpffe lauffen / welche von den Jägern mit jhren Garnen umbzogen sind / alsdann treibt der Iltis die Küniglein herauß / welche in das Garn lauffen / und darinnen mit einem Bengel von den Jägern zu todt geschlagen werden.

In Engelland sollen etliche seyn / die bloß und allein von solchem Thier leben und sich erhalten / worzu sie jhnen eygene Häuser und Ställ machen. Sie essen (wie oben gedacht) allerley Speiß / auch Graß / vornemblich Klee: Aber überauß angenehm ist jhnen der Kappes / oder das Kraut / sonderlich die innwendige Häuptlein / deßgleichen Brod / Aepffel / Aepffelschnitz / Rüben und Rübenschnitz. Zur Winterszeit sollen sie deß Tags dreymal gespeist werden / mit Kleyen / Haber und allerley Schnitzen.

Das Beltzwerck von solchem Thier ist in gemeinem Gebrauch / die gar weissen mit wenig Flecken / oder die Pechschwartze werden für die Besten und am höchsten / die Braunen aber / und die / so mancherley Farben haben / für die Geringsten geachtet: Die Wammen oder Bäuche von solchem Beltzwerck werden gemeiniglich / gleich wie die von den Füchsen gar werth gehalten.

Von dieses Thiers Fleische/ und seiner Eygenschafft.

Von solchen Thieren sollen die Jungen 31. Tage gesäugt werden/ und am fettesten und besten seyn/ wann sie einen Monat alt worden. Etliche essen sie gleich nach 14. Tagen. Die Wilden sollen dem Menschen gesunder und lieblicher seyn/ dann die/ so an gewissen Orten erzogen werden: Dann dieweil solches Thier von Natur einen starcken Geruch hat/ so wird solcher Geruch gemehret/ so es eingeschlossen ist/ und seinen freyen Lauff und Lust nit mehr haben kan/ es seye dann/ daß es mit grünem Laub/ Kraut und dergleichen gespeiset werde/ und sonderlich mit Wachholder/ wornach sie ein wilden/ und gantz annehmlichen Geschmack bekommen.

Sonst sollen die Küniglein ein süß Fleisch haben/ das dem Menschen gar zuträglich/ und auch gesunder/ und vom besserm Safft ist/ als das Hasenfleisch.

Von der Artzney/ so von solchem Thier genommen wird.

Für die Bräune (ist eine gefährliche Kranckheit/ da einem der Halß innwendig von Hitze gantz schwartzbraun wird/ und in geschwinder Eyle den Menschen gar erstickt/ wann ihm nicht bey Zeiten mit Aderlaß unter der Zungen geholffen wird) soll eine solche Artzney bereitet werden. Ein lebendig Küniglein soll in einem irdenen Hafen zu kleinem Pulver gebrannt/ solches Pulver aber mit Costo, und einem Blat/ bey den Apoteckern Folium genannt/ gemischt/ und zwar deß einen so viel/ als wie deß andern darzu genommen/ hernach denn also ein halber Löffel voll in Wein getruncken/ und der Rachen damit gerieben werden.

Das Fett von solchem Thier ist nützlich und gut dem weissen Geäder.

Das Hirn von diesem Thier wird wie das Hasenhirn gelobt für das Gifft.

Deßwegen Becherus von diesem Thier also reymet:

Es (1) selbsten bleibt/ und wird genützet also gantz/
Das (2) Fett/ und auch das (3) Hirn/ die müssen zu dem Tantz.

1.
Das gantze Küniglein das wird zu Äsch gebrännt/
Zur Hals-Schwachheit sie dient/ so man Angriam nennt.

2.
Die Glieder die da gantz und gar erhartet seyn/
Die macht geschlächt das Fett/ von einem Küniglein.

3.
Das Hirn davon/ das wil dem Haasen-Hirn nicht weichen.
Es treibt das Gifft/ kan sich nit wol darmit vergleichen.

Von dem Indianischen Küniglein.

Cuniculus Indus.   Ein Indianisch Küniglein.

Von dem Küniglein.

Von seiner Gestalt/ und auß welchem Land es herkomme.

Das Indianische Küniglein oder Säulein (anderswo nennt man sie auch Meer-Schweinlein/ vielleicht weil sie über Meer in unsere Lande kommen sind) ist vor noch nicht langen Jahren auß der neuerfundenen Welt in unsere Lande gebracht worden/ und jetzt gantz gemein: Dann es ist ein überauß fruchtbares Thier/ und bringt acht oder neun junge in einer Geburt herfür/ ist sonst an der Grösse etwas kleiner/ als die gemeinen Küniglein/ und auch kürtzer: Es hat kurtze Füsse/ und an denselben vornen sechs/ und hinden fünff Klauen und Zähne/ wie die Mäuß/ aber gantz keinen Schwantz/ sonst werden sie von allerley Farben gesehen. Ihre Stimme ist gleich der jungen Ferckel/ weßwegen man sie auch Indianische Säulein genennet hat. Sie fressen allerley Kraut/ Früchte/ Brot und Haber/ fürnemblich lieben sie den Kappuß/ oder weiß Kraut: Sie gebären nach der Winterszeit/ aber nicht blinde Junge wie andere Küniglein. Sie sind sehr unkeusch und geyl/ auß welcher Ursach sie so sehr fruchtbar sind: Die Männlein beissen sich umb die Weiblein. Sie bedörffen keines Trancks/ nur allein ein wenig/ wann man jhnen gantz truckene Speyse fürwirfft/ dann sonst sollen sie wassersüchtig werden. Sie sollen ziemlich gut zu essen seyn/ wiewol man auch das Widerspiel erfahren: Mehr haben sie viel gelbes Fett oder Speck/ wie ein Schwein/ und ein feuchtes ungesüdes Fleisch.

Nierenbergius beschreibet neunerley Art Indianischen Küniglein/ und werde die erste Art Pactli ein Hispanisch Küniglein genannt/ welches von den Spaniern als ein delicate Speiß gehalten wird.

Die zweyte wird genannt Eliztactotli.

Die dritte Cuitlatepotli, weil es einen kurtzen Schwantz habe.

Die vierdte Tocanthoctli.

Die Fünffte Quauhtochtli.

Die Sechste Metoctli.

Die Siebende Cacatochtli.

Die Achte Cuitlatepolli.

Und die Letzte von der rothgelben Farb Kapaztochli. Sind aber alle wegen Anmuth des Fleisches/ den Unserigen gar nicht gleich.

Etliche kommen auff Ratten Art/ andere gleichen den Eychhörnern und andern Thieren/ wie solches auß folgenden Figuren abzunehmen ist.

Aperca, Cuniculi species, ein Feld-Ratte.

Aguti vel Acuti. Eine Art Küniglein auß Brasilien.

Cavia Cobaya. Die zweyte Art auß Brasilien.

Paca. Die dritte Art auß Brasilien.

Von dem Haut / einer besondern Art Affen.

Arctophithecus.   Haut oder Hauti / ein sonderliches Geschlecht der Affen.

Von seiner Gestalt / Art / und Natur.

Dieses Thier wird auß dem neuen und vierdten Theil der Welt / America genannt / über Meer hergebracht / ist gantz scheußlich und ungestalt / hat einen tieffen hangenden Bauch / ein Angesicht wie ein junges Kind / und so es gefangen wird / soll es auch erseufftzen wie ein junges Kind. Seine Haut ist äschenfarb / und gehäret wie eines jungen Bären Haut / an jedem Fuß hat es nicht mehr dann drey Klauen vier Finger lang / mit welchen es auff die Bäume steigt / dann auff solchen wohnet es mehr / als auff der Erden. Der Schwantz ist drey Finger lang / und hat wenig Haare. Seine Speiß ist allein Laub von einem Baumgeschlechte / welches dort in dem Lande America gemein ist. Wann es zahm gemacht wird / so hat es den Menschen sehr lieb / daß es auch auff seine Schulteren zu springen begehret / welches aber die Einwohner / von wegen deß Thiers seiner scharpffen Nägel / nicht leyden mögen / dieweil sie nackend und bloß einher gehen. Diese Thier mögen von keinem Wasser oder Regen naß gemacht werden / ob sie gleich eine lange Zeit darunter gehalten werden.

Von dem Helfanten.

Elephas & Elephantus. Helfant.

Vom Underscheid der Helfantē / und wo sie zu finden.

Der Helfant hat seinen Nahmen von dem Berg Elephas, dieweil er ein groß Thier ist / gleichsamb wie ein Berg / wird auff Arabisch فيل genannt. Dieser Thiere wohnen etliche auff dem Gebürg / etliche auff ebenem Boden / andere aber an nassen wässerichten und sümpffichten Orten / welche alle ihrer Art und ihrem Thun und Wesen nach / nicht wenig von einander unterschieden sind. Von Natur sind sie gern an feuchten und wässerichten Orten / welches ihnen angebohren ist. Sie werden gegen Orient viel gefunden / von wegen deß warmen Landes / dann die Kälte können sie gar nicht vertragen.

India soll gar sehr grosse / viele und starcke Helfanten haben / die / wie etliche schreiben / neun Ellenbogen hoch / und fünff Ellenbogen breit seyn / und an der Grösse / Stärcke / und allen andern die Africanische weit übertreffen sollen / daher Livius meldet / daß diese gegen die Indianische nicht trauen sich zu legen / und durch ihren kleinern Leib / auch zugleich ein forchtsamer Gemüth sehen lassen. Mit den kleinen Helfanten versehen die Indianer ihren Ackerbau / und nennen sie Banckarte / die Indianischen sollen schwartz oder Mäußfarb seyn / doch sind in etlichen neuerfundenen Ländern in Æthiopia, gegen Mittag / mächtig grosse und gantz weisse gesehen worden. Unter allen Thieren / so auff dem Erdreich wohnen / ist der Helfant das Gröste / und / unter ihnen selbsten / das Männlein grösser / dann das Weiblein: Sie sind gantz schwartz / schäbig / und ohne Haar / der Rucken ist gantz hart / der Bauch lind / und die Haut runtzlicht / mit welchen Runtzeln sie sich der Fliegen und anders Ungeziffers erwehren / dann sie spannen die Haut auß / fassen damit das Ungeziffer in die Falten / drücken dieselbige hart zusammen / und bringen also die Fliegen / und anders auff ihrer Haut sitzendes Ungeziffer umb ihr Leben. Gellius spricht / er habe Haar von den Helfanten gesehen / zwoer Spannen lang. Was weiter von der Gestalt und Form der Helfanten möch-

te ver

Von dem Helfanten.

ge verlangt werden/ ist auß dieser hieroben stehenden und mehr andern nachfolgenden vor- und hinderwärts vorgebildeten Figuren/ auß dem Augenschein selbsten/ leibhafftig zu ersehen.

Von innerlicher Gestalt und Beschaffenheit der Helfanten.

Vier Stockzähne hat der Helfant auff jeder Seyten/ mit welchen er seine Speiß käuet: Uber diese noch zween grosse lange Zähn/ welche sich vom obern Kinbacken herauß strecken. Es soll aber ein Unterscheid zwischen dem Männlein und Weiblein seyn/ dann deß Männleins grösste Zähn über sich/ deß Weibleins aber unter sich stehen/ auch nicht so groß als deß Männleins seyn sollen.

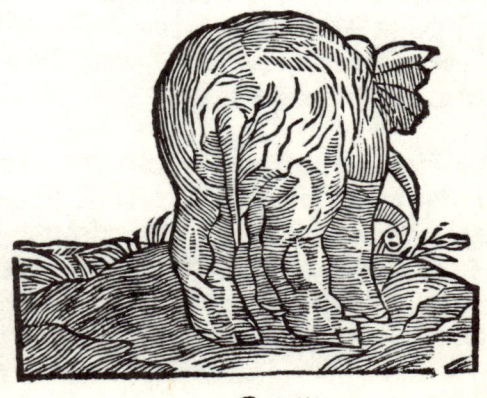

Der alten Elephanten Zän werden gar sehr starck / daß man sie braucht zu Pfosten an den Häusern und zu grossen Zaun-Pfälen: Dann sie kommen mit der Länge biß auff zehen Schuch / und sind so schwer / daß ein Mann solche schwerlich tragen kan. Vartomannus schreibt von einem paar solcher Zähne / welche 336. Pfund gewogen. Etliche wollen / solche Zähn sollen nicht Zähne / sondern Hörner genannt werden / dieweil sie auch zu gewisser Zeit außfallen / und wiederumb wachsen.

Der Elephant hat eine kleine breite Zungen / aber eine überauß lange und gestreckte Nase / (ins gemein der Schnabel genannt) welche er braucht an statt der Hände: Dann mit solcher Nasen bringen sie ihre Speiß und Tranck zu ihrem Maul / weil sie sich dergestalt biegen und bewegen läst / daß der Elefant sie von sich strecken / und wiederumb zu sich ziehen kan: Dieselbige ist auch hohl und zeucht der Elefant dadurch den Athem an sich: Sonsten kan er mit solcher Nasen auch das allerkleineste Ding / als Geld / Pfenninge / und andere kleine Sachen ergreiffen und seinem Meister darreichen.

Wann er durch ein Wasser setzt / so hebt er solche Nasen empor über das Wasser herauß / und ist mit derselbigen so starck / daß er die Aeste von den Bäumen herab schlagen / ja offt gantze Bäume mit den Wurtzeln außreissen kan.

Der Elefant soll ein zweyfaches Hertz / keine Gall an der Leber / aber eine überauß grosse Lunge / zwey Düttlein unter den Schultern / und seine Hoden innerhalb dem Leib / die vordere Beine länger / als die hindern / und selbige auch grösser und stärcker haben: Er bieget seine hindern Beine wie ein Mensch / wiewol etliche schreiben / daß kein Gelencke darinnen sey / unten haben sie runde Füsse in fünff Finger gespalten / die gleich den Klauen sind.

Plinius und Solinus schreiben / daß der Elefant auff dem Rücken überauß hart / am Bauch aber gantz weich seye / daß ihm auch eine Mücke Jatthus genant / indem sie sich in seinen Nabel setzet / grosses Leyd anthut / und das Rhinoceros den Elephanten von unten anfället / wovon unten ein mehrers gedacht wird.

Von Natur und Eygenschafft dieses Thiers.

EIn Elefant / wie vorgesagt / ist gern an feuchten und wässerigen Orten / hat eine heissere und

Von dem Helfanten.

und schnurrende Stimme / frißt alte Stöcke / Stümpffe und Wurtzeln / die hohen Palmen-Bäum reißt er mit seiner Nasen nieder / und frißt die Frucht ab. Wann einer einen Raub bekomt / so berufft er seine Mitgesellen auch herzu / damit sie deß Raubs theylhafftig werden mögen. Melonen und Cucumern sollen sie mit grossem Wollust essen. Wañ sie zahm gemacht werden / werden sie mit Gersten / auch Brod / Trauben / Knoblauch / Epheu / und dergleichen gespeiset. Einen besondern Haß tragen sie gegen der Mauß: und wo eine Maus ihr Futter angerühret hat / und sie solches ersehen / so haben sie einen Eckel daran / und fressen weiter nicht davon: auch hat er nicht gern einen lautern klaren Tranck / sondern wan er trincken wil / so trübt er ihn zuvor: dann er entsetzt sich vor seinem grossen und scheußlichen Leib / wann er ihn in lauterm Wasser ersihet. Diejenigen Helfanten / welche zum Krieg erzogen werden / werden mit Wein getränckt / welcher sie muthig und verwegen macht / daß sie werde vom Wein truncken.

Eine überauß scharpffen Geruch sol diß Thier haben / von wegen seiner langen Nasen / und wird von wolriechenden Dingen gantz kirr gemacht.

Wiewol solches Thier einen besondern langsammen Tritt hat / so ist es doch noch so schnell / daß es auch den allerschnellesten mit seinem gang erreicht. Sie schlaffen mit auffrechtem Cörper: weil es sonst ihn̄ schwer fallen solte / sich mit einem so schweren Leibe nider zu legen / und auffzurichten. Wann er aber müd und faul ist / so lehnet er sich an die Stämme der Bäume / welche dann die Jäger in acht nehmen / und biß aufs Fallen durchhauen oder durchschneiden sollen; wann nun ein Helfant sich darwider leget / sol er mit dem Baum umfallen / und / weil er wegen seiner ungeschickten Grösse nicht leichtlich auffstehen mag / also gefangen werden.

Keusch und rein führen sie ihr Leben / treiben keine Unzucht / und brechen auch nicht die Ehe / sondern sind gar sonderlich schamhafftig / massen sie sich nicht eher zusammen lassen / sie haben sich dañ zuvor in ein dickes Gesträuche und enges Gebüsche verschlossen: und so bald das Weiblein empfangen / so haben sie ein Abscheu vor weiterer üppigkeit. Wañ sie aber in der Brunst abgehalten werden / so sollen sie gar sehr tobend und wütend werden / und gantze Wände und Häuser umbwerfen. Sonst werden sie gezähmt mit Hunger und Streichen. Das Weiblein läst sich nider / uñ sitzet das Männlein auff wie ein ander Stier / Bull / oder Hengst: Etliche sagen / das Männlein hebe solch Spiel erst an / wann es auff zwantzig / das Weiblein aber wann es auff zwölffe oder funffzehen Jahr gekommen / und solches schreibt Aristoteles. Plinius aber gibt fünff Jahr dem Männlein / zehne aber dem Weiblein zu; Und dz bestätigt auch Solinus. Sie treiben dieses Spiel 5. Tage / und gehen nicht wieder under die Herd / sie haben sich dañ zuvor mit sauberem Wasser gereiniget und abgewaschen. Die Weiblein tragen zwey Jahr / ehe sie gebären: und gebären nicht mehr / dann eines / das so groß ist / wie ein wol erwachsenes Schwein / oder Kalb / so drey Monat alt ist: solches säugen sie / wie etliche schreiben / sechs Jahr / etliche aber setzen nur sechs Monathe. So bald der Elephant geboren worden / kan er sehen und gehen.

Die Weiblein unter den Elephanten sollen stärcker und mächtiger als die Männlein: Hergegen die Männlein zu dem Streit geschickter seyn / dieweil sie höher sind.

So starck sind die Elephanten / daß einer in einem hölzern Thurn auff seinem Rucken zwölff / auch bißweilen viertzig Männer zu dem Krieg gerüst / hat tragen können.

Dann vor Alters sehr im Gebrauch gewesen / der Elephanten Zustreiten sich auff diese Art zu bedienen / und kein geringer Vortheyl muß gewesen seyn: Dann als die Römer mit Antiocho Magno einen Frieden geschlossen / haben sie dieses insonderheit begehrt / daß man die Elephanten solte umbbringen / und also zu Rom etliche und achtzig auff einmal getödtet worden.

Der Elephant kompt zu gar hohem Alter / etliche schreiben von zweyhundert / etliche von dreyhundert / etliche aber auff das höchste von zweyhundert Jahren / doch gehen derselbigen viel vor solcher Zeit / auß Kranckheit oder sonst andern plötzlichen Zufällen / ab. Aristoteles schreibet und saget von hundert und zwantzig Jahren. Nach Sechzig Jahren sind sie in ihrem besten Alter. Man schreibet auch über das von etlichen / die auff fünffhundert Jahr sollen kommen seyn.

Von Kranckheiten / welchen diß Thier unterworffen ist.

Viel schädlichen Kranckheiten ist solches Thier unterworffen: Dann es wird hefftig verletzt von der Kälte/ davon es auffschwillet: Und dann wird jhm geholffen/ wann man es mit dickrothem Wein tränckt.

Es ist ein Wurm/ Chameleon genannt/ welcher/ wann er vom Elefanten gefressen worden/ jhm ein Giefft ist: Der Elefant aber kompt jhm selber zu Hülff mit wildem Oelbaum: Dann der wild Oelbaum ist ein guter Tyriack wider solchen Wurm.

Wann er ein Blutsauger (oder Egel) verschluckt hat/ so kompt er in die grösste Gefahr: Sie werden auch kranck/ wann sie Grund oder Erde gefressen haben/ es wäre dann/ daß sie eher und mehr davon fressen/ so schadet es jhnen nichts: Sie fressen auch bißweilen Steine.

Wann sie im Jagen verwundet worden/ so helffen die andern dem Verwundeten mit einem Safft/ Aloes genannt/ und bestreichen jhm damit seine Wunden. Butter ist auch gut/ und die Geschwäre werden jhnen mit frischem Schweinenfleisch verbunden.

Die meisten Kranckheiten/ welche jhnen in jhrem Leib zustossen/ vertreibt man mit dickrotem Wein/ wann man jhnen den zu trincken giebt.

Die Pfeile werden jhnen herauß gezogen mit Dictam, im Tranck eingegeben: So soll auch das Oel/ jhnen nach dem Schweiß eingegeben/ solche herauß treiben.

Wann sie müd und matt worden sind/ sollen jhnen die Schultern mit Oel/ Saltz und Wasser gerieben werden.

Welche rothe trieffende Augen haben/ denen soll Kühmilch warm darein getraufft werden.

Von natürlichem Anmuth dieses Thiers.

In einem Hauffen weyden sich die Elephanten allezeit zusammen/ und sondert sich auch derselbigen keiner davon ab/ es sey dann Sach/ daß es jhre Jungen/ oder einen der kranck seye antreffe. Wann sie gefangen worden/ so beweinen sie jhre Knechtschafft/ und zwar nicht allein mit jhrer gewöhnlichen Stimm/ sondern auch mit kläglichem Seufftzen/ wann aber ein Mensch darzu kompt/ so schämet er sich seines Klagens/ und hört auff zu seufftzen.

Gegen dem menschlichen Geschlecht trägt er eine sonderbare natürliche Liebe/ vornemblich zu den hübschen und schönen Weibsbildern: Aber noch vielmehr zu den jungen Kindern/ wovon allhie etliche lustige Historien folgen.

Von schönen Weibern wird der Elefant gar zahm gemacht/ dann einer soll sich einsmahls in eine überauß schöne Corallen-Krämerin verliebt haben/ welche keine gemeine Dirne gewesen/ sintemahlen sie auch von dem gelährten Manne Aristophane ist geliebet worden. Da dann der Elephant seine Liebe durch unterschiedliche Kenn- und Merckzeichen gegen dieses Weibsbild sehen lassen: Dann wann er über den Marck gieng/ so brachte er jhr Aepffel/ sahe sie freundlich an/ und belustigte sich an jhrem Angesicht/ hielte sich auch etwas bey jhr auff/ legte seine Nasen in jhren Schoß/ und betastete jhre schöne Brüste: Ja was noch mehr ist/ als dasselbe Weibsbild starb/ da ward der Elephant gantz bekümmert/ traurete um dasselbige/ als wie umb seine Liebste/ und ward nachgehends gantz wilde/ gleich wie die jenige Menschen/ so von Traurigkeit wegen nicht bey Sinnen bleiben. Dann der Elephant soll vor andern Thieren mit einer guten Gedächtnuß und Memori begabet seyn/ welches zu sehen/ an jhrem Gehorsam/ wann man jhnen etwas befiehlet/ von welcher Gedächtnuß und natürlicher Neygung und Eygenschafft dieses Thiers Ælianus eine denckwürdige History beschreibet/ welche sich auff nachfolgende Weise zugetragen:

Als Antigonus die Statt Megaram belägert hatte/ war ein Weib/ die hatte den Elephanten-Hütter und Speiser zum Manne. Solches Weib gebar jhrem Ehemann ein Kind/ welches zur Zeit der Belägerung einem Elephanten in Indianischer Sprach anbefohlen/ welche diß Thier wol verstund. So bald nun das Kind dem Elephanten in seinen Schutz und Schirm vertrauet war/ gewann das grosse Thier eine sehr grosse Liebe zu dem Kind/ daß es desselbigen treulich hütete/ und je mehr das Kind bey jhm lag/ je lieber ward es jhm: Wann es weinete/ so wandte er seine Augen von jhm/ wann es schlieff/ so wehrete er jhm die Fliegen/ achtete kein Essen nicht/ und fraß auch nichts/ das Kind wäre dann bey jhm. Auß welcher Ursach die Säugamm gezwungen ward/ so bald sie das Kind gesäugt und gewickelt hatte/ es gleich ohne Verzug wiederumb zu dem Elephanten zu legen/ oder er ward gantz grimmig und unmutig. Auch bißweilen/ wann das Kind weinete/ so bewegte er mit seinem Schnabel die Wiegen/ und wolte also das weinende Kind zu stillen/ gleich wie die Menschen zu thun pflegen.

Wann man sie beleidiget oder verletzt/ so sind sie dessen lange Zeit eingedenck/ und rächen sich lange hernach. Weisse Kleider hassen sie/ und werden von deren Schein und Ansehen erzörnet.

Gegen jhre Junge tragen sie eine treffliche Liebe/ beschirmen sie fleissig vor aller Gefahr/ unnd verlassen lieber jhr eygenes Leben/ dann daß sie jhre Junge verlassen sollten/ von welcher Liebe Ælianus diese Geschicht erzählet:

Ein Elephant/ und zwar ein Weiblein/ sahe einsmahls/ daß jhr Junges in eine Grube stürtzte: Die Elephantin lieff/ auß Lieb und Begierde dem Jungen zu helffen/ eylends hinzu/ und fiel auch in die Grube/ worüber sie nicht allein das Junge mit jhrem ungeheuren grossen Cörper erdruckte/ sondern auch zugleich jhren selbst eygenen Kopf zerknirtschte.

Wann

Von dem Helfanten.

Wann sie durch ein Wasser oder Fluß reisen wollen/ so halten sie/ auß sonderlicher Weißheit und Eingebung der Natur/ eine solche feine Ordnung.

Zum ersten gehen die jüngsten hindurch/ so sie anderst Grund gefunden haben hindurch zu reisen/ darauff folgen die alten hernach/ dann dieweil die Elephanten in der Flucht sind/ so ist es billich/ daß die alten/ als die stärckesten und mächtigsten zu dem Kampff und Widerstand deren so ihn nachjagen/ zuletzt hindurch setzen; Zu dem so die alten zum ersten solten hindurch gehen/ würden sie mit ihrem grossen und schweren Cörper den jungen den Grund tieff/ und zu einem Graben machen/ welchs aber nit geschicht/ wan die jüngsten/ als die leichtern/ voran reisen. Wan die alten hindurch gehen/ so sencken sie sich gantz unter das Wasser/ und heben allein ihre Schnäbel über das Wasser herauß/ die Lufft an sich zu ziehen. Ihre Jungen aber tragen sie auff den hervorzagenden Zähnen und halten sie mit ihrem Schnabel oder Nasen/ und bringen sie also mit sich hindurch. Wann man sie über Meer führen will/ so sollen sie in kein Schiff steigen/ man schwöre ihnen dann zuvor einen Eyd/ daß man sie wolle wieder zurück bringen.

Wunderlich gebrauchen sie ihre Zähne/ dann den einen verschonen sie allezeit/ damit er nicht stumpff werde/ sondern stätig zum Streit geschickt sey/ mit dem andern aber graben sie die Wurtzeln auß/ und verrichten darmit auch sonst alles was sie wöllen.

Der Elephant wird durch Schläg und gute Auffsicht seines Meisters gantz zahm gemacht/ so daß er lernet mit einem Stein zu einem gewissen Ziel zu werffen/ deßgleichen auch schreiben/ lesen/ tantzen/ und fechten/ ja allerley Zucht und Disciplin kan man in sie zwingen/ sonderlich lernen sie die Paucken artig schlagen/ und zwar mit ihrer Nasen so geschwind/ daß es sich zu verwundern ist.

Man lieset/ daß einsmals einer den Elephanten ein besonders Gastmahl angerichtet/ die Tafel mit behörigem Tisch-Geräht gedeckt/ auch Speis und Tranck in ziemlicher Mänge/ wie sichs gebühren wollen/ auffgesetzt/ und darzu zwölff Elephanten/ als sechs Mäulein/ in Mans- und sechs Weiblein in langen Weibs-Kleydern/ in das Gemach geführet habe. Als sie nun hinein kommen/ sind sie ordentlich und gar züchtig nach einander zu Tisch gesessen/ haben ihre Nasen höflich auff den Tisch gelegt/ als ob sie die anstatt der Händen gebrauchen wolten/ und also bescheidentlich angefangen zu essen/ so daß keiner dem andern vorgegriffen/ noch unmässig sich überfressen. Nach dem Essen ist jedem ein Becher mit Wein fürgestellt worden/ auß welchem sie höflich getruncken/ und mit dem Weine die umbstehenden Zuseher sittsamlich besprengt haben: Eine solche löbliche Zucht kan in ein so groß/ schwer/ und scheußliches Thier gebracht werden.

So findet man auch gar offt und vielmal beschrieben/ wie sie diesen oder jenen König und Regenten angebetet/ ihre Knie vor ihm gebeugt/ sich vor ihm geneiget/ und mit einem gemachtem Kräntzlein ihn höflich verehret haben/ so daß nach dem Menschen kein Thier mit so viel Tugenden/ Weißheit/ Frömmigkeit und Zucht begabet ist/ als der Elephant.

In Syria ist einsmals ein Elephant von einem Herrn/ welcher dem Thier einen eigenen Knecht hielt/ aufferzogen worden. Dieser Knecht nun zog dem Elephanten alle Tag von seiner portion und Maaß etwas ab/ und behielt es zurück: Als aber sein Herr einsmals zugegen war/ gab der Knecht dem Elephanten seine völlige Portion; Hierüber sahe der Elephant den Diener scheel an/ zog seine Nasen zu sich/ und sonderte das/ so der Diener hinzu gethan hatte/ artig auff die Seite ab/ als wolte er damit dem Herrn die Untreue seines Dieners darmit zu erkennen geben.

Deßgleichen/ als der Diener auff ein andermal dem Elephanten Steine unter sein Futter mischte/ nur umb das Maaß zu füllen/ und das Thier sahe nachgehends den Diener seinem Herrn ein Muß kochen/ nam der Elephant die Steine in seine Nase/ legte sie dem Diener in den Haafen/ und rächete also die Untreu und Falschheit an ihm.

Sie sollen so zahm werden/ daß sie einen/ der irrig gehet/ wieder auff den rechten Weg bringen.

Einen mächtigen scharpffen Geruch soll dieß Thier haben/ so daß wo sie Hauffenweise in ihrer Ordnung nach einander gehen/ und der ersten einer ein Kraut riecht/ so vom Menschen betreten worden/ so reißt er dasselbige mit seiner Nasen ab/ bietets dem nächsten/ und derselbige dem nachfolgenden an/ biß das Kraut zu dem letzten kommt/ derselbig murret dan laut/ und giebt darmit ein Zeichen zu der Flucht: Alßdann fliehen sie in die Thäler/ in tieffe sümpffige Oerter/ oder in die dicken Wälder: In Summa: Sie wenden sich allzeit ab von denen Orten/ wo die Menschen viel durchgehen.

Wie starck und mächtig sie zum Streit in den Kriegen gewesen/ ist jederman bekandt. Die Indianische Elephanten haben den Preiß/ und zwar das Männliche Geschlechte/ als die muhtigern/ noch mehr als die Weiblein.

Die Elephanten scheinen die Gestirn/ als Sonn und Mond zu verehren/ dann wann die Sonn auffgeht/ so kehren sie sich gegen dieselbige/ heben ihre Nasen über sich/ als ob sie mit solcher gleich als wie mit den Händen/ die Sonne anbeten wolten.

Die Elephanten vergraben ihre Todten/ dann wann einer zu einem abgestorbenen Elephanten-Cörper kommt/ so zeucht er nicht fort/ sondern gräbt mit seiner Nasen das Erdreich auff/ und bestreuet damit den Todten-Cörper/ oder reißt Aeste von den Bäumen/ und bedeckt ihn darmit/ und meynet gleichsam/ es würde ihm eine Schande seyn/ wann er dem Todten nicht diese letzte Ehre anthäte.

Die Jungen verlassen ihre Eltern gar nicht/ sondern speisen/ verehren/ und beschirmen sie auch/ und wann sie Alters halben in eine Gruben fallen/ so helffen sie ihnen dergestalt herauß/ daß sie allerhand Wellen/ Reißer/ und Gesträuche zusammen lesen/ in den Graben oder in die Grube werffen/ und gleichsam als eine Stiege darvon machen: Ferner gehen sie ihnen vor in aller Arbeit und Gefahr/ sehen sich vor sie umb nach Speiß und Tranck/ und so ihrer einer verwundet worden/ so ziehen sie ihnen den Pfeil herauß: In Summa/ keiner verläst einen alten oder Krancken in seiner Gesellschafft.

Eine besondere Liebe tragen sie zu ihrem Vaterland/ dann ob sie schon bißweilen in fremde Land getrieben/ und mit Streichen und Banden/ auch mancherley Speyß und Nahrung zu gewohnen/ gezwungen werden/ so vergessen sie doch nimmermehr ihres Vaterlands/ sondern seufftzen und sehnen sich allezeit nach solchen Orten/ wo sie gezeuget worden/ dermassen/ d. ß sie offt mit Weinen und Heulen von Sinnen kommen und absterben.

Ein sehr grosses Abscheuen haben sie an dem Ehbruch und an der Unzucht/ wovon zwo wunderliche Historien bey dem Æliano erzählet werden/ die sich zugetragen haben auff nachfolgende Weise:

Es hatte einsmals einer einen Helfanten zahm gemacht/ welchen er auch unterhielte: derselbige Mann hatte ein Weib/ welches mit andern zu hielt. Als nun dasselbige Weib von dem Helfanten in dem Ehbruch mit einem andern ersehen ward/ da wurd der Helfant zornig/ und durchstach sie beyde mit seinen Zähnen/ und deckte sie zu. Wie aber der Herr an denselbigen Ort kam/ da entdeckte der Helfant die schändliche That/ und zeigte also seinem Herrn an/ das was sein Weib begangen/ und er gerochen hätte.

Noch

Von dem Helfanten.

Noch war ein anderer / welcher ihm eben auch einen zahmen Elephanten aufferzogen / und hierzwischen ein von Mitteln zwar überauß reiches / an Schönheit und Gestalt aber umb so viel ärmeres Weib / zur Ehe genommen hatte. Als ihm nun nach der Zeit die vom Geld-Geitz verblendete Augen eröffnet wurden / wandte er mit denselben auch zugleich seine Liebe auff eine andere Weibes-Person / und weil die Ungestalte nicht alsobald durch ihren Natürlichen Tod ihm den Weg zu der hübschern frey lassen wolte / so gedächte er solchen für sich selbst auff eine andere Weise unverlegt und unversperrt zu bekommen / erwürgte derhalben diese seine heßliche Frau / und vergrub den entseelten Cörper nahe bey dem Elephanten / welcher über diese schändliche That gantz zornig und unlustig ward. Der Weiber-Mörder / sein Herr / hielt hierauff mit der andern verlangte Hochzeit / und führete sie nach Hause / die dann den Elephanten einmal besehen wolte: Der Elephant aber ergriff sie bey der Hand / und führte sie an den Ort / welcher den ermordeten und verscharreten Cörper seiner vorigen Frauen beschlossen hielt / fieng daran zu graben / und ließ nicht nach / biß er ihn entdeckt hatte / umb der neuen Frauen zu zeigen / was für einen schändlichen Mann sie genommen / und wie derselbe auch dermaleins mit ihr umbgehen würde.

Über das sollen solche zahm gemachte Helfanten auch eine überauß grosse Liebe zu den jenigen tragen / die ihrer mit Futter und Nahrung pflegen und warten / wovon der oft angezogene Ælianus abermals eine merckwürdige Geschichte aufgeschrieben / deren Verlauff kürtzlich dieser: Es fand einmal ein Indianer einen jungen weissen Elephanten / den zog er auff / fütterte und versorgte ihn auffs fleissigste / und nachdem der Elephant zahm und groß worden / ritte er auch auff ihn / und hatte das Thier hefftig lieb / welches ihm in der Gegenliebe nichts nachgab. Wie dieses vor den König deß Landes gebracht ward / ließ er bey dem Indianer anhalten / daß er ihm den jungen Elephanten schencken solte: Der Indianer aber / weil er das Thier so inniglich lieb hatte / schlug dem Könige sein Begehren ab / und flohe auß Forcht für Königlicher Ungnade / in die wüste Wildnüß und Einöde. Dieses verdroß den Könige dermassen / daß er dem Flüchtigen nachsetzen ließ / mit Befehl / man solle dem Indianer das Thier mit Gewalt nehmen / und ihn selbsten zur Strafe mit zurücke bringen. Diese Kundschaffter ereyleten endlich noch den Indianer mit dem Elephanten / der sich aber zur Gegenwehr stellte / und von einem Felsen mit Steinen tapffer umb sich warff / da dann der Elephant / umb seinen Meister und Herrn zu helffen / und die Unbilligkeit zu rächen / imgleichen grossen Wiederstand that; Doch wurde / unter solchem Hin- und Herwerffen / endlich der Indianer empfindlich getroffen / daß er über den Felsen herab stürtzte. Da hub das junge Thier an für seinen Herrn dermassen grimmig und verzweiffentlich zu streiten / daß viel von den Kundschafftern auff dem Platz todt blieben / und die übrigen das Leben durch eine schnelle Flucht darvon brächten. Nach erhaltenem Sieg hub der Elephant mit seinem Schnabel seinen todten Meister sittsam auff / und trug ihn biß in seine eigene Stallung oder Lagerstatt. So danckbarlich / treu und redlich war dieses junge Thier gegen seinen Gutthäter / Pfleger und Herrn.

Gantz gütig sind die Helfanten / daß sie kein

Thier/ so schwächer ist als sie/ verletzen/ wañ aber je einige/ unter ihre Heerde kommen/ so sollen sie mit ihrem Schnabel selbige fein sittsam auß ihre Füssen abweisen/ damit sie nit sollen ertreten werden: die Sitten/ Gewohnheiten und Gebräuche deren/ so sie ernehren/ begreiffen sie vernünfftiglich/ und sind ihnen treu/ wie vor erzählet worden/ freuen sich auch über sie/ wann sie dieselbige kommen sehen/ verletzen aber niemanden/ der sie nicht etwann zuvor verletzet/ und darzu gereitzet hat.

Sie werden bißweilen selber einander feind/ und streiten selbst gegen einander/ da dann der/ so überwunden worden/ nachgehend so zaghafft wird/ daß er auch die Stimm dessen/ der obgesieget hat/ nicht vertragen kan.

Die Indianische Könige pflegten vorzeiten/ und vielleicht auch noch alle Jahr einen Streit zu halten zwischen Menschen und Thieren/ und liessen sie gegen und wider einander anlauffen/ wann dann der Helfant sich selber zum Zorn und Streit reitzen will/ schlägt er sich selbsten mit seiner Nasen.

Die Helfanten entsetzen sich vor dem Wider und schreyen oder greinen deß Schweins dermassen/ daß wann einer vom Zorn grimmig worden ist/ und einen gehörneten Wider ersiehet/ er gleich erstaunt/ und wieder gütig wird: womit dann die Römer/ als sie es gemercket/ die Helfanten deß Königs Pyrrhi umbgewendt/ und ihm obgesieget haben.

Die Löwen haben ein Grausen vor den Helfanten/ dann wo sie derselben eine Herd ersehen/ so nehmen sie nicht anders/ als die Küniglein/ die Flucht/ einer hier/ der ander dort hinauß/ gantz forchtsam und erschrocken/ vor dem Anschauen solches Thiers.

Aber dises so gar scheußliches Thier wird hinwiderumb auch von dem kleinsten und geringsten Thier/ von der Mauß/ in die Flucht gebracht: Dann wie Solinus schreibt/ und bereits droben ist erwähnet worden/ so scheuet ein Elephant dieses Thierlein so gar sehr/ daß er auch nicht darvon fressen mag/ was er siehet/ daß es eine Mauß angerühret hat.

Vor dem Drachen haben sie auch ein Abscheu: Dann in Æthiopia soll es Drachen haben dreyssig Schritt lang/ welche keinen sonderlichen Nahmen haben/ dann allein/ daß man sie Elephanten-Mörder nennet. Dann wann der Drach die Bäume/ so die Helfanten abzuweyden pflegen/ außgespehet hat/ so steiget er auff dieselben/ verdeckt seinen Schwantz in das Laub/ und hencket sich an denselbigen herab/ als ob er an ein Seil gehenckt wäre. Wañ dann der Helfant herzu tritt/ die obersten Zweige abzuweyden/ so springt der Drach auff seine Augen zu/ reißt ihm dieselbigen herauß/ und erwürgt ihn/ oder flechtet sich umb deß Helfanten Leib/ und ersticke und erwürget ihn.

Andere beschreiben eine andere List/ mit welcher er den Helfanten erhaschet/ und das sol geschehen auff solche Weise:

Das Blut deß Helfanten sol überauß kalter Natur/ und dieses dem Drachen wolbewußt seyn: Derhalben/ wann im Sommer die Hitz am grösten ist/ so begehrt er sein Blut zu trincken/ umb sich in solcher Hitz zu erlaben: Da hat der Drach dañ acht auf der Helfanten Träncke/ und verschleufft sich in das Wasser hinunter: wann nun der Helfant herzu kom̃t zu trinckē/ schlägt sich der Drach geschwind umb deß Helfanten Schnabel/ und henckt sich an sein Ohr/ und weil dasselbige dann allein von dem Helfanten nicht kan beschirmt werden/ so zeucht und säufft ihm der Drach das Blut herauß/ biß daß der Helfant gantz Blut- und Krafftloß todt darnieder fällt. Dann solche Drachen sollen (wie vor gedacht) so groß seyn/ daß sie einem Helfanten all sein Blut herauß sauffen können: von solchem Blut aber sol auch der Drach/ als ob er Wein gesoffen hätte/ gantz truncken werden/ zu Boden fallen und sterben.

Von dem Helfanten.

Der Elephant hat auch einen grossen Haß gegen die wilden Stiere und das scheußliche Thier/ Rhinoceros genannt/ mit welchen er umb die Weyd kämpfft. Der Rhinoceros ist niedriger dann der Helfant/ und hat auff seiner Nasen ein überauß scharpff und hartes Horn/ welches an Härte auch das Eysen und Stahl übertrifft; dieses wetzet der Rhinoceros zum Streit an den Felsen und Steinen. Der Helfant aber schärpfft seine Zähn an den Bäumen. Der Rhinoceros ducket sich mit dem Kopff und ergreifft den Helfanten/ und reißt ihm den Bauch auff: Wo aber der Rhinoceros seines weichen Bauchs fehlet/ so zerreisset ihn der Helfant mit seinen Zähnen/ ob gleich seine Haut so hart ist/ daß sie keinem Geschoß nachgiebt/ so starck ist der Stoß/ Streich und Gewalt deß Helfanten: Also kämpffen diese beyde Thier umb die Weyd/ und werden offt alle beyde zerrissen und tod gefunden.

Von der Nutzbarkeit/ so man von dem Helfanten hat.

In etlichen Ländern wird ein Helfant umb funfftzig Ducaten gekaufft/ in etlichen aber gelten sie tausend/ und in etlichen Ländern zum höchsten 2000. Ducaten.

Der erste Nutz und Brauch diß Thiers ist/ daß man sie braucht an statt der Pferden zum Reiten/ und Reisen. Wann einer wil auffsteigen/ so sol sich der Helfant niederlassen/ oder das hintere Bein krümmen/ damit der Reuter desto geschwinder mög auffsteigen/ doch damit er desto bequemer drauff kommen könne/ so muß er auch noch andere menschliche Hülff darzu haben. Der Elephant wird mit keinem Zaum/ Gebiß/ Halffter oder anderm Zeug geleitet/ sondern folget der Stimm dessen/ so auff ihm reitet.

An etlichen Orten in Indien versehen sie mit solchen Thieren den Ackerbau/ brauchen sie auch zu der Fuhr/ und spannen sie ein in die Karren und Wägen/ gleich wie man sonst die Pferde darzu gebrauchet.

Was für grossen Nutz und Bequemlichkeit/ deßgleichen was für Stärcke/ Gewalt/ Macht und Krafft die Elephanten in den Feldzügen und Schlachten gehabt haben/ ist von vielen Geschicht-Schreibern auffgezeichnet worden/ auch bey vielen Nationen bekant: Massen drobe schon Meldung geschehen/ daß ihnen auff ihre Rücken Thürne gebaut worde/ in deren einem 6. biß in 12. streitbare Kriegs-Knechte/ mit ihrer Rüstung/ haben stehen können. So kan auch ein Elephant auff seinem blossen Rücken vier Männer tragen/ von welchen der eine sich zur rechten/ und der ander zur lincken Seiten wehren/ der dritte aber die Hinderhut haben/ und dann der vierdte vornen das Thier guberniren kan/ wie ein Schiffmann das Schiff mit einem Ruder regieret. Sie sollen gegen diejenige/ die im Streit und Treffen auff ihnen sitzen/ so geneigt seyn/ daß wann einer niedergeschlagen/ oder zu todt geschossen wird/ und herabfällt/ der Helfant ihn mit seiner Nasen auffassen/ und nicht von ihm lassen soll/ er habe ihn dann zu den seinen gebracht/ daß er könne begraben werden.

Die Helfanten werden zu dem Kampff mit Harnisch und Pantzer bewaffnet/ und gleich wie die Reuter angezogen. Solchem Thier aber wird eben sowol auch auff mancherley Weise widerstanden/ sich seiner Stärcke und Gewalt zu erwehren/ wie dann solches hin und wieder bey andern Scribenten/ mit geschehenen Exempeln erwisen wird.

Die Fuß-Knechte oder Soldaten in dem Lande Mauritania, bedecken und beschirmen sich mit deß Elephanten Haut/ an statt der Schilde.

Auff wieviel und mancherley Art und Weise solches grimmige/ grosse/ scheußliche/ und starcke Thier zu jagen/ zu bekriegen/ zu zähmen/ und kirr zu machen sey/ wird vom Æliano, Arriano, Plutarcho, Strabone, und andern zur Genüge beschrieben/ so hier von beliebter Kürtze wegen/ nicht nohtwendig zu erzählen.

Von dem Helffenbein.

Der Helfant weiß die Tugend und Krafft seiner Hörner oder Zähne gar wol/ und auß grosser Mißgunst sucht er die Menschen derselbigen zu berauben. Dann dieweil solche ihm alle zehen Jahr/ gleichwie dem Hirschen seine Hörner alle Jahr abfallen/ und er merckt/ daß die Zeit vorhanden sey/ so druckt er sie mit gantzer Gewalt in den Erdboden/ biß gantz nichts hervorrage/ und verscharret sie dermassen/ daß sie mit Kräutern und Graß verwachsen/ und von niemanden mögen gefunden werden. Nichts destoweniger haben die Lands-Einwohner/ dortselbsten/ wo dieses Thier sich auffhält/ solche zu finden und zu bekommen/ eine Gegen-List erdacht/ und das stellen sie an auff solche Weise:

Diejenige so solche Zähne suchen/ sind geschwind und listig/ tragen an die Oerter/ wo sie vermeynen/ daß die Zähne verborgen und vergraben ligen/ viel Geschirre mit Wasser/ stellen eines hier/ das ander dorthin/ nicht aber auff einen Hauffen/ sondern theylen sie von einander/ und warten also: der eine schläfft/ der ander trinckt/ der dritte singt/ der vierdte phantasiert sonst etwas. Wann nun die Hörner oder Zähn in der Nähe vergraben sind/ so ziehen sie/ auß wunderbarlicher/ angeborner Art und Natur/ das Wasser auß den Geschirren an sich/ daß die Geschirre gantz leer und trocken werden/ alßdann graben solche Außspeher den Zähnen nach/ und das so lang/ biß sie dieselbigen finden. Wann aber auß den Geschirren nichts geflossen noch einget ocknet ist/ so ändern sie dieselbigen/ und stellen sie an andere Oerter/ biß sie den rechten/ da die Zähne stecken und verborgen ligen/ gefunden haben.

Die Einwohner im Lande Lybia jagen den Elephanten bloß und alleinig umb der Zähne willen nach/ als welche zu allen Zeiten in grossem Preiß und hohen Würden gehalten worden. Dann die Moren haben sie dem Könige in Persien zum Tribut gegeben; So werden auch Götzen-Bilder auß solchem Bein bey den Heyden geschnitzet; Die Zähne selbst werden sonst bey dem Pfund verkaufft/ aber auch von manchem mit etlichen Fisch-Beinen gefälschet.

Das Helfenbein verdirbt/ wann es gar zu trocken wird/ diesem vorzukommen/ sol man es offt mit Oel/ oder Wasser bestreichen oder begiessen.

Unter andern Reichthümern und Schätzen deß Allerweisesten Königs Salomons mag nicht der geringste gewesen seyn dessen Königlicher Thron und Stul gebauet von Helfenbein/ und mit feinem Golde überzogen/ wie im 1. Buch der Könige am 10. Capitel/ im 18. Verß geschrieben stehet/ welcher Stul nicht weniger dann 30000. (dreyßig tausend) Talent (jedes Talent zu 600. Cronen gerechnet) sol gekostet haben.

In den äussersten Enden von Africa/ so an das Morenland stossen/ werden sie in dem Bauen zu den Häusern/ an statt der Pfosten/ gebraucht/ wie auch zu Zaunstecken/ und in den Vieh-Ställungen zu Sparren und Pfälen/ wie vom Polybio erzehlet wird; Dann sie sollen bißweilen mit ihrer Länge biß auff zehen Schuh kommen.

Vom Fleisch deß Helfanten.

AN einem solchen grossen und ansehnlichem Thiere ist anders nichts/ das dem Menschen zur Speiß diene/ dann die Nasen/ Lefftzen/ und Marg der Hörner/ wie Ælianus bezeuget. Wiewol auch die hinderen Stotzen von den Moren in die Speiß genommen werden. So ist auch eine besondere Art von Menschen/ die von diesem Thiere und seinem Fleische den Namen haben/ und Elephanten-Fresser genennet werden.

Unter andern schreibet Vartomannus, er habe das allerköstlichste Gerüchte von den Nieren deß Helfanten zubereitet gesehen/ welches einem Könige sey fürgestelt worden.

Es sol auch an etlichen Orten zu weiterm Gebrauch eingesaltzen werden/ gleich wie das Rind-Fleisch: Aber von Mäßiglichen wird das Fleisch deß Helfanten/ als kalter und trockner Natur/ wie auch als fett und gantz schwer/ für unrein und zu deß Menschen Speiß und Nahrung undienlich gehalten.

Von den Artzneyen/ so von solchem Thier/ zu etlichen Kranckheiten gebraucht werden.

DEß Helfanten Blut/ gemischt mit Aeschen von dem gebranten Wiselein/ und angestrichen/ vertreibt den Aussatz: deßgleichen stillet sein Blut allerley Flüsse/ ist auch gut denen/ so Hüfftwehe haben.

Sein Fleisch mit Wasser und Saltz gekocht/ und darzu Essig gethan/ vertreibt den langwürigen Husten/ tödtet und bringet auch die lebendige Geburt umb.

Deß Helfanten Fett wird gelobt wider das Gifft/ dann so einer darmit geschmiert oder beräuchert wird/ so fliehet solch Unfall weit hinweg/ deßgleichen stillet es/ auch also angestrichen/ das Haupt-Wehe.

Der Rauch von den gebrandten Klauen und Haar deß Elephanten vertreibt alle gifftige Thier.

Das Helffenbein/ nach seiner gantzen substantz/ sol das Hertz stärcken/ die Empfängnuß fördern/ und die Weiber/ so nit gebären/ Fruchtbar machen.

Das Pulver vom gebrandten Helfenbein mit Safft von Wegerich getruncken/ stillet die rohte Ruhr/ und das Blutspeyen/ solches Pulver hat die Tugend außzutrocknen.

Das Helfenbein mit Honig gestossen/ und angeschmiert/ vertreibt die Masen/ Narben/ und Flecken im Angesicht.

Helfenbein j. z. mit 10. z. der wilden Müntz (Mentastrum montanum genant) in Wasser getruncken/ tilget auß den Anfang deß Aussatzes.

Hirschhorn und Helffenbein mischen etliche wider die Würme.

Dahero Becherus:

Das ungeheure Thier/ der grosse Elephant/
Der geht mit Helfenbein der Artzeney zur Hand:
Ein halbe Drachmam man darvon gibt am Gewicht/
Es stärckt die Därm/ vertreibt die Würm/ wie auch das Gicht.

Das Helfenbein geraspelt oder gefeylet/ hernach in Wein/ oder in gebrandtem Wasser eines Krauts/ so die Verstopffung aufflöst/ und nach der Kunst der Alchimi gebrandt worden/ gebeitzt oder eingeweicht/ und getruncken/ sol eine treffliche Artzney seyn für die Gelbsucht und Schmertzen deß Magens: dergleichen mit Meth getruncken/ verjagt die fallende Sucht.

Das Pulver von gebrandtem Helffenbein mit Bocksblut getruncken/ zertreibt den Nieren- und Blasen-Stein ohn alle Gefahr.

Die Helffenbeinene Strähl oder Kämme werden vor anderen dem Haupt gesund zu seyn erachtet.

Die Leber deß Helfanten sol gut seyn für die fallende Sucht/ und seine Gall für den Natter- und Schlangen-Biß.

Dieses Thiers Koht angestrichen oder geräuchert/ verjaget Läuß/ Flöh/ und anders Ungeziefer.

Von den Hirschen.

Cervus. Hirtz/ Hirs/ und Hirsch.
Cerva. Hinde/ oder Hindin/ etliche nennen es auch Hin/ etliche Wilprecht.
Hinnulus. Jung Hirsch/ Hind/ Hindkalb/ Reh.

Von mancherley Geschlecht der Hirschen/ wie auch von ihrer äusserlichen und innerlichen Gestalt.

Der Hirsch wird auff Arabisch איל Hebräisch אַיָּל Griechisch Ἔλαφος, Lateinisch Cervus, Frantzösisch Cerf, Italiänisch Cervo, und auff Hispanisch Ciervo, genannt.

Unter diesen Thieren haben etliche Hörner mit Zincken/ und dieselbigen entweder rund oder aber breit/ von welcher Gestalt sie auch unterschiedschiedliche Namen bekommen: Etliche aber haben Hörner ohne Zincken/ gleichwie die jungen Hirschen/ so erst jährig seynd/ und diese werden von den Teutschen genannt Spieß-Hirsch/ von deßwegen/ weil die Hörner sich einem Spieß/ oder einer Ahlen und Pfriemen vergleichen.

In Britannia sollen sie mit mancherley Farben/ als weiß und schwartz/ gesehen werden: Deßgleichen schreibet Paulanias, daß er auch zu Rom weisse Hirsche gesehen habe. Sonsten zeucht sich diß Hirschens gemeine Farbe auff gelb mit weissen Flecken untersprengt.

Julius Cæsar schreibt von einem besonderen Geschlecht der Hirschen/ so in dem Schwartz-Wald sollen gejaget werden/ und an der Gestalt den Hirschen gleich seyn/ aber mitten auff der Stirn/ zwischen den beyden Ohren/ ein Horn allein/ und zwar auffrechter als die gemeinen Hirschen haben/ an welchem zu oberst die Zincken oder Aest als eine Hand sich außstrecken sollen/ wird von den Lateinern Rangifer genennt/ wovon an seinem Ort weitläufftig kan gelesen werden.

Africa und Creta oder Candia, vornehmlich die Landschafft/ worinnen die Cydoniaten wohnen/ sollen keine Hirschen haben/ dann diese Thiere haben eine sonderliche Lust zu dem Land/ da sie geboren worden.

Es sollen auch an etlichen Orten die Hirsche mit gespaltenen Ohren gesehen werden/ wie Aristoteles und Ælianus schreiben.

Unter allen Thieren läßt der Hirsch allein zu gewisser Zeit/ im Frühlinge/ nemlich im Aprillen/ seine Hörner fallen/ erstlich zu der Menschen Nutz und Gebrauch/ hernach auch/ damit er solcher Last und Bürde entlediget/ und in seinem Lauff nicht verhindert werde. Nach dem Verlust der Hörner verbergen sie sich/ weyden bey Nacht/ und treten nicht hervor biß ihnen die Hörner wiederumb gewachsen und hart worden sind.

Den jungen Hirschen wachsen in dem ersten Jahr keine Hörner/ sondern an deren Statt nur harte und haarichte Knorzen. Im andern Jahre aber/ wachsen ihnen schlechte und einfache/ runde und spitzige Hörner ohne Zincken/ gleich wie Spiesse oder Pfriemen/ dahero sie auch zur selbigen Zeit Spieß-Hirsche genennt werden. Im dritten Jahr überkommen sie den ersten Zincken/ im vierdten den andern/ und also mehret sich die Zahl der Zincken mit den Jahren/ biß auff das sechste Jahr: Nach demselbigen kan die Zahl der Jahre an den Zincken nicht abgerechnet werden: dann die Zahl der Zincken mehret sich nicht weiter/ ob gleich sonst das Horn in der Dicke und Grösse zunimmt. Aber bey den Zähnen kan man ferner ihr Alter erkennen/ weil sie derselben gar wenig/ oder gantz keine haben: Sie verlieren auch den untersten kleinen Zincken/ welchen sie/ indem sie noch jung sind/ unten/ nächst an der Stirne haben/ und zum Streit und Kampff wider ihre Feinde gebrauchen.

Zu Antorff sollen in einer Apotheck Hirsch-Hörner gezeiget werden/ deren ein jedes fünffzehen Zincken haben soll.

Dreyerley Ursachen können angezeiget werden/ warumb der Hirsch seine Hörner fallen läßt.

Die erste ist die Natur und Eigenschafft der Hörner/ so trockener/ harter/ und spröder Natur seynd/ gleich wie das Erdreich/ wie dann auch der gantze Hirsch in der Temperatur dem Bocke gleich/ nemlich heiß und trocken ist. Daß nun solch Dinge leichtlich abreisse/ bezeugen auch die Blätter der Bäume/ so dürr und ohne Safft seynd.

Die andere ist der Ort/ dieweil sie nicht auß der Hirn-Schale/ gleich wie bey andern hörnichten Thieren/ sondern allein auß der Haut herauß wachsen.

Die dritte Ursache machet erstlich die Wärme deß Sommers/ welche dieselbigen erhärtet und außdörzet/ hernach die Kälte deß Winters/ so darauff folget/ dieselbige schleußt und bringt dann die Safft-Adern/ oder Löcher/ durch welche die Hörner ihre Nahrung und natürliche Feuchtigkeiten gehabt haben/ vollends gar zusammen/ so in anderer Thieren Hörnern/ die sonsten hol und löchericht seynd/ nicht zu geschehen pfleget.

Zu dem/ so wachsen auch/ eh sie solche alte Hörner fallen lassen/ schon wieder neue hervor/ welche dann die vorigen alten herabstossen/ auch reissen sie offt dieselbig an den Aesten oder Sträuchen ab.

Aristoteles, wie auch imgleichen Plinius und Solinus melden/ daß wann der Hirsch verschnitten würde/ ehe dann er Hörner überkäme/ so kriegte er keine Hörner mehr: wann er aber solte verschnitten werden wann er gehörnet hätte/ so solten sie ihm die Hörner/ oder das Geweyhe/ nicht mehr herab fallen.

Der Hindin oder dem Weiblein wachsen keine Hö-

Von dem Hirschen.

Hörner/ wie auß folgender Figur zusehen/ wiewol etliche/ aber ohne Grund/ schreiben/ daß auch gehörnte Hinden sollen seyn gesehen worden. Dasselbige hat an seinem Euter 4. Strieche/ wie eine Kuh.

In dem Hirschen-Köpff sollen Würm gefunden werden/ wann er gleich nach der Jagt auffgespalten wird/ und zwar/ wie etliche schreiben/ zwantzig Stücke/ so an einander hangen/ gleich als ob es nur einer wäre. Andere glaubwürdige Leuthe aber sagen von mehrern/ als zwantzigen/ und auch daß sie nicht an einander hangen sollen/ doch sollen sie nicht bey allen Hirschen gefunden werden.

Ein groß Hertz soll der Hirsch haben/ gleichwie andere forchtsame Thiere/ und ein Bein/ darinn/ von welchem drunten in der Rubric von der Artzney wird gesagt werden. Er hat zween Mägen/ mit vielen Falten/ gleich wie andere Thiere/ so wiederkäuen/ Hingegen hat er keine Gall/ welches eine Ursach ist seines langen Lebens/ und gleichwol soll sein Eingeweyde so bitter seyn/ daß es auch von den Hunden nicht möge gefressen werden/ es sey dann gar sehr feißte.

Etliche aber schreiben/ daß der Hirsch seine Gall hinten in dem Schwantz habe/ auß welcher Ursach derselbige gifftig/ und nicht unter die Speiße zu nehmen seyn solle.

Die Teutschen Hof-und Weydleute/ welche zierlich vom Hirsch und seinen Gliedmassen reden wollen/ nennen auff gut Weydmännisch oder Jägerisch ein Paar Hörner/ ein Gehörn oder Gewichte; die grossen Aeste/ woran die Zincken stehen/ Stangen; die kleinen/ so an besagten Stangen sich herauß strecken/ Zincken/ oder Ende; die jungen zarten Hörner/ so noch keine Ende haben Morchen oder Kolben/ welche an Fürsten und Herren Höfen für ein sonderlich niedliches Essen pflegen gehalten zu werden; deß Hirschen Blut Schweiß; den Hindern Theyl deß Rückens/ Zimmer oder Zemer; die Gleiche oder Gelencke/ Knöpffe/ die Seiten oder Rippen/ Rieben oder Wände; das Bein im Hertzen/ das Creutz; die Beine/ Läuffe; die Füß/ Klauen; die Hüfften oder Lenden/ Schlegel; die Schültern/ Büge; und seinen Kohr/ Gloß oder Gelaß.

Von Natur und Eigenschafft der Hirschen.

Der Hirsch ist ein schnell- und geschwindes Thier/ durchschwimmt Flüsse/ Meer und andere Wässer/ wie auß dem nachfolgenden wird gehöret werden.

Unter den Hirschen haben die Männlein eine rauere Stim/ dann die Weiblein/ gleich wie andere Thiere/ sie lassen sich am meisten hören/ zur Zeit ihrer Brunst/ und dann wird ihr Geschrey und Stimme ein Brüllen genennt: Die Hindinne aber lassen ihre Stimme hören/ wann sie in grosser Forcht und Schröcken sind.

Der Hirschen gehen selten viel Männlein mit einander/ sondern allzeit wird ein Hirsch von vielen Hindinnen begleitet/ es sey dann Sach/ daß etwann viel der jungen Hirsche einem alten nachstreichen/ welchem sie gehorsamen.

Wann der Hirsch seine Ohren empor reckt/ so soll er ein überauß scharpffes Gehör haben/ so daß er die Jäger schon von ferne hören kan: wann er aber die Ohren hencken läßt/ so soll er gantz taubsüchtig und ohne Gehör seyn.

Unter allen wilden Thieren ist der Hirsch allein/ so wiederkeuet/ und sie werden auch zu Zeiten von den Menschen absonderlich erzogen/ und gespeist.

Der Hirsch belustiget sich unter andern Gewächsen/ vornehmlich nachbenandten Kräutern.

Elaphoboscon, das man an etlichen Orten nennt Haasen-Oehrlein/ in Franckreich heißt mans an etlichen Orten Gottes Gnad/ davon sol er dem Gifft der Schlangen widerstehn/ wiewol Hieronymus Bock ein ander Elaphoboscon beschreibt.

Dictamnum oder Dictamum (sonst wilder Poley genannt) frißt er auch gern/ von welcher Speis ihm die Pfeile herauß fallen/ und die Wunden heylen sollen/ deßgleichen Hirsch-Poleyen/ Smilacem asperam, oder scharpffe Winde/ die Blätter von den Creutzbeer-Stauden/ weiß und schwartz Hirsch-Wurtz/ Schlaffbeer-Kraut/ und Waldholder oder Bergholder/ so rohte Beerlein trägt/ diese alle werden hefftig von ihnen geliebt/ und Sommers-Zeit wohnen sie gemeiniglich bey solchen Kräutern. Das Weiblein frißt die zwey letztgenandten nicht/ sie trage dann einen Hirsch

Die Schlangen kommen dem Hirsch auch zur Speiß/ und werden von ihnen gefressen.

Die Hirsche steigen auff keine hohe Berge oder Alpen/ dieweil sie zu schwer und groß sind. Dann sie sind viel geschickter und mehr genatürt zu der Ebne/ als zu dem Gebürg/ derhalben wohnen sie auch gemeiniglich in Wäldern/ Höltzern/ Thälern/ und solchen Orten/ so nah bey fliessenden Wassern ligen.

Die Hirsche reiten einander zu End deß Augst- und Herbstmonats/ und das nit wie andre Thier/ sondern mit starckem Lauff un grossem Ungestüm/ ein Hirsch erfüllt viel Hinden/ dann diese treiben es nicht lang/ sondern werden zeitlich ersättiget/ wann dañ das Weiblein ersättiget ist/ so entzeucht es sich von dem Hirschen/ und bleibt der Hirsch nichts destoweniger in der Brunst. Zu solcher Zeit werden sie/ die Hirschen/ gantz wütend/ zornig und grimmig/ und umb das Maul gar schwartz/ graben mit den Hörnern in das Erdreich hinein/ und entziehen sich der Weyd so lang biß sie vom Regen und Wasser gewäsche und gereiniget worden/ alsdann ziehen sie mit grosser Begierde der Weyde wieder zu.

Nach der Brunst/ und den gantzen Winter über/ pflegt der Hirsch abzunehmen/ und mager zu werden/ biß an den Meyen/ alsdann entzeucht er sich deß jenigen Orts/ da er den Winter über sich heimlich oder verborgen gehalten/ und begibt sich an die Oerter/ so mit lustiger und schöner Weyde gezieret sind/ in welcher er sich weydet/ und wieder erholet/ daß er seine Schönheit/ Zier/ Grösse/ Leibs-Gestalt/ und Fettigkeit wieder kriegt. Wann er sich zu fett und schwer vermercket/ so verkreucht er sich eine weile an solche Oerter/ so von den Menschen nicht durchwandlet werden/ und hält sich in Thälern/ heimlichen Oertern und Wildnussen auff/ weil ihm wol bewust/ daß er zu solcher Zeit zum Lauffen nicht geschickt sey. Sie enthähren sich bißweilen/ und lassen sich bald glatt/ bald räuchlicht/ bald gehörnt/ bald ohne Hörner/ und also/ als ohne Waffen/ gar schamhafftig sehen.

Die Hinden purgieren und rüsten sich zu der Geburt/ mit einem Kraut Seseli oder Seselis, im
Teut-

Von den Hirschen.

Teutschen / Steinbruch genannt / welches sie fressen: Solches thun sie auch nach der Geburt / damit die erste Milch / so die jungen saugen / mit dem Safft und Krafft dieses Krauts gemischt sey. Solches Kraut wird auch von anderen im Latein genannt Siler montanum, und dessen Saame zu Teutsch / Römischer Kümich oder Kimmel / sol eine fertige Geburt machen / nicht allein den Hirschen / sondern auch Geissen und andern Thieren.

Acht Monat lang tragen sie / wann sie gebären wollen / so suchen sie die Straassen und solche Oerter / die gangbar sind / und viel durchwandlet werden / auß Forcht für andern wilden Thieren. Sie gebehren nicht mehr als eines / und bißweilen zwey / aber doch gar selten. Nach der Geburt führen sie das junge hin zu ihren Lagern / üben es im Lauffen / und unterweisen es zu der Flucht.

Solinus schreibt / daß die Hinden ihre Jungen nach der Geburt verbergen / und in dickes Gesträuche verstecken / damit sie nicht sollen von wilden Thieren oder dem Hirschen gefunden werden / so lang / biß sie zu dem Lauff erstarcket sind / alsdann führen sie dieselbigen herauß / und unterweisen sie im Lauffen und Springen.

Die Hirschen sollen mit ihrem Alter auff viel Jahre kommen / gestalt der grosse Alexander auff eine Zeit / damit er das Alter der Hirsche erfahren möchte / derselbigen viel mit güldenen Halßbändern zieren / und also an ihre gewöhnliche Oerter lauffen lassen / von solchen sind etliche hundert Jahr hernach einige gejagt und gefangen worden / unter welchen etlichen solche Halßbänder gantz mit Haut und Fett bedeckt gewesen / sonst sollen sie / allem Alter nach / ungleich außgesehen haben. Es sol auch vom König Agatocle ein überauß alter Hirsch mit einem Meßinnen Halßbande seyn gefangen / und sein Leib in dem Tempel Jovis auffgeopffert / das Halßband aber der Göttin Dianæ zugeeignet worden: Dann daß der Hirsch zu hohem Alter komme / ist daher abzunehmen / weil er / gleich wie auch der Elephant / ohne Gall erschaffen ist.

In was für Kranckheiten die Hirsche fallen.

Die Hirsche sind vom Fieber frey und ledig: und ihr Fleisch soll auch denjenigen dienen / die sich für solcher Kranckheit förchten / wie darunten wird erzählet werden.

Phalangium ist eine Gattung von Spinnen / und nicht weniger den Hirschen schädlich und tödtlich / als den Menschen / dann wo sie von solchem Thier verletzt worden / so sterben sie gählingen / sie fressen dann von wildem Epheu: Wiewol Ælianus schreibet / er fresse für solchen gifftigen Stich Krebs.

Daß alle Hirsch lebendige Würm in dem Kopff tragen / ist oben auß Aristotele angezeiget worden.

In der Flucht kriegt der Hirsch Schmertzen im Bauch und Eingeweyd / welches bey ihnen so schwach und zart ist / daß es sich gar leicht inwendig zerreißt.

Sie überkommen auch das Beissen / Grind / und Räud auff dem Kopff.

Von innerlicher Natur / Geschicklichkeit / Verschlagenheit / und angeborner Beschaffenheit dieses Thiers.

In Verschlagenheit und Geschicklichkeit der Hirschen ist bereits droben eines und das andere gemeldet worden / daß es nemlich bey den Strassen / so die Menschen durchwandlen / gebäre / und seine Geburt so artig unterweise und lehre.

An vielen Orten der Eydgnoßschafft erzeugt und ernährt man solche Thier an eigenen Orten / so absonderlich in den Stadt-Gräben / welche tieff / und ohne Wasser sind / darzu gemacht und gebaut worden / damit man selbigen wider gewalt zu Hülff komen / und seine Lust daran haben könne. Fürsten und Herren halten und nähren sie in ihren besondern Thier-Gärten.

Mithridates, König und Herr in Ponto, wann er sich an seine Ruh legen unn schlaffen wolte / so gab er sich uñ seinen Leib nit allein den Guardi-Knechten / sondern auch etliche Thiere / als einem Stier / einem Roß / und einem Hirschen zu verwahren / die dann / wann etwann jemand herbeynahete / solches alsobald mit dem Geruch oder Athem merckten / und ohne Verzug anmeldeten / als der Stier mit seinem Mutten oder Bläcken / das Roß mit Wihelen / und der Hirsch mit seiner eigenen stim / mit Brüllen. So sol auch der König Ptolomæus, zugenannt Philadelphus, einen jungen Hirsch / von Jugend auff zu der Griechischen Sprache / also gewohnt haben / daß er die Sprach verstanden / da man zuvorhero anders nicht gewußt als daß sie allein der Indianer Sprach solte verstehe.

Der Hirsch ist gleich wie der Elephant mißgünstig: dann auß solcher Mißgunst verbirgt er sein rechtes Horn in das Erdreich / weil er die vortreffliche Tugend und Krafft / so in solchem steckt / gar wol weiß / wie Ælianus bezeuget.

Eine wunder- und sonderbare Lust sollẽ sie haben zu dem Ort da sie erzogẽ sind: dañ wañ sie unterweilen verändert oder versetzt werden / und schon besser und fettere Weyd bekommen / so wollen sie doch allezeit wieder zu der alten Herberg kehren.

Ihre Wunden / so sie erst frisch empfangẽ / verhüten sie vor dem Glantz der Soñen / damit sie nit von solcher Wärme fäulen. Sie hassen das Gifft / uñ wañ vergifftete Pfeile an ihre Lager geschossen werden / so verlassen sie dieselbige Oerter: Wañ sie einen Pfeil empfangen / so fressen sie ein Kraut / Dicte genañt / so fällt er ihnen herauß.

Ein Hirsch sol ein wundergierigs und einfältiges Thier seyn / so leichtlich erstaunt und erstarzet / auch so gar / daß wañ er nur ein Roß oder anderes Vieh nah bey ihm sihet / er deß Jägers keine acht hat / uñ ihn nit sihet / oder wañ er ihn schon ersiehet / so verwundert er sich / uñ erstaunt über dem Bogẽ oder Geschoß / deßgleichen belustigen sie sich sehr am Pfeiffen oder Singen / so daß sie vor grossem Wolgefallen den sie daran haben / der Weyd vergessen.

Wann

Wann sie über einen Strom deß Meers von einer Insul zu der andern/ ihrer Nahrung halber/ schwimmen/ so halten sie eine feine Ordnung: daß die stärckesten und gewaltigsten schwimmen zu erst/ und vornen an/ als Hauptleuthe/ und die andern in solcher Ordnung hernach/ daß je einer seinen Kopff dem vordern auff den Rücken lege/ die schwächsten schwimmen im Nachzuge nach/ sie fahren aber nicht nach dem Gestade oder Land/ dem Gesicht/ sondern dem Geruch nach: mit den Füssen rudern sie/ und ihre Hörner brauchen sie an statt der Segel: Ehe sie sich auffs Wasser lassen/ nehmen sie der Winde/ und Ungestüttigkeit deß Meers wahr: daß sie unterwinden sich nicht zu schwimmen/ es sey dann das Meer still und ruhig.

Wann sie zur Zeit/ ihrer Brunst/ mit einander kämpffen/ und der eine von zweyen darniederligt/ so pflegt der/ so überwunden ist/ dem andern/ als seinem Herrn/ zu dienen und nachzuziehen.

Der Hirsch (ohne daß er einen gehörneten Widder/ oder Leit-Hamel/ und das Belffern der Füchse nicht vertragen kan) hat Auffsatz und Feindschafft von Wölffen/ Hunden/ Bären/ Luchsen/ und von einem Geschlecht der Adler. Dann der Adler sol sich voll mit Staub besudlen/ und dem Hirschen zwischen seine Hörner sitzen/ hernach den Staub mit dem Schwingen seiner Flügel/ dem Hirsch in die Augen stäuben/ und ihn also blenden/ biß er wider Schrofen/ Steine/ oder Felsen sich stürtze.

Daß der Hirsch ein Erb-Feind der Schlangen sey/ ist jedermann bewust/ und bezeugets auch die tägliche Erfahrung/ dann es mag ihm keine entrinnen/ und ob sie gleich in tieffe Löcher sich verschlüpffen/ so zeucht der Hirsch doch dieselbigen mit seinem Athem herfür/ gleich wie anderswo die Hunde etliche Mäuße auß den Schärlöchern herauß schnupffen oder supffen/ alßdann werden sie von dem Hirsch/ gleich wie eine andere Speiß gefressen: Massen etliche Schlangen den Namen darvon sollen bekommen haben/ daß man sie nennet Hirsch-Schlangen. Nachdem er die Schlangen gefressen hat/ so trinckt er doch nicht/ wie hefftig ihn auch dürstet/ ob er auch gleich sich in das Wasser gesencket hat/ weil ihm wol bewust/ daß wo er solches thäte/ es sein Tod und Gifft wäre.

Wann die Schlangen sich verborgen haben/ sol er auch eine solche List gebrauchen/ daß er sein Horn an einen Felsen reibt/ welches dann einen starcken Geruch überkommt/ welcher die Schlangen auß ihren Löchern herauß treibt. Solchen Kampff zwischen den Hirschen und Schlangen/ beschreibt Oppianus weitläufftig/ ist nicht Nohte allhie zu erzählen/ und allein dieses zu mercken/ daß/ wo er von Vielheit und Mänge der Schlangen überwältiget wird/ und die abgerissenen Köpffe in seiner Haut stecken bleiben/ er/ auß sonderlicher Eingebung Gottes/ die Flüsse suche/ Krebse fresse/ und durch Hülff deß Wassers sich solcher Thiere entledige.

Von dem Schlangen-Fleische werden die Hirsche gereiniget und gesäubert/ gleich wie man Exempel hat/ daß etliche auffsätzige Menschen von ihrem Fleische oder Wein/ worinnen sie ertränckt worden/ gereiniget und gesäubert sind worden. Er vertreibt auch mit solchem Fleische die Würme/ so bißweilen in seinem Eingeweyde wachsen und ihm in den Hals herauff steigen: deßgleichen auch die tunckeln Augen/ und andere Gebrechen.

Etliche geben vor/ wann der Hirsch die Schlangen gefressen/ so werde er von dem Gifft mächtig entzündet/ und geschwölle/ alßdann begehre er der Bronnen/ oder anderer Wasser/ sauffe sich voll/ und kotze das Gifft wieder auß/ indem er aber geschwölle/ so enthäre und enthörne er sich.

Es soll auch ein besonderes Geschlecht der Hirschen seyn/ welches/ wann sie auff der Ebne eine Schlange erwürgt haben/ selbige nicht fressen/ sondern nach der That sich ohne Verzug wiederumb nach der Weyd zu/ so auff den Bergen gelegen/ machen.

Von

Von der Nutzbarkeit/ so man von den Hirschen hat.

Gar wenig ist an dem Hirsch/ das nicht seinen besondern Nutz und Gebrauch habe:

Dann die Häute/ welche schön mit hüpschen Flecken gesprenckelt sind/ werden nicht enthäret/ sondern es werden Decken/ wie auch Banck- oder Sitz-Küssen darvon zubereitet/ und bezogen/ diejenige aber/ so von den Weißgärbern zugerichtet sind/ werden zu Stühlen/ Hosen/ Handschuhen/ Nesteln/ Täschen und dergleichen gebrauchet.

Auß den Beinen der Hirschen werden Pfeiffen gemacht.

Ein Bein auß deß Hirschen schlund gebraut/ oder sein Blut/ Schlangen-Kraut/ Cunilago, Anchusa, Holtz von Lentisco zusammen gebraut/ soll die Schlangen zu Hauffen sammlen/ auch so einer auff Hirsch-Fellen schläfft/ ist er sicher vor den Schlangen.

Einen Ort mit Hirschen-Marg bestrichen/ oder darmit beräuchert/ vertreibt die Schlangen darauß/ und das geschicht auch/ so einer nur einen Hirsch-Zahn bey sich trägt: Der Rauch von gebrandtem Hirschhorn vertreibt auch die Schlangen und alles Ungezifer.

Auß den Hirschhörnern werden hüpsche Pulverhörner und Pulver-Fläschen gemacht: So werden auch Heffte zu den Weydmessern/ und Degen/ die man darvon Hirschfänger heißt/ und zu ander Gewehr darvon geformt. Deßgleichen werden solche Hörner zu paaren/ sonderlich wann sie schön sind/ in der reichen Leut Häusern an die Wänd angemacht und angeschlagen/ Barete/ Hüt/ und andre Sachen dran zu hencken/ oder aber man bestecket sie auch mit Tillen/ und braucht sie in Kirchen und andern grossen Gebäuen an statt der Leuchter.

Von der Kunst wie die Hirschen und anders Wild geschwind und listig zu jagen/ wird viel von Xenophonte, Guilielmo Budæo, und andern geschrieben/ und weitläufftig erzählt/ welches aber umb der Kürtze Willen/ als deren man sich allhie beflissen haben wil/ nicht Noht einzuführen.

Was für Speise von den Hirschen dem Menschen zu Nutz komme/ und was für einer Complexion derselben Fleisch sey.

Galenus in seinem Buch/ das er von der Speiß und Nahrung beschrieben hat/ spricht/ daß das Fleisch der Hirschen hart zu verdauen sey/ und einen argen und bösen Safft habe/ und in dem Menschen ein dick melancholisches Blut mache/ warnet derhalben/ man solle sich ermeldten Fleisches mässigen/ dieweil es schier mit dem Esel-Fleisch überein komme: Sonst solle es wol speisen/ wann es von einem starcken Magen gedäuet würde. Die so noch saugen/ werden für die besten geachtet: wie auch die so in ihrer Jugend verschnitten worden.

Von den jungen/ neugewachsenen Hörnern (die man Morchen nennt/ und außsehen wie Rohr-Kolben) wird ein köstliches Schlecker-Bißlein zugerichtet/ welches trefflich gut für alles Gifft.

Hirsch-Fleisch soll (wie Plinius meldet) das kalte Fieber verhüten.

Der Schwantz deß Hirsches sol/ als gifftig und schädlich/ weggeworffen werden.

Diejenige so von der Küchen-Kunst geschrieben/ lehren viel und mancherley Gattungen/ solch Fleisch zu kochen/ die aber/ weil sie zu unsern Zeiten nicht mehr bräuchlich/ umb kürtze willen allhier außgelassen werden.

Hirschen-Schweiß oder Blut wird von unsern Köchen zu einem schwartzen Pfeffer/ oder Sode gebraucht/ wiewol es auch offt ohne Pfeffer zugerichtet wird.

Von der Artzney/ die von dem stoltzen Hirsch genommen wird.

Was für Tugend/ Krafft und Würckung der Hirsch/ seine Haut/ seine Haar/ und sein Horn wider das Gifft habe/ ist bereits auß dem vorhergehenden mit mehrerm zu vernehmen.

Hirsch-Blut/ in einer Pfannen geröstet/ stillt die röhte Ruhr/ und den Bauch-Fluß.

Frisch getruncken/ oder gedört/ gepulvert/ und in Wein getruncken/ ist gut wider das Gifft: Aber mit Essig gemischt/ und angestrichen/ reutet es das Haar auß/ in dem Ort/ wo man es wil kahl haben.

Vom Hirsch-Marg/ Hirsch-Fett/ und Hirsch-Unschlitt.

Hirsch-Marg lindert einen jeden Schmertzen/ wann es angestrichen wird/ und ist sonderlich gut in vergifftigen Geschweren/ und in Geschweren der Bein zu gebrauchen. Es verjagt auch die Schlangen/ heylt den Brand/ lindert die harte Drüsen oder Knöllen/ säubert die offnen Schäden/ und heylet zu: Mit Kälber-Unschlitt und Marien-Distel-Blätter (Spicæ albæ foliis) gemischt/ heylet es die auffgespaltene Lefftzen.

Hirschmarg in warmen Wasser getruncken/ stillet das Bauch-Krimmen/ und Cristier-Weis eingeschütt/ die rohte Ruhr. Auß Kälbermarg und Hirschmarg/ die man beyde unter einander mischt/ werden Zäpfflein gemacht/ und für die harte Geschwulst der Mutter gebraucht. Hirschen-Marg ist gut für das Haupt- und Seiten-Weh/ und zu den Brüchen. In Seyden eingewicklet/ und zu einem Zäpfflein gemacht/ und in die Scham der Weiber gethan/ sol mit

Verwunderung ihre Zeit herbey bringen/ doch sol das Weib zuvor mit Speis und Tranck/ nach ihrem Alter/ und Constitution darzu vorbereitet werden.

Hirsch-Bein gebrandt/ zu Pulver gestossen/ und das Pulver zu rechter Zeit und Stund eingenommen/ dörrt mit Verwunderung die Geschwulst in den Gelencken auß/ deßgleichen stillt solch gepulverisirtes oder gestossenes Hirsch-Bein/ wann es auff den Bauch gestrichen oder geschmiert wird/ den Bauch-Fluß. Aber von dem Aëtio wird es also gebrannt und gepulvert unter etliche Artzeneyen/ als für das Grieß/ und für den Lenden- und Blasenstein/ gemischt/ auch für die fallende Sucht/ oder schwere Noht/ zubereitet.

Vom Hirsch-Horn.

Was das Hirsch-Horn vor eine hertzliche Krafft der Artzney mittheyle/ ist auß Gregorij Horstij Operibus, wie auch auß Joh. Andreæ Grabæ Tractat von den Hirschen weitläufftig zu ersehen. In unsern wolbestalten Apothecken/ allhier zu Franckfort/ finden sich folgende præparirte Medicamenten von dem Hirschhorn/ als da ist das gebrandte/ und præparirte Hirschhorn/ welches durch seine Krafft nicht allein aller Faulickeit wiederstehet/ die Bauch-Flüß stillet/ die Würm tödtet/ und den Schweiß vor allem treibet/ sondern auch den Kindern sehr dienliche Artzney ist. Die Gelatina oder Gelrad/ wird gemacht/ daß man geraspert Hirschhorn nehme/ solches mit halb Wein und Wasser starck lasse kochen/ und zuletzt ein Citron darin drucken/ welches/ so es kalt wird/ gestehet/ und eine treffliche Artzney ist/ in allen hitzigen Schwachheiten/ sowol bloß also zu essen/ oder zuweil ein Löffel voll davon in gewöhnliche Brüh zu thun/ und darinnen zergehen zu lassen.

Deßgleichen ist dienlich in Unreinigkeit deß Geblüts der Spiritus vom Hirschhorn. Gleichfals ist in Gebrauch das Saltz/ das Oehl/ ein Extractum: Ein Wasser von den Hirsch-Kolben gebrannt/ und was dergleichen mehr sind. Nach vieler Meynungen sind die Spitzen der Zincken von solchẽ Hörnern am allerkräfftigsten: die aber so in den Wildnussen gefunden werden/ sind zu der Artzney fast nichts nütz/ werden gebraucht/ gebrannt/ und ungebrannt/ und sind kalt- und trockner Natur. Sonst wird das Hirschhorn ins gemein noch weiter zu vielerley Sachen gebraucht/ worvon allhier nur die gemeinesten erzählet werden.

Erstlich sol es in einem neuen Hafen zu weissem Pulver und Aeschen gebrannt/ und in lauterm Wasser wol abgewaschen und gereiniget werden/ solches ist gut für schwärende und trieffende Augen. Deßgleichen zu schönen Zähnen/ wann man sie darmit reibt/ für linde flüssige Bläteren oder Bällerichen deß Zahn-Fleisches/ wie auch die wacklende Zähne/ für die rohte Ruhr/ für das Eyter oder Blutspeyen/ für den Bauchfluß/ und für die Gelbsucht/ wañ man es im Trincken einnimmt.

Die Aesche von dem gebrandten Horn mit Wein angestrichen/ vertreibt die Schupen/ und läßt keine Läusse wachsen: Mit Essig aber angestrichen/ heylt sie die böse Reud/ Impetigo, oder die dürre Krätze/ genannt. Das Angesicht mit solcher Aesche angenetzt/ und das wechselsweise offters abgewaschen/ und wieder an der Sonnen angestrichen/ vertreibt die Mertzen-Flecken: mit Rosen-Essig oder mit Oel an die Stirne und Schläffe geschmiert/ vertreibt das Haupt-Weh. Deßgleichen in Wein und Wasser getruncken/ und das Pulver mit Sandaracha (so Teutsch Reusch- und Roß- oder Rothgeel genannt wird) in die Nasen geblasen/ trocknet auß ein Nasen-Geschwär/ Polypus genannt. Mit warmen Essig gemischt/ macht es die wacklenden Zähn vest/ solches thun auch etliche Stücklein in Essig gekocht/ und das Zahn-Fleisch damit gewaschen/ dardurch wird auch das Zahnweh gestillt. Eben also können auch die Spähn oder abgefeilte Stücklein von solchem Horn in Wein gesotten/ und das Zahnfleisch darmit gewaschen werden. Die Aesche von gebrandten Hirschhörnern/ eines Quintleins schwär/ in einem Becher voll Wein mit Wasser gemischt/ getruncken/ sol trefflich gut für die Gelbsucht seyn/ aber in Essig/ oder in Essig-Mäth (Oxymehl) getruncken/ löset sie auff die Verstopffung der Leber und deß Miltzes. Die Spän von dem Horn in gutem alten Wein getruncken nach dem Bad/ treiben auß die Würme/ deßgleichen sol auch deß gebrandten Horns Aeschen thun.

Das Hirschhorn mit einer Raspen oder Feyle zu Spänen geraspelt oder gefeylet/ und ein Löffel voll in Wasser getruncken/ in welchem Stücke von dem Horn gesotten worden/ vertreibt mit Verwunderung die Würme.

Eben darfür soll auch fast gut seyn/ wann man die abgefeylte Spän von dem Horn/ deßgleichen die Aesche von dem gebrandten Horn/ Kreyde/ Wurmsaamen/ und das Gelbe vom Ey gebraten/ unter Honig mische/ solches alles wie einen gebackenen Honig-Kuchen macht/ und jungen und alten darvon eingiebt.

Das Hirschhorn wird auch zu denjenigen gebraucht/ so mit Schmertzen harnen.

Für den Wasser-Bruch sol einem zum ersten Essig zu trincken gegeben/ und hernach solche Aesche von gebrandtem Hirschhorn/ als ein Pflaster/ auff den Sack gelegt werden/ ist gut.

Hirsch-Horn gebrandt/ und die Aeschen in Wein getruncken/ ist gut für die Schmertzen der Blase/ und für das übrige Fliessen auß der Mutter.

Gepulvert Hirschhorn drey Tag in Wein getruncken/ sol köstlich seyn/ für die Mutter der Weiber/ das ist für das Würgen/ wann die Weiber/ meynen/ sie müssen ersticken.

Von dem Hirschen.

Von der Lungen.

Die Hirsch-Lunge am Rauch gedörrt/ und hernach mit Honig gestossen und alle Tag geleckt/ vertreibt den Husten/ und denen/ so ohne andre Ursach/ an der Lungen außzehren.

Die Hirsch-Lungen in einem irdiñen Geschirr zu Aeschen gebrandt/ wird den Keichenden oder Engbrüstigen eingegeben.

Von dem Bein/ so in deß Hirschen Hertz gefunden wird.

Das Hirsch-Creutz/ so auff Lateinisch Os Cordis, genannt wird / ist wo unten an dem Hertz/ die Pultz-Adern zusammen-lauffen/ welches mit der Zeit verhartet/ und zu einem Bein wird/ wie dann zu Paris vor wenig Jahren/ in einem Menschen/ ein lang stück von von der grossen Pultz-Ader/ gantz verhartet/ und wie ein Bein gefunden worden. Und ist/ wann nemlich das Beinlein von dem Geäder recht abgesondert/ und außgetrocknet worden/ dieses die rechte Grösse und Figur/ so von einem original abgezeichnet welches warhafftig von einem Hirschen Hertz genommen worden.

Es wird aber viel Betrug mit solchem Bein oder Hirsch-Creutz begangen/ und mancher Mensch damit betrogen; Dieweil solche Bein mehrentheyls nicht von des Hirschen Hertz/ sondern von anderer grossen Thieren Hertz/ als da die Ochsen sind/ genommen/ und gemeiniglich von den Apotheckern umb groß Geld verkaufft werden. Das rechte wahre Bein auß deß Hirschen Hertze/ wird von vielen Alten/ vornemlich von Arabern gelobt und gepriesen/daß es nemlich auß verborgener Krafft und gleichförmiger Substantz deß Hertzens/ das Hertz stärcken/ und das Zittern oder Klopffen/ und die Ohnmacht vertreiben/ auch der Geburt und Empfängnuß gar sehr zuträglich seyn solle:

In dergleichen Zufällen wird eine herzliche Stärckung in den Apothecken auff folgender Art gemacht:

Man nehm geraspelt Hirsch-Beinlein 6. Loth. und lasse dieses in drey Echtmaas halb Wasser und Wein/ 6. oder 8. Stund die hälfft einsieden. Hierauff seige man es durch und lassen darinnen 24. Zucker zergehen/ giesse darunter

 Citronen-Safft   4. Loth.
 Rosen-Wasser   2. Loth.

Und lasse es wieder die hälfft einsieden. Zu letzt thuhe man darzu von der besten Ambra zuvor mit Rosen-Wasser wol zerrieben ein halb Quint.

 Zimmet Tinctur   1. Quintl.

Giesse es noch mehr durch ein Tuch/ und lasse es kalt werden.

Man hat von glaubwürdigen Leuten so viel Nachricht/ daß solches Bein sonst zu keiner andern Zeit/ dann zwischen den zweyen Fest-Tägen unser lieben Frauen/ das ist/ von mitten deß Augst-Monats/ biß fast auff den halben Herbst-Monat gefunden werde. Auß dem Hirsch wird ein herzlich Wasser gebrannt/ so eins von den besten Hertzstärckungen ist.

Von dem Magen.

Der Magen von einem jungen Hirsch oder Hindin wird für gar gut gehalten/ erstlich für den Biß der Nater und anderes Gifft: doch sol das junge in Mutter-Leibe seyn getödtet worden: Und über solchen Magen/ sol auch nützlich getruncken werden von denen/ so Blut außspeyen oder Eiter außwerffen: in Wein getruncken/ oder mit Reiß-Muß als ein Cristier eingeschütt/ stillt das Krimmen/ den Bauchfluß und die rothe Ruhr: gekocht mit Linsen und Mangole und wie andere Speise gegessen/ ist fast gut für Mängel und Gebrechen deß Geddärms und Eingeweyds. Zuweilen werden in dem Hirsch-Magen/ Gedärm und Hertzen kleine Stein gefunden so dem Bezoar gleichen sollen.

Von Hirsch-Hoden.

Die Hoden vom Hirsche oder sein Sack/ gedörrt/ gepülvert/ und in Wein getruncken/ sollen wider den Nater-Biß kräfftig seyn: Es kan auch solch Pulver in einem Ey eingegeben werden.

Hirsch-Hoden gedörrt/ uñ ein Theyl deß Pulvers in starckem Wein getruncken/ die machet die hurtig/ so sich der Weiber nicht gebrauchen mögen.

Deß Hirschen Ruhte oder Männliches Glied/ gebrandt gepülvert/ und mit Wein wol gerieben/ hernach mit solchem Pulver die Hoden und Ruhte an dem Menschen und andern Thieren bestreuet/ sol eine wunderliche Geilheit bringen.

Der kurtze Schwantz/ so am Ende seines Leibes ist/ soll (wie oben gedacht worden) gantz gifftig seyn/ und kommt deßwegen nicht unter die essende Speisen/ sondern wird hinweg weggeworffen: wird er aber von jemands unwissend gefrässen/ so machet er den Menschen engherkig/ bringt Ohnmacht/ und zuletzt den Tod: solchem kan vorgekommen werden/ mit Kotzen/ oder übergeben/ wann man solches reitzt mit Ancken/ Oel von Sesamen/ und Aneth: Nach dem übergeben sol eine besondere Artzney eingegeben werden. Man hält ins gemein darfür/ daß solches die Gall thue/ dann daß der Hirsch seine Gall in dem Schwantz habe/ wird von etlichen geschrieben.

Von deß Hirschen Männlichen Glied.

DEr Priapos vom Hirsch/ oder sein Glied/ soll nicht allein gut seyn in Verstopffung der Harn-Adern/ sondern sol auch die Mannheit sehr stärcken. Deßgleichen auch helffen wider die Colic und rothen Ruhr/ wird auff ein gewissen Ort gesotten/ oder gepülvert eingegeben.

Von den Hirsch-Trähnen.

ZUletzt ist auch noch etwas zu gedencken de Lachrymis Cervi, oder Hirsch-Trähnen/ wie es die Jäger nennen/ welches in den Augen der Hirsche gefunden wird/ und gleichsam wie ein roht Stücklein Wachs außsiehet/ doch etwas weicher/ und gantz voll kleiner Hährlein/ von Farben dunckelgelb/ und sollen ihr Krafft seyn/ daß sie zusammen ziehen/ außtrocknen/ einen Schweiß treiben/ und deßwegen wider Gifft und andere Schwachheiten dienlich sey/ auch den Bezoar an Würckung wenig weiche.

ES haben vor diesen die frommen Alten einen Hirsch in ihre Lampen machen lassen/ welches etliche außgedeutet: daß es eine Bezeugung einer durstigen Seele nach Christo gewesen sey/ wie in dem 42. Psalmen deß schreyenden Hirschens/ nach frischem Wasser gedacht wird. Dieser Lampen rechte Figur aber ist auß folgendem zusehen:

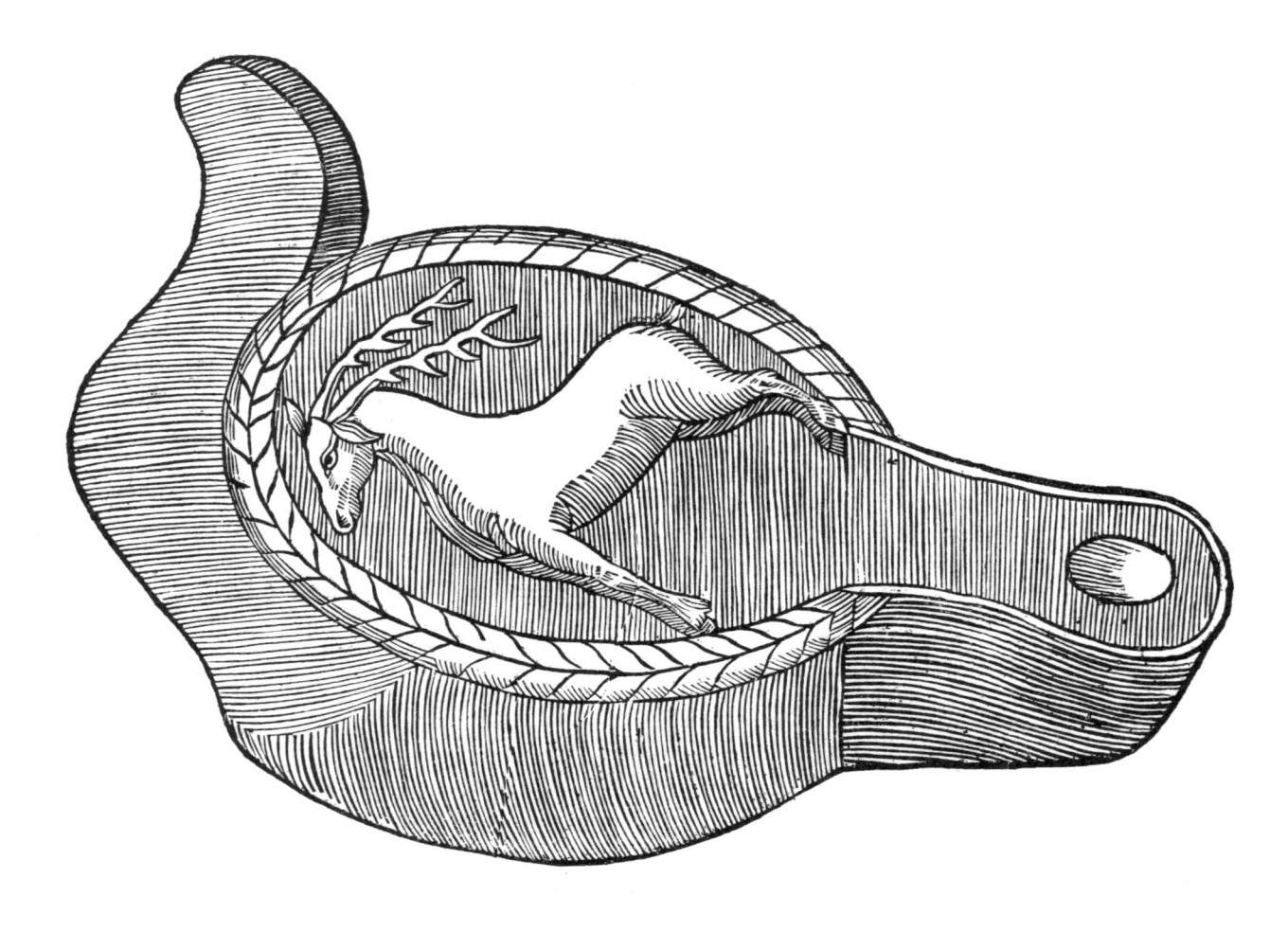

Die Nutzbarkeit so vom Hirschen herkomme/ hat Becherus in folgende Reimen beschlossen.

Das (1) Horn und (2) und Hertzen-Bein/ (3) Fett/ (4) Thränen/ (5) Marg und (6) Blut/
Die (7) Hüffte/ das (8) Gemächt/ die (9) Hirschenstein seynd gut.

1.
Gebrandten Hirschhorns man drey Drachmas giebet ein/
Es stärcket/ wärmt das Hertz/ macht's Blut vom Giffte rein.

2.
Das Hertzen-Bein zerstoßt daß es ein Pulver sey/
Ein halbe Scrupel steht dem Hertzen treulich bey.

3.
Thut eure Glieder bald mit Hirschen-Unschlitt schmieren/
Wann sie ermüdt/ erhitzt/ ihr nicht mehr könnet rühren.

4. Die

Von den Hirschen.

4.
Die Hirschen-Thränen nemme / so viel sechs
  Gran betrifft /
Mit Mithridat vermischt / sie widersteht dē Gifft.

5.
Schmiert nur mit Hirschmarck offt / die Wunden so zerspalten /
Es heylt und ziehet an / kan wol zusammen halten.

6.
Gesundes Hirschen-Blut / das dörrt und nehmet
Es zieht von innen an / und astringiret fein. (ein

8.
Die Glieder der Geburt / so sie gepülvert seyn /
Nehmt dreyssig Gran / es mehrt / und macht den
  Saamen rein.

9.
Der Stein von einem Hirsch / so man ihn pulvern
  thut /
Braucht fünffzehn Gran / er ist zu vielen Dingen gut.

Von dem Brandhirsch.

Tragelaphus, id est, Hircocervus quorundam,   Ein Brandhirsch.

Dieser Hirsch wird Tragelaphus genannt / dieweil er einem Hirsch und Bock gleichet / Aristoteles nennet ihn Hippelaphum, dieweil er wie ein Pferd / und wie derselbige Hirsch Mähnen habe. Auff Teutsch wird er Brandhirsch genannt / dieweil er schwartz siehet / nach Agricolæ Meynung / oder wie Fabritius in acht genommen / dieweil er umb die Ort wo die Kolen gebrannt / gemeiniglich weydet. An dem gantzen Halß hat er lange schwartze Haar / daher ihn Plinius von dem Hirsch unterscheidet. In Engelland werden auch weisse Hirsch gefangen / dergleichen auch zu Darmstatt im Fürstl. Thiergarten zu sehen sind.

Diese

Dieſe hierbeyſtehende Figur iſt eygentlich nach dem Leben eines ſolchen Thiers/ dergleichen in Teutſchland/ſonderlich in Meiſſen/ mehr pflegen gefangen zu werden/abgeriſſen/ und in ſolche Form gebracht worden / wovon ein berühmter Poet in Meiſſen/ Georg. Fabricius der vorgedachte zu ſeiner Zeit alſo geſchrieben:

Unſere Jäger (ſpricht er) ſagen von dreyerley Geſchlechten der Hirſchen/ welche jedoch der Natur nach/ ſonderlich nicht/ nur allein der Geſtalt/ dem Namen und der Leibs-Stärcke nach/ etwas unterſchieden ſind. Das erſte Geſchlecht iſt die gemeine Art/ ſo jedermann bekannt iſt/ welche Ariſtoteles unnd Plinius fleiſſig beſchrieben haben. Das andere iſt nicht ſo wol bekannt / und gröſſer als das erſte Geſchlecht/ auch fetter/ und dicker von Haar/ und ſchwartzer von Farbe/ und dieſe Art wird von den Teutſchen Brandhirſch genennet/von wegen der Farbe/ die gleichſamb wie halb gebrannt Holtz außſiehet. Dieſe werden in Meiſſen/nahe an dem Böhmerwalde gejagt.

Das dritte Geſchlecht/ iſt das jenige/ welches nicht wie die andern Hirſche/ ſeine Hörner fallen läſſet. Plinius ſagt/daß ſolches allein bey denen nie geſchehe/ welche man verſchnitten habe: Wiewol es auch auß einer andern Urſache/ und zwar auß einem Gebrechen herkommen ſoll/ wie unſere Jäger erzählen : Dann wann der Hirſch müde und durſtig worden/und zu einem Fluſſe/ oder Waſſer kompt/ und alſo in die Hitze begierig trinckt/ ſoll ihm das Schmaltz oder Fett im Leibe angehen/ und er dahero ſterben/ oder/ wann er lebendig bleibe/die Hörner gar nicht mehr abwerffen/ und dieſes pflege am meiſten zu der Zeit zu geſchehen/ wann er in der hitzigsen Brunſt gehe / und deß Weibleins begehre. Dieſe Art von Hirſchen nun wird eygentlich ein Kummerer genannt.

Tra

Von den Hirschen.

Den Namen Tragelaphus hat dieses Thier (wie oben gedacht) vom Bock und Hirschen: Dann er ist schier gebartet/als wie der Bock/ und trägt an seinem Schlauch oder Schlund unnd Halse lang schwartz Haar/ hat sonst die Gestalt und Farb eines Hirsches/ nur daß er grösser und stärcker/und etwas schwärtzer ist: Oben am Rucken ist er schier äschenfarbig/ am Bauch gar nah schwartz/ und die Haar/ umb sein Gemächte herumb/sind gantz schwartz.

Von einem andern frembden Gehörn.

Cervus Palmatus.   Ein Palmhirtz.

Von seiner Gestalt.

Aldrovandus schreibet/ daß er diese Hirsch/ aber nur abgemahlet gesehen/ und Gesnerus jhn unter die kleine Dannhirsch gerechnet habe/biß Johannes Chjus,ein Medicus auß Engelland/ D.Gesnero dieses Gehörn zugeschicket habe/ worauff er gestehen müssen/ daß dieses von einem rechten Hirsch komme/ dann weil dieses Gewicht wo nicht an der Grösse die Hirschgewichter übertrifft/doch jhnen zum wenigsten gleich ist/kan es eher von einem Hirsch/als einem kleinen Damhirsch kommen. Dieses Thier wird aber Cervus Palmatus genannt/ dieweil sich nicht allein das oberste Theil des Gehörns/ sondern das unterste auch in viel Spitze theilet/ andere vergleichen es einer flachen Hand mit außgespannten Fingern.

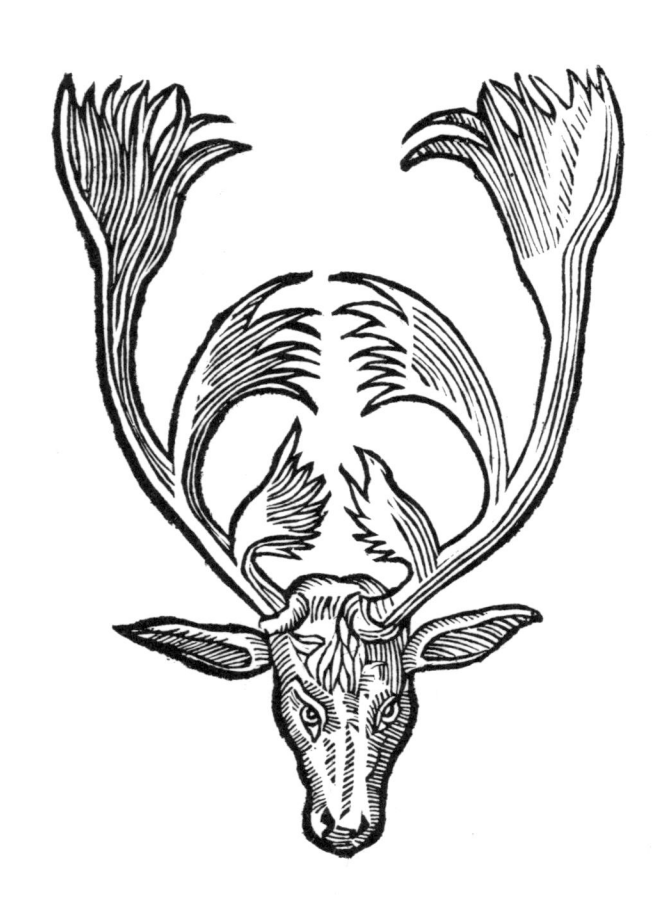

Von dem gemeinen Damhirsch.

Dama Vulgaris.   Platyceros.   Gemeiner Damhirsch.

Wo dieses Thier zu finden.

Er gemeine Damhirsch/ von wegen seiner breyten Hörner/bey den Griechen Platyceros genennet / wird an vielen Orten gejagt / auch in den Wälden der Helvetier / sonderlich bey Lucern offt und viel gefangen/man nennet jhn gemeiniglich Dam/ Dämlin/ oder Dannhirsch/ aber besser Damhirsch.

Die Form der Hörner an dem Damhirschen kan/auß der hierbeygehenden Figur/ wol ersehen werden.

Aristoteles schreibet/ das Blut der Damhirschen habe keine kleine Aederlein / und deßhalben gestehe und gerinne es nicht/wie anderer Thieren Blut: Auch soll der Damhirsch/ als ein forchtsames Thier/ keine Galle haben/ wie etliche dafür halten.

Von der Speiß / so von dem Damhirsch genossen wird/und jhrer Complexion.

Jst der Natur und Eygenschafft seines Fleisches/ ist der Damhirsch der Gemse nicht ungleich: Dann es hat einen lieblichen Safft / und macht derhalben gut Geblüt. Wiewol etliche das Gegentheil halten/ daß dieses Fleisch zwar leicht zu verdauen seye/ aber wie das Hasenfleisch ein Melancholisch Geblüt setze.

Des Damhirschen Kothl mit Myrrhenöhl bereitet/machet die Haar wachsend.

Von mancherley Art der Damhirschen.

JN dem Fürstlichen Thiergarten zu Darmstatt werden in grosser Menge weisse Damhirsch

hirsch gesehen / so von Gestalt und Grösse den Geyssen fast gantz gleich / haben aber viel kürtzere und schönere Haar / und nach jhrer Proportion grosse breite und über die massen schön Gehörn. Sie lauffen und werden zusamen getrieben / wie ein Heerd Vieh / und sind so zahm / daß sie den jenigen / welche zu jhrer Hut bestellet / auß den Händen essen.

Aldrovandus indem er der Damhirschen Gestalt beschreibet / setzet hinzu / daß sie neben an dem Leib weisse Flecken haben / wie solches auß nachfolgender Figur zu sehen.

Von dem Pferdhirsch.

Hippelaphus. Ein frembdes Wild / gehörnet / und mit dem Kopf gestaltet wie ein Pferd / und daher ein Roßhirsch genannt

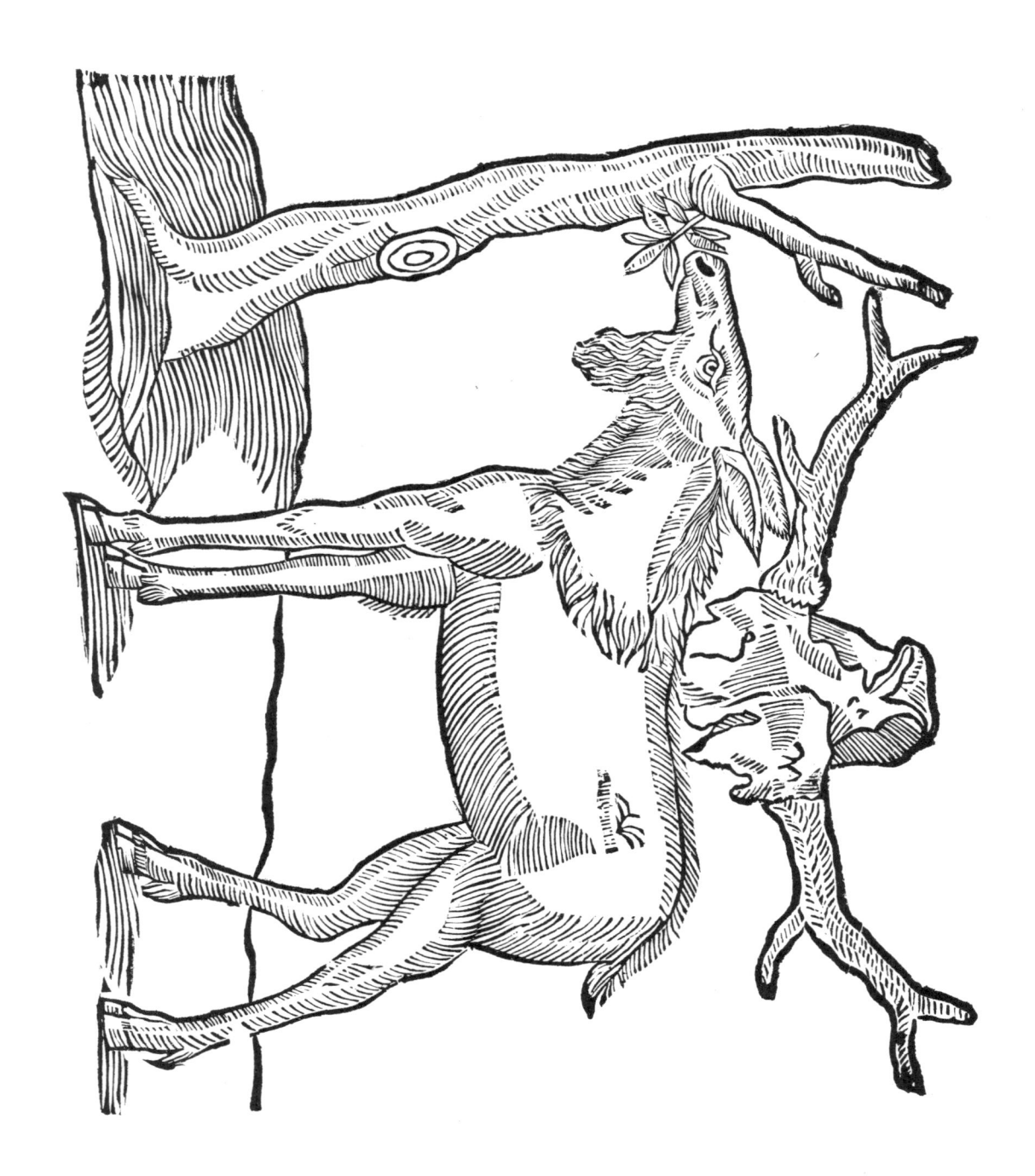

Von seiner Gestalt.

Von etlichen will dieses Wild unter die Geschlechte der Elend gezählet werden. Dieweil es mit der Gestalt demselben ähnlich ist/außgenommen mit den Hörnern nicht/ welche sich mehr vergleichen mit dem Gehörn der Rechgeyß/ als deß Elends. Dieses Thier wird von Aristotele gründlich beschrieben/ und Hippelaphus genannt. Diese Thiere haben lange rahne oder geschlancke Beine: Der Kopff und das Maul vergleicht sich mit einem Maulthier/ sein Obermaul hangt jhm über das untere/ wie dem Elend/ mit dem Halßhaar ist es einem Pferd ähnlich/ von dem Kopff an und über den Rucken/ biß auff den Schwantz/ hat es länglichte auffrechte Haar/ unden am Rachen einen Bart/ über die Schultern lange über sich stehende Haare/ und einen sehr kurtzen Halß/ deßwegen/ wann es Kraut abfressen/ oder vorgeworffen Brot auffheben/ oder sonst auß einem Geschirr so auff dem Boden stehet/ trincken will/ so läst es sich auff die vördere Knye nider. Die Männlein sind allein gehörnet/ und haben nach etlicher Meynung solche Hörner nicht zu oberst auß dem Kopff wachsen/ sondern zu beyden Seyten gleich über den Augen/ und zwar dieselbige nit über sich/ sondern mehr gegen die beyden Seyten außgestreckt/ welche Hörner sehr rauh und voller Knöpffe sind. Ein jedes Horn hat nicht mehr als drey Spitzen oder Zincken/ von welchen allein die obersten über sich gen Himmel stehen/ als auß der beygehenden Figur wol zu ersehen. Sie sind sonst mit Farb und Substantz dem Hirschhorn gantz gleich/ und wiegen mit dem halben/ dürren/ durchlöcherten und wurmstichigen Schädel sechsthalb Pfund und ein Loth: Die Stirne zwischen beyden Hörnern ist dritthalb Spannen weit. Andere aber mahlen das Männlein auff folgende Art ab/ den gemeinen Hirschen so wol von Gehörn/ als auch dem gantzen Leib gleich/

Von den Hirschen.

gleich/ nur daß sie schreiben/ daß es an dem Halß gleich wie ein Pferd Mähnen habe. Dieses Wild/wann es noch jung ist/ so ist es mäußfärbig oder eselgrau: Ist es groß und erwachsen/ so ist es braun/ fürnemblich an den äussersten Theilen deß Leibs/ hat ein gantz glatt Haar/ sonderlich an den Beinen / außgenommen zu underst am Bauch/ und zu oberst an Beinen/ wie auch über den Halß und Schultern/ꝛc. An sich selbst und seiner Grösse nach ist es achtzehen quer Finger/ und drey Finger breit hoch.

Wo dieses Thier zu finden.

In dem Königreich Norwegen/und zwar in einer Landschafft desselbigen/ so weit gegen Mitternacht / und dem Königreich Brittannien nächst gegen über liegt/sollen diese Thiere gefunden werden.

Von Art und Natur dieser Thiere.

Kraut und Graß fressen diese Thiere/ doch viel lieber die Rinden und Blätter von den Bäumen/wie auch Brot und Habern/ꝛc. Auff dreyssig quär Hände hoch kan es die Zweige abweyden: Und so es sich höher weyden muß/ so stellt es sich auff seine hindere Füsse / stützt oder lehne die vorderen an den Baum oder an die Blancken/ oder was sonst vor ihm ist / gleich wie die Ziegen oder Geyssen/und frist auff solche Weisse fast unglaublich hoch die Aeste ab; So hoch und lang ist dieses Thier vom Leibe. Sie trincken Bier/ auch Wein / von welchem sie truncken werden. Es lauffe viel schneller als ein Pferd. Die Weiblein so in Britannia erzogen worden / haben nicht mehr dann ein Junges auff einmahl geworffen: Wiewol man sagt/ daß sie auch an etlichen Orten auch zwey auff einmal geworffen: Ihr Gehörn lassen sie alle Jahr im Aprillen fallen/ gleich wie die Hirschen.

Von natürlicher Eygenschafft dieser Thiere.

Wann man diese Thiere zahm machet / so werden sie gantz gütig und kirr / sonst sind sie gantz grausamb und wild / fürnemblich gegen den Menschen / wann es ihn gleich nicht sehen kan/ so räucht es ihn doch mit seinem Geruch/ als welchen sie gar starck / und gewisser haben als kein Hund: Deßhalben schnitten die jenige/welche dieses Thiers in deß Königs in Engelland Thiergarten pflegten / ihm alle Jahr die Hörner ab. Wann dieses Wild einen antrifft / so schlägt es ihn mit den Hinder-Beinen darnieder/ja auch gar ein Pferd/wann er ein Reuter ist. Wann es einen Menschen ersehen hat / ehe und bevor es ihn gerochen / so verräth es ihn mit seiner Stimm/ die es fast eben so hart/wie ein laut gruntzend Schwein. So es seines Weibleins beraubet ist/ hat es eine grosse Begierde zu den Weibern/ und gleich als ob es das Geschlecht kennete / streckt es seine Scham-Ruth oder männliches Glied herauß/ welches an ihm eben so ist/ wie an andern Hirschen.

Von ihrem Fleisch.

Das Fleisch von diesem Thier ist schwartz/ hart und grob/wie das Rindfleisch: Doch wann es wie das Hirschfleisch wol zubereitet / und in Backöfen gebraten wird/ist es viel lieblicher / als das Fleisch von den Hirschen zu essen.

Artzney von den Thieren.

Wider die fallende Sucht sollen dieser Thiere Klauen eine besondere Artzney seyn.

Von dem Indianischen Hirsch.

Mazame.   Ein Indianischer Hirsch.

Diese

JN Neu Hispanien sollen diese Hirsch ge-
funden werden/ wie Hernandez schreibet/ und auff diese Art sollen gestaltet seyn/werden von
der Farb auch genant Yztac Mazame.

Von dem Reinthier.

Pangyfer. Ein Reinthier.

Von den Hirschen.

Von der Gestalt dieses Thiers/ und wo es zu finden.

Dises Thier wird von den Lappen Reen genannt/ hat einen Kopff wie ein Kalb/ und an dem Halß Mähnen wie ein Pferd/ sein Gewicht ist lang/ glatt und schmal/ und gehet biß hinunter zu dem Rucken. Wegen übriger Gestalt des Leibes aber von unsern Hirschen fast nit zu unterscheiden ist. Diese Reenthier werden gefunden in Lappland/ Schweden/ Norwegen und derer Orten. Deßgleichen befindet sich folgende Art Hirschen/ so vor Reenthier gehalten/ welche aber nicht so viel als die vorige der gemeinen Meynung beykommet.

Von deß Reinthiers Nahrung.

Das Reinthier isset Moß/ sonderlich das weisse auff den Bergen/ und wo solche mit Schnee bedecket/ machet es grosse Gruben/ biß es darzu gelange. Deßgleichen geniesset es auch im Sommer Laub und Kräuter.

Von natürlicher Art und Beschaffenheit des Reinthiers.

DJeweil jhnen das Gehörn sehr auff den Rücken stösset/ halten sie den Kopff allezeit auff die Seyten/ wann sie Laub und dergleichen abessen. Sie können nicht an allen Orthen leben/ wie solches in Preussen und Holstein die Erfahrung gegeben hat/ dieweil aber dieses Thier nicht allein wild/ sondern von den Jnnwohnern zahm gemacht wird/ als dienet nicht allein jhr Fell/ sondern jhr Milch/ Fleisch und gantzer Leib zu Unterhaltung deß menschlichen Lebens.

Die Milch wird an statt der Speisen gebraucht: Die Molcken an statt des Trancks/ das Fell zu Kleyderdecken auff die Bett und Sättel: Die Nerven brauchen sie an statt des Garns damit zu neen/ auß den Beinē und Hörnern werden Bogen gemacht/ und wird das Fleisch in der Lufft und in dem Rauch gedörret/ viel Jahr zur Speise auffgehalten. Es sollen auch die Schalen wie die Elendsklauen sehr gut vor den Krampff seyn.

Von den Spißhirschen.

Cervus Subulo. Brocardus,   Ein Spißhirsch.

Von den Hirschen.

Von ihrer Gestalt/Art und Natur.

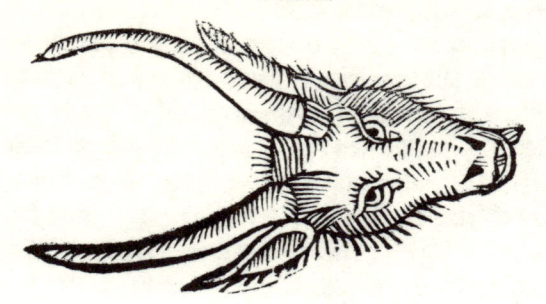

Burgundische Hirsche sind dieses / und von solcher Art und Natur/ daß ihnen kein anderes Gehörn wächst/ dahero sie Spitzhirsch genennt werden sollen/ auß Ursach/ weil ihr Gehörn nimmer keine Zincken überkompt. Die Welschen nennen sie Brocardos, sollen leichter zu jagen seyn/ als die gemeinen Hirsche/ dann sie hören nicht auff zu fliehen/ biß sie in die Garn kommen/ welche sie bißweilen überspringen. Es werde auch dergleichen Hirsch gantz weiß und ein wenig grösser als die Geyssen in Sachsen gefunde/ welche gantz wie nebenstehende Figur/ Gehörn haben.

Von dem Tarand-Thier.

Tarandus.   Ein Tarand-Thier.

Von seiner Gestalt.

Dieses Thier wird sonsten auch Pyrandus und Pyradus von den Neuen genennt/ ist so groß als ein Ochs/ hat einen grössern Kopff als ein Hirsch/ und lange Haar wie die Bären/ einen sehr harten Rücken/ und ein fleischichte dicke Brust. / seine Klauen sind gespalten und beweglich/ dann in dem Lauffen wirfft unnd streckt es dieselbigen auß/

Dd ij   das

das Thier selbsten ist sehr hurtig im Lauffen. Seine Gewicht sind sehr hoch / derer obern Ende in Aeste gleich wie Finger außgetheilet werden/von Farben weiß / von dem Elendgehörn unterscheiden sie sich wegen der Höhe / und von der Hirschgewichter wegen der Breytung. Es isset Moß und allerhand Früchte: Es wird von den Menschen zahm gemacht / und zur Arbeit gebraucht. Die Reysen damit zu thun/wird es von den Boten/ zur Arbeit aber von den Ackerleut gezähmet/ Sein Fleisch soll das Beste unter allen derer Arte Wildprät seyn. Die Weiber haben kein Gehörn/ werden gefunden in Norrwegen/ Schweden/Lapland/und Polen.

Solinus schreibet von diesem Tarando, wann er zur Furcht getrieben würde/und sich verberge/ oder an einen Ort verstecke / so werde er gleich denjenigen so er am nächsten seye/ als wann er sich an eine weisse Mauer lege/er wie dieselbe von Farben weiß werde/in einer Dornhecken grün/ und dergleichen. Solches thut auch Polypus in dem Wasser/ Chamæleon auff der Erd/ so von diesem noch nicht so hoch zu verwundern / weil sie glatt und spiegelicht seyn/worinnen sich die nächste Sachen in bespiegeln können / welches aber in diesem rauen Thier desto mehr zu verwundern ist.

Hippelaphus Mas, **Ein Pferd-Hirsch.** Gehört zu Pag. 203.

Cervus Mirabilis, **Ein seltzame Art Hirsch.**

Von den Hunden.

Cervus alius, Ein ander Geschlecht Hirsch.

Dieses ist ein schöner Hirsch/ welcher wegen seines Gehörns den Dannhirschen gleich sihet/ hat neben an dem Leib weisse Flecken/ dergleichen Art droben pag. 203. auch schon Meldung geschehen.

Von den Hunden.

Canis. Ein Hund.

Geßneri Thierbuch

Von den Hunden erstlich ins gemein/ hernach von einem jeden Geschlechte insonderheit.

Von innerlicher Beschaffenheit der Hunde.

Ein Hund Arabisch اَلكَلْب, Griechisch Κύων, Lateinisch Canis, Hispanisch Can, Italiänisch Cane, Französisch Chien genannt/ ist dem Menschen unter allen Thieren am getrewesten unnd dienstfertigsten/ und zu mancherley Nutz und Gebrauch erschaffen/ auß welcher Ursach dann auch alhie desto weitläufftiger von solchem Thier soll geschrieben werden.

Von den Jungen sollen die für die edlesten Hund geachtet werden/ so zuletzt ihre Augen auffthun/ und eine runde/ harte/ und schier stumpffe Nasen/ aber zimblich lang Haar haben: Dann gar zu viel und dick Haar wird auch nicht gelobt/ weil viel Unrath und Räude auff der Haut zu wachsen pflegt.

Der Hund soll allein zween Zäne verlieren/ so man mit dem Namen Hundszäne heisset: Wiewol die/ so von solchem Thier geschrieben haben/ der Sache noch nicht eins sind/ dann etliche wollen/ daß nit nur solche zween/ sondern auch die andere alle außfallen und wieder wachsen. Ihr Alter kan auß den Zänen erkant werden/ dann in der Jugend sind sie weiß und scharpff/ im Alter aber ziehen sie sich auff schwartz und werden stumpff.

Etliche schreiben/ daß deß Hunds innerliches Eingeweid und Gedärme/ deß Löwen seinem Gehenck oder Geschlinge gleich seyn solle. Sonst hat er einen kleinen engen Magen/ nicht viel grösser dann sein Afterdarm/ welcher oben weit/ unden aber beym Außgang eng ist/ und auß der Ursach drücken sie so hefftig/ wann sie ihre Notturfft thun. Die vorderen Tappen sind in fünff Klauen getheilet/ die hindern aber in vier. Im übrigen ist der Hund ein warm und hitziges Thier an und für sich selbst zu rechnen.

Von Natur und Eygenschafft der Hunde.

Die Hunde/ so Laconici genennet werden/ und wie Aristoteles schreibet/ von Hunden und Füchsen gemischt seyn/ erstrecken ihr Leben biß auff 10. Jahr: Die anderen aber gemeiniglich biß auff 14. etliche biß auff 20. Jahr.

Des Hundes Stimm wird genennet Bellen/ wiewol er auch zu Zeiten heulet und greinet. Die Hund traumen auch in ihrem Schlaffe/ dann bißweilen fangen sie an in ihrem Schlaff und Ruhe zu bellen.

Die Hunde/ Ochsen und andere Thiere/ weissagen eine künfftige Pestilentz/ Erdbeben/ schön Wetter/ und Fruchtbarkeit deß Erdreichs zuvor/ wie Ælianus meldet/ und ist je einer naßweiser dann der andere/ aber die Jagthunde übertreffen alle andere mit Verschlagenheit und Geschwindigkeit.

Die Hunde/ es seyen Weiblein oder Männlein/ heben gemeiniglich an zu zehlen/ oder lauffig zu werden/ wann sie järig worden sind/ wiewol bißweilen die Weiblein schon im achten Monat anheben. Columella/ da er von Hunden schreibet/ giebt den Rath/ man solle sie/ es seye gleich welcherley Geschlecht es wolle/ zu solchem Wercke/ ehe sie jährig worden/ nicht zulassen/ dann es benehme ihnen ihre Stärcke/ Geschwindigkeit und Schönheit. In dem Hornung ist ihre Zeit zu zehlen/ oder zu lauffen/ und hundeln/ oder wölffen und werffen erst im Sommer/ wann der Tag am längsten ist. So bald der Hund anfängt mit auffgehobenen Beinen zu seichen/ so fähet er auch an zu den Hündinen fähig zu seyn. Die Hündin trägt ihre Geburt nimmer weniger dann 60. underweilen 62. auch 63. Tage/ und hebt erst 6. Monat nach der Geburt wieder an zu zehlen.

Es schreibt Aristoteles/ daß sie bißweilen den sechsten Theil deß Jahrs/ das ist/ zween Monat/ bißweilen den fünfften/ und bißweilen auch den vierdten Theil/ das ist drey Monate tragen/ und gemeiniglich 5. oder 6. oder zum höchsten 12. Junge werffen/ jezuweilen auch nur eins allein/ welches aber eine Wundergeburt seyn soll/ wie auch wann lauter Männlein oder lauter Weiblein geboren werden. Albertus meldet/ er habe eine schwartze und grosse Hündin gesehen/ welche den ersten Wurff 19. den andern 18. und den dritten 13. Junge geworffen habe. Die kleinen Schoßhündlein werffen gemeiniglich nur eines allein/ und das von wegen ihres kleinen Leibes. Sie alle bringen ihre Jungen blind zur Welt/ unnd jemehr Milch dieselbigen finden/ je später sie die Augen auffthun/ doch währet es niemals über 20. Tage/ und vor sieben Tagen bekommen sie auch ihr Gesicht nicht. Etliche sagen/ daß wann einer allein geworffen werde/ so bekomme er sein Gesicht am 9. Tage: Wann aber zween/ so bekommen sie es am zehenden/ wann drey/ am eylfften/ und jemehr der Jungen seyen/ je später ihnen die Augen auffgehen.

Unter den Jungen/ so an Tag kommen/ ist der/ so zu erst geworffen wird/ dem Hundsvatter am ähnlichsten und gleichsten/ auß sonderbarer Schickung der Natur/ massen auch derselbige von der Hündinne vor den andern geliebet wird. Die übrigen aber einer nicht also/ und auch nicht einer wie der andere.

Das Alter nimpt auch den Hunden ihre Fruchtbarkeit hin/ und sollen sie es gemeiniglich treiben biß auff zwölff Jahr/ wiewol etliche Arten der Hunde auch biß auff zwantzig Jahr fruchtbar seyn sollen. Columella spricht/ daß die Hündinne biß auff neun Jahr zu hündlen tüchtig/ aber nach zehen Jahren gantz unnütz seyen.

Die Hundsmilch ist dicker/ als anderer Thier Milch/ sie haben ihre Milch fünff Tage ehe sie werffen: Werden am allerbesten mit Matten gespeiset.

So

So bald die Hündin gehündelt hat / soll man die schönsten Jungen außwählen / und die anderen hinweg thun / damit die / so außgelesen worden / desto mehr Nahrung haben können / und diese sollen der Hündinne zween Monat lang gelassen werden.

Zu der Stärcke werden die Schwersten under den Jungen außgelesen / zu der Geschwindigkeit aber je die Leichtesten: So werden auch die für anderen außerwählt / so zum ersten von der Hündin in das Nest wieder getragen werden / oder die / so zu letzt anheben zu kotzen. Andere heissen die Jungen also außlesen:

Man macht einen zimblichen weiten Ring mit kleinem dürren Holtz / legt die Jungen mitten darein / zündet das Holtz an / und läst dann die Hündin lauffen / so trägt sie je den edlesten und besten zum ersten / den Geringsten aber zuletzt auß dem Feuer.

Von Kranckheiten der Hunde / und womit dieselbigen zu vertreiben.

OB wol von etlichen Alten allein dreyerley Kranckheiten / in welche die Hund fallen / gezählt werden / nemlich das Wüten / Strägen / und Podagra: So werden doch von andern Aertzten mehr andere Gebrechen der Hunde angezeigt / wie auß nachfolgendem zu vernehmen.

Die Wunden und Geschwär / so ein Hund selbst belecken kan / die heilt er jhm selber: Wo er sie nicht belecken kan / sollen sie mit anderer Artzeney geheilet werden / wie die Wunden an den Menschen: Sind Würme darinn gewachsen / sollen sie mit Hünerdarmsaffte gereiniget werden: So sie geschwollen sind / soll die Wunde mit Oel bestrichen / oder Schmär und Brunnenkresse undereinander gestossen / und als ein Pflaster auffgelegt werden.

So ein Stachel / Dorn / Angel / oder ander spitziges Ding jhm in seine Tappen kommen / soll Roßhuff mit Schmär gestossen und auffgelegt / oder junge Schwalben gantz in einem irrdenen Hafen zu Aeschen gebrannt / und mit Schmär auffgelegt werden.

In den hindern Beinen wachsen jhnen bißweilen Würme / die sollen mit Pfersichlaubsafft vertrieben werden.

Einen räudigen und schäbigen Hund wäschet man mit gekochten welschen Feygbonen / Lupini genannt / oder mit gesottenem Erdrauch / oder Lendi-Wurtz / oder man macht ein Salbe von Quecksilber / Schwefel / und Nesselsaamen / jedes gleich viel / und nimpt so viel Schmär darzu / als alle diese drey Stücke sind.

Wann die Hund voll Flöh sind / sollen sie mit Oel bestrichen werden / dann die Flöhe fliehen das Oel. Die Läuß aber / vertreibt das Quecksilber / doch muß man zusehen / daß es von dem Hund nicht beleckt werde. Die Holtzböcke vertreiben die bittern Mandelkerne / oder wann man den Hund mit gesaltzenem Wasser wäschet / und hernach mit Essig bestreichet.

Daß die Fliegen im Sommer den Hunden die Ohren nicht zerfressen / sollen sie jhnen mit bittern Mandelkernen gerieben werden.

Wann die Brämen / Wespen / oder Hürnüsse einen Hund gestochen haben / soll jhm geknitschte Rauten auß Wasser auffgelegt werden.

Hundskappes / weisse Eberwurtz / schwartze Eberwurtz / Wasserpfeffer / Rosenbaum / weisse Nießwurtz / Nux vomica, Wasser von gesottenen Spargen / alle diese Sachen tödten die Hund / so sie jhnen in der Speiß fürgeworffen werden: Solches thut auch der Rauch oder Dampff von dem Bley.

Wann ein Hund ohne Hunger abnimbt / so soll er mit Ancken oder Raum / und Butter / einmal oder drey wol gesättiget werden / wann er davon nicht wieder zunimbt / so ist es ein Zeichen daß er Würme unter der Zungen hat. Von diesem Wurm aber ein mehrers zu schreiben / so bekommen zuweilen die Hund unter der Zungen / ein läng weiß Gewächs wie ein Wurm / welche Kranckheit gemeiniglich erkannt wird / wann sie alles was jhnen vorkompt / entzwey beissen / dem aber die Jäger insonderheit wol helffen können / und mit leichter Mühe herauß schneiden / wo aber solches nicht geschiehet / werden die Hunde leicht doll / und können gar davon sterben / es vergleichen solches viel / und vermeynen / daß es ein Nerv seye / dieweil aber solches der Vernunfft zuwider / ist vielmehr zu glauben / daß dem Hund etwz unter der Zungen wachse / wie bey dem Menschen / so Ranula gleichsamb wie ein Frosch unter der Zungen Beschwerung giebet.

Trieffende Hundsaugen soll man mit warmen Wasser abwäschen / und hernach das Weisse von einem Ey mit Mehl / als ein Pflaster / darüber schlagen.

Für dumme oder übelhörende Ohren / welches daher abzunehmen / wann der Hund träg und faul ist / soll Rosenöl mit Wein gemischt / und jhm deß Tags dreymahl in die Ohren getreifft werden: So aber Würm in den Ohren gewachsen wären / soll ein Schwamm gestossen / mit dem Weissen vom Ey gemischt / und in die Ohren gelegt werden.

Die Hund bekommen auch den Rangen / und sterben mehrentheils alle an dieser Kranckheit.

So der Hund den Athem nicht wol ziehen kan / so soll jhm das Ohr durchstochen werden.

Wann einem Hund ein Bein im Halß steckt / so soll man jhn bey der Nasen ergreiffen / und jhm dieselbige gegen der Brust drucken / und dann jhm Oel oder Wasser und Oel in den Halß giessen / damit er huste.

Für den Husten soll man jhnen Wein durch die Nasen einschütten: Den Durchlauff der Hunde stillt alter harter Käß / in Speiß vorgeworffen.

Wann der Hund kranck ist / und er sich zu voll und überladen befindet / so sucht derselbe ein Kraut / frisset es / und kotzet alles wieder herauß: So sie Würm haben / fressen sie die grünen Blätter vom Weitzen.

Dieses sind diejenige Kranckheiten sampt ihrer Artzney/ wie sie von anderen/ (ohne die obigen drey) beschrieben/ und hiesiges Orts/ auff das kürtzeste angezogen werden/ bloß und allein umb deren willen/ so sich deß Wilds/ und deß Jagens gebrauchen/oder sonst Hunde haben müssen.

Daß ein Hund nicht von dir fliehe/sondern bey dir bleibe/ so schmier ihm den gantzen Leib von dem Kopff biß zu dem Schwantz mit Butter oder Ancken/ und gieb ihm auch Ancken oder Butter zu lecken: Oder daß dir ein Hund nachfolge/ so sihe zu/ daß du eine Nachgeburt von einer Hündin bekommest/ dieselbige dörre/ binde ein Stücklein in einen Lumpen/ und laß den Hund daran riechen.

Von natürlicher Neygung und Geschickligkeit der Hunde.

DEr Hund übertrifft viel andere unvernünfftige Thier mit sonderbaren Tugenden und Geschickligkeit: Dann sie erkennen/lieben/und bedienen diejenige vor allen anderen/ von denen sie gespeiset und erzogen werden: Sie haben auch einen sonderbaren Verstand: Dann sie kennen und verstehen ihren Nahmen/und mercken es bald/wann man ihnen rufft/ ja ob sie schon lange Zeit ihren Herrn verlohren haben/ so erkennen sie ihn doch wiederumb: Sie bewachen ihren Herren und streiten für ihn/fürderen seinen Nutz/ und wenden ab/ was ihm schädlich seyn will/ auch wann sie schon von ihrem Herren geschlagen worden/ so kehren sie doch wieder zu ihm/ und da sie schon zum andernmahl weggejagt worden/ so lassen sie doch nicht nach wieder zu kommen.

Ein edel und hochgesinnetes Gemüth erzeigen die Hund in dem/ daß sie die nicht angreiffen/ so sich vor ihnen demütigen: Dann so ein Mensch auff den Boden sitzt/ lassen sie den Zorn fahren/ beissen auch keinen anderen Hund/ der sich vor ihnen nidriget.

Ælianus in seinem Buch so er von den Thieren geschrieben hat/ meldet/ der Hund könne auch ein Ding bey sich erwegen und ermessen/gleich als ob er vernünfftig wäre: Dann als auff eine Zeit (schreibt er) ein Jagthund einer Hasen-Spuhr nachjagte/ und aber den Hasen nicht ersahe/ und in dem Lauff zu einem Graben kä/ zweiflete er/ ob er auf der rechten oder lincken Seyte deß Grabens nachjagen sollte/und stund also eine kleine Weyl im Zweiffel: Aber nachdem er die Sache erwogen/ daß der Haas hinüber auff die andere Seyte müste gestriechen seyn/ weil keine Spuhr oder Tritte mehr vorhanden/ so sprang er über den Graben hinüber/jagte dem Hasen weiter nach/ uñ kriegte auch denselbigen zu fangen.

Die Stimme ihres Herrn erkennen die Hunde gar eygentlich/ folgen auch derselbigen/ so sie gehetzt oder angereitzt werden/als ob sie Menschen-Verstand hätten.

Es sollen auch etliche Hunde über die Ehebrecher mächtig verhaßt seyn/wovon Ælianus in seinem Thierbuche eine besondere Historie erzählet/ wiewol dieselbige mehr der Hunde Wachsamkeit und Treue/ nach welcher sie bald mercken/ wann etwas Frembdes oder sonst Unrath im Hause vorhanden ist/als ihrem Verstande/ womit sie einen Ehebrecher von einer andern Person sollten zu unterscheiden wissen/zuzuschreiben: Dann sonst hätten die Hunde in manchen grossen Städten viel zu bellen. Es beschreibt aber offtermeldter Ælianus erwähnte Geschichte mit folgenden Umbständen: Als einsmahls eine Ehebrecherin hörte/ daß ihr Mann alleweil nach Hause kam/ verbarg sie ihren Buhlen eylends heimlich und (wie sie meynete) gar wol in ein Gemach/hatte auch schon die Knechte und Diener auff ihrer Seyte/ und zu ihrem bösen Vorhaben mit Gelde bestochen/ die dann das Ihrige treulich darbey thaten. Aber aller dieser Betrug und List wolte doch nichts helffen: Dann es war ein eintziges Schoß-Hündlein im Hause/ das stellte sich vor die Thür deß Gemachs/darinnen der Ehebrecher war/ und hörte nit auff/an der Thür zu kratzen und zu bellen/ biß der Herr hinzu kam/ welcher sich darüber entsatzte/ und ihm gleich die Gedancken machte/ es müste was Böses darinnen verborgen seyn. Als er aber die Thür auffthat/ fand er den Hurer und Mörder darinnen/ welcher sich mit Gewehr versehen hatte/ ihn/den Haußherrn(der mit dem Weibe gepflogener Abrede gemäß) auff künfftige Nacht umbzubringen/ und alsdann die Ehebrecherin zur Ehe zu nehmen. Aber mit Hülff deß Hündleins erhielt der Haußherr für diesesmal noch sein Leben.

Uber das ist ein Hund auch ein so gelehriges Thier/ daß er zu allerhand Künsten und Possen kan abgerichtet werden/ so man ihn nemblich mit guter Speiß belohnt/wann er gehorchet/ und hingegen strafft/wann er fehlet: Sie lernen tantzen/ betten/ dienen/ alle Ding auffheben/ etwas auff der Erd und auch auß dem Wasser holen/ nachtragen/ sterben/ schlaffen/ künstliche Sprünge machen und sonst sich artlich stellen/nachdem mã sie gewöhnet/ wie der tägliche Augenschein und die Erfahrung bezeuget/ auch in nachfolgender Erzählüg/ bey eines jeden Geschlechts Beschreibung/soll angezeiget werden.

Von Nutzbarkeit dieses Thiers.

EIne solche treue Hut und Wache der Hunden/ ein so liebliches Schmeichlen und Schwäntzlen/ ein so hefftiger Haß gegen die Fremde/ eine so vorsichtige und gleichsam weissagende Verschlagenheit/ein so hurtige Geschwindigkeit im Jagen/ was sollen alle diese Dinge anders bedeuten/fragt Cicero, als daß sie zu dem Nutz und Gebrauch der Menschen erschaffen? Aber von solchen Tugenden wird hernach weiter gehört werden. So ein armer Mann einen Hund hat/so bedarff er keiner anderer Knechten mehr.

Ein

Ein weisses Aederlein haben die Hund in jhren Schwäntzen / solches soll jhnen auß gerissen werden / so wächst der Schwantz nicht zu lang / und sollen die Hunde darnach nicht wütend werden.

Etliche schütten Hundskoth mit stinckendem faulen Urin umb die Zweyge / so nicht sollen von dem Vieh angetastet werden. Auß solchem Koth machen etliche Gerber eine Gattung deß Leims / die Fell damit zusammen zu leimen.

Vom Fleisch dieses Thiers.

Die jungen fetten Hunde / vornemblich die / welche verschnitten worden / werden von etlichen Völckern zur Speiß genommen: Wiewol in unsern Landen jederman ein Abscheuen vor solchem Fleisch hat; Selbiges soll sonst seiner Art und Natur nach dem Hasenfleisch nicht ungleich seyn.

Man hat auch die jungen fetten Hunde / wie auch Katzenfleisch vor alten Zeiten den Göttern auffgeopffert.

Petrus Martyr meldet / es seye in dem Theil der Welt / so man die neue Welt nenne / eine Insel / in welcher Hunde seyn sollen / welche nicht bellen / und scheußlich außsehen sollen: Und doch sollen sie / gleich wie die Zieglein oder junge Geyssen gemetzget und von vielen gessen werden.

In India sollen Leute seyn / welche von der Hundsmilch leben / und deßwegen mit dem Zunahmen Hundsmelcker genennet werden.

Von Artzneyen / so ins gemein
von den Hunden zu etlichen Kranckheiten gebraucht werden.

Die Schoßhündlein / auff den Bauch gelegt und gehalten / sollen das Bauchwehe vertreiben.

Für erlahmte Glieder wird eine Salbe von den jungen saugenden Hündlein zubereitet / auff diese Weise: Sie werden in einem Hafen gesotten / biß das Fleisch von Beinen fället / wann dann die Brühe kalt worden / wird das Fett / so oben auffschwimmet / abgefeimbt / und der Ruckgrad und die lahmen Glieder darmit geschmieret / es soll sehr gut seyn.

Hundsblut macht das Haar außfallen. Die Aesche von dem gebrannten Hund mit Oel angestriechen / macht schwartze Augbrauen: Sein Blut wird getruncke unnd sein Fleisch genossen für den Biß der wütenden Hunde. Plinius schreibet / daß nichts köstlichers seye wider das Gifft / als Hundsblut / getruncken soll es auch gut für das Zittern seyn.

Hundsfett oder Schmaltz mit altem Oel und Wermutsafft in die Ohren getreifft / bringt das Gehör wieder / für sich selber allein aber ist es gut für das Podagram / und angestriechen / vertreibt es die Mertzflecken im Angesicht.

Hundshaar auff den Hundsbiß gelegt / ist eine bewehrte Artzney. Die Aesche aber von einem gebrannten Hundskopff / ätzt und beist auß alle Mißgewächs und heilt sie / ist auch gut / wann sie auff den Brand und auff den wütenden Hundsbiß gestreuet wird / verhütet vor Gefahr deß Wassers: Deßgleichen ist sie getruncken gut für die Geschwär an den Gemächten / und für die Mängel unnd Gebrechen im Gesäß ist solche Aesche sehr köstlich: In Meth getruncken vertreibt sie die Gelbsucht.

Die Aesche von gebrannten Hundszänen mit Butter auff die Bilderen oder Bällerichen im Munde geschmieret / macht den Kindern ohne Schmertzen Zähne / oder solch Pulver in Wein gesotten / und den Mund damit gegurgelt / vertreibt das Zahnwehe.

Hundsgall mit Kalbskoth gemischt / vertreibt die Flecken und Macklen im Angesicht / Item mit Honig vermengt / ist sie gut für die Gebrechen der Augen. Von Hundsgall oder Hundsmilch einen dritten Theil eines Quintleins / und auch eben so viel des besten Honigs / untereinander gerieben und gewärmet / und in die Ohren gegossen / soll für allen Gebresten der Augen gut seyn.

Hundsmiltz gebraten und gessen / soll gut seyn für die Gebrechen deß Miltzes.

Die Hundsmilch an solche Orte gestriechen / da man die außgeraufften Haar nicht will wiederumb wachsen haben / ist gut / und in die Ohren getreifft / benimpt sie den Schmertzen der Ohren.

Hundsurin frisch angestriechen / vertreibt die Wartzen.

Becherus fasset alles in folgenden Versen zusammen:

Der Hund der bellen thut / der ist lebendig (1) gut /
An Haut (2) / Haar (3) / Harn (4) / Koth (5) /
    Kopff (6) / Zähn (7) / Fett (8) / an Gall (9)
    und Blut (10.

1.

Gantz lebendig muß er vom Koth gesäubert seyn /
Geleget auff den Bauch / hält er das Darmgicht ein.

2.

Die Haut gegerbet / und nur Handschuch drauß gemacht /
Hilfft diesem / der nach schön und linden Händen tracht.

3.

Die Haar von diesem Hund der da gebissen hat /
Geleget auff die Wund / so heylet er die That.

4.

Wann man mit Hundes-Harn wäscht alt und neue Schrunden /
Er trocknet kalte Flüß / und heilet feuchte Wunden.

5.

Der weisse Hundes-Koth mit Rautensafft vermengt /
Ein Löffel voll hilfft dem / den Wind und Bauchweh trängt.

6.
Ein Wunde reinigt er / wann sie wird mit gewaschen/

So man ein Hundes-Kopff verbrennet zu der Aschen.

7.
Sie machen weisse Zähn / und reinigen den Mund/

So man zur Aschen brennt die Zähne von dem Hund.

8.
Zerlassen Hundes-Fett das macht gelinde Glieder/

Wann man sich darmit schmiert / und reibt es hin und wieder.

9.
Hunds-Gall getrocknet / und in Bier genommen/

Zwey Drachmæ stellen Kopf- und Augenschmertzen ein.

10.
Wo man ein Löffel voll trinckt von dem Hundes-Blut/

So ist es vor das Giefft und böse Seuchen gut.

Vom Hundskoth.

Der Hundskoth soll von solchen Hunden gesamblet werden/ so drey oder vier Tage allein mit Beinen gespeist worden/ derselbige wird hart/ weiß und gantz nicht stinckend.

Dieser nun gepülvert/ wird nützlich gebraucht für die Bräune/ rothe Ruhr/ und andere gar alte Schäden und Gebrechen. Mit Coriandersafft gemischt und angeschmieret / heilet er die rothe Geschwulst (sonst auch die Rose und das Rothlauff genannt) mit Honig angestrichen/die Bräuer und rothe Geschwulst deß Rachens/das Pulver zu einem Zäpflein gebraucht/ heilet die Gelbsucht/mit Wein oder Wasser getruncken/ stillt es den Bauchfluß.

In Milch / (so von Kißlingsteinen gewärmt worden) gemischt und getruncken/ ist es für die rothe Ruhr eine bewehrte Artzney/ auch ist es getruncken gut für die Wassersucht/ und mit Gilgenblumenwasser gemischt/ für die Mutter/ mit Rosenöl für die Gebrechen im Hindern.

Vorgedachter Hundskoth zu Aesche gebrannt/ und mit Wachs/ oder Rosenöl/ oder nur bloß allein für sich selber auffgelegt/ vertreibt allerley Wartzen.

Hundskoth und Menschenkoth denen so die Bräune haben/auff den Halß auffgelegt/soll eine bewehrte Artzney seyn : Etliche brauchen hierzu allein den Hundskoth mit Aesche von gebrannten Schwalben.

Die Feygwartzen/ so an dem Gesäß wachsen/ soll man also vertreiben : Der obige Hundskoth und Knoblochs-Blätter sollen auff einem Herde zu Pulver gebrannt werden. Alsdann soll man die Feygwartzen mit Schmär bestreichen/ und hernach das Pulver von den gebrannten Blättern/ und zuletzt auch das Pulver von dem weissen Hundskoth drauff streuen/ soll probiert und erfahren seyn. Etliche nehmen von solchen beyden Stücken die Aesche/ mischen sie mit Oel/ und bestreichen den Schaden damit.

Von dem Hundsbiß/ und zwar eines noch gesunden und nicht wütenden Hundes.

Weil der Hund in allen Landen ein gemeines und einheimisches Thier ist/ und aber mit seinem Biß (vornemblich so er wütend worden) dem Menschen sehr grossen Schmertzen/und gar Gefahr deß Lebens bringen kan: Als hat dem Günstigen Leser/ auff den bedörffenden Nothfall/ zu behuffigem Dienste eines und das andere Kunststück auß der Artzney/ so ins gemein wider solche schädliche Bisse gebraucht werden/ daher/jedoch auffs kürtzeste/ und zwar erstlich für den jenigen Hundsbiß/ so nicht wütend ist/ hernach auch eines und das andere für den wütenden Hundsbiß gesetzt werden sollen. Für den nicht wütenden Hundsbiß ist gut :

Essig/ oder Wasser mit Essig gemischt/ und mit einem Schwamm oder leinen Tuch auffgelegt.

Brot soll in Mangoltsafft gebeitzt/ und darzu ein wenig Rosenessig gethan/ und auffgebunden werden.

Vom Holder oder Attich die linden Blätter mit Gerstenmeel geknitscht als ein Pflaster.

Fenchelwurtzel mit Honig geknitscht/ und als ein Pflaster auffgelegt. Deßgleichen auch Nüsse mit Zwibelen/ Saltz und Honig.

Grün Poley soll mit Wein getruncken / oder mit Honig auffgebunden werden.

Wolgemuth/Knobloch/Zwibelen/und Aesche von den Weinreben / deren mag jedes sonderlich mit Honig gebraucht werden.

Schababsaamen/ Zwibelen / Blätter von Brombeerstauden/ Haar von einem Mann/ jedes absonderlich mit Essig.

Mandelkerne/ Hundsurin/eines jeden Menschen sein eigener Urin/Feigenblätter/spitzer Wegerich / Wegtrett / mag jedes insonderheit geknitscht und auffgebunden werden.

Wolgemuth / spitzer Wegerich / und Nesselkraut mit Essig gestossen und gebraucht.

Von dem Biß deß wütenden Hundes.

Etliche Hunde fallen in eine Kranckheit/ daß sie wütend werden/ dann lauffen sie umbher als unsinnig und tobend / schonen weder Menschen noch Viehe/ verletzen alles mit ihrem Biß/und mögen bißweilen weder mit Eysen noch anderen Waffen gedämpft werden/die Menschen/ so von solchem Thier gebissen worden / werden gleichsamb auch wütend/unsinnig und toll/ daß sie bißweilen bellen gleich wie die Hunde/ fallen in grossen Schmertzen/ und Gefahr ihres Lebens. Es läßt sich auch solcher Biß offt und vielmahls nicht gleich im Anfang mercken/sondern erst nach etlichen Monaten/bißweilen auch erst nach vielen Jahren: Ist d. thalben nit zu verachten/ sondern gleich Anfangs

Von den Hunden.

Anfangs mit bewehrter Artzney zu curiren und zu heilen. Solcher Gefahr nun vorzukommen/ soll allhie mit wenigem angezeiget werden/erstlich woran ein wütender Hund / und hernach auch woran eines solchen Hundes Biß zu erkennen sey.

Ein wütender Hund scheuet Essen und Trincken/ frist und trinckt nicht/ stehet scheel/ traurig und scheußlich umb sich/ sein Leib wird dünn und schmal als ob er zusammen gedruckt wäre / er wirfft viel schleimichten Schaum auß seinem Maul / athmet und keichet mit offnem Maul/ streckt seine Zunge herauß / gleich wie sonst die Hund so hitzig und müd sind / seine Ohren und Schwantz henckt er gantz unter sich / trabet träg und faul daher/und so er anhebt zu lauffen/ so ist er in seinem Lauff viel schneller / als er sonst gewohnet gewesen / solches thut er zur Unzeit/ ohne Ursach/ und mit ungleichem Lauff/ ist durstig/ trinckt doch selten/ ist darbey stumm/ still/ ohne Stimm/ und unmutig/ daß er auch seine bekannte Haußgenossen nicht erkennet / fällt Menschen und Viehe an / Bekannte und Unbekante/ henckt den Kopff gegen der Erden/sucht Einsamkeit/ seine Augen werden jhm roth/ andere Hunde fliehen vor jhm/ und bellen jhn an / er entsetzet und förchtet sich mächtig vor dem Wasser/dermassen/ daß er vorm Anschauen des Wassers sich erschüttert / und mancher bißweilen gar davon stirbt.

Bey was für Zeichen man einen wütenden Hunds-Biß erkennen möge.

Man soll geknütschte oder zerdrückte Nüsse auff den Biß legen / und also einen Tag darauff lassen liegen / auff den folgenden Morgen aber dieselbigen Nüß einer Hennen oder einem Hane fürwerffen. So der Hund wütend ist gewesen/ so wird sie anfangs ein Abscheuen darvor haben/ so sie aber der Hunger treibt/ daß sie die Nuß frist/ und ist der Hundsbiß wütend/ so wird sie sterben/ ist aber der Hund nicht wütend gewesen/ so bleibt sie gesund. So sie stirbt/ so thue es über eine Zeit wiederumb/ und das so lang/ biß eine Henn oder Han von solchem Essen bey Leben bleibet/ welches dann ein Zeichen ist/ daß kein böses Giefft mehr in dem Biß verborgen stecke. Andere heissen solches auff eben dergleichen Weise mit Brod versuchen/ und dasselbige andern Hunden fürwerffen/ welche/ wann der Hundsbiß gifftig ist/ ein Abscheuen darvor haben/ wo aber nicht/ so wird das Brod von jhnen gefressen. Andere heissen Weitzenkörnlein in den Biß legen/ biß sie von Feuchtigkeit auffgequollen sind/ alsdann soll man dieselbige den Hennen fürwerffen/ wie vor gedacht worden.

Die jenige/ welche von einem wütenden Hund gebissen worden/ nehmen ab/ werden dürr und mager/ bekommen ein brennend hitziges Fieber/ kommen von Sinnen/ haben schwere und erschröckliche Träume/ Stechen im gantzen Leib/ und einen hitzigen und dürren Mund/ ziehen einen schweren Athem/ und der Stulgang und Harn wird jhnen auch hart unnd schwer. Wann sie ein wenig Wasser ersehen/ so erzittern sie/ und werden unmuthig. In Summa/ sie kommen vom Schlaff und von Sinnen/ und sterben also in kurtzer Zeit. So lang als einer der gebissen worden/ sich selbst in einem Spiegel erkennet und ersehen kan / so ist noch Hoffnung zur Gesundheit vorhanden. Wo aber nicht/ und der Krancke sich/ wie ein Tobender auff dem Boden herumb wältzet/ so ist nichts dann der Todt zu gewarten. Die Forcht vor dem Wasser kompt etlichen bey Zeiten/ etlichen spat/ etlichen nach viertzig Tagen/ etlichen nach einem Jahr/ etlichen auch erst nach vielen Jahren/ nach dem daß ein solcher Gebissener voll böser Feuchtigkeit und Bluts ist. Aber dieses ist fleissig warzunehmen/ daß der Biß nicht verachtet/ oder für gering geschätzt / sondern mit grossem Fleiß und Ernst in Acht genommen werde. Solchem Ubel nun abzuhelffen / folgen hierauff etliche von gelehrten und erfahrnen Aertzten offtmals probirte und bewehrte

Artzneyen/ so für den wütenden Hundsbiß gebraucht und auffgelegt werden.

ES schreiben die Aertzte / daß kein Mensch bey Leben bleibe/ der von einem tollen Hunde gebissen worden/ und nicht mit bewehrter und krefftiger Artzney / wie sichs gebühret und seyn soll/ versorget werde. Vor viertzig Tagen soll der Biß nicht zugeheilet werden/ und ob es geschähe/ soll er wieder auffgeschnitten/ oder mit anderer Artzney auffgesetzet werden. Der leichteste und sicherste Weg/ so von Aertzten gebraucht wird/ ist/ daß man den Biß brenne mit glüenden Eysen. Galenus heist den Biß biß auff das gesunde Fleisch außschneiden/ und darnach/ wie andere offene Schäden/ heilen/ solcher Rath aber gehört einem erfahrnen und gelehrten Artzte zu/ und kan derhalben hie nit gründlich erzählet werden: Dargegen sollen allhie etliche andere bewehrte Stücklein folgen/ die auff den wütende Hundsbiß können gelegt werden/ als da ist:

Essig/ Gänßschmaltz mit Honig/ Knoblauch geknitscht/ und auffgelegt/ wilder Knobloch/ bittere Mandelkerne / Hünerdarm / Schmär mit Kalch gemischt / Aesche von den gebrannten Krebsen mit Essig/ Hundshaar auffgelegt/ und zwar/ wie etliche schreiben/ eben von dem Hund/ so den Biß gethan hat/ deßgleichen Menschenhaar mit Essig/ Geyßkaat mit Wein/ Baumnüß mit Saltz und Honig/ Zwibelen mit Essig oder Honig/ ein Pflaster von Zwibelen / Rauten und Saltz/ Rebenäsche mit Honig/ Roßkoth mit warmem Essig/ rauhe Bonen gekäuet und auffgeleget / unzeitige Feigen mit Essig/ Entian/ ein Schälichen von einem Schwalbennest mit Essig auffgelegt / Saurampffer die Wunden damit gewäschen/ auch gestossen auffgelegt/ weisser Andorn mit Saltz/ Wegerich geknitscht/ Aesche von den gebranten Krebsen zehen Theil/ Entian fünff Theil/ Weyrauch ein Theil/ die Krebs sollen in einem küpffernem Geschirr gebrannt/ und das Pulver von allen dreyen Stücken auß Wasser/ alle Tag ein Löffel voll getruncken/ oder auch mit Wein eingegeben/ aber darbey auch zu der Zeit der Biß mit guten Pflasteren versorget werden. Es kan auch Thiriac auff den Biß gelegt werden.

Etliche Kunststücklein/ so für den wütenden Hundsbiß eingenommen werden.

KNobloch in der Speiß gessen/ Wermutwein/ Safft von Hünerdarm/ und Kappes in der Speiß gessen/ und getruncken/ oder Zwibeln und Schnittlauch in der Speiß genossen/ und die Aesche von gebranten Krebsen/ oder über das Mäglein von einem jungen saugenden Hündlein in Wasser getruncken.

Bibergeyl auß Rosenessig getruncken/ oder über Tausendgüldenkraut/ auch Garwenderlein getruncken/ auch wilde Hagrosenwurtzeln gestossen und auffgelegt/ über das Hirne von einer Hennen in Wein getruncken/ Entian getruncken und auffgelegt/ Schwalbenkoth getruncken und auffgelegt/ Saurampffer/ Camillen/ Honig/ jedes insonderheit getruncken. Allerley Wasservögel zur Speiß gessen/ Wegerich/ Rauten/ Schmärwurtz jedes in Wein getruncken.

Von mancherley Gestalt unnd Gattung der Hunde/ und zwar von jedem insonderheit.

Von den Schoßhündlein.

ES sind vor diesem auß der Insul Melita, schöne/ kleine/ und zarte Hündlein gebracht worden/ so von gedachter Insul den Nahmen Melitenses auch behalten/ den Unserigen Schoßhündlein/ von den Frantzosen aber Chiens de Bononie, (dieweil sie zu Bononien am meisten zu jetziger Zeit gefunden/) genennet werden. Ihre Gestalt anbelangend/ sind sie so klein und zart/ daß man sie in beyden Händen verbergen kan/ etliche haben lange/ etliche kurtze Haar/ und beschreiben sie etliche weiß/ etliche schwartz. Zu unserer Zeit werden die roth- und weisse am höchsten gehalten/ und wird offt ein solch klein Hündlein umb grosses Geld von den Liebhabern erkaufft/ dieweil sie dem Frauenzimmer sehr angenehm sind. Damit sie aber recht klein bleiben/ werden sie in enge Körbe eingeschlossen/ und mit zarten Speisen uffgezogen/ dann etliche nichts als Zuckerbrod und dergleichen vertragen können. Wann sie mehr als ein Junges tragen/ müssen sie sterben. Dieweil die Langhärichte am meisten geliebet werden/ legen die jenigen so jhnen warten/ an den Ort wo sie liegen/ allerley rauhe Fell/ daß sie solches allezeit vor Augen haben mögen.

Von den Jagthunden/ und den Rüden.

VArro schreibet/ daß vornehmlich zweyerley Geschlecht der Hunde sey. Eines/ so man ins gemein Jagthunde nenne/ welche den wilden Thieren nachjagen: Das andere aber/ welches zum Hüten und Wachen geworffen/ und von männiglichen erzogen werde/ und diese Hunde mögen in gemein Hirtenhunde genennet werden. Unter den Jaghunden sind wiederumb etliche genaturet dem grossen Wilde nachzustellen/ etliche aber den kleinen und forchtsamen Thieren/ solche entweder zu fahen/ oder in die Garn zu jagen/ oder mit dem Geruch dem Ban nachzustreichen/ oder das Wild schnelle auffzutreiben. Etliche haben allerley Tugenden an jhnen/ als die/ so Spühr- und Jaghunde genennet werden. Wie ein jedes Geschlecht der Jaghunden/ nach der Form/ Gestalt/ und anderen Tugenden solle außgelesen werden/ wird von Xenophonte und einem Poeten/ Gratius genannt/ weitläufftig beschrieben/ ist unnötig/ allhie zu erzählen/ dieweil sich solche Eygenschafften nach deß Lands Art veränderen. Solche Wissenschafft aber kan sonst ohne Mühe und Arbeit von den erfahrnen Jägeren bey Fürsten und Edelleuthen erlernet werden.

Solche Farb wird an den Jaghunden/ so dem grossen Wild nachjagen sollen/ gelobt/ welche dem Wild gantz gleich und ähnlich/ und gar nicht scheckig ist/ aber gantz roth/ weiß/ schwartz/ wird nicht gelobt/ sondern es sollen allezeit umb den Kopff oder umb die Schnautze einige Flecken und Mackel gesehen werden.

Dieselbigen aber/ so dem kleinen Wild/ als Hasen/ Küniglein und dergleichen nachjagen/ sollen mit der Grösse jhres Leibs/ deßgleichen mit der Farbe und Gestalt/ ernandtem Wild gantz gleich außgelesen werden.

In etlichen Ländern/ als in Engelland/ findet man überauß schöne/ mächtige/ grosse und starcke Hunde/ welche das grosse Wild/ als Bären/ wilde Schwein/ Wölff/ und dergleichen angreiffen dörffen. Bey uns in unsern Landen werden die rauhe/ grosse und starcke Jaghunde/ (so Aristoteles Molossos nennet/) Rüden genannt. Deßgleichen werden auch auß einer Insul in Italia edle Jaghund gebracht/ die man Kürißhunde oder Pantzerhunde nennet.

Ein König von Albanien soll dem grossen Alexander einen Hund von unnatürlicher Grösse geschenckt haben/ welcher auch die Bären/ wilde Schwein/ und Damhirschen/ als gegen sich geringschätzige Thiere soll verachtet haben. Es soll auch Porus dem König Alexandro einen verehret haben/ welcher zween Löwen überwunden hat.

Von dem Leithund.

Ein ander Geschlecht der Hüde/ so der Spühr-

Von den Hunden.

deß Wilds mit ihrem Geruche nachstreichen/ werden auff Teutsch Spürhunde / Leithunde und Schmäckhunde/ von etlichen aber ins gemein Jagthunde genannt / und diese sind von Natur mit gar scharpffem Geruch begabet. Der Leithund soll an der Farb gantz weiß / und dem Wild gantz ungleich seyn / damit der Jäger nicht durch Gleichheit der Farb betrogen werde / wiewol andere schreiben / daß an der Farb nichts gelegen seye / wie dann auch an der Grösse nichts / nur allein daß sie lange Ohren / welche sie doch offt sollen über sich auffrecken/ und eine auffgestützte Nasen haben sollen. Blondus schreibet / sie sollen mehr mit truckener / als mit feuchter Speise (wie die Suppen sind) gespeist werden/ damit jhnen nicht die Nasen verstopffet / und sie an dem Geruch verhindert werden. Unter den Leithunden werden diejenige vor allen gepriesen / so sich halten und still stehen / wann sie das Wild außgespähet haben/ und also der Herbeykunfft deß Jägers erwarten.

Es haben etliche beyderley Art und Tugenden an sich / nemblich zu riechen oder der Spuhr nachzustreichen / und so sie das Wild außgespähet haben/ demselben ohne Verzug nachzujagen.

Von dem Lochhündlein.

Ein anderes Geschlecht und Art von kleinen Hunden ist / so dem Geruch nachsetzen / und in die Löcher / so die Füchs und Dachsen gegraben/ kriegen / dieselbige melden und herausser treiben / diese werden auff Teutsch Lochhunde genennet / und mögen under die Leithunde gezählet werden.

Von dem Windspiel.

Canis Velox.   Ein Windspiel.

Noch ein besonderes Geschlecht der Hunde ist / so von jhrem geschwinden und schnellen Lauffe / Windspiel genannt werden: Diese Gattung wird in dem Jagen / zu den Hirschen/ Hasen/ und Gemsen gebraucht. Etliche werden mit einem sonderlichen Nam / Türckische Winde/ sonst aber ins gemein allesampt Hetzhunde genannt.

Von dem Vogelhund.

Die Hunde / so zu den Vögeln gebraucht werden/ haben solche Tugend nit von Natur/ sondern werden das in gewisser Zeit mit Zucht und Streichen gelehret / allein den scharffen Geruch

ruch haben sie von Natur/ sind gantz dienstlich/ und bey dem Adel gebräuchlich/ halten sich still/ so sie das Gevögel ersehen haben/ lassen sich auch mit dem Garn gar überziehen/ und werden auff Teutsch Vogelhunde/ und von etlichen Wachtelhunde/ auch Forsthunde genannt.

Von dem Wasserhund.

Canis aquaticus. Ein Wasserhund.

DER Wasserhund/ sonst auch Barbet genennet/ ist ein sonderlich artiges/ und anmuthiges Thier/ und hat wunderlich holdselige Tugenden an jhm/ gleich wie der Augenschein und die tägliche Erfahrung bezeugen. Unter diesen Hunden jagen etliche dem Biber/ Otter/ und wilden Enten nach: Andere aber/ wann etwas in das Wasser gefallen/ oder geworffen worden/ so bringen und holen sie es wieder herauß.

Von dem Hauß- oder Gesellhund.

De Cane socio & fideli.

WAs für Treu und Liebe ein Hund seinem Herrn erzeige/ ist hiebevor erzählet worden/ und auch männiglichen bekannt. Und auß der Ursach mögen die jenige Hunde für eine besondere Art gerechnet werden/ so in Häusern von den Menschen gespeiset und erzogen werden/ damit/ wann der Herr auß dem Hauß gehet/ der Hund jhn begleite/ und als ein Gesell oder Gefärte den Weg mit jhm lauffe und jhn verhüte/ deßhalben er ein Gesellhund solle genennet werden: Dann von anderen/ so zu der Hut/ oder Streit gebraucht werden/ wird bald hernach absonderlich gehandelt. Viel lustige Historien werden von der Hunde jhrer Treu von etlichen alten Geschichtschreibern erzählet/ welche aber umb geliebter Kürtze willen unnöthig sind/ allhie anzuziehen/ dieweil auch die Erfahrung solches täglich beweiset.

Von

Von dem Schirm- oder Streithund.

Canis bellicosus & hominis defensor.

ES werden etliche Hund zu der Menschen Hut/ und zum Streit erzogen/ wie auch den Mördern nachzustreichen/ diese sollen groß/ dürr/ und scheußlich/ darbey aber starck und verwegen seyn/ daß sie auch wider bewaffnete Leuth zu kämpffen und zu streiten angeleitet werden: Sie sollen keine andere Menschen erkennen/ und keinen andern liebkosen/ als allein ihren Herren/ sich auch von keinem antasten lassen/ und allein auff ihren Herrn sehen und seiner hüten. Zudem Streit werden sie mit Kunst erzogen und abgerichtet.

Alexander Pheræus, ein grosser Tyrann in Thessalia, soll einen überauß grossen und scheußlichen Hund erzogen haben/ der jedermanns Feind gewesen/ außgenommen der jenigen nicht/ so ihm Speyse dargeworffen: Solchen Hund hat zu einem Thürhüter oder Wächter seiner Schlaffkammer gehalten/ dieweil er sich für den Leuten/ von wegen seiner Tyranney/ nicht sicher wuste. So haben auch den König der Garamanten/ als er ins Elend verwiesen ward/ zwey hundert Hunde auß dem Elend wieder in sein Reich bracht/ so treffliche Gegenwehr haben sie gegen seine Feinde gethan.

Von den Hirten- oder Schaaff-Hunden.

Canis pastoralis.   Ein Schaaffhund.

VOn den grossen und starcken Hunden/ werden etliche absonderlich darzu erzogen/ daß sie daheim zu Hauß/ die Ställe/ und ausserhalb dem Hauß/ das Vih so auff der Weyde vor Gefahr und Schaden verhüten sollen/ diese werden gemeiniglich Schaafhunde genennet: Und unter diesen Hunden/ so zur Hut gebraucht werden/ verhüten etliche das Vieh/ etliche den Meyerhoff/ und etliche besondere Häuser. Der Schaaffhund soll starck/ mächtig von Leib/ muthig und frech

frech seyn/ und ein scheußliches Bellen haben/ von Farb soll er gantz weiß/ und haaricht seyn/ gleich wie die Schaafe/ damit solch Vieh nicht ein Abscheuen vor jhm habe/ und er gar leichtlich vor dem Wolff möge erkannt werden/ damit im Dunckeln unnd Finstern nicht der Hund an statt des Wolffs angegriffen oder getödet werde. Die Scheckigen oder Gefleckte werden gantz verworffen. Der Schaafhund nun soll seine Heerd und Hirten artlich erkennen/ und den reissenden Thieren/ Dieben/ und anderen so Schade bringen wolten/ nachstellen. Der Halß soll jhm mit einem Halßband voll eyserner Spitzen verwahrt werden/ damit er nicht so bald möge verwundet/ und dardurch in Gefahr deß Lebens gebracht werden.

Noch ist eine andere Art von Hunden/ so die Meyerhöff und die Schiffe verhüten. Diejenige/ so zur Hut und Beschirmung der Meyerhöffe gebraucht werden/ sollen in alleweg scheußlich/ und darzu fetter und schwerer/ als die/ so das Vieh verhüten/ eine scheußliche Stimm und Ansehen/ wie auch/ einen scheußlichen Kopff/ gantz schwartze Farb/ und kurtzen Leib haben/ daß sie nicht allein mit jhrem Geschrey/ sondern auch mit der grausamen Gestalt/ die Diebe und Schelmen verjagen mögen. Gleicher Gestalt soll auch der seyn/ so zur Hut der Ruder/ der Schiffe/ und Kauffmans-Güter in den Schiffen gehalten wird.

Es werden auch etliche Hunde sonst von gemeinen Leuten gehalten/ damit das Hauß vor Dieben/ oder anderen auffsätzigen Leuthen möge verwahret seyn. Ist bey den Alten ein gemeiner Brauch gewesen/ wird auch noch bey unsern Zeiten von vielen gebraucht. So viel sey von solchen Hütern und Wächtern/ so gantz nit stumm seyn/ gnug gesagt. Hierauff folgen.

Etliche sonderliche Geschlechte frembder Hunde/ mit jhrer eygentlichen Abbildung.

Canis Britannicus. Ein Schlatthund. Sive: Scoticus, furum deprehensor. Ein Bluthund.

Von seiner Gestalt/ Art und Natur.

Dieser vergleichet sich gar wol dem Englischen Bluthund/ so hernach folget/ und scheinen auch einerley Art zu seyn. Soll sonst nicht grösser seyn/ dann der Schottische Brack oder Spühr-und Schmäckhund: Er ist mehrentheils roth/ mit schwartzen Flecken/ oder ist schwartz und mit rothen Flecken besprengt. Eine solche Art hat er an sich/ daß er dem gestolenen Gut/ und den Dieben mit seinem Geruch oder Geschmack/ so lang nachsetzt/ biß er den Dieb ereylt hat/ und mit Macht angreiffen könne. Und ob gleich der Dieb (den Hund zu betriegen) über ein Wasser oder Fluß entflohen/ so schwimt er doch am selbigen Orth/ wo sich der Dieb ins Wasser gelassen hat/ hindurch/ und laufft so lang hin und her/ biß er mit seinem Geruche deß Diebes Spuhr wieder gefunden/ und dem Diebe das gestolene Gut abgejagt hat.

Von dem Britannischen Schmeck- oder Spühr-Hunde.

Canis Britannicus. Ein Brack. Ein Schottischer Wasserhund. Sagax. Ein Rache.

Von dem Britannischen Jagthunde.

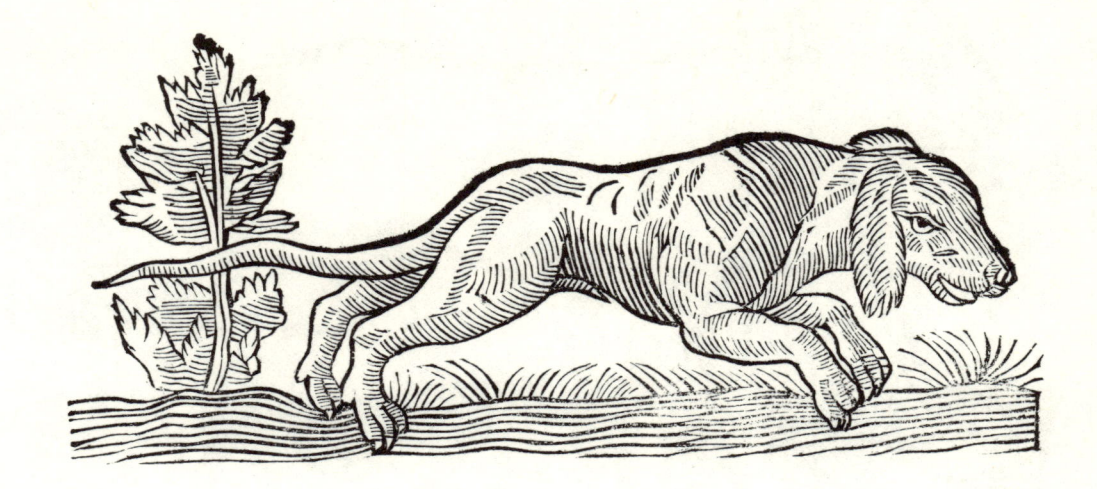

Von seiner Art und Eygenschaft.

Dieser Hund ist auch von einer besondern Art der Schmäck- oder Spühr-Hunde; Dann er nicht allein die Vögel und wilden Thier/ sondern auch die Fisch in den Wassren/ zwischen den Felsen und Schropffen/ mit seinem Geruch außspähet und anzeiget.

Canis Britannicus.   Ein Greuhund.   Venaticus.   Ein Jagthund.

Vō seiner Art und Natur.

Dieser soll den allerschnellesten Lauff haben unter allen Hunden/ ist gantz frech und keck/ nicht allein in das Wild / sondern auch in die Feind und Mörder zu setzen/ wann er angehetzt wird/ oder siehet / daß sein Herr oder Leitmann beleidiget wird. Ist der edelste und schönste unter allen Jagthunden.

Von dem Englischen Bluthunde.

Canis sagax sanguinarius apud Anglos.

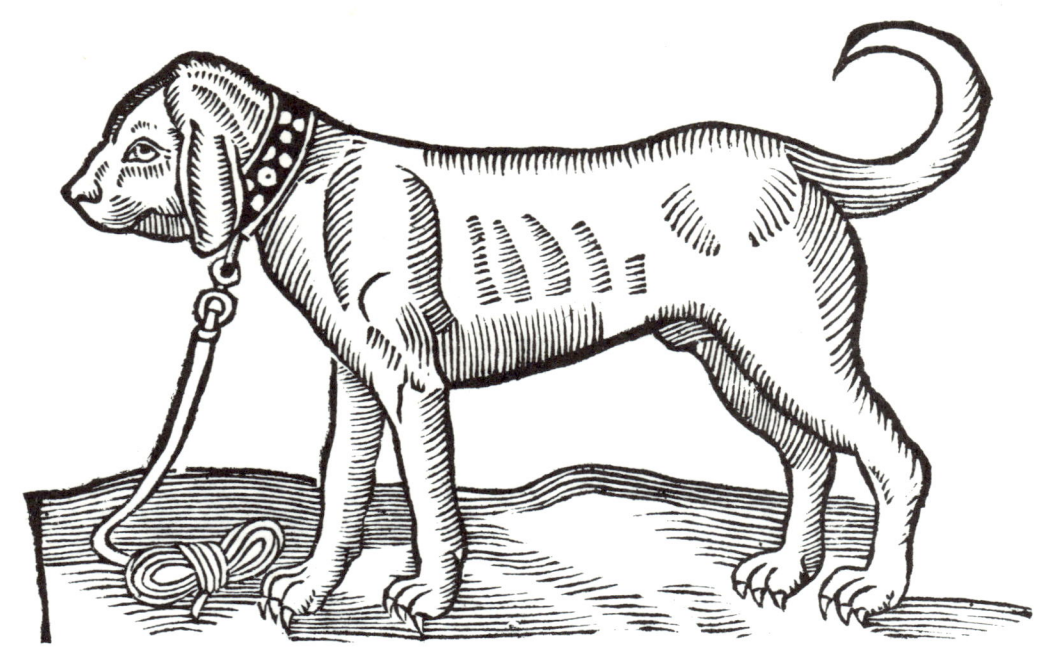

Von seiner Art.

Dieser soll gantz einerley Gestalt/ Art und Natur seyn mit dem Obigen/ so unter diesen vieren die erste Stelle hat/ und den Dieben nachspühret.

Von dem Englischen Vogelhunde.

Canis Aviarius, Campestris.   Ein Vogelhund.

Võ seiner Art und Eygenschafft.

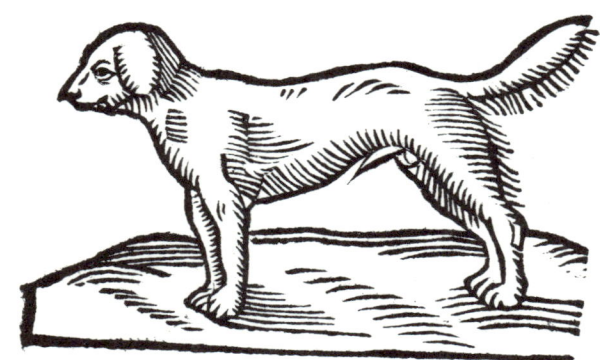

Diese Hunde pflegen die Englische Edelleuthe zu dem Vogelfang zu gebrauchen/ als Fasanen und Rephüner/ welches Jagen sie mit dem Falcken verrichten/ oder nach der Edelleuthe Gebrauch und Gewonheit/ Habicht. Solche Hunde werden von allerley Farben gesehen: Doch ist der mehrere Theil weiß/ und so sie etwann Flecken haben/ so seyn jhrer doch wenig/ aber groß und roth sind die Flecken. Bey den Engelländern hat dieser Hund keinen sonderlichen Namen/ als allein von dem jenigen Vogel/ dem er von Natur am meisten nachhängt und nachspühret.

Von dem Engelländischen Wasser-Hund.

Canis Aquarius, Aquaticus.   Ein Wasserhund.

Von

Von den Hunden.

Von seiner Gestalt/Art und Natur.

VJel grösser ist dieser/ und hat über den gantzen Leib viel längere Haar/ als der vorbeschriebene Vogelhund/ ist den Hunden/ so man auff Frantzösisch Barbet nennet/ gantz ähnlich/ aber von angeborner Art also genaturet/ sonderlich wann er ein wenig angeleitet wird/ daß er dem Wasser-vögel nachspühret und nachjaget. Allhie in gegenwärtiger Figur ist er also vorgebildet/wird aber von den Engelländern von den Schultern an biß zum Schwantze beschoren/damit er im Schwimmen desto geschwinder fortkommen könne. Die Engelländer nennen ihn A Watterspagnelle.

Von dem Hockerhund.

Canis Getulus.   Ein Africanischer Hockerhund.

Eine Art der Hunde auß Africa.

Von seiner Gestalt und Natur.

DJeses ist eine sonderliche/ wunderbarliche und seltzame Art von Hunden: Sie werden viel und gemeiniglich in dem Theil der Welt/ Africa genannt/ gefunden/ und von dannen in unsere Landschafften/sonderlich in Britannien geführt: Dieser Hund hat einen kurtzen dicken/ gebogenen oder krummen Leib/ auch wann er gehet/ einen kurtzen/ oder beynah gar keinen Halß/ lange Beine/aber einen kurtze/ und fast gar keinen Schwätz/bellt wie ein Hund/tritt einher wie ein Aff/und hat eine schwartze Schnautze/wie ein Igel.

Andere Art Indianischer Hunden.

Ytzcuinteporzotli.   Ein Indianischer Hund.

Canis Mexicana.

Dieses Thier beschreibet Fabrus Lynceus/ so nach abgebildter Figur einer Mißgeburt nit ungleich ist: Dann wann man den Kopff betrachtet/ ist er so klein/ daß er nach Proportion deß Leibs noch so groß seyn solte. Seine Augen bezeugen gantz keine Grausamkeit/ sondern vielmehr ein zahmes Thier/ die Naß welche höckerigt und einer Hundsnaß gleichet/ ist gantz weiß/ wie auch die Stirn und Augenbrauen: Seine Hangohren sind gelb/ hat einen kurtzen und fetten Halß/ daß es scheinet/ als stünde der Kopff ohne Halß am Leib/ und hat einen Buckel auff dem Rücken/ welcher gelb von Farben/ wie ein Kamehl/ einen gantz kurtzen weissen Schwantz/ grosse Hangbrüste/ derer sechs gemeiniglich in acht genommen werden/ und einen fetten Bauch/ welcher voll schwartzer Flecken ist/ die Beine aber und Füß sind weiß mit langen Klauen. Noch ein andere Art von Indianischen Hunden/ wird bey Jonstono abgemahlet/ so nicht so abscheulich/ und den Unserigen mehr gleich siehet/ wie auß nebenstehender Figur mit mehrerm zu ersehen.

Die Alten haben den Regenten die Wachsamkeit und Beschützung der Underthanen durch die Hunde eingebunden/ daß sie vor ihre Underthanen wachen/ und sie wider die Feinde beschützen sollen/ wie Plato es weitläufftig außführet/ dannenhero auch die Aegypter ihren Mercurium Trismegistum, so ihr Fürst gewesen/ mit einem Hundskopff abgemahlet/ weil er sonderlich Weißheit/ Stärcke und Klugheit in der Regierung gebrauchet/ wie zu sehen auß deß Stefanonij beygesetzter in Edelgestein befindlichen Figur.

Von dem Igel.

Herinaceus.   Ein Igel.

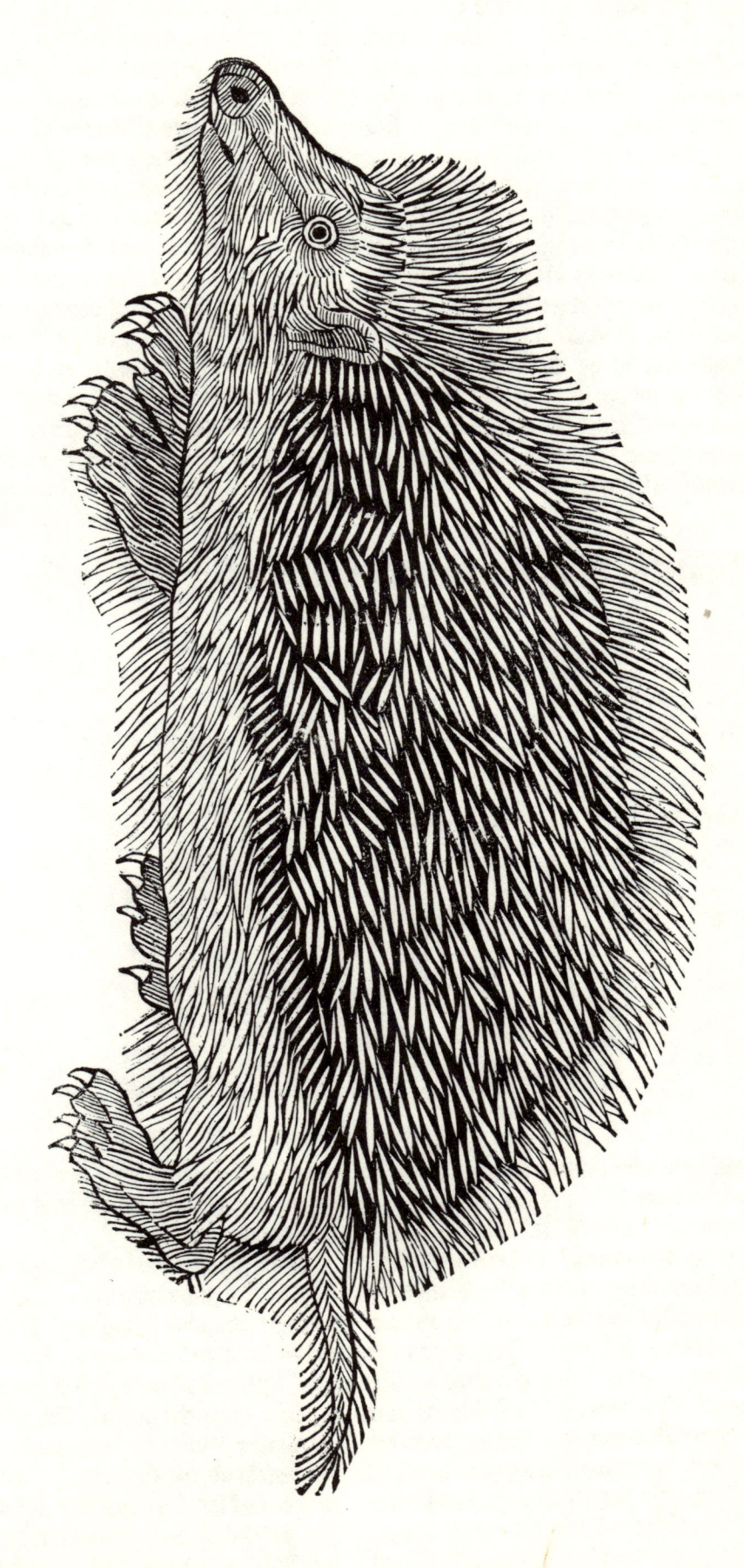

Von mancherley Gestalt und Underscheid dieses Thiers.

Der Igel wird auf Arabisch قنفذ Hebräisch קופד, Griechisch ἐχῖνος, Lateinisch Erinaceus genannt / und werden zweyerley Geschlecht zu unsern Zeiten gefunden / das eine hat einen Rüssel gleich wie ein Schwein / und wird auff Teutsch Sau=Igel genannt: Das andere aber hat eine Schnautze wie ein Hund / und wird auß der Ursach Hunds=Igel genannt. Sie haben einen Underscheid nach den Orten wo sie sich auffzuhalten pflegen: Dann etliche seyn wild / und werden in den Wildnüssen und Höltzern gefunden: Etliche aber bey den Häusern. Fett / als wie ein Schwein / ist der Igel / so er abgezogen oder geschunden ist: Die Männlein haben ihre Hoden in dem Leib / und mehren sich nicht auff solche Art und Weise als wie andere Thier / indem sie nicht auffsitzen können von wegen jhrer Stacheln / sondern dieses Werck mit auffrechtem Leib / oder stehend / mit jhren Bäuchen müssen verrichten.

Von Natur und Eygenschafft dieses Thiers / und wo es zu finden.

Der Igel wohnet in dicken Hecken oder Zäunen / und Weingärten / vornemlich zur Herbstzeit: Zur Winterszeit aber verbergen und verkriechen sie sich in die hole Bäume / da sie Aepffel und andere Dinge fressen / so sie Sommerszeit zusammen getragen haben / dann sie wältzen sich mit jhren Stacheln auff die Früchte / als Aepffel oder Weinbeeren / und nehmen nicht mehr / dann ein Stück in jhr Maul / und tragen also die Früchte in die holen Bäume. Sehr sorgfältig ist ein Igel für seine Junge / dann er streicht zu den Weinreben / reist die Weinbeeren herab auff den Grund / und wältzet sich mit seinem stachelichten Rücken über dieselbige hin / wie man jhn dann zuzweilen voller Weinbeeren siehet / daß er eine kriechende Traube zu seyn scheinet / und also trägt er die Weinbeeren auff seinem Rucken mit Hülff der spitzigen Stacheln zu seinen Jungen / welche einen Theil davon essen / die Ubrigen aber auffheben. So jhm ein Stück von den Früchten entfällt / so schütt er die andern auch herab / kehrt wieder zurück / daß er die Stacheln alle fülle. Wann sie in Häusern gehalten werden / so trincken sie Wein und Milch.

Von innerlicher Art und natürlicher Beschaffenheit dieses Thiers.

Ein arglistiges und verschlagenes Thier ist oder Igel / und weiß / wann sich die Lufft und das Wetter ändern will. Dann so naß oder feucht Wetter vorhanden ist / so verschliessen sie sich in jhre Hölen / und veränderen jhre Nester mit Aenderung der Lufft / welche aber in den Häuseren gehalten werden / sollen jhre Zuflucht zu den Wänden nehmen. Ihre Wohnungen oder Nester haben zwey Löcher / eines gegen Mittag / und das andere gegen Mitternacht: Wann dann der Nordwind wehet / so verstopffen sie das / so gegen demselben Wind offen stehet / und thun das andere auff: Wann aber der Sudwind geht / so verstopffen sie das / so diesem Winde entgegen ist / und öffnen das andere. Welches als es einsmahls einer in acht genommen / hat er gleich gemeynet / die Igel könten künfftig Wetter prophezeyen unnd vorsagen.

Der Igel und die Schlange tragen einen tödlichen Haß gegeneinander. Dann wo sie in den Löchern einander begegnen / so zeucht sich der Igel zusammen / alsdann umbwindet die Schlang den Igel / und je mehr sie sich zusammen wickelt oder beist / je mehr sie sich selber verletzt: Nichts desto minder / wie hefftig sie verletzt wird / steht sie doch nicht ab / biß sie stirbt. In solchem Kampff sterben sie bißweilen beyde / bißweilen aber bleibt der Igel bey Leben: Massen man offtmahls Igele gefunden / welche noch Fleisch von Schlangen auff jhrem Rücken an den Stacheln getragen.

Der

Von dem Igel.

Der Wolff förchtet und entsetzt sich gar sehr vor dem Igel/ wann er jhn ersiehet.

Was für Nutzbarkeit man von diesem Thier haben könne.

Wann man den Igel jagen/ fahen oder auffheben will/ so zeucht er sich zusammen wie eine Kugel/ daß er von wegen seiner spitzigen Stacheln nicht anzugreiffen ist/ biß er in warm Wasser geleget wird/ alsdann thut er sich voneinander/ und läst sich greiffen und sehen. Etliche von den Alten schreiben/ daß der Igel wol wisse/ daß man ihm wegen seiner Haut nachstelle/ auß welcher Ursach er/ als ein mißgünstiges Thier/ wann er die äusserste Gefahr seines Lebens vermercke/ sein eygen Fleisch und Rücken innwendig beseiche/ und damit also seine Haut untüchtig mache/ dieweil sie von solchem Urin gleich stinckend/ schimmelig/ und faul gemacht werde/ derhalben solle er entweder bey einem Fuß auffgehenckt/ und mit Hunger getödet: Oder gleich in einem Streich zu todt geschlagen werden.

Mit des Igels Haut werden die Kleider außgebutzt: Deßgleichen auch die Hunde damit vertrieben/ wann man die Haut vornen an eine Stange nagelt/ und jhnen vorhält.

Von dem Fleisch dieses Thiers.

Die Alten haben deß Igels Fleisch nicht in der Speiß gebraucht/ als wie zu unsern Zeiten geschicht/ doch soll das Fleisch des Säu-Igels/ und nicht des Hunds-Igels von etlichen gessen werden. Wann er abgezogen ist/ wird er gebrüet in Wein und Essig/ alsdann wolgespickt an den Spiß gesteckt und gebraten/ soll für besondere Kranckheiten nutz seyn/ wie hernach folgen wird.

Von Artzney/ so von dem Igel zu etlichen Kranckheiten gebraucht wird.

Die Aesche von dem gebrantem Igel ist gut für faule garstige Schäden oder Gebrechen/ und läst kein übriges Fleisch wachsen.

Die Aesche von der gebrannten Igels-Haut/ oder von dem gebrannten Kopff/ der seine Haut noch gehabt hat/ mit Bärenschmaltz oder mit Honig/ oder Essig auffgeschmieret/ bringt das außgefallene Haar wieder/ und macht das Haar auch auff den Narben unnd Mählern wachsen. Doch soll das Haar vorhin abgeschoren/ und die statt mit Senff gerieben werden/ biß sie roth wird. Solche Aesche soll auch gut seyn für die Fisteln/ und wän mä sie mit Oel anstreicht/ die böse Schebigkeit des Angesichts/ getruncken aber die Wehtag der Nieren und Wassersucht vertreiben/ welche Krafft aber die Alten dem Fleisch deß Igels zuschreiben/ wann es nemblich gedörrt in der Speiß eingenommen werde.

Sein Fleisch eingesaltzen/ gedörrt und in der Speiß genossen/ soll den Außsätzigen gut seyn/ wie auch denen/ so die Wassersucht besorgen/ und denen/ so Schmertzen an den Nieren haben und Wassersüchtig sind/ gekocht und gebraten/ heilet es den Außsatz/ eingesaltzen und mit Oximel genossen/ die Wassersucht.

Seine Gall/ mit dem Hirn von einer Fledermauß/ und Hundsmilch angestrichen/ macht das Haar außfallen: Die Gall aber an und für sich selber allein vertreibt die Wartzen.

Wann einer einen Stachel oder Spitze vom Igel in den Füssen/ oder anderswo am Leib stecken hat/ der soll den Fuß in warmen Menschen-Urin halten/ so fallen sie herauß.

Von dem Nutzen deß Igels schreibet Becherus folgendes:

Der gantze Igel (1) nutzt/ vor andern doch darbey/
Sein Leber (2)/ Magen (3)/ Fett (4)/ die dienen vielerley.

1.

So man den Igel thut zur puren Aschen brennen/
Sie hilffet denen/ die den Harn nicht halten können.

2.

Die Leber trocknet man/ und nimpt sie also ein/
Dient in der Wassersucht/ und stillt der Nieren Pein.

3.

Die innerliche Haut deß Magens trocknen thut/
Gepulvert nehmt sie ein/ ist in der Colic gut.

4.

Das Igel-Schmaltz das thut man allermassen loben/
In Brüchen/ so man sich gar schwer hat überhoben.

Von den Indianischen Igeln.

Tatus quadrupes.   Ein frembde Gattung Igel.

Von der Gestalt dieses Thiers/ und wo es zu finden.

Dieses Thier wird nach Nierembergii Beschreibung/ in Presilien gefunden/ unnd von denselbigen Völckern Tatau, von den Hispaniern Armadillo, den Italianern Bardato, und von den Indianern Chirquinchum genannt. Ist von der Grösse wie der kleineste Hund/ hat einen dünnen langen Rüssel/ und kurtze kleine Beine. Auff dem

dem gantzen Leib hat es eine harte Deck / wie ein Küriß / spitze Ohren / fast wie die Mäuß / und einen langen Schwantz. Auff dem Bauch ist es weiß / und von zarten weichen Haaren.

Von innerlicher Neygung / und Art dieses Thiers.

DJeses Thier ruhet auff seinem Rücken / damit es die Ameyssen so nach ihm kriechen / desto besser fangen möge. Worzu Antonius Herrera setzet / daß sie mit ihrem eygen Harn ihren Bauch benetzte / und also zwischen ihrer Deck und Bauch eine Pfütz machten / wordurch die Ameysen von dem Schwantz biß in ihr Maul zu lauffen getrieben würden. Deßgleichen bezeugen etliche von diesem Igel / daß er sich bey Regenwetter auffn Rücken lege / und in seine Schale Wasser samble. Wann alsdann die erhitzte Hirsch nach dem Platzregen die Pfützen suchten / liege er gantz still / biß der Hirsch sich zu ihm nahe / alsdann er ihn bey dem Kopff ergreiffe / und sich so fast anhalte / biß der Hirsch ermüdet zu Boden falle. Es macht es auch wie die andere Igel / daß er sich in seine Schale stecke / und eine Kugel mache / auch nicht / als durchs Feuer von einander kan gebracht werden.

Von der Speiß und Nahrung dieses Thiers.

GEmeiniglich hält sich dieser Igel in denen Pfützen und sumpfichten Orten auff / allwo er allerley Gewürm sich zur Speiß suchet / deßgleichen stellet er den Fischen sehr nach / und isset auch sonsten etliche Früchte.

Was für Nutzen solches Thier bringe.

MAn sagt / daß wann man ein Quintlein von der Schal dieses Thiers zerstossen eingebe / solches sehr gut seye wider die Frantzosen. Die Indianer sollen die runde Schnecklein von diesem Thier gebrauchen / die Dieb darmit durch sonderliche Kunst zu erfahren: Dann wann sie dieses Stücklein / dessen nicht nöthig hier zu gedencken / gebrauchen / bekompt der Dieb ein gewiß Kennzeichen im Gesicht / wordurch er verrathen wird.

Von mancherley art dieses Thiers.

ETliche von diesen Thieren sind nie schädlich / etliche aber vergifft / und sollen sie fast alle underschiedlich in jeden Provincien seyn. Monardes schreibet / daß

Von dem Igel.

daß deren gefunden werden/ so nicht essen/ deßgleichen gedencket Jacobus Plateau und Clusius, einer Art so ein Schuch und vier Zoll lang seyn/ mit einer harten Schalen/ worauff es in der Mitten aber gleichsamb drey Gewölb habe. Seine Ohren seyen auch nicht so schmal/ sondern breiter als der vorigen. Habe einen kurtzer Schwantz/ und seye ihre Gestalt folgenden beyden Figuren gantz gleich.

Vom Nutzen und Gebrauch dieses Thiers.

Von dieser Thier Gebrauch wird sonderlich gedacht/ daß sie ein Beinlein in ihrem Schwantz haben/ welches/ so es zu Pulver gestossen/ und eine Kugel wie ein Vogelskopff darauß gemacht/ und in die Ohren gelegt wird/ solle seyn wider das Klingen und Schmertzen der Ohren.

Von dem Kamelthier.

Camelus,   Kamelthier.

Von mancherley so inner- als äusserlicher Gestalt dieses Thiers.

Das Kamelthier uff Arabisch Hebräisch לָמָג, Griechisch κάμηλος, Lateinisch Camelus, Frantzösisch Chameu, Italianisch Camelo, und Hispanisch Camello genannt/ und werden desselben zweyerley Geschlechte beschrieben/ das eine hat auff seinem Rucken zween Hocker oder Buckel/ das andere aber nur einen und zwar geharten/ unnd an jeder Schulter unden an der Brust einen andern geharten Buckel/ auff welchen sie sich steuren/ so sie sich niderlegen/ sonst ist es das allergrösseste Thier unter allen so gespaltene Klauen haben. Das Kamelthier/ als eines von denen Thieren so keine Hörner haben/ manglet der vorderen Zähne am oberen Kinbacken/ hat ein mannigfaltigen Magen/ und seine Gall nicht abgesondert und abgeschieden/ sondern mit einigen Aederlein vermischt/ wiewol etliche schreiben/ es habe gar keine Galle: Es hat ein Euter gleich wie eine Küh/ einen Schwantz/ wie ein Esel/ und sein natürliches Glied hinder sich/ seine Kläuen seyn lind und fleischicht/ derhalben wann es lang reysen muß/ werden ihm von etwas Schuhe gemachet: In den hindern Beine soll es vier Gelencke haben/ und in den vorderen drey. Avicenna aber schreibet/ daß der Kamelthieren etliche gantze/ etliche aber gespaltene Klauen haben.

Wo dieses Thier zu finden.

Gegen Auffgang der Sonnen/ sollen gantze Heerden der Kamelthiere auff der Weyde gesehen werden/ sonderlich sollen in der Bactrianer Lande gar viel solcher Thiere/ in Arabien aber ein anderes Geschlecht/ so man Dromedary nennet zu finden seyn; Sie werden in unseren Landen als Schauspiel zum Wunder umbher geführet.

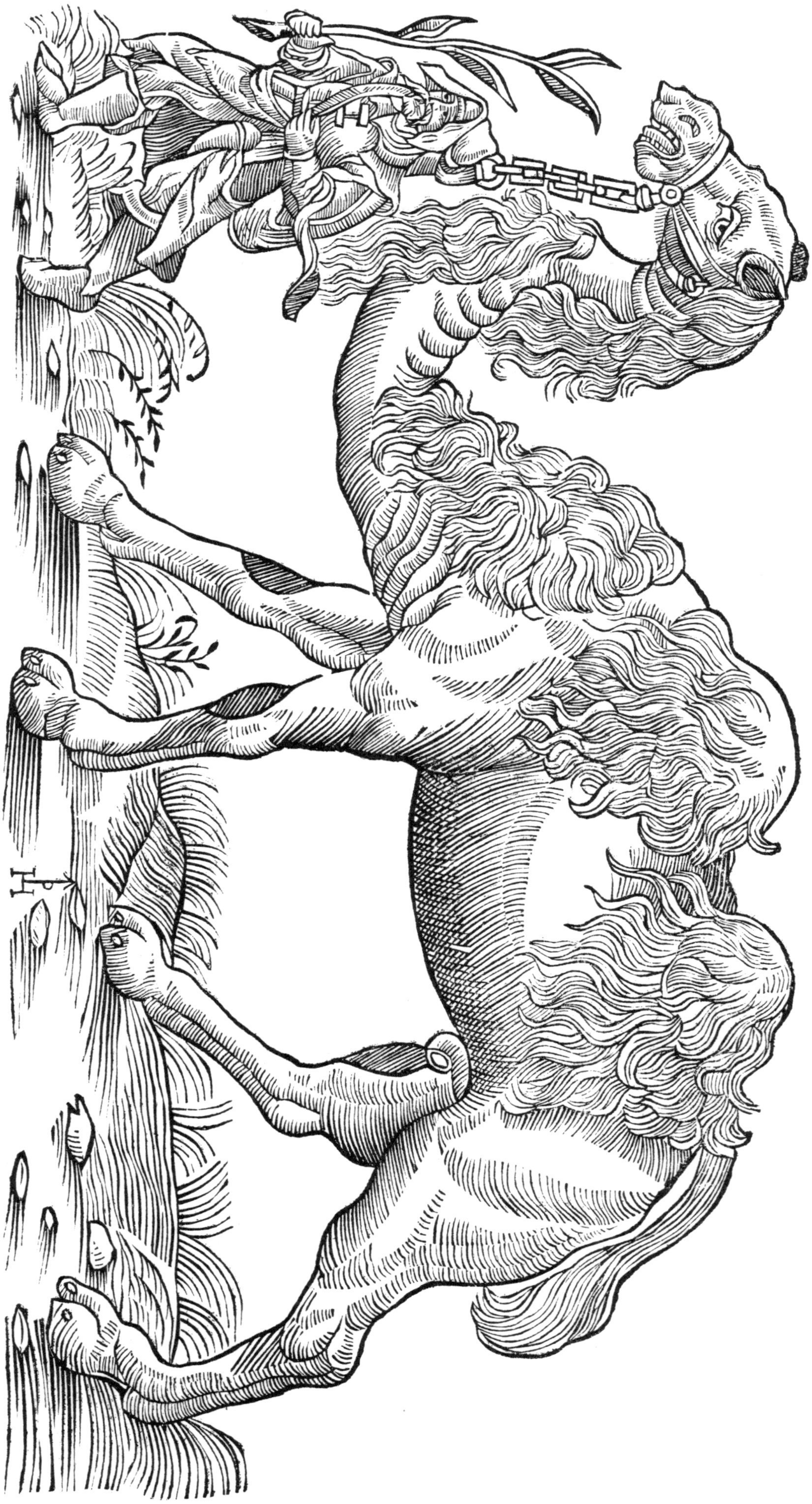

Von dem Kamelthier.
Von Natur und Eygenschafft dieses Thiers.

Das Kamelthier geht Fuß für Fuß einher/ und hat grosse Lust zur Gersten/ welche es begierig in sich frisset/ und darnach gleich wie anderes Viehe widerkäuet: Wann eines unterm Hauffen ohne Essen stehet/ so fasten die anderen alle/ gleich als ob sie Mitleiden mit jhm trügen: Sie fressen in jhren Landen Heu/ so von den Apoteckern Schenanthos genennet wird/ und trincken lieber trüb und dickes/ als lauteres Wasser: Dann sie trincken auß keinem Fluß/ sie haben jhn dann zuvor mit jhren Füssen trüb gemacht: Sie können biß auff de 4. Tag ungetruncken seyn/ darnach aber trincken sie für eine Zeitlang auff einmahl. Wann sie erzürnet sind/ so schreyen und kreischen sie scheußlich. Die Männlein lassen jhren Urin hinder sich/ sind ein hitziges geiles Thier/ dann sie treiben es den gantzen Tag/ und suchen heimliche verborgene Orte/ darzu zu derselbigen Zeit werden sie gantz grimmig/ und heben an zu springen/ wann sie dreyjährig sind/ und das Weiblein/ wann es geworffen hat/ hebt erst wieder an/ nach einem Jahr: Selbige gebären zur Zeit des Frühlings. Wanns der Hirt vermerckt/ daß sie anheben geil und läuffig zu werden/ so tritt er hinweg/ dann sie wollen weder von Menschen noch Vich gesehen seyn: Die Männlein begehren auch weder der Mutter/ noch keines anderen/ so von solcher Mutter kommen ist/ so ein schamhafftiges Thier ist der Kamel. Das Weiblein trägt sein Junges zwölff Monat/ Aristoteles aber und Plinius sagen zehen Monat/ gebieret nur eins/ und bleibt das Junge bey der Mutter ein Jahr lang.

Die allerdünneste Milch hat das Kamel/ darnach eine Stutt/ und nach derselbigen die Eselin. Sie behalten die Milch/ biß sie wieder empfahen/ und kommen mit jhrem Alter gemeiniglich biß auff 50. biszweilen auch auff 100. Jahr.

Sie bekommen etliche Kranckheiten/ vornemblich/ wann sie in frembde Land getrieben werden: Dann werden sie wütend/ und bekommen das Podagra/ daher sie reichlich sterben.

Von natürlicher Beschaffenheit dieses Thiers.

Was jhre innerliche Eygenschafft anbelanget/ sind fünff Stück sonderlich an denselbigen zu betrachten. Seine Rach/ Geschickligkeit in etwas zu lernen/ Liebe gegen die Music, seine Scham und Frömmigkeit. Dann wann es von jemand beleidiget worden/ behält es diesen Zorn lang an sich/ biß Gelegenheit giebet/ zu rächnen. Seine Geschickligkeit betreffend/ wird dieselbe durch lange Gewonheit zu unterschiedlichen Künsten getrieben. Unter andern sie tantzen zu lernen/ solle jhr Meister heisse Blatten legen/ darauff die jungen Kamel stellen/ welche wegen der Hitz bald diesen bald den andern Fuß auffheben: Wann nun darbey eine Paucke geschlagen wird/ gewöhnen sie sich durch lange Zeit/ wann sie nachgehends nur Paucken hören/ daß sie anfangen zu tantzen.

Daß sie die Music gern hören/ ist darauß abzunehmen/ weil/ wann sie ermüdet/ durch Schläge nicht so viel/ als durch Singen/ sich forttreiben lassen. Gegen seine Mutter soll das Kamel einen solchen Scham tragen/ daß es sie niemal besteige/ und sich grausamb erzeiget/ wann es ohngefehr hierzu getrieben/ wie solches auß nachfolgender Histori zu ersehen. Als auff eine Zeit ein Hirt/ auß Boßheit/ ein Kamelthierweiblein mit Tuch gantz bedeckte/ außgenommen die Scham/ und ein junges Kamelthiermännlein/ so von derselbigen Mutter war geworffen worden/ in der Brunst zu dem verdeckten Thier ließ/ vermischte sich das Männlein zwar auß Begierde mit dieser seiner Mutter/ zu End aber/ als dasselbige Thier solches merckte/ ward es vom Zorn von wegen der begangenen Schande so ergrimmet/ daß es den Hirten als Ursächer/ ergriffe/ zu Boden warff/ und jämmerlich ertratt/ hernach sich selber von einem Felsen herab stürtzte/ und also seine That auch an sich selbst büssete.

Einen angebohrnen Haß tragen die Kamelthier gegen die Rosse/ wie Aristoteles und Plinius bezeugen/ auch trägt der Löw gegen das Kamelthier einen Haß.

Võ Nutzbarkeit/ die von solchem Thier kompt.

DJe Kamelthiere werden in jhren Landen gebraucht/ an statt der Pferde/ zum Tragen/ zum Reiten/ und zum Kriegen/ und sind so schnell als ein Roß/ wollen jhre gewisse Last und Tagreiß haben/ und lassen sich gar nicht überladen/ oder übertreiben/ sie können aber eine mächtige Last tragen und ziehen: Sie werden verschnitten/ damit sie desto stärcker werden. Im Kriege sind sie gar nützlich/ dann sie übertreffen auch wol die Pferde mit jhrer Geschwindigkeit; Sind sonsten groß und scheußlich/ gehäret/ und können Durst und Arbeit wol leyden.

Der Harn des Kamelthiers soll den Bleichern und Walckern nutzlich seyn.

Auß den Haaren deß Kamelthiers und Dromedary/ welche lind und krauß seyn/ wird ein Zeug gemacht/ so man Chammelot/ oder Schamlet/ und auch nur schlechthin Kamelhaar nennet/ wie bekannt ist.

Von dẽ Fleisch deß Camelthiers.

DAs Fleisch von diesem Thier wird in der heiligen Schrifft zu essen verbotten/ ist eines bösen Saffts/ hart zu verdäuen/ und unlieblich. Doch soll seine Milch/ nach deß Menschen Milch/ die allersüsseste und beste seyn. Die/ so 2. Düssel oder Buckel auf dẽ Rucken haben/ werden von etlichen Völckern gefressen: Soll auch gebraten dem Könige in Persien bißweilen seyn fürgestellet worden. Jhre Milch wird von etlichen trefflich gelobt/ als die einen leichten Stulgang machen/ und die böse Feuchtigkeitẽ vertreiben soll.

Von etlichen Kranckheiten/ welchen dieses Thier unterworffen.

ES ist das Kamel sonderlich zum Podagra geneigt/ und wird auch leicht kahl. Von jener Kranckheit sterben sie gemeiniglich/ mit dieser aber können sie eine lange Zeit gehen. Wann sie lauffig seynd/ sollen sie 40. Tag rasend werden.

Etliche Stück der Artzney/ so von solchem Thier genommen und gebraucht werden.

BLut vom Kamel geröstet/ und in Wein getruncken/ ist gut für die rothe Ruhr und den Bauchfluß. Deßgleichen an sich selber allein für die fallende Sucht/ wie dann auch sein Gehirne/ wann es gedörrt und in Essig getruncken wird/ wie nicht weniger seine Gall mit Honig eingenommen.

Milch von dem Kamelthier ist gut den Keichenden/ Wassersüchtigen und für den erharteten Miltzen/ bringt den Weiberen jhre Zeit/ und ist köstlich wider das getrunckene Gifft.

Der Harn dieses Thiers ist den Wassersüchtigen gut/ und sein Koth zu Aeschen gebrant und mit Oel angestriechen/ soll krauß Haar machen.

Von dem Dromedary.

Dromedarius.   Ein Art Kamelthier.

DEr Dromedary ist ein Geschlecht der Kamelthiere/ der Grösse nach kleiner/ aber schneller unnd geschwinder im Lauff/ daher er den Nahmen hat/ er widerkäuet gleich wie ein Kamelthier/ Ochs oder Schaff.

Es sind einsmahls einem Könige in Franckreich von einem Türckischen Kayser zween gantz weisse Dromedaryen zugeschickt worden. Sonst ist auch ein anderer Dromedary zusehen gewesen/ der war etwas weniger/ als fünff Ellenbogen hoch/ und bey sechs Ellenbogen lang/ und seine obere Lefftze gespalten/ gleich wie die Hasen/ an seinen Füssen hatte er zwey breyte Klauen/ die waren allein oben/ und nicht biß auff den Grund gespalten/ fleischicht/ glatt unnd breit gleich wie ein Fleischteller. Unden bey der Brust hatte er einen harten glatten Hocker/ auf welchem er sich leinet/ und oben an jedem Beine auch einen.

Alles/ was zuvor von dem Kamelthier geschrieben worden/ kan dem Dromedary auch zugerechnet werden. Diß Thier soll biß auff 100. Jahr leben: In dem Kampff und Streit trägt es zween Schützen/ welche auff seinem Rucken widereinander sitzen/ einer für sich/ und dieser streittet wider den Feind/ der ander aber hinder sich/ der streitet wider die so jhm nachfolgen. Dessen/ wessen allererst gedacht worden/ gewöhnliche Last ist 1050. Pfund/ bißweilen auch 2200. Pfund gewesen. Er läßt sich nider auff das Erdreich/ so einer auffsitzen/ oder jhn beladen will/ alsdann siehet er wiederumb auff/ dann er ist gar willig und gehorsam/ dessen sich in einem so grossen Thier zu verwundern ist.

Von dem Dromedary.

Gg iij Diese

Diese Thier werden von unterschiedlicher Art gefunden / als da sind die Arabische / welche zwey Buckel auff dem Rucken haben / daher sie Δίτυλοι genennet werden / andere aber so viel stärcker / und einen Buckel auff dem Rucken / den andern forn am Leib haben / seynd von der Grösse wie ein Pferd nach Æliani Beschreibung. Die heutige Scribenten aber/ beschreiben dreyerley Art dieser Thier/ und nennen die erste Hugium, so überauß groß und starck sind / daß sie biß 1000. Pfund tragen sollen: Die zweyte/ welche wegen der zwey Hocker so sie auff dem Rücken tragen/ dienlicher zum Reiten seyn / werden Becheti genannt. Die dritte nennen sie Raguasul, welches Thier wegen seines magern Leibs deß Tags sehr grosse Reyse soll thun können.

Von dem Camelpard.

Camelopardalis.   Kamelpard.

Von Form und Gestalt dieses Thiers.

Viele wollen das Kamelpard entspringe von solchen Thieren/ von welchen es den Nahmen her hat / nemblich von dem Kamelthier und Leopard/ welcher Wahn aber gantz falsch ist. Es wird vom Heliodoro im zehenden Buch der Aethiopischen Historien also beschrieben.

An der Höhe seynd sie dem Kamelthier gleich/ das Vordertheil ist höher/ dann das Hindere/ so gar niedrig ist/ gleich wie an dem Löwen/ das vordere Theil aber bey der Brust/ beym Hertzen und vorderen Beinen ist viel höher/ der Halß lang und oben hinzu dünn: Dann ob er wol unten vom Leib an sich dick anfähet/ ist das Ende doch einem Hundshalse gleich. Der Kopff ist von Gestalt dem Kamelthier nicht ungleich/ hat schöne Augen/ als ob sie gemahlet wären: Seine Haut ist schön von Farben / mit gantz lieblichen Flecken gezieret: Sein Gang oder Trab ist nicht wie anderer Thiere/ sondern hebt auff einmal beyde Beyne auff der lincken Seyten / und dann auch die zwey auff der rechten Seyten auff einmahl zugleich auff. Diese seynd ihrem Führer oder Meister so gehorsam und willig/ dß wann sie nur an ein kleines Seyl oder Schnürlein gebunden sind/ sie einem folgen/ wohin man sie haben will/ eben als ob sie an ein grosses starckes Seyl gebunden wären.

Wo solche Thiere gefunden werden.

In dem Morenland/ bey den Völckern/ so man Hesperios nennet/ werden solche Thiere gefunden/ deßgleichen auch bey dem rothen Meer. Sie werden auch in Africa gefunden/ und von dannen in andere Landschafften geschickt/ deßgleichen in India und an etlichen Orten mehr.

Ein

Noch eine andere Art und fleissigere Abbildung deß erstgedachten vorhergehenden Thieres.

Camelopardalis Icon accuratior.

DJeses wunderseltzame Thier ist einsmahls dem Türckischen Kayser zu Constantinopel geschenckt und zugeschickt / daselbst auffs fleissigst abconterfeyet / und zu Nürnberg durch den Truck außgegeben worden. Es soll ein überauß hohen Hals / zwey kleine eysenfarbige Hörnlein auff seinem Kopff / und ein glatt schön wolgeziertes Haar an seinem Leibe gehabt haben. Ist in das Teutschland geschickt worden im Jahr 1559. soll auff Teutsch ein Giraff oder Kamelpard genennet werden.

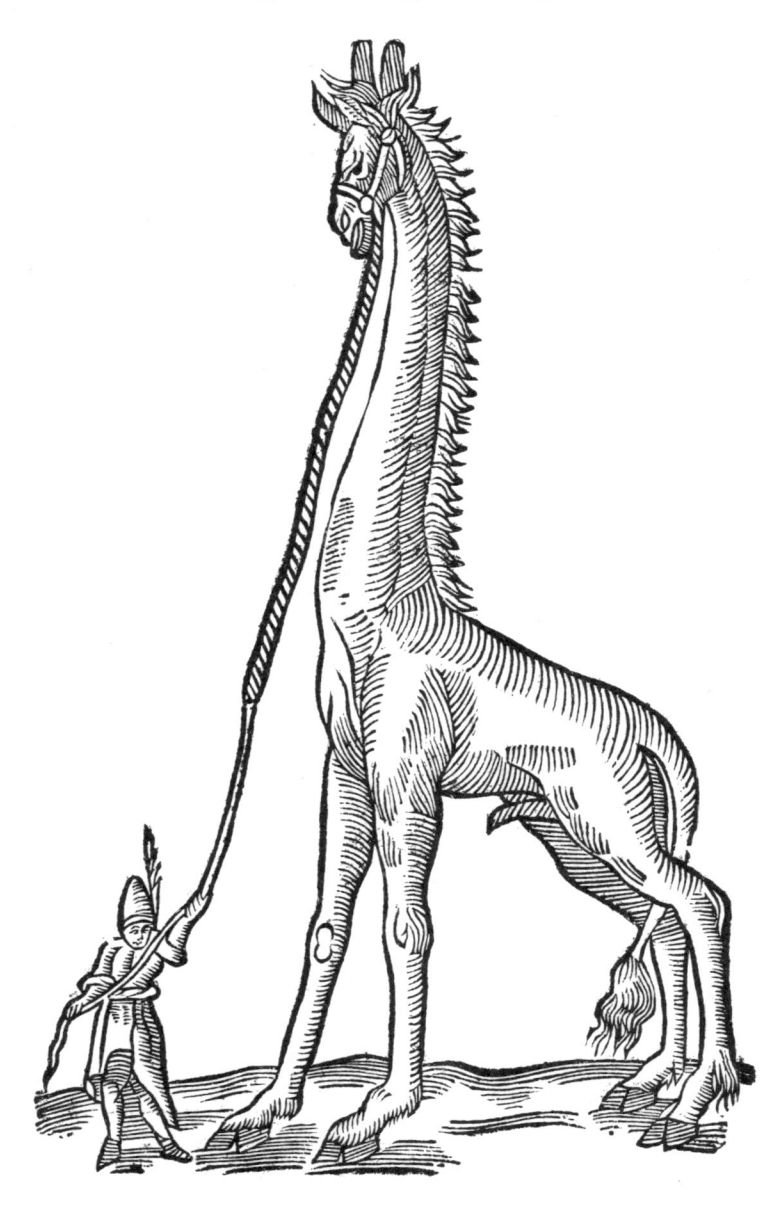

Von einer andern Art deß Kamelthiers.
Allocamelus Scaligeri.

Von dem Hirsch=Kamel.

Camelo Cervus, seu Cervi Camelus.   Ein Kamel welches einem Hirsch gleichet.

Von seiner Gestalt/Art und Natur/und wo es zu finden.

Dieses abentheurige und seltzame Thier ist dem Röm. Kayser Carln dem Fünfften/ durch einen Burger von Cölln am Rhein/ zugeführt und gezeiget/ vor der Zeit aber in Teutschland nie gesehen/ auch von keinem Alten beschrieben/ und auß der Landschafft Peru 6000. Meilen von Antorff gelegen/ gen Mittelburg in Seeland gebracht worden. Seine Höhe war sechs Schuch/ die Länge fünff/ der Halß weiß/ wie ein Schwan/ der andere Leib braunroth/ und harnte hinder sich wie ein Kamel. Dieses war ein Männlein vier Jahr alt/ soll überauß zahm/ kirr und geschickt gewesen seyn/ welches an einem solchen Leib zu verwundern ist.

Georgius Marcgravius schreibet von einem Thier/ so auß India herauß gebracht worden/ und einem Hirsch und Kamel gleiche/ mit folgenden Worten: Es ist ein Thier/ so von dem Halß biß auff den Schwantz sechs Schuh lang ist: Von der Höhe aber vier Schuh/ sein Halß von den Schultern biß zum Kopff 2. Schuh. Siehet vom Kopff/ Halß/ Maul/ unnd männliche Glied/ dem Kamel gleich: Wiewol der Kopff doch etwas länger: Hat Ohren wie die Hirsch/ und Augen wie ein Rind/ hat oben in dem Maul keine forder= aber auff allen Seyten Backenzähn/ wie alle widerkäuete Thier/ der Rucken gehet jhm etwas in die Höhe/ hat grosse Klauen/ und einen kurtzen Schwantz/ worinnen es nebens den Hinderläuffen sonderlich dem Hirsch gleichet/ hat eine breite Brust/ am Halß/ Brust/ und Hinderbein/ siehet es weiß auß: Der ander Theil deß Leibes aber ist schwartzroth. Ist ein zahm Thier/ kan keine Kälte vertragen: Beleidiget niemand/ wiewol es sich gegen seinen Beleidigten uff ein wunderliche Art unterstehet zu rächen: Dann wann man jhm etwas zuwider thut/ beisset oder schläget es nicht/ sondern speyet sein Essen oder sonsten unsaubere Feuchtigkeit weit von sich/ auff den so es beleidiget/ welchem schwerlich zu entrinnen ist. Soll sonsten von Natur ein unkeusch Thier seyn.

Von den Katzen.

Felis, vulgò Catus.   Eine Katz.

Von Form / Gestalt und mancherley Geschlechte der Katzen.

Die Katz auff Arabisch קטו, Hebräisch כתול, Griechisch Αἴλουρος, Lateinisch Catus, Frantzösisch un Chat, Italianisch Gatto, und auff Spanisch Gatto genannt. Der Katzen aber sind etliche zahm / etliche aber wild/und werden in den Wildnüssen / Holtzern oder Wäldern gefangen: Dann bey den Alten sollen keine Katzen zahm / sondern allesampt wild gewesen seyn / hernach als sie zahm gemacht worden / haben sie alle Häuser erfüllt: Von den wilden Katzen soll hernach absonderlich gehandelt werden.

Unter den zahmen Katzen werden die vor anderen gepriesen / so man Spanger Katzen nennet / diese sind geschwinder und räuberischer dann andere Katzen / und auch an der Farb schwärtzer mit Brandschwartzen Striemen unnd gantz lindem Haar / so an etlichen Orten / als in Langendock / gleich wie anderes Peltzwerck / zubereitet wird / welches unsere Teutsche Kürschner für eine Schande achten / da doch bey den Wallissern in gemeinem Gebrauch ist / allerley Katzenbälge zu geben. Etliche sind / so man Römerkatzen nennet.

Die zahmen Katzen haben mancherley Farben / dann etliche sind gantz weiß / etliche roth / etliche scheckicht / etliche auch gantz schwartz / ihre natürliche Farb aber ist gräu / oder gestreimet.

Die Katzen haben ein weiches Fleisch / und Augen / womit sie bey der Nacht sehen / dieselben scheinen / als ob sie Gläsin wären / und können den Augstern ändern: Dann wann sie an der Sonnen sitzen / so ziehen sie ihn zusammen / daß er lang wird als eine Schrunde / am Schatten aber lassen sie ihn bleiben / wie sie ihn von Natur haben: Solches thun vornemlich die Meuder od' Katter.

Von Natur und Eygenschafft der Katzen.

Die Katz ist ein schnelles unnd geschwindes Thier mit Steigen / Lauffen / Springen / Kratzen

Von den Katzen.

kratzen und dergleichen / isset allerley / gleich wie auch der Hund / vornemblich aber haben sie zu den Fischen eine besondere Begierd / wiewol sie die Füß nicht gern netzen: Sie sitzen gern zu faulentzen auff den Herdstetten in der Küchen und auff den Stubenöfen / dieweil sie die Wärme lieben / auß welcher Ursach sie offt den Balg verbrennen.

Wann die Katzen ramlig seyn / so schweiffen sie herumb / bleiben nicht beym Hauß / und werden mächtig erzürnt. Das Weiblein reitzt das Männlein / und treibt es darzu / dann sie sind zu solcher Zeit gar geil: Die Käzin legt sich nider auff den Bauch / und der Meuder / oder Kater / hockt alsdann auff.

Es schreibt Ælianus, daß der Meuder gantz geil seye / die Käzin aber habe eine besondere Begierd zu den Jungen / und fliehe doch den Meuder / auß der Ursach / weil er so einen hitzigen Samen hat / von welchem sie auch gebrannt wird / welches / weil es dem Kater wol bewust / so beist er die jungen Katzen todt / die Katz aber auß Begierde andere Junge zu haben / willfahret dem Kater alsdann wiederumb. Solches sollen auch die Bären thun.

Die Katzen gebären an der Zahl der Jungen gleich wie die Hunde / bißweilen eines allein / bißweilen zwey / bißweilen drey / zum meisten viere / wiewol der Hund bißweilen biß auff zwölffe kommet.

Die gemeine Sage ist / die Katzen empfahen mit Schmertzen / und gebähren ohn Schmertzen. Wann sie geworffen haben / da dulden sie keine Hunde / sondern verjagen dieselbigen / reiten bißweilen auff ihnen / und verletzen sie mit ihren Klauen. Die / so in dem Mertzen geworffen / werden vor den andern gelobt: Die Alten tragen ihre Frucht / ehe sie werffen / sechs und fünfftzig Tage.

Dieweil die Katz ein gar frässiges Thier ist / so kompt sie nicht zu gar hohem Alter. Aristoteles und Plinius schreiben von sechs Jahren: Bey uns gemeiniglich zu zehen Jahren: Wann sie verschnitten sind / so werden sie auch älter.

Die Katzen sollen ein grosses Abscheuen haben für allem übelriechenden Geruche / auß welcher Ursach sie ihren eygenen Koth in eine Gruben / so sie zuvor auffgescharret haben / verdecken und verkratzen: Oder / wie Plinius schreibet / daß nicht die Mäuse solchen riechen / und sie also sich selber damit verrathen.

Von allem dem / so starck raucht / als Salbe / Pflaster / oder andern starckriechenden Sachen / sollen sie hefftig betrübt und wütend werden.

Aloisius Mundella schreibt / er habe an den Katzen wargenommen / daß sie bißweilen auch die fallende Sucht bekommen hätten.

Von innerlicher Natur und Anmüthigkeit dieses Thiers.

Ein schamhafftes / hoffärtiges / und possierliches Thier ist die Katz / und dem Menschen gantz angenehm; Sie butzet sich mit ihrer rauchen Zunge und den vorderen Tappen / hat gern / wann man sie über den Rucken hestreicht / und sanfft antastet / als wörzu sie sich von Natur auch schickt / damit ihr Balghaar also geschlichtet werde. Sie spielen mit mancherley Dingen / so ihnen fürgeworffen oder vorgeschleifft werden / und treiben sonst wunderbarliche und liebliche Schimpffbossen: Sie mauwen auff mancherley Weiß / anderst wann sie etwas heischen / anderst wann sie liebkosen / anderst wann sie sich zum Streit oder Kämpff stellen / anderst seyn sie gesinnet / wann sie den Schwantz hencken / anderst wann sie ihn grad in die Höhe strecken oder krümmen. So possierlich und spielhafftig sind sie / daß sie auch zu Zeiten mit ihrem eigenen Schatten oder Bildnuß in einem Spiegel oder Wasser / auch mit ihrem Schwantz spielen. So man sie streichlet / so liebkosen sie ihnen selbst / und geben das grosse Wolgefallen / so sie davon haben / mit einem lieblichen Geräusch / so man an etlichen Orten Spülen / an etlichen aber Schnurren / an andern auch Garnspinnen nennet. Sie erkennen auch ihre Nahmen / mit welchen man sie nennet gleich wie die Hunde.

Die Katz wird hefftig von dem Wasser verletzt / dann die äusserliche Feuchtigkeit ist wider ihre Natur / massen sie auch ihre Füsse nicht von sich selbsten netzet: Wann sie ins Wasser geworffen / oder sonsten naß gemacht / und ohne Verzug nicht wieder getröcknet wird / so muß sie bißweilen sterben. Sie lieben sonst ihre gewohnte Ort / und zwar vielmehr / dann ihre Herren: Dahingegen der Hund das Widerspiel thut / als welcher seinen Herren mehr / dann den Ort da er erzogen / liebet. Die Katz aber hat die Herberge lieber / gestalt sie auch wiederkommet / ob sie schon in einem verschlossenen Sack an einen andern Ort getragen wird.

Unter den Katzen werden die Kater fürnemblich verschnitten / damit sie fett / eingezogen / und nicht außschweiffig werden: So man ihnen ihre Ohren abschneidet / so bleiben sie allezeit zu Hauß: Dann sie können nicht leyden / daß ihnen ein Tropffen Wasser oder sonst eine starcke Lufft in die Ohren komme.

Diß Thier jaget fürnemlich den Mäusen nach / darnach auch den Vögeln / und streiten sie untereinander umb die Gräntzen ihres Gejägts / und wollen keine frembde Katzen deß Raubs und der Behausung theilhafftig werden lassen.

Albertus schreibet unter andern / daß die Katz auch

auch die Schlangen und Frösche/ so man Thaschen oder Kröten nennet/ erbeisse/ aber doch nicht fresse/ unnd werde von ihrem Gifft verletzt/ wann sie nicht ohn Verzug Wasser darauff trincke/ den Affen sollen sie auch auffsätzig seyn.

Hüner/ Tauben/ und anderes Gevögel wird vor den Katzen verwahret/ wann man an die Hüner-oder Taubenhäuser Rauten henckt: Dann dieses Kraut soll eine Krafft haben/ die solchem Thier gantz zuwider ist.

Von der Nutzbarkeit/ so man von solchem Thier hat.

Ihre gröste Nutzbarkeit ist/ daß sie Mäuß und Ratten fahen/ und erbeissen/ welche sonst bißweilen grossen Schaden thäten.

Ihre Bälg/ vornemblich der Spangerkatzen und der wilden Katzen werden zu Futter/ gleich wie anderes Beltzwerck/ gearbeitet.

In Wallis werden allerley zahmer Katzen Bälge von den Kürßneren gegerbet/ und als anderes Beltzwerck gebraucht.

Zu Rom und andern Orthen in Italien werden viel Katzen sonderlich mit Gedärm aufferzogen/ auß derer Eingeweid sie Romanische Seiten machen.

Vom Fleisch der Katzen/ ob es in der Speiß gebraucht werde.

Das Fleisch der zahmen Katzen wird in etlichen Landen/ als in Hispanien gefressen/ als welche Leute sonst Unfläter seyn in allerley Speiß: Bey uns hat man einen Abscheuen vor solchem Fleisch: Wiewol die wilden Katzen (von welchen hernach auch etwas mehr geschrieben wird) von etlichen gessen werden. In der Frantzösischen Provintz Langendock/ sollen sie auch von etlichen in die Speiß genommen werden; Doch sollen sie dieselbigen zuvor 2. oder 3. Tage bey Nacht under den Himmel legen/ damit sie davon mürb werden/ und nicht mehr so starck riechen.

Von Artzney/ so von solchẽ Thier zu etlichen Kranckheiten gebraucht wird.

Das Katzenhirn ist gifftig/ machet die so es gefressen haben/ toll und unsinnig: Das Haar/ wann es eingeschluckt wird/ erstöckt und erwürget/ so ist auch ihr Athem schädlich/ und machet daß die Leute abnehmen und außdorren ohn alle Ursach. Dann die Katzen selbsten wann sie nicht verschnitten/ sind von Natur mager/ und eine grosse Neygung zur Schwindsucht haben. Zur Zeit der Pestilentz sind sie gar schädlich: Ja etliche Menschen können sie weder sehen noch bey sich in einem Gemach leyden: Dann etliche schwitzen vor Angst/ und zittern/ wann sie eine Katze spühren/ ob sie schon dieselbige weder hören noch sehen. Solcher Leute findet man zu unsern Zeiten viel/ und mögen mit gleicher Artzney von solchem Haß wieder gebracht werden/ gleich wie die/ so ihr Hirn gessen haben.

Das eingesaltzene Katzenfleisch gestossen/ und auffgelegt/ soll Pfeile/ Stacheln/ Dörner und dergleichen herauß ziehen. Das wilde Katzenfleisch angeschmiert/ thut wol dem Podagra.

Für Flecken und Felle der Augen/ soll das eine bewehrte Artzney seyn: Ein gantzer köhlschwartzer Katzenkopff/ der ohne alle andere Mackel ist/ soll in einem neuen verglästen irrdinen Geschirr in einem Haffner-Ofen zu Pulver gebrannt/ und solches Pulver mit einem Federkiel des Tags dreymal in das Auge geblasen werden. Sollte etwas Hitz darzu schlagen/ so soll man bey der Nacht zwey oder drey eychene Blätter in Wasser gebeitzet darüber binden/ dieses soll gantz wunderbarlicher Weise auch die Blinden bißweilen sehend machen.

Katzenkoth gedörrt und mit eben so viel Senff in Essig gestossen und auffgelegt/ soll die außgefallene Haare wieder wachsend machen.

Von der Artzney so von den Katzen herrühret/ schreibet Becherus also:

Die wild und zahme Katz/ die kommen auch herbey/
Dann in die Apoteck sie geben sechserley.
Das Fett (1)/ und Fell (2) den Kopff (3) den Koth (4) und auch das Blut (5)/
Von schwartzen Katzen ist die Nachgeburt (6) auch gut.

1.

Das Fett von Kattern/ die bereits verschnitten seynd/
Es hilfft dem Gliederweh/ ist derer Reissen Feind.

2.

Das Katzenfell thut auff den Bauch und Magen legen/
Es wärmt/ und thut darinn natürlich Hitz erregen.

3.

Den schwartzen Katzenkopff zu Aschen nur gebrannt/
Er hilfft den Augen/ ist derhalben wol bekannt.

4.

Den Katzenkoth mit Senff und Essig wol vermischt/
Schmiert auch/ tin Podagra dan er die Schmertzen lüscht.

5.

Nehmt auß dem Schweiff das Blut/ es muß ein Katter seyn/
Drey Tropffen in der Fraiß man nützlich nimmet ein.

6.

Von einer schwartzen Katz/ die da zum ersten trägt/
Die Nachgeburt am Halß getragen sie erlegt
Die Augenschmertzen/ macht ein scharpfferes Gesicht/   (verricht.
Durch solch verächtlichs Werck wird diese Chur

Von

Von den Katzen.

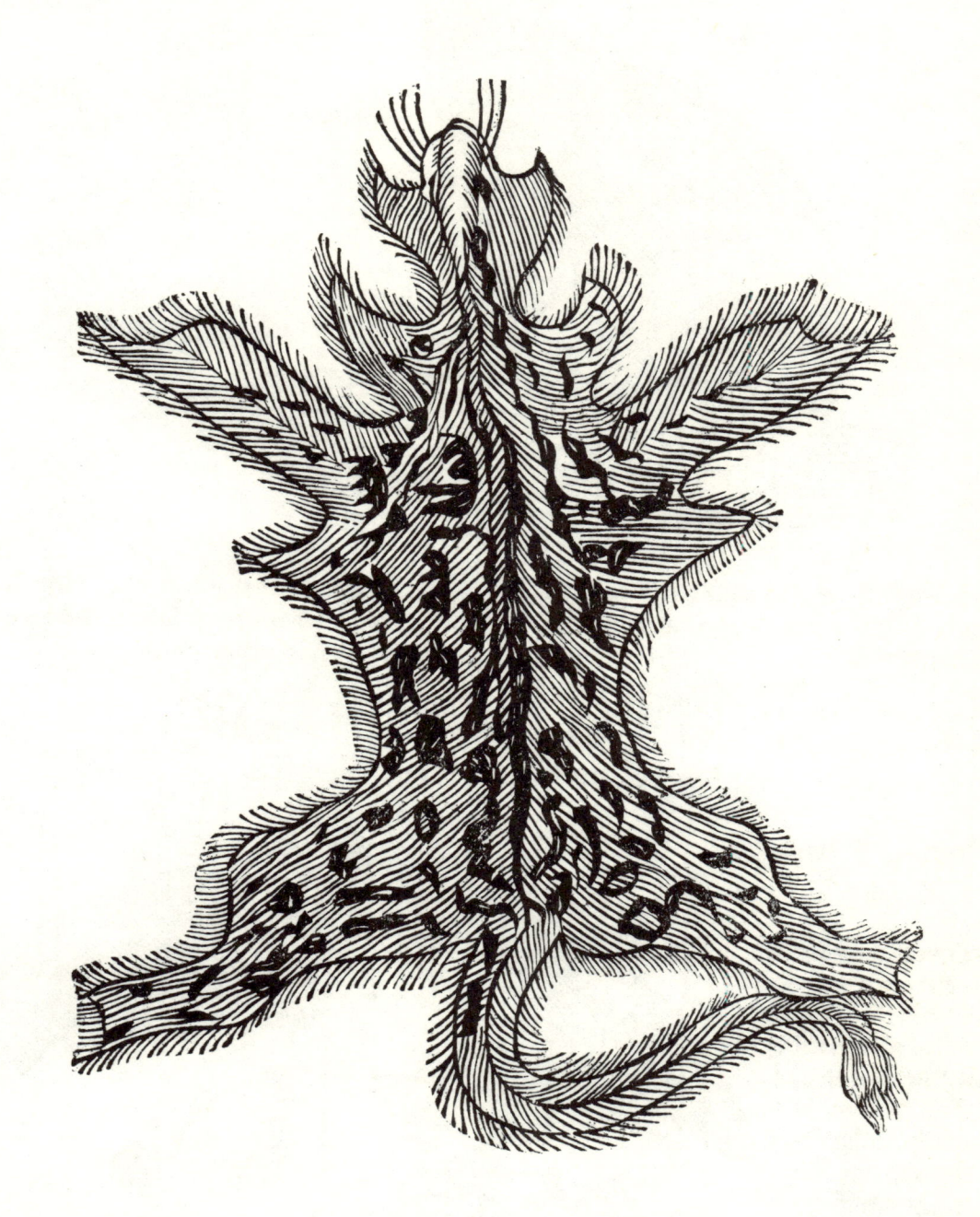

Von der Geneth-Katz.

Genetha.   Eine Geneth-Kätz.

Von Form und Gestalt dieses Thiers.

Die Genethkatz ist ein wenig grösser / dann ein Fuchs / grau / und mit rother oder brauner Farbe vermischt: Die gantze Haut ist mit schwartzen Flecken gezieret/ und wird Genethkatz genennet von dem Orte her / von welchem sie geschickt worden/ und von der Gleichförmigkeit wegen/ so sie mit der Katzen hat.

Wo dieses Thier zu finden.

Dieses Thier wohnet in niderigen Orten/ bey fliessenden Bächen/ oder Wassern/ daselbst sucht es seine Speiß / und steigt gantz nicht auff rauhe Gebürge: Sie werden zu unsern Zeiten auß Spanien gebracht / und zu dem Beltzwerck gebraucht/dann ihre Haare sind dick/ zart und lind/ haben einen lieblichen Geruch gleich wie Bisem/ und werden ihrer 3. oder 4. umb 1. Crone gekaufft.

Hh iij   Eine

Eine andere Gestalt der Genethkatz.

Diese Gestalt der Genethkatzen ist nit unartig von Bellonio in solcher gegenwärtigen Figur abgebildet worden.

Zu Constantinopel pflegt man diese Katzen durch die Häuser lauffen zu lassen/ wie wir unsere zahme Katzen frey gehen lassen.

Von der Zibeth-Katz.
Felis Zibethi. Zibeth-Katz.

Võ dieses Thiers Gestalt.

Die Zibethkatz ist an Gestalt den unserigen Katzen nit sehr ungleich/ allein grösser/ mit scharpffen Zähnen gewaffnet/ und gantz wilde/ wird auch gar nicht zahm gemacht/ und hat rauhere Haar dann eine Katz/ in solcher Thieren Scham/ sie seyn gleich Männlein oder Weiblein/ hat die Natur ein Bälglein geschaffẽ/ auß welchem eine Feuchtigkeit eines edlen starcken Geruchs fleust/ die wird mit einem kleinen Löffelein auffgefasset/ und in Horn auffbehalten. Die Länge solches Thiers/ von der Stirnen an biß auff den Anfang deß Schwantzes/ ist eines Armes lang/ die Höhe der Beine ein drittentheil eines Armes/ ist ein wenig grösser dann ein Fuchs/ die Farbe aber gleich den Wölffen/ mit schwartzen Flecken gezieret/ oben über den Rucken her leberfarb/ die Kinbacken unden weiß/ der Bart auch weiß/ die Füsse schwartz/ die Seyten gegen dem Bauch zu ziehen sich auf weiß/ und je weiter sie gegen dem Bauch stehen/ je weisser sie seynd. Die Zunge ist nit rauh/ gleich wie an den andern Katzẽ: Die Haare haben auch einen Geruch/ und die Augen scheinen gleichfals bey Nacht wie d' andern Katzen. Dieses Thier frist allein rohes Fleisch/ und jagt den Mäusen in Wäldern und Wildnussen nach. Wiewol es auch nebens Tauben und anderm Geflügel mit süssen Sachen wie auch mit Reiß und Eyer erhalten wird. In China soll es eine süsse Wurtzel Comaron genannt/ essen.

Das/

Von der Zibethkatz.

Das / so von jhnen genommen wird / ist ein Schleim oder Feuchtigkeit / gleich als ob es jhr Saame wäre / ist Anfangs gelblicht gleich wie Butter/und wird zuletzt bleyfarb: Es gebiert ein jedes solches Thier dessen alle Tag 1. Quintlein/ und ist in der Artzney kein Ding / so fast höher geachtet/und theurer verkaufft wird. Es wird aber auch auff einigerley Weise gefälscht/welcher Betrug jedoch wol kan verstanden werden.

Wo dieses Thier herkomme.

Die Zibethkatzen sollen in Hispanien gefangen/ und umb grosses Geld nach Italien verkaufft und umb vorgedachter feuchten und schleimichten Materie willen/als welche viel höher dann das Gold geachtet wird / von Leuten gespeiset und aufferzogen werden.

Deßgleichen werden diese Katzen gefunden und gefangen in Pegu,in dem Königreich Congitano, China, Cambeja, Mohrenland/Aegypten/ unnd andern Ländern des grossen Indianischen Bodens.

Wozu der Zibeth in der Artzney gebraucht werde.

Zibeth ist nit allein ein köstlicher und annehmlicher Geruch / welcher zum Lusten in unterschiedliche wolriechende Sachen gebraucht wird/ sondern wird auch zu vielen Kranckheiten in der Artzney hoch gehalten: Und soll ein Gran in den Nabel geschmiert und geröst Brod drauff gelegt/ sonderlich gut wider die Cholic seyn. Dannenhero Becherus reymet:

Es kompt ein frembde Katz so man Zibethkatz nennet/
Auch in die Apoteck der Weg wird jhr verrennet/
Sie giebet was sie hat/Zibeth man fordern thut/
Man schmieret sich darmit/zum Bauchweh ist es gut

Crollius beschreibet einen Balsam worinnen dieser Zibeth kommet / so sehr gut in Schwindel und Schlagflüssen ist: In Zufällen der Mutter/ Ohnmachten und dergleichen / wird er an die Scham geschmieret/und werden sonsten sehr viel Sachen gemacht/als Pulver/Seiffen/Wasser/ Oel/Essentien/Rauch und dergleichen/ worzu der Zibeth kommet.

Von einer andern Art Zibeth-Katzen.

Catus Zibethicus Americanus. Ein Americanische Zibethkatz.

Diese Katz kompt zwar mit der vorigen/ in etwas gleich/ist aber/doch wegen vieler Stücken zu unterscheiden/ dann sie einen schmalern Kopff hat/und umb das Maul keine lange Haar/ daß sie fast mehr den Hunden als Katzen gleichen/hat einen längern Halß / als wie ein Tieger und Parder / welcher mit schönen schwartzen Flecken unnd Striechen gleichsamb umbwunden ist/ oben der Halß biß zu dem Rucken ist mit gleichen Striechen bemahlet/ der gantze Leib/ welcher äschenfarb / ist mit schwartzen Flecken nach der Ordnung gezieret/ also daß sie oben auff dem Rucken groß/und nach dem Unterleib kleiner werden. Unter dem Schwantz siehet man die Schaam/Hinderloch/ und wo die beyde Löcher worauß der Zibeth kommet.

Von den wilden Katzen.

Catus Sylvestris. Ein Baumreuter.

Die Katzen waren vor Alters nicht zahm / sondern lebten im Feld / seinthero haben sie alle Stätte und Häuser erfüllt / in den Wäldern aber steigen sie auff die Bäum den Vögeln nachzujagen.

Wo diß Thier zu finden.

In dem Schweitzerland werden der wilden Katzen gar viel / in Wälden und dicken Sträuchen / bißweilen auch bey dem Wasser gefangen: Sie sind den zahmen Katzen gantz gleich / allein grösser / mit dickerm und längerm Haar / welches braun oder grau ist. Die so daselbst in der Schweitz gefangen werden / sehen also auß: Uber den Rücken haben sie einen schwartzen Strich / wie auch sonst noch mehr schwartze Striche: Ein schwartzer Strich gieng jhr über an Füssen unnd andern Orten / zwischen der Brust und Hals ein breiter Flecken / von gantz weissen Haaren: Die Farb deß andern Leibs ist braun / doch am Rücken mehr roth / und an den Seyten ab mehr Aeschenfarb: Zwischen den hindern Beinen hinauff nach dem Hindern und Schwantze zu sind sie roth / die äussersten Klauen an den Füssen schwartz / der Schwantz dicker / als an den zahmen Katzen / und auch länger / mit schwartzen Ringen gezieret / und das äusserste am Schwantz / beynahe einer Spannen lang / gantz schwartz.

Von solcher Thiere Natur.

Die wilden Katzen jagen wilde Mäuß / Vögel und dergleichen.

Wie sie gefangen werden.

Man jagt sie mit Hunden / oder scheußt sie mit Büchsen / wann sie auff den Bäumen hocken. Bißweilen umbstehen die Bauren einen Baum / und wann sie die Katz gezwungen herab zu steigen / erschlagen sie dieselbige mit Kolben.

Was für Nutzen solches Thier bringe.

Ihre Bälge werden zu Beltzwerck gearbeitet / fürnemblich werden Stauchen (oder / wie man sie anderswo nennet / Stoß-Ermel oder Säck) und Handschuhe davon gemacht / für dergleichen Hand-Schmertze zu gebrauchen: Dann die Haar sind gantz lind / aber fett / und auß der Ursach kleben sie sich gar leichtlich zusammen / und werden nicht sonderlich zu den Kleidern begehrt.

Die wilden Katzen fliehen den Geruch der Rauten und bittern Mandelkernen / solches thun auch die zahmen Katzen und Wyselein.

Von jhrem Fleisch.

Die wilden Katzen nahen sich mit der Complexion jhres Fleisches den Hasen / haben ein hitziges lindes Fleisch: Werden auch in Schweitzerland in der Speiß gessen / etliche sagen / sie seyen gantz anmuthig und gut. Etliche haben ein Abscheuen dafür von wegen der einheimischen Katzen.

Von Artzney / so von solchem Thier herkompt.

Das Fett von den wilden Katzen wird von etlichen auffgehoben / welches vielmehr wärmet / linderet / und zertreibt dann das Fette von den zahmen Katzen: Sie werden gar fett / und solches Fett braucht man dann für Schmertzen und Reissen in den Gelencken.

Die Artzneyen / so droben von der zahmen Katze beschrieben worden / können alle / als kräfftiger / von den wilden Katzen gebraucht werden.

Von dem Löwen.

Leo. Ein Löw.

Von mancherley Geschlecht / wie auch äusserlicher und innerlicher Gestalt dieses Thiers.

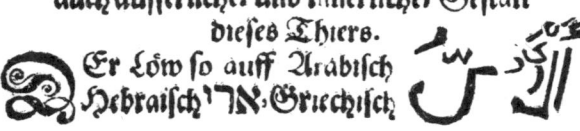

Der Löw so auff Arabisch Hebraisch אריה Griechisch Λέων, Lateinisch Leo, Frantzösisch Lion, Italianisch Leone, und Hispanisch El Leon genannt wird / ist ein König der vierfüssigen Thiere / wie solches auß seiner breiten und geharichten Brust / so dann auß seiner Majestätischen Form und Gestalt /

Von dem Löwen.

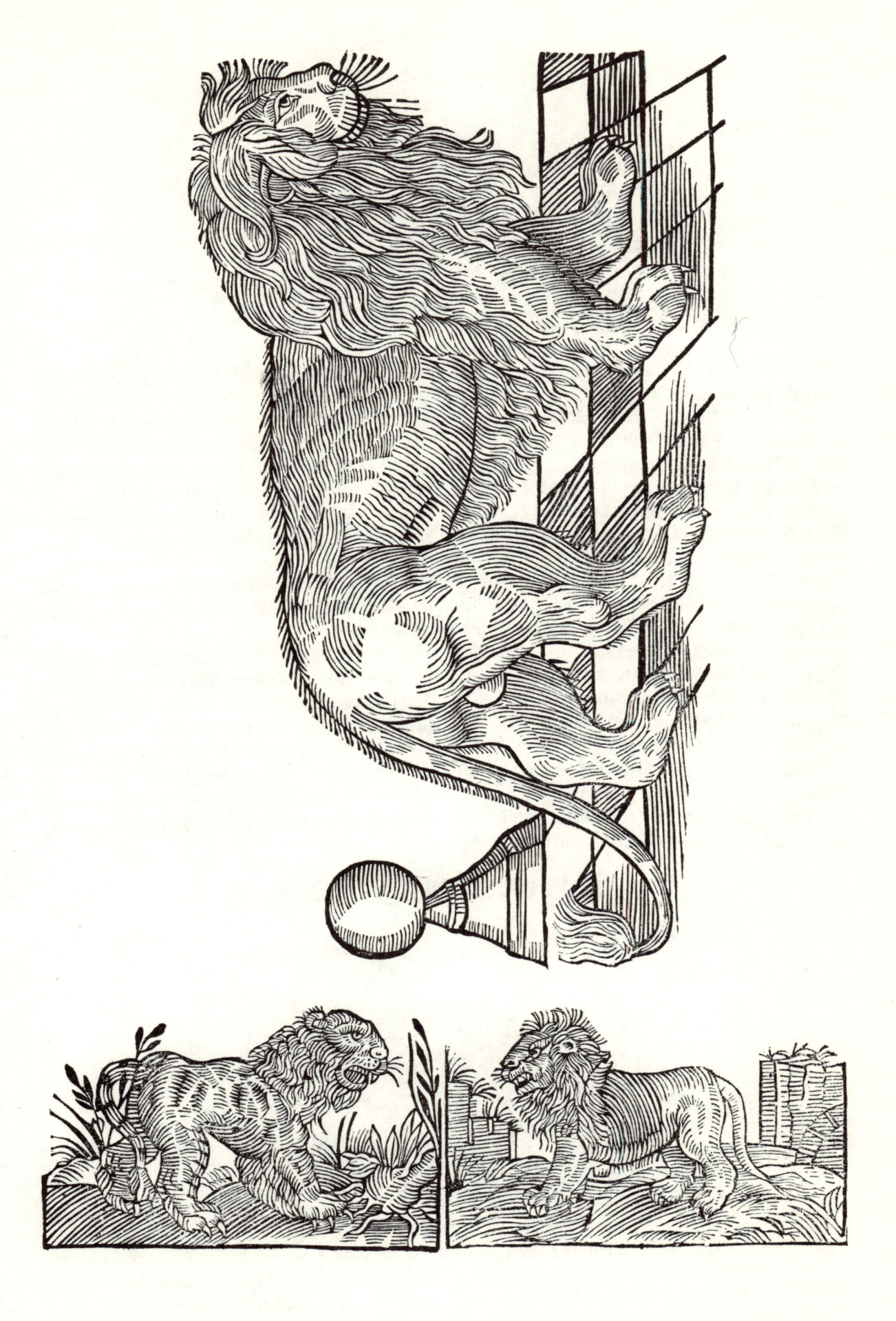

stalt/auß dem Gang/Sprung/ernsthafftem und scharffen Gesichte/auß den Schopffen/grossen Klauen/Maul und Kopff/auß allen Gliedmassen erscheinet/ist ein freches/mutiges/schönes/manhafftes und lustiges Thier. Hat zweyerley Geschlechte/das eine ist etwas kleiner/und kürtzer/mit gantz krausem Haar/welches für das fäulere und forchtsamere Geschlecht geachtet wird/wie auß nachfolgender Figur zu sehen.

Ji Das

Das andere ist ein wenig länger und grösser/ mit geradem langem / und nicht so gar krausem Haar/ so für muthiger/ stärcker und frecher gehalten wird/ dann es achtet keine Wunden noch Verletzung. Wie obige Figur bezeuget.

Die Löwen werden von mancherley Farben gesehen/ der mehrere Theil ist dunckelroth/ etliche sind gelb und weiß/ etliche schwartz. Ihre Augen sind schwartzgrau/ der Stern darinn funckelt als ob Feuer darauß gienge / und sehen sie scheußlich und grimmig auß/ schlaffen auch mit offenen Augen/ haben runde/ scharpffe und spitzige Zähne/ als wie eine Sägen / eine rauhe Zunge wie eine Feyel/ gleich wie die Katzen/ und ein starrendes Gnick oder Halß/ von einem gantzen Bein/ ohne Gelencke/ auß welcher Ursach er nicht hinder sich sehen kan. Welches doch Scaliger widerleget/ daß sie nemblich ihr Gewerb so wohl als andere Thier haben. Weiter haben sie auch einen engen Magen/ und den nicht viel weiter als die Därme/ und zwo Dutten mitten am Bauch; Item einen langen Schwantz/ an welches Ende ein Schopffen Haar ist / sie schlagen sich offt selber mit solchem Schwantz/ und reitzen sich also zum Kampff und Streit/ die vorderen Pfoten sind in fünff Klauen getheilet/ die hinderen aber allein in vier mit gantz scharpffen und starcken Nägeln/ solche können sie/ so es die Notturfft erfordert verbergen / und wiederumb herauß thun/ gleich wie eine Katz. Das Weiblein hat keine lange Haar/ wird auch von 2. Brüste/ welche es unden am Bauch hat/ unterschieden/ worauß doch die Zahl ihrer Jungen nit abzunehmen.

Was ihre innerliche Gestalt anbelanget/ sollen die Löwen wegen Eingeweids unnd anderm den Hunden gleich seyn: Galenus sagt/ daß sie sonderlich starck Fleisch an den Schläffen (Musculos temporales) haben/ wodurch sie die Stärcke hart zu beissen haben. Ælianus will/ daß die Löwen kein Marck in sich haben/ Fallopius aber schreibet/ daß er allezeit zuvor wenig Marck bey ihnen gefundē.

Wo dieses Thier zu finden.

Aristoteles schreibet/ daß mehr Löwen in Europa, unserem Theil deß Erdreichs/ seyen/ als in anderen Landen/ vornemblich aber in dem Lande/ so mit den Flüssen Achelov und Nesso eingeschlossen wird: Etliche schreiben/ sie sollen in den Landen/ so gegen Auffgang/ und Mittag gelegen sind/ viel mehr gefunden werden/ dieweil dieses Thier Wärme haben will.

Oppianus schreibet/ daß in Lybia derselben viel seyn sollen / aber nicht so schön von Haar/ als die anderen/ ihr Farbe sey schwartzblaulicht.

Es werden auch in Mauritania, Æthiopia, Africa, Armenia und Parthia, in Arabia, in Syria, (diese sollen gantz schwartz seyn /) in Mesopotamia, India, in dem Reich Narsingen/ und Babylonia Löwen gefunden.

In dem Tartarischen Königreich sollen die grösten und schönsten gefunden werden/ auch giebt es ihrer sonsten an vielen andern Orten mehr/ sie wohnen gern in den Bergen und auff den Höhen derselbigen.

In Caragol sollen auß Furcht wegen Menge der Löwen/ die Innwohner dieses Lands gewaffnet gehen/ wann sie zackern oder andere Feldarbeit verrichten wollen / wie Balbus in seiner Reißbeschreibung versichert. In der Wüsten Angad sollen sie nicht allein ihren Grimm gegen andere Thiere/ sondern auch gegen die Menschen erzeigen.

Von innerlicher Natur und Eygenschafft dieses Thiers.

Der Löw ist von Natur hitzig und trucken/ und soll ein gar scharpffes Gesicht haben/ auß welcher Ursach er den Glantz der Sonnen nicht erleiden kan / auch so einen scharpffen Geruch/ daß sie den Ehebruch der Löwin mit dem Leopart erkennen. Ihr Gang ist Fuß für Fuß/ gleich wie des Kamelthiers/ aber gätz starck und mannhafft/ daß sich die Schultern zu jedem Schritt erschüttern/ so sie einem Thiere nachjagen/ so ereylen sie es mit einem Sprung/ wann sie aber fliehen/ so können sie nicht springen.

Seine Stimme heist man rautzen oder murren/ oder auch brüllen: Die Jungen aber/ so sie einen Raub bekommen haben/ so bläcken sie gleich wie ein Kalb/ und geben also ein Zeichen deß Raubes/ und beruffen ihre Alten herzu.

Die Löwen thun keinen besonderen Schaden/ es treibe sie dann die Hungersnoth darzu/ wann sie satt gespeist sind/ werden sie freudlich uñ schertzhafftig: Die Weiblein und Männlein weyden sich nit miteinañder/ sondern ein jedes lebt für sich allein von dem Fleische/ so es durch Raub und Nachjagen bekommen hat. Wie etliche schreiben/ so jagt ein Löwe den einen Tag/ den andern frist er/ etliche aber wollen er sey nimmer ohne Speiß/ dieweil er im Jagen nicht faul/ sondern unverdrossen sey. Er frist aber kein todtliegendes Fleisch/ sondern allein daß er lebendig erjagt und getödet hat/ und desselbigen viel auff einmahl/ fastet nach demselbigen/ biß er die vorige Speiß verdauet hat/ und kehret nit wider zu dem/ was ihm von dem Raub überblieben/ isset auch nit weiter davon: Sondern wann er davon gehet / so hauchet ers mit auffgesperrtem Rachen an / von welchem solches Aaß so stinckend werden soll / daß kein ander Thier es essen möge/ wann er sich überfressen/ so fastet er hernach/ oder frist noch einen Affen darzu/ und kotzet es wieder von sich.

So sie von Alter schwach / treg und unvermögend werden / daß sie auff dem Gebürg das Wild nicht mehr erjagen können/ so kommen sie zu den Stätten/ stelen und greiffen an Menschen/ Kinder und Vieh.

Der Löw frist kein Kraut / als allein zur Zeit seiner Kranckheit.

Der Löw trinckt gar selten und wenig: Daher der König Cyrus einsmahls seine Kriegsleut lobte/ und sie in dem Stücke mit dem Löwen vergliechen/ sagende: Den Hunger haben sie für Speiß/ und können besser Durst leiden/ dann die Löwen.

Diß Thier schläfft wenig/ und dasselbige mit offenen Augen/ und achtet es nicht/ an was End oder Ort es seye / und bewegen allezeit den Schwantz/ als wann sie wacker wären.

Der Koth/ der Harn/ das Eingeweid/ und der Athem deß Löwens/ hat einen stinckendē Geruch/ und das Männlein harnt mit auffgehabenem Beine/ wie ein Hund.

Die Löwin ist ein geil Thier/ und reitzt auß der Ursach das Männlein zum Zorn. Es soll aber ihre hitzige und feurige Natur Ursache seyn/ daß sie zu aller Zeit der Lust und Besamung pflegen will/ doch treibt sie es zur Frühlinszeit am meisten. Ja so ein geiles Thier ist die Löwin/ daß (wie etliche schreiben) sich zur Zeit ihrer Brunst sich mit dem Löwen nit vergnügen/ sondern auch mit dem Leoparden vereinigen soll/ welcher Ehebruch dann võ dem Löwen pflege grausamlich gerochen zu werdē.

Es schreiben auch etliche/ die Löwin gebäre nit mehr dann einmal/ und auch nicht mehr/ als ein Junges/ hingegen berichtet Aristoteles, wie auch viel andere / so von den Thieren geschrieben haben/ daß sie in dem ersten Wurffe fünff / in dem andern vier / in dem dritten drey / und also nacheinander/ immer eines weniger/ und in dem letzten nur eines bringe / alsdann seye sie unfruchtbar. Sie wirfft im Frühling/ und trägt ihre Frucht 6. Monat in ihrem Leibe: Die Jungen/ wann sie an Tag kommen/ heben erst nach zweyen Monaten an sich zu bewegen.

Dann etliche dichten/ daß sie noch gantz unvollkommen an Tag kommen/ nicht daß sie nach Æliani Vorgeben/ mit ihren scharpffen Klauen den Leib ihrer Mutter sonst ritzeten/ sondern daß sie nicht Nahrung gnug darein finden/ sollen im Anfang nicht grösser als ein Wissel seyn/ wie Wottonus meldet.

Ein Löw bekompt mancherley Kranckheiten/ als einen stinckenden Athem/ stinckendes Maul/ Speuchel und andere übelriechende Feuchtigkeit/ auß welcher Ursach sein Beissen und Kratzen offt gifftig ist/ wie deß wütenden Hunds.

Den gantzen Sommer durch ist er Fieberhafftig/ und soll deß viertägigen Fiebers nimmer überhaben seyn: Es soll ihn auch das Fieber anstossen/ so bald er einen Menschen siehet; Aber alle seine Kranckheiten/ vornemblich so er sich überfressen hat/ vertreibt er mit Affenblut.

Eine grosse Abscheu hat er vor der Schlangen/ vor dem Scorpion/ und etlichen anderen Thierleinen/ und auch vor etlichen Kräutern so sein Gifft seynd.

Sie sollen viele Jahre leben/ wie Aristoteles schreibet: Dann etliche sollen bißweilen hinckend seyn gefangen worden/ mit gantz abgebrochenen Zänen/ wie auch etliche/ ohne Zähne/ welches eine Anzeigung seyn soll/ seines sehr grossen Alters.

Von dem Adelichen Gemüth/ wie auch von innerlicher Natur und Eygenschafft dieses Thiers.

Ein freyes/ edeles/ großmütiges/ dapferes/ starckes und mannhafftiges Thier ist der Löw/ begierig deß Siegs/ und darneben auch mild/ fromm und gerecht/ und eines treuen Gemüts gegen diejenige/ bey welchen er wohnet/ er erzeigt für anderen vierfüssige Thieren seinen Jungen grosse Liebe und Treue/ streitet und kämpfet für sie biß auf den Todt: Seine Tritte oder Tappen verwirret er mit hinder und für sich gehen/ und verstreicht solche mit seinem Schwantze/ damit die Jäger solchen nicht nachspühren/ die Jungen nicht fahen/ oder heimlich hinweg tragen mögen: Sie tragen auch/ gleich wie ein Mensch/ Leid umb ihre Jungen/ so sie ihnen von anderen Thieren zerrissen worden. Von solcher Liebe gegen ihre Jungen erzählt Ælianus gar eine lustige History/ und damit verhält sichs also: Ein Bär wuste zween geparter Löwen ihre Grube gar wol/ und als er dieselbige einsmahls unverwahret fand/ fuhr er hinein/ zerriß die jungen Löwen/ und fraß einen Theil darvon/ hernach flohe er in grosser Forcht davon/ stieg und legte sich auff einen hohen Baum/ damit er der Löwen ihrer Raache und ihrem Zorn entrinnen möchte. Als nun die Löwen den Mord ersahen/ striechen sie mit grossem Leid und Unmuth der Spuhr nach/ und wurden endlich deß Mörders auff dem Baum gewar. Weil sie aber dem Bären nachzusteigen nicht vermochten/ so blieb die Löwin unter dem Baum liegen/ und hielt allda fleissig Wache. Der Löw hingegen lieff in grossem Leyd Berg und Thal auff und ab/ und traff ohngefähr einen Bauren mit einer Art in dem Holtz an/ welcher für Forcht erschrack und erstarrete: Diesen umbfieng der Löw gar freundlich/ und leckte ihn. Wie nun der Baur das milde Gemüt deß Löwens ersahe/ ließ er die Forcht fahren/ und liebkosete dem Thier hinwiederumb. Der Löw fassete die Art in sein Maul/ und führte erstlich mit seinem Schwantz den Bauren zu dem Morde/ hernach zu dem Baume/ auff welchem der noch blutige Mörder saß/ und bedeutete ihm mit der Art/ er solle den Baum fällen. Hierauff hat der Baur mit grosser Eyl den Baum gefällt/ und die Löwen den abgestürtzten Bären zerrissen/ und also den Mord gerochen/ den Bauren aber wieder gantz sittsamb an seinen Orth geführet/ daher er kommen war.

Wann die Löwen alt worden sind/ werden sie von ihren Jungen gespeist: Diese führen dieselbige mit sich auff das Gejägt/ und weil sie müde worden/ so lassen sie die ruhen/ und liegen sie dem Gejägt ob/ wann sie dann einen Raub bekommen/ führen sie ein lautes Geschrey oder Rautzen/ und beruffen also die Alten/ speisen sie und machen dieselben ihres Raubs theilhafftig.

So sanfftmütig und gelinde ist der Löw/ daß er nie-

Von dem Löwen.

niemanden verletzt/ der sich gegen jhn demütiget/ er verletzt auch nicht mehr / als wie er verletzt ist worden/ und begehrt sich schärffer nicht zu rächnen: Den Menschen verletzt er gar nicht/ es treibe jhn dann der grosse Hunger darzu/ noch viel weniger greifft er ein Weibsbild an für ein Mannsbilde/ und der Kindern verschonet er gantz und gar/ so ein mildes und gerechtes Thier ist der Löwe.

Wann er ein Anliegen/ oder etwas Mangels und Gebrechens hat / so sucht er allein bey dem Menschen Hülff/ wovon etliche lustige Historien zufinden/ als: Von einem/ der dem Thier einen Dorn auß dem Fuß: Hernach von einem andern/ so einem Löwen ein Bein auß den Zänen/ so jhme darzwischen gesteckt/ herauß gezogen hat/ auß welchen so viel zu ersehen/ daß die Löwen der Gutthat und Dienstfertigkeit/ so jhnen von Menschen erwiesen worden/ lang eingedenck seyn. Dann einsmahls (wie Gellius die erste Historie in seinem 5. Buche/ im 14. Capitel beschreibet) trug sich zu/ daß ein Leibeigener/ Androclus genannt/ umb einer Missethat willen/ den Todt zu vermeiden/ von seinem Herrn weg/ und in die wüste Africanische Wildnüß lieff/ allwo er/ wegen der unerträglichen Hitze/ in eine Höle kroch/ worinnen sonst ein Löwe sein Lager hatte/ welcher aber nicht da/ sondern außgegangen war. Indem kompt der Löwe heim / und hat einen spitzigen Dorn in der einen Pfote oder Klauen stecken: Wie er nun den Androclum in der Höle fand/ stellte er sich mit seinem Liebkosen gegen jhm/ als ruffte er jhn umb Hülffe an. Androclus sahe den Schaden/ und deß Thieres Anliegen/ und zog jhm den Dorn herauß/ und ward deßwegen von dem Löwen so freundlich gehalten / daß er drey gantzer Jahr bey jhm in der Einöde blieb: Dann der Löwe trug Wildbrät gnug herbey/ dasselbige brieth der Androclus an der Sonnen/ und speisete sich also damit. Nach solcher Zeit ward er der Wildnüß überdrüssig/ kehrte wieder zu seinem Herrn/ der jhn dem Kayser nach Rom zuschickte/ daß er solte den Löwen/ umb mit jhnen biß auff den Todt zu kämpffen/ vorgeworffen werden. Kurtz hernach ward auch eben dieser Löwe/ deß Androcli Wirth/ gefangen/ und dem Kayser zugeführet/ welcher den Androclum diesem Löwen/ als einem sehr grausamen Thiere/ dergleichen keines mehr in Rom war/ vorwerffen liesse/ da dann jedermann mit Verlangen zusahe / wie der Löwe den Androclum zerreissen würde. Aber der Löwe erkante seinen Artzt und Gutthäter alsobald/ und that nicht allein jhm keinen Schaden / sondern liebkosete jhm auch gar freudlich mit dem Schwantze/ wie ein Hund. Androclus, der vor Schrecken schon halb todt war/ sahe den Löwen an/ und erkante jhn letztlich auch/ und war/ an statt deß traurigen Spectaculs/ nichts als lauter Freude/ zwischen den Beyden/ zu sehen/ so daß auch der Kayser und alles Volck hierauß für gut erkanten/ daß man beydes den Androclum und den Löwen bey dem Leben/ frey und ledig lassen sollte.

Die andere Geschicht trug sich zu mit dem Elpi/ geboren auß der Insul Samo/ welcher auß seinem Schiffe in Africa an Land tratt. Als er nun am Gestade einen Löwen/ der mit dem Maul grausamlich gähnete/ ersahe/ flohe er auff einen hohen Baum/ und rieff allda seinen Abgott/ den Liberum Patrem, oder Bacchum, umb Hülffe an: Der Löwe begehrte dem Flüchtigen nit nachzujagen/ sondern/ da er zu dem Baume kam/ legte er sich unten an den Stamm / und seufftzete gleichsamb umb Hülffe mit auffgesperretem Rachen: Dann es war jhm ein Bein von einem Aaß zwischen den Zähnen stecken geblieben/ wofür er nicht essen konte/ und also Hungers halben grosse Marter erlitte. Der Elpi wolte gleich Anfangs nicht trauen/ doch wagte er es endlich/ und stieg herab/ da dann der Löwe sich auffs beste darzu schickte/ und das Maul darboth/ dem der Elpi hingegen das Bein herauß zog/ worauff der Löwe sich die gantze Zeit über/ weil das Schiff am Gestade blieb/ gar danckbarlich erzeigte/ und Wildpräts die Fülle zutrug.

Es schreiben etliche / wann der Löwe liebkose/ so bewege er seinen Schwantz gar nicht: Wann er aber wolle zornig werden/ so schlage er zum ersten mit dem Schwantz den Boden/ und zuletzt auch seinen Leib und Rücken/ wovon Homerus und Lucanus in jhren Versen die Ursach dessen beschreiben: Dann er soll an seinem Schwantz unter dem Haar etwas hartes und spitziges habe/ wie ein Sporen/ mit welchem er sich selber zu verletzen und zu Zorn zu reitzen pflege.

Wann er in dem Gejägt auff freyem Felde/ oder an lichten Orten ersehen wird/ so fleucht er nit/ thut auch als förchtet er sich nicht: Und ob er wol von der Menge seiner Feinde hinder sich zu weichen gezwungen wird/ so laufft er doch nicht/ sondern weicht nur Fuß für Fuß und allgemach/ stehet offt still und siehet hinder sich. Wann er aber in dunckele und schattichte Ort kommet/ so fleucht er so hefftig als er kan/ gleich als ob er wüste/ daß Fliehen eine Schand seye: Und so er wiederumb in weite Ort und Felder kommet/ so fleucht er nicht mehr/ siehet wieder umb sich / und erwartet deß Feinds / aber eben in der Flucht will er nicht gesehen seyn.

So dieses Thier verletzt wird/ ist es deß empfangenen Schadens lange Zeit eingedenck/ läst auch denselbigen nach langer Zeit nicht ungerochen: Allermassen man lieset/ daß einsmals ein Löwe sich an einem Jünglinge / der jhn mit einem Pfeile verletzt gehabt/ ein gantzes Jahr hernach/ unter einem gantzen Hauffen Reiter gerochen habe.

Sie ziehen nicht mit Paaren auff das Gejägt/ gleich als ob sie wüsten/ daß ein jeder für sich selbst starck genug zu Jagen seye / solche Stärcke und Kräffte wissen auch schon die Jungen an jhnen selber/ dann sie fahren auß auff das Gejägt/ ob gleich die Alten nicht bey jhnen sind.

Dieses Thier wann es von Jugend auff erzoge wird/ so wird es kirr/ freundlich und gar schertzhafftig / so daß sie können zum Jagen wie die

Ji iij Hund

Hund/ und zum Tragen wie die Esel/ gebraucht werden.

Wann er wandelt/ so verbirgt er seine Klauen/ gleich wie eine Katze.

In Mauritania sollen sie der Einwohner Sprache verstehen/ dann wann sie bißweilen auß Hungersnoth zu den Häusern kommen/ werden sie von den Weibern gescholten und abgeschreckt.

Der Löw frißt allerley Thiere Fleisch/ vornemblich aber der Kamelthiere/ der Waldesel/ der wilden Geyssen und Affen/ welche er mit besonderem Lust frisset/ eines Theils von wegen der Nahrung/ und dann auch der Artzney halben. Deßgleichen frißt er Ochsen und der Elephanten Jungen gar gerne.

Dieses Thier aber hat auch eine grosse Forcht und Schrecken vor dem Gickel-Hahn/ und seinem Geschrey/ dermassen daß er vor seinem Kamm und Gesang gantz erstaunet/ deßgleichen auch vor dem Gereusch eines lehren Wagens und der Räder/ und vor dem Thon der Paucken. Dessen uns Camerarius aber das Gegentheil lehret/ als welcher selbsten in Acht genommen/ daß der Löw mit grossen Freuden Hüner und Hanen gebissen und gessen.

Für allen andern Dingen förchtet er das Feuer und die Flammen/ darumb/ dieweil sie scharpffe und gleichsamb als wie feurige Augen haben. Ein Mensch so sich mit Knobloch bestriechen/ soll kein Löw anfallen.

Von der Nutzbarkeit/ so man von diesem Thier hat.

Der grosse Cham oder König der Tartaren/ soll viel grosse/ starcke und schöne Löwen haben/ welche er zu dem Gejägt der Hirschen/ wilden Schweine/ wilden Stiere und Eslen/ auch anderem Wild gebrauchet.

Die Löwen werden auff mancherley Weiß gefangen/ als mit Gruben/ mit dem Garn/ in welches sie mit Facklen und Geschrey getrieben werden/ und dann auch mit starcken und mannhafften Menschen/ so bey den Moren im Brauch ist.

Marcus Antonius, der Römer/ hat sie in die Wagen und Karren gespannet/ mit grosser Verwunderung des Römischen Volcks.

Von dem Fleisch dieses Thiers.

Aller räuberischen Thiere Fleisch ist trockner Art/ und machet melancholisch Blut. Daß Löwen Fleisch aber ist hitziger/ als der anderen erstgenanten Thiere/ machet ein dickes Geblüt/ und ist schwer zu verdäuen. Soll in der Speiß den jenigen nutzlich seyn/ so die fallende Sucht haben.

Ein Volck in Morenland/ so Agriophagi genannt werden/ und das darumb/ dieweil sie von dem Fleisch der wilden Thiere zur Speiß gebrauchen/ dergleichen auch etliche andere Einwohner an andern Orthen thun sollen.

Etliche Stücke / so von solchen edlen Thieren in der Artzney gebraucht werden.

Das Löwen Blut gedörrt/ gepulvert/ und auff den Krebs gestreuet/ heilet ihn.

Löwen Unschlit ist ein köstliche Artzney zu allen harten Knollen/ Trüsen und anteren harten Mißgewächsen.

Mit anderer Salbe/ oder Rosen-Oel gemischt und angestriechen / vertreibt es die Macklen und Flecken im Angesicht.

Sein Hertz in der Speiß gessen/ soll gut seyn für das viertägige Fieber/ und die schwere Noth: Seine Leber in Wein geweicht/ und davon getruncken für den Schmertzen der Leber.

Seine Gall mit Wasser in die Augen gethan/ macht ein helles Gesicht: Und mit seinem Unschlit ein wenig eingenommen/ ist sie gut für die fallende Sucht / sie aber soll nur ein wenige ingenommen/ und von dem/ so die Kranckheit hat/ mit Lauffen verddäuet werden.

Auß den Wunden/ so dieses Thier gebissen oder gekratzt hat/ fleust ein bleicher Eyter/ der weder durch Schwamm noch Band/ noch auff einigerley Weise kan gestillet werden. Solchen Patienten nun wird geholffen auff eben diese Weise und Form/ als wir die von wütenden Hunden gebissen werden: Plinius schreibet/ daß auß solchen Wunden schwartz Blut fliessen solle.

Wann man seine spitze Zähn/ so man Hundszähn nennet/ den Kindern vor dem zweyten Zehen anhänget / sollen sie im Alter kein Zahnwehe bekommen. Sein Schmaltz soll gut seyn wider die Ohrenschmertzen/ deßgleichen mit Nutzen zu den erfrohrnen Gliedern gebraucht werden. Sextus gebrauchet deß Löwen Fleisch wider Schrecken und Melancholey. Der Löwen Bein zerstossen/ und mit einem schweißtreibenden Wasser eingeben/ sollen gut wider das Fieber seyn. Sein Fell darauff zu sitzen/ soll die Schmertzen der gülden Ader lindern/ und in die Schuch gefütter wider das Podagra gut seyn.

Der Löwen Koth mit Rosensalb vermischet/ vertreibet die Flecken im Angesicht/ und hält dasselbe sauber.

Von dem Leoparden.

Panthera seu Pardalis, Pardus, Leopardus.   Leopard/oder Leppard.
Panterthier/oder Lefrat.

Er Leopard wird auff Arabisch Νάρ, Griechisch Πάρδαλις, Lateinisch Panthera, Frantzösisch Leopard, Italianisch Lion pardo, und Hispanisch le on Pardal genannt. Ist ein grausames/ grimmiges/ fräßiges und geschwindes Thier/ und begierig zu zerreissen und Blut zu vergiessen. Etliche meinen der Leopard sey ein solches Thier/ so durch Vermischung der Löwin oder deß Löwens/ mit dem Pardo/ oder Pantherthier/ geboren werde/ und den Löwen nicht unähnlich/ nur daß seine Brust und Vorderleib ohne Zotten und Haare sey.

Von äusserlicher Gestalt dieses Thiers.

DEr Leopard hat nach seiner Grösse ein kleinen Kopff/ ein groß Maul/ kleine weisse und hell leuchtende Augen/ eine lange Stirn/ runde kleine Ohren/ und einen langen und dünnen Halß/ an der Brust hat es kleine Rippen/ und ist von vielerley Farben gelb/ roth und schwartz/ untereinander vermischet. Wottonus schreibet/ daß er vier Brüste an seinem Bauch habe/ und an den vordern Füssen fünff Klauen/ an den Hindern aber hat Gellius vier in acht genommen. Seine Augen sollen in dem Dunckeln leuchten/ von der Sonnen aber leicht verblendet werden.

Der Leopard (spricht Albertus) so auß Vermischung der Löwin mit dem Pardo geboren ist/ soll sich auff roth ziehen/ und mit schwartzen Flecken durch den gantzen Leib besprengt/ und daß Weiblein stärcker seyn als der Mann.

Der Leoparden Geschlechte ist/ wie Oppianus berichtet/ zweyerley: Dann etliche sind grösser/ mit breyteren Rücken/ und etliche kleiner/ welche jedoch an Stärcke den Grossen nichts vorgeben/ sind zwar mancherley von Farb/ sonst aber einander gleich/ außgenommen an dem Schwantz nit/ welcher dem kleinern Geschlechte grösser/ und dem Grössern kleiner von Natur gewachsen ist: Sie sollen einen langen Leib mit rothe gläsene Augen/ gleich als ob sie feurig/ und eine Haut oder Fell mit fleckigen Ringlein besprengt haben/ gleich als ob es Augen wären: Wie dann dergleichen Felle offtmals bey den Rauchhändlern und Kirschnern in vornehmen Handels-Stätten gesehen werden.

Wo dieses Thier gefangen werde.

IN den zweyen Theilen der Welt/ Asia und Africa/ und zwar in den darinn gelegenen Landschafften Syria, Lybia, Mauritania, Arabia, Lycia, und Hyrcania, sollen ihrer viel gefunden werden/ doch an etlichen Orten vielmehr/ grösser/ schöner/ stärcker/ kühner und muthiger/ als an anderen. Es sollen die Indianer ihrem König zahme Panterthiere zubringen.

Von Art und Natur dieses Thiers.

DIe Leoparden wohnen gemeiniglich bey den Flüssen/ an solchen Orten/ so mit Bäum oder dickem

dickem Geſtraͤuch beſetzt ſind: Sie trincken uͤber auß gern Wein / ſauffen ſich daran voll / und werden bißweilen alſo truncken gefangen: Sie uͤberfreſſen ſich auch bißweilen / alsdann legen ſie ſich in ihre Hoͤlen ſchlaffen / biß ſie außgedaͤuet haben: So ſie Gifft gefreſſen / ſo bringen ſie ſich mit Menſchenkoth wiederumb zu recht.

Mit verwunderlicher Liſt ſoll der Leopard die Affen fangen / wie Ælianus ſchreibet / und zwar auff folgende Weiſe:

Wañ der Leopard einen Hauffen Affen außgeſpehet hat / ſo legt er ſich nah bey jhnen nider auf den Boden / ſtreckt die Bein von jhm / ſperrt den Rachen und Augen weit auff / und haͤlt den Athem an ſich / gleich als ob er todt waͤre / wañ dañ die Affen ſolches erſehen / haben ſie groſſe Freud druͤber / und trauen jhm doch nit gar zu wol / ſondern ſchicken Anfangs den Kuͤhneſten herab / das Spiel und den Handel recht zu erfahren / welcher mit verzagtem Hertzen hinzu ſchleicht / und bald wieder davon wiſcht: Zuletzt beſiehet er jhm die Augen / merckt auff den Athem / ob nicht etwann noch ein Leben vorhanden: Der Leopard aber haͤlt ſich gantz ſtill / als waͤre er todt. So nun die anderen Affen den erſten unverletzt umb ſeinen Feind herumb gauckeln ſehen / laſſen ſie die Forcht fahren / lauffen all herzu / freuen ſich / tantzẽ und ſpringen auff und umb den todten Feind her / als ob ſie ſeiner ſpotteten. Wann dann der Leopard vermeinet / daß ſie muͤd gnug und gantz Sorgloß worden / und das Spiel am beſten iſt / ſo ſpringt er unverſehens auf / ergreifft und zerreiſt jhrer einen guten Theil / und braucht die Beſten und Fetteſten zu ſeiner Speiß und Nahrung.

Er verbirgt ſich auch bißweilen in die dicke Aeſte der Baͤume oder in die dicke Stauden / was er dann ſiehet fuͤruͤber gehen / das faͤllt er an / und erwuͤrgt was er bekommen kan. Es ſchreiben auch etliche / daß theils Thiere dem guten ſuͤſſen Geruch deß Leopards / der ſich verborgen haͤlt / nachſtreichen / wodurch ſie herzu gelockt / und von dem Thier erwuͤrgt werden.

Das Pantherthier ſoll ſelten / und eine blinde Frucht gebaͤhren / gleich wie auch die Katzen / und dieſelbige mit groſſem Schmertzen / ſoll eine kleine Frucht ſeyn. Zu Zeiten vermiſcht ſich daſſelbige Panterthier mit dem Wolff / daher wird ein Thier gebohren Thoes genannt / woran die Geſtalt fleckicht / der Kopff aber dem Wolff gleich iſt: Von dieſem wird under dem Wolff ein mehrers gemeldet werden.

Von natuͤrlicher Beſchaffenheit und Eygenſchafft dieſes Thiers.

Der Loͤw vergleicht ſich ſehr einem dapfferen / auffrichtigen und redlichem Manne / der Leopard aber / oder das Pantherthier einem boͤſen / argen und tuͤckiſchem Weibe / hat auch zu ſolcher Argliſtigkeit und Schalckheit / die mit Forcht gemiſcht iſt / eine rechte Form / Geſtalt / und zugehoͤrige Gliedmaſſen von der Natur bekommen.

Eine wunderliche groſſe Liebe tragen ſie gegen jhre Jungen / von welcher Demetrius Phyſicus eine ſchoͤne Hiſtory beſchreibet / wie nemblich ein Mann einem Leoparden auff der Straß begegnet ſeye / dem der Leopard geliebkoſet / als wann er etwas von jhm begehrte / der Mann ſey Anfangs erſchrocken / doch zu letzt dem Leoparden zu willen worden / welcher jhn zu einer Gruben gefuͤhrt / worein ſeine Jungen gefallen geweſen / welche dañ der Mann herauß gezogen / den das Thier mit vielen liebkoſenden Gebaͤrden / als ob es jhm fuͤr ſolchen Dienſt danckete / wiederumb auff ſeine Straſſe gewieſen.

Einsmals wolt auch ein Leopard nicht von einem Zieglein freſſen / weil es mit jhm aufferzogen und geſpeiſt worden. Doch ſchreiben etliche / daß wie zahm er immer gemacht / auch ob er gleich von Jugend auff auffgezogen werde / ſo laß er doch ſeine Tuͤck nit / gleich wie die boͤſen Weiber.

Der Leopard iſt bey allen Thieren verhaſt / und fliehen jhn faſt alle Thier / auch der Drach ſelber.

Es ſollen vor dieſem / nach dem Todt deß Koͤnigs Franciſci in Franckreich / auß ſelbige Thiergarten ein Leopard Maͤnnlein und Weiblein entrunnen / und in die Waͤlder kommen ſeyn / und bey Orliens viel Menſchen erwuͤrget und zerriſſen / und darunter auch eine Braut auß der Statt / ſo jetzo wolte Hochzeit halten / geraubet haben / maſſen man viel todte Weibs-Coͤrper daſelbſt gefunden / welchen ſie allein die Bruͤſte abgefreſſen gehabt.

Ein ſolchen Haß ſoll er auff die Menſchen haben / daß er auch die gemahlten Bilder zerreiſſe / ſoll auch dem Hahn und Schlangen ſehr zuwider ſeyn. Seine Klauen ziehet es gleich wie die Loͤwen zu ſich / daß ſie nicht ſtumpff und untuͤchtig zum Streiten werden.

Das Thier / ſo Hyæna, Vielfraß oder Grabthier genannt wird / iſt dem Leoparden auffſetzig: Es ſoll auch der Leopard / wann er deſſen anſichtig wird dermaſſen erſchrecken / daß er jhm keinen Widerſtand begehrt zu thun / und wann ihr beyder Felle beyeinander gehenckt werden / ſo faͤllt dem Fell deß Leoparden das Haar auß / wann Plinio zu glauben. Auß welcher Urſach die Aegyptier / wann ſie andeuten wollen / daß der Edlere / Staͤrckere / und Groͤſſere / von dem Geringern koͤnne uͤberwunden werden / ſolche zwey Felle zuſammen gemahlet haben.

Eſcu-

Von dem Leoparden.

Æsculapius schreibt/ daß so der Leopard ein todten Menschen-Kopff ersehe/ so nehme er die Flucht.

Von der Nutzbarkeit/ so man von solchem Thiere hat.

Der Nutz/ so man von solchem grausamen Thier hat/ ist vast klein: Der Schad aber/ so von ihm empfangen wird/ viel grösser. Doch sollen sie an etlichen Orten zahm gemacht/ zu dem Gejägt gebrauchet werden/ worinnen sie/ so sie das Wild im dritten oder vierdten Sprung nicht erreichen/ so grimmig werden sollen/ daß sie den Jäger anfallen/ dafern sie nicht mit Blut versöhnt werden.

Der obgedachte König in Franckreich/ pflegte zweyerley Arten der Leoparden zu halten/ welche allein der Grösse nach unterschieden waren. Die grössere Art verglich sich einem Kalbe/ war nur etwas niedriger von Beinen/ hingegen ein wenig länger von Leibe: Die kleinere Art aber war so groß wie ein Hund. Dieser kleinere Leopard wurde bißweilen/ wann der König seine Lust sehen wolte/ von dem Wärter hinten auff dem Pferde auff einem Küssen/ mit einer Ketten angebunden/ mit auff die Jagt geführt/ da man ihn dann von der Ketten loß- und ihm einen Haasen vorlauffen liesse/ welchen er alßbald mit etlichen grossen Sprüngen erhaschte/ und ihn in Stücken zerrisse. Wann aber der Jäger/ oder Wärter/ den Leopard wieder anbinden wolte/ gieng er rücklings/ damit er sein Angesicht nicht sehen mögte/ auff ihn zu/ bot ihm/ zwischen den Beinen durch/ ein Stücklein Fleisch dar/ und machte ihn also wieder gut/ band ihn hernach mit der Kette/ streichelte und führte ihn zu dem Pferde/ auff welches er von sich selbsten/ ohne Mah/ auff seinen Platz sprang.

Es solle auch bißweilen selbiger König einen Löwen und Stier zusammen gelassen/ der Löw aber/ alß zahm/ den Stier nicht verletzet haben/ sondern von sich selber wiederumb in seinen Stall gekehret seyn.

Hernach sollen zween Leoparden an Ketten uñ lange Seil gebunden/ gegen solchen Stier seyn gelassen worden/ welche den Stier umbgebracht und erwürgt hätten/ wann nicht solche Thier mit Gewalt wiederumb von ihm wären gezogen worden.

Die Leoparden werden auff vielerley Weis gefangen/ als mit Gruben/ Stricken/ Gifft und etlichen Wurtzeln/ so in Latein Aconitum Pardalianches und auff Teutsch Wolff-Wurtz genennet werden.

Die Fell der Leoparden werden auch zu uns/ wiewol selten gebracht/ und gemeiniglich verkaufft umb drey oder vier Frantzösische Cronen/ die gar schönen und köstlichen aber werden auch umb sechs oder sieben Kronen gebotten/ und für ein köstliches Futter- oder Peltzwerck geachtet; von den Mauritanern werden sie zu Kleidern und Beiten gebraucht.

Vom Fleisch dieses Thiers.

Ein Volck in Moren-Land/ so Agriophagi genennt werden/ wie in der Histori vom Löwen auch erzählt worden/ leben von dem Fleisch der Löwen und Leoparden/ und werden auß der Ursachen Wild-Fleisch-Fresser genannt. Uber das sollen sie auch von etlichen andern Völckern mehr gefressen werden: Das Fleisch ist sonst hitziger und trockener Natur.

Etliche Stücke so von solchem Thier in der Artzney gebraucht werden.

Das Fett deß Leoparden ist dick und räß/ und gut denen so die fallende Sucht/ Hertz-Zittern und Schwindel haben/ wann es neñlich gebraten/ und der Dampff auffgefasset wird: Sein Unschlitt mit Loröl gemischt und angestrichen/ heilet die böse/ beissende/ und schrundigte Räude.

Das Hirn von dem Leopard erwecket die Mannheit. Und ist der rechte Geyl von diesem Thier ein Geheimnuß und gewisses Mittel wider die Verstopffung Weiblicher Zeit/ nach Meldung Cardani; Das Fett wird unter andern in Schmincken gebraucht. Von ihren Fellen machten vor diesem die Alten Griechen ihre Kleidung/ deren annoch die Mohren im Streiten sich bedienen/ und damit sich bedecken.

Die Gall deß Löwen und Leoparden eingenommen ist Gifft/ und ertödtet in kurtzer Zeit.

Wie die Biß- und Krätz dieses Thiers zu heilen/ kan in der Histori vom Löwen gelesen werden/ wird nicht ungleich seyn den Artzneyen/ so für den wütenden Hunds-Biß gebraucht werden: neñlich daß das Gifft herauß gezogen/ die Wunden lang offen behalten/ und dann/ als ein anderer Gebrechen zugeheilet werde.

Von dem kleinen Panterthier.

Vncia	Ein Untz.
Panthera	Ein kleiner Löwpard.
Pardalis minor	Ein Hunds- oder Wolffpard.

Von der äusserlichen Gestalt dieses Thiers / und wo es zu finden.

Dieses Thier Uncia (welcher Name vielleicht verderbt seyn/ und von dem Wort Lynce herkommen mag/ welches einen Luchs/ von dem darunten unter der Beschreibung deß Wolffs Meldung geschicht/ bedeutet/ als welchem dieses Thier an Natur und Eigenschafften gleichet) ist in der Grösse wie ein Meyer-Hund/ aber mit Angesicht/ Ohren und Maul wie ein Löw und mit dem Leib/ Schwantz/ Füssen und Klauen wie ein Katz gestaltet/ eines scheußlichen Gesichts/und mit so scharpffen und starcken Zähnen versehen/ daß es auch das Holtz zerreißt/ und mit Klauen so starck bewaffnet/daß es einen jeden/ so es zeucht/ aufthält. An der Farb ist es über den Rücken schwartz oder braunlecht/ unten her äschenfarb/ und durch den gantzen Leib mit viel schwartzen Flecken besprengt/der Schwantz aber etwas tunckeler/ und mit grössern und breitern Flecken belegt. Die Ohren sind innerhalb bleich/ und ausserhalb gantz schwartzlicht/ außgenommen daß sie mitten einen tunckeln und gelben Flecken haben. Der Kopff ist gantz gesprenckelt mit schwartzen Flecken/ außgenommen der Theil/ so zwischen der Nasen und Augen ist/ welcher allein auff jeder Seiten bey dem Aug einen kleinen Flecken hat/sonst aber keinen. Zu Ende der Füsse und am Schwantz sind die Flecken grösser und schwärtzer/und gantz in einem Stücke beysammen/ da sie sonst an den andern Theilen deß Leibes scheinen/ als ob ein jeder Fleck von vieren zusammen gesetzt wäre. Diese Thier wachsen und wohnen in der Landschafft/ Lybia genannt/ und werden durch die Mauritaner in andere Landschafften gebracht.

Von innerlicher Natur und Eigenschafft dieser Thiere.

Diese Thier leben vom Fleische/ und ist das Weiblein grausamer und schädlicher dann

Von dem Leoparden.

dann das Männlein/ ob es gleich kleiner ist. Im Brachmonath sind sie in ihrer Brunst. Die Löwen können zahm gemacht werden/ aber diese Thiere lassen sich gar nimmer zähmen/ also daß man sie mit einem Kolben halb zu Tode schlagen muß/ ehe und bevor man sie von einem Ort zu dem andern bringen kan. Man hält sie in durchlöcherten höltzenen Kästen oder Häußlein. Diese Thiere dürffen auch wol dem Löwen einen Kampff außhalten. Sie greiffen die kleinen Hund nicht an/ der Hunger treibe sie dann darzu. Die grossen aber zerreissen sie/ wann sie schon keinen Hunger haben. Wann sie erzürnet sind/ so höret man von ihnen eine Stimme/ gleichwie von einem grossen zornigen Hund ein Kerren.

Das jenige befindet sich nicht war zu seyn/ da man sagt/ wann dieses Thier einem einen Biß gegeben hätte/ so solten denselben Menschen die Mäuß beseichen und fressen/ dann er ist nicht schädlicher dann ein jeder gemeiner Hunds-Biß/ oder andere Verwundung. Wann er einen verletzen will/ so stehet er ihm nach dem Kopff/ wan er nemlich sich stärcker vermerckt. Wo er aber vermeynt schwächer zu seyn/ so thut er das seine durch List und Liebkosen/ biß er zu seinem Vortheyl kommt. Dann auff diese Weise hat einer einsmahls einen grossen Meyer-Hund überlistiget/ welche doch bey den Engelländern und Britanniern so starck sind/ daß sie auch mit den Bären kämpffen. Nemlich mit possirlicher Bewegung deß Schwantzes/ deß Leibes/ und vordern Tappen/ gleich wie die Katzen zu spielen pflegen/ so lang biß er durch Vortheyl ihm auff den Hals gesprungen/ mit dem Maul die Gurgel erfaßt/ und ihn erwürget hat/ nach dem Tod hat er ihme mit seinen Klauen den Leib auffgerissen/ das Hertz herauß gezerrt und gefressen.

Tlacoccelotl. Tlalocelotl. Pardus Mexicanus. Ein Mexicanisch oder Indianisch Panter-Thier

Dieses Thier vergleichet sich in etwas den Tiger-Thieren/ ist aber nicht röhtlecht/ sondern bey nah schwartz/ außgenommen der Bauch/ welcher weiß ist. Seine Flecken stehn nicht nach der Reyh/ sondern sind seltzam unter einander vermischt/ neben schwartz/ inwendig aber weiß gesprengt/ Vorn sind die Füß weiß. Hat keine Zähn auß dem Maul hervorstehen. Hat einen Kopff wie ein Katz/ von welchen allem Hernandez ein mehrers gedencket.

Von dem Luchs.

Suche unter der Beschreibung von dem Wolffe.

Von dem Maulwurff.

Talpa. Ein Maulwurff/ Schär oder Schär-Mauß.

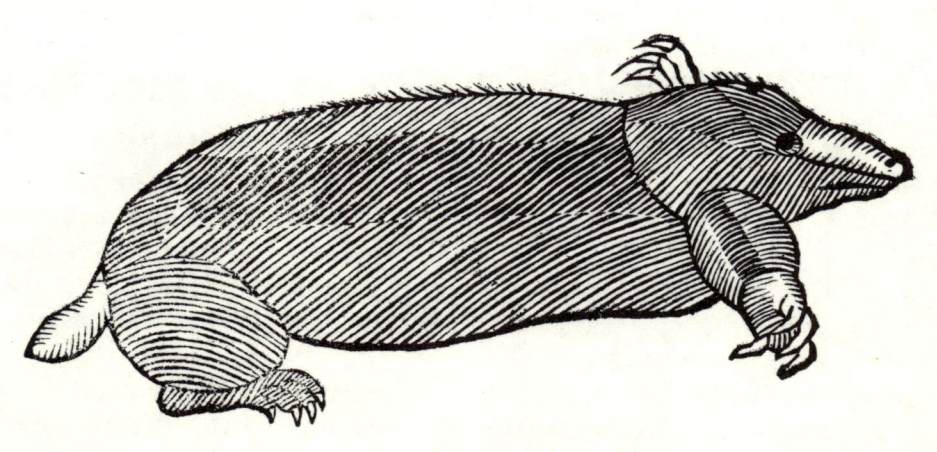

Von innerlicher Gestalt dieses Thiers.

EIn Maulwurff oder Schär/ so auff Arabisch خلد / auff Ebräisch החפרשת, auff Griechisch Ἀσπάλαξ, Lateinisch Talpa, Frantzösisch une Taupt, Italiänisch Talpa Topinaria, Hispanisch Topo animal genannt wird/ zählen etliche unter das Geschlecht der Mäuse/ welches nicht zu loben ist/ dieweil solch Thier gantz keine Gemeinschafft mit den Mäusen hat/ als nur die Grösse/ welche auch unter den Mäusen nicht gleich ist. Alle Mäuse haben die vordern Zähne lang und krum/ und also anderst als der Maulwurff seine Zähne hat: Massen dann auch der Kopff/ Schwantz/ und Füsse viel anders an dem Maulwurff als an der Maus sind.

Wiewol bißher alle die/ so von den vierfüssigen Thieren geschrieben haben/ sagen/ daß der Maulwurff keine Augen habe; So scheinet doch daß dieselbige von blöden Augen nicht haben können gesehen werden/ dann wann man den Kopff deß Maulwurffs recht betrachtet/ befindet sich auff jeglicher Seit ein klein schwartzes Tüpfflein/ wie ein Magsaamen-Körnlein/ welche wol vor die Augen können gehalten werden/ weiln in innerlicher Betrachtung deß Kopffs gleichfalls zwey zarte Nerven/ so das Sehen machen/ und Nervi optici bey den Anatomicis geneñt werden/ eigendlich gesehen werden/ uñ derhalben an ihrem Gesicht gar nit zu zweiffeln ist. Es sollen auch an den Junge/ so auß den Alten geschnitten worden/ solche kleine Aeuglein seyn wargenommen worden.

Die Zähne dieses Thiers sind gar nah gleich den Zähnen der Spitz-Maus/ gestalt sie sich vornen auff den Seiten mehr den Hunds- oder Wisel-Zähnen vergleichen.

Seine Zunge ist so groß/ als wie der Under-Kifel sie fassen mag/ seine Lunge in viel Stücklein von einander getheylet/ welche das Hertz umbgeben/ und viel weiter unten gegen dem Magen hangen/ als solches jemand vermeynen möchte.

Wann die Egyptier einen blinden Menschen anzeigen oder bedeuten wollen/ so haben sie einen Maulwurff oder Schär gemahlet: Daher auch das Sprüchwort kommen ist/ daß/ wann einer wenig sihet/ oder schlecht und einfältig von Sachen urtheilt/ man zu sagen pflegt: Talpa cœcior, das ist: Er ist blinder dann ein Maulwurff.

Von Natur und Eigenschafft dieses Thiers.

EIn sehr scharpff Gehör hat der Schär/ daß er eine Stim̃/ Geschrey/ und alles geräusch tieff under dem Erdreich höret. Auß der Ursach sol er auch die Würme/ so in dem Erdreich kriechen/ hören.

Wann man ihn auff den Rücken druckt/ so wältzet er sich umb/ und wehret sich mit seinem Maul und Füssen.

Kein Thier ist unter denen/ welche Blut haben/ und lebendige Junge gebären/ das allezeit unter dem Erdreich lebe/ als der Schär/ wiewol sie in der Schweitz in dem Brachmonat auß ihren Löchern herfür schlieffen sollen/ und dann können sie/ zu derselben Zeit/ ohne Müh gefangen werden.

Albertus schreibet/ daß ein Schär/ ausserhalb der Erden/ nicht länger leben könne/ dann zwey oder vier Stunden auffs längste. Der Schär muß auch Lufft haben/ welches daher zu ersehen/ daß er die Löcher/ so man ihm verstopfft/ wiederumb auffthut nach etwas Zeit/ hingegen macht er die zu/ welche man ihm eröffnet hat. Sie wohnen gern in den feisten und wolgemisten Orten/ so voll Würme kriechen: Dann von Würmen/ Kräutern unnd etlichen Wurtzelen lebt solches Thier/ und in Hungers-Noht/ auch von dem Erdreich.

Die Maulwürffe graben ihre Löcher oder Schlüpffe vieltieffer under die Erden/ als die wilden Feld-Mäus/ und können durch solches Zeichen von einander unterschieden und erkannt werden.

Dieß Thier soll eben auch/ gleichwie etliche andre/ auß der Erden und Regen/ so bey einander faulend worden/ erwachsen/ wie dañ von den Mäusen hernach wird gemeldet werden.

Von angeborner Verschlagenheit dieses Thiers.

ES hat einsmahls/ wie Oppianus schreibt/ Einer ein irden unnd verglästes Geschirr mit einem engen Mund-Loch/ in eine/ mit Vorbedacht/ darzu gemachte Grube gesetzt/ und zwar also/ daß das Loch über sich ging/ als nun ein Schärmaus darein geschloffen/ uñ von wegẽ der Glätte deß Geschirrs nicht konte herauß kriechen/ dieweil er mit seinen Füssen nicht zu hafften vermochte/ hat ein anderer Schär ihm so lang Erd darein geschauffelt/ biß der Hafen gar nah voll worden/ unnd der Gefangene herauß kommen kunte.

Wiewol alles Geschrey und alle Stimm über sich dringt/ so hört doch solches der Schär unten in der Tieffe/ und fleucht/ als ob er wüste/ daß es ihn gelten solte.

Wie der Maulwurff zu vertreiben sey.

OB zwar der Maulwurff/ wo er in einen Garten genistet/ nicht leicht kan vertrieben werden: So haben doch die Alten folgende Sachen/ umb dieselbige außzurotten/ zu gebrauchen/ vor gut gehalten. Und zwar

1.

Daß man den Rhicinum oder Wunderbaum fleissig in die Gärten pflantzen solle/ vor welchem them die Maulwürff gewißlich/ als vor einer Pflantz/ die sie gar nicht leyden können/ fliehen würden.

2.

Auch gleichfals die Maulwürff nicht leben könten/ wo die Cardebenedicten gezogen würden.

3.

Soll man in ihre Gänge oder Löcher einen Bücking oder Herings-Kopff stecken/ oder frische Schuß von Holder-Stauden; und runde Ballen von Hanff-Saamen hinein thun; deßgleichen auch Wasser/ worinnen Knobloch gesotten/ in ihre Höhlen giessen/ auch Rauch vom Pulver/ und dergleichen hinein lassen/ vor welchen sie fliehen sollen.

4.

Soll man einen Krebs in einen gegläßten Hafen thun/ denselben in die Erde graben/ und faulen lassen/ wornach die Maulwürff graben/ darein fallen/ und sich fangen würden.

5.

Sollen die Maulwürff in dem Martio lauffig seyn/ zu welcher Zeit man einen lebendigen fangen/ und ihn in einem Glaß in die Erde vergraben müste; Wann dann dieser also deß Nachtes schreye/ würden die andern herzu lauffen/ sich auch in diß Gefäß stürtzen/ und je mehr darein kämen/ je grösser das Gepip/ und je mehr sich fangen würden/ weil sie/ wegen der Glätte/ nicht herauff kommen könten.

Welches alles aber Laurembergius, nebenst täglicher Erfahrung/ auff folgende Weis widerleget.

1.

Was den Rhicinum oder Wunder-Baum belange/ seyn die Maulwürff/ wie häuffig er auch gezogen/ nit allein vor demselbigen nicht geflohen/ sondern gar ihre Nester und Gänge umb dieselbige gehalten/ als wann sie sie vielmehr liebten. Dahero Camerarius auch folgendes schreibet: Man sagt daß der Wunder-Baum dem Maulwurff zu wider sey/ welches ich aber nicht erfahren können/ sondern vielmehr in Acht genommen/ daß sie umb diese Pflantzen gegraben/ und dieselben herauß gestossen haben.

2.

Was von der Cardebenedicten erzählt wird/ ist vielweniger wahr/ indem sie gantze Länder/ worauff dieses Kraut gepflantzet und gezogen/ durchwülen und untergraben.

3.

Noch vielweniger werden sie durch den Holder/ Herings-Kopff/ und dergleichen vertrieben/ sondern werden so sehr dardurch/ wie ein hungriger Hund mit einem Stück Brod oder Brat-Wurst abgeschröcket.

4.

Hat sich auch kein Maulwurff mit den Krebsen wollen fangen lassen.

5.

Ist auch sehr zweiffelhafft/ daß durch ihr Pippen sie einander locken sollen/ weil die Maulwürff/ gar nicht ausser der Erden in der Lufft lauffen können.

Es sind aber die beste und versicherste Künste diese beyde.

1.

Daß man in Acht nehme/ wann der Maulwurff werffe/ so gemeiniglich Morgens früh/ deßgleichen zwischen eilff und zwölff Uhren Mittags/ und Nachmittages zwischen drey und vieren geschiehet/ und wanns anfänget zu regnen/ da sie nach den Regen-Würmen kriechen/ welches ihnen eine köstliche Speis/ und gleichsam Wildprätt ist. Alsdann ergreiffe man eine Hack/ und haue ihn im Auffwerffen herauß/ man muß aber also stehen/ daß der Wind von dem Maulwurff gehe/ wegen ihres Geruchs und leissen Gehörs/ so sie haben. Worzu leichter zu kommen/ muß man der alten Hauffen alle zutreten/ welches der Maulwurff nicht leyden kan/ sondern alsbald frische Hauffen auffwirfft.

2.

Die zweyte Art soll seyn/ daß man drey oder vier Bütten in einem Garten tieff eingrabe/ daß sie fest stehen/ hernach mit einem langen Holtz starck darein stossen. Welcher Schall dann unter der Erden viel grösser und weiter gehöret wird: weiln dann die Maulwürff ohne das ein sehr leiß Gehör haben/ hierdurch geschiehet/ daß sie weit von diesem Garten fliehen/ und sich nicht mercken lassen.

Andere halten auch nachfolgende Stück für gut.

1.

Daß man die frisch auffgeworffene Hauffen abstosse/ in das Loch siedheiß Wasser giesse/ wovon entweder der Maulwurff herauß gehen/ oder einen neuen Hauffen werffen/ und sich verrathen wird.

2.

Soll man einen Keul oder dicken Stock mit Nägeln umb und umb beschlagen/ und Achtung geben wann der Maulwurff auffwerffe/ alßdann starck auff das Loch stossen/ und ihn also tödten.

3.

Sol der Maulwurff die Zwibel oder Knobloch gar nicht ertragen können/ und dardurch auß den Gärten können getrieben werden.

Von Nutzbarkeit/ so man von solchem Thier hat/ deßgleichen von der Art/ wie es gefangen werde.

Ihnen wird nachgestelt mit der Hauen/ mit welcher sie bißweilen/ wann sie graben/ herauß geschlagen werden. Man macht ihnen auch etliche Fallen/ wie den Mäusen/ oder ein solches Aaß/ von welchem sie sterben. Weisse Nießwurtz/ Rinden von dem Hunds-Kraut/ oder Wolffwurtz/ sollen gedörtt/ und zu

Pulver gestossen/ hernach mit solchem Pulver Eyer- und Milch-Kuchen gemacht/ und in die Löcher gethan werden: Dann wann sie solches fressen/ so sterben sie darvon. Aber auß der Ursach ist der Schad grösser dann der Nutz/ so man von ihnen hat.

Etliche Bauers-Leute sagen/ daß sie keine Schär-Mäus auß den Wisen oder Matten schlagen/ in Meynung der Boden in den Wisen müsse eben sowol unten/ als oben das Feld mit dem Pflug/ umbgerissen und erbauet werden.

Auß den Bälgen solcher Thiere sollen bißweilen Decken zu den Betten seyn gemacht worden. An Theils Orthen/ sonderlich in der Schweitz/ werden Mützen und Stauchen darvon bereitet: Dann sie mit dem schwartzen Glantz und der Gelindigkeit sich dem Sammet vergleichen.

In Thessalia sol eine Stadt von den Schärmäusen untergraben und umbgestürtzet worden seyn.

Artzneyen/ so von solchem Thier herkommen.

Damit einem weissen Pferd die schwartzen Haar abfallen/ und weisse an deren Statt wachsen/ so siede eine Schär-Maus in Wasser in einem Hafen biß er zerfalle/ als etwan drey Tage/ und mit dem Fett/ so oben auff schwebt/ oder mit dem Wasser schmiere den Ort/ wo die schwartzen Haare stehen. Oder/ sied ihn in gesaltznen Wasser oder Laugen biß er eingesotten seye/ alsdann thu ander Wasser oder Laugen daran/ und wanns es ein wenig warm worden/ so beschmier oder wasch den Ort/ welchen du weiß haben wilst/ so fallen die schwartze herauß/ unnd wachsen weisse an deren Statt.

Asche von einem gebrandten Schärmaus mit Honig bestrichen/ ist gut für den Außsatz/ für Kröpffe und Fistel/ oder Röhr-Wunden.

Frisch Blut von einer Schärmaus angestrichen/ macht Haar wachsen an denen Orten/ so glatz worden sind.

Der Kopff von der Schärmaus mit der Erden/ so sie auffgeschaufflet/ gestossen und in einer zinnernen Büchsen auffgehoben/ ist gut für die Kröpffe.

Weiters schreibet Becherus folgende Reimen.

Schär-Maus/ so ins gemein man Molt- und Maulwurff nennet/
Ist gut in Fisteln/ so man sie zur Aschen brennet.
Das Hertz getrocknet/ und gepülvert eingenommen/
Es hilfft und heylet/ so man einen Bruch bekommen.
So man mit Maulwurffs-Blut den kahlen Kopff thut schmieren/
Mit frischen Haaren kan es solchen wieder zieren.

Von der Maus.

Mus.   Eine Maus.

Von mancherley Geschlecht/ Form und Gestalt dieses Thiers.

Die Maus so auff Arabisch פֿאר Hebräisch עכבר. Auff Griechisch μῦς. Lateinisch Mus. Frantzösisch un Rat. Italiänisch Sorice, Topo. Und Hispanisch Raton genannt wird/ ist ein kleines einheimisches Thier/ so alle Ding zerfrißt und zernagt/ hat mancherley Geschlechte/ und ist gar underschiedlich: Erstlich von den Landen her/ wie hernach nach der Ordnung deß Alphabets wird erzählet werden.

Von der Mauß.

Darnach sind etliche zahm / etliche wild / als: Hauß- Feld- Wasser- Berg- Freud- und Hasel-Mäuß / Hamster / und dergleichen / von welcher jeden insonderheit hernach wird geredet werden: Hier wird erstlich erzählt die Art der jenigen Mäus so in den Häusern wohnen / unter welchen etliche klein / wie die gemeinen Mäuse / etliche aber groß sind und Ratten genennet werden / von solchen wird auch etwas besonders hernach geschrieben werden.

Die Haußmäus sind nicht alle einerley Farb / dann etliche ziehen sich auff schwartz: etliche von braun / auff roht oder falb / etliche sind fast äschenfarb: Etliche aber gantz weiß.

Ein groß Hertz sol die Mauß haben in Ansehung ihrer kleinen Proportion oder Grösse / wie auch alle andere forchtsame Thier / die Leber sol wachsen wann der Mond zunimmt / und schwinden so er abnimmt / welches aber durch die Anatomie beym Zerlegen unwar unnd ertichtet befunden worden / als worbey man kein Wachsen noch Schwinden warnehmen können.

Die Mäuß sind geyl und gebähren viel Jungen mit einander / wie solches die tägliche Erfahrung bezeuget.

Und sollen in Persien / wann man anderst recht berichtet / Mäus auffgeschnitten seyn worden / derer Junge gleichfalls auch tragbar gewesen seyn.

Von Natur / Wesen / und Eigenschafft dieses Thiers.

Die Mäuse / von welchen hier geredet wird / wohnen in unsern Häusern / an allen Orten / so Löcher haben / und ob sie solche schon nicht finden / machen sie ihnen doch selber Mauslöcher / mit beissen und kifflen / entweder in Stuben und Kuchen / oder unter dem Dache / und in den Wänden der Korn-Böden und andern Orten / wo sie für sich Proviant wissen: Sie lauffen meistens bey der Nacht umb / und deß Tages ligen sie verborgen / darumb / dieweil sie wissen / daß die Menschen / oder andere Thiere ihnen auffsätzig sind / und nachzustellen pflegen.

Kein Thier / außgenommen der leidige Esel / soll so ein scharpffes Gehör haben / als wie die Mauß: Und / wie etliche wollen / noch ein schärpfferes dann der Esel.

Die Mauß frißt allerley Speise / so der Mensch isset / als Brod / Fleisch / Kerne / Käs / Butter / Unschlitt / und / so sie der Speisen viel bey einander findet / so frißt und erwählet sie das beste / und zwar das harte viel lieber / dann das gelinde.

In der Insul Paro sollen sie auch das Eisen zerkifflen / gleichwie auch in der Insul Cypern / und etlichen mehr. In etlichen Insuln sollen sie das Gold zernagen / umb deß willen sie auffgeschnitten und durchsucht werden.

Auß einer Mauß (schreibt Aristoteles) sollen bißweilen hundert und zwantzig junge Mäus seyn geboren worden: Sie sollen lange Zeit leben / hernach nach und nach absterben.

Von angeborner Verschlagenheit dieses Thiers.

Wann ein Hauß alt / faul und baufällig worden / so fliehen die Mäus vor dem Fall herauß / als ob sie das bevorstehende Unglück zuvorher wüsten: Welches in der Stadt Helice geschehen ist.

Dann als die Einwohner derselbigen Stadt eine schandliche That an einem Volck / Jones genandt / begangen / und etliche derselbigen auch auff dem Altar gemetzget hatten / ward ihnen ihre Straf und Fall / jedoch ihnen unbewust / durch diese Thierlein angekündet: Dann fünff Tage ehe die Stadt von dem Erdbeben umbgeworffen / und von dem stürmenden Wetter / Meer und der Wasser / überschwemmet ward / sind alle Mäuse / Wiselein / Schlangen / und etliche andere Thier auß der Stadt gezogen / mit grosser Verwunderung der Einwohner / welche aber auß der Flucht solcher Thiere nicht erkennen kunten den Jammer und den Unfall / der so bald über die Stadt kommen solte.

Ælianus schreibt / wann eine Mauß oder zwo in ein Wasser gefallen / so bieten die andern solchen ihre Schwäntze dar / welchen dannselbige mit dem Gebiß erfassen / daß also eine die andere wieder herauß ziehe.

Der Mauß sind auffsätzig die Katzen / Füchs / schwartze Schlangen / und Wiselein / vornehmlich die kleinen / die auch in die Mäuß-Löcher schlieffen können. Die Mäuse sollen auch ein Abscheuen haben vor dem todten Wiselein / und mit desselbigen Pulver können vertrieben werden. Und so sein Hirn zu den Käs-Matten gethan wird / so sollen die Käs vor den Mäusen sicher bleiben. Die Habiche / Nacht-Eulen / Kautzen / und etliche andere geflügelte Vögel / setzen den Mäusen nach / und fressen dieselbigen.

Der grosse / scheußliche / und starcke Helfant scheuet auch den Geruch der Mäuse / dann wo er eine Mauß in dem Futter ersichet / so frißt er nicht mehr davon.

Von Nutzbarkeit oder Schaden / so dieses Thier thut.

Fast wenig Nutzbarkeit bringt dieses Thier dem Menschen / aber wol viel Schadens und überdrangs / von welches wegen vielerley Gattungen der Mäußfallen / oder anderer Rüstungen / solches Thier zu fahen / von den Menschen erdacht sind worden / die allhie / umb der Kürtze willen / nicht nöthig sind zu erzählen.

Wann man / wie Avicenna schreibet / eine
Mauß

Maus verschneidt/ oder einer die Haut vom Kopf ziehet/ und lauffen lässet/ sollen alle andere Mäus sich verliehren.

Wann die weissen mehr/ dann ihre Gewohnheit ist/ tantzen und springen/ so verkündigen sie änderung deß Wetters/ nemlich Ungewitter.

So sie in den Löchern kratzen/ begehren sie zu schlaffen/ und verkündigen Regen-Wetter.

Von dem Fleisch dieses Thiers

Das Mäuse-Fleisch wird/ und sol von niemanden genossen werden/ dann es macht Vergeßlichkeit/ Taubsucht/ und verdirbt den Magen.

In der Landschafft Callecut, sollen von den Einwohnern die Mäus und Fische/ an der Sonnen gebraten/ gessen werden. Es heissen etliche solche keuen/ wann man Zahn-Weh hat.

Als Annibal Casilinum belägert gehabt/ soll eine Maus umb zweyhundert Cronen verkaufft worden/ und der Verkauffer Hungers gestorben/ der Kauffer aber bey Leben blieben seyn.

Etliche Stücke der Artzney/
so von solchem Thier zu etlichen Kranckheiten gebraucht werden.

Ein lebendige Maus auffgeschnitten/ und auffgelegt/ zeucht herauß Stacheln/ Dörner/ Pfeile/ und dergleichen: und auff deß Scorpions Stich übergeschlagen/ dämpfft sein Gifft/ vertreibt auch sonst allerley Wartzen und Drüsen.

Eine Maus mit Eisenkraut gekocht/ und solchen Tranck getruncken/ ist gut für die Bräune.

Die/ so blut und Eiter speyen/ oder sonst mangel an der Lungen haben/ sollen eine außgezogene oder geschundene Maus mit Oel und Saltz kochen und essen.

Eine Kunst/ Haar wachsend zu machen: Eine Maus zu Aschen gebrandt/ gestossen/ und das Pulver mit Honig und Bären-Feet gemischt und angestrichen. Aber auß Wein getruncken/ hilfft sie denen/ so den Harn nicht verhalten können. Mit Oel in die Ohren geträufft/ ist sie gut für den Schmertzen der Ohren. Mit Honig und Fenchel-Wurzel die Zähn gerieben/ macht sie einen guten Athem.

Mäuß-Blut vertreibt allerley Wartzen.

Denen/ so gleichsam etwas vor den Augen schwebt und schwindlet/ sol das eine bewärte Artzney seyn. Mäusblut/ die Gall von einem Gückel-Hahn/ und Milch von einer Frauen/ eines so viel als deß andern/ wol gemischt/ und gebraucht.

So einem etwann ein Thierlein in ein Ohr kommen/ der soll Mäuß-Gallen mit Essig gemischt/ darein träuffen:

Die Schüppen auff dem Haupt vertreibt der Mäus-Kohl mit Essig angestrichen/ macht auch Haar wachsen. Mäus-Koht mit Bocks-Koht gedörrt/ und mit Honig angestrichen/ machet imgleichen Haar wachsen/ auch an den Augbrauen: Mit Weyrauch und Honig getruncken/ verbricht den Stein der Nieren oder Blasen: ist auch gut in Wasser gesotten/ und in solchem Bad gesessen.

Mäus-Harn sol das Fleisch durchfressen auch biß auff die Bein/ wiewol etliche den Ratten solches zuschreiben.

Den Mäus-Biß heylt der Knobloch darauff gerieben.

Von ihrem Nutz schreibet Becherus also:

Die Maus ist zwar gering/ ein kleines schlechtes Thier/
Gleichwol der Apotheck/ sie giebet ihr Gebühr.
Die gantze Maus man braucht/ thut sie zur Aschen brennen/
Getruncken nehmens die den Harn nicht halten können.
Mäus-Koht verzuckert/ ist absonderlich gar gut.
Die harte Leiber er den Kindern öffnen thut.

Von der Ratte.

De Mure domestico majore.

Von der grossen Hauß-Maus/ so gemeiniglich Ratt genennet wird.

Das grössere Geschlecht der Mäuse/ so in den Häusern ihre Wohnung haben/ werden gemeiniglich Ratten genennt/ und sind jedermänniglich wol bekandt/ ist aber nicht das Geschlecht der Mäusen/ so auff Lateinisch Sorex genennet wird/ als hernach auß dem Plinio wird angezeigt werden.

Von der Maus.

Von Form und Gestalt / wie auch Natur und Eygenschafft dieses Thiers.

Eine Ratt ist viermal grösser / als die Mauß / und an der Grösse fast dem Wiselein gleich / und manchem mehr bekannt / dann ihm lieb ist. Es werden etliche an der Farb gantz weiß gesehen / mit rothen baussenden Augen / und einem langen dicken Bart / wie eine Katz. Die Ratte liegt nicht in dem Erdreich verborgen wie andere Haußmäus (wiewol sie in dem Jochimsthal auch in den Ertzgruben gefunden werden /) sondern in den Löchern / zwischen den Mauren und Wänden / lauffen auch Winterszeit in den Häusern herumb / und wohnen gern in den Saltzhäusern / oder Saltzlädē. Wie sonsten bekannt / ist die Ratt ein sehr schadhafft Thier / welches nicht allein alles zerbeisset / sondern auch gleich den Mäusen in den Früchten grossen Schaden thut. Sie fressen offt die eingesperrte Vögel / auch gar junge Tauben / wän sie darzu kommen können. Doch wie alles gezähmet kan werden / ist Anno 1667. zu Paris ein Rattenspiel gesehen worden / wovon sich eigene Leut ernehret / welche die Ratten allerhand Künsten gelehret / daß sie gleich wie die Affen auff dem Seyl tantzen / und andere Künsten machen können.

Es wollen etliche / daß die Ratt in jhrem Alter gar sehr groß / und von den anderen Jungen gespeist werde: Wird alsdann der Rattenkönig genennet.

Die Ratt wird bey der Nacht mit dem hellen Schein des Liechts geblendet / daß sie bey hellem Liecht nicht fliehen kan.

Sie werden eben auff alle Weiß und Weg gefangen oder getödet / wie andere einheimische Mäus / allein daß die Rattenfallen grösser gemachet werden / dann die Mäusfallen.

Vom Fleisch der Ratten.

Das Rattenfleisch ist hitziger unnd rässer oder schärpffer / als das Mäusfleisch / welches man auß dem Geschmack wol erkennen kan / zertreibt uñ tröcknet derhalben auch mehr / auß welcher Ursach auch der Koth hitziger und rässer seyn soll / als von den Mäusen.

So die Ratten in jhrer Brunst sind / sollen sie schädlich seyn / daß wo jhr Harn einem Menschen auff den blossen Leib kommet / so soll derselbe das Fleisch biß auff das Bein verfaulen.

Etliche brauchen Rattenkoth umb das Haar zu mehren: Andere in Verstopffungen der weiblichen Zeit / woher *Becherus* schreibet:
Von grossen Ratten nehmt den Koth so ohnbereit /
Die Weiber brauchen jhn / er treibet jhre Zeit.

Ll   Von

Von der Bisem-Ratte.

Die Bisem-Ratten/ so von den Frantzosen Piloris genannt/ haben in den Jnsulen Americæ/ ihren Auffenthalt meistentheils in den Löchern der Erden/ wie die Kaninchen/ welcher Grösse sie fast auch haben; Aber die Gestalt betreffend/ gleichen sie den grossen Ratten/ die man anderswo siehet/ gantz und gar/ ohne daß der meiste Theil an dem Bauch weiß/ oder vielmehr silberfarbe Haare haben; Die andere Haar aber am übrigen Theil des Leibes schwartz oder castanienbraun/ andere auch aschenfarb sind. Diese Thier haben einen Bisemgeruch/ der das Hertz schwächet/ und den Ort da sie sich auffhalten so erfüllet/ daß man ihre Gegenwart leicht mercket/ wie auch gleichfals dieser Ratten Haut lange Zeit ihre Geruch/ bey Kleydern oder wo sie hingeleget werden/ behalten.

Von der Wassermaus.

Mus Aquaticus.   Wassermaus.

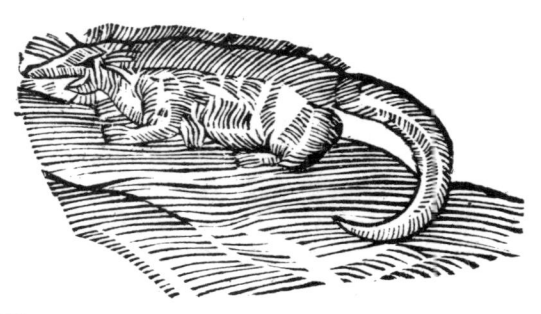

Jn den Wassern wohnet noch ein anderes Geschlecht der Mäuse/ dieselbigen sind an Grösse den Ratten gleich/ von Farb fahl/ und werden auff Teutsch genannt Wassermäus: Sie wohnen nicht in grossen Wassern oder Flüssen/ sondern an kleinen Bächen und Strömen. Sie fahren unter das Wasser/ stellen den Fischen nach/ fressen dieselbigen/ und kommen durch etliche andere Löcher wiederumb in das Erdreich. Dann wann man sie bißweilen unter das Wasser schliessen gesehen / siehet man sie nicht wieder hervor kommen/ wie lange man auch auff sie wartet.

Theophrastus schreibet/ daß in der Statt Lusis, in Arcadia gelegen/ in einem Brunnen/ gantze Herden Mäuse leben und wohnen sollen.

Von den wilden Mäusen.

Unter den wilden Mäusen wohnen etliche an denen Orten/ so gebauet und gepflantzet werden/ als da seynd/ Felder/ Aecker/ Matten/ Wiesen/ Gärten/ und dergleichen: Etliche aber wohnen in den Hölzern und Wäldern / darunter die/ so auff Latein Sorex genannt wird/ und etliche mehr/ zu zählen.

Von der Vülmaus.

Mus subterraneus.   Ein Nül oder Wühlmaus.

Die

Von der Mauß.

Die wilden Mäuse/ so in Feldern/ Wiesen oder Gärten wohnen/ und vor sich auffnülen oder auffwühlen und auffwerffen/ werden auf Teutsch genannt Nül-oder Wühlmauß/ Feldmaus/ Erdmaus/ Schnorrmaus/ Scharrmaus/ Stoßmaus/ Lückmaus/ und von dem Ort/ wann er ein Acker ist/ Ackermaus.

Solcher Mäuse sind zweyerley Geschlechte/ das eine grösser/ so die Aecker und Gärten durchnület/ und durchgräbt: Deren Abbildung hierbey zu sehen. Die andere Art ist kleiner: Etliche sind roth/ etliche schwartz/ die kleineren sollen fast roth seyn. Sie sind in der Grösse nit viel kleiner/ dann eine Ratt/ haben einen langen dicken Schwantz/ wie eine Ratt/ runde Ohren/ und einen grossen Kopff/ nicht aber mit einem langen Maul/ wie andere Mäus/ sondern rüd/ und mit einem straußichten Barte.

Von Art und Natur dieses Thiers.

In Aegypten sollen die Mäus võ Schleim/ Erdreich und Regen wachsen/ wie bey uns etwann die Ackermäus/ und vielleicht auch die Nülmäus. Die Nülmaus liegt nicht allezeit unter dem Erdreich/ sondern laufft bißweilen herauß/ wiewol selten/ wirfft manchmal Hauffen auff wie der Schär oder Maulwurff/ zernagt und zerbeißt allerley Wurtzeln/ vornemblich aber rothe Rüben/ gelbe Rüben/ (so Möhren genennet werden) Pasternaten/ weisse Rüben/ und Mangoltwurtzeln. Sie graben ihre Löcher nicht tieff in das Erdreich/ sondern machen Furchen und Löcher under dem Wasen hin und her/ dermassen/ daß der Wasen gantz lind und hol bleibt/ und nachgiebt/ wann man drauff tritt/ welche Löcher/ wãn man sie mit einer Hauen oder anderem Instrument eröffnet/ sie ohne Verzug wieder zumachen/ welches auch die Schärmäuse oder Maulwürffe thun/ aber nicht so geschwind: Bey welchem Zeichen man die Nülmäuse und Schärmäuse erkennen kan.

In etlichen Landen und Feldern sollen sie sich so unzählbarlich mehren/ und zu solcher Menge kommen/ daß sie auch das Korn gantz abfressen und hinweg tragen: Massen man lieset/ daß etliche Bauersleuthe/ als sie willens gewesen/ auff morgen zu schneiden oder zu erndten/ und mit den Schnittern an das Ort kommen/ das gantze Feld von den Mäusen abgefretzt gefunden haben. Solche Mäuse sollen auch eben so gehling wie der vergehen und sterben/ daß niemand weiß/ wie und warumb/ und welches noch verwunderlicher/ so sollen keine Todte nit gesehen noch gefunden werden: Sie sollen sich bey trockenem Wetter mehren/ vom Regenwetter aber auffgerieben werden.

In Hispanien sollen solcher Mäuse auch viel seyn/ und bißweilẽ Pestilentzische Lufft und schädliche Kranckheiten verursachen.

Solch schädliches Thier wird eben auch mit allerley Giefft und Wurtzeln getödet/ gleich wie auch die einheimische Mäuse.

Der Saame von einem Kraut (Cicuta genannt) wird mit Nießwurtz/ oder Bilsensaamen/ oder bittern Mandelkernen/ oder schwartzẽ Nießwurtzeln gestossen/ und mit gleich eben so vielem Mehl in Oel ein Teig gemacht/ und in die Löcher gethan: Dann so bald sie davon fressen/ so sterben sie zu hand. Solches thut auch Bilsensamen von ihm selbst.

Palladius schreibet/ man solle ihre Löcher mit Aesche von eychenem Holtz bestreuen/ so bekommen sie die Räude/ und sterben also.

Artzney von solchem Thier.

Die wilde Maus/ das ist die Nülmaus/ so in dem Feld gefunden wird/ zu Aesche gebrannt/ und mit Honig die Augen offt bestrichen/ vertreibt die Tunckelheit der Augen/ und macht ein scharpffes Gesicht.

Von der Haselmauß.
Sorex, Mus Avellanarum. Haselmaus.

Von Form und Gestalt dieses Thiers.

UNter den wilden- oder Holtzmäusen ist ein Geschlecht/ so allein in den Bäumen wohnet/ wie Albertus schreibet/ hat eine braune Farb/ und schwartze Flecken im Angesicht/ von welchem Plinius schreibet/ daß sie die Buch-Eckern/ oder Eicheln von den Buchen mit besonderem Lust essen: Das andere Geschlecht ist dieses/ so auff Latein Sorex, auff Teutsch Haselmaus genennet wird.

Die Grösse/ Form und Gestalt soll sich einer Ratten vergleichen/ und die Farb über den Rücken und an den Seyten mäußfarb/ doch etwas mehr röthlicht/ vorauß an dem Kopff/ aber am Bauch/ Beinen und unterm Theil deß Schwantzes weiß/ die Nase und Füsse röth/ der Schwantz gantz haricht/ und am End mit dicken weissen Härleinen gezieret seyn. Es hat grosse Ohren/ ohne Haar/ und grosse baussichte Augen/ die gantz schwartz sind/ daß auch nichts Weisses in solchen gesehen wird/ der Bart ist zum theil schwartz/ zum theil weiß/ under und auff den Ohren/ umb die Augen/ und hinden am Schwätz am obern Theil ist es schwartz/ und an den vördern Füssen hat es vier/ aber an den hindern fünff Klauen. Die Haselmauß schleufft in keinen unsauberen Holen Baum/ in welchem Ameissen lauffen.

Wo dieses Thier zu finden/ wie auch von seiner Art und Natur.

DIe Haselmauß wohnet nit allein in den holen Bäumen/ welche sie ersteigt/ als wie ein Eichhorn/ sondern auch in dem Erdreich/ sonderlich aber bey den Haselnußstauden/ an welcher Speiß sie sich sonderlich belustiget. Sie macht grosse Nester unter dem Erdreich/ erfüllt dieselbigen mit Haselnüssen/ trägt aber keine böse oder leere hinein/ sondern liest nur die besten auß. Es sagen etliche glaubwürdige Bauersleuthe/ daß solche Mäuß vom Ende deß Herbst an/ biß zur Frühlingszeit schlaffen/ welche Meynung auch Plinius von der Mauß/ so er auff Latein Sorex nennet/ geschrieben hat. So geben jhr auch die Engelländer und die auß Flandern von solchem Schlaff den Nahmen her.

Die Bauren/ so solchen Mäusen nachstellen/ stecken Ruten in jhre Löcher/ damit sie dieselbigen Winterszeit herauß graben.

Dieses Thier wird in die Speise nicht genommen.

Von der Bilchmauß.

Mus Noricus, vel Citellus. Bilchmaus/ Zysel/ Zyselmaus/ Zysmaus/ grosse Haselmaus.

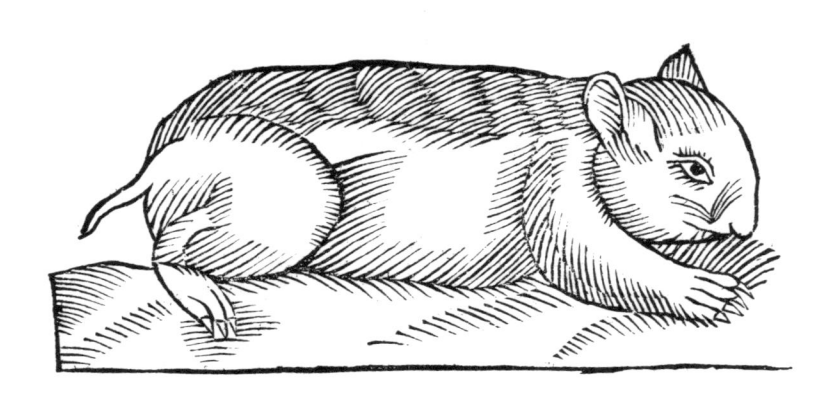

Von Form/ Gestalt/ Natur und Eygenschafft dieses Thiers.

DIe Zisel- oder Bilchmaus/ spricht Georgius Agricola, wohnet in den Löchern der Erden/ hat einen Leib wie das Wiselein/ lang und dünn/ und einen kurtzen Schwantz/ an der Farb ist es etlichen Küniglein gleich/ nemblich hell äschenfarb/ hat keine Ohren/ wie die Schärmaus/ anstatt derselbigen aber Löchlein/ durch welche es höret/ wie das Gevögel: Hat Zähn/ gleich wie eine Maus: Auß seiner Haut/ so nit köstlich zu Beltzwerck zu arbeiten/ werden auch Kleider gemachet: Solches schreibet auch Albertus. Sie sollen von Haselnüssen/ oder Eycheln von den Buchen leben. Solchem Thier wird (wie etliche wollen) nachgestellt von wegen seines Balgs/ wie auch seines Fleischs und seiner Speiß halben. Dann auß den Bälgen werden Mützen gemachet/ und die Kleider damit verbrämet. Sein Fleisch soll sonderlich angenehm/ gut und lieblich zu essen seyn: Darnach in seinem Nest sollen viel Haselnüß/ Kastanien/ Weitzen oder Körner gefunden werden.

Von

Von dem Hamester.

Cricetus, Hamester.   Kornsärcklein.

Von seiner Gestalt.

DAs Geschlecht der jenigen Mäuse / so man Hamester nennet / ist ein kleines / geschwindes / und gar zorniges Thier / und wohnet in der Erden. Die Farbe auff dem Rücken soll seyn wie an den Hasen / am Bauch schwartz / an den Seyten hell roth / und auff jeder Seyte drey weisse Flecken / die Schläff röthlicht / und der Hals oder Rachen weiß: Es hat kurtze Füß / und stehet sein Haar so hart an der Haut / daß die Häut leichter von dem Fleisch weicht / dann das Haar von der Haut. Es wird nicht leichtlich (gleich wie auch das Küniglein und die Bilchmaus) von seiner Höle getrieben / als nur allein / so man Wasser in sein Loch geust. Seine Grösse soll seyn zwischen dem Küniglein und der Ratten / an der Farb leberfarb / oder bräunlicht / und kastenbraun / soll gähzornig seyn / und einen gar schädlichen Biß haben / daß es auch bißweilen den Menschen beschädiget / vornemblich so jemand jhm nachstellet / und es von seiner Höle treiben will. In Thüringen und bey Straßburg umbher / sollen jhrer viel seyn und trefflich fett werden / als wie die Schweine.

Dieses Thier bewohnet die Löcher der Erden: Seine Speise soll Weitzen seyn / welchen sie in jhre Löcher samblen. Soll von etlichen Ziselmauß genannt werden.

Von dem Murmelthier.

Mus Alpinus.   Murmelthier oder Murmentle.   Mistbellerle.

Von Form und Gestalt dieses Thiers / und wo es zu finden.

DIe Form / Gestalt und Grösse dieses Thiers vergleicht sich einem grossen Küniglein / doch nidriger / mit einem breiten Rucken / seine Haare sind rauher dann deß Küniglein / an der Farb schier roth / an etlichen hell / an etlichen duncker als braun / hat grosse baussichte Augen / und in seinem Maul oben und unden zween lange Zähne / welche sich schier den Biberzänen vergleichen / und gelblicht sind; Die Länge seines Schwantzes ist zwo Spannen oder mehr: Hat kurtze / dicke / und harichte Beine und Tappen / als ein Bär / mit schwartzen langen Klauen / mit derer Hülff diß Thier tieff in das Erdreich hinein gräbt / hat einen fetten Rücken / da doch der andere Leib mager ist / wiewol solches eigentlich nicht fett zu nennen / sondern etwas mittels zwischen Fleisch und Fett / als das Euter an der Kuh oder anderen Thieren ist.

Solch Thier wird allein in den allerhöchsten Spitzen der Alpen im Schweitzerlande gefunden / und von den Quacksalbern oder Salbekrämern hin und wieder mit auff die Jahrmärckte geführet.

Von Natur und Eygenschafft dieses Thiers.

WAnn diese Thiere mitenander spielen oder geylen / so führen sie ein Geschrey wie die Katzen: Wann sie aber zornig werden / oder sonst Enderung des Wetters anzeigen wollen / so haben sie ein scharpffes und lautes Geschrey / gleich wie eine kleine Laute / höch oder starck geblasene Pfeiffe / welche Stimm dem Gehör der Menschen nit wenig zuwider ist: Von solcher scharpff und lauttönens

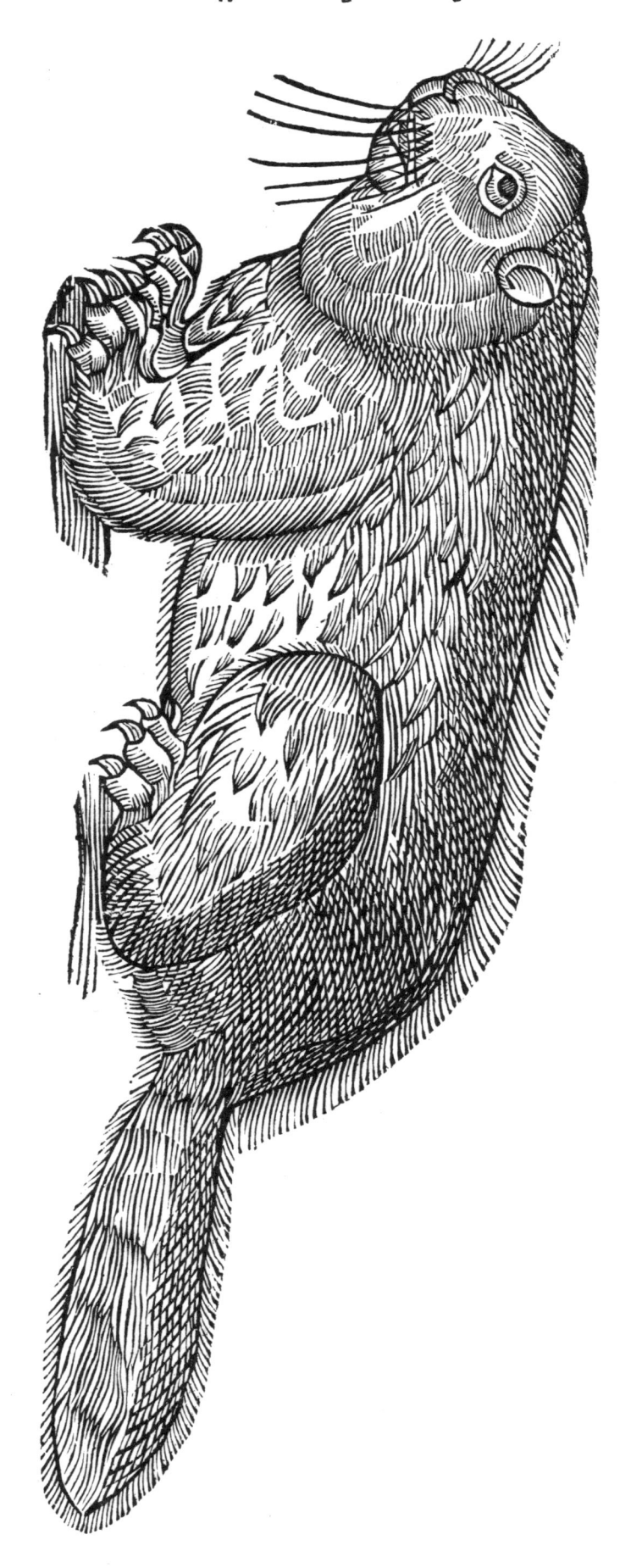

tönender Stimm werden sie von etlichen Mist-
bellerlein genannt.

    Dieses Thier geht bißweilen auff den zweyen
hindern Beinen / und braucht die Vorderen an
statt der Hände / fasset die Speiß in die vorderen
Tappen / und sitzt auff die hinderen Beine biß es
die Speiß gar gessen / wie der Eychhorn: Frist nit
allein Obst / sondern auch mancherley Speise /
vorauß so es von Jugend aufferzogen worden /
als Brod / Käß / Fleisch / Fisch / Muß / und anderes Gekochtes / und hat vor allen anderen Speisen
zu der Milch / Käß / und Butter eine grosse Begierde.

Von der Maus.

gierde. Auß welcher Ursach es bißweilen in den Alpen über den Milch=Äschen von den Melckern ergriffen und gefangen wird/ dann wann es Milch sauff/ so schmatzt es wie ein junges Schwein.

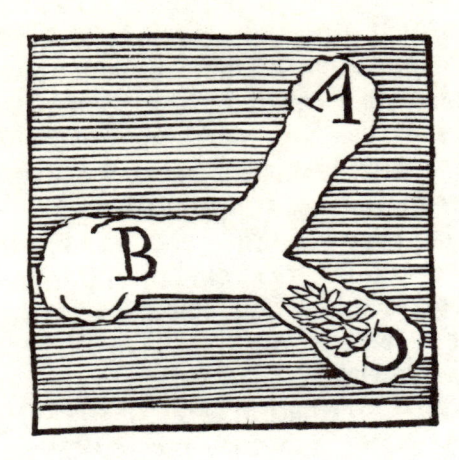

Das Murmelthier ist ein gar schläfferiges Thier/ dann es schläfft viel und eine lange Zeit: Sie sollen in jhre Hölen oder Nester zween Ein= und Außgänge machen/ einen den Berg auff/ den andern den Berg hinab/ durch den obern gehen sie auß und ein / in den undern aber legen sie jhren Koth / gehen durch denselbigen Gang weder auß noch ein / wie solches ist zu ersehen auß der beygesetzten Figur / darinnen der Buchstab A. den obern Außgäng/ C. Den undern/ in welchem es sich einleget/ B. Aber seine Kammer oder Nest/ welches sie mit Heu/ Stroh/ oder leichten Reisern machen/ andeutet.

Wann dann die Berg mit Schnee bedeckt werden/ welches ungefehr umb S. Michaels Tag geschicht / so verbergen oder verschlieffen sich dieselben in jhre Herberg/ verschliessen und verstopffen die Außgäng so hart mit Erden/ daß man leichter durch andere darneben liegende Ort/ dann eben durch solches Erdreich/ so sie in die Löcher gestopffet haben/ mit Eysen / Bickel oder Hauen graben kan. Also liegen sie sicher vor dem Wind/ Regen und Kälte bewahrt / und schlaffen den gantzen Winter biß auff den Lentz / ohne Speiß und Tranck/ zusammen gekrümmet/ wie ein Igel. Es sollen aber jhrer mehrentheils 5. 7. 9. oder 11. auch bißweilen mehr in einem Loch beyeinander schlaffen liegen. Daher ist ein Sprichwort bey den Einwohnern der Alpen im Brauch: Er muß seine Zeit geschlaffen haben wie ein Murmelthier.

Sie schlaffen auch den Winter über / ob man sie schon in Häusern auffzeucht und ernähret: Aber wann man sie in Fässern oder anderen Geschirren ins Heu beschliessen will / muß man jhnen durch gebohrte Löcher Lufft lassen/ sonst ersticken dieselbigen.

Eine wunderbare Kunst und List brauchen sie zu der Zeit/ wann sie das Heu einführen. Dann wann sie nun viel Heu zusammen geschleppet haben / so bedörffen sie eines Karrens: Alsdann legt sich eines nider auff den Rucken/ strecket alle vier gegen Himmel/ und machet also vier Stützen/ als wie ein Heuwagen hat/ solches laden und

häuffen die andern voll / hernach wann das Heu geladen / so fassen sie das liegende Murmelthier bey seinem Schwantz mit jhrem Maul/ ziehen also den Karren zu Hauß/ und laden das Heu in jhre Nester oder Hölen ab. Solches Karrenampt lassen sie Wechselsweise umbgehen/ auß welcher Ursach sie zu derselbigen Zeit auff dem Rücken keine Haare haben sollen.

Wann dieses Thier wachet/ so ist es selten ruhig/ und geht nimmer müssig/ sondern trägt ohn Underlaß Heu/ Stroh/ Lumpen oder andere Dinge in sein Nest/ womit es das Maul so voll füllt/ daß es nicht zu glauben ist/ kan es solches mit dem Maul nicht alles erfassen/ so ergreifft es das Ubrige mit seinen Tappen / und schleifft es auch hernach.

Sie verunreinigen jhre Nester mit jhrem Koth gar nicht / sondern gehen allezeit an den andern Ort/ alwo sie jhren Unrath von sich werffen.

Bißweilen durchnagen und durchkisten sie auch das Holtz oder die Wände dermassen/ daß sie auch durch die Löcher kriechen können.

Es schreibt Johannes Stumpf in seinen Chronicbüchern / daß solche Thiere allezeit übel riechen und wildern/ vorauß zur Sommerszeit/ ehe dann sie anheben feist zu werden.

Von angeborner Art und Listigkeit dieses Thiers.

Bißweilen sollen sie an der Sonnen vor jhren Löchern miteinander spielen oder geylen/ etwas murmlen/ und bellen gleich wie die jungen Hunde oder Katzen/ solches sollen sie auch vor den Menschen treiben/ wo sie in Häusern erzogen werden. Wann dieses Thier zornig wird/ so beißt es hart: So es aber zahm gemacht worden/ so spielt es mit dem Menschen/ liest jhm bißweilen die Läuse herab/ gleich wie die Affen/ und wird kaum ein Thier bey dem Menschen zahmer/ als dieses. Es beißt bißweilen die Hunde/ die sich/ weil jhr Herr zugegen ist/ nicht dörffen zur Wehr stellen.

Wann sie auß den Löchern auff den Bergen herauß auff die Weide lauffen/ zu spielen/ oder Heu zusammen zu hauffen/ so bleibt eines bey dem Loch / und siehet gantz fleissig von oben herab: Wanns dann einen Menschen/ ein Vieh oder anderes Wild ersiehet/ so bilt es/ oder pfeifft eine hohe und hellklingende Stimme/ wie eine kleine starcke geblaßne Pfeiffe/ welches Geschrey so es die anderen erhören / so lauffen sie alle häuffig zusammen in das Loch / und der Wächter oder Hüter zuletzt hinein. Ist Ungewitter oder Regen vorhanden/ so gehen sie nicht auß jhren Löchern/ sondern nur wann es schön ist.

Mit dieser jtztgedachten jhren hellen kleinen Stimme verkündigen sie entweder Veränderung der Lufft/ oder Gefahr so jhnen bevorstehet.

Wann sie mercken/ daß Regenwetter oder Kälte vorhanden/ so begehren sie zu schlaffen: Soll aber schönes und warmes Wetter werden/ so zeigen

gen sie dasselbige an mit Spielen/ und andern wunderlichen Geberden.

Was man für Nutzbarkeit von solchem Thier habe.

Diese Thiere werden/ umb jhres Fleisches willen/ von den Jägern verfolget/ und mit Nutz umb Geld verkaufft/ aber nur im Winter (als zu welcher Zeit sie schlaffen und fett sind/) gefangen/ auff nachfolgende Weise:

Die Einwohner so unten an den Alpen wohnen / nehmen in Sommerszeit der Löcher wahr/ durch welche sie auß- und einschlieffen/ und stecken lange Stangen darbey/ damit dieselbige über dem Schnee mögen ersehen werden. Alsdann umb die Weyhnachten / so gehen sie auff dem tieffen Schnee/ mit breiten höltzernen Ringen/ tragen mit sich Schauffeln/ Hauen und Pickel/ graben den Schnee hinweg/ und hauen den Löchern nach/ finden und ergreiffen sie also schlaffend/ und tragen sie ohne Mühe hinweg/ wo sie hin wollen. Indem sie graben/ geben sie acht auff das Erdreich/ womit das Thier jhm selbst die Löcher verstopffet/ und als mit einem Zapffen vermachet hat/ wie lang derselbige seye: Dann ist er etliche Schuhe lang/ so bedeutet es einen harten/ rauhen und kalten Winter; Ist er aber kurtz/ so bedeutet es einen linden Winter. Indem man jhnen nachgräbt/ soll man nicht viel Geräusch und Geschrey machen/ dann werden sie von dem Klopffen wacker/ so ist jhnen gar beschwerlich und hart nachzugraben/ dieweil sie immer weiter hinein graben / und mit den hinderen Füssen das auffgegrabene Erdreich dem Jäger ohne Underlaß für das Loch scharren/ und jhn also im Graben verführen unnd irr machen.

Sie werden allezeit ungerad beyeinander gefunden/ als: 7. 9. 11. und bißweilen auch mehr.

Es werden jhnen auch Stricke / und andere Rüstungen für die Löcher gelegt/ und sie also gefangen.

Vom Fleisch dieses Thiers / und wie es zugerichtet werden solle.

Diese Thier sind (wie erstgedacht) im Winter/ und zwar umb die Weyhnachttage am fettesten/ und werden in jhrem Schlaff gefangen/ und mit einem Messer/ wie man ein Kalb oder Sau sticht/ abgethan/ da sie dann gemeiniglich eher sterben/ als sie gantz erwachen: Das Blut wird auffgefaßt/ und das Thier mit siedendem Wasser gebrühet wie eine Schwein/ und auch also enthäret und weiß sauber und rein gemacht.

Wann jhm das Eingeweid herauß genommen worden/ so wird es mit dem auffgefangenen Blut wiederumb gefüllt/ und also am Spieß gebraten / oder zu einem schwartzen Pfeffer gekochet. Es wird auch sein Fleisch eingesaltzen und geräuchert/ hernach in einer schwartzen Pfeffer-Brüh/ oder mit Rüben/ wie auch mit Kappes oder weissem Kraut gekochet/ soll eine den Kindbetterinnen/ und denen/ so mit der Kranckheit/ die man die Bärmutter nennet/ beladen sind/ gar gesund seyn: Deßgleichen auch denen/ so das Grimmen haben/ welches man auch die Bärmutter nennet.

Das eingesaltzene Fleisch dieses Thiers/ wird für besser und gesunder gehalten / als wann es frisch gekocht gessen wird: Dann das Saltz trocknet auß die überflüssige Feuchtigkeit deß Fleisches/ und benimbt jhm den starcken Geruch. Ist aber doch in allweg hart zu verdäuen / beläßtiget den Magen/ und erhitzet den Leib deß Menschen fast zu viel.

Was von diesem Thier in der Artzney zu gebrauchen.

Das Mäglein von dem Murmelthier wird auffgeleget wider das Grimmen im Bauch.

Sein Fett wird für gut geachtet zu den erharteten Spannadern und Glaichen so hart / contract/ und unbeweglich sind/ wann man sich wol damit schmieret. Daher Becherus also schreibet:

Das Murmel-Thier ist auch ein rechter Ratten-Art/

Das Schmaltz daran wird vor die Nerven wol bewahrt.

Von der Lassitzmaus.

Mus Lassicius.   Lassitzmaus.

An etlichen Orten werden etliche köstliche Mäusbälge verkaufft/ so Lassitz genennt werden: Dieselbigen sollen sich/ so viel die Farb antrifft/ von äschenfarb/ auff weiß ziehen/ und nie viel über einen zwerchfinger breit seyn. Theils Kürßner nennen auch eine gewisse Art der Wieselein Lassitz; Etliche meynen/ es sey eben das jenige Thier/ so auff Teutsch Harnball genennt wird.

Von der Spitzmauß.

Mus Araneus. Mützer/Spitzmauß.

Von Form und Gestalt dieses Thiers.

DIe Spitzmauß wird auff Griechisch ἀρουραῖος, Lateinisch Sorex, Frantzösisch une Souris, Italianisch Sorro, Rato, Topo, und Hispanisch Rator pequenno genannt / von wegen jhres spitzigen langen Rüssels / welchen sie gleich wie eine Schermauß hat / ist an der Farb braun / zum theil auch roth undereinander gemischet / am Bauch weiß / der Schwantz einen zwerch Finger lang und voll kleiner kurtzen Härlein: Der übrige Leib hat in der Länge drey zwerch Finger und einen halben: Die Augen sind gantz klein / und nicht grösser / als das allerkleineste Nadellöchlein / unnd gantz schwartz / wiewol etliche sie blind machen wollen. Sie hat einen überauß starcken Geruch / und verräth also jhren Gifft mit jhrem eigenen Geruch: Jhre Zähne sind nicht gestaltet wie anderer Mäuse jhre Zähne / sondern klein und scharpff / und stehen in zweyfacher Ordnung / gantz aneinander / vornen ragen jhrer zween vor den andern allen herauß / welche auch mit kleinen nebe außgewachsenen Zincken oder Spitzen geschärpffet sind.

Wo diß Thier zu finden.

MAtthiolus spricht / er habe solcher Mäus viel gesehen / in Teutsch- und welschen Landen / in Italien und andern Orten mehr. Sonst werden sie bey den Stallungen und Gärten gefägen: Im Winter / wann es kalt ist / halten sie sich mehr zu den Ställen und Häuseren / als im Sommer: Vornemblich sind sie überauß gerne an den Orten / an welchen Kühmist liegt.

Von Natur und Eygenschafft dieses Thiers.

Kein Thier (außgenommen der Maulwurff) ist mit so kleinen Augen erschaffen / als dieses Thier: Dann seine Augen sind kleiner als ein Nadelloch / auch an der allerkleinesten Nadel. Diese Mauß hat auch eine schärpffere Stim / als die anderen Mäus / von welcher Stimm her sie auch Zißmauß oder Zitschermauß genennet wird / wiewol dasselbige ein besonderes Geschlecht der Mäuse ist.

Es schreiben etliche / daß diese Mauß nicht über ein Wagengleyß wandele / und so sie ungefehr darein kommen oder gefallen sey / so sterbe sie davon / als gleichsamb auß verborgener Krafft der Natur / und auß der Ursach solle dasselbige Erdreich für jhren Biß nutz und gut seyn / dann an etlichen Orthen ist jhr Biß gantz gifftig und schädlich. Sie hat ein finsteres Gesicht / und ist ein faul und träges Thier / dermassen / daß wann sie in ein Wagengleyß kompt / sie schwerlich wieder herauß zu kommen vermag: Sie werden auch offt / also in den Stallungen ergriffen und getödtet. Sie stehlen jhre Speise mit Listigkeit und Betrug / und zerkifflen bißweilen dem Vieh seine Klauen.

Von besonderer Arglistigkeit dieses Thiers.

DIe Spitzmauß ist ein kleines frässiges unnd räuberisches Thier / eines unbarmhertzigen und betrüglichen Sinns: Sie stellt sich als ob sie mild und zahm wäre / und dann wän sie kan / so ertödtet sie mit jhrem gifftigen Biß.

Die Katzen fahen sie als andere Mäus / und erbeissen sie auch / aber keine wird võ jhnen gefressen.

Der Leopard erschrickt / so er solches Thier sihet.

Was für Nutzbarkeit / wie auch was für Schaden dargegen dieses Thier an jhm habe.

DIeses Thier bringt dem Menschen gar kleinen Nutzen / dargegen aber bißweilen mercklicheit chen Schaden und grosse Gefahr/ mit seinem gifftigen Biß/ wie allbereit etlicher massen erzählet worden: So sollen sie auch die Weinreben vernagen. Sein Fleisch mögen auch die Katzen nit essen/ daher sich einer verwundern möchte/ daß man sie zur Artzney gebrauchen/ und für ihren Biß die Leute Wein darüber trincken lassen wolle.

Etliche Stücke / welche in der Artzney von solchem Thier gebraucht werden.

Die Spitzmaus zu Aeschen gebrannt/ und mit Gänsfett gemischt/ soll eine wunderbarliche Artzney seyn für Gebrechen deß Gesässes. Dahero Becherus also davon schreibet:

Spitzmaus zur Asch gebrannt / mit Gänßfett wol vermischt/
Dem hilffts/ der im Gesäß/ ein Zustand hat erwischt.

Die Maus auffgelegt/ oder darüber getruncken/ und auff etliche andere Weg gebraucht/ ist eine Artzney wider ihren eigenen schädlichen Biß.

Wie mancherley Geschlechten der Mäuse/ nach Art der Lande.

Die Mäuse bekommen bißweilen ihren Namen von den Landen/ in welchen sie gebohren worden/ welches auff zweyerley Weise geschicht: Erstlich/ auß der Ursach/ weil sie eine besondere Gestalt haben. Zu dem andern/ weil sie der angebornen Natur/ Eygenschafft und Gewohnheit nach/ von den Mäusen bey uns zu Lande etwas unterschieden sind. Welche nun von den Landen her den Nahmen haben/ dieselbigen sollen allhie nacheinander erzählet werden.

Alexander schreibt/ daß in den Morgenländern Mäuse seyen so groß als wie die Füchse/ welche auch den Menschen und anderen Thieren Schaden thun. Deßgleichen schreibet Americus Vesputius, er habe in einer Insul des grossen Welt-Meers/ welche tausend Meyl von der Statt Lisabona gelegen ist/ überauß grosse Mäuse gesehen.

In Aegypten sollen die Mäus hart Haar haben/ gleich wie die Igel/ und auch allein auffrecht auff den zweyen hinderen Füssen gehen/ welche sie von Natur lang/ die vorderen aber kurtz haben.

Von der Rellmaus.

Glis.   Ein Greul. Ein Rell. Ein Rell-oder Schrot-Maus. Eine grosse Haselmaus.

Die Rellmaus ist ein wenig grösser/ als das Eychhorn/ und schier schwartz/ der Rucken aber leberfarb/ der Bauch weiß/ der Schwantz kurtz und am End haaricht/ das Angesicht gleich einem Bärenkopff/ und werden diese Thier gantz fett/ bekommen auch viel Specks: Sie beissen so scharpff/ daß sie gar selten lebendig gefangen werden. Solch Thier wird in den Wäldern in Italien gefunden/ un̄ gleich nach der Geburt jüg gesägen.

Sie

Von der Mauß.

Sie sollen auch im Schweitzerland bey Glaris herumb gefangen werden / welche aber etwas unterschieden sind von denen / welcher Gestalt in vorgesetzter Figur fürgebildet wird.

Von Natur und Eygenschafft dieser Thiere.

DIe Rellmäuse haben eine grosse Begierde nach den Kernen / so in den Aepffeln sind / dannenhero man bißweilen grosse Hauffen Aepffel / so auffgethan / und worauß die Kerne gefressen sind / beyeinander liegen findet; Und von solchem Rellen oder Schroten / gleich wie man die Spreuer von dem Kern rellt / oder schrotet / wird sie billich Rellmauß oder Schrotmauß genennet / deßgleichen fressen sie auch Eycheln und Nüsse.

Die Rellmäuse liegen in den holen Bäumen schlaffen / in welchen sie überauß fett werden / auch jhre Jungen / und zwar mehrentheils fünff oder mehr / gebären.

Sie haben einen Lauff gleich wie die Hasen / und ziehen sich also nach mit dem Sprung.

Von innerlicher Beschaffenheit der Rellmäuse.

DIe Rellmauß ist ein halb wildes Thier / (wie Plinius berichtet) und wann man sie in Kisten / Fässern oder Truhen beysammen auffzeucht / so gewohnen sie einander / wann mā aber frembde zu jhnen thut / so beissen sie sich miteinander.

Die Natter oder Schlang / stellt jhnen listig nach / dann wo sie ein Nest findet / so frißt sie sich zuvor voll und satt / den andern beist sie die Augen auß / und trägt jhnen so lang Speise zu / biß sie dieselbigen auch fresse.

Was für Nutzen man von solchem Thier habe / und wie es zu fahen.

DIe Rellmaus schläfft den Winter über / derhalben wann in den Wäldern tieffe Löcher gemacht / und oben mit Wasen / Stroh und Holtz bedeckt werden / so werden sie zur Winterszeit voll solcher Thiere gefunden / und kan man sie also zur Speiß und Nahrung der Menschen auffsangen.

Man sagt auch / daß sie auff den Bäumen herumb lauffen / gleich wie die Eychhörner / und von einem Baum zu dem andern springen: Sie werden bißweilen in den Löchern ergriffen / und mit Stecken zu todt geschlagen / oder die Löcher in den Bäumen verstopfft / wann dann die Mauß wiederkompt / und das Loch auffmachen will / so wird sie mit Pfeilen oder anderm Geschoß umbbracht.

Solchen Thieren werden auch Häuser / Kestig oder sonst gewisse Gemächer gebauet / in welchen sie leben / wohnen / fett werden und sich mehren können: Sie begehren wenig Wassers / dann sie trincken nicht viel.

Von jhrem Fleisch.

DIe Römer haben vor Zeiten in etlichen Gesetzen solche Thiere zu essen verbotten / heutiges Tages aber sind sie dē Italianern die allergemeinste uñ beste Speiß. Die Rhetier uñ Graupündner saltzen solch Fleisch ein / und sagen / es sey so fett und süß / gleich wie das Schweinenfleisch.

Etliche Stücke / so in der Artzney von solchen Thieren gebraucht werden.

DIe Aesche von Rellmäusen mit Oel gemegt / heilet den Brand.

Das Fleisch von Rellmäusen ist ein bequemliche Speiß den Lungsüchtigen / außzehrenden / hustenden und keichenden Leuthen.

Das Fett von diesem Thier / soll denen gut seyn / so zum Schlag geneigt sind / oder an einer Seyten erlahmen.

Von der Indianischen Mauß.

Ichneumon.

Wo dieses Thier zu finden.

Diß Thier soll in Aegypten gefangen werden/ und seine Grösse einer Katzen/ die Gestalt aber einer Mauß gleich seyn/ und einen langen schupichten Schwantz haben: Sonst sollen diese Thiere eben so außsehen/ wie ein zorniges Wieselein/ und harte/ rauhe/ weisse und gelblichte Haare haben: Die Zung/ Zähne und Hoden sollen bey jhnen wie bey einer Katze/ und auch Männlein und Weiblein in jhrem Geschlechte seyn.

Von Natur dieses Thiers.

Die Ichneumones und Katzen gebähren viel junge/ gleich wie die Hunde/ fressen auch eben dergleichen Speiß und bringen jhr Leben biß auff sechs Jahr. Sie wohnen bey den Flüssen/ fürnemblich bey dem Nilo/ sencken sich hinein/ und jagen den Fischen nach/ gleich wie die Fisch-Otter/ dann sie können eine lange Zeit den Athem verhalten/ als hernach soll erzählet werden.

Von angebohrner Art und Eygenschafft dieser Thiere.

Daß unter den wilden Thieren je eines das andere zum Feind habe/ bezeugen die vielfältige Exempel gnugsamb/ dahin dann auch das jenige zu ziehen/ was von diesem Thier/ und seiner gegen die Schlang Aspis und den Crocodil tragenden Feindschafft geschrieben wird.

Dann wann es den Crocodyl sieht an der Sonnen faullentzen/ so blickt es jhn scheel an/ biß es vermerckt/ daß er starck entschlaffen sey/ alsdann schleichet es durch sein weit offenes Maul und Rachen in seinen Bauch hinab/ frißt jhm seine Leber hinweg/ und so es satt worden/ beißt es jhm den Bauch auff/ schleufft herauß/ und bringt also den Crocodyl umb sein Leben. Deßgleichen verbricht es auch die Eyer deß Crocodyls/ so es umb das Gestad herumb findet/ als ein natürlicher Feind eines so schädlichen Thiers.

Wann es aber wider die Schlang Aspidem streiten will/ so wältzet es sich im Leimen oder Koth/ und trücknet sich wider an der Sonnen/ hernach netzt es sich wiederum/ und trücknet es zum andern mahl/ das thut es so offt/ biß der Koth kleben bleibt/ und hart wird gleich als ein Harnisch/ alsdann greifft es den Feind an/ welcher von wegen seiner kleinen Zäne/ nicht durchkommen kan: Es betreugt jhn auch vornemblich mit dem Schwantz/ welchen es jhm entgegen wirfft.

Etliche schreiben/ daß sich der Ichneumon gantz under den Sand begrabe/ außgenommen die Augen und Schwantz/ und also betrüglich des Feindes erwarte.

Es verderbt auch die Eyer solcher schädlichen Schlang/ gleich wie oben vom Crocodyl gedacht worden.

Diese Thiere haben eine sonderliche Begierde/ die jungen und alte Hüner zu erwürgen: Sind sonst sehr geschwind und kühn/ also daß sie sich auch einem Hund dörffen widersetzen/ insonderheit erwürgen sie die Katzen/ in dreyen Bissen. Die Aegyptier halten unnd erziehen sie in jhren Häuseren wie die Katzen/ dann sie fahen eben auch also die Mäuse.

Etliche Stücke/ so zur Artzney von diesem Thier genommen werden.

Der Rauch von den gebrandten Haaren dieses Thiers/ ist gut denen/ so die Würm haben.
Der Harn von diesem Thier mit Milch von einer schwartzen Kuhe/ ist gut denen/ so das Bauchgrimmen haben.

Von einer andern Indianischen Maus.

Mus Indicus.   Ein Indianische Maus.

Von der Maus.

275

Von ihrer Gestalt.

Dieses ist auch ein sonderbares Geschlecht der Indianischen Mäuse/ und mit dem Kopff nicht unähnlich der vorhergehenden Figur/ jedoch aber an dem übrigen Leibe sehr unterschieden.

Von den Norwegischen Mäusen / welche zuweilen auß der Lufft herunder fallen.

Leming. Ein Norwegische Maus.

Von dieser Mäuse Gestalt.

Nebenstehendes Thier wird von des Lands Einwohnern Leming, Leminger, Lemender, und Lommer genannt/ gleichet an Gestalt den Mäusen oder Ratten/ nur daß es einen kurtzen Schwantz hat. Seine gantze Länge ist fünff Zoll/ wiewol etliche kleiner / etliche grösser gefunden werden. Diese Mäus haben ein zart Fell/ von unterschiedenen Farben/ der Ober- und Vordertheil des Kopffs ist gantz schwartz/ der Wirbel gelb/ der Hals und die Schuldern schwartz / der übrige Theil des Leibs roth mit vielen kleinen schwartzen Dippeln artig undereinander bemahlet biß zum Schwantz/ welcher wie gedacht gantz kurtz/ dickharicht/ und schwartz und gelb ist. Hat einen spitzen Kopff/ umb das Maul auff jeglicher Seyten sechs lange rauhe Haar. Ein klein Maul/ woran das obere Theil wie bey den Eychhörnern geritzet/ und dadurch die zwey grosse schneidende Zähn gesehen werden. Die Zung dieser Maus ist zimblich breit unnd groß / also/ daß sie gantz an die vordern Zähn stösset. Die Ohren seynd gantz stumpff. Wiewohl die vorderen

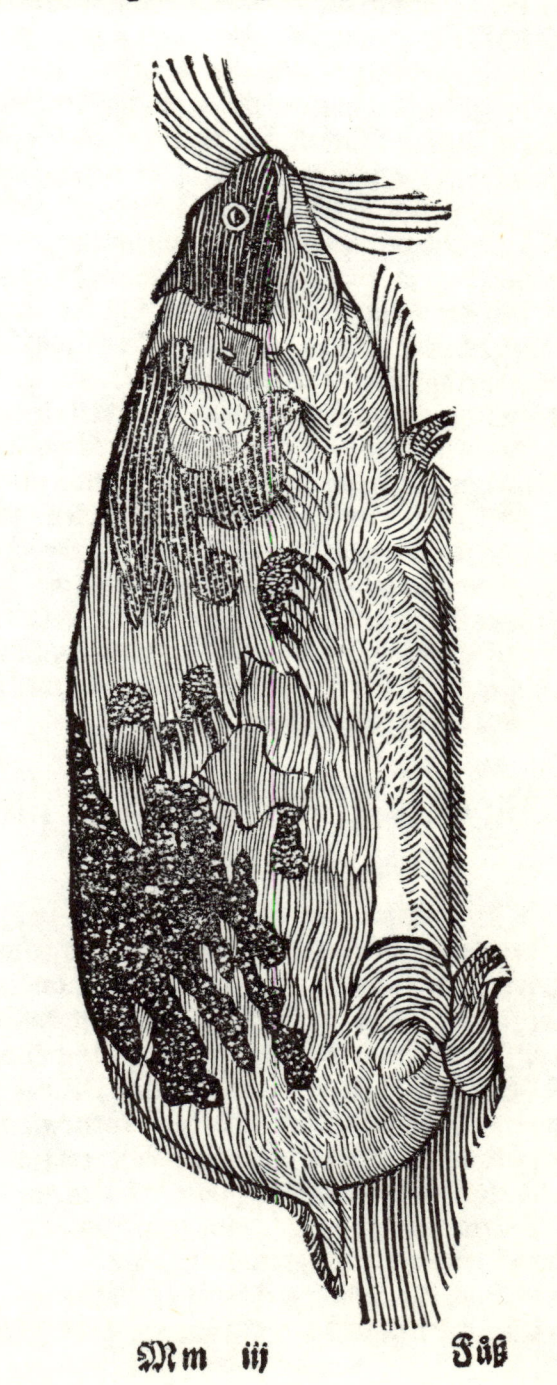

Mm iij Fäß

Füß etwas kürtzer als die hindern/(deren jeglicher fünff Klauen hat) sind/können sie doch überauß sehr lauffen. An dem Bauch siehet dieses Thier weiß/doch ein wenig mit gelb vermischet. Hat gar zarte Bein/daß wann man sie mit Schlagen kaum anrühret/verspringen.

Von innerlicher Natur und Eygenschafft dieses Thiers.

EIn sehr schadhafft und fräßig Thier ist diese Mauß/dann sie in kurtzer Zeit gantze Wiesen und Aecker verwüsten/und wie die Heuschrecken alles grün abfressen/sind auch nit allein hierin/sondern zugleich den Menschen schädlich: Dän Wormius (welcher diese Thier außführlich beschreibet) erzehlet/daß ein Mägdlein schlaffend/ von diesem Thier so übel gebissen und häßlich zugerichtet/daß wann es wegen der Schmertzen nit auffgewachet/gar umb das Leben kommen wäre. Dann sich diese Mauß nicht fürchtet zu widerstehen/sondern wann man sie mit einem Stecken stosset/stellen sie sich auff die Hinderfüß in die Wehr/fangen an zu kreischen und sich mit dem Beissen zu rächen. Es kan aber gantz keine Schläge außstehen/sondern wann es nur fast berühret/ dahin fället und stirbet. In die Erde bauet sie sich jhre Höle/worinn jhrer viel beysammen wohnen/ und darauß gleich wie die Küniglein durch gewisse Wege/bald hie und dorten auß und eingehen/ diese Wege aber machen sie nicht gar tieff und nahe bey die Wurtzeln der Bäum und Kräuter: Wo sich diese Mäus in grosser Menge auffhalten/durchgraben sie dergestalt die Erd/als wann die Schwein gewühlet hätten. Sonderlich essen sie das Kraut Saniculam gern/welches sie mit sonderlichem Lusten gantz abfressen/dahero etliche dafür halten/weilen sie auß der Lufft fallen/ und etliche gefunden werden/den die Bein zerbrochen und wieder geheilet gewesen/offt von diesem Fall beschädiget würden/und deßwegen diß Kraut zur Heilung suchten. Sie sollen sich verliehren/und meistentheils sterben zur Winterszeit/dieweil sie keine Kälte vertragen können.

Wie diese Thiere gezeuget/ und woher sie kommen.

DJeweil diese Mäus in gewissen Orten/und zu gewissen Zeiten nur Schaden thun und gefunden werden / sind unterschiedliche Meynungen/ wo sie mögen herkommen: Scaliger hält dafür/ daß sie auß einer unreinen Lufft kommen/und wie Olaus Magnus schreibet/mit starcken Platzregen vom Himmel fallen: Wiewol dieser kurtz darauff solches im Zweiffel ziehet/sagend/es sey ungewiß ob diese Thier von weiten Insulen durch starcke Wind in diese Länder zusammen getrieben/ oder in der unreinen Lufft gezeuget würden. Dieses ist doch gewiß/daß nachdem sie kaum herunder gefallen/man unverdauete Kräuter in jhren Mägen gefunden habe. Andere vermeynen/daß sie auff keine andere Art/als die andere Thier vermehret würden/wiewol doch gedachten Scaligeri Meynung nit vor unwahr muß auffgenommen werden/indem die Norwegische Fischer auß Erfahrung bezeugen/daß sie diese Thier von unterschiedlicher Grösse haben sehen in die Schiff und Wasser/auß den Wolcken herunder fallen. Im Jahr 1651. wird von einer Frau bezeuget/ daß jhr dergleichen Mauß in den Schoß vom freyen Himmel gefallen: Und hat man auch in Acht genommen/daß sie nach der Zeit wann sie herunter gefallen/eine viertheil Stund gleich wie todt von dem Fall liegen blieben: Und solches macht noch mehr glaubhafft die Erfahrung/daß auch sonsten noch Ungeziffer/Frösch/Krotten und dergleichen durch die Lufft herunder fallen und regnen. Wovon unten ein mehrers soll gedacht werden.

Wie diese Thier vertrieben werden.

DJese Mäus sollen wie oben gedacht/keine Kälte leyden können/und zu Winterszeit sterben müssen/deßgleichen auch von unterschiedlichen Thieren/als Raben/Füchs/Hund/auch andern Mäus gefressen werden. Sonderlich aber sollen sie dem Bären eine solche angenehme Speiß seyn/daß er offters sich versaumet/und dadurch von den Jägern umb sein Leben kommet. Schaaffe/Geysen und dergleichen essen sie zwar auch/werden aber leicht kranck davon. Bey hellem Wetter lauffen sie auff dem Wasser/ als wie auff der Erd/wann alsdann ohnversehens ein Wind kommet/werden sie alle ersäuffet: Wie auch von Gott sie zuweilen wunderlich vertriebē/und unzählbar todt in dem Meer gefunden werden. Deßwegen auch/wann alle menschliche Hülff umbsonst ist/wird Gott umb solche Plage abzuwenden angeruffen/wovon bey mehrgedachtem Wormio etliche Gebettlein und Beschwerungen zu lesen sind.

Was vor Schaden auff diese Mäus folge.

OLaus Magnus bezeuget/daß auß Fäulung dieser Thier die Lufft offt verunreiniget/und die Pest darauß entstanden seye: Dann wann sie auch noch leben/sind sie so gifftig/daß welches Kraut sie nur berühren/verderben muß: Deßgleichen Exempel bezeugen die Innwohner dieser Lande/daß jhr Vieh an der Pest gestorben/ welches von dem Heu gessen/worinnen diese todte Thier gefunden worden.

Vom Nutzen und Gebrauch dieser Mäus.

DJeses Thier ist noch zu keinem Gebrauch weder in der Artzney oder Speisen gezogen worden/

Von der Maus.

den/ sondern daß es vielmehr als ein Straffe Gottes/ die Speise und Früchte verderbet. Etliche haben sich bemühet/ die Fell außzutrucknen/ und zu bereiten/ anstatt andern Beltzwercks zu gebrauchen/ aber mit vergeblicher Arbeit/ dieweil sie so dünn gewesen/ daß kein Nadel oder Stich darinn halten wollen/ und derohalben bald von dieser Arbeit abstehen müssen.

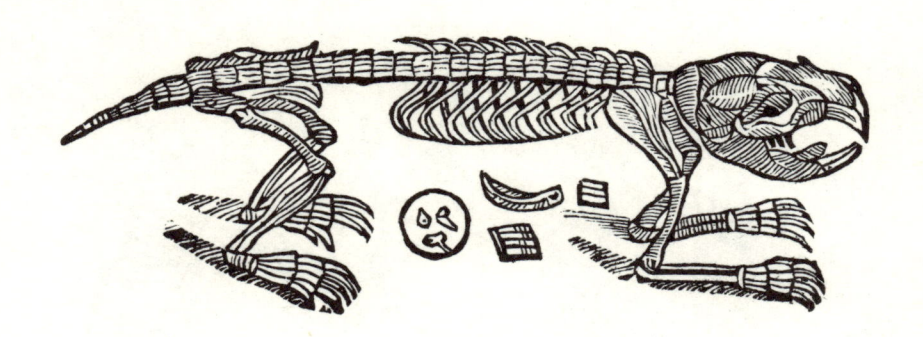

Gleich wie in vorhergehender Figur die rechte Abbildung und äusserliche Gestalt dieser frembden Mäus gesehen wird/ also wird hierin der gantze Sceleton oder alle Bein dieser Thier abgemahlet. Besonders auch in den kleinen beygefügten Figuren abgebildet/ die Grösse ihrer Zähn/ wann sie auß dem Kieffer herauß genommen/ und die kleinen Beinlein welche in allen Thieren gefunden werden/ und einem Hammer und Amboß verglichen werden.

Von dem Ochsen und der Kuh.

Bos. Ein Ochs. Vacca. Ein Kuh.

DEr Ochs wird uff Arabisch Hebraisch שור, Griechisch Ταῦρος, Lateinisch Taurus, Italianisch Toro, Französisch Torcau, und Hispanisch Toro genannt. Unter allen Thieren/ so dem menschlichen Geschlecht zum Nutz und Gebrauch erschaffen sind/ soll dem Ochsen oder Rind/ deßgleichen auch der Kuh/ billich der Preiß vor allen gegeben werden: Dieweil nichts so klein noch so unachtbar an solchem Thier erschaffen ist/ welches nicht sonderlichen grossen Nutzen bringe.

Dieweil nun solche Thiere von männiglichen mit grossem Kosten erzogen/ gespeiset/ und erhalten werden/ so soll auch allhie von ihrer Wartung/ Fütterung/ Kranckheiten/ und darwider dienlichen Artzeneyen/ wie auch anderen nützlichen darzu gehörigen Stücken etwas weitläufftigere Meldung geschehen.

Es wird aber dieses eygentlich ein Ochs oder Rind genennet/ so verschnitten ist/ damit solches Thier desto füglicher könne in den Pflug gespannet/ oder gemästet werden.

Dieses Vieh hat nach seinem auffsteigenden und zunehmenden Alter unterschiedliche Namen: Dann wann sie erst geworffen und noch gar jung sind/ nennet man sie Kälber/ wann sie bald jährig worden/ werden sie Kalben und Stierkühichen/ oder Zeitkühe/ junge Stier oder Hagen genennet/ wann sie jetzt bärhafft worden/ oder sonst under die Herd gelassen werden/ nennet man sie Kuh wann sie Weiblein sind; Sind sie aber männliches Geschlechtes/ so werden sie Stiere/ Brömmer/ Farren/ Farr-Ochsen/ Bollen/ Boll-Ochsen/ Brüll-Ochsen und Hagen genannt.

Von mancherley Geschlecht/
Schönheit und Grösse der Ochsen und der Kühr.

DIe Aegyptier/ so umb den Fluß Nilum her wohnen/ haben die schönsten/ grösten und stärckesten Rinder/ welche gantz weiß/ mild/ zahm und gehorsamb sind.

In India sollen die Rinder so hoch/ als die Kamelthier/ und ihre Hörner vier Schuh breit seyn/ auch gantze Klauen haben/ etliche haben nur ein Horn/ etliche zwey/ etliche auch drey. Selbige Einwohner sollen auch Rinder haben/ gleich den Geyßböcken/ die so schnell sind/ daß sie mit ihrem Lauff auch die Pferd übertreffen/ dieselbige bedörffen keines Schlagens noch Sporens/ sondern sind von Art zu solchem schnellen Lauff genaturet.

Das

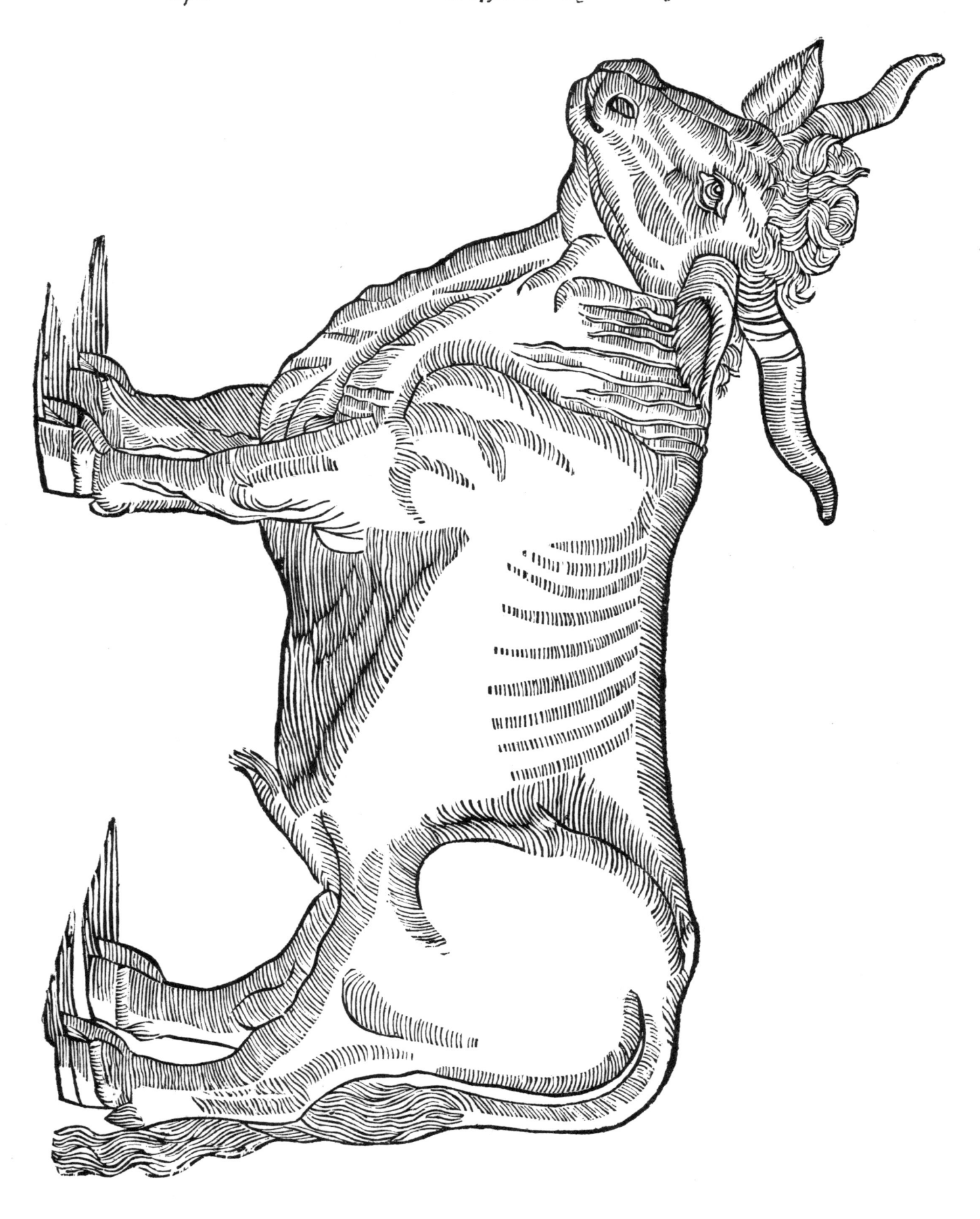

Das Land Epirus soll auch schöne grosse Ochsen und Küh haben / welche die Einwohner deß Lands nach einem König / Pyrrhus genannt / Pyrrhische Ochsen oder Küh nennen / auß der Ursach / weil derselbige jhr König Pyrrhus verbietthen lassen / daß niemand seine Küh vor vier Jahren mit dem Bollen lauffen lassen sollte. Solche Pyrrhische Kühe sollen so hoch gewesen seyn / daß die / so sie gemolcken / auffrecht haben stehen müssen / und sich nur ein wenig neigen dörffen / dann sitzende / so haben sie mit jhren Händen die Euter nicht erreichen können.

Von dem Ochsen und der Kuh.

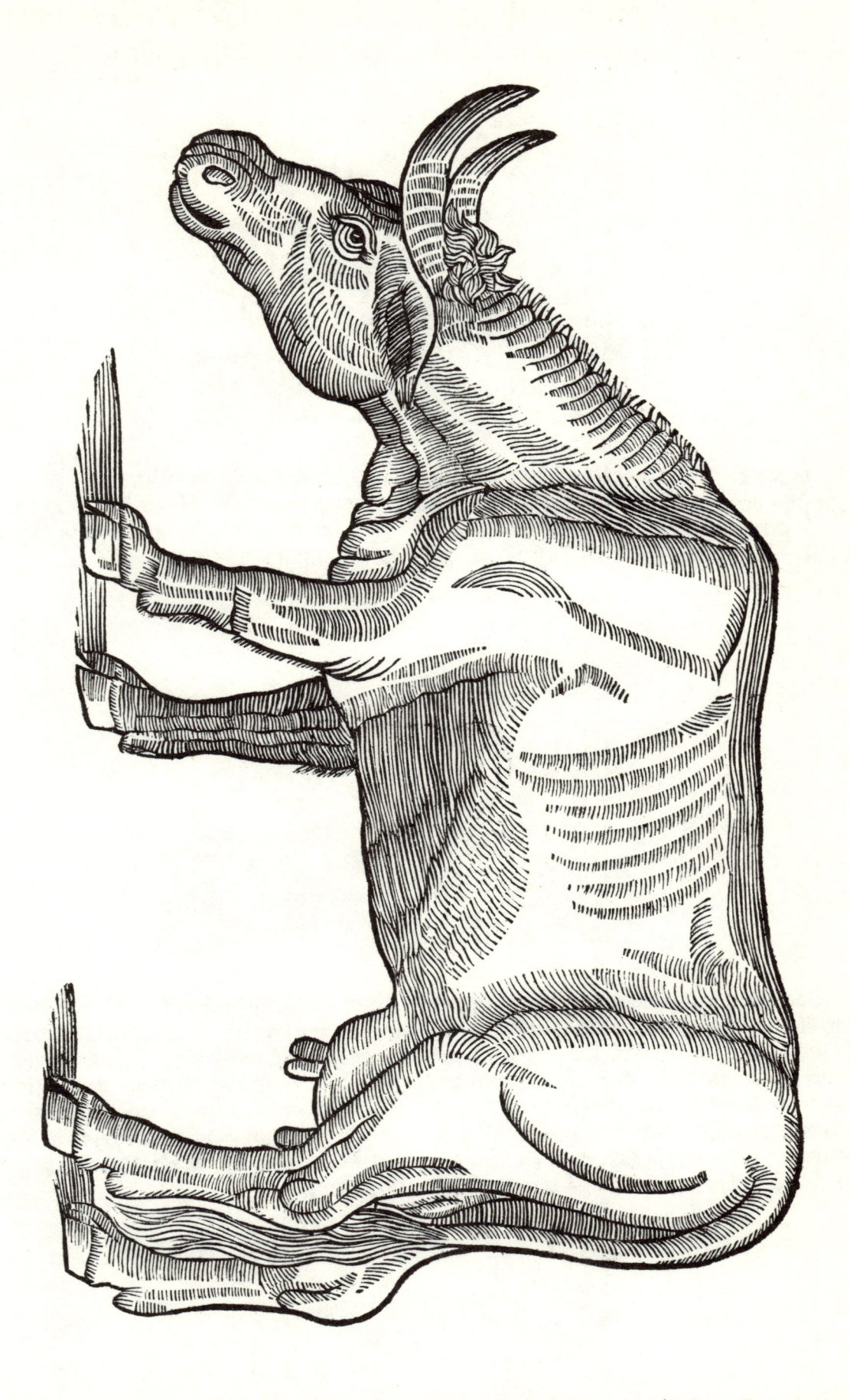

Es schreibt auch Ælianus, daß die Melcker zu etlichen Kühen nicht allein haben müssen stehen/ sondern auch auff einen Schemel steigen/ damit sie die Euter hätten ergreiffen können. Die Ursach solcher Schönheit und grösse ist die Fruchtbarkeit deß Landes/ wie auch die viele und gute Weide/ wie dann auch in Frießland/ Holland/ und Seeland solche Thiere/ umb voriger Ursach willen/ viel grösser und schöner als an andern Orten/ gefunden werden.

In Phrygia soll es Küh haben/ welche ihre Hörner nach Belieben bewegen/ wie die Ohren: In Mysia aber sollen sie gantz keine Hörner haben.

Es schreibt auch Rhasis, daß etliche Rinder Fleischfrässig seyn sollen/ gleich wie die Wölffe.

Geßneri Thierbuch
Von der Wahl und Außerlesung der Ochsen/ wie auch von der Zeit und Gelegenheit wann sie zu kauffen.

Unter den Römischen Scribenten geben die/ so von dem Acker- oder Bauers-Werck geschrieben haben/ in dem Einkauff deß Rind-Viehs diese Lehr/ und diesen Unterricht/ daß sie/ nemlich in dem Mertzen/ sollen gekaufft werden/ dann zu der Zeit wären sie nicht gemästet/ noch außgefüllt/ und könten dahero den Kauffer nicht betrügen.

Vornehmlich aber sollen solche gekaufft werden/ die einheimisch/ und deß Landes Art/ dessen Eigenschafft/ Lufft/ Wassers/ Speis und Futters gewohnet sind/ damit sie destoweniger/ als die von fremden Orten kommen/ den Kranckheiten unterworffen seyn/ und von der Veränderung der Lufft nicht so bald Anstoß haben mögen: Da sie aber auß fremden Landen gekaufft würden/ sollen sie doch nicht auß ungleichen Orten/ als von dem Gebürge auf die Ebne/ oder von der Ebne auff das Gebürge/ sondern von gleichem Lande gekaufft werden/ damit sie nicht von wegen der veränderten Lufft oder deß Wetters/ der Speis und deß Wassers/ ꝛc. in Kranckheit fallen/ und also die Zahl der Herde gemindert werde.

Diese hier nachfolgende Zeichen sollen kürtzlich die jenige warnehmen/ so Küh oder Rinder kauffen wol-

Von dem Ochsen und der Kuh.

wollen; Nemlich: daß sie jung seyn/ mit vierschröttigen/ weiten/ grossen Gliedern/ mit einem kurtzen/ dicken/ wolgesetzten Leib/ mit starcken Musculn oder Mäußfleisch/ an der Farb roth oder braun/ lind anzugreiffen/ mit langem/ starckaderichten und knorrichtem Halse/ einem grossen/ hangenden Schlauch oder Schlund/ welcher schier biß auff die Knie herab hanget/ mit einer breiten Brust/ grossen Schultern/ zimlichem grossen Bauch/ breiten Seiten und Lenden/ mit geradem/ ebnem Rücken/ oder der sich etwas niederlässet/ mit wolbesetzten/ gantzen und geraden Beinen/ die voller Span-Adern/ und mehr kurtz als lang sind/ und letzlich auch mit grossen Klauen/ und einem langen und zottigten Schwantze.

schwartzlichten Hörnern gezieret/ ohn alle böse/ arge und krumme Mäne/ mit einer breiten/ kraussen Stirne/ grossen Ohren/ die voller Haare/ auch Augen und Lefftzen/ die schier schwartz sind/ mit einer stumpffen weiten Nase/ einem langem

Von Außwähl- und Außlesung der Kühe.

Die Zeichen/ so von den Ochsen beschrieben worden/ lassen sich mehrentheils auch auff die Küh ziehen/ nur etliche wenige außgenommen/ welche Zeichen alle/ gleichwie sie von alten Baurs-Leuthen beschrieben werden/ allhie nach einander folgen:

Die Kühe sollen zur Zeit deß Mertzens/ gekaufft werden/ jung/ wolgesetzt/ mit gantzen Gliedern versehen/ länglicht/ weit/ einer mittelmässigen grösse und höhe/ in dem Alter nach 3. jährig/ oder nicht

nicht jünger/ als jährig seyn/ dann von der Zeit an/ kälbern oder gebähren sie biß auf das zehende Jahr/ und heben an/ wann sie 2. oder 3. jährig worden. Ihre Haut sol nicht rauh oder hart anzugreiffen und die Farb braun oder roht seyn/ welche mehr gelobt wird als die schwartze oder weisse. Mehr sollen sie haben schöne glatte Hörner/ welche sich auff schwartz ziehen/ ein hohe/ breite Stirne/ grosse/ weite/ schwartze Augen/ haarichte oder zottigte Ohren/ mit zusammen gefallenen Kinnbacken/ weite/ offne Nasen-Löcher/ schwartze Lefftzen/ einen langen/ dicken Hals/ und weit abhangenden Schlauch oder Schlund/ an demselbigen starcke Rippen/ einen grossen/ weiten Bauch/ breite Schultern und Rücken/ einen langen Schwantz/ unten mit zottichten und kraussen Haaren/ wol gesetzte/ haarichte/ kleine/ schwartze Schenckel/ die mehr kurtz als lang seyn/ auffrechte/ und ein wenig hervorgehende Knie/ die weit von einander stehen. Deßgleichen sollen die Füß und Klauen nicht breit seyn/ damit sie nicht an einander anschlagen/ oder zusammenklaffen/ wann sie fortgehen/ sondern sie sollen kleine/ kurtze Klauen haben/ die glatt/ und einander gleich sind/ welche nicht von einander gehen.

Ob nun gleich alle solche Zeichen an einem Thier allein nicht beysammen erfunden oder gespühret werden/ soll doch der mehrer und bessere Theil sich an einem befinden.

In den Ochsen-Jochen sollen allwegen ihrer zween/ die an Stärcke und Grösse einander gleich sind/ zusammen gespannet werden.

Von innerlicher/ angeborner Natur dieser Thiere.

Der Ochs/ wie auch die Kuh und Stier wiederkäuen/ dann es mangeln ihnen die vier obern/ vordersten Kripff-Zähne/ gleichwie auch anderen Thieren so wiederkäuen.

Die Zähne heben ihnen an zu wachsen/ wann sie zweyjährig werden/ und wachsen ihnen nicht auff einmal/ wie den Rossen/ sondern werden verwandlet.

Das Gehörn der Ochsen/ so hol ist/ wächst mehr auß der Haut/ in welche ein harter Schlauch zweymal von Bein hinein wächst.

Von dem Futter der Ochsen.

Die/ so das Baurs-Werck und die Vieh-Zucht beschrieben/ haben viel von der Speis/ Nahrung und Futter der Ochsen und der Kühe/ nach ihres Lands Gewächsen/ als von Kräuter/ Gras/ Gesträuche/ oder dergleichen Eigenschafft/ welche mehrentheils in unsern Landen nicht wachsen/ und unbekand sind/ geschrieben/ worvon allhier nichts zu gedencken/ dieweil unser Vieh fast mit allerley Kräutern oder Gewächsen geweidet wird.

Für allen andern aber beschreiben die Alten 2. Gewächse/ von welchen sie trefflich fett werden/ auch die Küh/ von solcher Speis/ viel gesunde Milch geben sollen.

Das erste heißt man in Latein Cytisum, ist dem Klee nicht ungleich/ aber ein höltziges Gesträuche/ und kan mit geringer Mühe gepflantzet werden/ dieweil es keinen fremden Boden/ Lufft/ Kälte/ noch anders Ungemach scheuet/ noch achtet.

Das andere heissen die Lateiner Medicam, ist eine Art von Klee. Daß aber das Rind-Vieh von allerley Klee fett werde/ und viel Milch gebe/ ist den Bauren ins gemein bekand.

Die Ochsen und Küh rauffen und weyden das Gras nur auff dem Boden ab/ lassen aber die Wurtzeln stehen/ und unter allen Thieren weyden sie sich hinder sich/ und wollen bey feuchten Orten und Wässerigen Wiesen geweidet werden/ wiewol die Butter/ so von solchem Gras oder Heu herkommt/ nicht so lieblich seyn sol/ als wann die Küh an andern ungewässerten Orten geweidet werden.

Diejenigen/ so von dem Bauers-Werck geschrieben haben/ geben diese Lehre/ daß man sie zur Winters-Zeit/ wo es deß Landes Art erleyden mag/ an Sonnichten Orten/ wo es kurtzes Gesträuche habe; Zur Sommers-Zeit aber in den allerdicksten Wäldern und hohen Gebürgen/ welche mit grossem Holtz und Bäumen besetzt seyn/ weiden solle.

Es soll sonst solchen Thieren kalte Träncke/ als kalte Flüß und Brunnenwasser/ schädlich seyn/ als wovon die Küh verwerffen sollen: Welches Wasser aber nit so gantz kalt/ sondern schier lauh ist/ als da sind die lautern See/ oder grosse Pfützen/ so von Regenwasser zusammen fliessen/ sollen ihnen gar zuträglich/ nütz und gut seyn.

Man soll zusehen (spricht Vegetius) daß die Rinder oder Zug-Ochsen/ deßgleichen auch die Stier und Küh nimmer auß Hungers-Noht mager werden und abnehmen/ sondern daß sie allezeit mit Speiß und Futter gesättiget werden/ dieweil fast alle Kranckheiten/ so diese Thiere bekommen/ von dem magern Leibe den Anfang haben: Dann wann sie mager worden/ so schadet ihnen gar leichtlich die Arbeit und Kälte/ wie auch die Wärme/ so gar bald durch die Haut und Fleisch durchdringen können.

In Languedocq, einer bekandten Provinz in Franckreich/ ist ein edler Brunn/ mit Namen Orge, in demselben wachsen Kräuter/ nach welchen die Rinder solch eine Begierde haben/ daß sie auch den Kopff gantz unter das Wasser stecken/ und das Kraut vom Boden herauff reissen und abfressen. Welches auch zu sehen nah bey dem Ursprung deß Flusses Ledi, der mit einer starcken Quelle/ in dem Gebürge/ eine kleine halbe Tag-Reis von Montpelier gelegen/ entspringt/ und bey der Stadt herab in das Meer fleußt: allwo die Ochsen der Bauren mitten in dem Fluß/ welcher ihnen weiter/ als biß an den Bauch hinauff reicht/

Von dem Ochsen und der Kuh.

reicht/ stehen/ den Kopf unter das Wasser stossen/ und etliche Kräuter/ zu welchen sie grosse Lust haben/ außrauffen und fressen.

Die Peoner/ so bey den Prasiadischen Pfützen oder See herumb wohnen/ füttern ihre Rosse/ Ochsen und Vieh mit Fischen. Es schreibet auch Theophrastus von etlichen Ochsen/ so Fisch fressen/ doch nicht solche/ so todt/ sondern allein die lebendig seyn. Deßgleichen ist hieroben erzehlet worden/ daß etliche gar Rindsfleisch fressen/ gleich wie die Wölffe.

Wann die Ochsen/ Rosse/ und sonst noch viel anderes Vieh trincken/ so sürffen/ oder schlärffen sie den Tranck hinein/ und haben gern klar und lauteres Wasser: Sie sollen deß Sommers den Tag über zwey mal/ deß Winters aber nur einmal getränckt werden.

Unter allen andern Thieren hat sonst das Männliche Geschlecht allezeit eine rauhere und gröbere Stimm als das Weiblein/ und also auch die alten mehr/ als die jungen. Bey diesem Vieh aber erzeigt sich das Widerspiel/ dann die Kuh hat ein rauhers und scheußlichers Geschrey/ als der Stier oder Ochs/ und die Kälber bläcken stärcker dann keines der Alten.

Es traumt auch solchem Vieh/ gleich wie fast allen andern Thieren/ die lebendige Frucht gebähre.

Die Küh bekommen auch ihre Zeit oder Fluß/ nemlich wann sie rinderig oder zeitig zum Lauffen werden/ zu welcher Zeit sie das Geschrey oder Brummen deß Stiers von weitem hören.

Varro/ so von dem Bauwerck geschrieben/ sagt die Küh sollen nicht zu den Rindern getrieben werden vor dem zweyten Jahre/ damit sie nicht im dritten Jahre könten anheben zu gebähren; viel besser und nützlicher wäre es/ wann sie erst am vierdten Jahre anhüben zu kälbern; nach zehen Jahren wären sie unfruchtbar/ und zu der Mehrung nichts nütze.

Die Küh werden zu ungleicher Zeit rinderig/ oder läuffig: der mehrertheil belaufft sich mitten im Lentzen. Columella und Palladius wollen/ daß sie im Heumonat sollen zu den Stieren oder Bollen getrieben werden.

Wann sie Kälber haben/ sollen sie mit besonderm Futter und Nahrung gesättiget werden/ wie es in selbigem Lande der Gebrauch und die Gewonheit ist. Sie tragen 9. Monat/ und in dem 16. kalbē sie/ wann sie vor dem 10. Monat gebähren/ so verwerffen sie.

Die Kühe/ deßgleichen auch der mehrertheil der Rinder/ kommen mit ihrem Alter auff 15. Jahr/ bißweilen auch auff 20. sind aber am besten/ wann sie 5. jährig seynd.

Es schreiben etliche/ man könte das Alter solcher Thiere auß den Zähnen erkennen/ daß nach anderthalb Jahren oder etwas darüber/ schieben sie die vordern Zähne/ hernach/ über 6. Monath/ verlieren sie die nächsten dabey/ biß daß sie dieselbige in 3. Jahren alle verlieren/ alßdann fahen sie an in dem besten Thun zu seyn/ biß auff 8. Jahr: zu welcher Zeit die Zähne lang/ schön und weiß seyn; sind sie aber alt/ sollen die Zähne kurtz/ schwartz/ ungestalt und garstig werden.

Die Einwohner im Schweitzerland erkennen solcher Thiere Alter bey den Ringen oder Knöpffen an den Hörnern/ so ihnen daran wachsen/ deren 3. so viel als 8. Jahr deß Alters anzeigen sollen/ und je mehr sie Ringe oder Knöpffe haben/ je mehr Jahre sollen sie alt seyn.

Etliche schreiben/ so offt eine Kuh kalbe/ so wachse ihr an den Hörnern ein Ring oder Knopff.

Von Kranckheiten der Ochsen/ der Kühe/ und deß Stiers/ oder Farrns.

DJeweil dieses Thier vielen und mancherley Kranckheiten unterworffen/ von welchen sie abnehmen/ und zuletzt gar sterben/ wannenhero manchem Bauers-Mann grosser Verlust und Schaden entstehet: Und aber die/ so von Artzneyen die zu solchen Kranckheiten dienlich/ im Latein geschrieben haben/ erstlich diejenige Artzneymittel/ so ins gemein für allerhand heimliche/ und unbekandte Kranckheiten zu gebrauchen/ beschreiben/ als sollen auch allhier erstlich etliche Stück/ welche zu allen innerlichen und äusserlichen/ unbekandten/ heimlichen/ und verborgenen Gebrechen und Kranckheiten ins gesammt/ vor allen andern gepriesen und gelobt werden/ herauß gezogen/ und dann auch andre besondere und bekandte Kranckheiten und deren Curen angedeutet werden.

Etliche Stücke der Artzney/ so zu allen Kranckheiten der Ochsen und Kühen gebraucht werden.

DAß dieses Vieh lange Zeit bey gesundem und fettem Leibe erhalten werde/ sol man sie vor der grossen Kälte deß Winters wol bewahren/ in einem warmen und trockenem Stall beschlossen halten/ ihnen alle Tage sauber außmisten/ und streuen/ auch sie tränken und säuberen.

Man soll ihrer mit allzustarckem Lauffen verschonen/ dann sie werden gantz siech darvon/ oder bekommen das Fieber.

Die meisten Kranckheiten der unvernünfftigen Thiere sind unbekand und verborgen/ dieweil sie solche nicht selbst können anzeigen/ oder melden.

Unbekandte Kranckheiten sol man ihnen vertreiben mit Salbey und Andorn/ solche in ihr Geträncke legen/ und ihnen darvon zu trincken geben: Dieses hilfft nicht allein den Ochsen/ sondern auch allem andern Vieh. Item Saltz in ihr Futter gesprengt/ ist ihnen ebenfalls auch gesund.

Columella lobt den nachbeschriebenē Tranck/ daß/ wann derselbe ihnen deß Jahrs viermal eingegeben werde/ er sie vor allen Kranckheiten behüten solle. Nemlich:

Lu-

Lupini (ſind Welſche weiſſe Feigbonen) und Blätter von Cypreſſen/ eines ſo viel als deß andern gegoſſen/ und in Waſſer über Nacht unter den Himmel geſtellt und darnach eingeſchütt.

Oder ein rohes Ey mit einem wenig Saltz eingeſchoben: Oder deß Morgens ſol man Knobloch in Wein ſtoſſen/ und ihnen in die Naſen/ oder wie etliche ſagen/ in den Rachen gieſſen. Etliche ſchütten ihnen weiſſen Andorn mit Oel/ etliche Rauten/ oder deß Morgens nüchtern Salbeyen ein. Etliche bereiten ihnen eine ſolche Purgantz zu:

Sie nehmen den Stängel von der Schmer-Wurtz in Stücke geſchnitten/ kleinen Coſtum (ſo etliche für die Angelic-Wurtzel halten) und Meer-Zwibeln/ jedes ein wenig unter einander gemiſcht/ und in dem Waſſer geweicht/ hernach gieſſen ſie dem Thier einen Becher voll/ unnd den drey Tage nach einander ein.

Etliche miſchen eine geſtoſſene Schlangen-Haut mit Wein/ etliche mit Saltz/ Rocken/ und kleinem Coſten/ ſtoſſen dieſe Stücke unter einander/ und ſchütten ſie mit Wein dem Thier in den Rachen ein.

Item kleinen Coſten mit ſüſſem Wein/ oder Meerzwibel zerſchnitten und in Waſſer gebeitzt.

Die Oel-Truſen oder Oel-Häfen werden gar ſehr gelobt/ daß man darvon ihnen anfangs nur ein wenig/ und hernach je länger je mehr unter das Futter ſprengen ſolle: Man gibt ihnen wenig zu trincken: Vier oder fünff Tage gibt man ihnen ſolche Trüſen/ aber mit gleich ſo vielem Waſſer gemiſcht/ zu trincken.

Vegetius beſchreibet eine hertzliche Artzney für alle Gebrechen und Kranckheiten dieſer Thiere/ wortzu genommen werden nachfolgende Stücke:

Lorbeeren/ Entzian/ Lange-Holwurtz/ Myrrhen und Bethonien/ jedes ſechs Loth: dieſe Stücke ſollen klein geſtoſſen/ mit Wein gemiſcht/ und ihnen 3. Tag nach einander eingegoſſen werden.

Römiſcher Kümmel ſol ihnen in Trincken oder Eſſen eingegeben werden.

Man läſt ihnē auch Blut vornen an dem Kopf/ oder hinten unter dem Schwantz.

Etliche nehmen dürre Wachholder-Beer/ und zarte Neſſlen-Blätter/ ſtoſſen/ und miſchen ſie unter das Heu oder Futter/ und ſagen/ es diene zu allen innerlichen Kranckheiten deß Gedärms/ der Leber und der Lungen. Etliche gieſſen ihnen Knaben-Harn ein.

Daß ſie von den Fliegen oder Brämen nicht gepeiniget werden/ ſol man Lorbeeren ſtoſſen/ in Oel kochen/ und ſolche Thier damit beſtreichen: ſie können auch mit ihrem eignen Geiffer oder Schaum beſtrichen werden.

Etliche brauchē für alle inwendige/ unbekandte Kranckheiten Waldmeiſter-Würtzelein/ welche vornemlich der Leber und der Lunge an Menſchen und Vieh gut ſind.

Deßgleichen wird ihnen Modelger/ ſo etliche Creutzwurtz nennen/ eingeſchütt/ ſo auch für die Würme und Peſtilentz gebraucht wird.

Etliche geben ihnen folgende Artzney zu lecken:

Gundelreb/ Lorbeer/ Miſtel von Birn-Bäumen/ und Lingenkraut ſo an den Bäumen wächſt.

Von ſonderbaren/ bekandten/ und nahmhafften Kranckheiten/ und zwar erſtlich/ von denen ſo den gantzen Leib antreffen/ und Erbſuchten/ oder anſteckende Kranckheiten genännt werden.

Erbſuchten/ anſteckende uñ erbliche Kranckheitē/ ſo dieſe Thier anſtoſſen/ ſind die Peſtilentz/ entweder die feuchte/ oder trockne/ die Glieder-Gicht/ das Grieß/ und Erlähmung/ Peſtilentziſche Drüſen und Geſchwär/ die trieffende Peſtilentz/ Maletzey (oder Außſatz) und die Taubſucht. Dieſe genañte Kranckheitē ſind allzuſamen Erbſuchtē/ dañ wañ ſie eins unter der Herd angeſtoſſen habē/ ſo verderben ſie die gantze Herde.

Die feuchte Peſtilentz (Humida malis) wird alſo erkañt/ es fleußt ihnen Waſſer und Schleim auß dem Maul und Naſen/ ſie freſſen nicht/ und ſtehen alſo kranck.

Die trockene Peſtilentz (Sicca malis) iſt dieſe/ da ihnen nichts auß dem Maul uñ Naſen trieft/ ſondern das Thier wird von Tag zu Tag niagrer und ſchlimmer/ und frißt nicht nach Gewonheit.

Die Gliedergicht oder Peſtilentz iſt/ ſo ſie bißweilen an den vordern/ bißweilen an den hindern Füſſen hincken/ ſo doch ihre Klauen geſund/ und ohn allen Gebrechen erfunden werden.

Die Nierenſucht/ oder das Grieß und die Nieren-Peſtilentz iſt/ wann ſie in den hindern Theilen müd und lahm werden/ und an den Hüfften Schmertzen haben.

Die drüſichte Peſtilentz iſt/ wann den Ochſen durch den gantzen Leib Beulen oder Drüſen aufflauffen/ welche endlich auffſpringen und außflieſſen/ oder da ſie an einem Ort geheylet worden/ an einem andern wiedrumb auffſchieſſen.

Die Waſſerſüchtige Peſtilentz iſt ein böſer Fluß und Feuchtigkeit/ die an unterſchiedlichen Orten herauß bricht/ und über die Haut hinfleußt.

Die Maltziſche Peſtilentz iſt/ wañ ſie eine kleine Räude/ als eine Linſe groß/ an der gantzen Haut ankommt.

Die taubſüchtige Peſtilentz (oder Malzey) iſt/ welche ſie der Sinnen beraubt/ daß ſie weder hören noch ſehn/ als wie ſie zuvor gewohnt geweſen/ von welcher Kranckheit ſie gehling ſterben/ ob ſie gleich ſcheinen fett und ſchön zu ſeyn. Solche mancherley Erbſuchten und Kranckheiten werden alle unter dem Namen Peſtilentz begriffen.

Artzneyen wider alle Erbſuchten/ ſo die Bauren das Sterben/ das Gäch/ den Schelm/ und dergleichen nennen.

Gepülverten Weyrauch ein Loth/ in eine halbe Maaß alten Wein gethan/ ſol dem Vieh durch die Naſen eingeſchüttet werden/ drey Tage nach einander.

Wermuth/ weiſſe Feigbonen/ und Tauſend-Gülden-Kraut/ deß einen ſo viel als deß andern genommen/ gepülvert/ und unter einander gemengt/

mängt/ darvon sollen drey Löffel voll in eine halbe Maaß alten Wein gemischt/ darzu aber sechs Loth Oel gethan/ und alle Tag in den Rachen geschüttet werden.

Theils Hirten mischen gepülvert Wermuth unnd Saltz unter einander/ und geben es dem Vieh ein/ auß täglicher Erfahrung/ weil es allen innerlichen Kranckheiten helffen/ die Schmertzen stillen und purgieren soll.

Etliche durchboren ihnen die Ohren mit einer Ahle/ und stecken in das Loch ein Würtzlein von dem Läuß-Kraut/ oder Christ-Wurtz/ dardurch soll alles Gifft und Kranckheit in das Ohr gezogen werden.

Das Berauchen ist ihnen auch fast dienlich/ sonderlich wann man Schwefel/ Pech oder Hartz Knobloch/ grossen Costen/ und Coriander-Saamen auff glüende Kohlen sprengt/ und darmit die bedeckten Köpffe der Rinder wol beräuchert/ daß ihnen der Rauch in die Nasen/ in den Rachen/ in das Maul/ und auch ins Hirne hineindringe/ und also helffe.

Bißweilen sagen die Hirten/ das Vieh sey in einen bösen Wind/ oder auff eine böse Spuhr kommen: Solcher Kranckheit helffen sie mit der Astrentzen-Wurtzel/ welche gegraben worden/ so der Mond im Zunehmen gewesen. Solches sind die Artzneyen/ so von erfahrnen und verständigen Bauren wider die ansteckende Erb-Kranckheiten gelobt werden; Folgt nun hierauff von etlichen andern Kranckheiten/ insonderheit

Von dem Fieber oder kaltem Wehe/ und zwar von den Zeichen/ woran dasselbige zu erkennen.

Das Fieber wird erkannt auß übriger Hitze am gantzen Leib/ fürnemlich im Maul/ auff der Zungen/ und in den Ohren/ wie auß den trieffenden/ halb zugeschlossenen/ und eingefallenen Augen/ auß einem schwermütigen und niederhenckendem Kopffe/ wann ihnen auß dem Maul viel Schleims fleußt/ deßgleichen auß einem hitzigen/ langsamen/ schweren und seufftzenden Athem/ und auß einem unruhigen Geäder/ da sie dan gar nicht fressen/ die Ursach solcher Kranckheit ist übrige Hitze/ Arbeit/ zu viel Ruh: oder so man ihnen gleich auff grosse Arbeit und Hitz zu trincken oder zu fressen gegeben hat.

Wie ihnen zu helffen.

Die Rinder/ so das Fieber haben/ sol man einen Tag ohne Essen stehen lassen (sagt Columella) am andern Tag aber ihnen Blut lassen unter dem Schwantz und dann nach einer Stund drauff Raps- oder Kraut-Blätter und Stengel/ mitler Grösse gekocht/ und zwar der Stengeln dreyssig/ mit Oel und gesaltzner Fischbrüh (das ist gesaltzen Wasser/ da die Fisch eingebeitzt seyn gewesen) zugerichtet/ vorsetzen/ und solche Speis fünff Tag nüchtern geben/ darzu auch noch die obersten Oelschoß/ oder andere neugewachsene zarte Schoß von allerley Stauden oder Reblaub/ fürwerffen. Uber das sol man ihnen ihr Maul mit einem Schwamm säubern/ und deß Tags drey mal kalt Wasser zu trincken geben. Zu solcher Zeit sol das Vieh in dem Stall/ unter dem Dach gehalten/ und nicht herauß gelassen werden/ es sey dann zuvor gesund worden. Auch sol ihnen solches Gras/ so an schattigten Orten gewachsen/ und gewäschenes Reb-Laub vorgeworffen/ und die Nasen/ Ohren und Lefftzen mit einem Schwamm voll kaltes Wassers gereiniget und gekühlet/ Item die Ohren verwund werden biß sie bluten. Etliche werffen ihnen solche Schoß zur Speise vor/ welche kühlen.

So ein Ochs erkältet/ oder sonst erfroren ist/ so soll ihm rohter Wein eingeschüttet werden.

Von andern schädlichen Zufällen/ und wie selbigen vorzukommen und abzuhelffen.

Die Schweine und Hüner sollen nirgends nah bey den Rinds-Ställen gelitten werden/ dann wann ein Ochs unter dem Futter Säu-Kohst frißt/ so bekommt er die Pestilentz/ vornemlich wann auch das Schwein nicht gesund gewesen ist. Deßgleichen so er Hüner-Mist unter dem Heu frißt/ so bekommt er das Krimmen/ laufft auff/ geschwilt und stirb. Wider solchen Fall soll nachfolgende Artzney zubereitet werden:

Peterlein-Saamen sechs Loth/ Kümmel ein Quärtlein/ Honig zwey Pfund/ zusammen gemischt/ und warm eingegeben/ darauff sol das Thier so lang umbgetrieben/ und mit den Händen gerieben werden/ biß der Tranck es misten mache.

Item starcke Laug/ und gute Aesche mit Oel gemischt und warm eingeschütt/ sol trefflich gut seyn.

Grosse Gefahr bringt ihnen die Blut-Egel/ wann sie von ihnen unter dem Wasser getruncken wird/ daß sie sich dann offt anhängt/ bißweilen gleich im Maul/ und da kan sie mit der Hand hinweggerissen werden: Bißweiln henckt sie sich an Rachen an/ und zeucht Blut herauß/ davon wächst und geschwilt dem Vieh der Schlund/ und verschleust der Speis den Weg/ daß das Vieh nicht fressen kan/ alsdann sol ihnen durch ein Rohr warm Oel eingegossen werden/ dann von solchem fällt die Egel zur Stund hinweg. Wo sie sich aber an dem Magen oder Eingeweid angehenckt hätte/ so sol ihnen durch ein Horn warmer Essig eingeschüttet werden/ dann von solchem stirbt der Blut-Sauger.

So sie von den Schlangen oder Natern/ oder andern gifftigen Thieren gebissen werden/ so sol der Biß mit einem Laß-Eisen/ oder einer Flitte behackt und erweitert/ auch grosse Kletten/ mit Saltz gestossen/ darauff gelegt werden.

Deßgleichen sind darfür gut die zarten Schoß von einer Eschen/ und Wein/ eines jeden fünff Pfund/ unnd Oel eine halbe Maaß/ welche Stücke mit einander sollen gekocht/ außgetruckt und in den Rachen geschütt werden: Auch sind sie gut mit Saltz gestossen/ und auff den Biß gelegt.

Etliche geben ihnen in Wasser ein Knobloch mit Butter gekocht.

Der Biß deß Wiseleins sol bestrichen werden mit seinem Balg.

Ein böser Gebrechen unnd Zufall kompt die Rinder an/ der auff Lateinisch *Coriago* genennet wird/ da ihnen ihre Haut also an dem Rucken oder Rippen klebt oder hafftet/ daß sie mit den Händen nicht kan von den Rippen gezogen oder gesondert werden: Dieses kompt her von allzugrosser Magrigkeit/ oder so der Ochs in der Arbeit hefftig geschwitzet hat/ und darnach zur Stund erkältet/ oder unter der Last mit vielem Regen begossen worden.

Auß der Ursach sol das Vieh/ wann es von der Arbeit kommt/ und voll Schweiß und keichend ist/ mit Wein begossen/ ihm auch Brod und Wein zu essen gegeben werden.

Wann sie aber in solche Kranckheit gefallen/ so soll man Lorbeeren sieden/ und damit also warm ihre Rücken offt begiessen/ mit Oel und Wein wol reiben/ die Haut begreiffen/ und von den Rippen ziehen und lösen. Das alles soll geschehen an der Sonnen/ oder sonst an einem warmen Ort: Etliche/ wann sie die Ort mit dem warmen Lorbeer-Wein wol gewaschen/ brauchen Oeltrüsen mit Wein und Schmär gemischt.

Für die Räude.

Knobloch geschält und darmit gerieben.

Flöh-Kraut und Schwäfel unter einander gestossen/ mit Oeltrester/ und Oel gemischt und angestrichen.

Alter Harn un Butter gemischt. Item Saltz.

Zu den Wunden und Geschwären.

Pappeln geknütsch und auffgelegt.

Gestossen Galläpffel/ deßgleichen Safft von Andorn mit Rus gemischt.

So Eyter in einer Geschwulst ist/ so sol sie auffgeschnitten/ der Eyter herauß gedruckt/ und mit warmen Harn abgewäschen/ und Wolle/ die mit lindem Hartz und Oel gebeitzt worden/ darauff gelegt werden.

Die Geschwär/ wann sie verachtet/ und nicht bey Zeit mit Artzney versorgt werden/ so wachsen Würme darinn: Alsdann sol man zur Morgens-Zeit dieselbige mit kaltem Wasser begiessen/ von welchem sie sich zusammen ziehen/ und abfallen. Solten sie aber auff solche Weis nicht können herauß gebracht werden/ so sol man Andorn oder Knobloch zerknitschen/ und mit Saltz gemischt/ darein legen/ solches tödtet sie alsobald: Oder es kan ungelöschter Kalck/ oder grün Kürbs-Safft mit Essig darein gesprengt werden: Und nachdem die Geschwär gesäubert worden/ sol man auß Hartz/ Oel und altem Schmeer eine Salbe machen/ sie darmit bestreichen/ und das auch aussen herumb thun/ damit sie von den Fliegen nicht gepeiniget werden/ als deren Geschmeiß oder Koht Würme macht: Etliche legen Bilsam darauff/ damit die Würme herauß fallen.

Für den Wurm oder das Ungenandte.

Zu solchem Gebrechen wird auffgelegt Scheel-Kraut/ oder grüne Nachtschatt/ oder Kreutz-wurtz.

So dem Vieh Blut außfleußt/ es sey vornen auß der Nasen/ oder hinden/ so soll man Kuchen backen in warmer Aeschen/ auß Mehl/ mit Eyer/ Butter und Rosen-Essig gemischt/ und dieselbige dem Vieh eingeben.

Etliche sieden Erdrauch/ und giessen ihnen dasselbig in den Rachen.

Wan sie ein Gelencke auß einander getretten/ so soll man sie zwingen zu schwümmen im Wasser/ dann mit solcher Bewegung ziehen sie ihnen die Gelencke selber ein.

Wann sie von grosser schwerer Arbeit die Schultern verzencken/ so soll ihnen Blut gelassen werden an den vordern Beinen/ und zwar am Rechten/ so das Lincke/ und am Lincken/ so das Rechte verzenckt ist.

So ihnen ihre Hörner abgebrochen worden/ sollen sie mit Lumpen/ die in Essig/ Oel un Saltz geweicht worden/ verbunden/ und drey Tage mit solcher Brühe begossen werden. Am vierdten Tage sol man Schmeer/ lind Hartz/ und gestossene Fichtene Rinde/ als ein Pflaster darauff legen/ und zuletzt/ so sie zuheylen/ Ruß darein reiben.

So ihnen von der Arbeit der Hals verletzt worden/ soll ihnen Blut an einem Ohr gelassen werden/ und zwar/ so die Geschwulst an der rechten Seiten ist/ an dem lincken; So sie aber an der lincken Seiten ist/ an dem rechten Ohre/ und wann sie zu beyden Seiten ist/ an beyden Ohren: Und damit man die andern desto leichter ersehen möge/ sol man die gröste/ so daran gemerckt wird/ mit einer Ruthen schlagen/ damit sich das Thier auffbäume.

Wo aber solche Artzney versaumt wird/ so geschwilt der Hals/ und wird das Geäder hart und knollicht. Hierwider sol nachfolgende köstliche Artzney gebraucht werden.

Lind Hartz/ Rinder-Marg/ Hirsch-Unschlitt/ alt Oel/ alt Schmeer/ jedes gleich viel/ gemischt unnd gekocht/ unnd die Geschwulst wol geschmiert.

Für das Haupt-Wehe bewehrte Artzneyen.

Wann ein Rind seine Ohren hangen läßt/ und nicht ißt/ so hat es Schmertzen deß Haupts/ alsdann sol man Knobloch in Wein weichen/ Saltz darzu thun/ und die Zunge wol darmit bereiben/ oder rohe Gersten mit Wein geben: Item Rinde von Granat-Aepffeln mit Gewalt zu fressen einstossen.

Item Myrrhen/ einer Bonen groß/ in einem Becher mit Wein zertrieben/ und durch die Nasen eingeschüttet/ lindert und vertreibet solchen Schmertzen.

Von den Gebrechen der Augen.

Die Gebrächen der Augen werden mehrentheils mit Honig geheylt: Dann sind sie geschwollen/ so wird auß Honig oder Mäht und Mehl ein Breylein gemacht und auffgelegt.

Sind Flecken in den Augen/ so wird Saltz mit Honig gemischt und übergestrichen: Für das Trieffen wird Mäht mit Gersten-Mehl auff die Augenlieder gelegt/ und die Augen umbher mit lindem Hartz und Oel bestrichen/ daß keine Fliegen oder anderes Ungeziefer darein krieche.

Bißweilen mag das Thier nicht fressen/ von wegen der Schwulst im Rachen/ es zeucht den Athem schwerlich/ und steht/ als ob es auff einer Seiten hienge/ alsdann sol der Rachen mit einem Instrument, damit das Blut heraußfliesse/ verwundet/ und dem Thier linde und zarte Schoß oder Zweige und Gras zu essen gegeben werden.

Wann ihnen die Zunge über die massen groß wird/ und etwas daran wächst/ als wie ein Fröschlein/ wovon sie ohne Essen stehen/ und ihnen Schleim auß dem Maul fällt/ so sol man ihnen dasselbig hinweg schneiden/ den Ort mit Saltz und Knobloch/ zusammen gestossen/ bereiben/ und darnach mit Wein wäschen.

Oder man sol weissen Hunds-Koht/ Saltz/ Rauten/ Ruß und Salbeyen zusammen stossen/ die Zungen heraußziehen/ und wol bereiben.

Die Fäulung deß Mauls/ oder die Mundfäule/ sol man ihnen wäschen mit Essig und trockenen Hefen zusammen gemischt.

Das Trät-Blut (sind Blätterlein/ so in dem Rachen wachsen) wird mit der Hand/ oder mit einem Holtz zusammen gedruckt/ und der Ort gesäubert/ dann es fließt Blut unnd stinckende Materia herauß.

So das Vieh Mangel an der Lungen oder Husten/ und dergleichen hat/ so geben ihm etliche ein Agaricum, Enzian, uñ Rhaponticum zusammen gemischt: Hierwider sol auch dienen Hasel-Wurtz/ mit Saltz gestossen und eingegeben.

Etliche heylen den Husten und Engbrüstigkeit mit den Körnlein von Weinbeeren/ oder mit Wachholderbeeren mit Saltz gemängt. Für den alten Husten ist gut Knobloch/ wol gewaschen/ mit Kernen-Mehl geknetten/ und nüchtern eingegeben.

Lungen-Kraut/ so an Bäumen wächst/ mit Saltz zu fressen gegeben/ ist auch gut/ vornehmlich so ihnen die Lunge in den Hals steigt.

Die Weiber thun unter das Saltz gepulvert Matrennen-Kraut.

Wann ein Vieh nicht dauet/ und nicht isset/ sondern einen auffgeblasenen Bauch bekommt/ offt gürpset und rültzet/ der Bauch ihm rauchet/ die Adern gespaut sind/ und ein finsteres Gesicht hat/ und mit der Zungen sich nicht beschleckt/ sol ihnen sechs Maaß warm Wasser eingegossen/ darnach dreyssig Kaps- oder Kraut-Stengel gekocht/ unnd auß Essig zu essen gegeben/ unnd denselbigen Tag ohne fernere Speis gehalten werden.

Wann die Kranckheit überhand genommen/ so seufftzen sie ohn Unterlaß/ können selber nicht auff ihren Beinen stehen/ ligen sich offt nider/ und wenden den Kopff und den Schwantz hin und her.

Alsdann sol man ihnen ihren Schwantz nah bey der Rippen/ mit einem Band starck zusammen stricken/ Wein und Oel ihnen durch ein Horn in den Rachen schütten/ und also ein Zeitlang zum Gehen umbtreiben. So dieses nicht wolte von statten gehen/ so sol man die Hand schmieren/ den erhärteten Koht ihnen herauß ziehen/ und sie wiederumb zum Lauffen treiben.

Zu solcher Kranckheit wird auch Matrennen gepriesen/ wann sie gepulvert unter das Saltz gethan wird.

Für die rohte Ruhr/ oder den Bauch-Fluß.

Die frischen Schoß von den Brombeer-Stauden und Weinreben sollen ihnen zu essen gegeben werden.

Item der Sprützel-Kerne oder deß Saamen von den Weinbeeren ij. Pfund gedörrt und gestossen/ und mit zweyen Maassen rohten Weins eingeschütt/ alsdann sol das Thier von allem andern Tranck abgehalten werden. Wann dieses nicht helffen wil/ soll ihnen die Stirne/ mit einem glüenden Eisen biß auff das Gebein gebrand/ und ein Theil der Ohren abgeschnitten werden: Den Ort aber/ so gebrand worden/ sol man mit Küh-Harn wäschen/ und die Ohren mit Hartz und Oel wieder heylen.

So ein Vieh Blut harnet/ loben etliche ein kleines Kräutlein/ Mossigele genannt/ etliche gepülverte Tormentill/ oder Blutwurtz/ unter das Saltz gethan/ etliche Mieß oder Mooß von den Nußbäumen: zu solcher Zeit sollen sie in den Ställen behalten werden.

Wann ihnen ein Huff schwindet/ wollen etliche/ man solle eine solche Artzney zurichten/ nemlich/ man solle nehmen Knobloch/ Schmeer/ Salbey und Ruß/ solches alles stossen und zusammen mischen.

Für das Podagram.

Sie bekommen auch das Podagram/ daß ihnen ihre Füß schwellen/ und die Klauen abfallen: Solchem nun fürzukommen/ sonderlich/ wann man das Vieh eine weite Reis treiben wil/ sol man ihnen ihre unterste Klauen schmieren mit Wachs und Oel/ oder gestossenem Hartz.

So aber die Klauen ihnen abgeschliffen/ so sol man dieselbige erstlich saubern und abwaschen mit warmen Küh-Harn/ und sie darnach in Reb-Aeschen stellen/ und das Horn an den Klauen mit zerlassenem Hartz/ Oel und Schmeer anschmieren.

Das Blut scheußt ihnen bißweilen in die Füsse/ von welchem sie hincken. Wann das geschicht/ soll zur Stund der Fuß besehen und befühlet werden: Dann man empfindet an solchem übrige Hitz/ und kan der Ochs nicht erleyden/ daß man ihm denselbigen Orth hart drucke. Alsdann/ so das Blut noch über den Klauen/ in dem Schienbein ist/ so sol ihm derselbige Ort mit scharpffem Salz gerieben werden/ drey Tage nach einander. Wo aber dasselbige nicht helffen wil/ so sol ihm solches außgeschnitten werden.

So das Blut in die Klauen herabgeschossen ist/ sol man zwischen beyden Klauen/ mit einem Messer bescheidentlich hineinschneiden/ und das/ so herauß fleußt/ abwischen; Hernach Lumpen oder Hadern/ in Essig und Salz gebeitzt/ darauff binden/ unnd dem Fuß ein Schuch anlegen/ von Bintzen gemacht/ auch zusehen daß der Ochs nicht mit dem Fuß ins Wasser trette/ sondern daß er in einem sauberen und trockenen Stall stehe.

Es kan der Fluß auch mit Oel und mit gesottenem Wein zusammen gemischt/ gewärmt/ und die Geschwulst mit einem Breylein von Gersten-Mehl gelindert/ und darnach auffgeschnitten werden: so es aber versaumt wird/ eitert es/ und läßt sich schwerlich mehr heylen.

So das Blut sich zu unterst in die Klauen gesetzt hat/ und nicht auffbrechen will/ so sol die unterste Klaue biß auff das Leben abgeschnitten/ und das Blut herauß gelassen/ darnach mit Lumpen oder Hanff in Essig/ Salz und Oel gebeitzt/ verbunden werden.

So das Thier aber hincket von wegen der Schmertzen in den Nerven oder Span-Adern/ so sollen ihm die Knie und Schienbeine mit Oel und Salz gerieben werden.

So sie Ritze oder Schrunden an den Füssen haben/ so soll man ihnen Blut lassen.

So die Füß von scharpffen Dingen verletzet worden/ so sol dasselbige/ was noch darinnen stecket/ herauß gezogen/ und darnach Hartz/ Wachs und Schwebel/ mit einem glühenden Eysen darauff gebrannt werden.

Für die Würme.

Safft von rohtem Mangolt sol man ihnen einschütten: Etliche loben gepülvertes Wurm-Kraut/ oder Wurm-Saamen.

So einer wil/ daß eine Kuh lauffig werde/ so geb man ihr ein Stücklein gesaltzenes Fleisch/ einer Nuß groß zu essen: oder so das Kalb vierwöchig ist/ so gib der Kuh vier oder fünff mal geröst Saltz zu schlecken/ so heiß und warm sie es erleyden mag.

Die Läus werden ihnen vertrieben mit einer Salb von Schmeer und Quecksilber zubereitet.

Wo sie etwas gifftiges oder schädliches gegessen/ davon sie aufflauffen/ und geschwellen/ so wird mächtig gepriesen gepülverter Entzian/ in gebrandtem Wein eingegeben/ oder der gebrandte Wein allein.

Etliche geben ihnen wolgekochte häle Gersten zu allen Kranckheiten ein.

Von angeborner Natur dieser Thiere.

Die Rinder oder Ochsen (nemlich die verschnittene Ochsen) sind einer gantz milden Art/ demütig/ gehorsam und gantz nicht widerspänstig/ erkennen die Stimme ihres Hirten/ und auch ihre Namen/ so ihnen gegeben werden/ und sind gehorsam dem Gebot und Stimme deß Hirten.

Auß einiger Vernunfft sollen die Rinder in der Stadt Susis haben zählen/ und dem Könige in seinem Garten/ eine gewisse Anzahl Eimer vol Wassers auß einem Sod-Brunnen herauff ziehen/ und über solche Zahl der Eimer/ weder mit Streichen noch mit Güte/ gezwungen werden kösten.

Sie sollen auch/ so sie geschlagen werden/ lange Zeit der Streichen gedencken/ und zu gelegener Zeit/ solche Unbilligkeit an dem Menschen rächen entweder mit Schlagen oder mit Stossen.

Wann die Ochsen gen Himmel sehen und sich widerhärig lecken/ so bedeutet es Ungewitter.

Zwey Rinder/ so zusammen unter einem Joch arbeiten/ gewinnen einander so lieb/ so daß/ wann das eine abgesondert/ und auff die Seite geschafft wird/ das andere die Begierde nach seinem Gesellen mit vielem Geschrey/ Brüllen und Brummen zu erkennen gibt.

Was für eine mächtige Begierd und Liebe die Küh zu ihren Jungen haben/ bezeugt die tägliche Erfahrung.

Die so den Ochsen vorstehen/ sollen nicht rothe Kleyder tragen/ dann sie werden von solcher Farbe grimmig und wütend.

Wann man/ nach Abgang deß Winters/ die Kühe auff die Weyde schlägt oder treibet/ so stößt je eine die andere/ so sie am nächsten treffen kan/

Von dem Ochsen und der Kuh.

kan/ welche nun in solchem Kampff überwunden wird/ dieselbige weicht den gantzen übrigen Sommer der andern so obgelegen.

Zukünfftige Pestilentz/ gesunde/ frische Lufft/ Erdbidem und Fruchtbarkeit deß Jahrs/ können diese Thiere vorher wissen/ und verstehen alles das [wie Ælianus schreibet] so ihnen einen Nutzen oder Schaden bringen und zufügen mag.

Was für Nutzbarkeit und Gebrauch man von solchen Thieren habe.

Die Nutzbarkeit von solchem Vieh/ ist gar nah die grösseste unter allen Thieren/ dieweil gantz nichts an ihnen erfunden wird/ so nicht zu besonderm Nutzen unnd Gebrauch komme; Als da ist: Die Vermehrung ihres eigenen Geschlechts/ dem Menschen zu gut/ die vielen Kälbern/ das Fleisch/ zum täglichen Gebrauch der Speise/ ohne welches man gar schwerlich leben könte; Item das Fett oder Unschlitt zu Kertzen und Liechtern/ die Zubereitung deß Leders/ die Haut zu Schuhen uñ Bewahrung der Füsse/ das Haar zu Hüten und Filtz/ die Gebein zu Würffeln und Hefften der Messer/ die Hörner zu Kämmen/ und zu Blas- und Pulver-Hörner/ die Ohren/ Aß/ und andere Flecken aber zu dem Leim.

Es kom̃t auch noch eine besondere Nutzbarkeit von den Kühen her/ der Milch halben/ so zu Auffenthaltung der jungen Kinder/ wie auch den erwachsenen Menschen zur Speis und Nahrung gantz bequemlich ist/ gesaltzen und geschmaltzen. So wird auch von keiner anderer Thiere Milch so viel Fettigkeit und Butter gezogen/ als von der Küh-Milch/ welche zu mancherley Nutzen unnd Nahrung bringt/ indem sie kan gebraucht/ oder verkaufft/ und anderer Gewinn darvon gezogen werden. Im Schweitzer-Lande wurden vor diesem etliche Küh fast mitten im April den Sennen oder Küh-Hirten verdinget/ biß zu dem Ende deß Herbstes/ von welcher Zeit an sie dem Zusteller siebentzig Pfund lauter Butter geben mußten.

Sie werden auch von Theils Leuten gekaufft/ und den Baursleuthen mit gewissem Beding/ etwann umb den halben Gewinn und Verlust übergeben.

Die Kühe haben eine Zeitlang/ bey zehen Tagen/ ehe dann sie kälbern/ keine Milch/ zu welcher Zeit man von ihnen saget: Sie gehen zu Güst/ oder sie entlassen; Damit man nun dem Kalbe/ so bereit groß ist im Leibe/ seine Nahrung nicht entziehe/ hört man sie auff zu melcken/ welches auch geschicht von wegen deß starcken Geruchs/ den solche Milch hat.

Die erste Milch/ nachdem eine Kuh gekälbert hat/ wird weg geschütt: die ander so zum andern mal gemolcken wird/ sol zu einer besondern Speise/ und Schleck-Bißlein auffgehaben werden.

Auß der Milch werden auch gar gute Schweitzer-Käse gemacht/ einer fetter als der andere/ nachdem man die Butter sauber darvon abgenommen hat.

Der Mist von den Kühen oder Ochsen/ ist zu allem Acker- oder Feld-Bau der allerdienlichste/ wie auch zu dem Weinstocke.

Von dem Fleisch dieser Thiere/ und dessen Complexion.

Die meisten/ so von den Naturen oder Eigenschafften der Speisen geschrieben haben/ wollen/ daß das Rind-Fleisch einer kalten und trockenen Art sey/ und wol speise oder füttere/ sonderlich wann es von einem starcken Magen/ und arbeitsamen Menschen/ wol verdäuet werde: solle in dem Menschen gebähren ein dickes und melancholisches Geblüt/ vornemlich/ wann der Mensch zu solcher Complexion geartet sey/ alßdann so gebieret es Kranckheiten/ so von solchem Blut entspringen/ als den Kretz/ bösen Grind/ oder die Räude/ das viertägige Fieber/ die Taubsucht/ unnd Melancholey/ Geschwulst deß Miltzes/ und die Wassersucht. Ist an und für sich selber hart zu verdäuen/ und machet einen harten Stulgang.

Celsus aber gibt ihm dieses Lob/ und sagt/ unter allen einheimischen Thieren/ sey es dem Magen gesund/ corrumpire sich nicht/ und werde im Magen nicht verderbt.

Küh-Milch wird von den Aertzten gepriesen/ als eine gesunde Speise/ mache einen leichten Stulgang/ und speise von wegen ihrer Dicke und Fettigkeit gar wol.

Es wird auch sonst eine Wurst/ Hirnwurst genant/ darvon also zubereitet: Der grosse Kuttel-Darm von einem Rind oder Kalbe wird in Wasser gesotten mit einem guten Theil Saltz/ und darnach mit folgenden Stücken gefüllt: Ochsen-Lungen und Speck wird klein geschnitzlet/ und mit Gewürtz bestreuet/ hernach von diesem und dem Ochsen-Hirne/ vier Eyer/ einem Schüsselein mit Milch und Petersilien-Kraut ein Füßel gemacht/ der Darm darmit gefüllet/ an den Enden zugebunden/ und als eine Wurst auff einem Rost zugebraten/ auch also mit einer süssen/ gewürtzten Brühe begossen/ und auffgestellt.

Etliche Stücke der Artzney/ so von solchem Thier gebraucht werden.

Die Asche von den obersten Spitzen der Hörner vertreibt den Husten. Deßgleichen werden davon und von Honig Pillulen gemacht/ und denen so außzehren und Lungensüchtig

süchtig sind/ eingegeben. Asche von einem Küh-Horn/ mit Essig angestrichen/ vertreibt die böse Reud und Zittermäler/ in die Nasen geschnupfft/ stillet sie das Blut.

Asche von den gebrandten Küh-Klauen/ mit Wasser angestrichen/ vertreibt die Kröpffe/ getruncken/ bringt sie den Weibern ihre Milch wieder/ und stärckt dieselbige.

Das Rind-Fleisch in Essig und Wein gesotten/ vertreibet das Brennen und Nagen im Magen.

Die/ so einen unbeweglichen und steiffen Hals oder Genicke haben/ sollen es schmieren mit Unschlitt und Oel; Solches wird auch gebraucht denen/ so die rote Ruhr/ oder den Bauch-Fluß haben. Das Fett von dem Ochsen/ ist gut für den Gebrechen im Gesässe.

Rindern-Unschlitt und Blut unter einander gekochet/ als ein Pflaster/ lindert die harten Knollen oder Geschwulst.

Die Küh-Milch wird für alles eingegebenes Gifft nützlich getruncken/ vornemlich für solches so umb sich frisset: dann es wird mit dem Eckel wieder herauß geworffen: Sie wird auch nützlich gebraucht/ so einem der Schlund oder der Rachen roth und geschwollen/ oder zerfressen ist/ wann man sich neulich darmit gleich also warm/ so bald sie gemolcken/ oder sonst gewärmt worden ist/ im Halse gurgelt.

Für den Bauch-Fluß/ die rothe Ruhr/ und so einer ohn Noht begehrt zu Stul zu gehen/ wird Küh-Milch gewärmt mit heissen Kißling-Steinen/ und glühendem Stahl/ und nützlich getruncken: Solches thut auch neuer linder Küh-Käs/ wann er also frisch gegessen wird.

Ochsen-Gallen mit Honig gemischt/ ziehet herauß alle Stacheln/ Pfeile und Dörner/ mit Eruca-Saamen/ macht sie die schwartzen Malzeichen schön.

In der Rinds-Gallen wird etwas gefunden/ gleich einem Steine oder Ringe/ so die Philosophi Alcheron nennen: Dieser Stein gestossen/ und in die Nasen gethan/ machet ein klares Gesicht/ und verhütet daß kein Fluß sich in die Augen setze: Auch soll derselbige/ wann einer Linsen groß darvon genommen/ und mit Mangolt-Safft in die Nasen gethan wird/ die fallende Sucht vertreiben.

Ochsen-Gallen mit Baumwolle in die Ohren gethan/ stillt das Thösen und Singen/ oder das Saussen und Braussen in den Ohren/ mit Oel eingetraüfft/ benimmt sie den Schmertzen/ so von Kälte komt/ aber mit Geyß- und Bocks-Harn eingetröpfflet/ hilfft sie dem schweren Gehör/ ob gleich Eyter darbey wäre.

Ein Medicus oder Artzt hatte pflegen die Wassersüchtigen mit Kühkoht zu überschmieren/ und an die Sonne zu setzen. Derselbige ist auch gut für alle harte Drüsen/ mit warm Essig auffgelegt/ heilet er sonderlich das Stechen der Bienen/ Wespen und Hürnissen; mit Essig gekocht und warm aufgeleget/ vertreibt er die Kröpffe.

Das gebrandte Wasser von dem Küh-Koht/ wird für die Gelbsucht getruncken.

Für das Krimmen deß Bauchs heist Marcellus den Safft auß einem frischen Kühdreck drucken/ und in dem Tranck eingeben: es wird auch von vielen Leuthen/ sonderlich den Schweitzern/ solche Artzney gepriesen: Sie mischen aber den frischen Kühdreck unter den Wein/ drücken ihn auß durch ein Tuch/ und geben den Safft dem Krancken ein: etliche mischen ein wenig Gewürtz dazu/ und heissen den Patienten darauff schwitzen.

Gedörrete Kühtäsch zu Aschen gebrandt/ und einen Löffel voll darvon getruncken/ ist gut den Wassersüchtigen/ Plinius wil sie mit Meht getruncken haben.

Rhasis heist sie gedörrt mit Essig und Wasser in einem Mörser wol gemischet warm auff den Bauch legen.

Wegen gantzen Gebrauchs/ so von diesem Thier komt/ schreibet Becherus folgendes:

Der Ochse mit der Kuh komt allgemach herbey/
Giebt siebenzehen Stück zur Apoteckerey:
Das (1) Hirn/ die (2) Gall/ das (3) Miltz/ die
(4) Leber/ und das (5) Blut/
(6) Marg/ (7) Inschlit/ (8) Fett/ und (9) Klau/
(10) die Butter ist auch gut.
Die (11) Milch/ die (12) Käs/ die (13) Bein/
der (14) Fartzen-Schwantz darben/
Der (15) Koht und (16) Harn/ die (17) Stein/
und sonst noch vielerley.

1.

Das Horn zum Rauch gemacht/ ist gut in böser Zeit/
Geschabet/ stillet es gar bald das schwere Leyd.

2.

Mit Baumwoll in das Ohr gethan die Ochsen-Gall/
Die Ohren-Schmertzen stillts/ hilfft wol in diesem Fall.

3.

So man auß Ochsen-Miltz macht eine Artzeney/
Dann stehet es dem Miltz deß Menschen treulich bey.

4.

Die Leber ist zwar nicht in sonderlichem Brauch/
Kalbs-Leber gehet vor/ gleichwol sie nutzet auch.

5.

Den Durchlauff und zugleich die Stürtzungen von Blut/
Stillt Ochsen-Blut/ und macht den Krancken einen Muht.

6.

Das Ochsen-Marg das thut die Nerven wol erweichen/
In warme Gliedern thut es wie ein Oel ein schleichen.

7. Das

Von dem Ochsen und der Kuh.

7.
Das Inschlitt ist auch gut in Schmertzen von den Därmen/
Dann im Clystieren thut es solche wol erwärmen.

8.
Das Klauen-Schmaltz das wird vor andern sehr gelobet/
In Gliedern/ so verzenckt/ und da es drinnen tobet.

9.
Ihr Weiber könnet wol die Milch in euch vermehren/
Ochs-Klau zur Asch gemacht/ verrichtet es mit Ehren.

10.
Die frische Butter thut eröffnen/ weichen/ lindern/
Schafft solche Sachen weg/ die das Gesicht verhindern.

11.
Die Milch die nehret wol/ doch bläht sie auch darbey/
Man sagt/ in Fiebern sie nicht also nützlich seyn:
Hingegen in der Ruhr/ in Nieren-Stein und Blasen/
Da trincket man die Milch/ die stillet solches Rasen.

12.
Den frischen/ süssen Käs/ so man ihn überschlägt/
Die über-grosse Hitz wird durch ihn hingelegt.

13.
Man præparirt die Bein/ und pülvert sie gar klein/
Ein Drachma in der Fraiß sol sehr behülfflich seyn.

14.
Eins rothen Farren Schwantz/ so man ihn pülvern thut.
Zwey Drachmæ præparirt/ die seyn im Durchlauff gut.

15.
Küh-Kohr der kühlt/ so man ihn offt thut überschlagen/
So man auch drüber trinckt/ thut er die Hitz verjagen.

16.
Der Ochsen-Harn vermischt mit Myrrhen/ ist auch gut
In Ohren-Schmertzen/ so mans hinein treuffen thut.

17.
Bißweilen man ein Stein auch in den Ochsen find/
Darüber trinckt/ darvon der Menschen Stein verschwind.

Von dem Stier.

Taurus. **Ein Stier / ein Wucher-Stier / Das Wucher/ Ein Mummel-Stier/ Ein Hagen: Etliche nennen ihn einen Farren oder Farz: Andere ein Bollen/ andere ein Brömmer.**

Von der Wahl und Außlesung der Stiere.

Er Stier ist ein starckes Thier/ hat seine Stärcke fürnemlich am Hals und Kopff/ eine dicke/ starcke Stirne/ und auch Hörner/ zu dem Kampff bereitet. Auß ihm wird das Geschlechte der Ochsen und Kühe gemehret/ und erzeigt sich als ein Führer oder Hauptmann der gantzen Heerde. Sie sollen in dem Mertzen gekaufft werden/ und diese nachfolgende Zeichen an sich haben: Nemlich: daß sie hoch und zahm/ von grossen/ weiten Gliedern/ und eines mittelmässigen Alters/ doch eher zu jung als zu alt seyn: Einen scheußlichen Kopff sollen sie haben/ und mit den vordern Füssen das Erdreich kratzen. Uu sonst noch andere Tugenden an ihnen zu finden seyn/ welche hiebevor bey dem Ochsen ordentlich erzählet worden.

Es ist auch daselbst von dem mancherley Geschlecht/ von der Gestalt/ Farbe und Schönheit der Ochsen Meldung geschehen/ welches alles auff die Stier kan gezogen werden.

Von Alter und Fruchtbarkeit dieser Thiere.

PLinius schreibt/ daß die Küh ihr Leben nicht länger erstrecken/ als biß auff fünffzehen/ die Ochsen oder Rinder auff zwantzig Jahr/ und sey ihr bestes Alter und beste Stärcke umb das fünffte Jahr. Sie heben an auff die Kuh zu sitzen/ nachdem sie jährig worden sind/ auch bißweilen schon nach acht Monathen/ und werden zu solcher Arbeit am allerbesten geachtet/ so sie zweyjährig sind: Dann/ wann sie jünger/ oder zu zwölff Jahren kommen sind/ werden sie für untüchtig/ und zu alt unter die Küh gehalten.

Zween

Zween Stiere sind gnug unter siebenzig Küh. Die beste Zeit deß Stiers unter das Vieh zu lassen/ ist der Lentz/ dieweil sie nicht allezeit darzu geschickt seyn.

Nachdem die Kuh empfangen hat/ so begehrt er ihrer nit mehr/ auß welcher Ursach die Ægyptier/ wann sie einen tapfferen und mässigen Mann bedeuten wollen/ einen gesunden/ hüpschen/ und lustigen Stier haben zu mahlen pflegen. Es spricht auch Plinius, sie sitzen deß Tages nicht mehr dann zwey mal auff/ und erfüllen die Küh auff einmal.

Die Stier weyden sich nur zu der Zeit mit den Kühen/ wann sie läuffig sind/ und kämpffen und streiten mit einander; drumb/ welcher dann den Sieg behält/ der sitzt auff. Von solchem Kampff der Stiere schreiben Oppianus und Virgilius gar lustig/ auch wie nach dem Kampff der/ so überwunden worden/ auß Forcht und Schröcken sich verkrieche/ und nachdem er seine Krafft und Stärcke wiederumb erhohlet habe/ dem Sieger/ wann er nun von Geylheit müd und lahm worden/ den verlornen Sieg wiederumb ablauffe/ welches alles bey erst-angezogenen Scribenten umbständlicher kan gelesen werden/ und ist unnöhtig allhier einzuführen.

Von angeborner Natur und Eigenschafft dieser Thiere.

Der Stier ist ein wütendes/ mutiges/ und zorniges Thier/ wie solches auß dem scheußlichen Anblick/ an der haarichten Stirne und Ohren/ wie auch an den Hörnern erscheinet. Er gibt aber mit keinem Ding mehr seinen Zorn und Grimm zu erkennen/ als mit dem Kratzen oder Scharren der vordern Füsse/ welches er thut mit einem Fuß umb den andern/ daß er auch die Erden hoch über sich wirfft/ solche Art hat er für sich besonders unter allen Thieren. Es erscheinet auch seine Tapfferkeit auß seinem dicken Geblüt/ so voller Aederlein ist/ unnd gleich gestehet und hart wird/ deßgleichen auch auß dem scheußlichen Geschrey oder Brüllen. Sie werden gar leichtlich zornig/ vornemlich/ so man sie darzu reitzt.

Rohte Kleider machen die Stiere zornig und grimmig.

Mithridates König in Ponto, hat sie auch zu seiner Guardi gebraucht/ wie in der Histori deß Hirsches erzählt worden.

Der Bär greifft den Stier mit Kampff an auff dem weiten Feld/ henckt sich an seine Hörner/ und erfasset ihn mit dem Maul bey seinen Schultern/ machet ihn dardurch müd/ und sieget ihm also ob.

Wann

Von dem Stier.

Wann die Wölffe die Stier angreiffen wollen/ so stellen die Stiere sich mit ihren Hindern ringsweiß zusammen/ und beschirmen sich so leichtlich vor den Wölffen/ dann den räuberischen Thieren sind die Stiere gantz gehässig.

Der Rab ist ein grosser Feind der Stiere und Eseln/ dann er fleugt auff sie/ pickt auff sie/ und hackt bißweilen ihnen ihre Augen auß.

Von der Nutzbarkeit dieses Thiers/ und was von ihm gebraucht werde.

Ohne andere Nutzbarkeiten/ so oben ins gemein von dem Ochsen und der Kuh erzählt worden/ ist auch noch der Leim/ welcher von den Stier-Häuten/ Ohren und Schwäntzen am allerbesten zu bereitet wird/ welcher Leim die allerbeste Artzney ist für den Brand.

Mit den Stier-Gallen wird trefflich hüpsch gelb gefärbet; Sie werden auch zu solcher Farbe Temperirung gebraucht. Deßgleichen wird sein Blut zu einem besondern Leimen gebraucht/ als der dann gleich dick und hart wird.

Von seinem Fleisch.

Galenus meldet im dritten Buch/ so er geschrieben hat von Eigenschafften der Speisen/ daß allezeit der Verschnittenen Thiere Fleisch gesünder/ verdäulicher/ und nützlicher zur Speise seye/ dann der Unverschnittenen/ und zwar auch allwegen der jungen Thiere ihr Fleisch viel lieblicher/ dann der alten.

Die Ægyptier sollen Stier-Fleisch/ aber nicht Kühfleisch gessen haben.

Etliche Artzney-Mittel/ so von dem Stier herkommen.

Pulver von den Spitzen der Stier-Hörner mit Wasser getruncken/ stillt das Blut und den Bauch-Fluß/ auch der Geruch von dem gebrandten Horn/ vertreibt die Nattern und Schlangen.

Stier-Blut mit Gersten-Mehl/ lindert und vertreibt alle Geschwär und Geschwulst. Angestrichen/ nimmt es weg die Flecken deß Angesichts/ und tödtet die Schlangen. Etliche loben es auch für das Podagra.

Stier-Fett oder Unschlitt/ wie dasselbig solle gesäubert/ gereiniget/ und auffzuheben zubereitet werden/ beschreiben Dioscorides und Plinius, auß welchen solches kan gelesen werden.

Stier-Fett oder Unschlitt (spricht Galenus) ist viel hitziger und trockner Natur dan Schwein-Fett/ so ist auch das Kälber-Fett weniger warm und weniger hitzig als das Stier-Fett oder Unschlitt. Wie viel aber das Stier-Unschlitt/ das Schweine-Fett in der Trockne und Hitz übertrifft/ so viel übertrifft dieses das Löwen-Unschlitt oder Fett/ haben sie also allesammen eine Natur zu lindern und zu eytern.

Stier-Unschlitt mit Wachs und Terpentin lindert alle Geschwulst.

Stier-Unschlitt/ Bären-Unschlitt unnd Wachs/ jedes gleich viel/ drückt die Drüsen hinter den Ohren nieder/ unnd ist gut für das Podagra.

Stier-Marg bey dem Feuer zerlassen/ und darzu gemischt den vierdten Theil rohten Weyrauchs/ und so viel Lohr-Oels/ hernach die Händ und Füß Morgens Abends darmit geschmieret/ ist gut den Gliedern deren/ so contract worden sind.

Stier-Galle mit Honig angemischt/ heilet böse unnd umb sich fressende Gebrechen; mit Knobloch-Safft angemengt/ heilet sie die Fistel; mit Essig gewärmt und angestrichen/ heilet sie die Geschwer und Eyssen an dem Haupt an Jungen unnd Alten; Das Angesicht damit bestrichen/ vertreibt sie allerley Flecken/ als Rech-Flecken/ Mertzen-Blumen/ und dergleichen.

Stiergalle mit Mäth und Honig angemischt/ vertreibt die Tunckelheit der Augen/ mit Meth gemischt/ und in die Ohren geträufft/ stillet sie derselben Schmertzen/ mit Geyß- oder Frauen-Milch eingetröpffelt/ trocknet sie trieffende und stinckende Ohren/ auch wann schon etwas darinnen zerrissen wäre: An und für sich selber allein zween oder drey Tropffen in die Ohren geträufft/ vertreibt sie das Thösen/ und Sausen darinnen.

Stier-Galle mit Honig gemischt/ und eusserhalb angeschmiert oder auffgelegt/ sol gut seyn für die Breune und Geschwulst deß Rachens/ für sich selber bloß allein mit Wolle auff den Nabel gelegt/ treibt sie die Würme auß; Auch wird sie köstlich gebraucht zu den Gebrechen und Spalten deß Gesäses.

Den krancken Kindern/ so von wegen ihres blöden Magens oder Widerwillens und Eckels halben weder mit Tranck noch mit etwas anderem können purgieret werden/ sol ein solches Pflaster gemacht werden. Weisse Welsche Feigbonen/ (Lupini) roh gedört/ sollen in einem neuen Hafen/ in einem Ofen/ gedörzt und gepülvert/ darnach mit Stier- oder Kälber-Galle ein lindes Pflaster gemachet/ und unten auff den Bauch/ unter dem Nabel auffgelegt werden/ hilfft gar wunderbarlich.

Mit linder Wolle in die Scham der Weiber gethan/ bringt ihnen ihre Zeit. Hippocrates gibt sie auch ein auß Wein/ oder in Pillulen.

Stier-Fleisch sol einen schüppichten Grind/ wie alt er sey/ gantz außreuten.

Der Leim von der Stier-Ruhte oder von deß Stiers Männlichem Gliede/ deßgleichen auch der Leim von seinen Ohren in Essig zertrieben/

darzu

darzu gethan lebendigen Schwebel/ und mit stetem Feur gekocht/ biß dz es dick werde wie Honig/ und dann deß Tages zwey mal angestrichen/ heilt böse/ arge und grindige Reude. In Essig gebeitzt/ und angestrichen/ macht eine schöne Haut/ und vertreibt die Flecken.

Dieser Leim auß Wasser zertrieben/ wird denen eingegeben/ so lange Zeit Blut gespeyet haben/ und denen so mit der rohten Ruhr behafftet/ sol es als ein Cristier eingeschüttet werden.

Von dem Kalb.

Vitulus. Ein Kalb. So es ein Männlein ist/ heißt man es Oechslein oder Stierlein.

Von Natur und Eigenschafft/ wie auch von der Nutzbarkeit der Kälbern.

Von ihrer Speis und Tranck/ und auß was für Ursach sie eine rauher und schwerere Stim oder Bläcken haben/ deßgleichen von ihren Kranckheiten unnd Artzneyen/ ist hier oben in der Histori vom Ochsen eines und das andere erzählet worden. Uber das sollen den Kälbern Würme wachsen/ und ihnen alßdann rohe gestossene/ weisse Feig-Bonen (Lupini genannt) mit Wasser eingeschütt werden. Item Schmeer ein Theil/ und Söplein-Kraut drey Theil. Item/ der Safft von Knobloch/ und weissen Andorn.

Das Stierlein wird auff zweyerley Art und Weise verschnitten. Die eine ist/ wann ihnen in der Jugend ihre Hoden mit einer Klammern zerdruckt und zerknitschet werden/ ohne daß sie dieselbigen gar verlieren.

Die andere Art ist/ wan ihnen ihre Hoden gantz herauß geschnitten werden/ solche Kunst wird auch von etlichen alten Scribenten beschrieben: ist aber auch sonsten vielen Bruchschneidern/ Schäfern/ unnd Nonnenmachern wol bekandt.

Diß

Von dem Kalb.

Die beste Zeit / solches Thier zu verschneiden/ sagen etliche / seye dz überlebte 1. Jahr / etliche meynen / wann sie auff zwey kommen wären: Dann so sie verschnitten würden nach einem oder zweyen Jahren / sollten sie ungestalt und klein bleiben.

Mit was für Kunst auß Kälber oder Zeitkühen Imben oder Bienen wachsen / wird beschrieben werden in der History von den Bienen.

Das Kälbermäglein wird zu Lab gebraucht umb Käse zu machen. Die Kälberhäute aber werden zu mancherley Werck gebraucht / als: Zu Stiefflen / zu Schuhen / zu Täschen / zu Rantzen / Reysekisten damit zu überziehen / zu Pergament / Bücher damit einzubinden / deßgleichen zu Drommeln / welchem Schall ihrer viel lieber folgen / als sich mit ihrer Handarbeit nehren wollen.

Vom Kalbfleisch und seiner Complexion.

Von allen Thieren / wann sie alt sind / ist das Fleisch hart / trucken / und gantz unverdaulich: Von den Jungen aber lind / feucht / und besser zu verdäuen / außgenommen die / so von manchen Leuten gessen werden / so bald sie an Tag kommen sind: Dann solche sind schleimig / vornemblich wann das Thier von seiner Natur her feuchter Complexion ist / als da sind die Lämmer und jungen Fercklein: Die Gitzin oder junge Zieglein und Kälber aber / als die etwas mehr trockener Natur sind / mögen gleich nach dreyen oder vieren Wochen gessen werden.

Die vielerley Gattungen dieses Fleisch zuzurichten / wie auch andere Nebenbey-Essen / so von dem Kalb genommen / und worauß besondere Gerichte gekocht werden / als da ist Grien / Gekröß / Füsse / Kopff / Lebersultzen vom Kalbsgelüng / Lungenküchlein / Gebackens von Kälberlungen / Leberkuche / oder gehackte und mit Speck / Eyer / Rosinen / Würtz / und in Butter gebackene Kalbsleber / Nierenschnitten / Balleckens oder Glöß / wie auch Brissolen und Holbraten vom Kalbfleisch / und dergleichen / werden allhie / dieweil sie zur Küchenmeisterey gehören / umb der Kürtze willen ungemeldet gelassen.

Etliche Artzneymittel / so von solchem Thier gebraucht werden.

Aller Thiere Marck hat eine Krafft und Würckung zu lindern / was hart und drüsicht ist / an was Orten oder Enden / wo es immermehr wolle: Das Beste aber under allen ist das Hirschmarck / nach demselbigen folgt das Kälbermarck: Dann das Bocks- Stier- und Rindermarck ist mehr zu hitzig und zu trocken / als daß es die harten Drüsen lindern solle.

Kälbermarck mit Wachs und Rosenessig / und zwar deß einen so viel als deß andern zusammen gemischt / und zerlassen / hernach als wie ein Pflaster auffgelegt / solches lindert und zertreibt die harten Drüsen oder Werner (anderswo nennet man sie auch Dörnickel) so auff den Augenliedern bißweilen wachsen.

Item frisch Kälbermarck mit gestossenem Kümmel in die Ohren geträufft / stillt in dreyen Tagen ihren Schmertzen / wie groß der auch seye / wie Marcellus lehret.

Kälberfette mit Saltz ist gar gut für trieffende Geschwäre des Haupts. Item mit Basilensafft warm in die Ohren geträufft / nimpt hinweg alle Gebrechen und Schmertzen.

Unschlit mit Kälbermarck in Wein gesotten / heilet die trieffende Geschwer der Schaam und Gemächten.

Leim von Kälberohren in Essig zerlassen / und darzu gemischt ein wenig ungelöschten Kalck / daß es dick werde wie ein Honig / hernach damit die garstigen außsätzigen Ort bestrichen / und darauff ertrocknen lassen / soll gar trefflich gut seyn.

Asche von dem Kälberkoth vertreibt die Wartzen: Item mit Gilgenwurtzel und mit einem wenig Honig gekocht / stillt sie den Krampff.

Kälberkoth in Wein gesotten und eingegeben / ist gut den Melancholischen unnd Cholerischen / wie Marcellus berichtet.

Item in Essig gekocht / stillt er die schwällende Gemächte.

Frischer Kälberkoth auff die Gelencke gestrichen / so Schmertzen haben / hilfft ohn allen Verzug.

Von mancherley wilden Ochsen und Stieren / so in etlichen Landen gefunden und gesehen werden.

Die wilden Ochsen oder Stiere sind mancherley / nach der Natur unnd Eygenschafft der Lande / in welchen sie gefunden werden: Dann etliche sind grösser / als die andern Ochsen oder Stiere / etliche kleiner / etliche grausamer / und mit den Hörnern voneinander unterschieden: Uber das ist auch die Gestalt des Leibs / die Farb der Haare / und die Art und Weyse sich zu weiden / nicht bey allen gleich.

Solinus schreibt / daß in der Landschafft der Garamantier die wilden Ochsen / von wegen der Gestalt ihrer Hörner / mit gekrümpten Genick über Ort wayden sollen. Etliche schreiben es von den Lybischen Ochsen.

In Aethiopia sollen die allergrausamsten und grimmigsten wilden Stier gesehen werden / die auch trefflich schnell sollen lauffen können / und gantz grimmig / wild / und wütend seyn / unter welchen etliche auch die Hörner / gleich wie die Ohren / bewegen. Außder Zahl der wilden Ochsen ist auch der Büffel / wovon allbereits droben außführliche Meldung geschehen / folgt die Beschreibung

Von dem Munistier.

Bison veterum.   Ein Wisent.

Von seiner Gestalt.

Wiewol unseren Vorfahren biß auff diese Zeiten der rechte wahre Wisent der uhralten unbekannt gewesen/ so werden doch itziger Zeit etliche wilde Ochsen gefangen und gezeigt/ welche mit der Alten jhrer Beschreibung deß Wisents gantz übereinkommen/ als wie in dieser gegenwärtigen Gestalt wol zu sehen ist. Dann dem Wisent wird von den Alten zugelegt/ daß er heßlich/ scheußlich/ rauchharig/ mit einem dicken langen Halßhaar/ als wie die Pferde versehen/ item gebartet/ und in summa gantz wild und ungestalt sey: Welches sich alles in gegenwärtigem Thier/ so eygentlich abcontrafeyet worden/ klärlich erzeiget/ ist eine wundergrosse scheußliche Art der wilden Ochsen: Dann zwischen den Hörnern ist die Weite von einem zu dem andern zween gute Werckschuch breit/ und sollen sie an der Farb schwärtzlicht seyn.

Von Art und Natur der Thiere.

DJeser Ochs ist ein grimmiges Thier/ auch gleich seinem ersten äusserlichen Anschauen nach zu förchten: Zur Sommerszeit läst er das Haar gehen/ welches jhm kürtzer und dünner/ zur Winterszeit aber viel länger und dicker wird. Er frist Häu/ gleich wie andere einheimische Rinder.

Wo diese Thiere zu finden.

ES werden diese wilde Ochsen in Sclavonia/ Ungeren und Preussen/ auch allen anderen Landen/ weit gegen Mitternacht gelegen/ in grossen mercklichen Wäldern gefunden und gejagt. Vorzeiten sollen solche auch in dem Schweitzerland seyn gesehen worden.

Von dem weissen Schottischen Wysentstier.

Bison albus Scoticus.

Von dem Wysentstier.

Von seiner Gestalt und Art.

IN Schottland werden in einem Walde/ Caledonia genannt/ weisse Ochsen gesehen/ mit einer Mähne oder Halßhaar/ wie ein Löw/ sonst den zahmen Ochsen gantz ähnlich/ aber doch also wild und unbändig/ daß sie nicht nur den Menschen fliehen/ sondern auch/ wo sie ein Kraut oder Pfad mercken/ so von Menschen betretten oder sonst angetastet worden/ so meiden sie denselbigen Ort eine lange Zeit. Wann sie aber gefangen werden/ welches nicht ohne grosse Arbeit und Kunst geschicht/ so sterben sie vom Trauren in kurtzer Zeit. Wann sie mercken/ daß man jhnen nachstellt/ so lauffen sie mit grosser Ungestümme auff den nächsten an/ den sie treffen mögen/ und förchten weder Hund noch Spies/ noch kein anderes Gewehr. Ihr Fleisch soll überauß lieblich/ sonderlich dem Adel gar angenehm/ darbey aber doch hart zu essen seyn. Itziger Zeit findet man sie allein in einem Theil des Waldes/ so Gumirwald genennet wird.

Von dem Munistier.

Bonasus. Munistier/ oder Mänestier.

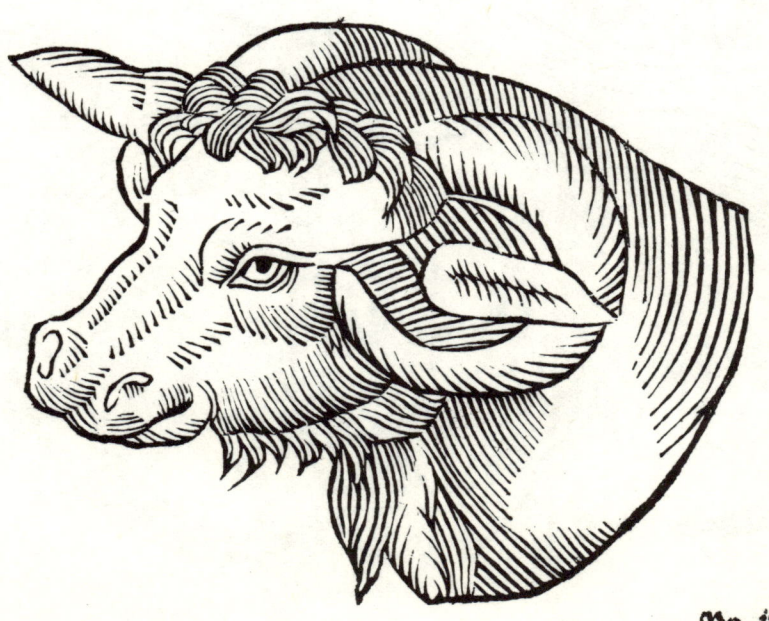

Von Gestalt dieses Thiers.

Ohne allen Zweiffel soll dieses Geschlecht der wilden Stiere/ so Bonasi von Aristotele genennet werden / unter die hiebevor beschriebene Wiesenstiere/ (Visontes) gezählt werden/ dieweil sie gar nah mit aller Gestalt / als mit dem Schopffen/ haarichtem Kopff und Halß einander gleich sind/ außgenommen die Hörner / so an jhnen viel anderster gestaltet sind: Massen dann auch an den einheimischen Stieren/ Ochsen und Kühen die Hörner nicht allezeit in gleicher Gestalt gesehen werden.

Zu besserer Erläuterung und verständlicherer Erklärung der hierbeystehenden / und bloß dem Kopffe und Halse nach abgebildeten Figur/ folget allhie eine kurtze Beschreibung dieses Thiers/ Bonasus auff Lateinisch genannt/ welche auß dem Aristotele genommen worden / und verteutscht also lautet:

Bonasus, spricht Aristoteles, so in der Landschafft der Peonier/ bey dem Berg Messapo, welcher die Medier und Peonier voneinander scheidet / gefunden wird / ist in der Grösse/ wie ein Stier/ allein breiter/ hat einen breiten Rücken/ mit einem geschopfften Kopffe/ und auch einer solchen Mähne/ oder Halßhaare/ wie ein Pferd/ allein daß solche Haar linder und zierlicher sind/ und die Farb an den Haaren und an dem Leibe gar nahe gantz gelb sind. Dieser Schopffen Haare hänget jhm vornen biß auff die Augen/ doch mehr auf den Seyten herab. Dieses Thier hat eine Stimm gleich dem Ochsen/ rüde Hörner die umb die Ohren/ als ein Circkel gekrümmet / aber zu dem Streit und Kampff unbequäm sind / und nicht können von dem Thier gebraucht werden / eine Spanne sind sie weit / und halten in sich fast drey Nössel / oder ein halb Stiebichen Wein oder Wasser: Dann man list / daß die Alten solche anstatt der Trinckgeschirre gebraucht haben/ selbige sind an der Farb so schwartz/ daß sie von Schwärtze glänzen. Dieses Thier hat gegen solcher Grösse seines Cörpers einen kleinen Schwantz/ gleich wie ein Kühschwantz / sonst aber einen starcken kräfftigen Rücken/ scharret mit den Füssen gleich wie der Stier/ und wirfft Grund über sich: Sein Fleisch aber ist lieblich und süß / auß welcher Ursach es gejagt und jhm nachgestellt wird / es wehret sich nicht/ sondern fleucht/ stehet auch nit still/ es seye dann müd gemacht/ in der Flucht wirfft es auff vier Elen weit viel Koth von und hindersich/ und wann es die Hunde oder Jäger damit trifft/ so brennt derselbe Haut und Haar ab.

Wann die Zeit seiner Geburt vorhanden ist/ so soll es den Ort/ an welchen es gebären will / ringsweiß herumb mit seinem Koth klecken / und jhm damit gleichsamb eine Ringmauer und Sicherheit bereiten.

Der dürre Schädel deß Munistiers.

Bonasi Cranium.

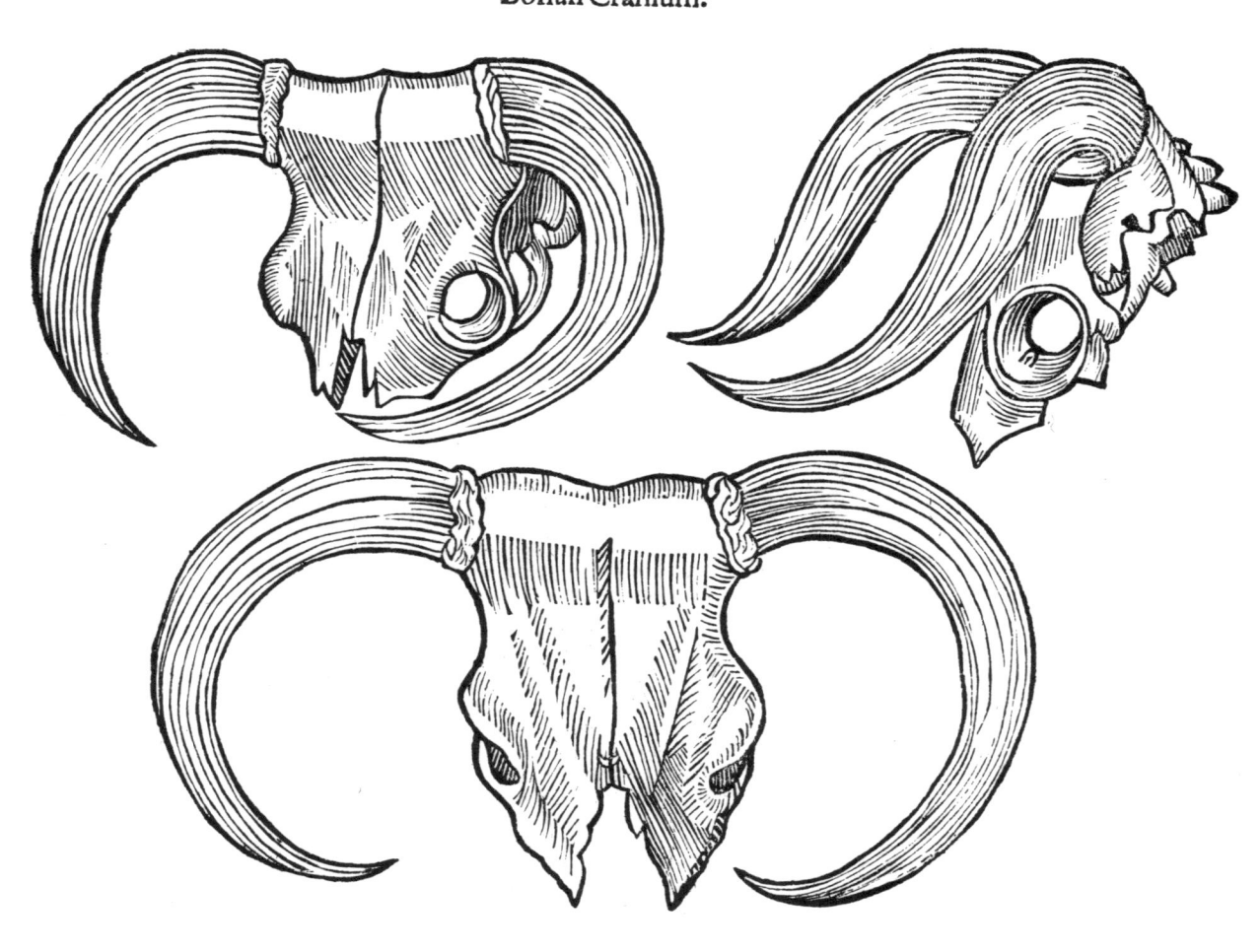

Von dem Munistier.

DJese Figuren sind Abrisse von außgedörten Köpffen frembder Thiere/ welche in Engelland in solcher Form abgezeichnet worden/ sind ohne Zweiffel Köpffe gewesen von Munistieren. Der Schädel sampt den Hörnern soll so schwer seyn/daß ein Mann gnug daran zu heben hat/sind also abconterfeyet worden/ daß man solche vornen/ hinden/ und auff der Seyten sehen und anschauen könne.

Von einem wilden Stier/ so in Libya gesehen wird/ Catoblepa genannt.

UNder andern wilden und scheußlichen Thieren/ so in Africa sich sehen lassen/ ist auch das/ so auff Griechisch Catoblepa, oder Gorgon genennet wird/und einem wilden Kalb oder Schaaf gleich/ und nicht sonderlich groß ist/ aber einen scheußlichen/grossen und schweren Kopff hat/den es allezeit gegen die Erden hängt: Sonst gehet es auch schwerlich herein/ und hat oben am Kopff einen dicken langen Schopffen Haar/ welcher sich über die Augen und über die Stirne herab streckt. Wann nun dieses Thier verletzt wird/ so reckt es den Schopffen Haar empor/deckt seine Augen auff/ bekompt ein scheußliches/ grimmiges/ und gifftiges Gesicht/ und tödtet alles was es dann ergreiffen mag. Ein solches Thier haben des Römischen Feldherrns/ Marii, Kriegsleute/ als sie wider den Jugurtham außgezogen waren/ angetroffen/ deren viel/ ehe man recht darhinter kommen können/ von demselbigen Thiere umbgebracht worden/ welches man endlich von weitem erschossen/ und die Haut davon nach Rom geschickt worden.

Von denjenigen wilden Ochsen/ so in der Landschafft Libyen gesehen werden.

IN der Landschafft Libyen sollen der wilden Stiere so viel seyn/ daß die Jäger von der grossen Menge geblendet unnd betrogen werden: Dann wann sie einem nachjagen/ so verkreucht sich derselbige in das nächste Gebüsch/ und springt ein anderer herfür/und das geschicht so viel und in solcher Menge / daß sie bißweilen nicht wissen/ welchem sie nachjagen sollen: Sie werden aber eher nicht gefangen/man habe sie dann müd gemachet. Wann nun ein Jäger ein junges Kalb von jhnen fahet/ so hat er einen zweyfachen Nutz davon: Dann wann er das Kalb an einen Ort anbindet/ und ein wenig auff die Seyte gehet/ so kommen die Alten auß Liebe/ so sie zu dem Jungen haben/ herzu/ und wollen es des Stricks ledig machen/ verstricken aber damit sich selber/ und bleiben beyde gefangen.

Es sollen jhnen aber die Jäger allein die Haut außziehen/und das Fleisch den Hunden und Vögeln lassen.

Von dem Auwerochs/ oder Uristier.

Vrus veterum.   Ein Uristier.   Ein Auwerochs.

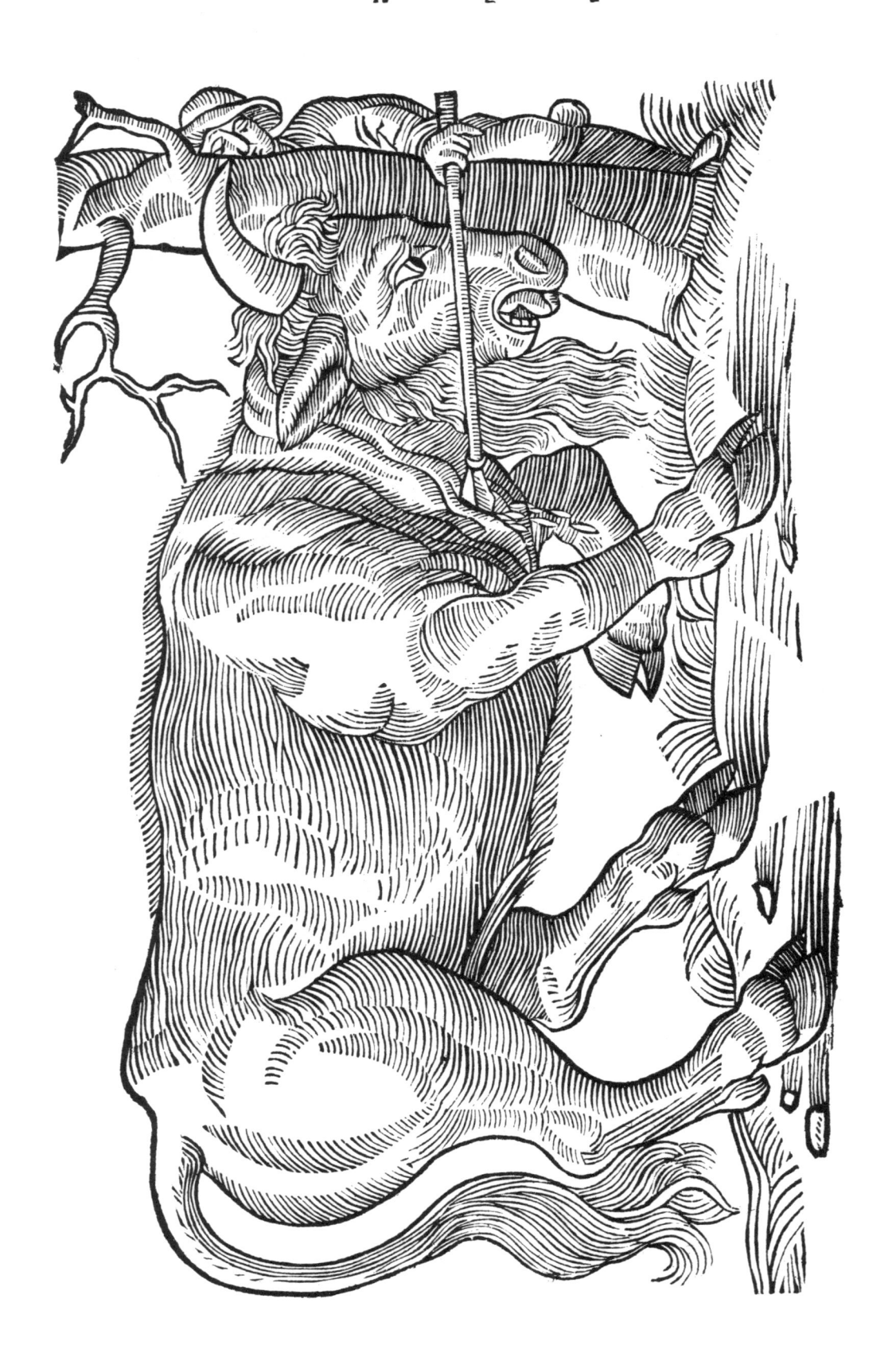

Von seiner Gestalt.

Under den zwoen hierbey stehenden Figuren und Abbildungen der Auwerochsen ist diese erste die rechte und beste/ die andere aber so hie in Form einer Jagt zugegen/ scheinet nicht gantz eygentlich abcontrafeyet zu seyn. Sie sollen den gemeinē schwartzen einheimischen Stieren gätz ähnlich/ aber doch grösser seyn/ und eine besondere Gestalt der Hörner haben/ als wie hie wol zu sehen ist. Solche sind vor Zeiten in dem Schwartzwald gejagt worden/ anjetzo werden sie in der Lithau/ an der Landschafft Mazovia (ins gemein Masuren) genannt/ allein gefangen/ welche Leuthe dieses Thier den Teutschen Wisent/ aber unrecht/ nennen: Dann der wahre Wisent der Alten ist hiebevor beschrieben/ und mit seiner Gestalt für Augen gestellt worden.

Es werden zu Worms und Mayntz/ so namhaffte Stätte am Rheynstrom sind/ grosse wilde Stierköpffe/ zweymal grösser dann der einheimischen / mit etwas gebliebenen Stumpffen von Hörnern/ an gemeinen Rahtshäusern der Statt ange

Von dem Auwerochs.

angeheffet geschen und gezeiget / welche ohne Zweiffel von etlichen wilden Ochsen kommen sind.

Vö Art und Natur dieser Thiere.

Diese Thiere sollen sehr starck / schnell / rauh und grausamb seyn / niemandes / weder der Menschen noch des Viehes schonen / und können durchauß niemahls zahm gemachet werden. Die Art und Weise sie zu fahen ist / daß man solche in tieffe Gruben stürtzt / mit welcher Jagt sich die junge Mannschafft gar sehr pflegt zu üben. Dann welcher dieser Thiere am meisten umbgebracht hat / und solches dem Landherrn oder der Obrigkeit anzeigt / auch dessen wahren Beweißthumb beybringen kan / der empfängt grosses Lob und reiche Beschenckung dafür. Es schreiben etliche / daß diese Stier auch auff dem grausamen Geburg / so Spanien und Franckreich voneinander scheidet / gefunden und gesehen werden.

Nutzbarkeit von diesen Thieren.

Ohne diejenige Nutzbarkeit / so man von der Haut und Fleisch dieses Thieres hat / werden auch seine Hörner / als Fürstliche Zierathen und Kleynodien auffgehoben / in Silber eingefasset / zu Trinckgeschirren gebraucht / und Fürsten und Herren dargebotten: Welchen Brauch auff den heutigen Tag die Lithuaner noch haben sollen.

Von dem Indianischen Ochsen.

Taurus Mexicanus.   Ein Indianischer Ochs.

Dieses erschröcklichen Thieres Bild / vergleichet sich einem wilden Ochsen; Und ist am gantzen Leib von Farben rothgelb / welche Farb die Italianer Lionato nennen / außgenommen die Hörner / so weiß sind / und oben schwartze Spitzen haben: Die Klauen sind aschenfarb / mit etwas schwartz vermischt: Uber den gantzen Leib hat dieses Thier lange zottichte Haar / und von dem Halß biß auff die Beine gleichsamb lange Mähnen. Die Bein sind gantz kurtz und glat / deßgleichen auch der Kopff gantz kurtzhärin und glatt ist. Die Augen dieses Ochsens sind frisch anzusehen. Seine Ohren lang und hangend: Unter dem Bauch welcher gantz bloß ist / soll es ein rund Gewächs wie ein Schell haben / und einen langhärichten Schwantz / so daß er mehr einem Pferds- als Kühschwantz gleichen. Auff dem Rucken hat es einen solchen hohen Hocker fast wie die Cameel.

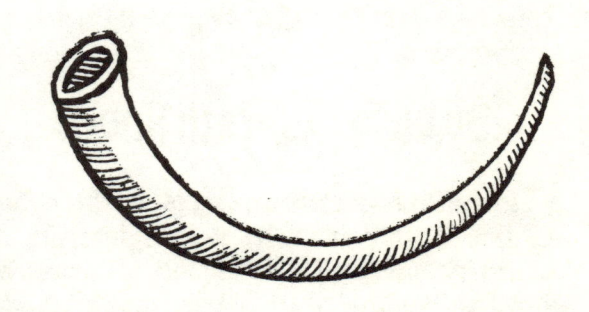

In dem berühmten Münster zu Straßburg hängt an einem Pfeiler an einer Ketten ein grosses

ses Horn/ welches fast vier Romanische Elbogen oder einer Klaffter lang ist / wann man es nemblich/ nach seiner Rundung/ wie die hierbeystehende Figur außweiset / mit einem Faden vom Anfang biß zum Ende/außmisset. Solches wird daselbst als eine Rarität unnd seltzames Wunderstück auffgehoben und gewittert. Wann man ein wenig mit einem Misser daran schabt/ so befindet sichs / daß es ein recht warhafftiges Horn sey/ von was für einem Thier aber/ weiß niemand allda zu berichten/ doch ist zu muthmassen/ daß es võ einem gar grossen und sehr alten Aurochsen mag herkommen seyn. Dem Ansehen nach ist es schon vor vielen/ ja von dieser unserer itzigen Zeit an/ vor drey oder vier hundert Jahren / wegen seiner verwunderlichen Grösse dahin geschickt worden: Gestalt man lieset/ daß auch der König Philippus in Macedonien/ oder Griechenland/ unten an dem Berge Orbelo, in Macedonien gelegen/ einen grossen wilden Ochsen mit einem Pfeil erschossen/ und dessen Hörner / weil sie unnatürlich groß gewesen/ im Eingang deß Tempels Herculis/ auffhencken lassen.

Von dem Otter.

Lutra. Ein Otter.

Von äusserlicher Form und Gestalt dieses Thiers.

Der Otter wird uff Griechisch ἐνυδρις, Lateinisch Lutra, Frantzösisch un loutre, Italianisch Lodra, und Hispanisch Nutria genannt/ gleicht einer Katzen/ und ist zwar länger und breiter/ aber doch kleiner als ein Biber/ hat eine Haut mit einem dicken Beltz überzogen / und schöne gläntzende linde Haar daran/ welche an der Farb schier Kästen- oder Castanienbraun/ sonst kurtz und in gleicher Länge sind: Dieses Thier hat auch scharpffe Zähne/ und beist mächtig/ kurtze Beine/ Füsse als wie ein Hund/ und einen langen harichten Schwantz.

Wo dieses Thier zu finden.

In allen Landen/ worinnen es Wasser/ Seen/ Teiche/ und Weyer hat/ sonderlich in Italien/ Franckreich/ Teutschland/ Schweitzerland/ Engelland/ uñ Scandinavia, (sonst Schönland genannt) wie auch an dem Gestad deß Niepers / und im gantzen Sarmatia werden solcher Thiere viel gefunden.

Von innerlicher Natur und Eygenschafft dieses Thiers.

Der Otter ist auß deß Bibers Geschlecht/ dann er lebt theils vom Wasser/ theils aber von der Lufft: Wird gefunden bey den Wassern und Flüssen / der Biber aber allein bey den Flüssen: Tritt herein wie ein anderes vierfüssiges Thier/ hat seine Nahrung auß dem Wasser/ und kan doch ohne die Lufft nicht leben: Dannenhero gebürt er auch seine Junge ausser dem Wasser in seinen Hölen.

Es erzählen etliche / er mache selber ihm in seiner Höle einen Gattern oder Korb von Aesten oder Ruten/ darauff er sitze/ damit er nicht naß werde. Er jagt den Fischen nach/ und wiewol er ohne Lufft nicht leben kan/ so hält er sich doch lange Zeit under dem Wasser / kreucht auch bißweilen den Fischen in die Reussen nach / und muß also ersticken/ wann er nit wieder herauß kommen kan/ und die Reussen oder Garne nit zeitlich gnug zerbrechen. Er verirret sich auch sonst/ indem er den Fischen streng nachsetzt/ und ersäufft drüber: Dann er muß bißweilen das Maul oder die Nase herauß strecken/ und Lufft fassen.

Von dem Otter.

In dem Jagen soll er trefflich geschwind und schnell seyn / und seine Löcher mit so viel Fischen anfüllen / daß sie auch zu Zeiten stinckend werden / und die Lufft vergifften / welches etliche so solchem Thier nachgejagt / mit grosser Gefahr erfahren haben: Dannenhero wird er auch so sehr stinckend / daß von jhm ein Sprüchwort kommen / daß man von einem übelriechenden Menschen sagt: Er stincket wie ein Otter.

Sie sollen auch nicht allein Fische / sondern auch das Obst und die Rinden von den Bäumen fressen. Sonst kriechen sie auß jhren Löchern auff die Fisch-Jagt hervor / und das thun sie auch zur Winterszeit.

Dieses Thier fällt auch mit seinem Gebiß den Menschen an / und läst nicht nach / es habe dann die Schienbeine / daß sie gebrochen / krachen gehöret.

Von angeborner List unnd Verschlagenheit dieses Thiers.

Der Otter ist ein listiges unnd boßhafftiges Thier / wird zu Zeiten zahm / gantz kirr und possierlich gemacht / und also bißweilen von den Fischern gebraucht / daß er die Fische in die Garne treibe: Deßgleichen auch von den Köchen in die Wasser oder andere Ort so Fisch haben / geschickt / daß er jhnen Fische herauß hole. Dieweil er aber ein räuberisches Thier ist / und also mehr Fische / als er soll / umbzubringen pflegt / so wird er selten zu solcher Arbeit gebraucht.

Falsch soll es seyn / daß der Biber den Otter zwinge / daß er zur Winterszeit bey seinem Schwantz sitzen / und das Wasser bewegen müsse.

Von der Nutzbarkeit / so von diesem Thier kompt.

Die gröste Nutzbarkeit / so von solchem Thier kompt / ist der Balg / dieweil er linde und gar gleiche Haare trägt / die den Glantz nicht so bald verlieren / auch von keinem Wasser oder Regen so leichtlich Schaden leyden.

Mit solchem Balg werden an etlichen Orten die Manns- und Weibskleider zierlich verbrämt / oder auch nur die Ende / oder Rände / so sich entwann auffwerffen und die man sehen kan besetzt und gefüttert.

In Teutschland werden Stauchen und Kappen oder Mützen darauß gemacht / oder damit gefüttert und gelobt / daß sie für den Schlag / Schwindel und das Hauptwehe gut seyn sollen.

Von seinem Fleisch.

Das Fleisch deß Otters soll nicht zur Speiß genommen werden: Dann es ist kalter Complexion und stinckend: Doch sollen sie von etlichen Teutschen zu der Speiß zubereitet werden / auch den Cartheuser-München erlaubt seyn / welchen sonst allerley Fleisch verbotten ist.

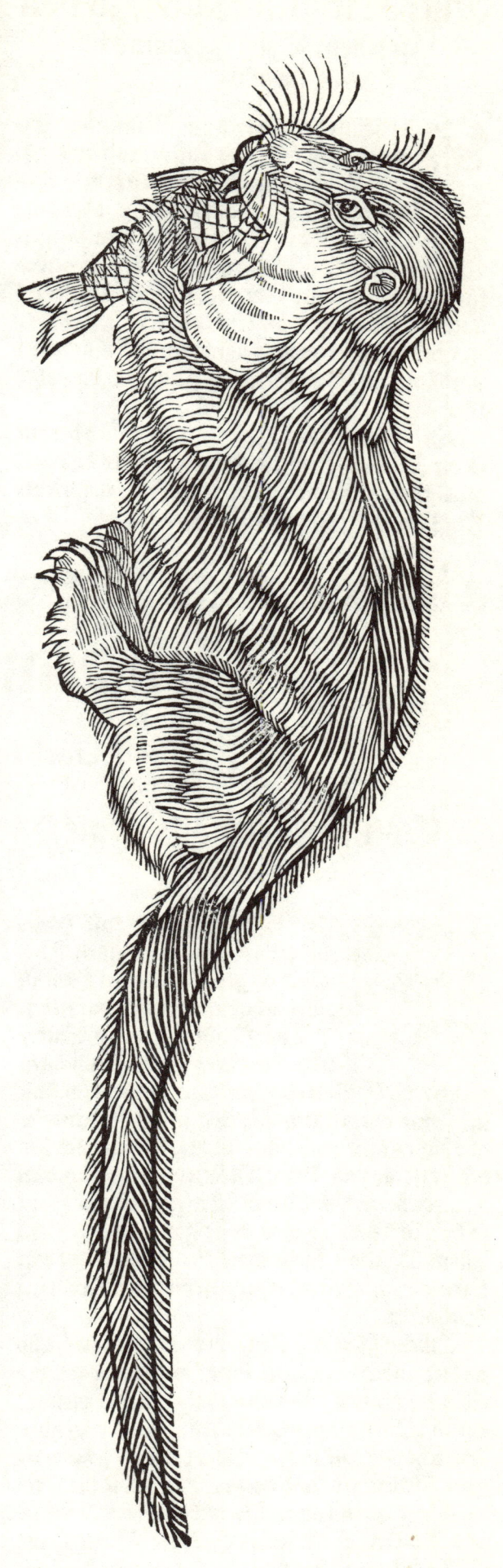

Etliche Artzney-Mittel/ so von solchem Thier gebraucht werden.

Das Blut deß Otters mit Wasser und Essig gemischt/ sol das auffgelauffene weisse Geäder lindern und niedersetzen.

Schuhe von Otter-Balg gemacht/ oder darmit gefüttert/ sollen gar gut seyn dem weissen Geäder/ auch für Schmertzen an den Füssen/ und für das Podagram: Eben dergleichen Krafft sol auch der Balg von dem Biber haben.

Seine Leber/ wann sie in dem Ofen gedörret wird/ ist gut für den Bauch-Fluß und die rohte Ruhr.

Die Hoden vom Otter sind dienstlich denen/ so die fallende Sucht haben: Solches bezeuget die tägliche Erfahrung/ dann sie sind fast gleicher Krafft mit dem Bibergeil/ doch etwas schwächer.

Das Fett soll gut seyn wider den Schmertzen der Glieder: Deßgleichen auch sein Fell/ darauff zu sitzen/ die Schmertzen an der güldenen Ader lindert.

Von etlichen Thieren/ welche sich dem Otter vergleichen.

Es werden noch etliche Thiere/ welche sich dem Otter vergleichen/ und im Wasser und auch auff dem Erdreich leben/ vom Aristotele und andere alte Scribenten namhafftig gemacht und beschrieben/ als da ist:

Latax, so ein hartes/ unnd zwar breiteres Haar als ein Otter/ und auch gar starcke Zähne haben soll/ mit welchen es bey Nacht/ zu welcher Zeit es auß seinem Lager hervorkreucht/ die nächsten Zweige abzunagen pflegt.

Eben einer solchen Art sol auch das Thier Sathyrium, Satherium und Porcos seyn.

Von dem Rhinocer.

Rhinoceros.   Rhinocer.

Von Form und Gestalt dieses Thiers.

Das Nasenhorn wird auff Griechisch Ῥινόκερως, Lateinisch Rhinoceros genañt/ dessen Gestalt auß nachgesetzter Figur zu ersehn. Die Grösse soll einem Stier/ und die Farb dem Elephanten gleich/ die Gestalt aber einem Eber nicht unähnlich seyn/ vornemlich/ so viel den Rüssel antrifft/ nur daß es auff der Nasen ein Horn trägt/ welches härter ist als kein Bein: Die Stirn ist mit schönen Haaren beziert/ und der Rucken gefleckt/ die Haut so hart und dick/ daß man sie gar schwerlich mit einem Pfeil durchschiessen kan/ dann sie sol mit harten Schuppen überzogen seyn/ gleich wie eine Schnecke.

Etliche schreiben ihm zwey Hörner zu/ und andere andere Sachen/ so gar nicht mit einander übereinstimmen; Bontius aber/ welcher vielmal dieses Thier sol gesehen haben/ giebt folgenden Bericht: Es ist dieses Thier bey nah schwartz/ oder Aschenfarb/ und hat eine Haut wie die Elephanten/ gantz runtzlicht/ und auff den Seiten und Rücken/ grosse tieffe Falten: Seine Haut ist sehr fest/ daß sie auch ein Japonisch Gewehr außhält. Dieses Thier aber/ wie auß der Abbildung scheinet/ hat keinen Schild/ sondern seine Haut welche sich faltet/ scheinet also/ dann sie an keinem Orte härter/ als an dem andern ist: An dem Rüssel gleichet es einer Sau/ nur daß er spitzer/ und nicht so stumpff ist/ und darauff ein Horn stehen hat/ worvon es seinen Nahmen bekommen. Dieses Horn wird zuweilen schwartz/ zuweiln weiß/ und öffters Äschen-farb gefunden: Das Thier gleichet wegen seiner Grösse fast den Elephanten/ hat aber viel kürtzere Füsse/ so es unscheinbarer/ und kleiner machen. Ein ander Art soll noch in Africa auch gefunden werden/ welche nicht grösser als die wilden Esel seyn sollen/ und Füß wie die Hirsch/ Ohren wie die Pferd/ und einen Küh-Schwantz haben.

Von Art/ Natur und Eigenschafft dieses Thiers.

Diese Thier sollen die spitzigen Dorne essen können/ so ihnen wegen ihrer rauhen Zunge nicht schade/ so dann/ nach Bontii Berichte/ so scharpff seyn soll daß sie mit blossem Lecken Menschen und Pferde tödten können.

Es schreibet Oppianus, daß sie keinen Unterscheid deß Geschlechts haben/ sondern alle Mäulein zu seyn/ scheinen sollen/ auch weiß man nichts von ihrer Mehrung.

So dieß Thier wider den Elephanten streiten wil/ welches geschicht von wegen der Weyd/ so schärpft es sein Horn an den Felsen/ darnach greiffet es den Elephanten an/ fährt ihm mit seinem Horn in schneller Ungestümme unter den Bauch/ welchen es weiß/ daß er lind sey/ und ritzt ihm den sel-

Von dem Rhinocer.

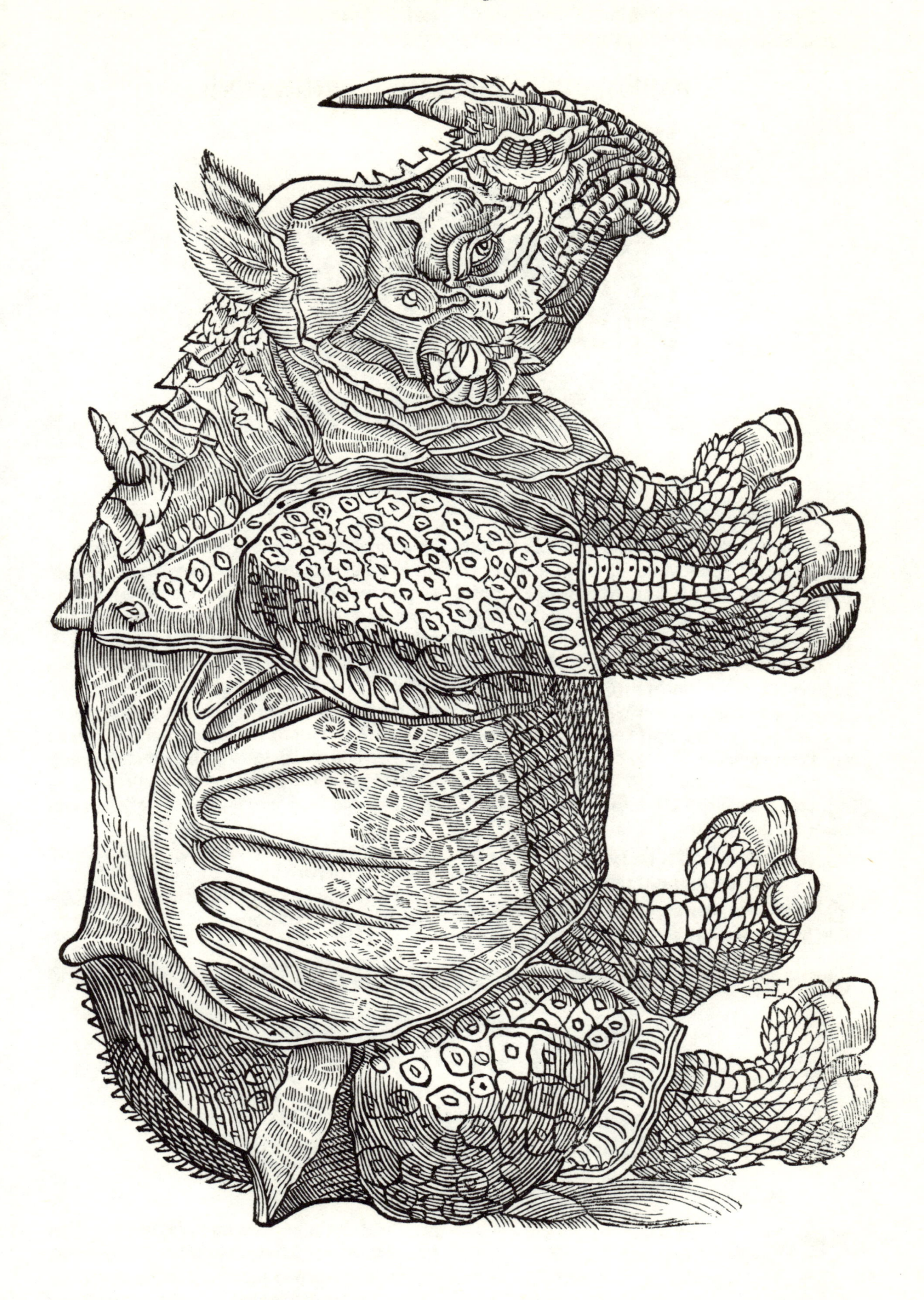

selbigen auff. So es aber mit seiner Nasen oder Horn fehlt/ und einen andern Ort als den Bauch trifft/ so daß es den Elephanten nicht auffschlitzen kan/ so schlägt der Helffant es selbsten mit seinem langen Schnabel/ und zerreist es mit seinen Zänen.

Solcher Haß/ den diese zwey scheußliche Thiere gegeneinander tragen/ ist offentlich in der Statt Lisabona gesehen worden/ in welcher ein Elephät für solchem Rhinocer geflohen/ wie solches etliche Kaufsleute/ die es selbst mit angesehen/ damahls bezeuget haben/ welche auch viel von der Listigkeit/ Frölichkeit/ Schnelle und Geschwindigkeit dieses Thiers zu erzählen gewust.

Wann es verletzet durch die Wälder lauffet/ lauffet es alles umb/ mit einem grossen Geräusch/ auch zimblich dicke Bäume. Es gruntzt wie ein Schwein.

Wie und wo diß Thier soll gefangen werden.

Isidorus schreibt / daß man solches Thier auff keine andere Weise fahen könne/ dann mit einer reinen Jungfrau; Welches jedoch nicht von diesem gegenwärtigen Thier/ sondern von dem Einhorn/ so droben beschrieben/ und vielleicht von keinem/ weilen auch dieses zweiffelhafft/ soll verstanden werden. Es ist auch falsch/ was sonst von solchem Thier geschrieben wird / daß es nemblich/ wann es gefangen worden/ vom Zorn und Kummer sterben solle.

Es hält sich dieses Thier auff in den Wüsten Africæ und an vielen Orten in Asia, in dem Reich Bengalæ, und Jacatru.

Was für Artzneyen von solchem Thier gebraucht werden.

ES ist unter den alten Scribenten keiner/ der von einiger Artzney die von solchem Thier herkommen solte/ etwas geschrieben habe/ wiewol etliche der Neuen sein Horn zu der Artzney ziehen/ verführt von dem Isidoro und Alberto, als welche keinen Underscheid under gegenwärtigem Thier und dem Einhorn gehabt haben / welchen doch auch noch die heutige/ Beyfall geben/ und es biß auff ein Scrupel in denen Zufällen/ worinn das Einhorn vor gut gehalten / nicht allein geben/ sondern es auch noch vor theurer und rarer als daß Einhorn halten. Welches auch vielmahls gemelter Becherus in diesen Reymen verfasset:

Ein Scrupel Naßhorn thut das böse Giefft vergraben/
Ich meyne solches nicht/ das böse Weiber haben.

Die Mohren essen dieses Fleisch; Welches aber so hart und aderícht ist/ daß wol eyserne Zähne darzu erfordert werden.

Von dem Roß.

Equus.   Ein Roß oder Pferd.
Caballus.   Ein Gaul/ Ein Hengst.
Equa.   Eine Studt.

DAs Pferd so auff Arabisch Hebraisch סוס, Griechisch ϊππος, Lateinisch Equus, Italiänisch Cavallo, Französisch Cheval, und Hispanisch Cavallo genannt wird; Ist unter allen vierfüssigen Thieren das alleredelste / und allernützlichste. Dann ob gleich auch andere Thier nicht wenig Lob/ Preiß auch grosse Nutzbarkeit haben/ ja in etlichen Stücken die Pferde übertreffen/ als der Ochs/ der zur Speiß und Nahrung der Menschen dienet/ nichts desto minder so alle Tugenden erzählt/ und gegeneinander verglichen werden/ so übertreffen die Pferd vielfältig alle andere Thiere: Weßwegen dann auch von jhnen/ als einem so gemeinen und bekanten Thiere/ und võ jhrem Zustande/ hiesiges Ortes ein mehrers/ als sonst bey andern Thieren geschehen/ soll gemeldet werden.

Es werden offters die Pferde so wol von gemeinen Leuten als grossen Herren gar zu lieb gehalten/

Von dem Roß.

ten und in Acht genommen werden: Also / daß von Athea der Scythen König gesaget wird / daß er selbsten Persöhnlich sein Pferd auß lauter Liebe gantz säuberlich und wol gestriegelt/ und geputzet habe. Andromache deß Hectors Frau/ soll mit ihren eigenen Händen ihres Mannes Pferden Futter vorgeworffen haben/ weil sie gewust/ wie sehr ihr Hertz die Pferd liebte.

oder fahl/ so für andern Pferden glatt und schön sind/ von dannen das Sprüch-Wort kommt: den falben Hengst streichen. Item gescheckt. Nach solchen werden auch andere Farben gerühmt/ und von etlichen diejenigen Pferde gar sehr gelobt/ welche gantz von einer Farbe sind. Andere haben gern solche/ die etwas weisse Blassen/ Flecken oder Macklen an sich haben/ jedoch soll mehr die schöne Gestalt/ Geylheit und Stärcke der Pferden betrachtet werden/ dann die Farbe.

Von den Farben her werden ihnen unterschiedliche Namen gegeben/ als: Rapp/ Schimmel/ Blaß/ Schecke/ Fuchs/ Wölffle und dergleichen.

Man mache den Rossen bißweiln durch Kunst/ Blassen/ Striemen/ Mackeln oder Flecken/ Dann etliche brennen ihnen Striemen oder Flecken/ mit einem glühenden Eisen/ so sie noch jung sind.

Etliche mahlen den Hengst oder Springer wann er zu der Studten soll gelassen werden/ und lassen ihn dann eine Weile vor der Studten herumb traben/ biß die Studte ihr solche schöne

Josephus Barbarus in seiner Reiß-Beschreibung gedencket/ daß die Tartarn sollen mit grössem Pracht und Ceremonien alle Jahr ein Pferd geschlachtet/ die Haut außgefüllet/ und auff ein Altar gestellet/ und verehret haben.

Farbe deß Hengsts wol eingebildet hat/ nachgehends läßt man sie zusammen/ dann soll ein Füllen gebohren werden/ welches dem gemahlten Hengst gantz ähnlich sihet.

Zu Petrarchæ Zeiten/ soll einer in Italien gewesen seyn/ welcher seinem krancken Pferd ein gülden Küssen und ein seiden Bett untergelegt. Und als dieser zu gleicher Zeit am Podagra gelegen/ und sich fast nicht regen können/ hat er sich gleichwol von seinen Knechten 3. mal deß Tages zu seinem krancken Pferd tragen lassen/ und es nebenst seinen Medicis besuchet/ freundlich dasselbe bestrichen und ihm zugesprochen.

Etliche machen die weissen Haare den Rossen schwartz mit Farn-Wurtzel und Salbey in guter Laugen gesotten/ womit sie den Schwantz gar offt und viel mal waschen.

Die Farben/ so an den Rossen vornemlich gelobet werden/ sind braun/ grau/ oder schimmelfarb (so die Teutschen braunling/ schimmling nennen) falbe/

Die schwartzen aber werden weiß gemachet mit dem Fett von einer Schär-Mauß/ worvon/ wann sie in einem neuen Hafen eine Zeit lang gesotten wird/ das Fett oben auff schwitzt: Oder/ man rauffet ihnen die Haar auß/ und salbet den Ort mit Honig unnd dem Fett von einem Wiselein.

Die Pferde werden grau wann sie alt werden/ gleich wie auch der Mensch.

Von den Adern der Pferde/ auß welchen jhnen Blut gelassen wird.

DJe Pferde haben under anderen zwo Adern in dem Rachen/ auß welchen jhnen bißweilen Blut gelassen wird.

Etliche Adern über den Augen/ zu welchen man besondere kleine Flitten oder Laß-Eysen gemacht hat.

Etliche Aderen am Hals/ so Vegetius Mutteraderen/ andere Halsadern nennen.

Deßgleichen noch andere Adern an den hindern Beinen/ gleich unter den Hüfften/ welche Großadern oder Schwartzadern genennt werden.

Item etliche an den Füssen/ so die Feisel-oder Feisel- und Fieseladern/ von etlichen auch Roßadern genennet werden.

Item etliche auff den Seyten am Bauch/ so Spornadern genennet werden.

Item etliche ob dem Knye einwärts/ die werden von den Teutschen Schranckadern genennet.

Von Außwählung der Pferde/ und was für Zeichen die jenige zu betrachten haben/die gute und schöne Pferde kauffen wollen.

PAlladius schreibet/ daß in Erwählung der Pferde/ vier Dinge sollen betrachtet werden/ die Farbe/ die Gestalt/ die Schönheit/ und das Geld/ und zwar solches alles nicht allein an den erwachsenen Pferden/ sondern auch an den jungen Füllen.

Eine solche Gestalt nun soll ein gutes Pferd haben/ einen grossen/ schweren und starcken Leib/ wolzusammen gesetzt/ eine ziembliche Höhe/ nachdem das Pferd groß und starck ist: Lange Seyten mit grossen runden Hinderbacken/ hinden auß rund/ breit und groß/ mit einer breiten Brust/ sam gantzen Leib soll es haben viel dicke/ starcke und grosse Musculen oder Mäusel/ dürre/ gantze und hole Füß/ einen hohen Horn/ und einen schönen leichten und sanfften Gang.

Nach der Schönigkeit soll es also beschaffen seyn/ einen dürren kleinen Kopff/ als ob allein die Haut an dem Bein klebete/ kurtze/ kleine/ und starcke Ohren/ grosse Augen/ weite Naßlöcher/ einen schönen/ langen/ dicken Schopff und Halßhaar oder Kammhaar (so sonst mit einem Wort Mähne genannt wird) deßgleichen auch einen solchen Schwantz/ und gantze runde Füsse haben.

Die Farben/ so an Pferden gelobt werden/ sind nächst hieroben beschrieben worden.

An einem jungen Füllen sind einige besondere Tugenden fleissig warzunehmen/ nemblich: Daß es hohe lange Beine/ und gleichförmige Glieder habe/ wie auch daß es frölich von Gemüth/ muthwillig und nicht forchtsam sey/ und nicht leichtlich entweder wann es etwas seltzames siehet oder höret/ erschröcke/ noch sich scheue/ daß es vor der andern Herd daher trabe/ und den anderen mit Geilheit vorlauffe/ daß es leicht über die Gräben springe/ und ohne Forcht und Scheuen über Brücken und durchfliessende Wasser gehe.

An einem erwachsenen Pferde sind auch noch etliche andere Tugenden zu betrachten/ nemblich: Daß es/ ohne einen ruhigen und sanfften Gang/ auch leicht und hurtig sey schnelle zu lauffen/ und in dem starcken Lauffen leichtlich an sich halten und stille stehen könne/ nicht stettig sey/ nicht ohn Ursach strauchle/ sich wol und zierlich zaume/ auch gern auff sitzen und sich zäumen lasse/ ohne Sperren und Widerspänstigkeit/ von anderen Pferden gern scheide/ und den Sporen gehorsame/ auch stoltz/ muthig und frech sey.

Hie ist aber zu mercken/ daß einige besondere Zeiche an den jenigen Pferden in Acht zu nehmen/ so zu dem Krieg/ Turnier und Kampff/ andere an denen/ welche zu dem Bauwerck/ Ackerbau/ und allerley Arbeit: Item andere/ so zum Reiten und zum Jagen sonderlich gekaufft werden. Dann ein Pferd/ das grosse starcke Rippen/ und einen grossen und hangenden Bauch hat/ als ein Ochs/ ist gut zum Arbeten.

So hat auch jedes Land sein eignen Gebrauch/ Sitten und Gewonheiten mit den Pferden/ ja die Pferde selbst haben in einem jeden Lande auch jhre besondere Art/ Natur/ Eygenschafft/ Tugenden/ besondere Gestalt und Grösse/ wovon allhie viel zu schreiben wäre/ wann es die Kürtze und hiesiges Orts Gelegenheit leyden wolte.

Von mancherley Gang und Art der Pferde.

DJe Pferde haben mancherley Manier unnd Gewonheit im Gehen/ wannenhero jhr Gang unterschiedliche besondere Nahmen bekommen/ als der Stapff (oder Staff/ wann das Pferd Fuß für Fuß geht) der Trab/ der Zelt/ der Dreyschlag/ der Hacken und dergleichen: Unter welchen der Zeltergang nach seiner Schnelle für den sanfftesten/ der Trab aber für den rauhesten unnd härtesten Gang gehalten wird.

Die Alten/ so von vierfüssigen Thieren geschrieben haben/ geben vor/ daß auch wilde Pferde gefunden werden/ dann Aristoteles sagt/ daß sie in Syria gesehen würden: Es seye auch die Sage/ daß sie den Jungen/ so auff die Mutterpferd sitzen/ jhre Hoden herauß beissen sollten/ indem daß sie jhnen mit dem Lauff hinden zwischen die Beine führen. Es schreibet auch Strabo, daß die Alpen sollen wilde Pferde haben: deßgleichen etliche Ladschafften der Hispanier/ wie auch das Aethiopien/ das ist/ Morenland/ welche zween lange/ scharpfe und vergiffte Zähn/ gespaltene Klauen/ und ein schopffiges Haar/ nicht allein am Halß/ sondern durch den gantzen Rücken biß auff den Schwantz haben sollen. Diese so sie die Indianer mit Stricken oder in Grubē gefangen haben/ so sind sie unwillig und widerspenstig zu dienen/ daß sie auch weder essen noch trincken wollen.

Albertus

Albertus schreibet/ daß sie äschenfärbig/ unnd über den Rucken her braun seyen.

In Preussen sollen auch wilde Pferd gefunden werden/ den einheimischen Rossen gantz gleich/ allein daß jhnen der Rücken lind und zart/ und nit hart darauff zu reyten sey/ wie auff anderen Pferden: Sie sollen gejagt/ und zur Speise gebraucht werden/ uñ ein angenehmes liebliches Fleisch habē.

Was sonsten den Unterscheid der Pferd belanget/ werden fast in einem jeglichen Land eygene Arthen/ und nach denselben etliche mager/ etliche starck von Leib/ diese träg und schwer/ andere flüchtig gefunden. Die Englische Pferd sollen einen sehr sanfften Gang haben/ und nicht hart traten. Die Arabische und sonderlich die Mutterpferd sollen von solcher Geschwindigkeit seyn/ daß sie in einem Tag unnd Nacht 100. Meyl lauffen können. Die Dänische Pferd sind starck und wolgestalt. Die Teutsche haben fast den härtesten Gang. Die Spanische welche hoch von Leib/ gehen zierlich unnd gantz auffgerecket/ haben einen schönen Kopff/ und sind zu dem Reysen gleichfalls sehr dienlich/ von Leib sind sie nicht zu starck/ auch nicht zu mager. Rodericus Santius schreibet den Spanischen Pferden eine solche Treue zu/ daß wo sie in Schlachten getroffen würden/ sie nicht eher fallen sollen/ biß sie jhren Herrn auß der Gefahr gesetzet und jhn frey gestellet haben. Die Holländische sind starcke Pferd. Von den Indianischen Pferden schreibet Ælianus, daß sie in dem Lauffen nicht könten auffgehalten werden/ sie seyn dann von Jugend auff darzu gewöhnet. Die Persische Pferd sollen den Unserigen gantz gleich seyn/ und von denselben nicht/ als durch den Gang können unterschieden werden/ dann sie gantz kurtz und geschwind gehen/ also daß der Reuter wol dadurch vergnüget werde. Die Polnische Pferd werden theils gesucht/ daß sie grosse Arbeit außstehen können/ theils auch wegen jhres sanfften Gangs. Ælianus schreibet/ daß es in Lybien Pferd gebe/ so nit grösser als ein Hammel seyen. Die Tartern sind gemeiniglich weiß und flüchtig/ und wie dieser Arten mehr in unterschiedlichen Ländern gefunden werden.

Von Natur unnd Eygenschafft der Pferden.

DAs Pferd ist hitziger Art/ hat jedoch mehr eine temperirte oder mittelmässige Complexion. Die Hitz ist zu ersehen an seiner Leichtfertigkeit/ Geschwindigkeit/ Großmüthigkeit/ und langem Leben: Die mittelmässige Complexion aber an dessen Gelehrsamkeit und Sanfftmütigkeit gegen seinem Herren.

Dieses Thier hat eine besondere Lust zu dem Wasser: Dann es will allezeit gewäschen oder gebadet seyn.

Schlafen/ Wachen/ Zu- und Abnehmen/ Leben/ Tod/ und auch noch etliche andre natürliche Dinge haben sie/ gleich wie auch die Hunde/ mit dem Menschen gemein.

Den Pferden traumt auch/ wie Aristoteles und Plinius schreiben/ sie sollen auch bißweilen traumen und schlaffen.

Aristoteles schreibt/ daß auch die Stutten oder Mutterpferde jhre Zeit haben/ wiewol andere solches verneinen; Sie fressen gleich alsbald jhre Nachgeburt/ wie auch das/ so dem jungen Füllin an der Stirnen gewachsen ist/ und Hippomanes genannt wird.

Der Pferde Stimme wird von den Latinern Hinnire, und von den Teutschen wigern oder wühelen genannt; Sie haben eine kleine Stimm/ wann sie noch jung sind/ biß sie zu zweyen Jahren kommen/ zu welcher Zeit sie anheben auffzusitzen/ alsdann wird sie jhnen rauch oder groß/ nach 18. oder 20. Jahren aber je länger je kleiner.

Võ Speiß und Träck der Pferde.

DIe Pferde erfordern eine gar fleissige und sorgfältige Wartung/ auch viel Speise und Futter: Dann sie wollen zu jhrer gewissen Zeit fein ordenlich und gantz satt/ auch stäts oder gar offt gessen haben/ fette Wiesen/ linde Kräuter/ und wässerichte Orte/ sind jhnen dienstlich: Deß Winters aber soll man sie mit dürrem Heu speisen.

Von dem Roß.

Ihr bestes Futter ist ins gemein Haber/ unter welchen etliche Spreuer mischen; Man kan sie sonst auch wol mit Gersten füttern. Etliche/ so die Pferde auff den Schein uner Betrug mästen/ geben ihnen gesottenen Rocken unter anderm Futter/ deßgleichen etliche Bonen/ welche sie auffblasen/ rund und schön machen.

Serapion schreibt/ daß der Weitzen oder das Korn den Rossen schädlich sey/ und bey ihnen etliche Kranckheiten verursache.

Deß gleichen werden auch die Pferd/ sonderlichen welche Speckhäls haben/ von dem Haber gantz blind/ wann sie nemlich zu starck mit demselben überfüttere/ darbey still stehen/ und nicht beritten werden.

Man sol auch zusehen/ daß ihr Futter/ so ihnen dargeschüttet wird/ deßgleichen Heu/ Stroh/ und dergleichen sauber und rein/ nicht aber voll Staub/ Koht/ oder ander Unraht sey/ auch soll man sie nicht auf einmal überschütten/ sondern ihnen deß Tags etliche mal vorlegen: Welchs dan in etlicher grosser Herren Ställ so genau in Acht genommen wird/ daß sie nicht allein ordentlich gespeiset/ sondern auch zuweilen von der Kripp abgestellet und herumb gewandt werden/ so lang biß ihnen zu gewisser Stund wieder abgewartet wird.

In Engelland/ sollen sie ihnen Brod backen von Bonen und Erbsen/ und solches ihnen zur Speis dargeben: wie dann auch ander Brod mit Saltz/ oder in Wein geduncket/ die Pferd erfrischet/ und ihnen nützlich ist.

Von Theophylacto, Käisers Lacopeni Sohn/ Patriarchen zu Constantinopel, wird lächerlich erzählet/ daß er über 2000. Pferd gehabt habe/ dieselbe mit den außerlesesten und besten Pistochien/ Pineln/ Datteln/ Rosinen mit Wein vermischet/ und von allerley Gewürtz/ Saffran/ Zimmet/ und andern köstlichen Sachen darzu gethan/ gespeiset habe.

Wann sie von Arbeit müde/ und voll Hitz und Schweiß sind/ sol ihnen weder zu essen noch zu trincken gegeben werden/ sie haben dann zuvor wol erschnauffet/ geruhet/ und sich erholet.

Die Rosse/ wann sie trincken/ so sürfflen oder schlürffen sie ihren Tranck hinein/ und sollen (wie Aristoteles schreibet) mehr Lust zu trübem als zu lauterm Wasser haben/ dieweil sie auch das/ so lauter und rein ist/ mit ihrem Scharren trüb machen/ wiewol zu unsern Zeiten das Wasser je lauterer und reiner es ist/ je nützlicher den Pferden geachtet wird.

Je muhtiger ein Pferd ist/ je tieffer es die Nasen und das Maul in das Wasser steckt.

Die Alten haben bißweilen den Rossen auch Wein zu trincken gegeben/ sie muhtig und frech damit zu machen/ welches aber Columella nur bey denen Pferden lobt/ die wol gesund sind/ und doch allzeit mager bleiben.

Die Rosse werden nicht bald voll/ sie trincken dann gar viel auff einmal / auß der Ursach bereiben etliche ihnen den Rachen mit Saltz und einem wenigen Weins/ solches sol ihnen Lust und Begierd machen zu trincken.

Von dem Alter der Pferde/ wie lange nemlich diese Thiere leben/ wie auch von den Zeichen/ wor an ihr Alter zu erkennen.

Die Pferde/ welche mit Speiß/ Tranck/ Übung/ Arbeit und dergleichen recht und wol gehalten werden/ kommen gemeiniglich biß auff dreyssig Jahr/ wiewol auch etliche Pferde biß auff sechzig Jahr sollen kommen seyn/ massen Albertus sagt/ daß ein Kriegs-Mann auch ein sechzig Jähriges Pferd solle in dem Kriege gebraucht haben. Etliche kommen allein auff viertzig/ oder funfftzig/ nachdem sie entweder rauh gehalten worden/ oder gearbeitet haben.

Die

Die Mutterpferde sollen länger leben/ als die Hengste/ auß Ursach/ weil der Hengst viel auffspringt.

Ein Mutterpferd wächst in 5. Jahren vollkömmlich in die Länge und Grösse/ ein Hengst aber in 6. Jahren. Nach solcher Zeit wird er starck/ mächtig und völlig/ und hat biß auff zwantzig Jahr seine beste Zeit.

Absyrthus schreibt/ daß ein Pferd/ welches in seiner Jugend starcke und harte Füsse habe/ biß zu dem erwachsenen Alter/ lebe biß auff 28. und 29. Jahr/ und komme selten auff 30. So es aber wenn es noch ein Füllen sey/ linde Füß habe/ so komme es biß auff vier und zwantzig Jahr.

Wann ein Pferd verschnitten wird/ ehe dann es anhebet zu schieben/ so sollen jhm die Zähn nicht mehr außfallen.

Ein Pferd hat 40. Zähne/ und verleurt von solchen 12. Dann es hebt an selbige zu schieben/ so es 30. Monat alt worden/ da jhm oben 2. und unden 2. außfallen/ welche so die ersten genennet werden/ im 4. Jahr aber schiebt es die 4. nächsten darbey/ im 5. Jahr abermals 4. als oben 2. und unden 2. durch das 6. Jahr werden die Zäne gleich/ denn es wachsen jhm von den außgefallenen wieder 2. hervor/ im 7. Jahr aber sind sie alle vollkommen/ und werden nicht mehr verwandelt.

Nach solchen Jahren kan man keine gewisse Zeichen jhres Alters haben/ als nur daß umb das 12. Jahr/ schwartze Strich mitten durch die Zähn gesehen werden/ die Schläffe fallen jhnen ein/ und die Augbrauen fangen an grau zu werden/ darunter gleichsamb hole Grüblein sich herauß lassen.

Etliche nehmen jhr Alter ab auß der Zahl der Falten/ so an der obern Lefftzen gesehen werden/ heben an zu zählen mitten an der Lefftzen/ und zählen biß zum End derselbigen.

Andere heissen warnehmen die Zähne so sie zu Anfang des 5. Jahrs schieben/ und (von wegen jhrer Gestalt) Hundszähne genennet werden/ dann jhre Länge und Schärpffe schleist sich ab von dem Gebiß oder Zaume von welchem sie sonderlich berührt werden.

Ein alt Pferd wird erkannt auß den vielen Falten oder Runtzeln/ auß der traurigen Stirn/ auß dem hengenden Kopff/ Trägheit/ Faulheit/ erstaunenden oder starrenden Augen/ und grauen Augbrauen: Deßgleichen wann jhnen jhre Haut ergrieffen/ und von dem Fleisch gezogen/ gar schwerlich nachgiebt/ und nicht bald wieder an jhre Statt oder Platz fähret: Auch wann ein Pferd gar alt ist/ so werden jhm die Zähne gantz Kreydenweiß.

Von dem Springhengst/ Schellhengst/ oder Bescheller.

DIe Zeichen/ so an den edlen und schönen Pferden in Acht zu nehmen/ droben beschrieben worden/ sollen vielmehr an den Hengsten fleissig warzenommen und beschauet werden/ damit auch das Geschlecht/ oder die Frucht/ so von solchen kompt/ desto edler/ schöner und stärcker werde. Dann ist der Springhengst ungestalt/ schlecht/ faul/ kranck oder zu alt/ so soll auch die Frucht von jhme dergleichen werden.

Der Springhengst soll (was dz Alter antrifft) nicht under drey Jahre auch nicht über die zehen seyn/ wiewol Palladius solches Alter von fünff Jahren biß auff 20. hinaußsetzet. Aristoteles schreibt/ daß ein viertzigjährig Pferd das Werck eines Springhengstes gethan habe.

Die Springhengste/ wie auch die Mutterpferde haben keine gewisse Zeit zu jhrer Vermehrung/ wie Columella schreibet: Die edlen Mutterpferde sollen zur Frühlingszeit/ wann Tag und Nacht sich gleiche/ berosset werden/ und zwar zweymal deß Tags/ als deß Morgens und deß Abends/ durch solche Springhengste/ so mit Speiß und Futter wol gemästet sind/ damit sie zu bequemer Zeit gebähren und die Frucht auferziehen können: Dann in dem 12. Monat gebähren sie/ derhalben sollen sie zu derselbigen Zeit/ wannes die Notturfft erfordert/ an solchem Wercke nicht verhindert werden. Dann wann solches geschicht/ so werden sie gantz wütend und grimmig/ daher auch dem Giefft Hippomanes genannt/ der Nahm gegeben worden/ weil es in dem Menschen eine Begierde und Brunst anzündet/ wie in den Pferden.

Das

Von dem Roß.

Das Mutter-Pferd trägt seine Frucht eilff Monath und zehen Tage.

Ein wolgemästeter/ schöner/ muthiger/ und junger Spring-Hengst/ kan vierzehen oder fünffzehen Mutter-Pferde bespringen und erfüllen/ auch bißweilen zwantzig/ als wie von deß Babylonischen Königes Rossen geschrieben wird.

Es wollen etliche/ daß wann ein Spring-Hengst auffgesessen sey/ und auff der rechten Seiten absteige/ daß alsdann ein Hengstlein/ hingegen aber ein Stüttlein solle geboren werden/ wann er auff der lincken Seiten abspringe/ welches auch ebenmässig von den Stieren und Kühen/ gesagt/ gemeldet und beschrieben wird.

Wird ein Mutter-Pferd oder Studte drey Tage vor dem vollen Monden berosset und besprungen/ so wirfft es ein Hengstlein: Wann es aber drey Tage nach dem vollen Monden berosset wird/ so soll es alsdann ein Stüttlein werden.

Die besten/ stärckesten/ unnd schönesten Pferde/ sollen von den Rossen kommen/ wann beyderley Geschlecht nach der Zeit von sechs Jahren/ das ist/ nachdem sie die Zähne all überkommen und geschoben haben/ zusammen gelassen werden/ wiewol sie gleich in dem andern Jahre anheben zu geylen/ zu spielen/ und zu springen.

Die Roß oder Pferde sind gar geyle und üppige Thiere/ dann sie treiben das Werck so lange als sie leben/ doch sollen die schönen und edelen Mutter-Pferde erst nach zweyen Jahren zu den Spring-Hengsten gelassen werden/ darmit die Füllen mögen wol gesäuget/ und starck werden/ auch/ zu rechter und bequemer Zeit/ die völlige Grösse/ und zierliche Schönhei überkommen und erreichen können.

Wann ein Mutter-Pferd oder Studte besprungen und empfangen hat/ so sol man wol in Acht haben und wahr nehmen/ daß man solche nicht mit gar zu starcker Arbeit übertreibe/ noch an kalten Orten oder Ställen halte/ deßgleichen nicht an engen Orten drücke oder klemme/ dann vor allen Dingen machet die Kälte/ daß die tragende Studten verwerffen: Der Hunger ist solchen auch gar schädlich und unerträglich: wie dañ deßgleichen auch die allzu überflüssige Speis und Futer/ wie Varro schreibet/ solches verursachet. Item/ wann man ihnen die angewohnte Speis/ Nahrung/ und Tranck ändert; auch wann sie von einem Weib berühret werden/ welches ihre Zeit hat/ sollen sie an der Geburt unnd Jungen Schaden leyden.

Es sollen auch etliche andre Speise und Nahrung Ursach geben zum Verwerffen/ als die Eycheln und Wurtzeln von dem Cyrmen-Baum und Entzian.

Die jungen Füllen/ so sie erst geboren worden/ sollen nicht viel mit den Händen angetastet werden/ dann von solchem Angreiffen werden sie verletzet/ sie sollen auch für der Kälte/ Hitz und Frost bewahret/ und ihnen die Krippen und Roßbaren hoch gesetzet werden/ damit sie gewohnen den Kopff in die Höhe zu halten/ welches an den Pferden sonderlich schön und zierlich ist.

Von Roß-Artzney.

Weil sonst von dieser Materia gantze Bücher voll geschrieben worden/ die noch hin und wider zu finden seyn/ alß wird für unnöthig erachtet/ hiesiges Orths weitläufftig darvon zu schreiben: Nur etlicher wenigen/ und zwar der gemeinesten und bewehrtesten Stücke zu gedencken: So folget allhier erstlich:

Von innerlichen Kranckheiten der Rosse.

Die Pferde bekommen/ gleich wie die Menschen/ viel mercklich und sehr gefährliche Kranckheiten/ als Keichen/ Husten/ Fieber/ Haupt-Weh/ Krimmen/ Grieß/ und dergleichen mehr/ welche Schwachheiten alle insonderheit allhier nicht werden beschrieben/ sondern nur etliche Künste/ so ins gemein fast allerley innerliche Kranckheiten oder Gebrechen der Pferde vertreiben.

Man pflegt die Rosse auch bißweilen zu purgiren/ und zu reinigen/ etliche mit Cristiren/ etliche mit Speis und Tranck.

Entzian/ Tausendgüldenkraut/ Wermuth/ Colocinth, Teuffelsmilch/ ein jedes besonders/ in Wasser gesotten/ und zu trincken gegeben oder eingeschütt/ oder gedörrt/ und zu Pulver gestossen/ mit Saltz gemischt/ und also eingegeben/ purgirt nach Nohtdurfft solche Thiere.

Ferner werden sie auch purgirt/ so man sie in das junge/ frische Gras im Frühling schlägt/ und mit Rocken/ welches in Wasser gesotten ist/ füttert.

Deßgleichen wann man ihnen das Eingeweyde von einem/ oder/ so es die Nohtdurfft erfordert/ von zweyen oder dreyen Barben klein hacket/ und mit gutem weissen Wein mischt/ und also einschüttet/ solches purgiret wunderbarlich.

Daß ein Pferd vor allen bösen/ schädlichen Zufällen verhütet werde/ sol ihm deß Jahrs zwey/ drey/ oder vier mal die Hals-Ader auffgeschlagen werden.

Sie werden auch in etlichen andern Kranckheiten mit glüenden Eisen/ oder zu solcher Arbeit bereiteten Instrumenten/ gebrannt/ als wann sie das Fieber/ oder den Speckhals/ oder die Taubsucht/ und andere dergleichen Kranckheiten haben/ von welchen allen die Bücher/ deren/ so von der Roß-Artzney geschrieben haben/ können gelesen werden.

So bald dieses oder ein anderes Vieh kranck wird / so wird es viel fauler / und siehet trauriger unnd erbärmlicher auß als sonsten / schläfft auch nicht nach seiner alten und vorigen Gewohnheit / und kehret sich nicht / wie es vor im Brauch gehabt / umb / sondern leget sich gantz traurig darnieder zu ruhen / und isset und trincket auch nicht nach dessen Gewonheit / oder es thut solches gar zu viel / hat starrende Augen / hangende Ohren / schauderichte Haar / eingefallene / magre und dürre Lenden / einen rauhen / strauchlichten Rücken / Item schnellen / oder schweren Athem / und einen faulen / trägen und schwänckichten Gang.

Zu allen Anstössen / oder Kranckheiten der Pferde / wird gebrauchet das Kraut / so man Gundelreb oder Gundreb nennet; Deßgleichen wird ihnen Grund- oder Erd-Epheu zu fressen gegeben / und in die Nasen gestossen / nachdem es zuvor gequetscht und zerknirscht / biß sie anheben zu niessen

Item Lauß-Kraut und dessen Wurtzel / oder Christ-Wurtzel.

Wann die Pferde weisse Flecken in den Augen haben / so sol man ihnen behende das äusserste an den Ohren mit einer spitzigen Ahle oder Pfrieme durchbohren / und in das Loch ein Würtzelein von der Christ-Wurtz stossen / sol eine bewehrte / herrliche / und vortreffliche Kunst seyn.

Ybschen- oder Gemsen-Wurtzel wird auch gar viel von den Pferds-Aertzten und Roß-Täuschern gebrauchet.

Eisen-Kraut in Wein gesotten / soll denen Pferden oder anderem Viehe / so das Fieber haben / und damit behafftet seyn / eingeschüttet werden.

Zu der Pestilentz der Pferd oder Rosse wird gelobt / unnd viel gehalten auff gelb oder gülden Stächas / gestossen und in einem Tranck eingeschüttet.

So die Pferde die Fisel / Fifel / oder Fetsel haben / so sollen ihnen die Adern die unter der Zungen / oder die / so hinder den beyden Ohren / oder mitten an beyden Ohren ligen / imgleichen auch die blauen Adern / so vornen in den Nasen-Löchern stehen / geschlagen und gelassen werden.

Wann ein Roß oder Pferd räch geritten ist / so soll man ihme von den blauen Korn-Blumen unnd Kraut fürschütten unnd zu essen geben.

Weiter / wann ein Gaul oder Pferd räch vom Winde ist / so soll ihm die Ader zwischen den Augen und Ohren geritzt and auffgeschlagen werden. Wann es aber solte vom Futter räch seyn / und der Bauch oder Wanst sich auffblähet / so ist es nützlich und gut / daß ihme Seiffen in den Hindern gethan werde.

Von etlichen Gebrächen und offenen Schäden der Pferden.

Das geile oder faule Fleisch wird hinweg geetzet / so man gepülverten Vitriol darauff sprenget / und mit Wein / in welchem Nessel-Saamen gesotten worden / rein unnd sauber abwäschet.

Die Räude und Grindigkeit wird mit gutem Essig und Alaun vertrieben / oder grossen Kletten-Wurtzeln / welche gestossen und mit Küh-Milch gemischt werden.

Item mit gesaltzenem Wasser / mit Safft von der Eber-Wurtzel / mit Küh- oder Rinder-Koht / mit Wachholder-Oel / und dergleichen.

Eine Salbe für die Räuden der Pferden / Schmeer ein Pfund / Lohr-Oel / Z. ij. weisse Nieß-Wurtz / Z. j. ß. Queck-Silber so viel dich gut bedunckel / doch nicht zu viel.

Für die Würm / so in der Haut und Fleisch wachsen / wird der Safft von dem Kraut / so von den Lateinern Cicuta genennet wird / mit Honig darauff geschmieret: dann von solchem sol der Wurm sterben.

Für solchen Gebrechen wird auch die Pestilentz-Wurtzel von vielen gebraucht / oder Baldrian-Wurtzel wol gekäuet / und darauff gebunden.

Item Fröschen-Malter / oder die Stelle wird gebrandt / und Rost darein gestreuet.

Wann ein Pferd die Feig-Wartzen hat / so sollen sie ihm sauber abgeschnitten / unnd das Blut mit Fünff-Finger-Kraut Safft rein abgewaschen / unnd geriebene Kreiden darein gestreuet werden.

Oder auß den Rinden deß Zeylands werden kleine Riemlein gemachet / und mit solchen die Wurtzel der Feig-Wartzen hart zusammen gestricket / und also gebunden gelassen / welche mit der Zeit / nach und nach dieselbigen abessen und verzehren.

Von etlichen sonderbarlichen Kranckheiten / von dem Kopff biß auff die Füß.

Für das Haupt-Weh der Pferde / so auß den fliessenden Thränen / hangenden Ohren / und niedergehencktem Kopff erkandt wird / sollen ihnen die Adern so unter dem Aug sich erzeigen / gesprengt und geschlagen / Oder Rettich-Saamen und Zitwen-Wurtzel / deß einen eben so viel als deß andern / gestossen / und mit Wein gemischet / und dem Pferde in den Rachen eingeschüttet werden / so lange biß Eiter herauß fleußt.

So

So ein Pferd wütend oder taubsüchtig ist/ so soll ihm Blut gelassen werden/ und so man ihnen zu derselbigen Zeit die Hoden außschneidet/ sollen sie alsbald zahm und mild werden.

Wann ein Pferd von einer unbekandten Kranckheit gehlingen niederfällt/ so soll man ihm ein Stücke von der Farn-Wurtzel/ und zwar vom Weiblein unter die Zunge legen/ alß dann soll es stallen und misten/ und darmit gesund werden.

Wann die Pferde das Schröcken haben auff allen vieren/ so soll man Knobloch in Essig stossen/ und die Schienbein zwey oder dreymal darmit bereiben/ hernach herumb reiten/ biß sie erwarmen/ und alsdann sie wol bedecken.

Für die Kranckheiten und Gebrechen in den Augen.

Für die Augen der Pferde soll der Hünerdarm gar gut seyn.

Für die Mackeln/ Felle/ Flecken/ und Mählern in den Augen werden Krebsstein zu Pulver gestossen/ und mit Honig zubereitet/ und in die Augen geschmieret. Oder/ es wird das Gelb von einem Ey mit Saltz gemischt/ zu Pulver gebrannt/ und das Pulver in die Augen geblasen.

Wann ein Pferd den Augstal hat/ soll ihm die Ader bey dem Aug geschlagen werden/ oder die so unter dem Naßband gesehen wird.

Aller Schmertz in den Augen/ so den Pferden begegnet/ wird vertrieben mit Wegreich-Safft/ unter Honig gemischt.

Die Flüsse der Augen/ oder trieffende Augen heilen etliche mit einem Pulver/ welches sie von dem Dotter eines Eyes/ von Kümmel/ Erd-Epheu/ und Rauten brennen und unter einander mischen.

Zu den tuncklen Augen wird gelobt diese nachfolgende Artzeney: Zwey Loht von geläutertem Honig/ Ingber ij. Quintlein/ j. Loht Rauten-Wasser zusammen gemischt/ und in die Augen gethan/ machet ein lauteres Gesicht an Menschen und Vieh.

Von den Gebrechen und Mängeln deß Mauls / deß Rachens und deß Halses.

Wann ein Pferd Geschwulst/ Drüsen/ oder die Galle in dem Maul hat/ so soll ihm die Ader unter der Zungen geschlagen/ und viel Bluts gelassen/ und das Maul oder die Galle mit Wein-Essig/ worinnen Saltz und dürre Heffen in gleicher Maaß gemischet sind/ gerieben werden/ solches wird auch von etlichen gebraucht/ wann die Galle herauß/ oder auffgeschnitten worden.

Wann einem Pferde die Kienbacken geschwollen sind/ oder selbige sonst Schmertzen leyden/ so soll man ihm dieselbige mit warmen Essig wäschen/ und darauff mit altem Schmeer bereiben.

Wann einem Pferd der Halß geschwollen ist/ daß es nicht schlucken kan: so soll man einen Stecken nehmen/ denselben an dem einen Ende spaltē/ und mit lindem Werck oder Hanff umbwickeln/ und dem Pferd in den Rachen stossen/ damit das Geschwär auffbreche: und wann das geschehen/ sollen ihm drey Eyer/ mit Essig gemischt/ in den Rachen geschüttet werden.

So ein Pferd speckhalsig ist/ so wird ihm geholffen/ gleich wie zuvor von der Rände geschrieben worden. Es wird auch bißweilen solche Geschwulst gantz herauß geschnitten.

Der Husten/ so erst anhebt/ wird gar leicht vertrieben mit Linsenmehl/ in warmen Wasser in den Rachen geschütt/ drey Tage nach einander/ und das Pferd in solcher Zeit mit grünen Schossen oder Grasse gefüttert.

Der alt Husten wird vertrieben mit Safft von Lauch unter Oel gemischt/ und eingeschüttet/ und das Pferd dann eben so/ wie erst gedacht/ gespeiset.

Zu dem Husten und Keichen der Pferden/ ist Entzian gar gebräuchlich. Item Wollkraut/ so gelbe Blumen trägt/ in einem Tranck eingeschüttet.

Einem Hertzschlägigem Pferde/ das ist/ so hustet und keichet/ soll eingegeben werden Entzian/ mit dem vierdten Theil Saltzes in Wein gesotten. Item das Kraut Roßhub.

So ein Roß das Brustgestreng hat/ sol ihm seine Brust geschmieret werden mit Hunds-Kohte und Hanff-Saamen-Oel unter einander gemischt. Oder es sollen ihm Indianische Nägelein mit Saltz und Wasser eingeschüttet werden.

Für die erstickten keichende Pferde wird gelobt Gundelreb/ Weglügenwurtzel/ und Entzian: Item Aesche von einem gebrandten Igel eingegeben. Etliche geben ihnen drey Tage truckene Kleyen zu essen. Item Hinschkraut/ so der weitberühmte Mann Hieronymus Bock beschreibt.

So ein Pferd einen Abscheu hat vor der speis/ so soll ihm Schababsaamen/ mit Oel und Wein/ Item Knobloch mit Wein eingeschüttet werden.

Das Krimmen im Bauch wird den Pferden vertrieben/ so sie eine schwimmende Ente ersehen.

Den Bauchstrengligen oder Bauchschlägigen Pferden soll die Sporn-Ader geschlagen auff beyden Seiten/ und Weglugen an statt der Spcis gegeben werden/ wann sie aber einen Abscheu darvor hätten/ soll man ihnen solche klein geschnitten unter dem Habern/ oder anderem Futter eingeben.

So ein Pferd den Fürstall oder Gezwang hat/ und im Leibe verstopffet ist/ wird ihm geholffen mit einem Zapffen von Speck gemacht/ unnd zubereitet/ unnd mit gepülvertem Opperment be-

deß Leibs/ und in den Hindern geschoben: Etliche sehen ihnen Salz unter den Tranck/ oder schütten ihnen Seiffen mit dem Tranck ein.

So ein Roß die Würm bekommt/ welches daran abzunehmen/ wann es sich mit Schmerzen offt walzet/ den Kopff zu dem Bauch schlägt/ und den Schwantz viel hin und her wirfft: Solchen sol der Koht mit geschmierter Hand durch den Hindern/ auß dem Eingewende herauß gezogen/ unnd Wermuth oder Modelger in Wasser gesotten/ Item Weiß- oder Schmär-Wurtzeln/ oder Hünerdarm klein geschnitten/ und in Wein gesotten/ eingeschüttet werden.

So ein Pferd nicht harnen kan/ sol es geführt werden an solche Orte/ wo erst andere Rosse gestallet haben: etliche thun ihnen eine lebendige Fliege in das Glied: oder so solches nicht hilfft/ sol man etwas von dem Horn an ihren Füssen abstossen/ und ihnen mit Wein einschütten.

Etliche brauchen zu solcher Kranckheit Krebsstein/ unter den Tranck gemischt.

Zu der Harnwinde brauchen etliche Wein in welchem Habern gesotten worden: Oder ein Loht Lohr-Bonen gestossen/ und mit Wein warm eingeschüttet.

So ein Pferd lauter stallet/ sol man ihm die Hals- oder Genick-Adern schlagen/ und ihm das Blut in Wasser mit Kleyen einschütten.

Wann die Schüppen den Pferden die Haar am Schwantz oder Wadel abfressen/ so sol man derselbigen Ort mit Kinds-Harn abwaschen/ und mit warmen Wein nätzen; darnach Käs-Pappeln in Wasser sieden/ darzu mischen den Safft von Ybschen- oder Gämsen-Wurtzeln/ süssen Wein unnd Oel/ und den Ort darmit schmieren.

Ybschen-Wurtzel ist eine gantz bequemliche Artzney zu den außfallenden Haaren.

So ein Pferd müchig oder möchig/ das ist/ an den Füssen und Schienbeinen auffgerissen ist/ sol man Schweins-Galle mit dem Gelben von dreyen Eyern mischen und auffbinden. Etliche brennen die Haar an solchen Orten herab/ mischen Schwebel und Schmär zusammen/ und schmieren sie darmit.

Wann ein Pferd holhüffig ist/ so soll man reines Werck oder Hanff zweyer Finger dick in heiß zerlassenes Hartz tuncken/ und auff den Ort warm legen/ drey Tagen hernach auffbinden/ und Essig mit Kleyen gemischt/ darein reiben.

Einem struppigen Pferd/ das ist/ welches unten an den Beinen/ oberhalb den Fiesel-Löchern und den darüber stehenden Haaren/ eine böse Räude bekommen hat/ worinnen/ wider die Natur/ Haare wachsen/ sol man helffen mit der innern Rinde von dem Lindenbaum/ selbige vierzehen Tag in Wasser beitzen und das/ so in solchem zusammen wächst/ gleich wie Salz auffstreichen. Solche Artzney sol auch gar gut seyn für den Brand der Rosse/ also daß auch kein Maal bleiben soll.

Räude/ Schrunden/ und Grind an den Füssen/ heylet man mit zerlassenem/ altem Schmeer in kalt Wasser gegossen/ wieder zusammen gesammlet und mit gepülverter Entzian gemischet. Etliche brauchen Nater- oder Schlangen-Fett.

Wann ein Pferd spättig ist/ oder die Spatten/ das ist/ Ritzen in den Fersen hat/ so sollen ihme dieselbigen herauß geschnitten werden. Etliche schneiden solche auff/ unnd binden wilde Müntz oder wilden Wolgemuth darauff.

So ein Pferd vernagelt ist/ sol man Woll-Kraut nehmen/ und zwischen zweyen Kissel-Steinen zerknütschen und quetschen/ und solches hernacher darauff binden.

Von innerlicher angeborner Natur und Neigung der Rosse.

Unter den vierfüssigen Thieren ist das Pferd ein trefflich stolzes/ hochmühtiges/ männliches und tapfferes Thier/ einer geschwinden und schnellen Art/ worzu es von der Natur einen geschickten/ unnd wolgestalten Leib hat: Dannenhero diejenige/ welche Maul-Esel zeugen wollen/ den Stutten die Mähne oder Hals-Haare abschneyden/ damit sie sich desto eher von den

Von dem Roß.

den Eseln bespringen lassen/ dann sonst machen solche Paar die Stutten stolz/ daß sie der Esel nicht achten.

Man findet an den Pferden auch eine besondere Geschicklichkeit etwas zu lernen: Dann sie kennen und verstehen die Stimme ihres Herrn oder Wärters/ und gehorchen derselbigen. So sollen sie auch im Streit ihre Feinde kennen/ und nach denselbigen beissen. Deßgleichen hat man auß der Erfahrung/ daß solche Reit-Pferde auß dem Klang der Trompeten abnehmen und verstehen sollen/ wann der Angriff zu thun/ oder der Streit nachzulassen sey/ und können nicht still stehen. Ja man lieset in den alten Historien von solcher Gelehrsamkeit der Pferde/ daß das gantze Reysige Heer der Sybariter nach dem Klang der Trompeten/ oder anderer Seyten-Spiele gar künstlich haben dantzen können/ wannenhero der Feld-Haupt-Man der Bisalterer den Cardianern mit List/ und zwar auff diese Weise/ obgesieget habe:

Der Bisalterer Hauptmann hieß Onaris, war in seiner Jugend den Cardianern verkaufft/ und ein Barbierer worden. Nun hatten die Cardianer eine Weissagung/ dz sie würden von den Bisalterern bekriegt und überwunden werden/ welches der Onaris gar offt in der Barbier-Stube hörte/ und deßwegen in sein Vaterland entflohe/ allwo er von seinen Lands-Leuten zum Feldhauptmann erwöhlet war. Weil er dann wol wußte/ daß die Cardianer/ welche allein zu Roß pflegten zu kriegen/ ihre Pferde also gewöhnet/ daß/ wann sie eine Trompette oder Pfeiffe höreten/ sich gleich auff die hindere Füsse setzten/ mit den vordern aber aufflehneten/ und lustige Possen darmit macheten; So erkauffte er etliche solche Trompeter von den Cardianern an sich; und wie beyde Theile gegen einander stunden/ und den Streit angehen wolten/ huben deß Onaris Trompeter an einen Dantz zu blasen/ welchen der Cardianer Pferde artlich nachmachten/ und damit die ihrige deß Onaris Kriegsleuthen in ihre Gewalt liefferten/ daß sie der Cardianer Land beherrschten.

Den Rossen wird ferner ein sonderbarer Verstand zugegeben: dann sie beweinen ihren Herrn/ wann derselbige auß dem Sattel gehoben und gefället worden/ welchen sie/ ihrer Weise nach/ mit jämmerlichem Himmern und Weinen/ beklagen/ wie man dann lieset/ daß deß Julij Cæsaris, ersten Römischen Käisers/ Pferd/ drey Tage vor seiner Ermordung/ gleich wie ein Mensch/ gantz bekümmert gestanden/ und Thränen-Wasser auß den Augen fliessen lassen.

Hochrühmlich ist auch zu gedencken/ deß 1666 bey beyder Aller-Durchläuchtigsten Majestäten LEOPOLDI I. Römischen Käisers/ und MARGARITÆ, gebornen Infantin von Hispanien/ 2c. 2c. Hochzeitlichen Beylagers nebenst sehr mercklichen grossen Solennitäten gehaltenen Roß-Ballets, worinnen von Ihro Käis. Mayt. selbsten nebens etlichen Cavalliern, die Pferd dermassen künstlich beritten worden/ dz so wol die Springer und andre Pferde ihre absonderliche Sprün-

Sprünge/ als auch in vierzehen Stellungen und Tantzen diese Thier/ ihr Tempo, Cadenz und dergleichen/ in allen Verwechselungen/ nach der Music in acht nehmen können/ daß solches nicht allein damahlen mit grosser Verwunderung zusehen gewesen/ sondern auch billich im 15. Theil deß Diarij Europæi dessen Meldung geschehen/ sowol auch in künstlichen/ raren und grossen Kupfferstücken prächtig und eigendlich abgebildet ist.

Scaliger schreibet/ daß ein Marckschreyer ein kleines Pferd herumb geführet/ welches alles seinem Herrn nachgethan: Unter andern habe es auff zwey Füssen gehen können/ auff den Hinder-Füssen stehend Wein getruncken/ ein Becken mit den vordern Füssen gehalten/ als wann man es barbieren solte/ und dergleichen Sachen mehr. Dergleichen auch vor wenig Jahren allhier zu Franckforth kleine schwartze Indianische Pferdlein so nicht grösser als Schaafe gewesen/ herumb geführt worden/ welche nicht allein auf das künstlichste tantzen/ sondern auch durch Reiff springen/ und andere Künste mehr machen können.

Als der Königin Mariæ auß Engelland/ welche dem Könige in Franckreich/ Ludovico, dem XII. dieses Namens/ vermählet ward/ etliche Schau-Spiele und Thurniere/ zu Ehren und Gefallen/ in Paris gehalten wurden/ war auch unter andern ein Reit-Pferd/ welches sich auff seines Reiters Zusprechen und Anstossen/ vor der Königin etliche mal gantz höflich/ nicht allein zu neigen/ sondern auch fein lustige Lufft-Sprünge zu thun/ und sich dann gar geschwinde herum zu werffen/ und auffzubäumen wuste.

So hat man auch zu Losannen gesehen/ daß einmals eines von den jenigen Reitpferden/ die der Türckische Käiser dem Könige in Franckreich zu einer Verehrung geschickt/ sich auff deß Knechts Ermahnen/ auff alle viere niedergelassen/ den Reiter auf sich genommen/ und sich mit demselbigen wieder auffgerichtet habe.

Noch werden auch etliche Pferd gefunden/ die niemanden/ als ihren rechten Herrn tragen wollen/ wie solches an Bucephalo zu sehen gewesen/ welches seltzame Pferd Philonicus auß Thessalia Philippo verehret hat/ und von keinem andern/ als Alexander sich reiten lassen.

Eine sehr grosse Liebe tragen die Pferde gegen ihre Jungen/ dann die Mutterpferde werden mager/ so ihnen ihre Jungen entzogen werden/ und wann ein Mutterpferd von einer Füllin abstirbt/ so erziehen und säugen die andere dasselbige.

Einen so mächtigen Haß soll das Pferd gegen dem Cameelthier tragen/ daß es weder sein Gesicht noch Geruch leyden kan: Es scheuet sich auch und erschrickt gar sehr vor dem Elephanten. Deßgleichen ist es gehässig dem Wolff/ Beeren/ Löwen/ Schweinen/ Eseln und Schlangen.

Wann ein Pferd in eines Wolffes Tappen tritt/ so erstarret und erstaunet es/ und ein Mutter-Pferd entwirfft: auß welcher Ursach die Ægypter/ wann sie eine Mißgeburt einer Frauen andeuten wollen/ eine Studte auff einem Wolffs-Tritt gemahlet haben.

Die Pferde förchten auch das Anschauen oder die nahe Gegenwart deß Löwens/ und hassen das gantze Schweinen Geschlecht.

Vom Gebrauch und Nutzbarkeit der Pferde.

Die grösseste Nutzbarkeit/ so man von den Pferden hat/ ist ihre Vermehrung/ deßgleichen tragen/ ziehen/ und allerley Arbeit thun/ wie droben bey ihrem Alter gedacht worden/ und in vielen andern Büchern mehr beschrieben wird/ worinnen auch enthalten/ wie sie mit Speiß und Tranck/ Stallung und allem andern/ so zu ihrer Gesundheit und Wolstand dienlich/ sollen gehalten werden.

Es wird sonst auch grosse Kauffmanschafft/ Wucher und Gewinn mit den Rossen getrieben/ so daß bißweilen ein Pferd umb etliche hundert Gülden verkaufft wird.

Auß dem Keiben oder faulen Fleisch der abgestorbenen Rosse/ sollen Wespen entspringen/ als wie von den abgestorbenen Rindern/ Bienen oder Immen.

Plinius schreibt/ daß wan die Beine von einem Kopff eines Mutterpferds/ mitten in einem Garten auff einen Pfal gesteckt werden/ so sollen die Würme dem Kraut nichts schaden.

Auß den Roßhaaren werden Siebe gemachet/ das Mehl zu reinigen/ deßgleichen Dohnen oder Schlingen/ und Angel-Schnüre/ Vögel und Fische zu fahen/ Seile/ und dergleichen.

Der Roßkoht wird unter dem Leim gebrauchet/ damit er desto zäher werde.

Von dem Fleisch uñ Nahrung/ so von dem Roß gebraucht wird/ und seiner Complexion.

Es wird das Roß-Fleisch von den Sarmatern/ Tartarn/ Wandalen/ und vielen anderen Völckern/ wie auch in Hungers-Noht/ von den Krieges-Leuthen und Soldaten gegessen/ also daß auch etliche Völcker der alten Pferde nicht verschonen/ die doch den ärgesten Safft haben/ hart zu verdauen/ und unlieblich zu essen sind/ und den Magen verletzen/ weßwegen solche Leute für viehische und raue Menschen zu achten.

In dem kleinen Scythia sollen Völcker seyn/ welche das Roßfleisch gleich wie anderes Fleisch zur Speiß nehmen. Sie sollen auch Käs und Milch/ von solchem Thier machen/ und das Thier selbst den Göttern auffopffern.

Die Einwohner in der Tartarey machen einen Tranck von Roß-Milch/ gleich dem Wein oder Bier/ worvon sie trefflich fett werden sollen.

Roß

Von dem Roß.

Roß-Milch macht einen sanfften Stulgang/ mehr als keine andre Milch/ vornehmlich das Wasser oder die Molcken/ so darvon geschieden seyn.

Man machet auch von solcher Milch einen Käs/ so von den Lateinern Hippace genennet/ und nicht wenig gepriesen wird/ sie soll auch wol speissen/ gleich wie der Küh-Käs.

Etliche Artzney-Mittel/ so von den Pferden herkommen.

Roß-Fleisch und Koht wird von etlichen gebraucht zu dem Biß der Schlangen: das Fleisch gekochet und den Schweinen gegeben/ vertreibet ihnen allerley Kranckheiten.

Die ersten Zähn/ so den Pferden außgefallen/ den jungen Kindern angehenckt/ machen daß die Kinder ohne Schmertzen und Wehtag zahnen.

Die Roß-Haar umb die Wartzen gestrickt/ machen daß sie herauß fallen: Item zu Aschen gebrannt/ stillen sie allerley Blut-Fluß.

Das Roß-Mäglein wird gebraucht für die rohte Ruhr/ für den Bauch-Fluß und allerley Schmertzen/ Wein darüber getruncken.

Die Asche von den gebrandten Klauen oder Horn/ mit Oel/ oder Wasser/ oder warmen Harn angeschmieret: Item auß Wein oder Wasser getruncken/ vertreibet sie das Grieß: und ein Rauch darvon gemacht/ treibt die todte Geburt weg.

Roß-Milch soll getruncken werden von denen/ so mit der fallenden Sucht/ oder schweren Noht behafftet seyn.

Für die jenigen/ so Mangel an der Lunge haben/ Item für den Husten/ Keichen/ und Außzehren/ wird eine solche Artzney gelobt:

Man soll ihnen den Schaum oder Geiffer von dem Maul der Pferde auß warmen Wasser drey Tage zu trincken geben; Solches soll eine gewisse Artzney seyn/ das Pferd aber zur Stund sterben

Roß-Koht zu Asche gebrannt/ und mit Essig gebrauchet/ stillet das Blut: und mit Rosen-Oel in die Ohren geträufft/ benimmt er ihren Schmertzen.

Deßgleichen wird auch der Pferds-Koht wider die Colica als ein herrlich und bewehrtes Mittel gehalten.

Von der Pferden nützlichen Gebrauch reymet Becherus also:

Das Pferd das giebt zwölff Stück zur Apotheckerey/

Das (1) Blut/ die (2) Milch/ den (3) Koht/ den (4) Speichel auch darben/
(5) Kamm-Schmaltz/ wie auch die (6) Haar/ (7) Hüff/ (8) Geylen/ und die (9) Stein/
(10) Zähn/ (11) Wartzen/ und die (12) Milch/ die muß geronnen seyn.

1.
Das Blut von Stutten/ so noch nie besprungen seynd/
Das etzet in die Haut/ und ist derselben feind.

2.
Die Milch in Husten/ und die Lungensucht ist gut/
In Engigkeit der Brust/ und so man keychen thut.

3.
Pferds-Koht in Bier gelegt/ ders trincken nur begehrt/
In Seitenstechen ist es offt und wol bewehrt.

4.
Der Speichel und der Schaum von Pferden kühlen thut/
Er lindert/ und ist in dem alten Husten gut.

5.
Wann ihr habt das Gelenck und Glieder außgefallen/
Mit Kamm-Schmaltz schmieret euch/ es hilfft vor andern allen.

6.
Die Pferds-Haar sind auch gut/ sie stopffen bald das Blut/
So man sie alsobald/ und bloß aufflegen thut.

7.
Pferds-Huf die raspelt/ und thuts auff die Kohlen streuen/
Der Dampff thut Weiber von der todten Frucht befreyen.

8.
Pferds-Geylen trocknet/ und thut sie zu Pulver machen/
Die Nach-Geburt es treibt/ und solche Weiber-Sachen.

9.
Der Stein/ den man bißweiln in Darm und Magen findet/
Der gleicht dem Bezoar, das Gifft er überwindet.

10.
Den kleinen Kindern man Pferds-Zähn anhencken thut/
Man sagt/ sie seyen für das schwere Zähnen gut.

11.
So man die Wartzen brennt/ den Dampff von unten fänat/
Er hilfft den Weibern die das Mutter-Weh bedrängt.

12.
Die Milch/ die da gerinnt in junger Füllen Magen/
Im Bauch-Fluß und der Ruhr thut man nach solchen fragen.

Von einem Thier / so auff Latein Poephagus genennet wird.

Poephagus, ist ein Indianisches Thier / möchte unter die wilden Ochsen gezählet werden / ist zwey mal grösser als ein Pferd / hat einen gantz dicken und schwartzen Schwantz / gleich wie ein Roß-Schwantz / woran die Haare so klein und zart / daß sie auch die Menschen-Haar in diesem Stücke weit übertreffen: Sonsten sind sie über zween Ellenbogen lang / weßwegen sie von den Indianischen Weibern gar hoch geachtet und gehalten werden / welche sie in ihre Haare flechten: Sie werden Poephagi genennet / auß der Ursach / weil sie Kraut und Graß essen / gleich wie die Pferde / Rinder und anderes Vieh.

Von Art / Natur und Eigenschafft dieses Thiers.

Poephagus ist unter allen Thieren fast nah das forchtsamst und erschrockneste / dann wann es vermerckt oder gewahr wird / daß es von einem Menschen ersehen worden / so fleucht es gantz eilends / und ohne einigen Verzug darvon / und wann ihm von den Jägern mit Hunden Rennen und Jagen nachgesetzet wird / und bald soll gefangen werden / so verbirget es seinen Schwantz / und krieget etwas Hertz / siehet den Jäger an / und vermeynet / wann es den Schwantz verborgen habe / so werde ihm nicht weiter nachgestellt / weil es wol weiß / daß ihm umb seines schönen / zarten und langen Schwantzes Willen nachgejaget wird: Alsdann wird es ohne Mühe von den Jägern erschossen und gefället / deß schönen Schwantzes und der Haut beraubet / das Fleisch aber hinweggeworffen.

Nicolaus Venetus schreibt von einem Geschlecht der Ochsen / so solchem Thier gantz ähnlich sey.

Von dem Schaaf.

Ovis,   Ein Schaaff.

Von äusserlicher Gestalt / Fruchtbarkeit / Grösse / Farb / Wolle und Geschlecht dieses Thiers.

Das Schaaff wird bey den Hebräern ןיע, Griechen πρόβατον, Lateinern Ovis, Frantzosen Brebis, genennt / hat vielerley Unterscheid an der Gestalt / Grösse / Farbe / Wollen und dergleichen / nach der Art und Wärme oder Kälte der Lande / in welchen sie erzogen werden: Dann erstlich sollen sie an etlichen Orten so feiste Milch geben / daß man ihrer Fettigkeit wegen keine Käs / Wasser noch Molcken davon haben kan / und obschon die Weyd / so daselbst überflüssig / fast gar dürr ist / so sol doch solches Vieh so fett darvon werden und so viel Speck bekommen / daß es unglaublich seyn soll.

Die Indianischen Schaaff und Geyssen / sollen auch den allergrössesten Eseln gleichen. Wie auch die Pyrrhischen Schaaff / von dem König Pyrrho also genennet / überauß groß unnd schön; Aber in der Insul Chio, auß Mangel der Weyd / oder Speise gantz klein und unvollkommen seyn / jedannoch sonderlich gute Käse geben.

In der Landschafft der Abydener oder Budianer, wie auch in Spanien werden lautere schwartze Schaaff gefunden. In der Polentier Gegend / bey den Alpen gelegen / gantz graue. In Asia und Betica gantz rothe. In der Stadt Canusium tunckel-rohte; In vielen Landen aber gantz weisse / so für die beste und löblichste Farbe geachtet wird.

Die Wolle an diesen Thieren ist an etlichen Orten gantz lind und zart / an anderen rauh / die Italiänische wird vor andern gepriesen. An etlichen Orten sollen sie bedeckt auff die Weyd getrieben werden / damit die Wolle unbefleckt / und allerley Farbe anzunehmen bequemlich sey. In den Landschafften Istria und Lyburnia soll die Wolle rauh seyn wie Haar / und in Æthiopia wie Kameel-Haar.

Ein

Von dem Schaaff.

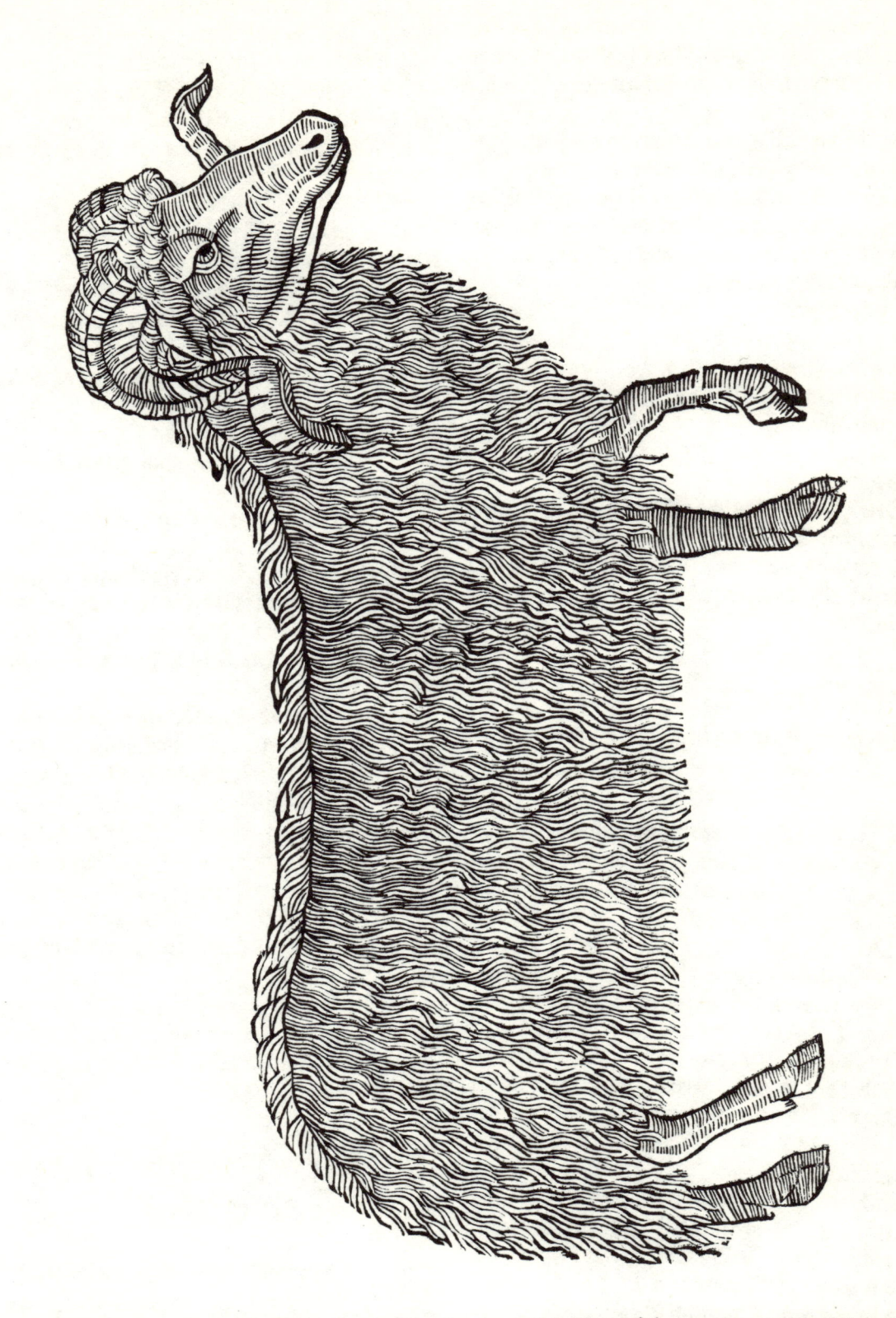

Ein wunderbarlichen / dicken / breiten / grossen / und fetten Schwantz sollen sie an etlichen Orten / und zwar in der Landschafft Syrien einen von einem Elnbogen breit / haben.

Von den Saramantiern werden die Schaaff mit Fleisch und Milch gespeiset.

Von den wilden Schaafen.

ES werden auch wilde Schaaff gefunden / dann die zahmen sollen von den wilden jhren Ursprung haben / gleich wie auch das Geschlecht der Geyssen.

In der Landschafft Phrygien / unnd etlichen Bergen deß hindersten Theils Indiæ, sollen sie gantz häuffig gesehen werden / und nicht viel grösser dann die inheimischen / aber viel schneller / und stärcker zu dem Kampff / und mit starcken Hörnern und Kopff versehen seyn / so daß sie auch die wilden Schwein zu Boden werffen / und wider sich selber / ja gar biß auff den Todt / streiten sollen.

Von innerlicher Gestalt dieser Thiere.

IN Africa sollen die Schaafe keine Galle / hingegen die in der Gegend Naxus zwo Gallen haben.

Homerus bezeuget dieses: daß die Widder und die Schaaff in Lybia gleich Hörnericht ge-

geboren werden: dargegen sollen ihnen in Ponto gantz keine Hörner wachsen. Albertus schreibet/ er habe einen Widder gesehen/ so vier Hörner an seiner Stirne/ und zwey an seinen Schienbeinen gehabt/ gleich den Geyßhörnern. So ist auch einsmals ein Widder in Savoyer-Land mit sechs schönen Hörnern gesehen worden.

Das Schaaff hat weniger Zähn als der Widder/ gleichwie auch der Bock derselben mehr hat/ dann die Geyß/ und ein Mann mehr/ dann eine Frau/ wie etliche wollen.

Diese Thier schieben auch ihre Zähn/ und heben an nach anderthalb Jahren/ nemlich an den 2. vordern. Darnach nach sechs Monathen verwandlen sie die zween nächsten/ hernach die anderen/ und also weiter fort/ daß sie in dreyen/ oder zum längsten in vier Jahren alle verwandelet werden.

Den Jungen sind ihre Zähn ungleich/ wann sie im besten Alter sind/ so werden sie einander gleich/ wann sie anheben alt zu werden/ so schliessen sie sich ab/ mindern sich/ und werden garstig/ und faul.

Von Natur und Eigenschafft dieser Thiere/ und zwar erstlich von ihrer Speis und Nahrung.

Die Schaaff werden fast gespeißt als wie ein anderes Vieh/ nemlich/ wie die Küh/ Ochsen/ Geyssen und dergleichen/ mit Gras/ Heu/ Kraut und Laub/ oder Zweigen von allerley Sträuchen: Sie rauffen das Gras auß der Wurtzel herauß/ schänden die Bäume/ gleich wie auch die Geyssen/ und ist ihr Biß dem mehrern Theyl der Zweige gantz schädlich und gifftig/ dann sie verderbet und verdorren davon: Sie habens gar nicht gerne/ daß man ihnen den Ort der Weyde offt veränderet/ als wie die Geyssen/ und bleiben gesünder/ so sie an trockenen Orten gewäidet werden: Dann an fetten und wässerichten Orten bekommen sie mancherley Kranckheiten. Vornehmlich aber lieben sie die Felder/ so mit dem Pflug umbgekehret sind/ und brache ligen: Jedoch ist kein Feld noch andere Waid so gut nicht/ von welcher solches Vieh mit der Zeit nicht einen Unlust kriege zu essen/ man komme dann solchem zuvor mit Saltz/ so ihnen dargeworffen wird zu lecken/ wann sie von der Waid kommen: Dann solches Saltz machet ihnen Begierde zu trincken und Lust zu essen. Zur Winters-Zeit aber werden sie gespeiset mit Laub/ oder den äussersten Schossen von Ulmen/ oder Esch- und Eych-Bäumen/ und mit dem Grummet/ das ist/ mit Herbst-Heu/ deßgleichen mit Cythiso und einheimischen Wicken/ wie auch mit Gersten/ Bonen/ Erbsen/ und allerley Gemüß/ so in rechtem Geld gekaufft kan werden: Dann alle diese Sachen sind solchen Thieren eine gute Winter-Speise.

An etlichen Orten in Jndien/ an dem Meer gelegen/ werden die Schaaffe mit Fischen gespeiset/ als welche mit grosser Mänge in dem angräntzenden Meer gefangen werden/ und von deßwegen soll auch solcher Schaafe Fleisch nach Fischen schmäcken/ daß auch etliche mit Fleisch und Milch gespeiset werden/ ist daroben gedacht worden.

Jn Arabien sollen die Schaaffe mehr von gutem Gesang/ Pfeiffen/ und anderm Music-Spiel fett werden/ dann von der Speise.

Wiewol Albertus davor hält/ daß die Schaaff von vielem Trincken und trüben Wassern sonderlich fett werden/ so wollen doch etliche/ daß/ je weniger sie trincken/ je besser und zärter ihre Wolle wachse/ auß der Ursach werden sie bey den Hispaniern von dem Wasser abgehalten/ und löschen sie ihren Durst nur eintzig und allein mit dem Morgen-Thau.

Es schreibet auch der wolbekandte Valerius Maximus: daß in der Jnsul Cephalonia, ob gleich alle andere Thiere deß Tages einmal zur Träncke getrieben werden/ doch die Schaaffe gantz nicht trincken/ sondern mit auffgerecktem und auffgesperretem Maul fassen sie allein die kühle Lufft auff.

Das Getränck oder Wasser verursachet an den Schaaffen mancherley Farben/ gleichwie von etlichen Brunnen und Flüssen geschrieben wird. So ist auch die Histori deß Patriarchen Jacobs/ als er bey seinem Schwäher Laban dienete/ männiglichen bekandt/ und kan in dem ersten Buch Mose/ am dreyssigsten Capittel außführlich gelesen werden/ wie er durch Kunst von den Schaaffen fleckigte Lämmer überkommen habe.

Unter allen Thieren gibt ein Schaaff/ nach der Ansehung seiner Grösse/ am allermeisten/ und am allerlängsten Milch/ dann sie geben acht Monath durch Milch.

Von der Vermehrung der Schaaffe.

Die Schaaffe/ deßgleichen auch die Widder (oder wie sie anderswo genennet werden/ die Störe oder Zäckel) heben sich an zu vermehren gleich im ersten Jahr/ sollen jedoch vor zweyen Jahren nicht zu den Widdern gelassen werden/ nach sieben Jahren sind sie zum Gebehren unnütz: Sie heben an zu lauffen mitten im Mäyen/ und treiben solches Werck biß auff die mitten deß August-Monaths: Leben biß auff elff Jahr/ doch an etlichen warmen und gesaltzenen Orten/ so am Meer gelegen/ leben sie auch biß auff zwantzig Jahr: Wann die alten erstlich vor den jungen geyl und lauffig werden/ so verhoffen die Hirten ein gutes/ vollkommenes/ gesundes Jahr: Wann aber die jungen den alten vorlauffen/ so befahren sie ein rauhes/ ungesundes Jahr und Pestilentzische Kranckheiten.

Von dem Schaaff.

Die Schaaff/ und auch die Geyssen/ tragen fünff Monat/ und gebähren zu End deß Herbsts. Die Zeit über/ weil sie bey den Widdern gelassen werden/ sollen sie mit einerley Wasser getränckt werden: Dañ mancherley Wasser oder Tranck machet gefleckete Frucht/ und verderbt auch die Frucht. Nachdem die Schaaff empfangen/ sollen die Widder abgesondert werden.

Die jungen Schaaf gebähren mehrentheyls nur eines/ so sie älter worden/ zwey/ bißweilen drey/ auch viere: an etlichen Orten gebähren sie des Jahrs zwey mal/ von wegen deß warmen Landes und vielen Futters.

Plinius hält darfür/ daß wañ man dem Widder den rechtē Geyl verbinde/ sie lauter Weiblein/ und bey Gegentheyl/ wann man den Lincken zubinde/ lauter Männlein gebähre. Es sollen auch gewisse Wasser seyn/ wann von demselben die Schaaff trincken/ lauter Männlein werffen sollen. Gleichwie aber die fette Widder träg/ als seynd auch die fetten Schaaff meistentheils unfruchtbar. Die Widder geyl zu machen/ werden sie umb ihren Sack mit Saltz offt gerieben.

Von etlichen Kranckheiten der Schaafe und ihrer Artzney/ und zwar erstlich für alle ins gemein.

Wermuth zu Pulver gestossen/ unter das Saltz gemischt/ und den Schaafen dargeworffen/ vertreibt alle Kranckheiten.

Item Entian in Wasser gesotten/ und ihnen eingeschütt; Deßgleichen soll man ihnen Epheu und ein Kraut/ so auff Latein Adianthon genennet wird/ zu essen geben.

Item Geiß-Milch unter Wasser gemischt/ und dem Vieh zu trincken gegeben/ vertreibt fürnemlich das Feber.

Ein Magen von einem Widder in Wein gesotten/ mit Wasser abgewäschen/ und im Tranck den Schaafen gegeben.

Zu sonderbaren Kranckheiten.

Wann sie die Pestilentz bekommen/ so soll ihnen ihr Ort/ die Lufft und der Tranck veränderet/ und die Herde in viel Theyl getheylet werden.

Ist ihnen der Bauch auffgeblasen/ daß sie nicht essen/ so sollen ihnen die obersten Ohren abgeschnitten/ und die Seiten oder Ripper mit Rauten geschmiert/ oder ihnen Alant-Wurtzel in Wasser gesotten eingegeben werden: oder/ so sie kein Wasser haben/ so mischen sie es mit Menschen-Harn/ und schütten es ihnen ein.

Wann sie einen Blutsauger getruncken haben/ so sol man ihnen warmen starcken Essig oder Oel einschütten.

So sie von gifftigen Thieren verletzt worden/ sol man ihnen Schabab-Saamen mit Wein einschütten.

Die Räude der Schaafe soll/ wann die Wolle zuvor abgeschoren worden/ gewaschen werden mit Wasser von gesottenen grossen weissen Feig-Bonen (Lupini) und Eberwurtz.

Den Schaafen wachsen auch Kröpff/ von solchen sagt man/ daß sie keichen/ sie verschwinden aber von ihnen selber/ wann sie auff die Frühlings-Weyde getrieben werden. Etliche mischen ihnen unter das Futter/ oder viel mehr unter das Saltz Wachholderbeeren/ oder Hirschzungen gestossen.

Für die Kranckheit der Lungen/ und für den Husten wird ihnen gepülverte Hasel-Wurtzel unter das Saltz gemischet/ oder Schaaff-Kraut (Pseudochamandri) und Gamanderlein.

Wann sie den Bauch-Fluß haben/ so giebt man ihnen Tormentillwurtzel im Tranck/ oder Saltz/ und wann sie dann der Durst ankomt/ rohten Wein ein.

Von angeborner Natur/ und innerlicher Neigung der Schaafe.

EIn Schaaff ist ein mildes/ einfältiges/ demütiges/ stilles/ gehorsames/ forchtsames und närrisches Thier/ umb deß willen/ wie auch von der Nutzbarkeit wegen/ sie von den Menschen gespeiset und erzogen werden. Ohn einen Hirten verlauffen sie sich bald/ und sind gantz irrig.

Wann eines sich verläufft oder verfällt/ so stürtzen sich die andern alle hernach: und wann eines bey dem Horn voran gezogen wird/ so folgen die andern auch alle hernach. Sie gehorchen auch der Stim̃ der Hirten/ und dem Bellen der Hunde; dann wann sie solches hören/ lauffen sie zu hauffen/ und lassen sich darvon treiben.

Die Geiß ist mit den Schaafen ein verträgliches/ hingegen der Wolff gar ein widerwärtiges und auffsätziges Thier: Dañ wañ ein Schaaff von dem Wolff erwürgt worden/ ob gleich das Fleisch lieblicher/ so wird doch die Wolle in kurtzem unnütz/ und fällt ab. Den Bienen sind die Schaaff auch überlegen/ dann sie bleiben in ihrer Wolle behangen.

Von der Nutzbarkeit/ so von solchem Thier kommt.

UNter den wilden Thieren/ so umb der Nutzbarkeit willen von dem Menschen gefangen/ und kirr und zahm gemacht worden/ sollen billig die Schaaff den Preiß behalten/ auß Ursach/ weil solches Thier von Natur mild/ still/ und nicht grim̃ig/ auch grossen Nutzen bringt mit der Vermehrung/ mit Milch/ Käs/ Butter/ Fleisch/ Wolle und Därmen/ so zu Seiten

ten gemacht werden/ wie auch mit dem Fell/ worauß Leder und Peltzwerck zubereitet wird/ deßgleichen mit dem Mist/ so daß fast nichts an dem Schaaff ist/ so nicht sonderlichen Nutzen bringe. Auß welcher Ursach die Teutschen ein altes Sprüchwort im brauch haben/ dz sie sagen:

Hat Hien und Schaaff/
Lig still und schlaaff/
Doch schlaff nicht lang/
Den Nutzen fang.

Auß den Schaaff-Fellen wird auch Pergament zubereitet/ wovon das dünne und zarte gebraucht wird umb darauff zu schreiben und zu drucken/ das stärckere aber/ Bücher damit einzubinden.

Mit dem Schaaf-Unschlitt schmiert man auch das Leder/ und braucht ihre Beine zu Hefften an den Messern.

Auß ihrem Harn sollen die Rhetier Salpeter machen.

Vom Fleisch der Schaafen/ und seiner Complexion.

Das Schaaff-Fleisch hat viel überflüssige Feuchtigkeit/ und macht daher im Menschen ein pituitosischs/schleimiges/ und arges Blut; Schadet allen denen/ so einen kalten feuchten/ und schleimigen Magen haben. Ist sonst am Geschmack dem Menschen angenehm und lieblich.

Das Schaaff-Fleisch wird von den Engelländern einen Tag in das Saltz geleget/ und im Rauch gedörret.

Auß der Schaaffs-Leber und dem Netze/ wird/ dem Lands-Gebrauch nach/ unterschiedliches Essen zugerichtet.

Schaaff-Milch und Käs ist dem Menschen gesünder als Küh-Milch und Käs/ sie ist auch süsser und dicker/ speißt und nähret wol/ und ist dem Magen gesund.

Schaaff-Käs/ je neuer er ist/ je besser und gesünder er ist/ wann er aber alt und hart worden/ so ist er auch ungesund/ und übel zu verdauen.

Etliche Stücke der Artzney/ so von solchem Thier in Brauch kommen.

Schaaff-Fell frisch außgezogen/ und also warm auff diejenigen geleget/ so mit Ruhten hart gestrichen/ oder sonst geschlagen sind/ ist die allerköstlichste Artzney/ welche ihnen in einem Tag und Nacht gantz wieder zu rechte hilfft.

Schaaff-Blut getruncken/ wird gelobt für die fallende Sucht.

Schaaff-Unschlitt bey dem Feur zerlassen/ ein Tüchlein darein getuncket/ und auff den Brand gelegt ist eine gute Artzney. Auch benimmt es das rauhe an den Nägeln/ und mit Alaun gestossen oder gekocht/ wird es den Orten/ so erfroren seyn/ auffgelegt als ein Pflaster. Gemischt mit Aeschen von Frauen-Haar/ ists gut den Gliedern so auß einander/ oder verrenckt sind. Gekochet/ und mit rauhem Wein getruncken/ vertreibt es den Husten/ die rohte Ruhr/den Bauch-Fluß unnd das Grimmen im Bauch.

Schaaf-Hirn mit ein wenig Honig gemischt/ ist gut den Zähnen der jungen Kinder.

Schaaff-Lungen warm auffgelegt/ vertreibt die blauen Mähler/ so von Schlägen herkommen; deßgleichen auch also warm auff das Haupt geleget/ das tobende Haupt-Wehe. Mit Leinsaamen gekocht/ und die Lunge genossen/ die Brüh aber getruncken/ ist sie gut denen/ so die rohte Ruhr haben.

Schaaff-Galle ist/ wie auch alle andere Gallen/ gut den geschwornen und enterichten Ohren: Und mit Frauen-Milch eingeträufft/ heilet sie das/ was in den Ohren mag zerrissen seyn/ auch auff den Wolff oder Krebs gestrichen/ heylet und hilfft diese Galle.

Schaaff Milch warm getruncken/ wird gelobt für allerley Gifft/ außgenommen die/ so von dem Buprestein/ ist ein Käfer/ oder von der Wolffs-Wurtz getruncken haben/ wan man sich damit gurgelt/ist sie gut dem geschwollnen Mund und Rachen/ fürnehmlich wann man sie warm/ wie sie erst gemolcken worden/ darzu braucht.

Alter Schaaff-Käs ist gut denen so die rohte Ruhr haben/ wann er nef milich also gessen/ oder geschaben in Wein getruncken wird.

Ein erfahrner Artzt in Mysia, brauchte zu seinen Zeiten Schaaffs-Koht zu allen harten Drüsen und Geschwulsten/ auch Aegersten oder Hüner-Augen/und dergleichen/ worzu er denselbigen in Essig zergehen ließ/ auch die Malzeichen/ so von dem Brand kommen/und den Brand heylete er mit solchem Koht/mit Rosen-Oel und Wachs gemischet.

Schaaffs-Koht aufgelegt/vertreibet die Wartzen und Hüner-Augen.

Mit Oel gestossen/und als ein Pflaster auffgelegt/ heilet er die frischen Wunden: Und in Wein gesotten/ und auffgelegt/ heilet er den Nater-Biß.

Von der schweißigten Schaaf-Wolle/ Oesipus genannt.

Zur Zeit deß Sommers werden die Schaaff beschoren/ wann sie voller Schweisses sind/ alßdann wird die Wolle/ so von dem Halß/ unter den Schultern/ und unten am Bauch geschoren wird/ absonderlich auffgehoben: Dann sie wird sehr zur Artzney gebraucht/ und hat kräfftige Wirckung/die Wolle wird entweder samt dem Schweiß und Unflat auffgehoben/ oder der Schweiß und Unflath darvon gesondert und gereiniget.

Die Wolle samt dem Schweiß ist ein bequemliches Ding/ mancherley Feuchtigkeit für allerley Gebrächen darmit auffzufassen/ und darmit auffzulegen: Als auff Wunden/ auff geschlagene/

Von dem Schaaff.

ne/ zerquetschte/ gefallene/ und gestossene blaue Mähler und auffbrochene Beine/ in Essig/ Oel oder Wein gebeitzt.

Sie wärmet für sich selbst/ lindert/ führet auß/ und mildert die Schmertzen deß Haupts/ deß Magens/ und anderer Theile deß Leibes/ wann sie mit Essig oder Rosen-Oel auffgelegt wird; Mit Saltz/ Essig/ oder Wein wird sie gebraucht zu den Gliedern/ so auß einander/ oder vertretten sind; Mit Honig für alte Schäden.

Die Schaaff-Wolle zu Aeschen gebrandt/ hat eine resse/ beissige/ und hitzige Krafft/ welche bald würcket und durchdringt/ derhalben ist sie gut zu den feuchten/ linden/ und geschwolnen alten Schäden/ und trocknet hefftig. Sie soll in einem neuen irdinnen Häfelein gebrandt/ solches Häfelein aber mit einem durchlöcherten Deckel/ gleich wie auch alle andere Artzneyen/ so man pfleget zu Aeschen zu brennen/ zugedeckt werden.

Die Wolle samt dem Schweiß zu Aeschen gebrandt/ und mit Essig gemischet/ und auff die Schläff gebunden/ dämpfft das Haupt-Wehe; Sie wird auch auff sieche/ gebrandte/ und verwundte Orte geschmieret; deßgleichen zu den Augen/ Ohren/ Fistulen/ und dergleichen gebrauchet.

Von dem Oesipo, das ist/ von dem Schweiß oder Unflath selbsten allein/ so von der Wollen abgesondert worden.

Der Oesipus wärmet/ führet auß/ und lindert das so hart ist/ ist gut den trieffenden Schäden/ Krebs und solchen Gebrächen/ so umb sich fressen/ er etzt auch hinweg ihre hohe Lefftzen/ und überflüssiges Fleisch/ füllt auch auß/ und heilet dieselbigen zu.

Mit Honig vertreibt er die Flecken deß Angesichts/ etliche thun auch Butter darzu.

Er wird auch in einer Kachel gebrant/ zu gar stigen/ räudigen/ geschwollenen/ rohten Augen. Oesipus mit Gäntz-Fett/ heylet nicht allein die Geschwär und Schäden der Ohren/ sondern auch deß Mundes und der Gemächte: Treibt auch die Geburt und den Fluß der Weiber. Ist weiter gar trefflich und köstlich gut für die entzündete Mutter der Weiber/ wie dann auch für den Schmertzen unnd Gebrächen deß Sitzes mit Butter und Meliloto, oder gelbem Klee/ sonst auch Stein-Klee genannt/ oder ohne andere Artzneyen: ist auch gut für allerley Gebrächen an der Scham der Weiber.

Von dem nützlichen Gebrauch reimet in folgenden Verßen Becherus also:

Vor andern ist das Schaaff ein sehr gedultig Thier/
Der Apotheck gibt es zwölff Stücke zum Gebühr/
Daß Schaaff zu solcher Sach muß seyn noch ziemlich jung/
Auß ihm ist gut die (1) Gall/ (2) Woll/ (3) Milch/ die (4) Bein und (5) Lung/
Die (6) Läuß/ der (7) Koht und (8) Harn/ die (9) Därm und (10) Hirn darbey/
Die (11) Blas wie auch das (12) Fett/ die nützen vielerley.

1. Man saget vor gewiß/ und auch ohn allen Scheu/
   Daß Schaaffs-Gall in der Fraiß ein sicher Mittel sey.

2. Die schwartze Schaaffs-Woll zum geschwollnen Halß ist gut/
   Wann man denselben warm darmit umbwinden thut.

3. Geronnen Schaaffes-Milch zertheilt und treibt gewiß
   Gestockte Milch und Gifft/ auch böser Thieren Biß.

4. Wann man zur zarten Asch die Schaaffs-Bein thut verbrennen/
   Sie heylt die Wunden zu/ die sonst nicht heilen können.

5. Die Schaaffs-Lung und die Därm die legt auff das Haupt/
   Es hilffet denen/ so seynd deß Verstands beraubt.

6. Man sagt es vor gewiß/ und vor ein wahr Geschicht/
   Neun Schaaffs-Läuß an der Zahl stillen das lauffend Gicht.

7. So man sich hat verbrennt/ und nimt den Schaaffs-Koht bald/
   Legt solchen über/ er stillt Schmertzen dergestalt.

8. Vier Untzen Schaaffs-Urin das Wasser treibet sehr/
   Falls zwischen Haut und Fleisch es hart verschlossen wär.

9. Die warme Därm man auch in Colic-Schmertzen braucht/
   Der böse Dampff darvon im Leibe bald verraucht.

10. Von einem Widder nimt das Hirn/ und braucht es bald/
    Den übergrossen Schlaaff es stillet mit Gewalt.

11. Die Schaaffs-Blas sollet ihr zu einem Pulver brennen/
    Es hilffet denen die den Harn nicht halten können.

12. Schaaffs-Unschlitt mischet wol mit gutem rohten Wein/
    Es stillt den Bauch-Fluß und das böse Grimmen ein.

Von den Arabischen Schaafen.

Ovis Arabica latæ caudæ. Ein Arabisches Schaaff mit einem breiten Schwantz oben an den Rippen.

Von ihrer Gestalt.

Diese frembde Thiere/ sollen/ so viel die Gestalt/ Woll und Farbe betrifft/ den gemeinen bekannten Schaafen gantz ähnlich/ nur ein wenig grösser/ auch die Schienbein und Vordertheyl deß Angesichts ein wenig röhtlicht seyn. Der Schwantz zu oberst ist einen Ellenbogen breit/ und nach und nach ist er ein wenig mehr zugespitzt/ so lang biß daß er am Ende den gemeinen Schaaf-Schwäntzen gleich wird. Dergleichen Schaaff mit breiten Schwäntzen werden auch in Africa gesehen/ die jedoch also gestaltet sind/ daß die Schwäntz am End sich nicht zuspitzen/ sondern breit bleiben wie eine Taschen.

Von Art und Natur dieser frembden Schaaffe.

Kraut/ Fleisch/ Fisch/ Brod/ Käs/ und allerley dergleichen Speise fressen diese Thiere/ etliche pflegen sie auch mit Kleyen und Gersten zu mästen. Diese Thiere aber haben diese Art an sich/ daß sie alle Fettigkeit in den Schwantz legen/ auch im Leibe so fett werden/ daß sie sich kaum bewegen können/ und die Hirten ihre Schwäntz auff kleinen Karren oder Wäglein nachschleiffen müssen. Von solchen fetten Schwäntzen sollen etliche zehen oder zwantzig/ etliche auch wol achtzig Pfund wiegen. Und wie die Einwohner in selben Landen sagen/ sollen etliche anderthalb Centner gewogen haben.

Von einem andern Arabischen Schaaff.

Ovis

Von dem Schaaff.

Ovis Arabica altera, caudâ longâ. Ein anderes frembdes Schaaff/ mit einem langen Schwantz.

Von seiner Gestalt.

Diese Schaafe sollen den vorhergehenden in aller Gestalt gäntzlich gleich seyn/ aber einen so langen Schwantz haben/ der über drey Ellenbogen lang seyn soll.

Von dem Widder.

Aries.   Ein Widder/ ein Hoden-Widder/ ein Ramchen/ Oder (wie es anderswo genennt wird) ein Stäer/ oder Zackel.

Von mancherley Geschlecht/ Schönheit und Grösse der Widder.

Die unterschiedliche Gattungen der Schaafe/ sind allbereits hiebevor beschrieben worden/ eben dasselbige soll auch hier von den Widdern verstanden werden. Bey den Einwohnern in Indien sind gar grosse Schaaff und Widder/ welchen man die Schwäntz abschneidet/ und Oel darauß truckt.

In der Landschafft Tartaria, von andern Scythia genennet/ sind die Widder nicht kleiner dann die Esel/ mit so langen und breiten Schwäntzen/ daß einer dreyssig Pfund wägen/ auch gantz schön von Gestalt/ fett und lieblich zu essen seyn soll.

In deß Königs Pallast in Arabien/ soll ein so fetter Widder gewesen seyn/ daß sein Schwantz an Fett viertzig Pfund soll gewogen haben. Sie sollen sonst keine Hörner haben/ aber so fett seyn/ daß sie schwerlich gehen können.

Es sollen auch noch andere/ aber gantz weisse Schaaffe seyn/ welche einen Schwantz einer Elen lang/ und am Halse eine Wampe oder hangende Haut/ gleich wie die Ochsen/ auch biß auff den Boden herab/ hangen haben.

Die Rhetier/ oder Graupündtner/ so im Rheinthal/ und anfangs deß Rhein-Strohms/ wohnen/ haben Widder/ welche/ wann sie zu ihrem Alter kommen/ das ist/ sechs oder achtjährig worden sind/ so wachsen ihnen neben ihren alten und ersten Hörnern noch andere kleinere/ etwann zwey oder drey/ auch mehr herauß: Sie/ die Widder/ selbst sollen von Natur gantz muhtig/ starck und fräsig seyn/ und von den Hirten/ wann sie im Zorn gegen einander kämpffen/ als Pferde geritten werden. In Italien sollen etliche von Natur vier oder sechs Hörner haben.

Von Natur und Eigenschafft dieses Thiers.

Albertus schreibet/ daß der Widder ein halbes Jahr schlaaffe auff einer Seiten/ und das andre halbe Jahr auf der andern seiten/

Ælia-

Ælianus benamset die sechs Winter-Monath hierzu/ und sagt/ von dem zwölfften Tag Septembris/ biß auff den zwölfften Mertzens/ schlaaffe er auff der lincken/ die übrige Zeit deß Sommers auff der rechten Seiten.

Die Stier/ Widder/ und Böcke werden zur Zeit ihrer Brunst gantz grittig/ ob sie gleich vormals sich einhellig bey einander geweydet haben/ aber zu der Zeit der Brunst stossen und hassen sie einander.

Die rechte Zeit und bestes Alter/ in welchem man die Widder zu den Schaafen brauchen soll/ ist von dem andern Jahr an/ biß auff achte/ deßgleichen auch bey den Schaafen.

Den Widdern/ so sie zu solcher Arbeit faul sind/ werden etliche Kräuter und Wurtzeln unter die Speise gemischt/ als Zwibel/ Saltz/ Stendelwurtz/ und etliche andere: Sie kommen zum ersten an die älteren Schaaff/ so ihnen zeitlich gehorchen/ darnach auch an die jungen.

Man mag sie allezeit unter den Schaaffen lassen/ so hat man allezeit Junge/ wiewol etliche wollen/ man solle sie im Aprillen zulassen/ damit die Jungen vor dem Winter oder der Kälte erstarcken können. Andere aber sagen vom Heu-Monath.

Zur Zeit ihrer Brunst/ stossen sie sich mit einander umb die Schaaffe/ und damit sie es mit grösserm Gewalt und Stärcke thun können/ so tretten sie von einander/ und lauffen dann mit grosser Geschwindigkeit und Stärcke wider einander zusammen/ und wiederholen es eine Zeitlang/ auß welcher Ursach ihm ohne Zweiffel der Name Widder gegeben worden.

Von Außerwählung deß Widders.

Einen guten/ starcken/ und nützlichen Widder zu erwählen/ sollen zwey Dinge betrachtet werden/ erstlich/ nemlich die Gestalt: Zum andern das Geschlecht oder die Zucht/ was für eine Art von ihm herkommen sey.

Die Gestalt soll also seyn/ daß er viel Wolle an der Stirne/ und rund gekrümmete Hörner/ welche sich ein wenig gegen dem Maul strecken/ schwartzgelbe Augen/ mit Wollen bedeckt/ weite/ grosse Ohren/ eine breite Brust und Lenden/ wie auch einen breiten und langen Schwantz habe: Seine Zunge soll nicht schwartz oder mancherley Farben seyn/ dann wie die Adern unter seiner Zunge geformet unnd gefärbet sind/ eben auch solche färbige oder fleckigte Wolle haben seine junge Lämmer.

Nach dem Geschlecht/ oder nach der Zucht/ kan ihn wählen oder außlesen/ so hübsche/ schöne junge Lämmer von ihm herkommen.

Von angeborner Art und Geschicklichkeit dieser Thiere.

Einer jeden Schaar oder Heerde Schaafe werden ihre Führer und Haupt-Leuthe geordnet/ welche/ wann ihnen der Hirt mit und bey ihrem Namen rufft/ vor allen daher traben/ worzu sie von Jugend auff gewöhnet werden.

Der Widder/ wann er erzürnet wird/ oder sonst erstaunet und sich förchtet/ so scharzet er/ auß angebornem Zorn/ mit seinem rechten Fuß in das Erdreich/ und das vornehmlich zur Zeit der Brunst.

Der Grimm und das Stossen deß Widders wird ihm benommen/ wann man ihm seine Hörner bey den Ohren durchbohret.

Den Wolff fleucht der Widder/ ob er ihn gleich vormals nicht gesehen hat: Dargegen läßt der grosse scheußliche Elephant/ wann er eines Widders ansichtig wird/ seinen Zorn und Grimm fahren.

Wann die Widder zornig gegen einander lauffen/ und einander stossen/ so verkündigen sie Ungewitter.

Von dem Fleisch deß Widders/ und seiner Complexion.

Aller verschnittenen Thiere Fleisch ist lieblicher/ gesünder und besser/ als deren so nicht verschnitten sind: Das von alten Thieren aber ist das allerärgeste. Doch ist das Fleisch deß Widders weniger feucht und schleimig als das Schaaff-Fleisch/ aber schwerlicher zu verdauen.

Die Hoden deß Widders werden in 4. Theil und gleich wie die Leber zerschnitten/ mit Netze/ und Salbeyen umbwickelt/ und zu einem besondern Essen zubereitet.

Etliche Stücke der Artzney/ so von dem Widder herkommen.

Ein Pflaster von dem Fell deß Widders wird beschrieben von Arnoldo de Villa Nova, unnd zu den gebrochenen unnd geschwollenen Gemächten gelobt.

Von der Wollen deß Widders einen Rauch gemacht/ treibt den Weibern die außgefallene Mutter wieder ein.

Die Wolle mitten auß den Hörnern in einem Häfflein zu Aeschen gebrannt/ gepülvert und mit Essig an die Schläff und Stirne gestrichen/ benimmt das Haupt-Weh.

Schaaffs-Lunge/ fürnemlich deß Widders Lunge/ macht die Mähler wieder hübsch.

Deß Widders Galle mit seinem Unschlitt ist gut zu dem Podagram.

Das Horn zu Aeschen gebrannt/und mit Oel angestriechen/macht das Haar wachsen.

Die Lunge von dem Widder warm auffgelegt/nimpt das überflüssige Fleisch weg/auch heilet sie die Blasen/so die Schuhe getruckt haben.

Die Galle deß Widders vertreibt den Schmertzen der Ohren/so von Kälte herkompt.

Die Hoden deß Widders gedört und gepülvert/und ein wenig davon in Wasser oder Eselsmilch getruncken/soll für die fallende Sucht gut seyn. Es haben etliche geschrieben/daß von den zerstossenen unnd vergrabenen Widderhörnern Spargen wachsen solten/welches aber Dioscorides widerleget. Wann sie gleichfals bey die Feigenbäum sollen gethan werden / solle die Frucht eher zeitig werden / nach Alberti Magni Meynung.

Von dem Hammel.

Vervex. Ein Hamel/ oder Hammel/ etliche/ so auff den Alpen wohnen/nennen jhn einen Frischling/andere/ einen Schöps.

EIn Hammel wird auff Teutsch der Widder genannt / wann er verschnitten worden. Er wird aber auff zweyerley Weise verschnitten: Die erste ist/wann jhnen die Hoden gantz herauß/ oder sampt dem Sacke/ hinweg geschnitten werden/solches nennen die Teutschen heilen/und das Thier Heil-Widder.

Die andere Art zu verschneiden ist/wann jhnen in der Jugend die Hoden zerknütscht werden/ solche nennt man Knütscher/ auff solche Weiß sind vor Zeiten auß den Menschen die Eunuchi gemachet worden.

Vom Fleisch dieses Thiers/ und seiner Natur.

DEr verschnittenen Heil-Widder Fleisch ist gesunder und besser als das Schäfene / oder von Widderen/dann man achtet es für warm und feuchte / der anderen Fleisch aber ist viel zu feucht und schleimig.

Artzney.

DEr Kopff von einem Hammel/ oder Schöpse/ sampt den Füssen und Kuttlen und Gerste in Wasser gesotten/und ein Bad davon gemacht/ ist gut denen/so contract sind.

Von dem Lamb.

Agnus. Ein Lamb/ oder Lämblen.

Von Natur dieses Thiers.

ES schreibet Homerus, daß in Africa die Lämmer gehörnet seyen/ so bald sie an Tag kommen.

Die Schaaff/ wann sie das erste mahl gebähren/haben kleine Junge: Die aber zur Frühlingszeit geworffen werden/ werden grösser/ fetter und stärcker/dann die/ so im Herbst oder Winter kommen: Wiewol auch Leute gefunden werden/ so die Winterlämmer höher achten.

So bald die Lämmer geboren worden/ sollen die Hirten sie auffrichten/ zu dem Euter stellen/ und jhnen die Milch in jhr offenes Maul melcken/ damit sie lernen saugen/ doch soll die erste Milch zuvor außgemolcken werden/ dann sie wäre sonst den Jungen schädlich/ auch nach demselbigen sollen sie drey Tag im Stall bey der Mutter/damit sie selbige lernen erkennen/ beschlossen/ solchem nach mit Klee oder Grummet gespeiset/ und darnach zu der Weyd gewöhnet werden. Sie werden aber mehrentheils vier Monate gesäugt: Und zur selbigen Zeit Seugerling genennet.

Die Lämmer haben auch jhre Kranckheiten/ alsdann sollen sie nicht zu dem Saugen gelassen werden/ damit nicht auch die alten Schaaf solche Kranckheit erben mögen.

Democritus schreibet/ daß die Lämmer keine Kranckheit bekommen/ wann sie sieben Tage mit Epheu gespeiset werden.

Wann sie das Fieber haben/ soll den Müttern die Milch außgemolcken/ und eben gleich so viel Regenwasser darunter gemischt/ und die Jungen damit geträncket werden: Etliche schütten jhnen Geyßmilch durch ein Horn ein. Sie bekommen auch bißweilen Läus unnd garstige Räude an den Lefftzen.

Von angebohrner Art und Eygenschafft dieser Thiere.

Das Lamb ist ein gantz einfältiges Thier. So bald es an den Tag kompt/ hebt es an umb die Mutter lustig zu springen und zu lauffen/ und die Einheimischen/ das ist/ die Mutter vor den frembden zu erkennen: Und wann es mit seinem Umbherlauffen die Mutter verleuhret/ so rufft es jhr mit seinem Bläcken/ unnd kennt die Stimme seiner Mutter/ auch von weitem: Dannenhero sollen sie ab agnoscendo, oder von solchem Erkennen von den Latinern Agni seyn genennet worden: Ein solches junges Lamb saugt auch von keinem frembden Schaaf/ wie durstig und hungerig es sey/ sondern will die Milch seiner Mutter haben/ und wann es saugt/ so bewegt es seinen Schwantz.

Was für Nutzbarkeit auß solchem Thier komme.

Was für Nutzbarkeit unnd Frucht von den Schaaffen/ Widderen/ Hämmeln/ und Lämmern herkomme/ ist allbereits bißher weitläufftig erzählet worden/ nemblich die Vermehrung/ das Gelt/ das Fleisch/ unnd fast alles/ so an solchen Thieren ist/ hat seine sonderbahre Nutzbarkeit/ umb deßwillen werden sie auch mit gar grossem Fleiß erzogen: Wovon auch hiebevor schon Meldung geschehen.

Die Lammsfelle schicken sich wol zu Peltzwerck/ und werden darumb auch gar auß andern Landen/ als Italien/ Dännemarck/ und gar schöne schwartze auß Hispanien unnd Languedock zu uns in Teutschland gebracht/ uñ durch die Kauffleute auff gewissen Messen und Jahrmärckten verhandelt.

Das Mäglein von dem Lamb ist auch zu Käßlab zu gebrauchen: Die Lämmer verkündigen auch künfftiges Ungewitter.

Von jhrem Fleisch.

Je jünger die vierfüssigen Thiere sind/ je feuchter sind sie/ fürnemlich aber junge Lämmer und Säu/ deßwegen wird das Lambfleisch für feuchter/ schleimiger und ungesunder gehalten/ als wän sie älter worden: Wiewol die Schaaf in diesem Stücke die Lämmer auch übertreffen/ der Verschnittenen Fleisch aber ist das Beste unter solchen Thieren/ doch sollen sie gebraten am gesundesten seyn.

Von Artzney/ so von solchem Thiere kompt.

Die Asche von den gebrannten Beinen eines Lambs/ ist gut zu solchen Schäden/ die nicht zuheilen wöllen.

Das Mäglein von dem Lamb ist gut für alles Gifft/ in Wein davon ein Loth oder wider die geronnene Milch oder Blut auß Essig getruncken. Es ist eben also getruncken/ auch gut für aller gifftigen Thiere jhren Biß.

Item in Wasser zerrieben und in die Nasen gethan/ stillt es das Blut.

Die Galle von dem Lamb mit Honig ist gut denen/ so die fallende Sucht haben.

Von den wilden Schaaffen.

Musmon.   Ist ein wildes Schaaff.

Wo dieses Thier zu finden/ und von seiner Gestalt.

Es wird in Hispania/ fürnemblich aber in der Insul Corsica, ein Thier gesehen/ welches den Schaaffen nicht ungleich/ so Musmones genennet werden/ welcher Thiere Wolle sich mehr mit den Geyssen oder Geißhaar/ als mit der Schaaffswolle vergleichet. Solches Thier soll auß der Vermischung der Geyß unnd deß Widders gebohren werden.

Strabo

Strabo schreibt/daß die Einwohner in den Insuln Corsica und Sardinia damals zu seiner Zeit/ die Felle von solchen wilden Schaaffen und Böcken an statt der Harnische zu dem Krieg gebrauchet haben.

Es haben auch noch viel andere Orte jhre besondere wilde Schaaffe und Böcke / welche gar schnell lauffen können / und denen wegen jhres Fleisches nachgesagt und nachgestellet wird.

Dieses Thier wird auch gezählt unter die Art der wilden Geyssen / dessen Gestalt oben im G. unter der Beschreibung der Geyssen zu sehen ist.

Von dem Schwein.

Sus vel Porcus.　　Eine Sau oder Suw/Su/Schwyn oder Schwein.
Verres.　　　　　　Ein Eber/ oder Pacher.
Scrofa.　　　　　　Ein Mor/ oder Loos/ oder Mocke/ oder Säumutter.
Sus foemina castrata.　Eine Nunn/ oder eine verschnittene Sau.
Sus mas castratus.　Ein Betz/ ein Barg/ ist ein verschnittener Eber.
Porcellus.　　　　　Ein Färckel/ Säule/ so es noch saugt ein Spanfärcklein

Von mancherley äusserlicher Gestalt der Schweine.

Die Sau wird auff Arabisch حنزير, Hebraisch חזיר, Griechisch σῦς, Lateinisch Sus, Italianisch Porco, Frantzösisch Porceau, und Hispanisch Puerco genannt/ sollen in Æthiopia, (wie Agatharsides schreibet) auch Hörner haben. Plinius aber sagt solches von den Ebern in India.

Die Einwohner in Arabien haben keine Schweine/ es können auch keine in solchem Lande leben/ wann sie gleich darein geführt werden.

Uberall in Teutschland/ vornemblich in Niderland / in Bayern und Burgund hat es der Schweine eine grosse Menge.

Von Außerwählung dieser Thiere.

IN Erwählung der Schweine werden drey Stücke betrachtet / zum ersten die Gestalt/ zum andern das Geschlecht oder die Fruchtbarkeit/ und zum dritten der Ort an welchem sie erzogen.

Die Gestalt ist gut/ so der Eber und die Sau/ oder Loos schön/ groß/und wolgestaltet sind.

Das Geschlecht wird gelobt / wann sie viel Färckel bringen.

Die Landschafft/ wann sie auß solchen Orten sind/ da gemeiniglich grosse und schwere Schwein fallen / und wie Columella schreibt / so ist mehr daran gelegen wie der Eber seye/ als die Mucke / oder Loos / dieweil die Jungen mehr dem Eber/ dann der Loos/ nachschlagen.

Ein Eber/ so bald er jährig worden/ so ist er geschickt zu den Loosen zu lassen/ und dieselbigen zu erfüllen/ nach fünff Jahren aber sind sie zu solcher Arbeit unnütz.

Von innerlicher Gestalt der Schweine.

Unter allen vierfüssigen Thieren ist keines / das (so viel die innerliche Theil und Glieder antrifft) dem Menschen ähnlicher und gleichförmiger seye / dann das Schwein. Auß der Ursach heissen die Physici, oder Naturkündiger die Gestalt und Beschaffenheit des innerlichen Menschen / zu erst in den jungen mageren Fercklein oder Säuen beschauen. Dann ob gleich der Aff / was etliche äusserliche Theile antrifft / dem Menschen am allergleichsten ist / so überwindet doch das Schwein den Affen indem / was anlangt die Gestalt der innerlichen edlen Glieder.

Von Natur und Art dieser Thiere.

DAs Schwein ist ein gar gemeines / gebräuchliches und nutzliches Thier / einer hitzigen und feuchten Complexion, verschläfft viel Zeit / fürnemblich im Sommer / wann seine Feuchtigkeit von der Wärme zerfleust / sie / die Schwein / haben eine scheußliche Stimm / und wann sie gen Himmel sehen / so sollen sie sich entsetzen / und nicht weiter schreyen können.

Unter aller Milch ist die Säumilch die dickeste / wann sie gekocht oder gesotten ist / wird sie bald dick und gestehet / und giebt gar wenig Käßwasser oder Matten. Wann die Loosen zu fett sind / so haben sie nicht viel Milch.

Die Speise der Schweine ist mancherley / als Kräuter / Obst / Frucht / Wurtzeln und dergleichen / doch graben sie sonderlich den Wurtzeln nach / worzu sie auch von der Natur einen bequämen Rüssel oder Schnautze haben.

Von Obst unnd Früchten ist die bekanteste Speiß oder Nahrung der Schweine: Allerley Eycheln und Datteln / allerley Nüß / Tamarise / wilde Aepffel oder Bieren / Pflaumen / Kriechen und dergleichen; Allerley Gekochtes / als Erbsen / Bonen / Kichern / Linsen / Hirsche und Gersten / auch Haber / Rocken und Weitzen.

Von Wurtzeln fressen sie gern Rüben / Rabuntzlen / Erdäpffel / Säubrod / Buchspick / rothe und weisse Rüben / Farnwurtzel / Mangoltwurtzeln und dergleichen. Ein so frässiges Thier sind die Schweine / daß sie jhrer eygnen Jungen / ja auch deß menschlichen Leibs nicht verschonen / als wovon sie bißweilen in Hungersnoth zu fressen pflegen.

Sie fressen auch etliche gifftige Thier unnd Artzneyen / als: Schlangen / Salamandras, und Cicutam, und zwar ohn allen Schaden.

Die Schwein wollen viel getruncken haben / vornemblich in Sömerszeit / dann solchem Thier ist der Durst und die Hitz gar schädlich. Umb der Ursach willen sollen sie in der grösten Hitze bey den Pfützen / Bächen / oder Wassergräben auffgehalten werden / dieweil sie sich auch gern in dem Wasser und Koth zu waltzen pflegen / wovon sie auch nicht wenig fett werden.

Die Schweine kommen zu solcher Fettigkeit und schwerem Leibe / daß sie auff jhren eygnen Füssen nicht mehr stehen noch gehen können / so daß man sie auff Karren oder Wägen führen muß.

In Portugall ist einsmahls ein Schwein geschlachtet worden / welches 575. Pfund gewogen hat / dessen Speck sampt dem Fleisch 15. Zoll dick gewesen ist.

In Arcadia, (wie auch einsmahls zu Basel bey einem Oehlmacher /) sind so fette Schweine gewesen / daß die Mäuß oder Ratten jhnen Löcher in das Fette gefressen / uñ darinnen genistet haben. In 60. Tagen oder dreyen Monaten / werden sie gemeiniglich gemästet / wiewol die Engelländer etliche auch biß auff ein Jahr mästen. Wann man sie vorher / ehe man sie anhebt zu mästen / drey Tag mit Fasten außhungert / so sollen sie desto zeitlicher an Fettigkeit zunehmen.

Albertus schreibet / daß die Frießländer / so an dem Teutschen Meer (sonst die Nord-See genannt) wohnen / die Ochsen unnd Schwein zugleich mit einerley Speiß mästen / sie schütten den

Von dem Schwein.

Ochsen oder Rinderen gantze oder ungestampte Gersten für / welche die Rinder gleich also gantz/ und unzerkäuet fressen und hinein schlucken/ wovon sie dann nur das jenige verdäuen/was am lindesten und leichtesten zu verdäuen ist: Das Ubrige aber so mit dem Koth wieder von den Ochsen gehet/fressen gleich die Schweine/die an der Rinder Schwäntze gebunden/ und werden also beyde gemästet und gespeiset.

Von der Vermehrung dieser Thiere.

DJe Eber / wann sie acht Monat alt worden sind/ mögen zu den Schweinen/ welche nicht verschnitten sind / von wegen der Vermehrung gebraucht werden / und zwar hierzu biß auff das vierdte Jahr/ alsdann sollen sie verschnitten/ gemästet/ und geschlachtet werden.

Die Schweine sind geyl / und treiben es viel und lang/ von deßwegen/ weil sie von Natur ein feuchtes und nicht gar zu hitziges Viehe sind: Sie können das Werck zu jederzeit im Sommer und Winter Nacht und Tag treiben/wann sie wol gemästet werden: Die wilden Eber aber treiben es deß Jahrs nur einmahl.

Die Mocken oder Loosen mögen zu den Pachern oder Eberen getrieben werden/vom Anfang deß Hornungs biß mitten in Mertzen. Dann also geschicht es / daß die Loosen auff den Sommer ferckeln/ zu welcher Zeit an allen Orten ein Uberfluß an der Speise ist/dann sie tragen vier Monat lang. Ein Loos ist geschickt zu ferckeln biß auff 7. Jahr. Es schreiben etliche/daß die Loos/wann sie läufftig seye/ so grimmig werde/ daß sie auch den Menschen anfalle/ vornemblich die jenigen/ so weisse Kleider tragen.

Unter allen Thieren/ so gantze Klauen (dann an etlichen Orthen sollen die Schweine auch mit gantzen Klauen gesehen werden) oder allein gespaltene Klauen/sonst aber harte/ und gantze Füsse haben/gebieret allein das Schwein viel Junge/ bißweilen/ aber doch gar selten/ zum höchsten 16. und am gemeinesten 8. oder 10. auff einmal/ wiewol einsmals/als ein Wunderwerck/ein Schwein oder Loos 30. weisse Ferchklein soll an Tag gebracht haben/und zwar dem Ænex Lavinio, wie Varro erzählet. Sonsten sollen sie auch an etlichen Orten 20. auff einmal geworffen haben/ welche sie doch nicht erziehen oder erhalten und speisen können.

Albertus und Aristoteles loben unter den Färcklein/die / so zu Anfang deß Winters geworffen worden: Bey uns aber werden die für die besten geachtet/ so im Mertzen kommen / und dahero Mertzling genennet werden/ wie auch die jenige/ welche einen Monat oder zween vorher geworffen sind.

Von etlichen Kranckheiten und Plagen der Schweine.

Wann die Loos/oder Säumutter/ nicht gnug Milch hat die Jungen zu saugen / so soll man ihr gerösten oder gedörrten Weitzen zu essen geben/oder Gersten mit Wasser vorschütten.

Zween Monate soll man die Jungen saugen lassen/ und darnach die Loos wieder zu dem Eber treiben/ dann also können sie des Jahrs zweymal werffen/und saugen.

Die Schweine sterben von etlichen Gewächsen oder Kräutern / als da ist die Wolffswurtzel/ weisse Eberwurtzel/schwartze Nießwurtzel/ oder Christwurtzel/Bilsamkraut/Schweinstod/ oder Säuplag (ist ein Kraut) Braunwurtzel/ oder schwartze Nachtschatt / Wasser Agrimingen/ Schwalbenwurtzel/und grosse Kletten.

Es werden auch die Schweine von etlichen gifftigen Thiere Biß oder Stich beschädiget/ als von Schlangen/ Nattern/ Scorpionen und etlichen anderen kriechenden Thieren mehr / solchen soll geholffen werden mit Artzney wie droben bey dem Ochsen/ Kuh/ und Geiß geschrieben worden.

Es werden auch die Schweine finnig/ welche Kranckheit eine Gattung deß Außsatzes ist / und manchem durch die tägliche Erfahrung mit seinem Schaden wird bekannt seyn/welches Fleisch zu essen von männiglichen soll gescheuet / und billich / als eine böse Nahrung oder Speiß/ vermitten werden.

Mauerrauten/Cardobenedict/Creutzwurtzel/ und schwartze Hirschwurtzel/ werden von jedermänniglich den Säuen für alle Kranckheiten oder Gebrechen gebraucht. Deßgleichen werden jhnen auch die Ohren oder Schwäntz für allerley gehe Kranckheiten abgeschnitten.

Wider Pestilentzische oder solche Kranckheiten/die sich under den Säuen erben/ wird von vielen Engelsüß unter ihr Geträncke / oder Blätter von dem Säukraut/oder Schlaaffbeere genannt/ under die Speiß gemischt/oder heidnisch Wundkraut gedörrt/und in der Speiß eingegeben. Deßgleichen wird auch Attich gesotten/ gehackt/ und mit seiner Brühe under die Speiß gemischt.

Sie werden auch bißweilen Spannäderig/ wann sie sich nemblich auß grosser Hitz ins kalte Wasser werffen/alsdann sterben sie zur Hand/wo sie nicht wieder getrieben/ starck bewegt/ und dadurch gewärmet werden.

Die Läuse vertreibt ein Band / welches man mit getödetem Quecksilber und Schmär undereinander gemischt/bestreicht/ und jhnen umb den Hals thut.

Wann die Säue die Bräune/das ist/ ein Geschwulst in der Gurgel haben/soll jhnen Frisamkraut/so man Denckblümlein nennet/oder andere Viol-Blümlein eingegeben werden.

Der Rangen ist den Säuen eine gar gefährliche Kranckheit/ wovon sie in zweyen Tagen sterben/ wo jhnen nit erfahrne Metzger mit Hinwegschneiden zu Hülffe kommen. Es mag auch jhnen Creutzwurtz dafür im Tranck oder Speiß eingegeben werden: Solches begegnet jhnen/ wann man jhnen jhr Geträncke zu warm fürschüttet.

Das Leben der Schweine erstreckt sich mehrentheils biß auff 15. und bey etlichen biß auff 20. Jahr/ wie Plinius schreibet.

Von angeborner Art und Eygenschafft solches Thiers.

DAs Schwein ist ein unreines/ unflätiges und garstiges Thier/ wannenhero auch die jenige Menschen/ so mit ihrem Angesicht solchem Thier gleich geförmet sind / als nemblich einen langen Halß/ eine kurtze Stirne/ tieff eingebogene Augbrauen und Augen/ einen auffgeworffenen Rüssel und dergleichen haben/ für ungeschickte/ närrische/ arge/ zornige und unflätige Menschen gehalten werden.

Die Schweine erkennen die Stimme ihres Hirten/ oder dessen/ der sie mit Nahrung und anderem versiehet: Hiervon beschreibet Ælianus ein gar schönes Exempel/ damit verhält sichs also:

Als einsmals ein Schiff voll See-Räuber an dem Thyrenischen Meere an Land stiegen / deß Vorsatzes/ einen guten Raub zu holen/ zogen sie in der Nähe den Schweins-Hirten auch viel Schweine (weil vielleicht in der Eyle nicht bessers anzupacken war) auß den Ställen/ trieben dieselbige in das Schiff/ und fuhren damit eylends davon. Die Hirten mochten/ oder getraueten vielmehr nicht ein Geschrey anzufangen / biß so lang die Räuber etwas weit vom Lande waren/ da huben sie an/ ihrem Gebrauche nach/ den Schweinen/ wie die es gewohnet waren/ zu locken/ worauf die Schweine / so bald sie ihrer Hirten Stimme höreten / sich allzumahl auff die eine Seyte deß Schiffs/ gegen die Hirten/ begaben/ und damit das Schiff überwugen / daß selbiges mit sampt den Räubern zu Grunde gieng/ sie aber herauß schwammen/ und wiederumb zu ihren Hirten gelangten.

Die Schweine haben ein wunderliches Rocheln/ oder Rücheln: Dann so man eines beleidiget/ so lauffen sie alle zusammen/ als ob sie Mitleyden hätten/ oder den Schaden begehrten zu rächen: Habe aber doch gleich/ so bald das Geschrey gestillet/ der Beleydigung vergessen.

Sie kehren auch artig/ wann sie von dem Felde kommen / jede wieder zu ihren Ställen oder Häusern: Sie beschädigen auch bißweilen die Hirten dermassen/ daß sie kaum mit dem Leben davon kommen.

Die Wiselein und Säue haben eine heimliche Feindschafft widereinander/ deßgleichen auch die Schlangen/ welche von den Schweinen gefressen werden.

So erschröcken auch die scheußlichen Elephanten vor dem Rüchlen der Schweine/ durch welches Mittel die Römer dem König Pyrrho wider seine Helfanten obgesieget haben. Es ist auch einsmahls ein Löw vor einem Schweine/ so seine Borsten in die Höhe gereckt/ geflohen.

Es soll auch der Wolff/ wann er ein Schwein ergreifft/ dasselbige zu dem nächsten Wasser ziehen/ auß der Ursach/ weil seine Zähne die Hitze deß Fleisches nicht erleiden mögen.

Von Nutzbarkeit dieses Thiers.

DIe gröste Nutzbarkeit / so man von diesem Thiere hat/ ist seines Geschlechtes Vermehrung/ das Fleisch und das Fette/ und darumb werden sie mit fleissigen Hirten/ Ställen/ und anderem Ding versehen/ auch verschnitten/ damit man sie desto besser mästen könne.

Auß der Haut werden Schuhe / Halfftern und Riemen zubereitet / auch die Bücher damit eingebunden : Dann sie verschleist sich nicht so bald als wie die Schaaff- oder Kalbfelle: Es wird auch auß den Abschnitzen und Stücken Leim gesotten/ welcher von etlichen hoch gehalten wird.

Speck und das Schmeer wird sehr in der Küche zur Haußhaltung/ wie auch von den Schustern das Leder damit zu lindern/ und zuzurichten/ so dann zu der Karrensalb oder Wagenschmier und dergleichen / das Blut aber zu den Fischaasen und Wild zu fahen gebraucht. So ist auch der Säumist nit in kleinem Gebrauch/ vornehmlich werden etliche Bäume damit umblegt und gedüngt.

Von der Natur deß Schweinenfleisches.

UNter allen vierfüssigen Thieren ist keines/ das so ein gesundes Fleisch habe/ so wol speise oder nähre/ so leicht zu verdäuen/ und so süß und lieblich zu essen seye/ auch so gutes Blut mache/ als das Fleisch von einem Schweine eines mittelmässigen Alters: Dann es ist nicht zu hitziger auch nicht zu kalter Natur/ nur etwas feuchte und schleimig/ deßwegen Hippocrates ein solches Schweinenfleisch gepriesen hat/ welches nicht zu fett noch zu mager wäre. Die jungen Färcklein aber sind gantz ungesund: Dann dieweil das Schwein sonst ein feuchtes Thier ist/ so ist es noch viel feuchter/ wann es jung ist: Derhalben macht und samblet es in dem Magen viel Schleim und Feuchtigkeit. Der Alten Säue Fleisch ist hart zu verdäuen/ hat einen argen Safft/ und macht böses Geblüt.

Es ist auch kein Fleisch/ das dem Fleisch deß Menschen am Geschmack gleicher seye / als eben das Schweinenfleisch / welches die erfahren haben / denen Menschenfleisch auß Betrug gekocht/ und zu essen dargestellt worden.

Die Füß/ Ohren/ und Rüssel verursachen ein dick schleimiges Blut/ speisen aber doch wol/ und sind die Füß gesunder/ als die Rüssel/ unn die Rüssel gesunder/ dann die Ohren.

Es wird auch das Schweinenfleisch von einem und dem andern verworffen / als welches zur Sommerszeit nicht/ und nur allein in der grösten Kälte zur Winterszeit zu geniessen wäre.

Die finnigen Schweine werden allerdings gescholten/ und sollen gantz und gar vermieden werden.

Der

Von dem Schwein.

Der Speck ist viel gesunder / als das Fleisch / dann von solchem kompt ein schleimiges und garstiges Blut.

Mancherley Trachten werden von der Sau zubereitet / als: Blut- oder Schweiß- oder Rothwürst / Leberwürst / Bratwürst / Hirnwürste / Schwarte-Magen / Gallerte und dergleichen / welche / ob sie gleich nicht alle fast gesund / mögen doch die Gallreten etwas besser passiren.

Es werden auch viel andere Trachten mehr von Platina und etlichen anderen Küchenmeisteren weitläuffig beschrieben.

Säumilch (wie oben gedacht) ist die allerdickeste under allen Milchen / wann man sie seud / so wird sie alsbald dick / dient dem Magen nicht / ist gantz ungesund / bringt Unwillen / und die / so sie gebrauchen / macht es ungestalt / außsätzig und garstig.

Von etlichen Artzneymitteln / so von solchem Thiere kommen / und zwar erstlich von den Spanfärcklein.

Für den Biß der gifftigen Thieren ist nach den gebrauchten Schröpffköpffen oder Ventosen gut / wann auff solchen Biß oder Stich werden junge Thier / so allererst auffgeschnitten worden / und noch warm sind / als Hünlein / Zieglein / Lämlein / Spänfercklein unnd dergleichen / gebunden / dann sie saugen oder ziehen das Giefft herauß und mildern den Schmertzen.

Blut von einem Spanfercklein / gleich also warm an die Brüste gestriechen / oder übergeschmiert / hindert sie am wachsen / daß sie nicht grösser werden.

Artzneyen / so von der Sau / dem Eber / der Mocke / und auch von dem wilden Schwein genommen werden.

Wider das Podagra ist eine gute Artzney: Man soll nehmen den allerältesten faulen Käß / den man haben kan / welcher von Käse oder Schärffigkeit kaum zu essen seye / und Brühe von altem gesaltzenen unnd gesottenen Schweinenfleisch / den Käs mit solcher Brüe wol lindern / und auff die harten Buckeln oder Geschwulst an den Füssen / Händen oder andern Gliedern und Gelencken legen.

Säublut ist dem Menschenblut gar gleich / welcher nun das Menschenblut etwann zu brauchen hat / der soll es zuvor an dem Säublut versuchen / und so er einige Würckung oder Krafft spühret / mag er alsdann das Menschenblut als das kräfftigste auch wol gebrauchen.

Eumelus heißt einem Roß / so hefftig erkaltet ist / warm Säublut mit Wein einschütten.

Von dem Schmeer / Speck / Schmaltz / Fett und dergleichen.

Das Fette bekompt allezeit seine Krafft und Würckung / nachdem wie das Thier geartet ist / von welchem es genommen worden: Dieweil nun das Schwein bey weitem nicht so hitzig und trocken ist / als wie andere vierfüssige Thiere / so folgt daß auch sein Fett weniger hitziger und trockner Natur: Sondern dem Menschenfett fast gleich seye.

Schweinsfett wärmt / macht feucht / lindert / reiniget / treibt weg / und zwar hat es alle diese Würckungen noch kräfftiger / wann es gesaltzen / oder mit Wein gewaschen ist.

Rebenasche mit altem Schmeer ist gut für die Geschwulsten / und mit Oel heilt sie den Stich des Scorpions oder den Hundsbiß.

Schmär wird zu manchem Pflaster / und zu vielerley Salbe gebraucht / als zu den bösen Blatteren / welche Salbe mit Quecksilber zubereitet wird / zu welchen Dingen es allein eine Matery ist / andere Artzneyen darein zu fassen und zu brauchen.

Ein besondere Artzney zu einer unheilsamen Wunde / an welchem Orte deß Leibs dieselbige seye: Man nimpt Borriswurtzeln / waschet / säubert / und stösset sie in einem Mörsel / mischt sie hernach mit Schmär wol durcheinander und legt sie auff die Wunde.

Gesottener Speck heilet zerbrochene Gebeine wunderbarlich schnell zusammen / wann er wol daumb her gebunden wird.

Schmär mit Kalck vermischt / vertreibt die Härte in den Brüsten / heilt gebrochne / verstauchte / spannäderige und verrenckte Glieder / auch harte Geschwulst und Geschwäre.

Körbelkraut oder Lendiwurtz wird mit Schmär auff die Kröpffe geschmieret.

Schmär wird gelobt für den Brand / er seye von Hitz oder Kälte / wie auch für die Müdigkeit / so von Reysen herkommen / und dann auch für wund geriebene Orte.

Schmär wird auch vielfältig zu den Mängeln deß Viehs oder anderer unvernünfftiger Thiere gebraucht / wie in der Vieharztney kan gelesen werden.

Säufett oder Speck mit Asche von gebrandten Bonenhülsen heilt die veraltete Wehetagen der Lenden und deß weissen Geäders.

Das Bein von dē Kiferl eines wilden Schweines / oder einer zahmen Sau / zu Asche gebrannt / wird gelobt zu den gebrochenen Beinen / und alten Schäden an den Schienbeinen.

Das Fett / die Leber / oder das Hirne von einem wilden Schwein getruncken / wird gelobt für den Natterbiß / etliche thun Rauten darzu.

Damit die außgeraufften Haar nicht wiederumb wachsen / es sey an welchem Ort deß Leibs es wolle / soll eine solche Artzney zubereitet werden: Die Gall von einem Eber oder Borgschwein / und so viel Speck sollen in ein dick irdenes oder leimenes Geschirr das wol verglast ist / gethan / und darüber des allerstärckesten Essigs und Mandelöls / eines jeden ein drittheil gegen die vorgenandte Stücke / geschüttet / und darnach mit einem dicken Tuch verbunden werden / darauff man es sieben Tag sieben Tag soll stehen lassen. Darnach soll man es in einen Mörsel thun und stossen/ so wird es wie Gold/ und kan alsdann an den Ort wo keine Haare seyn sollen/ gestrichen werden.

Säugalle wird gebraucht zu den Geschwären an allerley Orten/ vorauß zu den Ohren/ so eyteren/ worzu es in der Rinde von einem Granatapffel gewärmt wird.

Welcher den Harn nicht halten kan/ dem soll man etwas von einer gekochten oder gebrandten Säublase eingeben.

Vom Schweinskoth.

DEr Schweinskoth mit Essig gesotten/ und warm auffgelegt/ heilt allerley gifftiger Thiere Biß oder Stich/ wird auch gelobt zu dem Brand/ zu Löschen/ zur Räud/ und zu den Kindsblattern/ deßgleichen zu den auffgerissenen Wunden/ oder Spalten/ Hüneraugen unnd harten Drüsen/ wenn es warm auffgelegt wird.

Wann einer Frau nach der Geburt ihre Brüste schwellen oder auffgeblasen werden/ so soll man Schweinskoth in Wasser zerreiben/ und sie damit schmieren: Säukoth zu Aesche gebrandt/ heilt die Schäden oder Mängel an heimlichen Orten/ so umb sich fressen. Vom Gebrauch deß Schweines reimet derohalben Becherus also: Die Sau dz wüste Thier/ der rechte Judenfeind/ Gibt sieben Stücke/ die auß ihr gebräuchlich seynd: Gall (1)/ Fett (2)/ die Bein (3)/ die Lung (4)/ das Fußbein (5) und der Koth (6)/ Schweins-Blase (7) nutzet auch/ ist gut in mancher Noth.

1.
Schweins-Gall die wird gelobt in Schmertzen von den Ohren
Sie macht auch daß die Haar vom Menschen gehn verlohren.

2.
Schweins-Fett zerlassen/ kühlt/ und lindert auch dabey/
Man saget/ in Schmertzen es den Lenden nutzlich sey.

3.
Schweins-Bein die pfleget man auch an dem Hals zu tragen/
Man saget/ die Quartan die thun sie so verjagen.

4.
Die Lung die pfleget man auch auff die Füß zu legen/
Wann sie durch böse Schuh verwundt/ man nit kan regen.

5.
Das Fuß-Bein brennet man/ und thuts zu Pulver reiben/
Die Bein-Bruch heilet es / Kopffweh thut es vertreiben.

6.
Den Schweins-Koth kochet man in Essig / ist gar gut/
Im Fall ein gifftigs Thier den Menschen beissen thut.

7.
Die Schweins-Blas pfleget man zum zarten Pulver brennen/
In Wasser trinckens die den Harn nicht halten können.

Von dem wilden Schwein.

Aper.   Ein wild Schwein.   Ein wilder Eber.

Von mancherley Geschlecht/ Form/ Gestalt und Grösse dieses Thiers.

Nicht allein unter den Schweinen/ sondern auch andern Thieren so bey den Menschen einheimisch sind/ ist keines/ das nicht auch wild gefunden werde: Also sind die wilden Schweine an sich selbst in gantz Europa/ vornemblich aber bey uns in Teutschland jedermänniglichen bekannt/ und in dem Gejägte nicht seltzam.

Von dem wilden Schwein.

In der Insul Creta und in Africa/ sollen keine wilde Schweine gesehen werden. In Macedonia sollen sie stumm seyn/ so daß sie gar kein Geschrey machen/ wie Ælianus schreibet. Es melden etliche/ daß die Hispanier in der neu entdeckten Welt/ sonst America genannt/ wilde Schweine gefunden/ die viel kleiner/ als die in unseren Landen gejagt werden/ gewesen; Selbige hätten auch kurtze Schwäntze/ als ob sie ihnen abgeschnitten worden/ und die vorderen Füß gespalten/ die hinderen aber gantz/ und viel ein süsseres und lieblichers Fleisch/ als die unserigen.

Es schreibt auch Olaus Magnus, daß in etlichen Orten der Insul Scandinaviæ (sonst Schönland genannt) wilde Schwein gesehen würden/ zwölff Schuhe lang. In India aber und Morenland sollen sie (wie Plinius anzeigt) Zähne haben einer Ellen lang/ und deren zween/ nämlich in jedem Kifel einen/ auch zween an der Stirne als Kälber Hörner.

Marcus Polus im 3. Buch 35. C. schreibt/ dz in Asia wilde Schwein gefunden würden/ so grösser als unsere Ochsen seyn/ welches aber so wol als dieses auch der Warheit zu wider scheinet/ weilen er fortfährt und vorgiebet ihrer Backenzähn wiege einer 14. Pfund.

In der Eidgenoßschafft/ vornehmlich bey denen so die Alpen bewohnen/ werden auch viel wilde Schweine gejagt/ und von mancher Obrigkeit zu jagen erlaubt/ von deßwegen/ weil sie den Feldern schädlich sind

Von auß-und innerlicher Gestalt/ dieses Thiers.

Es sagen etliche/ daß das Blut von wilden Schweinen/ so voll kleiner Aederlein/ schwartz und rauh sey/ nicht gestehe.

Ein sehr grimmiges und zorniges Thier ist das wilde Schwein/ und erhitzet sich auß Zorn dermassen/ daß/ wenn es durch die Hunde und das Schwein Eisen anhalten und zur Erden gelegt wird/ seine Zähne (wie Gyllius dafür hält) sich von dem hitzigen Athem dermassen entzünden/ daß/ so man ihm seine Borsten auß dem Halß herauß ropffe/ an die Zähn halte/ selbige verbrennen und zusammen lauffen sollen. Deßgleichen wenn sie einen Hund damit beschädigen/ so sihet der Schad einem gebranten Mahl gar gleich/ und zeucht das Haar zusammen.

Von Farben/ sehen die wilde Schwein gantz schwartz auß: wiewol Pausanias schreibet/ daß er weise gesehen habe. Sie haben gleichsam zornige und allzeit auffgesperrte Augen: lange/ (sonderlich das Hau-Schwein oder Männlein/ und krum herauß stehende Zähn/ welche ihnen dann offters so groß und krum wachsen/ daß sie gleichsam ein Circul machen.

Plinius schreibt/ daß die wilden Schweine keine Galle haben.

Die Zähn der wilden Schweine werden von den Jägern Hau-Zähn und Waffen genennt.

Von anderer innerlicher Beschaffenheit dieser Thiere.

Alle thier übertrifft der Eber mit dem Gehör/ ist hitziger und feuriger Natur/ wohnet gern auff hohen Bergen und Wälden wo Pfützen oder kleine See sind. Diese Thiere essen mancherley Wurtzeln/ als Farnwurtzeln/ Spargen/ etc. Item allerley Früchte und Eicheln/ wie auch die Würme in der Erden.

Dem wilden Schwein ist sein Harn so beschwerlich/ daß es nicht fliehen kan/ wo es ihn zuvor nicht abgelassen hat.

Das wilde Schwein vermehret sich deß Jahrs nur ein mahl/ und zur selbigen Zeit sind sie selbst unter und wider einander/ sind gantz grimmig/ uñ wütend/ schnudern/ schaumen/ und knirschen mit ihren Zähnen.

Von angeborner Natur und Eigenschafft dieser Thiere.

Ein starckes/ freches/ mutiges/ zorniges und wütendes Thier ist das wilde Schwein/ bleibt allezeit wild/ und kann nicht zahm gemacht werden.

Dem wilden Schweine/ ist (wie Albertus schreibt) sonderlich angeboren/ dz es keine andere mit ihm auf die Waide läst/ so nit von ihm gebohren sind/ sondern es kämpft wider dieselbige/ und verjagt sie. Zur Zeit der Brunst wütet der Eber als dz wilde Schwein/ die Sau/ oder das Weiblein aber (sonst die Leen genannt) ist am wütigsten und beissigsten/ weñ sie Junge hat/ gleich wie alle andere Thiere.

Die wildẽ Schweine/ weñ sie unter einander streiten/ und da sie schon mit einander angesetzt haben/ indessen aber einen Wolff sehen/ so werden sie bald wieder einig/ und fallen den Wolff insgesambt an/ wie viel ihrer auch seyn. Solches thun auch etliche andere Thiere.

Die wilden Schweine/ wenn sie ein Thier anfallen wollen/ so wetzen oder schärffen sie zuvor ihre Zähne an den Bäumen oder Steinen/ welches auch von dem Helphanten und Rhinocerote geschrieben wird.

Der Bär fällt auch bißweilen die wilde Schweine an/ wo er sie heimlich mit grosser Ungestümme ergreiffen kann.

Von Nutzbarkeit dieses Thiers.

Dem wilden Schwein wird mit Jagen nach-

nachgestellt von wegen seines Fleisches: Sie werden in unseren Landen mehrentheils zur Winterszeit gehetzt/mit Hunden gejagt/und mit Schweineisen gefangen/ auch manchmahl mit Geschoß gefället. Wenn das wilde Schwein eine Wunden/ die nicht gantz tödtlich/ von dem Geschoß oder Schweineisen empfangen/ so verletzt und beschädiget es den Jäger auß grimmigem Zorn/ wo er nit auff den nechsten Baum entfleucht/ oder sich die Länge zur Erden niederlegt: dann von wegen ihrer krummen Zäne sollen sie den/so sich strack auff der Erden hält/ nicht tödtlich verletzen können/ biß die anderen ihm zu Hülffe kommen.

Wann die Bahren oder Mocken mit ihren Jungen der Jäger ansichtig werden/ fliehen sie/ so bald sie aber eines von den Jungen verlohren/ wenden sie sich und gehen auff ihren Feind.

Ælianus und andere/ schreiben daß die Alten haben die wilde Schwein durch ein Pfeiffe und Music gefangen: So viel ist wahr/ daß wann sie von dem Jäger mit diesen Worten huy Sau gefordert/ sie kommen/ auch wie sie wollen/auff den Jäger und sein Eisen zu lauffen. Mann gibt ihnen aber gemeiniglich den Fang zwischen der Brust und lincken Forderlauff: Andere gebrauchen sich eines Vortheils/ sie oben auf dem Kopf wo die Spalten seyn/ zu fangen/ welches aber gefährlicher.

Die Teutschen brauchen bey der Wilden-Schweins-Hatz etliche sonderbare Jägerworte/ unnd sagen auff Weydmännisch: Mann macht einen Hag/ bindet Seiler an/stellt die Garn und Wehrtücher/das Schwein wird gehetzt/ laufft/ nimmt Seil ein/ hat scharpffe Waffe/frist oder erschlägt viel Hunde oder Leute/wird gestochen.

Sie werden auch von wegen ihres Fleisches an vielen Orten in den Thiergärten erzogen und gehalten.

Von dem wilden Schweins-Fleisch und dessen Complexion.

Was die einheimische Schweine für ein Fleisch haben/ ist droben beschrieben worden/das wilde Schweinsfleisch ist ihm gantz gleich/nur daß es weniger feuchte und schleimig/hingegen hitziger ist als der zahmen Schweine: Es macht ein dickes Geblütt/ und wird auff mancherley Weise zubereitet/welches aber allein mit Stillschweigen übergangen/ und der Kuchenmeisterey überlassen wird.

Die Alten haben bißweilen gantze Hirsche/ Geyssen/ und wilde Schweine zu ihren Gastmälern gebraten/oder sonst zubereitet auffgestellt.

Artzneyen/ so von solchem Thier in Brauch kommen.

Viel Artzneyen werden von den einheimischen Thieren gebraucht/ noch viel mehr aber von den Wilden: Die jenigen Artzneyen/ so von Schweinen/Färckeln/Ebern/und wilden Schweinen ins gemein gebraucht werden/ sind oben erzählt worden/und sollen hie nicht wiederholet/sondern allein die jenigen gemeldet werden/welche bloß von dem wilden Schwein absonderlich herkommen.

Deß wilden Schweines Blut und Hirne wird gelobt für den Natterbiß/ Geschwulst und Schmertzen an heimlichen Orten; mit Wein getruncken sind sie gutt für alle Schmertzen.

Deß wilden Schweins Leber weckt die auf/ so den tödtlichen Schlaff haben.

Die Galle reitzt den Menschen zur Geylheit/ wann man sie anstreicht/ aber mit Unschlit gemischt ist sie gut dem Podagra.

Uber die Hode von einem wilden Schwein in Wein getruncken/ vertreibt die fallende Sucht/ oder schwere Noth.

Deß wilden Schweins Koth/ gedörrt in Wasser oder Wein getruncken/ stillt das Blutspeien/ und altes Seiten-Stechen/ vertreibt auch den Schmertzen in den Hüfften oder Lenden; Aber auß Essig getruncken ist er gutt denen/ so etwas gebrochen/ oder verrenckt haben/ item zu allem Fallen/ Brüche und zerstossenen Gliedern/ ꝛc. Mit Wein/ein Pflästerlein davon gemacht/und aufgelegt/ zeucht allerley spitzige Stacheln/ Dörner und Nägel herauß und heylet auch die Wunde.

Becherus schreibet hiervon folgende Reimen.

Es gibt die Artzeney auch auß dem wilden Schwein
Sechs Stücke/ die da gutt und nützlich können seyn:
Die (1.) Glieder der Geburt/ der (2.) Koth und (3.) Harn dabey/
(4.) Gall/ (5.) Fett/ der (6.) Zahn/ doch daß er von einem Hauer sey.

1.
Die Glieder der Geburth thut man zu Pulver machen/
Es hilfft zur Fruchtbarkeit/ und zu dergleichen Sachen.

2.
Man trincket auch den Koth/ der erst gedörrt muß seyn/
Das Blut außwerffen/ und das Husten stellet ein.

3.
Es ist sehr gutt der Harn von einem wilden Schwein/
Er löset auff und treibt Sand/Grieß/Harn und den Stein.

Von dem wilden Schwein.

4.

Die / wie es offt geschicht / so grosse Kröpffe tragen/
Die müssen umb die Gall deß Ebers sich erfragen.

5.

Das Fett zertheilt / erweicht / hat nicht geringe Ehr/
Falls eine Ader in dem Leib gesprungen wär.

6.

Von einem Hauer nemmt die Waffen / wann er tobt/
In Seiten-stechen man dieselbe mächtig lobt.

Von dem Harn unnd von der Blase dieses Thiers.

Der Harn von einem wilden Schweine mit Oximel getruncken / hilfft denen / so die fallende Sucht haben: vornehmlich / wenn er in der Blase eingedorret ist.

Zu den Gebrechen und Wehtagen der Ohren wird dieser Harn eingetropfft / und darzu in einem Glaß auffgehoben / und auch sehr gelobt / er zertheilt auch den Blassenstein und treibt ihn herauß / wenn er getruncken wird.

Die Blase gebraten / und in der Speiß genossen / hilfft denen / so den Harn nicht halten können: oder sie mag zu Aschen gebrannt und auß Wein getruncken werden.

Das aller scheuszlichste Thier / so kan
gesehen werden / Su genannt / und in der Neuen Welt zu finden.

Es ist ein Ort / in der neu erfundenen Welt / worinnen ein Volck wohnet / Patagones in ihrer Sprach genannt / und dieweil selbiger Ort nicht sehr warm ist / so bekleiden sie sich mit Beltzwerck von einem Thier / welches sie Su nennen / das ist / Wasser / auß der Ursach / weil es mehrern theils bey den Wassern wohnet. Etliche nennen es auch Succarath: Ist ein scheußlich ungestalt Thier / siehet an dem Maul einem Menschen oder Löwen gleich / dann es einen langen Bart biß zu den Ohren hat: Der mittlere Leib ist gantz mager und eingezogen; hat ein langen Schwantz wie ein Eichhorn / wann dieses Thier sich umbfangen sihet / frisset es auß Dollheit oder vielmehr auß Großmüthigkeit seine eigene Jungen. So es von den Jägern gejagt wird / nimmt es seine Jungen auf seinen Rücken / deckt sie mit seinem langen Schwantz zu und fleucht also darvon / wird sonst mit Gruben gefangen und mit Pfeilen erschossen.

Von dem Tigerthier.

Tigris.   Ein Tigerthier.

Von Form / Gestalt und Grösse dieses Thiers.

Weil dieses Thier frembd ist / und in Europa, als unserm Theil der Welt / nicht gefunden wird / so wird es auch nach frembder Nationē Tigerthier / von den Arabern [Arabic], Hebräern נמר Griechen τίγρις, Lateinern Tigris, Franzosen un Tigre, Italianern Tigre, und Spaniern la Tigre bembra de Pardo genannt: Und fast kein so schönes Thier gesehen / als dieses; an der Farb ist es dunckelrot / mit schwartzen Striemen oder langen Flecken gezieret / ja so weit sol dieses Thier die anderen an Schönheit übertreffen / als unter dem Geflügel der Pfau die anderen Vögel.

Die Indianer wollen / das Tigerthier übertreffe in der Stärcke den Helphanten / sey so groß als das aller gröste Pferdt / und übertreffe alle andere Thiere mit Geschwindigkeit und Stärcke / jage auch / ergreiffe und bringe umb alle andere Thier / so bey ihm herumb wohnen.

Wo dieses Thier zu finden.

Tigerthier die werden gefunden in denen Landen / so gegen Auffgang der Sonnen und Mittag liegen / dann sie wollen viel Hitz und Wärme haben.

In Indien bey dem rothen Meer / deßgleichen bey den Völckern / so Asang genennt werden / wie auch in Prasis / Taprobane / Armenien / bey den Hyrcaniern / und in den angräntzenden Orten deß Landes Syrien / deßgleichen in den Mittnächtigen Bergen so gegen Auffgang der Sonnen sich erstrecken / und in etlichen

etlichen anderen Insulen deß Meers / so gegen Niedergang liegen / werden viel Tigerthiere gesehen.

Von anderer Beschaffenheit dieses Thiers.

Das Tiegerthier hat seine eigene Stim̃ und besonderes Heulẽ / welches es hören läst / wenn ihm seine Jungen von den Jägern geraubet worden. Ist sonst ein gar grimmiges / und sehr schnelles Thier als wie der Wind / und starck / daß es auch mit dem Helephanten streitet / springt ihm an seinen Kopff und erwürgt ihn. Martialis schreibt auch / daß einsmahls ein zahmes Tigerthier einen wilden Löwen zerrissen habe.

In Hyrcania schwimmen sie über Flüsse / und breite Seen / wann sie die Hungersnoth darzu treibt: sie rauben und fallen an / was sie bekommen / vornehmlich grosse Thiere / sie mögen seyn wild oder zahm / als Hirsche / Ochssen und Schaaffe.

Dieses Thier soll sich bißweilen mit den Hunden vermischen / wovon dann schöne / und starcke Hunde kommen sollen. Aristoteles schreibt / die Hyrcanter binden die Hündinne / in den Wildnüssen / an starcke Seiler an / zu der Zeit / wenn das Tigerthier in seiner Brunst ist.

Von angeborner Art und natürlichen Eigenschafften dieses Thiers.

Das Tigerthier ist (wie gesagt) ein rauhes / grimmiges / wütendes unnd zorniges Thier. Die Indianer sollen sie bißweilen zahm machen / unnd ihrem Könige zuführen.

Die Tigerthiere haben ihre Jungen mächtig lieb / streiten für solche wider die Jäger / verachten Pfeile / Geschoß und Streiche / begehren ehe für sie zu sterben / als selbige zu verlassen / und erheben ein scheußliches Heulen / wenn ihnen die Jungen auß der Höle genommen sind.

Es waren einsmahls ein Tigerthier und ein Lamm etliche Jahrlang bey einander auferzogen worden; Nachgehends wurde das Lamm (so nun ein Schaaf worden) diesem grausamen Thier zur Speise vorgeworffen / selbiges aber that dem Schaaffe nichts / und blieb 3. Tage ungessen: Endlich / auß grosser Hungers-Noth / rieß es das Gehäusse / worinnen sie zusammen eingesperret waren / entzwey / anzuzeigen / daß es Mangel an Speise liedte und deß Schaafs gäntzlich verschonet hätte / worauff ihm eine Katze dargeworffen ward / die es augenblicklich zerrisse und auffrasse.

Es schreiben etliche / wenn man ein Getümmel mit einer Trum̃el gegen dem Thier mache / so werde es tobend und wütend / und zerreisse sich selber.

Das Tigerthier-Männlein wird selten gefangen: dann wann es den Jäger ersihet / so nim̃t es die Flucht: Das Weiblein aber bleibt auß Liebe so es gegen seine Jungen hat / beständig / auch biß in den Todt: Und von solcher Liebe wege verfolget es auch die Räuber biß zu den Schiffen: und wann es ihnen solche wieder ablauffen kann / so trägt es sie frölich wieder zu der Höle / wo nicht / so heulet es jämmerlich.

Von Nutzbarkeit deß Tigerthiers / und wie es gefangen werde.

Wenig Nutzbarkeit hat man von solchem Thier / sondern vielmehr Schaden / den es mit Rauben / Beissen und Tödten / gleich wie andere räuberische / wilde / und schädlichen Thiere / thut : wovon allbereits droben eines und das andere erzählet worden.

Diß Thier wird gefangen auff mancherley Art / erstlich werden die Jungen / deren viel sind / entführet durch die Jäger auff schnellen Gäulen / dann wann ein Pferdt nicht mehr fortkann / so nim̃t man ein anders. Wann dañ die Tiger-Mutter die Höle leer findet / so folgt sie mit grossem Grimmen und Geschwindigkeit der Spuhr nach / vermittelst ihres Geruchs: Der Jäger aber / wann er sie hinder ihm sihet / läst er eines der Jungen fallen / welches dann das Tigerthier mit dem Gebiß aufhebt und zuruck in die Höle trägt: als dann folgt sie wieder nach / wie zuvor / da indessen der Jäger auf seinen schnellen Pferden entrunnen.

Die Alten aber werden mit tieffen Gruben betrogen / darein gestürtzt / und mit grossen Steinen zu todt geworffen: Massen in der Insul Darienen / so erst im Jahr 1514. erfunden worde / geschehe / auf welcher die Einwohner an etlichen Orten grossen Schaden eine Zeitlang von solchen Thieren erlitten / daß sie auch innerhalb den Städten und Dörffern nicht sicher gewesen / allwo dann auf vorige Weiß diß Thier gefangen unnd getödet worden.

Heliogabalus der Römische Käyser sol sie auch zu den Fuhrkarren unnd Wägen gebraucht haben.

Vom Fleisch dieses Thiers und seiner Complexion.

Es soll ein Mann / genannt Johannes Ledesina von Hispalen / von dieses Thiers Fleisch gessen und gesagt haben / es schmäck / wie Rindfleisch / nicht viel ärger oder schlimmer.

Von Artzneyen.

DJeweil dieses Thier frembdt und in Europa nicht gefunden wird/ist auch nicht von nöthen/ daß man von solchem grausamen Thier viele Artzneyen begehren wolle.

Von dem Indianischen Tigerthier.

Tlatlavhqui Ocelotl, seu Tigris Mexicana Tiger-Thier.　　Ein Mexicanisch

Von der Gestalt dieses Thiers.

DJeses Thier vergleichet sich einem Leoparden / hat einen Kopf fast wie unsere Katzen/ ein langen Schwantz/ kurtze und breite Ohren: Helle unnd runde Augen/und ein weiten Rachen: Seine obere Hunds-Zähn sind sehr lang/ hat eine dicke und kurtze Naß: Dicke/und in der Höhe/ mittelmässige Bein: An den fordern Füssen hat es 4. sehr lange und einen kurtzen Klauen: Am gantzen Leib sihet es überaus schön/ und gleichsam rosen Farb / außgenommen der Bauch welcher weiß ist: An dem gantzen Leib hat es zwischen diesen Farben/ schwartze Flecken/welche wie Rosen stehen/ daß dieses Thier über die masen schön anzusehen ist.

Von dem Wieselein.

Mustela.　　Ein Wieselein/ oder Wiesel: etliche nennen es Hermelein/ andere/ Häermlein.

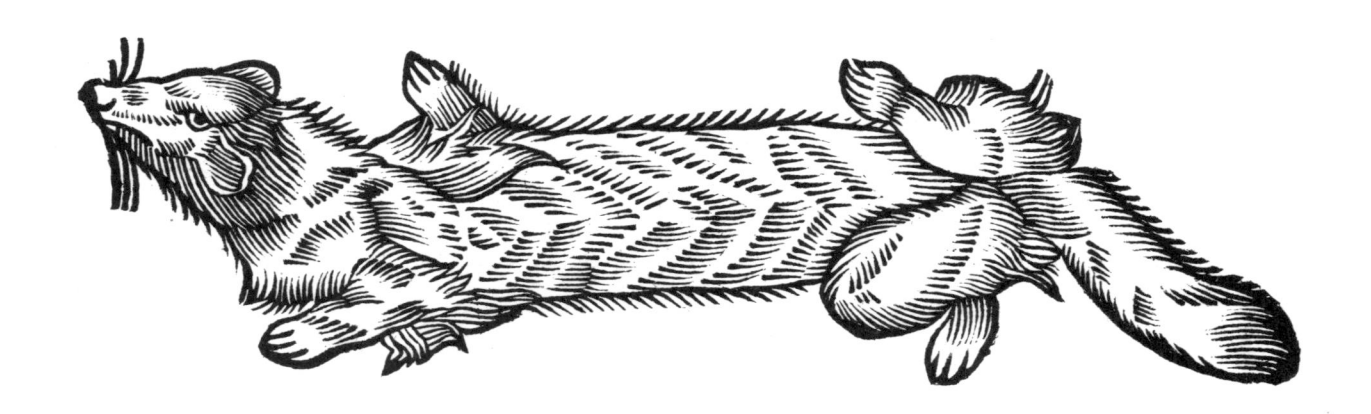

Von mancherley Gestalt und Geschlecht dieser Thiere.

DAs jenige Thier / so eigentlich Wieselein genennt wird/ und mit seinem Biß un Anhauchen Menschen und Vieh schädlich vergifftet/ist männiglichen bekandt: dieweil aber nicht allein Haußwieselein/ oder einheimische Wieselein/ sondern auch mancherley wilde Wieselein gefunden/ und von denen / so von den vierfüssigen Thieren geschrieben/ angezeigt werden; So soll allhie erstlich die Erzählung von dem gemeinen Wiesel vorhergehen/ und denn hernach auch die Beschreibung allerhand wilder Wiesel folgen.

In dem Schweitzer-Lande/ so bergicht und rauh ist/ sollen die Wiesel alle Somerszeit braun oder röthlicht / zur Winterszeit aber weiß seyn/ unnd alsdann Hermely oder Hermelein genennt werden. Andere wollen / daß / wann sie noch gar jung/ sie rothfärbig/ wenn sie aber älter worden/ braun oder gemischt wären / und wenn sie groß und alt würden / so würden sie gantz weiß.

In

Von dem Wieselein.

In Mauritania soll es Wieselein haben/ der Gestalt und Grösse nach/ wie Katzen/ nur daß sie einen weitern und längern Rachen haben.

Das Wieselein hat die vörderen Zähne kurtz/ und nicht/ wie die Mäuse/ lang/ so stellet es auch den Mäusen nach/ auß welchem erscheinet/ daß es nicht under die Mäuse soll gerechnet werden.

Von der Wohnung und Eigenschafft dieser Thiere.

Das Wieselein/ welches bey den Teutschen von seiner Stim̃e/ die so scharpff ist/ gleich wie das Pfeiffen oder das Pfeisen der Natern/ seinen Namen bekommen/ wohnet in Löchern und Spälten der Erden und Felsen/ und machet ihm allenthalben Außgänge/ damit es das jenige Loch/ woher der Wind bläsfet/ verstopfen/ und unverletzt bleiben könne. Sie werden auch gefunde in den Scheurẽ/ im Häuw und Stroh/ in Häusern und Stallungen/ daher sie auch Hauß oder einheimische Wieselein genennt werden. Die gar weisen Wiselein werden auch in den Wäldern gesehen.

Die Wieselein/ so auff dem Feld wohnen/ sollen den gantzen Winter über schlaffen/ wiewol auch mitten im Winter weisse Wieselein auf dem Feld von glaubwürdigen Leuten sind gesehen worden.

Es soll auch einsmahls ein Wieselein zu Zürch über den Limmat-Fluß mit Springen lauffend seyn gesehen worden/ ohne Untersincken oder Schwimmen/ welches von wegen seines leichten Leibes/ und seiner schnellen Geschwindigkeit halben/ wohl zu glauben ist.

Theils Bauersleute haben die Wieselein gar lieb und werth/ dieweil sie allerley Mäuß/ als Ratten/ wilde Mäusse/ Feldmäusse/ Schärmäusse und dergleichẽ fressen/ dañ wegen deß kleinen und dünnen Leibes können sie leichtlich in derselben Löcher kommen/ fahen und fressen derhalben vielmehr Mäusse als die Katzen/ und umb der Ursach willen/ werden solcher Thiere viel in der Eydgenoßschafft gesehen/ da sie von den Bauren geliebt werden.

Das Wieselein ist auch verhast den Hünern und Gänsen/ dann es säufft ihnen ihre Eyer auß/ wiewol es die Hüner selber nicht verletzt/ nur die wilden Wieselein als der Marder und Iltis/ erwürgẽ Hüner/ Gänß und Tauben/ wie viel sie derselben bekommen können/ und hören nicht auff/ biß daß keines mehr bey Leben ist/ alsdann heben sie erst an die Erbissene hinweg zu tragen und zu fressen.

Alle Wieselein Einheimische unnd Wilde/ wenn sie zornig gemacht werden/ geben einen starckẽ Geruch von sich/ und ihr Koth raucht dem Bisem nicht unähnlich.

Von angeborner Natur und Listigkeit dieser Thiere.

Das Wieselein/ wiewol es von Leib klein/ forchtsam und flüchtig ist/ so ist es doch darneben listig/ kühn/ verschlagen/ schädlich und räuberisch. Sie werden leichtlich zahm gemacht/ dann wann sie in Knobloch gebissen haben/ so begehren sie hernach nicht mehr zu beissen/ und werden also gebraucht/ Vögel auß den Nestern/ und Tauben auß den Taubhäussern zu ziehen.

Das Wieselein erzeucht mit grossem Fleiß und Sorge seine Jungen/ trägt sie mit dem Maul alle Tag an einẽ andern Orth/ welches auch etliche Hunde thun.

Das Wieselein und die Schlange haben einen grossen Haß gegen einander/ dieweil sie an gleichen Orten wohnen/ und von einerley Speisse leben. Das Wieselein/ wenn es mit der Schlangen kämpffen wil/ oder gekämpft/ oder sie gefressen hat/ so isset es Rauten/ daṅ solch Kraut soll dem Gifft und den Schlangen gantz zu wider und schädlich seyn. Der Han/ Hüner/ Gänß und Enten erschröcken/ so sie ein Wieselein sehen.

Dem Hasen soll es listiglich nachstellen/ dann es spielt und schertzt eine weil mit ihm/ wenn er nun müd worden/ und sich keiner Feindschafft nicht versiehet/ so springt es ihm an seinen Halß und an seine Gurgel/ und/ ob er gleich davon laufft/ bleibt dz Wieselein doch an ihm hangen/ drückt ihm die Keel ein/ und erwürget ihn also/ daß es ihn fressen könne.

Die Katzen fallen auch bißweilein die Wieselein an/ lassen aber doch zeitlich wieder nach und lauffen davon.

Von Nutzbarkeit dieser Thiere und wie man sie fangen soll.

Die gröste Nutzbarkeit von solchen Thieren ist zuvor angedeutet wordẽ/ nemlich Mäusse/ Ratten/ Feldmäusse/ und Schärmäuß oder Maulwürffe damit zu vertreiben; Doch ist der Schad den sie mit ihrem Gebiß dem Vieh anthun viel grösser dann der Biß geschwillt davon. Hierwider wird sein Balg/ als eine sonderliche Artzney wider solchen gifftigen Biß/ auffgehoben/ und der geschwollene Ort damit bestrichen.

Ihre Felle werden auch zu Beltzwerck verarbeitet unnd zu Kleidern unnd Futter gebraucht.

Die Wieselein werden gefangen mit Stricken/ die für ihre Löcher gelegt werden/ oder mit Instrumenten/ so Wieselfallen genennt werden: So werden auch ihrer gar viel mit Geschoß geschossen.

Salar-

Salarmoniacum unnd Mehl wird angefeuchtet / und zu einem Teig oder Brey gemacht / und an einen solchen Ort/ wo sie sich auffhalten/ gelegt; wann sie davon fressen/ so sterben oder fliehen sie von dannen.

Vom Fleisch der Wieselein.

Das Fleisch deß Wieseleins ist vor zeiten den Juden zu essen verbotten worden/ dardurch Gott der Allmächtig ihnē ein Beyspiel geben wollen/ daß sie nit ein auffsetziges / arglistiges / räuberisches und darneben forchtsames Gemüth und Hertz haben solten/ als wie die Wieselein/ ihrer Art und Natur nach/ sind.

Das Fleisch deß Wieseleins ist noch biß her von niemanden gessen worden/ wird allein gedörrt und von wegen der Artzney aufgehoben.

Artzneyen/ so von solchen Thieren herkommen.

Deß Wiesels Fleisch zu Asche gebrañt/ wird für das Glieder-Weh aufgelegt; Auß Wein getruncken ist es gut für die fallende Sucht und das Hauptwehe: deßgleichen ist sein Fleisch/ wenn es also gessen wird/ und sein Blut wenn es angestrichen wird/ gutt für die Kröpffe.

Das Wieselein gesengt / darnach außgenommen/ eingesaltzen/ gedörrt und in Wein getruncken/ hilfft wider alles Gifft/ wider böse Artzney/ wider Vergeben und dergleichen/ zwey Quintlein auß Wein/ ist auch gar nutz denen/ so die fallende Sucht haben.

Das Wieselein in einem irrdenen Geschirr zu Aschen gebrannt/ und mit Essig angestrichen/ sol gut seyn dem Podagra.

Das Hirn von dem Wieselein gedörrt und mit Essig getruncken/ wird gelobt für die fallende Sucht.

Zu allen gifftigen Bissen wird von männiglichen gebraucht / ein Balg von einem Wieselein und der Biß damit geriebē/ biß der Ort erwärmet worden/ denn ein wenig Thyriacks eingegeben.

Die Leber von dem Wieselein gedörrt/ und mit Wasser zu trincken eingegeben denen/ so die fallende Sucht haben / wenn sie alleweil fallen wollen / soll gutt seyn.

Der Biß deß Wieseleins ist gifftig/ dann der verletzte Orte geschwillet davon/ unnd wird blau/ etc. Dieser Schaden wird geheylet mit Zwibelen oder Knobloch/ welche eingegeben und auff den Biß gelegt werden. Deßgleichen wird dem gebissenen Vieh auch Thyriack auff den Biß gebunden/ und starcker Wein eingeschütt/ der Ort auch mit deß Wieseleins Balg bestrichen.

Von dem wilden Wieselein. Und zwar erstlich von dem/ so von den Niederländern Frett/ oder Furett/ oder Frettel genandt wird.

Furo. Frett/ Frettel/ oder Furettel.

Die Alten/ so von den vierfüssigen Thieren geschrieben/ habē viel von den wilden Wieselein erzählet / aber mit wenigem Unterscheid: dann etliche haben insgemein von den wilden Wieselein/ etliche aber insonderheit von dem Viverra, Furone und Ictide geschrieben/ da doch unter allen diesen Namen nur ein einiges Geschlecht der Wieselein soll verstanden werden / so heutiges Tags Furon genennt wird/ dessen Figur und Gestallt allhie gegenwärtig/ in Abbildung/ zu sehen.

Von Art/ Natur unnd Eigenschafft dieses Thiers.

Wiewol das jenige Thier / so auff Teutsch Frettel heist/ unter die wilden Wieselein gezählt wird/ dann in Engelland sollen sie in den Wildnüssen gefunden werden / jedoch so wird es gar leichtlich zahm gemacht / und in den Häussern in höltzenē Truhen/ oder Kasten verschlossen behalten/ worinnen sie die meiste Zeit ihres Lebens mit Schlaffen vertreiben: Dann alle Wieselein sind schläffrig. Dieweil sie aber einer hitzigen Complexion sind/ welches auß ihrer Geschwindigkeit/ Zorn/ und wolriechendem Koth/ abzunehmen/ so verdauen sie gar bald/ dann erwachen und suchen sie andere Speisse/ es sey Nacht oder Tag/ meistens aber deß Nachts von wegen ihrer Forcht.

In Italien/ Franckreich und Teutschland wird solches Thier nicht gefunden / sondern auß frembden Landen vornehmlich auß Africa dahin gebracht / und in Franckreich von vielen grossen Herren und Adels-Personen ernähret/ umb andere wilde Thiere/ sonderlich die Küniglein/ oder Caninichen/ damit zu jagen; Dann sie hencken ihnen kleine Schellen an den Halß/ lassen sie in die Löcher der

Von den wilden Wieselein.

sonst mächtig fruchtbar / und gebiert mehrentheils 7. oder 8. Junge / und trägt 40. Tag. Die Jungen bleiben 30. Tage blind / unnd nachdem sie sehend worden / sind sie in vierzig Tagen zu dem Jagen geschickt und dienlich.

Die Alten sind gar nah anderthalb Spannen lang / theils von Farbe weiß / unden am Bauch bleich / und die Augen gantz roth: Theils aber sind auch rötlicht / schier Lederfarb / und unden am Bauch weiß.

Von dem Marder

Martes. Ein Marder.

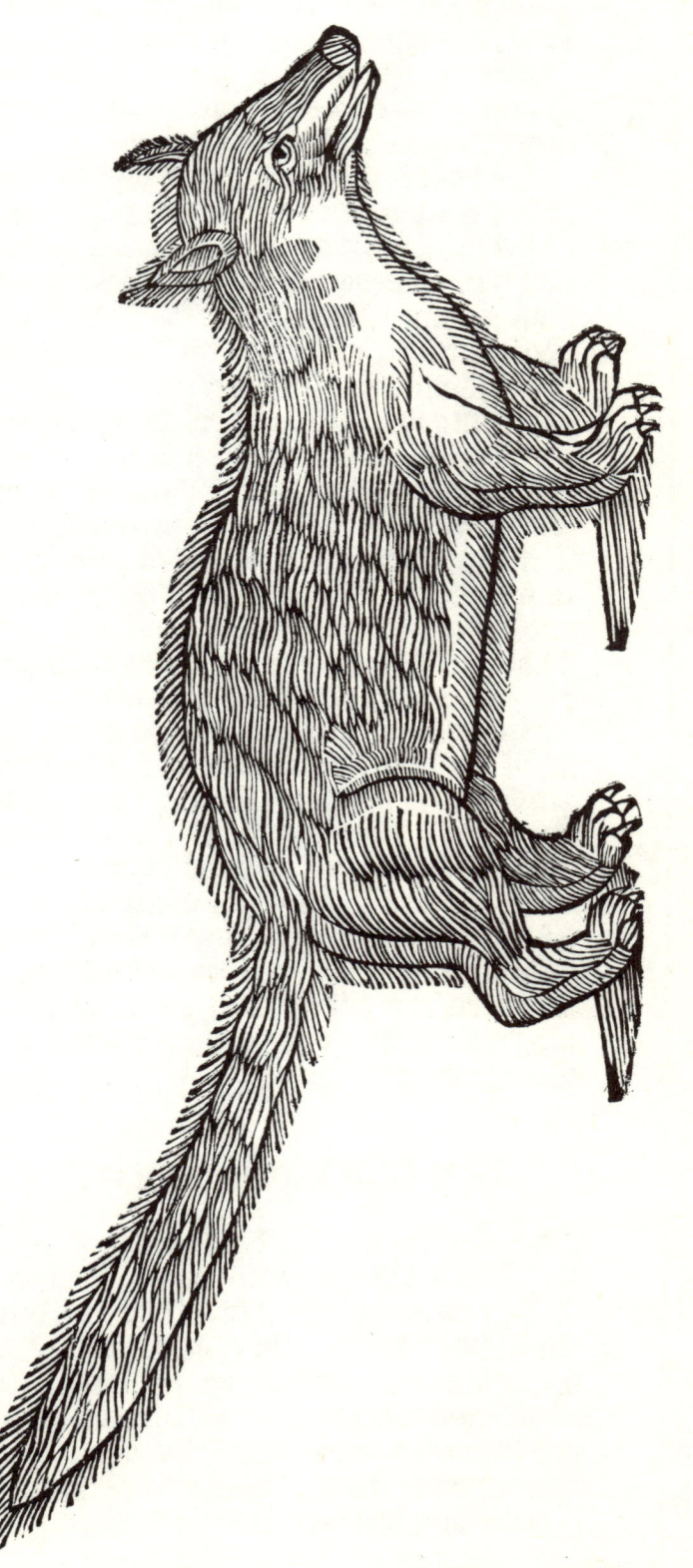

der Küniglein schlieffen / spañen Garn für die Löcher / und wenn die Küniglein von dem Thier herauß gejagt werden / schlagen sie solche im Garn zu todt.

In Engelland werden sie in Wildnüssen gefunden / und von männiglichen verfolgt / dieweil sie den Küniglein vor allen andern Thieren gar sonderlich auffsetzig und feind sind.

Wenn das Weiblein dieses Thiers in der Brunst ist / und ihm das Männlein entzogen wird / so geschwillt es und stirbt: ist

Von zweyerley Geschlechte dieser Thiere und ihrer Beschreibung.

Der Marder ist in unsern Landen ein bekantes Thier/ und wird von vielen gesehen und gefangen: Sonst wird er von etlichen Alten/ so von den Thieren geschriebẽ/ under die wilden Wieselein gezählt/ und ist ein verwegenes und streitbares Thier/ nach seiner Grösse/ auß welcher Ursach er bey den Lateinern von dem Kriegs-Gott Marte den Nahmen bekommen/ und wird vielleicht von den Teutschen Marder genannt/ von dem Morden/ dieweil er alles erwürgt und ermordet.

Der Marder werden zweyerley bey uns gefangen. der erste wird genannt Tachmarder/ Haußmarder / Steinmarder/ Buchmarder: auß der Ursach/ dieweil er umb die Häuser/ grossen Gebäuen/ in Mauren/ Türnen/ Steinen und Büchen wohnet.

Das ander Geschlecht wird von etlichen absönderlich gennent ein wilder Marder/ dieweil er sich gantz nicht zu den Häusern nahet/ und niemahls darbey gesehen wird: wird sonst genennet Feldmarder / Wildmarder/ Baumarder/ Tañmarder/ uñ Viehmarder/ ist viel schöner und köstlicher als der vorige: zum Unterschied ist seine Brust gelb / deß ersten aber weiß: beiderley Geschlechte werden in der Eidgnoßschafft viel gesehen/. unnd die schönsten bey denen/ so die Alpen bewohnen. Der Buchmarder wohnet in den holen Büchen/ der Tannmarder in den Tannwäldern/ und nistet auf den Tannen gleich wie das Eichhorn: Sie werden bißweilen sampt ihren Jungen von den Bauren gefangen.

In den Alpen sollen die Buchmarder/ so weisse Brüste haben/ am meisten auf der jenigen Seyte/ so sich gegen Mittag neigt/ gesehen werden: Hingegen die so Tannmarder/ welche gelbe Brüste oder Hälße haben/ an denen Seiten / so sich gegen Mittnacht strecken. Diese werden gar theuer verkaufft/ von wegen ihrer schönen Farbe/ so bräunlicht genennt wird/ und gilt ein Balg von dieser Gattung wol 3. oder 4. mahl mehr/ als von den Steinmardern.

Von dem Liecht-Marder.

Bey Anfang deß Bodensees liegt eine Stadt Brägentz genannt/ auch gleich dabey ein grosser Wald/ den man den Brägentzer Wald nennt/ in solchem sollen Marder gesehen werden/ die deß Nachts einen Schein von sich geben und glantzen/ wovon sie Liechtmarder oder Zündmarder genannt werden. Wiewol viel Kürschner nichts gewisses von solchen erzählen können.

Von dem Iltis.

Putorius. Ein Iltis.

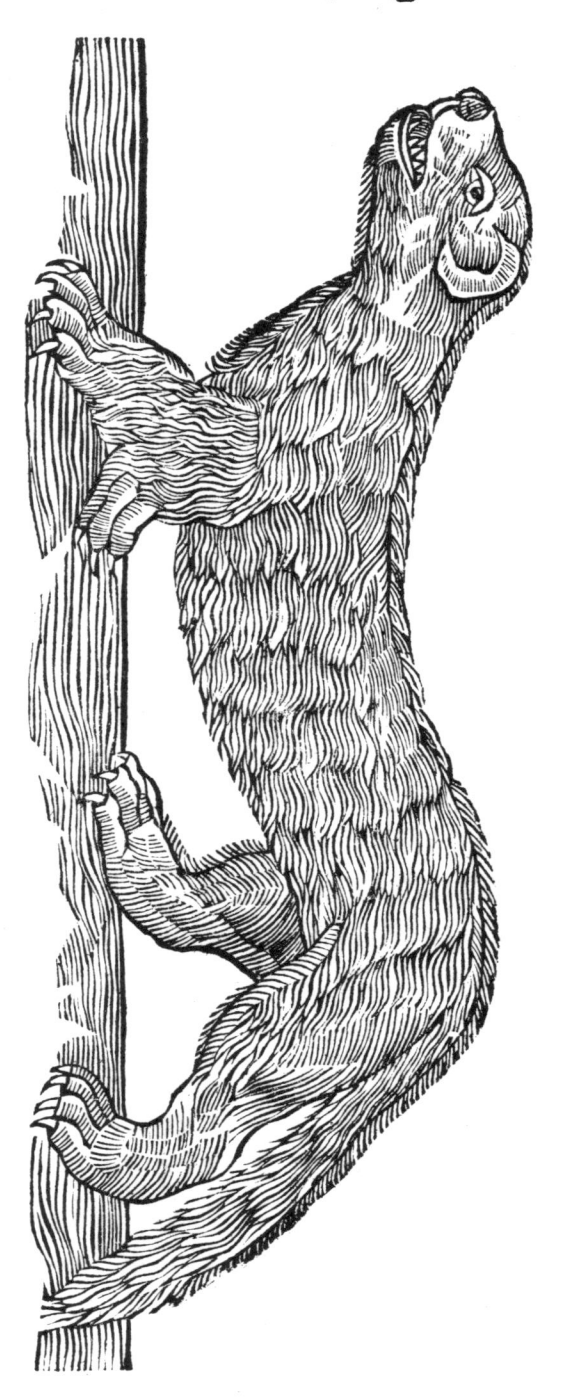

Von Gestalt dieses Thiers.

Das Iltis ist ein wenig grösser/ als das einheimische oder Hauß-Wieselein/ und hatt ungleiche Haar/ die auch nicht einerley Farb sind: dann die Kurtzen sind fast gelb/ und die Langen schwartz/ welche an manchem Ort so weit herfür gehen/ daß der Balg schier fleckig scheint / doch sind sie bey dem Maul weiß. Der Balg stinckt gar sehr/ und ist das wolfeileste Beltzwerck unter allen Wieselen/ wird auch geringer geachtet/ als der Fuchs-Balg/ und macht mit seinem starcken Geruch / daß manchem der Kopff davon weh thut.

Dann

Dann obwol alle Geschlechte der Wiesel/ wenn sie zornig gemacht werden/ starck riechen und stincken/ so thut es doch das Iltis allen zuvor/ daher es bey den Lateinern den Nahmen Putorium, à putore, das ist/ fœtore, vom Gestanck/ bekommen hat.

Die/ so in dem Beltzwerck arbeiten/ sagen/ daß die Bälg deß Iltis und Marders/ welche Winterszeit gefangen worden/ besser seyn und weniger stincken: die aber/ welche im Frühling und zur Zeit ihrer Brunst gefangen werden/ stincken sehr starck.

Wo dieses Thier zu finden/ und was seine Art/ Natur und Eigenschafft sey.

DAs Iltis wird gesehen unnd wohnet in grossen Gebäuen/ Häussern/ engen Schlüpffen/ auff Heu-Böden und in Stallungen/ ist begierig nach Hüner-Eyern/ deren es bißweilen eine grosse Menge zusammen trägt/ ist auch den Hünern selbsten/ den Tauben und dergleichem Geflügel sehr gefähr/ und beist ihnen zum ersten den Kopff ab/ damit sie nicht schreyen können.

Es wohnet ingleichem in holen Löchern bey den Flüssen/ gleich wie der Biber/ und fähet und frist Fische/ trägt auch bißweilen in die holen Bäume viel Frösche zusammen/ welche es nach und nach frist. Es wohnet auch in den Wäldern/ in welchen es den Volen nachstellt/ sie auß den Nestern herauß zeucht/ und verzehret: Sonderlich werden ihrer viel gesehen an den Oertern/ so bey den Alpen herumb liegen.

Von dem Zobel-Wieselein.

Mustela Zobela.   Zobel.

Von Form/ und Gestalt dieses Thiers.

DAs schönste unnd aller edleste Geschlecht unter den Wieselen ist das jenige/ welches die Teutschen Zobel nennen/ wohnet in den Wäldern/ gleich wie der Marder/ ist aber ein wenig kleiner und niedriger/ auf welchen Weg man seine Haar mit der Hand streicht/ so liegen sie glat und schlecht/ und werden davon nicht strauchicht oder rau/ wie anderes Beltzwerck. Ihre Brust oder Halß ist aschenfarb/ sonst sind sie am gantzen Leibe dunckel oder Lederfarb.

In welchen Landen solches Thier zu finden.

DAs Scythische Ungerland/ nit weit von dem Ursprung deß Flusses Tanais, oder Don/ gelegen/ so heutiges Tages Jhura genennet wird/ gibt solche Fell dem Moskowyter zum Tribut/ oder Steuer-Gelde.

Deßgleichen werden sie auch auß Moskau/ Littau/ Sarmatien/ Tartarien/ Lappland und in Summa auß den jenigen Landen/ so gantz gegen Mitnacht gelegen sind/ gebracht.

In dem grossen Wald Lauzerucca in Scandinavien gelegen/ dessen Länge sich auff die 80. Meilen erstreckt/ werden solche Thier auch gefangen.

Wie hoch solche Beltz geachtet werden.

DIe Zobelfelle sind das allerköstlichste/ wehrhafftigste/ beste uñ schönste Beltzwerck: Dañ es werden lange Röcke damit gefüttert/ deren einer über 1000. Gülden kostet/ ist eine Fürstliche Tracht/ und werden von solchen grossen Herren noch köstlicher und theurer getragen.

Von dem Nörtz-Wieselein.

Noerza.   Noertz/ Nertz oder Nörtz.

NOch ist ein anderes Geschlecht der Wieselen/ so auff teutsch Nörtz genennet wird/ und an der Grösse dem Marder gleichet; Selbiges hat kurtze Haar/ die gleich lang/ und an der Farb dem Otter gantz änlich sind. Sie sollen auß der Littau gebracht werden/ sind länglicht/ und mehr roth als der Iltis/ stincken auch fast wie derselbige/ und haben an dem gantzen Leibe nur einerley Farbe. Etliche vermeynen/ dieses Thier sey eben das jenige/ welches von den Lateinern Latax genennet werde.

Von dem Wormlein-Wieselein.

Vormela.   **Wormlein.**

Georgius Agricola beschreibet noch ein anderes Geschlecht der Wieselein/ auff Teutsch Wormlein genannt/ kleiner als der Furett oder Frettel/ und mehr geflecket/ dann der gantze Leib/ außgenommen der Bauch/ der schwartz ist/ ist geflecket/ mit weissen/ gelben/ röthlichten/ und bräunlichten Flecken / der Schwantz mit weiß unnd Aechsenfarb gemischt/ und am Ende schwartz.

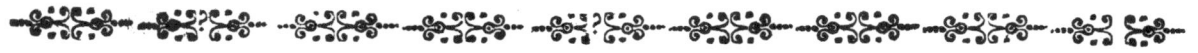

Von dem Wolff.

Lupus.   **Ein Wolff.**
Lupa.   **Ein Wölffin.**

Von mancherley Geschlechte dieses Thiers/ und wo es zu finden.

Der Wolff wird auff Arabisch [...] Grichisch λύκος, Lateinisch Lupus, Französisch un Loup, Italian. Loupo, und Hispanisch Lobo genannt.

Der Wolff ist ein rauberisches / schädliches/ und frässiges Thier/ wird fast von allen anderen gehasset und geflohen/ ist jedermann bekant und wird Winterszeit gar viel gefangen und gesehen. In Sardinia sollen (wie Pausanias schreibt) weder Schlangen noch Wölffe/und also auch in der Insul Creta (so heutiges Tages Candia genannt wird) deßgleichen in dem Geburg Olimpo in Macedonia gelegen/ und auch in Britannien / oder Engelland / keine gefunden werden. In Egypten und Africa sollen sie klein und faul/ in kalten Landen aber groß/rauh und scheußlich seyn.

In der Eydgenoßschafft und umb die Alpen herumb werden derselbigen gar wenig gesehen/ und kommen sie nur bißweilen auß Lombardey über das Geburg daher/so bald aber einer vermerckt wird / so stürmmt man von einem Dorffe zum anderen/ daß er also zeitlich mit gemeinem Hauffen gejagt und gefangen wird.

In den Orten/ so umb die Alpen herumb liegen/als Reintal/Athesin/ und die Graffschafft Tyrol/dergleichen umb Chur und bey den sieben Grauenpündten / werden grosse schwärtzlichte Wölffe gefundē: dieselben sind gantz starck/ und köstlicher/ als die anderen/ wiewol auch andere von der mittel Gattung und Grösse/ als wie die gemeine Wölffe sind/ zum offtern mit solchen gefangen werden. In flachen und niedrigen Orten/ als in etlichen Theilen deß Franckreichs sind sie viel kleiner und mehr roth; Im Schwartzwald aber sollen sie überauß groß/scheußlich und schwartz gesehen und gefangen werden. Oppianus erzählt

Von dem Wolff.

zählt in seinem dritten Buch / so er von dem Jagen geschrieben / fünfferley Geschlecht der Wölffe / und beschreibt ein jegliches / seiner Gestalt und Natur nach also:

Das erste Geschlecht wird genennt / Schützwolff / von wegen seiner schnellen Behändigkeit; Ist gantz verwegen / und am gantzen Leib / rothgelb / hat runde Glieder / einen grössern Kopff / als andere Wölffe / geschwinde Beine / die grösser sind dann an den anderen / der Bauch ist weiß / mit grauen Flecken besprengt / heulet scheußlich / fällt mit grosser Ungestüme an / alles was ihm vorkompt / und schüttelt den Kopff / worinn die Augen gläntzen / als ob sie feurig wären.

Der Wolff von der andern Art wird genennt Raubwolff / ist grösser und länger als der erste / und der allerschnelleste. Dieser geht mit grosser Ungestüm deß Morgens früh auf die Jagt / weil er stäts Hunger leydet / an der Seiten und am Schwantz ist er silberfarb / und wohnet in den Gebürgen: welche wenn sie Winterszeit mit Schnee bedeckt sind / so läst er sich herab / und kompt deß Nachts gantz unverschämter weise auch gar biß an die Stätte und in die Dörffer / weil der Hunger jn treibt / schleicht gantz heimlich / gleich wie die Diebe herbey / und stielt bey der Nacht / auß den Ställe Geyse / Gänsse / Hüner / und dergleiche.

Die dritte Gattung wohnet auf den allerhöchsten Schroffen oder Felsen und steinigten Gebürgen. Dieser Wolff ist der schönste unter allen / und wird der gülden Wolff genennt / von wegen der Farb / und seiner schönen und gläntzenden Haaren halber. Er ist auch gantz starck / hat aber seine Stärcke allein in dem Maul und Gebiß / womit er bißweilen Ertz / Steine und Eisen durchbeist: Er scheuet die grosse Hitze in den Hundtagen / als zu welcher Zeit er sich in Löcher und Hölen verbirgt / so lang biß sich die Hitz gemildert hat. Dieser Wolff scheinet dem Thier / Hyena genannt / gleich und ähnlich zu seyn.

Die von dem vierten und fünfften Geschlechte / können mit gemeinem Nahmen Booswölff genennt werden / dieweil ihre Köpffe und Hälse kurtz und dick sind und einige Gleichheit mit dem Amboos haben / über das haben sie breite Schultern / haarichte Lenden und Füsse / kurtze und kleine Schnautzen / auch haarichte Beine / und kleine Augen: jedoch sind sie an der Farbe von einander unterschieden: dann deß einen Rücken ist Silberfarb / der Bauch weißgläntzend / und allein die äussersten Füsse schwartz: der ander aber ist gantz schwartz / und kleiner / hat allethalben schlechte aufgereckte Haar / und greifft fürnemlich die Hasen an.

Von innerlicher Gestalt dieses Thiers.

Der Wolff hatt sehr scharffe / gleissende und feurigte Augen / siehet scheel über Eck / und hat ein starckes Gebiß / sein Halß ist dick / und soll von einem gantzen Beine seyn / deßwegen er sich nicht umbwenden oder hintersich sehen kann / er kehre dann den gantzen Leib herumb.

Die Leber deß Wolffs ist gleich wie ein Roßfuß oder Klauen: und seine vorderen Füsse oder Pfoden haben fünff / die hinderen aber nur vier Klauen.

Von Natur unnd Eigenschafft dieser Thiere.

Etliche haben die Wölffe wilde Hunde genennt / dieweil ein Wolff sich mit der Gestalt / mit Heulen und Bellen den Hunden vergleichet / hat sonst scharpffe und gläntzende Augen / dannenhero er auch bey finsterer Nacht siehet / so daß er herumbschweifft und jagt / weil er mit seinem starcken und scharpffen Geruch ein Aaß oder andere seine Speisse / wol bey einer halben Meile weit von ferne riechen kann. Er heulet schröcklich / sonderlich wenner hungerig ist: wenn er anhebt zu heulen / so heulen sie allzumahl so viel ihrer beysammen halten. Sie sind gar gefrässig / und fast unersättlich / fressen und verschlucken das Fleisch schier gar mit Bein und Haar / und geben auch vielmahl solche Stücke gantz wiederum von sich: wenn sie einmahl satt worden / so können sie drey Tage darnach fasten. Wann sie Hunger leiden / so sind sie böß und wütend / und ob sie gleich bey den Menschen erzogen worden / so hassen sie doch jedermann: sonderlich wann sie fressen / da wollen sie gleichsam nicht angesehen seyn. Wenn ein Wolff mit Speiß gesättiget ist / so wird er gantz mild / und unschädlich / ob er gleich mitten durch ein Heerde Schaaff oder anderes Vieh getrieben würde / welches auch von dem Löwen / als dem König aller Thiere geschriebe wird. Wenn sie über einem Raube sind / und ihnen indessen noch ein anderer aufstöst / so greiffen sie denselbigen an / und verlassen den ersten / gleich als ob sie seiner vergessen hätten: sie fressen sonst kein Kraut / sie werden dann durch Kranckheit darzu getrieben / da sie dann die Kräuter / als eine Artzney gebrauchen / auff daß sie sich übergeben mögen.

Von der Vermehrung der Wölffe.

Die Wölffe mehren sich auf Art und Weiß wie die Hunde / deß Jahrs nicht mehr dann ein mahl / und solches Werck währet 12. Tage / sie heben an nach Weihenacht / und gebehren mit angehendem Sommer / der Jungen viel / und zwar blind gleich wie die Hunde.

Man sagt ins gemein / der Wolff gebehre neun Junge / und unter solchen sey der / so zu letzt und im Alter geboren wird / ein Hund:

Xx iij So

Solchen nun zu erkennen / führe die alte Wölffin die Jungen allesammt zu dem Wasser/ welcher denn lappe gleich wie ein Hund/ denselbigen verwerffe sie.

Die Churer oder Reinthaler sagen/ daß sie daselbst an ihrem Orte die jungen Wölffe auß den Hölen holen/ wenn der May anfange/ und deren bißweilen sieben oder neune/ võ einer Wölffin gebohren werdẽ. Sie erzehlen noch ferner und sagen/ die Wölffin werffe das erste mahl nur eines/ zum andern zwey/ zum dritten drey/ also weiter fort je länger je mehr/ nach der Zahl der Jahren/ biß auff zehen Jahr/ als dann werde sie unfruchtbar.

Die Hunde und Wölffe rammelen auch bißweilen mit einander / gleich wie hiebevor von den Füchsen und Hunden erzählet wordẽ/ uñ darauß sollen sehr kühne und schöne Hunde entspringen. Solches soll gar offt in Morenland geschehen/ wovon dieselbigen Hunde Crocute genennt werden.

Wie viel Jahre ein Wolff lebe.

Die Löwen und Wölffe leben lange Jahr/ dz sie auch von Alter gar rotzig und garstig werden/ und böse Zähne bekommen/ auch dieselbigen gar verliehren; alsdann werden sie ihres eignen Lebens überdrüssig und leichtlich gefangen / stürzen sich auch selber in Gefahr deß Lebens und zu todte.

Von angeborner Natur und Verschlagenheit der Wölffe.

Ein dapfferes/ männliches/ kühnes/ lauffsetziges/ listiges/ und räuberisches Thier ist der Wolff / wenn ihn der Hunger treibt/ so erwürgt er alles was er bekompt/ so er aber ersättiget/ so ist er/ gleich den Schaaffen / sanfftmüthig und thut keinen Schaden.

Wann die Wölffe in eine Grube gefallen/ oder sonst mercken/ daß sie beschlossen oder umgeben sind/ sollen sie gantz erstarren / forchtsam seyn/ und niemands verletzen.

Dann es hatt sich einsmahls in Italien/ nicht weit von Meyland / begeben/ daß ein Wolff den die Hungersnoth darzu gezwungen/ zu einem Meyerhoff kommen/ und in die Stube hinein getretten/ in welcher die Meyerin sampt den Kindern war/ welche hierüber dermassen erschrocken/ daß sie die Kinder verlassen/ herauß geflohen/ die Thür nach ihr zugeschlagen/ und dem Meyer zugeschrien/ daß ein Wolff in der Stuben wäre/ welcher da er darzu komen/ soll er den Wolff gantz forchtsam und zitternd stehend gefunden haben/ ohne daß er einigen Schaden gethan.

Ein andere Histori beschreibet der hochgelährte Mann Justinus Gobler/ die sich bey seinẽ Vatter zugetragen/ auf diese Weise:

Es begab sich/ daß / als sein Vatter/ der sonderliche Lust und Belieben zum Jagen hatte / etliche Gruben und Löcher machen lassen/ umb allerley Wild darinnen zu fahen/ auff eine Nacht drey oder vier wiederwärtige und ungleiche Thiere in eine solche Grube fielen; das erste war ein altes Weib/ welches gegen Abend auß einem Garten kommen/ und Kraut/ Rüben und Zwiebeln heim tragen wollen: die übrigen aber warẽ ein Fuchs und ein Wolff. Alle diese dreye blieben jegliches an seinem Orte/ wohin sie gefallen/ und hielten sich die gantze Nacht stille / vielleicht auß Furcht/ ja selbst der Wolff / der doch das grimmigste unter ihnen war/ war nun ein sanfftmüthiges Schaaff wordẽ/ und that keinem kein Leid / nichts destoweniger war das Weib/ als das verständigste/ von Furcht und Schröckẽ/ gantz grau und kraftloß worden/ und mehr einem todten als lebendigen Menschen gleich. Wie nun der Vatter/ deß Morgens früh/ nach seiner Gewohnheit/ und auß Begierde nach dem Wilde/ die Gruben zu besichtigen außgeht/ ersihet er diesen seinen wunderbarlichen Fang/ erschrickt darüber und spricht doch dem Weibe zu/ welches durch solche Menschen-Stimme gleichsam als vom Todte erwachte und ein wenig zu sich selber kam. Der Haußvatter sprang/ als ein behertzter Mann/ hierauf in die Grube/ und stach erstlich den Wolff/ den Fuchs aber schlug er zu todte / und das halb-todte Weib nahm er auf seine Achsel/ trug sie auff einer Leiter auß der Grube/ und brachte sie wieder nach Hause / mit höchster Verwunderung/ daß ein so schädliches und gefrässiges Thier/ als der Wolff/ beydes deß Weibes und auch deß Fuchses verschonet hatte.

Der Wolff kennt den/ von welchem er verletzt worden / und begehrt sich an ihm zu rächen/ wenn es auch lange Zeit hernach geschehen sollte.

Wiewol der Wolff ein räuberisches und gefrässiges Thier ist ; So hat er doch seine Jungen lieb/ daß er sie speiset/ beydes die Alten und die Jungen.

So listig ist der Wolff/ daß/ wenn er grosse Thier anfallen will/ er sich zuvor mit Erde außfüllet / damit er desto schwerer seyn und von dem Thier nicht so leichtlich hingeschüppt / hingegen das Thier/ so er anfällt/ von der Bürde desto zeitlicher müd gemacht werden möge. Die/ so Hörner haben/ greifft er von hinden zu an/ und wenn er durch einen Zaun schlüpffen will/ ein Schaaff anzugreiffen/ und mit einem Fuß ein Geräusch macht/ so beist er in denselbigen/ als der Ursach gewesen / daß ihm der vorgewesene Raub entgangen.

Wenn der Wölff viel beysamen und auch viel Hunde oder Hirten bey der Heerde sind/ so greifft

Von dem Wolff.

so greifft ein Theil die Hunde und der andere Theil die Heerde Schaaffe an.

Damit die Wölffe wann sie über einen Fluß oder Wasser schwimmen wollen/ nicht von dem starcken Flusse oder grossen Wellen verzogen/ und under gesenckt werden/ so erfast je einer den andern bey dem Schwantz mit seinem Gebiß/ und schwimmen sie also/ nach der Ordnung/ sicher hinüber.

Die Löwen und Wölff/ wie grimmige Thiere sie auch immer seyn/ so verschonen sie doch allezeit der Menschen/ wenn sie andere Thiere zum Raub haben können/ nur allein die Alten/ als welche Schwachheit und Faulheit halben/ andere Thiere nicht erjagen noch bekommen können/ greiffen die Menschen an/ und zwar am allermeisten junge Kinder. Dann es ist auch in unseren Landen gefährlich/ zur Winterszeit/ in tieffem Schnee und grosser Kälte zu reysen/ von wegen der Wölffe.

In Tartarey sollen etliche zahm gemachte Adler so kühn seyn/ daß sie auch die Wölffe mit grosser Ungestümm angreiffen/ und so lang plagen und verletzen/ daß sie ohne Müh von den Menschen können gefangen werden.

Wenn der Wolff den Menschen zum ersten ersiehet/ so erstarret der Mensch darüber/ und die Sprach entfällt ihm davon.

Wenn aber der Mensch den Wolff zum ersten ersiehet/ so erstarret der Wolff/ und zittret vor Forcht und Schröcken.

Wann die zahmen vierfüssigen Thiere ein außgerissenes Wolffsaug ersehen/ so fliehen sie vor Forcht/ und wann der Schwantz vom Wolffe an ihre Krippen gebunden wird/ so fressen sie nicht weiter.

Dargegen soll der Wolff den Igel förchten und vor ihm fliehen/ und die Fell oder die Wolle von solchen Schaaffen die von den Wölffen erbissen worden/ sollen zeitlich Leuß bekommen/ und so ein Wolffsbeltz zu einem Schaafs-Beltze gehenckt wird/ sollen die Haar vom Schaafs-Beltz außfallen.

Es soll vor diesem einsmahls in einem Walde/ nahe bey Basel/ geschehen seyn/ daß ein Drommelschläger dadurch gangen/ und seine Drommel getragen/ welchem ein Wolff nachgefolget/ als nun der Drommelschläger denselbigen nit mit Steinen verjagen konnte/ fiel er ohngefähr nieder auf die Erde/ von welchem Fall die Drommel erschallete/ und der Wolff von dem Gethön anfieng zu weichen. Als der Drommelschläger solches gesehen/ hat er mit rechtem Ernst angefangen/ die Drommel zu schlagen/ und damit das Thier weit von sich verjaget. Solches Drommeln sollen auch die Bären fliehen.

Deßgleichen fliehen sie auch das Gethön und Klingen/ so von Schwertern gemacht wird; Item das Feuer/ weßwegen etliche zur Winterszeit/ wenn sie bey tieffem Schnee/ oder grosser Kälte reysen/ zween Feuersteine bey sich tragen/ damit/ wenn ihnen ein Wolff begegnet/ sie Feuer schlagen können/ welches wenn es der Wolff ersiehet/ fleucht er davon/ und begehret keinen Schaden zu thun. Item/ wenn einer einen Stecken/ eine Rute/ oder Täsche an einem Gürtel/ Seyl/ Hosenband und dergleichen nach sich zeucht/ so begehren sie auch nicht sich zu demselbigen Menschen zu nahen.

Was für Nutzbarkeit von den Wölffen herkomme.

WJewol der Wolff nit umsonst/ und nit ohne gar keine Nutzbarkeit gefangen und getödet wird/ so ist doch der Schad/ den er bey seinem Leben Menschen und Vieh anthut/ viel grösser/ weßwegen ihm/ so bald man ihn spühret/ ohne Verzug/ von männiglichen nachgestellt wird/ biß er entweder mit gewissen Instrumenten/ oder Grube/ Gifft und Aas/ oder mit Wolffsfalle/ Angeln/ Stricken/ Garnen und Hunden/ Geschoß und dergleichen gefangen und getödtet werde. Unter anderen wird ihnen ein solche Beitze zubereitet.

Man soll eine getödte/ geschundene/ unnd außgenommene Katz in einem heissen Ofen braten/ und mit ein wenig Honig bestreichen: darnach junge Frösche/ so Roßköpffe od Hauptbrüchel genenet werden/ auf einer Glut brennen/ und zu Pulffer stossen/ damit die Katz besprengen und an einem Seil/ an solchen Orten wo man vermeynt/ dz Wölffe oder Füchse da seyn/ hinder sich nach schleiffen/ wenn dann diese Thiere solchem Geruch nachspühren/ soll einer hinden nach Acht haben/ und sie mit Geschoß oder Büchsen erlegen.

Auß

Auß den Wolffshäuten werden auch Beltze gemacht/dieselbigē sollen für Hitz/Frost/Regen/Wasser/Wind und Kälte/ gar gutt seyn.

Von dem Fleisch dieser Thiere.

Wolffsfleisch wird/ gleich wie aller anderer räuberischer Thiere Fleisch/ so Klauen haben/ und Fleisch fressen/ von keinem Menschen gessen/ dieweil es eine ungesunde/ dürre/ böse/ und melancholische Speiß und Nahrung ist. Doch soll ein Volck in Italien/ Insubres genannt/ solcher Thiere Fleisch essen.

Etliche Stücke der Artzney/ so von solchem Thiere herkommen

Zu dem Podagra wird gelobt ein lebendiger Wolff oder Fuchß in Oel gesotten.

Sein Blut und Koth stillet das Grimmen im Bauche.

Das Wolffsschmaltz ist nicht weniger bräuchlich/ als das Hundsschmaltz/ und wird von etlichen neuen Aertzten under die jenige Artzneyen/ so zu den Gelencken zubereitet werden/ gemischt.

Die Wolffszähne helffen den monsüchtigen Menschen/ und machen die junge Kinder ohne Müh zahnen.

Die Wolffs Lunge wird gebraucht zu den Keichenden.

Das Wolffshertz/ wenn es aufgehoben wird/ soll es einen überauß starcken und angenehmen Geruch bekommen. Gebrannt und gestossen/ vertreibt es die fallende Sucht.

Die Wolffsleber wird sehr gelobt zu den Gebrechen der Leber/ und in etliche Artzneyen von berühmbten Aertzten gesetzt. Mehr wird sie gebraucht zu dem Husten/ wie auch solchen Leuten/ so ohne Ursach abnehmen und Wassersüchtig sind.

Der Wolffskoth auß weissem Wein getruncken/ oder sonst mit einem Riemen oder Band angehenckt/ oder auff die Lenden oder Arme gebunden/ ist gutt denē/ so das Bauchgrimmen haben.

Von diesen Stücken schreibet also Becherus.

Das fräßig wilde Thier der Wolff kompt auch herbey/
Giebt sieben unnd ein Stück zur Apoteckerey:
Die (1.) Zähn/ die (2.) Därm/ das (3.) Hertz/
die (4.) Leber/ (5.) Koth uñ (6.) Bein
Die (7.) Haut/ wie auch das (8.) Fett/ das pfleget gutt zu seyn.

1.

Den Wolffszahn pfleget man in Silber einzufassen/
Den Kindern angehängt/ die Forcht sie fahren lassen.

2.

Wolffs-Därm gedörret thut zum zarten Pulver reiben/
Nemmt eine Drachmam ein/ die Colick thuts vertreiben.

3.

Wolffs-Hertz getrocknet/ und zum Pulver wol bereit/
Ein Drachmam dessen braucht/ es stillt das böse Leyd.

4.

Wolffsleber tröcknet erst/ thuts dann zum Pulver machen/
Sie dient in Wassersucht/ und in dergleichen Sachen.

5.

Wolffs-Koth der wird auch wol in Wasser eingenommen/
Ein Drachma denen hilfft/ die Colicam bekommen.

6.

Die Bein von einem Wolff/ die thut zum Pulver machen/
In Wunden streuets man/ und in dergleichen Sachen.

7.

Man thut auß Wolffs-Haut auch ein breiten Gürtel schneiden/
Und trägt ihn umb den Leib/ kein Grimmen thut er leyden.

8.

Wolffs-Fett das thut in Krafft dem Hunds-Fett nicht viel weichen/
Ist gutt in Glieder-Weh/ und in dergleichen Seuchen.

Der Wolff wird auch wütend/ gleich wie ein Hund/ und beschädiget mit seinem Bisse Menschen und Vieh/ solchen wird geholffen mit eben dergleichen Artzneyen/ wie oben unter der Beschreibung deß Hundes für den wütenden Hundsbiß beschrieben worden.

Von dem Indianischen Wolff.

Xoloitzcuintli. Lupus Mexicanus. Ein Indianischer Wolff.

Dieses Thier beweist auß seiner gantzen Gestalt ein grausames und grimmiges Gemüth: Hat scheußliche und feurige Augen/ ein blutrothes Maul/ und Zahnfleisch/ seine Zähn stehen jhm gantz auß dem Maul/ und sonderlich die Hundszähn/ an dem obern Maul hat es starcke Haar fast wie die Igel. Sein gantzer Kopff ist Aschenfarb/ hat lange spitze Ohren/ einen fetten Halß worauff er einen grossen gelben Flecken/ dergleichen auch einen auff der Brust hat: Sein gantzer Leib ist Aschenfarb mit gelbbraunen Flecken durchmischet/ oben vom Rücken biß zum Bauch ist der gantze Leib mit schwartzen Striechen gestreiffet. Hat einen langen Schwantz/ so gantz aschenfarb/ worauff aber ein brauner Flecken gesehen/ so sich nach und nach versiehret. Seine Bein sind auch aschenfarb und schwartz/ hat an dem vordern Fuß 4. an dem hindern 5. Klauen.

Von den jenigen Thieren / welche von den alten Scribenten under das Geschlecht der Wölffe gezählt werden/und zwar erstlich

Vom Geschlechte der Wölffe/ so Thoes bey den Lateinern genannt werden.

Thoes ist ein Geschlecht der Wölffe und denselbigen gantz gleich/ jedoch länger aber kürtzer von Beinen; Sie verwandlen jhre Farb und Haare nach deß Jahrs Lauff: Dann zur Winterszeit werden sie haarig/ zur Sommerszeit aber ohne Haar/ und bloß gesehen/ sind sonst gantz schnell/ ob sie gleich kurtze Beine haben/ und können der Flecken halben kleine Pantherthiere genennet werden.

Von Natur unnd Eygenschafft dieses Thiers.

Das Thier Thos macht überauß geschwinde Sprünge/ behilfft sich mit Jagen/ dann es ist starck/ schnell und geschwind/ ob es gleich kurtze Beine hat. Seine Jungen kommen blind zur Welt/ sie werffen gleich wie die Hund und Wölffe/ 2. 3. oder 4. auf einmal: Sie vermischen sich eben auch bißweilen mit den Hunden/ daher dann schöne und muthige Hund entspringen.

Von angebohrner Geschicklig-
keit dieses Thiers.

Die Thoes sollen den Menschen gar sehr lieben/ im wenigsten nicht beschädigen noch verletzen/ auch gantz nicht förchten/ sondern vielmehr verehren / und wann der Mensch von anderen schädlichen Thieren umbgeben ist / so sollen sie denselbigen beschützen.

Die Thoes kämpffen wider die Löwen und Hunde/ auß welcher Ursach solche Thiere nicht an einem Ort gefunden werden.

Von dem Luchs.

Lupus Cervarius. Ein Luchs/Lutz/oder Lux.
Lynx & Chaos.   Ein Thier-Wolff.

Von Gestalt dieses Thiers.

Der Luchs wird Arabisch ابو صلدون, Grichisch λύγξ, Lateinisch Lynx, Frantzös. Lynx, Italianisch Lupo Cervier, und Hispanisch Lobo Cerval genannt. Unsere Lüchse sollen kleiner seyn/ als die Wölffe/ und zweyerley Geschlechte haben/ ein grosses und ein kleines/ welche doch an der Gestalt gleich sind / dann beyde haben liebliche Augen/ ein fröliches Angesicht/ und kleine Köpffe/ und nur an der Farbe einen Underscheid: Dann die kleinen sind roth / und die grossen gelb oder Schwebelfarbig/ beyde aber geflecket/ und mit schönen Macklen gezieret. Etliche wollen/ sie verwandleten ihre Farb nach der Zeit Lauff. Sollen sonst gantz frässig/ und schier unersättlich seyn.

Es ist einsmahls zu Trient in deß Bischoffs Hoof ein Luchs gesehen worden/ welchen etliche Italiäner eine Wolffskatz genennet haben/ weil er der Gestalt und den Klauen nach einer Katzen am allerähnlichsten gewesen.

In Italien sollen auch solche Thier gefunden/ und in Wallis sollen sie Thier-Wölffe genennet/ auch auß anderen Orten/ so bey den Alpen liegen/ deßgleichen auß Litthauen und Polen/ zu uns gebracht werden. Die Landfahrer bringen auch bißweilen einen unnd anderen auff die Messen unnd Jahrmärckte/ und lassen sie umbs Geld sehen.

Diese Gestalt des Luchs oder Un-
tzes ist einsmahls/ in Abbildung/ von einem ge-
lehrten Manne auß Engelland geschickt
worden.

Von Natur und Eigenschafft dieser Thiere.

ES ist kein Thier/ das ein so scharpffes Gesicht hat/ als ein Luchs/ dann wo den Poëten zu glauben/ so sollen sie mit ihren Augen auch solche Sachen durchdringen/ die sonst nicht durchsichtig sind/ als Wänd/ Mauren/ Holtz/ Stein und dergleichen. Dargegen sollen sie/ wann ihnen durchsichtige Dinge vorgehalten werden/ ihr eigenes Gesicht hassen und darvon sterben.

Die Lüchse leben vom Jagen/ dann die kleinen setzen den Hasen nach/ die grossen aber den Hirschen/ und andern grossem Wilde: Etliche wollen/ sie saugen ihnen allein das Blut herauß/ ohne Schaden deß Leibes oder Fleisches.

Etliche sagen: Der Luchs/ als ein sehr listiges Thier/ verstecke sich in dicke Bäume/ und springe auff das grosse Wild/ so fürüberstreiche/ und fasse mit seinen Klauen das Genicke oder den Halß so starck/ biß es den Kopff auffgerissen/ und sein Hirn herauß gefressen habe/ dem übrigen Leibe thue es keinen Schaden: Aber das kleine Wild werde gäntzlich von ihm gefressen.

Der Luchs/ wann er harnet/ so vergräbt er sein Harn/ auß welchem ein Edel-Gestein/ den die Lateiner Lyncurium nennen/ erwachsen soll/ etliche meynen es seye der Agstein/ so auß Liguria in unser Land gebracht wird.

Von angeborner Art und Geschicklichkeit der Luchsen.

ES sollen die Lüchse / Leoparden/ Löwen/ und Tiger-Thiere grosse Liebe und Neigung zu ihren Jungen tragen/ sonst ist ein Luchs ein räuberisches Thier/ gleich wie der Wolff/ jedoch viel listiger/ verbirge sich in die Bäume/ und ist beydes Menschen und Vieh auffsetzig.

Im Würtenberger Lande sollen ihrer viel gefangen werden/ dann es hat sich einsmals ein solches Thier/ daselbst im Lande/ unter einen dicken Eichbaum verborgen gehabt/ und als ein Zimmermann mit seiner Art daselbst fürüber gangen/ ist dz Thier auff ihn zugesprungen: Der Zimmermann aber hatte es zuvorhin ersehen/ und das Thier mit der Art empfangen/ zu Boden geworffen / und mit wenig Streichen zu todt geschlagen.

Was für Nutzbarkeit von solchem Thier herkomme.

DEn Luchsen wird nachgestellt von wegen ihres Balgs/ dann solches Peltzwerck ist das allerköstlichste so man haben kan/ und wird allein bey den Edlen in den Kleidungen gesehen.

Sie werden gefangen mit Gifft und Waffen/ aber nicht ohne der Jäger grosse Gefahr. Item mit grossen/ tieffen Gruben/ wie die Füchse und Wölffe.

Was für Artzney von solchem Thier gebraucht werde.

DJe Klauen der Luchsen sind gantz weiß/ werden in Silber eingefasset/ und zu dem Krampff gebraucht/ entweder getragen oder angebunden.

Es werden auch solche Klauen/ sampt der Haut zu Aeschen gebrannt/ und zu viel Kranckheiten gebraucht.

Von dem Grim-Klau.

Lupus Scythicus. Grim-Klau.

In den äussersten Orten deß Landes Scandinaviæ, wird ein Thier gefunden/ so groß als wie ein Wolff/ welches allezeit überauß grimmig und zornig; Dieses Thier wird von wegen seinen grimmigen und scharpffen Klauen/ wie auch von seiner grausamen und zornigen Gestalt ein Gritti-Klau genennet.

Von dem Vielfraß.

Hyæna.   Grabthier.

Von seiner Gestalt.

Der Vielfraß soll billich unter das Geschlechte der Wölffe gezählet werden/ dieweil er sonst obwol noch unbekant/ doch die vornehmsten Eigenschafften mit den Wölffen soll gemein haben/ als die Grösse un Gestalt deß Leibes und der Zähne/ die Frässigkeit/ und die räuberische Natur/ und die Zeit deß Raubens/ welches bey Nacht geschicht.

Der Vielfraß ist nicht kleiner dan der Wolff/ und von gleicher Farbe/ nur daß er mehr Haare hat/ und durch den Ruck-Grad her/ mit lauter harten Haaren/ als Schweins-Borsten gestutzet ist. Der Leib ist gantz scheußlich/ voller blauer Flecken/ die Augen sehen auch scheußlich auß/ worinnen das Thier die Farbe ohne Unterlaß ändert nach seinem Gefallen; Es hat ein starrendes und unbewegliches Genicke/ gleich wie ein Wolff oder Löwe; In seinem Kopffe aber wird ein Edel-Stein gefunden/ von edler Tugend. Etliche schreiben/ daß seine Augen sich nach seinem Tode in Steine verwandelen.

Von Natur und Eigenschafft dieser Thiere.

Unter allerhand todten Cörpern/ sie seyn gleich vom Vieh oder von Menschen/ suchen die Viel-Frassen oder Grab-Thiere ihre Speisse/ seyn auch so begierig nach dem Fleische der Menschen/ daß sie auch den Gräbern nachgehen sollen. Bey der Nacht haben sie ein scharpffes Gesichte/ da sie doch bey Tag desselbigen schier beraubet sind; Sie können mit ihrer Stimme und Kotzen der Menschen Ruffen und Husten nachahnen/ und haben ihr Männ- und Weibliches Geschlechte/ wie Aristoteles berichtet.

Von angeborner Art und Verschlagenheit dieser Thiere.

Es ist der Vielfraß ein arglistig und räuberisches Thier/ und zwar das Weiblein mehr als das Männlein/ wannenhero auch das Männlein leichterer gefangen wird als das Weiblein.

Welches Thier der Vielfraß zu dreyen mahlen ersehen hat/ das erstaunet/ und kan sich nicht mehr bewegen/ und welcher unter den nachjagenden Hunden von seinem Schatten überschattet wird/ der erstarret auch und kan nicht mehr bellen.

Der Vielfraß ahnet dem Ruffen und Husten der Menschen nach/ und locket also die Hunde zu sich/ daß er sie fresse.

Wann

Von dem Wolff.

Wann er gejaget wird/ so wendet er sich gemeiniglich ab auff die rechte Seite/ und siehet daß er in deß Jägers Fußtappen kommen möge/ welcher darvon taub/ unlustig/ steiff und kranck wird: Dann in seinen rechten Tappen hat er eine so starcke Krafft entschlaffend zu machen/ daß er auch die Menschen/ welche er sonst schlaffend sind/ dermassen einschläffert/ daß sie ohn Empfindlichkeit lige/ und ihm zum Raube dienen müssen.

Weiter soll er auch bißweilen die Namen der Menschen erlernen/ ihnen deß Nachts darmit ruffen/ und sie auß den Häussern zu ihm herauß locken/ und also listiglich umbbringen/ welches aber nicht zu glauben ist.

Eine so mercklich Forcht und Abscheu hat das Pantherthier vor dem Vielfraß/ daß es ihm auch gar nicht stehen bleiben darff.

Etliche Stück der Artzney/ so von solchem Thier herkommen sollen.

Wann man die Hyænam in Oel siedet/ und die Podagramischen darein setzet/ also daß wird den Krancken gewißlich geholffen.

Sein Blut heilet den Außsatz/ wann es warm darauff geschmieret wird.

Sein Marg mit Oel/ und mit seiner Gallen angeschmieret/ ist gut zu allen Schmertzen der Nerv-Adern.

Die Galle dieses Thiers ist eine von den stärckesten Gallen/ so man haben kan/ und wird gebraucht zu solchen Artzneyen/ so zu den Augen und zu dem Gesicht zubereitet werden.

Von dem Indianischen Vielfraß.

Dabuh. Hyænæ Congener. Ein Vielfraß.

Von der Gestalt und Eigenschafft dieses Thiers.

Leo Africanus gedencket eines Thiers so in Arabien Dabuh, in Africa Sesef genennt werde/ und von Gestalt einem Wolff gleiche. Gräbet auß/ und frisset die toden Cörper: Seines Bluts sollen sich die Jäger bedienen: und mit Honig sonderlich zubereitet auff grosse Gastereyen und Hochzeiten vorgestellet werden. Das Fett ist gut in Geschwär. Auß den Därmen werden Seiten gemacht. Wann die Klauen von diesem Thier nur den Hunden oder Katzen vorgehalten werden/ fliehen sie. Wann man sie anhänget/ sollen sie wider das Ohren-klingen seyn. Wegen Schönheit werden ihre Fell zu der Kleidung gebraucht/ und sonderlich der vornehmsten Leuth/ deßwegen verbotten/ solche auß dem Lande zu führen. Es wird/ zwar unglaublich/ von ihnen erzählet: Daß denen/ so nicht weit von diesem Thier schlaaffen/ träumen solte/ als wann sie stätig und immerfort essen/ und dergleichen.

Von dem Ber-Wolff/ oder Payyon.

Papio, idem animal fortè cum Hiæna, de qua jam diximus. Eine Art deß Vielfrasses/ Babuin. Ein Nacht-Wolff. Ein Hunds-Wolff. Ein Affen-Wolff/ oder Ber-Wolff.

Von äusserlicher Gestalt dieses Thiers/ und wo es zu finden.

Dieses Thier wird in den grossen Indianischen Einöden/ jedoch gar selten gefunden/ und bißweilen von den Landfahrern/ und also genandten Quacksalbern auff die Messen und Jahr-Märckte gebracht: Selbiges hat an seinen Füssen Finger als wie ein Mensch: Und wann man ihm mit einem Finger dräuet/ oder deutet/ so kehret es den Hindern dar.

Von Art und Natur dieses Thiers.

Dieses Thier isst Aepffel/ Birn und allerley andre Früchte/ auch Brod/ und trinckt insonderheit gern Wein. Wann es hungerig ist/ so steigt es auff die Bäume/ und schüttelt die Früchte herab. Wann es einen Elephanten unter dem Baum siehet/ so läßt es ihn bleiben/ aber alle andere Thiere kan es nicht dulden/ sondern streitet mit denselbigen/ all solte es auch von den allerstärckesten/ als Löwen/ Bären/ und dergleichen seyn/ und treibe sie von dannen: Ist von Natur freundlich/ vornemlich gegen die Weibes-Bilder/ gegen welche er seine Freundlichkeit auff vielerley Weiß bezeiget.

Das Weibelein von diesem Geschlechte gebieret allezeit zwey/ und zwar ein Paar/ nemlich ein Männlein und ein Weiblein. Ist das rechte/ wahre und eigendliche Thier/ welches die Alten Hiæna genennet haben.

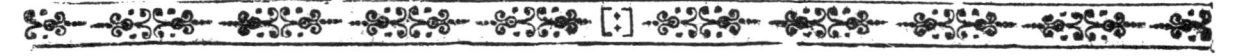

Von einem andern Vielfraß.

Gulo, apud recentiores, Lupis aut Hiænis cognatus, ut videtur.
Ein Vielfraß.

Von dieses Thiers Gestalt/ und wo es zu finden.

Diese Thiere werden in Schweden und Littau weit gegen Mitnacht gefunden. Die Grösse gleichet einem Hunde/ Ohren und Angesicht aber einer Katzen/ die Füsse und Klauen sind gantz scharpff/ der Leib ist sehr starck gehaaret/ und der Schwantz wie an einem Fuchse.

Von dem Wolff.

Von Natur und Eygenschafft dieses Thiers.

Dieses Thier ist überauß gefrässig/ daß es nit zu glauben ist/ sonderlich hat es grosse Begierde und Lust zu dem Menschenfleisch/ von welchem es sich so voll frißt/ daß ihm sein Leib davon gespannet wird/ worauff es sich zwischen zwey enge beysammen stehende Bäume durchstreifft/ und seinen Koth herauß drücket/ nach diesem frißt es sich wieder voll/ und drückt es auch gleicher massen wieder auß/ und das thut es so lang und viel/ biß es nichts mehr hat/ und andere Menschen-Cörper zu suchen gezwungen wird.

Von Nutzbarkeit dieser Thiere.

Die grösste Nutzbarkeit von diesen Thieren ist ihr Fell oder die Haut/ welche zu dem Beltzwerck gebraucht/ selbiges aber allein von grossen und reichen Leuten getragen wird/ weßwegen die Jäger ihm desto embsiger nachgehen.

Von dem Meerwolff.

Lupus Marinus.   Ein Meerwolff.

Von seiner Gestalt.

Dieſe Art der Wölffe iſt keinem unter den alten Scribenten bekannt geweſen/ und erſt nach ihnen bey dem Teutſchen Meer an dem Britanniſchen Geſtad geſehen worden: Seine Geſtalt iſt dem irrdiſchen Wolffe ſehr ähnlich/ der Kopff groß/ die Augen ſind mit viel langen Haaren beſetzt/ und die Naſe und Zähne wie an einem Hunde/ und bey dem Maule hat es einen ſtarcken Bart. Seine Haut iſt von überſich ſtehenden Haaren rauch/ und voll ſchwartzer Flecken/ Der Schwantz länglicht/ und dick von Fleiſch und Haaren/ im übrigen aber iſt er der Geſtalt nach dem Wolffe gleich. Iſt gleichfalls ein überauß fettes Thier. In ſeinem Magen werden mehrentheils Steine gefunden: Dieſes Thier hält ſich auch und zwar mit groſſer Menge in Dalmatien auff/ deßgleichen werden ſie auch geſehen in der Inſul Peru.

Von innerlicher Art unnd Gebrauch dieſes Thiers.

Der Meerwolff ſoll dieſe Natur und Art an ſich haben/ daß er theils vom Waſſer/ theils von der Erden lebe/ jedoch ſich mehrentheils mit Fiſchen erſättige. Wann er zahm gemacht wird/ ſoll er ziemblich lange leben. Es ſollen dieſe Wölff eine groſſe Feindſchafft mit den Vögeln Buitri genannt/ haben/ von welchen ſie auch zuweilen ſollen umbgebracht werden: Dieſe Vögel haben Flügel 15. Schuhe lang/ wann ſie außgezogen werden/ derer ſie ſich mit Schlagen wider den Wolff bedienen. Die groſſe und alte Wölff ſollen brüllen wie die Löwen/ die jungen aber wie Geyſſen blecken. Ihre Leber ſoll gut zu eſſen ſeyn. In Dalmatien ſollen die Leute dieſes Fleiſch ſo wol friſch als gedörrt vor geſund halten. Ihre Häut werden zur Kleydung gebrauchet.

Von den vierfüſſigen irrdiſchen Thieren/ die ſich durch die Eyer mehren/

und zwar

Zum erſten/ von den mancherley Geſchlechten der Eyderen/ Egochſen oder Aderen.

Lacertus & Lacerta. Eine Eyder/ Egochs/ Ader/ Iltächle/ oder aber auch Egles und Jungferlein genannt.

Von äuſſer-und innerlicher Geſtalt dieſes Thiers.

Von der mancherley Geſtalt/ Farbe und Gröſſe dieſes Thiers/ wie es ſich in mancherley Landen und Orten ſehen läſt/ ſoll drunten am Ende dieſer ſeiner Beſchreibung etwas mehrere Meldung geſchehen. Sonſt iſt die gemeine Geſtalt dieſes Thiers allenthalben/ inſonders bey der Teutſchen Nation wol bekannt/ wiewol ſie bey den Engelländern nicht ſollen gefunden werden: Sie haben eine ſchüppichte härtlichte Haut/ eine zweyſpitzige gantz ſubtile Zunge/ und mehren ſich durch die Eyer.

Plinius und Ariſtoteles ſchreiben/ daß/ wann der Eyderen Schwantz abgeſchnitten werde/ wiederumb wachſe wie er zuvor geweſen. Es werden auch an etlichen Orten/ als in Italia/ und etlichen Inſulen deß Teutſchen Meers/ dieſe Thierlein geſehen mit zween Schwäntzen/ welche ſonſt gar keinen Underſcheid haben ſollen mit unſeren gemeinen Eyderen. Ihre innerliche Geſtalt belangend/ haben ſie nach Ariſtotelis Meynung ein ſehr truckene Lung/ und einen kleinen und runden Miltz. Die Nieren ſind hart an den Rückgrad gehänget. Und haben die Weiblein ein Schaam wie die Vögel. Tragẽ ihre Eyer gätz oben im Bauch.

Von Natur unnd Eygenſchafft dieſer Thierlein.

Man will auß der Erfahrung haben/ daß der Eyder ihre Augen/ wann ſie ihr außgeſtochen/ und geblendet werden/ in kurtzer Zeit wiederumb wachſen ſollen/ ob gleich das Thierlein alſo einbeſchloſſen werde.

Ihre Art iſt/ daß ſie mit Beiſſen nicht verletzen/ ſondern nur klemmen/ alſo/ daß ſie mit den Zänen die Haut nicht durchtringen können. Sie pfeiffen oder ziſchen eben wie die Schlangen/ indem

Von den Eydexen.

dem sie sonderlich geschwinde die Zunge bewegen können.

Wann man eine Eydex entzwey schneydet/ so bewegen sich beyde Theile/ und sonderlich der Schwantz/ eine lange Zeit: Daß derowegen etliche dafür halten/ ein jedes Theil vereinbare uñ klebe sich wunderlicher Weise wiederum zusammen/ daß darauß wieder ein gantzes lebendiges Thierlein werde/ uñ man solches auch nachgehends auß dem Wundmahl deß Schadens sehen könne.

Diese Thierlein wohnen in den Löchern der Erden/ in den alten Mauren/ und unter dornichten wilden Orten und Gesträuchen: Sie fressen allerley Speiß/ als Schnecken/ Heuschrecken/ Grillen/ und dergleichen Thier/ auch stellen sie den Bienen nach/ daß sie dieselbige fressen. In dem Martio gehen sie zusammen/ und sollen dergestalt in einander sich verstecken/ daß man gleichsam nur einen Leib und zwey Köpffe sehen soll: Daß sie durch das Maul ihre Jungen oder Eyer werffen/ ist falsch: sondern sie verbergen ihre Eyer in die Erden/ welche von sich selbst außschlieffen.

Diß Thier kan mit seinem Leben nicht über ein Jahr kommen/ sie bleiben die vier kältesten Monathe deß Winters in der Erden verborgen/ ohn alle Speiß/ und lassen ihre alte Haut im Lentz und Herbst fallen/ gleich wie etliche andere solche Thiere.

Von angeborner Tugend oder Untugend dieser Thiere.

PLinius schreibt/ daß die Eydexen allezeit zu Paaren gefunden werden/ und wann das eine darvon gefangen werde/ so wüte das andere gegen den/ der jenes gefangen habe. Gleichwol bezeuget die Erfahrung/ daß sie eine sonderbare Neygung und Liebe zu dem Menschen haben/ wie zu lesen drunten in der Historie von den grünen Eydexen/ welches aber nicht von disen unseren/ so auch bißweilen grün gesehen werden/ zu verstehen.

Diese Thierlein haben einen sonderbaren Haß auff die Bienen/ welchen sie nachstellen/ und wañ sie einfliegen wollen/ Schaden zufügen. Daruñ Columella in seinem Buch/ so er von dem Feldwesen geschrieben/ eine gute Lehr und nützliches Mittel darwider gegeben hat.

Plinius schreibt/ daß sie den Schnecken auch sehr auffsätzig seyn/ als welche sie zu ihrer Speiße brauchen sollen. Sie haben auch einen Kampff mit den Natern und Schlangen/ von welchen/ wann sie verletzt werden/ so heylen sie sich mit einem Kraut. Von der natürlichen Feindschafft/ welche die grünen und grossen Eydexen mit den Schlangen oder Natern haben/ ist drunten in nechsthernachfolgenden Beschreibung zu besehen.

Die grossen Krotten/ sollen auch eine natürliche Feindschafft mit diesen Thierlein haben.

Ein Geschlecht der Nacht-Eulen jagen diesen Thieren/ als einer Speiße/ nach.

Die Spiñ erzeigt auch eine natürliche Feindschafft gegen die jungen Eydexen: Dañ sie überzieht mit grosser geschwindigkeit ihnen ihr Maul mit ihrem Geweb oder Faden/ so lang biß sie ihnen dasselbige verschleußt/ alsdann so heckt sie in dem Gewebe/ und gebraucht sich der jungen Eyder zur Speise.

Die Störche stellen ingleichen diesem Thierlein/ zu ihrer und ihrer Jungen Speiße und Nahrung/ gleichwie den Schlangen nach.

Von ihrem Fleisch.

ES ist das Fleisch dieser und dergleichen Thiere/ als etwas unreines/ in dem Alten Testament den Juden verbotten worden. Man hat auch in unsern Landen gantz ein Abscheuh darvor/ auch nur anzutasten: Wiewol sie gleich wie auch die Natern und Schlangen/ von etlichen Mohren zur Speiß genommen werden. In etlichen Insulen sind sie groß und gar fett/ woran das Fleisch gessen/ und das Fette/ an statt deß Oels gebraucht wird.

Etliche Artzney-Mittel/ so von diesen Thieren in Brauch komen.

HAlcken- oder Hertzen-Vöglen/ wann sie kranck sind/ sol das Eydexen-Fleisch eine bequeme Artzney seyn.

Eine Eydex zerschnitten und auffgelegt/ oder der Kopff darvon gestossen und mit Saltz auffgelegt/ ziehet auß Dörner/ Spitzen/ Stacheln und Glaas/ vertreibt auch die Hüner-Augen/ Feig-Wartzen/ und dergleichen.

Dieses Fleisch mit Oel gemischt/ und angeschmiert/ machet das Haar wachsen auff Grind- unnd Glätz-Köpffen. Ist auch gut wider den Stich deß Scorpions.

Daß ein Zahn von ihm selbst ohne Schmertzen außfalle/ soll man ein wildes Eydexlein/ zerschneiden/ dörren/ und zu Pulver reiben/ und wann der Platz bey und umb den Zahn wol gesäubert worden/ sol man das Pulver darauff legen/ gleich darauff kan der Zahn mit der Hand ohne Instrument und Schmertzen außgezogen werden.

Sie werden auch in Oel gelegt/ von welchem Gebrauch hierunten in Beschreibung der grünen Eydexen ein mehrers.

Kleine Eyderlein in reinem Oel gesotten/ und in die Ohren getropfft/ tödtet die Würm in den Ohren.

Das Blut und die Leber von Eydexen wird nützlich gebraucht/ und mit Wolle auffgelegt wider die Hüner-Augen/ und viele Wartzen.

Kleine Eyderlein in Wasser gesotten/ und die gebrochene junge Kinder dariñ gebadet/ soll eine bewehrte Artzney seyn.

Der Kopff zerstossen und auffgelegt/ soll sehr gut seyn die Pfeil und andere Stacheln herauß zu ziehen.

Das Hertz zu Pulver gebrannt/ soll ein Glied so unempfindlich machen/ daß es deß Barbierers Hand nicht mercke.

Der Koht von den Eyderen soll auch viel Krafft haben für etliche Kranckheiten der Augen.

Lebendig in Oel gekocht/ soll ein zart Gesicht machen.   Dahero Becherus:

Die Eyder lebendig in Oel man kochen thut/
Es macht ein weiß Gesicht/ ist vor die Röhte gut.

Von der grünen Eydexe.

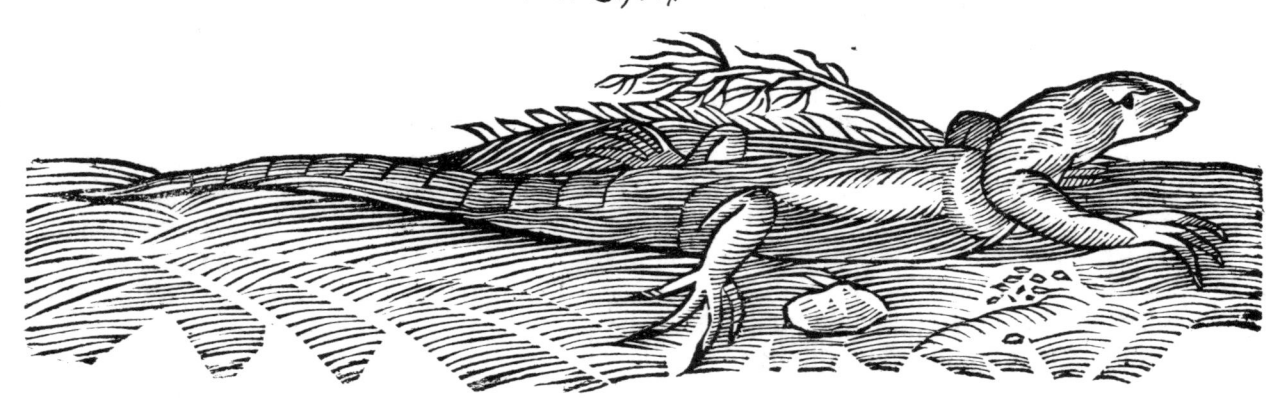

Lacertus viridis.   Grüner Heydox/ Egochs/ Iltächs/ oder Eyder.

Von ihrer Gestalt/ und wo dieses Thier zu finden.

Diese grüne Eyderen sind/ an der Gestalt/ den erstbeschriebnen gantz ähnlich/ aber viel grösser als die unserige/ deßwegen sie von etlichen grosse Eyderen/ vom Sylvatico Ophiomachi weil sie die Schlangen bestreiten/ genennet werden/ und gantz grün von Farben/ werden allein in den warmen und hitzigen Landen/ und sonderlich in Italien/ gefunden/ bey uns aber gantz nit/ wohnen gemeiniglich auff dem Feld/ bey den Strassen und Zäunen/ vergraben und verschliessen sich auch in das Erdreich/ und belustigen sich mit sandichten Orten.

Von angeborner Natur und Eigenschafft dieser Thiere.

Diese Thier haben eine sonderbare Neygung zu den Menschen/ dann an allen Orten/ wo ein Mensch durchwandlet/ da samlen sich solche Thiere/ und belustigen sich das Angesicht deß Menschen anzuschauen. Wan der Mensch Speichel außspeyet/ so lecken sie/ wie Scaliger und Erasmus bezeugen/ denselbigen/ wie auch der jungen Kindern Harn/ auff/ lassen sich fahen/ und lecken dem Menschen den Speichel von dem Munde weg/ Ja sie lassen sich gar zahm machen/ daß sie dem Menschen in und umb den Busem herumb kriechen/ und sich streichen lassen wie die Katzen.

Bißweilen werden sie gesehen/ daß sie in den Löchern mit den Schlangen streiten/ also daß sie manches mal übel verletzet und beschädiget werden/ dermassen/ daß auch die Leuth und Einwohner dort zu Lande/ sie pflegen in solchem Kampff zu erretten.

In denselbigen Landen geschicht es auch bißweilen/ daß die Bauren auff dem Feld entschlaffen/ alsdann pflegen die Natern und Schlangen daselbst/ sich ihnen durch den offenen Mund in den Leib zu schlieffen/ oder sonst Schaden zuzufügen. In solcher Gefahr werden diese schlaffende Menschen von solchen Thieren bewahret/ daß sie verhüten dieselbige/ und wann sie deß Feinds ansichtig werden/ kriechen sie stäts und steiff über deß schlaffenden Angesicht/ und lauffen ihm uff den Halß/ so lang/ biß er von und auß dem schlaff erwacht: Welcher dann/ wann er erwacht/ und die grüne Eyder ersichet/ darauß die gute Freundschafft erkennet/ und merckt/ daß sein Feind nicht weit mehr von ihm sey.

Von Nutzbarkeit der Thieren und ihrem Fleisch.

Wann mit der grünen Eyderen Gall der Stamm eines Baums beschmiert wird/ so sollen die Aepffel an dem Baum nicht faulen noch wurmstichig werden.

Bey den Africanern wird dieser Thiere Fleisch auch gessen: soll insonderheit gut seyn denen/ so das Hüfft- oder Lenden-Wehe haben.

Artzney-Mittel/ so von diesen Thieren in Gebrauch kommen.

Wann das Fleisch von diesen Thieren zerschnitten/ und entweder roh/ oder gesotten einem Habicht oder Falcken zu essen gegeben/ oder er damit gewaschen wird/ verändert es ihm in kurtzem seine Federn.

Wann diese Thier ohne den Kopff und Füsse in Wein gesotten werden/ und alle Morgen ein Becher voll darvon getruncken wird/ so soll solches die außzehrende und lungensüchtige Leute wieder zu rechte bringen.

Das

Das Fleisch / das Blut / und die Aesche von diesen Thieren / oder auch sie selbst / wenn sie in ein gläsines Geschirr gethan / und etliche eiserne oder silberne oder güldene Ringe darbey gelegt / und 9. Tage lang beysammen behalten / die Eydexen hernach loßgelassen / und die Ringe getragen werden / sollen sie eine sonderbare Artzney seyn für trieffende / rote und bresthaffte Augen.

Von diesen grünen Heydexen / oder von unseren gemeinen / aber auch grünen Eydexen / soll man sieben in ein Pfund deß gemeinen Oels werffen / und also zubedeckt ersticken / und 3. gantzer Tage an der Sonnen wol distilliren lassen / und damit die röthe und flüssende Augen anstreichen / solches macht sie lauter und rein.

Etliche sieden diese Thier in dem Oel / und das macht daß das außgeropffte Haar nicht weiter wachse: solches thut auch die Gall von den Thieren / wann sie mit weissem Wein an der Sonnen zu einem dicken Brey gemacht wird.

Wider die Kröpff werden sie von Plinio 30. Tag angehencket.

Fumanellus gebraucht sie die Haar damit zu schwärtzen.

Die Bein sind gutt wider die Steipen.

Von dem Wasser-Moll.

Lacertus aquaticus. Ein Wasser-Moll / oder eine Wasser-Eyder.

Von äusser- und innerlicher Gestalt dieser Thiere.

Die Gestalt dieser Thiere ist bey den Teutschen wolbekannt / sie sind den Eydexen gantz ähnlich / und über den Rucken her schwartz / an den Seiten aber / zwischen dem Rücken und Bauch / mit vielen weissen Puncten oder Flecklein besprengt / bißweilen werden sie auch braun oder äschenfärbig gesehen. Der Bauch und Untertheil deß Schwantzes ist goldgelb / hat eine so harte Haut / daß sie sich auch mit einem scharffen Messer nicht schneiden läßt. Wird aber dieses Thier verwundet / so siehet man einen weissen Safft herauß fliessen / gleich wie bey dem Molch oder Moldwurm.

Sein Maul beist es hart zusammen / und thut es nicht auff / wie sehr es auch erzürnet wird / ja eher nit / man schliesse es ihm dann mit Gewalt auff: Es hat eine kurtze und etwas breite Zunge / und gantz kurtze und kleine Zänlein / etc. Wan ihm der Leib oder der Schwantz abgeschnitten wird / so bewegt sich dannoch der abgeschnittene Theil / ob gleich der ander Leib unbeweglich liegt.

Wegen innerlicher Gestalt; haben sie ein schwammicht Hertz / ein rothen Miltz / ein kohlschwartze Leber: schwammichte Nieren: In dem Bauch hat es seine Eyer / welche so groß als ein Erbis seyn.

Von Natur unnd Eigenschafft dieser Thiere.

Diese Thiere leben in den faulen und stinckenden Wässern / auch in etlichen kalten frischen Brunnen. Zur Winterszeit liegen sie verborgen / ihre Eyer sind so groß wie eine Erbeis / und hencken zusammen wie Fröschmalter oder Fröschleiche / oder Froschgeheck. Etliche wollen / sie halten sich gemeiniglich under dem Wasser auf / und kommen selten empor: gleichwol bezeugt die Erfahrung / daß / wann sie in ein Geschirr voll Wassers gethan werden / sie allezeit ihr Maul oben zu dem Wasser außstrecke gleich wie die Frösche. Das Saltz ist ihnen sehr zu wider / und können dessen Schärffe so sie darein gelegt werden / nicht erdulten / sondern sterben ohne Verzug davon.

Von Krafft / Würckung unnd Vergifftung dieser Thiere.

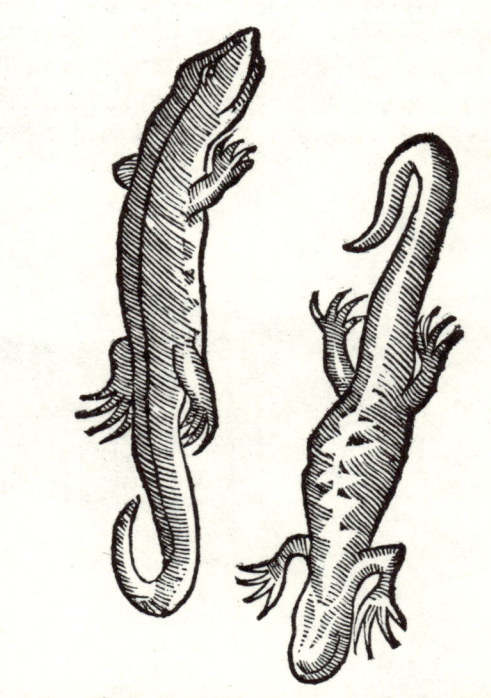

Diese Wassermollen werden offtmals von den unerfahrnen Apotheckern / anstatt deß Thiers so auf Latein Scincus genennet wird / gebraucht / aber mit grossem Irrthum: dann es seine Krafft und Würckung gantz nicht hat.

Sie ſind nicht allein ohn alle nützliche Krafft und Würckung/ſondern auch gantz ſchädlich und vergifft/nicht weniger als wie der Molch oder Maal(Salamandra genannt/)dieweil ſie eben alſo/wann ſie geſchlagen werden/einen weiſſen Safft durch die Haut von ſich geben. Man ſagt wann die Schweine dieſe Thierlein gefreſſen haben/müſſen ſie ſterben/welchem jedoch Ælianus was den Maal oder Molch/ Salamandram anlangt/gantz zuwider ſchreibt.

Von dem Molch.

Salamandra.   Ein Maal/Moll/Molch/Moldwurm.

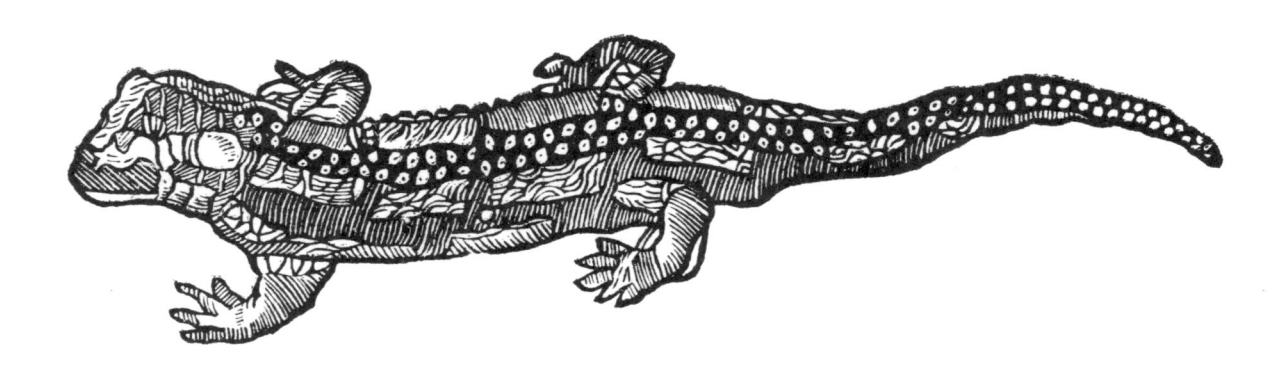

Von der äuſſerlichen Geſtalt dieſer Thiere/und wo ſie zu finden.

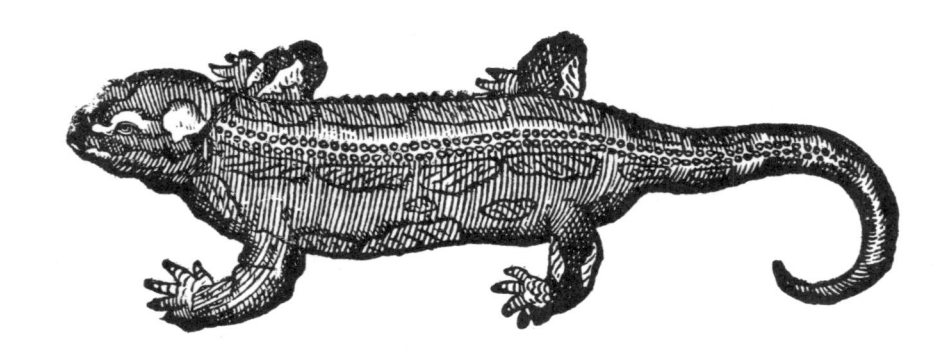

DEr Molch wird uff Arab. ﺳﻤﻨﺪر Griechiſch σαλαμάνδρα, Lateiniſch Salamandra, Frantzöſiſch Salamandre, und Hiſpaniſch Salamanqueſa genannt/und ſoll von wegen ſeiner Geſtalt/ auch under die Geſchlechte der Eydexen gezählt werden: Dann er iſt einer Eydexen gantz ähnlich/ nur allein dicker/ und hat einen groſſen und mollichten Kopff: Iſt gantz ſcheußlich anzuſchauen/ darumb/ dieweil er aber den gantzen Leib von ſchwartzer und gelber Farbe/mit vielen Flecklein oder Sternlein glitzert/ wiewol man ſolcher auch auff den Alpen ſiehet/ die gantz braun ſind. Matthiolus hat derer etlichen in Wäldern geſehen/ ſo auff dem Rücken gantz ſchwartz/ und an dem Bauch roth geweſen ſind. Dieſe Thiere ſind voll weiſſes Saffts oder Milch/ wovon ſie bey den Teutſchen den Nahmen bekommen. Ihr Bauch iſt gantz gelb/ gleich wie an dem Waſſermoll/von welchem hiebevor geſchrieben iſt. Bey uns ſiehet und findet mã auch derſelbigen bey den feuchten Straſſen und röhrichten Orten/ſonderlich zur Frühlings-und Herbſtzeit: Wann ſich groſſe Platzregen erheben/ begeben ſie ſich auß dem Erdreich/ und ſamblen ſich bißweilen ihrer viel an eine Kugel oder Büſchlein zuſammen.

Von innerlicher Natur und Zuneigung dieſer Thiere.

DIeſe Thier wohnen(wie geſagt) an ſchattichten dunckelen Orten und Brunnen/und wann es regnet/begeben ſie ſich auß dem Erdreich.Mã hält darfür/wann ſie zur Frühlingszeit etwas zeitlich geſehen werden/ ſo bedeute es einen frühzeitigen Sommer: Sie ſind ſonſten ein faules und träges Thier/und eines langſamen leiſen Gangs/

von

von welchem es bey den Welschen seinen Namen her hat. Etliche sagen es für gewiß auß/ daß sie eine grosse Begierde nach der Milch haben sollen/ und wann sich das Vieh zu Boden lege/ saugen sie an ihren Eutern/ alsdann verderbe das Euter/ und gebe keine Milch mehr. Sie sollen auch dem Honigseim sehr nachgehen/ und die Bienen essen. Etliche halten dafür/ daß sie von der Lufft leben. Gleichwol so vil wahr ist/ daß sie auß Erfahrung ein halb Jahr in einem Glaß/ ohne Essen unnd Trincken sich erhalten haben. Es haben etliche Scribenten von diesem Thier geschrieben/ daß es unverletzt das Feuer erleiden könne/ ja das Feuer durch ihr Anrühren gantz außgelöscht werden solle. Es verhält sich aber damit in der Warheit nit also.

Zwar ist es wahr/ daß sie einer gantz kalten und feuchten Art/ und auch tödlich gifftig sind/ und durch Erfahrung bezeuget wird/ daß gantze Haußgesäß gestorben sind/ so von dem Wasser/ worein Salamandra gefallen/ getruncken haben. Wann sie mit einem Degen entzwey gehauen werden/ soll der Vordertheil vor sich/ der Hindertheil hindersich gehen. Einen heimlichen Haß sollen diese Thier gegen die Frösch und Schildkrotten haben.

Diese Thiere haben ihren Ursprung vom Regen/ wann darauff eine starcke Wärme kompt: Sie mehren sich sonst auch nach ihrer Art und Geschlechte/ und gebähren lebendige Junge/ jedoch so empfahen sie zuvor in ihnen selbst Eyer.

Wann sie zu Zorn gereitzet werden/ sollen sie viel weissen Saffte unnd Gifft/ oder Milch außspeyen/ auch sonst gar kühn seyn/ und dem Menschen sich widersetzen. Wann sie gesehen werden/ soll man darauß abnehmen/ daß Regen vorhanden seye.

Artzney von diesen Thieren.

DJe alten Scribenten/ die von der Artzney/ so von diesen Thieren herkompt/ geschrieben haben/ sind seiner Krafft und Würckung halben nit einig: Dann etliche halten sie für gantz hitzig und scharpff: Etliche aber für gantz kalt auch in dem vierdten Grad: Dem seye aber wie ihm wolle/ so sind diese Thiere einmahl gantz gifftig.

Wann diß Thier in Oel erstickt/ an der Sonnen gebeitzt/ oder sonst gekocht/ und ein Ort damit bestrichen wird/ machet es das Haar außfallen.

Wann man die Asche von diesen gebrandten Thieren/ mit Igelgalle vermischet/ und die unordentliche irrige Haar der Augbrauen außropffet/ und den Ort damit bestreicht/ so machts daß sie nit weiter wachsen. Es vertreibet auch die Wartzen und Hünraugen.

Die Milch oder der weisse Safft dieses Thiers/ wann er auff die Orte gestrichen wird/ welche Haare haben/ so werden dieselbige gantz glatt. Becherus beschreibet dessen Nutzbarkeit in folgenden Reymen.

Zur Aschen wird der Molch durchs Feuer præparirt/
Die alten Wunden er zu einer Heylung führt.

Von dem Gifft dieser Thiere/ und was ihm zuwider sey.

DAs Gifft von diesen Thieren wird von etlichen unter die allerschädlichsten Giffte gezählet und gerechnet: Wie dann alles/ was sie angetastet oder abgefressen/ auch das Wasser/ darauß sie getruncken haben/ gantz vergifftet seyn soll/ wiewol man bey den Unserigen nicht so gar ein grausames Gifft befindet.

Die Zeichen/ wobey man die erkennet/ so von solchen Thieren beschädigt worden/ sind Entzündung oder Hitz der Zunge/ also/ daß derselbige Mensch nicht reden kan/ der Verstand wird auch verletzt/ und kompt einem solchen Menschen ein Schaudern und Zittern/ auch ein Frost an/ mit einem faulen stinckenden Schweiß über den gantzen Leib.

Artzney wider solches eingenommene Gifft.

ERstlich soll man die gemeinen Artzneyen/ so man für alles empfangene Gifft zu brauchen pfleget/ als nemblich solche/ die den Menschen zum Brechen/ oder Unwillen des Magens bewegen/ oder Clystier und dergleichen brauchen. Andere sonderbare Mittel/ solchem schädlichen Gifft vorzukommen/ sind Theriack/ oder Mithridat/ wilder Wolgemut/ Kühmilch/ die noch warm ist/ Honig und Oel eingenommen und wieder übergeben.

Von dem Biß dieser Thiere.

DEr Biß dieser Thiere soll auch vergifftet/ und gantz schädlich seyn/ darumb auch etliche Artzneyen/ denselbigen zu heilen/ von den Arabischen Aertzten sind beschrieben worden/ als insonderheit daß ein zerschnittener Frosch solle auffgelegt werden.

Von einer andern Art der Eydexen.

Scincus.   Eine frembde Art der Eydexen.
Crocodilus terrestris.   Ein Irrdischer Crocodyl.

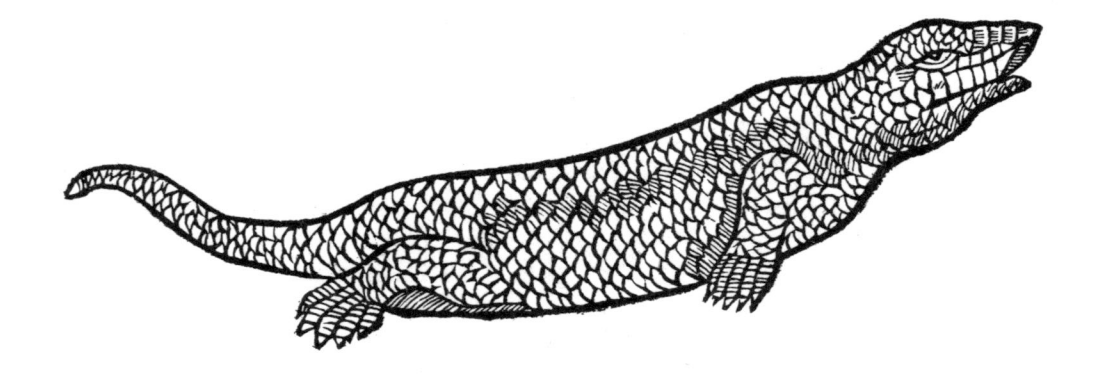

Von äusserlicher Gestalt dieser Thiere und wo sie zu finden.

Er irrdische Crocodill/ so auf Arabisch ﺳﻘﻨﻘﻮر und Lateinisch Scincus genannt wird/ ist ein frembdes Thier/ und wird in Teutschland nicht gefunden/ sondern auß Egypten/ und denen Ländern/ so gegen Morgen liegen/ zu uns gebracht. Seine Gestalt kann gar wol auß der hiebeygesetzten Figur abgenommen werden. Jhre Grösse ist ungleich/ etliche sind zwo/ etliche aber wie sie zu Constantinopel gesehen werden/ 5. oder 6. zwerch Hände lang/ und gantz schüppicht und von Farben gelb/ haben einen langlechten Kopf/ welcher an der Dicke kaum dem Halß gleich ist / einen Schwantz wie die Eydexen / nur daß er auch wie der gantze Leib dieser Thier voll kleiner Schüppen/ etwas kurtzer ist/ und am Ende gekrümmet stehet/ wiewol dieses letztere nicht bey allen ist / und wie auch an den Thieren welche häufig zu dem Methridat allhier nach Franckfurt herauß geführt werden/ zu sehen ist/ haben etliche kurtze/ etliche auch lange Schwäntz als wie die gemeine Eydexen.

Von Natur unnd Eigenschafft dieser Thiere.

Diese Thiere verschliessen sich in das Erdreich / gleich wie die grünen Eydexen/ und verbergen auch ihre Eyer darein/ wiewol etliche schreiben / daß sie in dem rothen Meer/ wie auch in dem Fluß Nilo/ so Africam durchfleust/ gefunden werden.

Diese Thier leben von den allerbesten und wolriechensten edlesten Blumen / darum auch ihr Mist/ gantz eines edlen Geruchs ist. Sie stellen auch den Bienen und dem Honig nach/ so sie zu ihrer gewöhnlichen Speise gebrauchen.

Etliche Artzney-Mittel / so von diesen Thieren gebräuchlich.

Das Fleisch dieser Thiere wird gebraucht zu etlichen der edelsten Artzney-Mitteln/ als zum Mithridat und dergleichen. Wird auch gemischt under die Artzneyen/ so zu den kalten Gebrechen der Nerven bereitet werden.

Das Fleisch dieser Thiere / es sey frisch oder gedörrt/ soll eine sonderbare Krafft haben/ das männliche Glied auffzurichten/ und zur Unkeuschheit zu reitzen.

Das Fleisch von diesem Thier zu Aesche gebrannt/ und mit Essig oder Oel angeschmieret/ benimbt den Gliedern/ so man abschneiden soll/ alle Empfindlichkeit.

Das Fett oder Schmaltz dieser Thiere wird gleichsfalls gebraucht zu der Unkeuschheit/ wie auch innerhalb den Leib eingenommen; Lindert auch die Schmertzen der Nieren.

Die Nieren dieser Thiere machen fruchtbar. Auß dem Eingeweyd wird ein Rauch gemacht/ so sehr gut ist in Mutter-Schwachheiten.

Die Gall von diesen Thieren mit Honig gemischt/ ist eine bequeme Artzney zu den Flecken/ und dunckelen Augen.

Der Mist oder Koth dieser Thiere hat einen gar lieblichen Geruch/ und ist gantz weiß von Farben/ wird in den Apothecke Crocodylea genannt/ und gebraucht das Angesicht damit schön zu machen/ und die Macklen/ Flecken/ und Runtzeln zu vertreiben.

Und Becherus rühmt diese Thier auff folgende Art.

Die Scincken trocknet man / doch thut ihr Fett davon/
Ein Drachma treibt das Gifft/ erhält darinn die Cron.

Von einer andern fremden Art der Eydexen.

Stellio.   Eine Stern-Eyder.

Von äusserlicher Gestalt dieser Thiere/ und wo sie zu finden.

Es werden diese Thier in Thracia, Sicilia und Syria gefunden/ allwo sie wegen ihres Giffts viel schädlicher sind als in Italien/ da sie sich in den Caminen auffhalten/ und nichts beschädigen. Plinius hat geschrieben/ daß sie sich gern umb die Fenster und Thüren halten. Sollen den gemeinen Eydexen gantz gleich/ doch über den Rücken mit schönen Flecken/ als Sternlein gezieret seyn.

Von Art und Eigenschafft dieser Thiere.

Diese Thiere wohnen in den alten Häusern/ Steinen und Felßen/ nach Art anderer Eydexen. Ihre Speiß sind die Bienen und die Spinnen/ haben auch gantz kein Blut/ ziehen auch zur Frühlings-Zeit ihren Balg auß/ und verjüngern sich nach Art der Schlangen. Sie gebähren und mehren sich gleichfalls durch die Eyer.

Von natürlicher Zuneygung und Listigkeit dieser Thiere.

Es schreiben die alten Naturkündiger/ daß dieses Thier/ so bald es seine Haut/ nach seiner Art/ abgezogen/ auß Mißgunst/ dieselbige fresse/ damit solche herzliche Artzney für die fallende Sucht den Menschen nit zu theyl werde/ daher bey den Juristen der Titul Stellionatus, kommet/ wann man einem etwas durch Betrug und List entzeucht und abnimmt.

Deß Winters ligen diese Thiere zwischen den Rißen der Thüren unnd Fenster/ unnd essen nichts. Sie sollen langsam beissen: Imgleichen sollen sie eine natürliche Feindschafft wider Scorpionen sollen haben/ also/ daß/ wann sie ihn auch nur anschauen/ hefftig erschröcken und die kalten Schweiß schwitzen. Darumb man diese Thier in Oel beitzt/ welches eine bewehrte Artzney ist denen/ so von dem Scorpion sind gestochen worden. Es hat auch eine natürliche Feindschafft wider die Spinnen und Bienen/ welche von ihm gefressen werden.

Artzney von diesen Thieren.

Diese Thiere/ so man ihr Eingewend/ Kopf/ Haut und Füsse wegwirfft/ und sie darnach in Wein siedet/ oder sonst brätet/ und solch Fleisch isset/ sol es eine bequeme Artzney seyn/ für die fallende Sucht/ für den Wasser-Bruch/ für die rohte Ruhr/ für das Hüfft-Weh/ und dergleichen Mängel: Eben solche Krafft soll auch haben die gebrandte Aesche von diesen Thieren.

Das Oel/ darinn sie gebeitzt worden/ angeschmiert an solchen Oertern/ da das Häar außgeropfft worden/ läßts weiter keines wachsen.

Wann jemand von diesen Thieren gebissen/ werden sie wider ihren eigenen Biß gebraucht.

Von der Aſchen ſchreibet Plinius, daß wañ man ſie in der lincken Hand halte/ Unkeuſchheit/ in der Rechten aber Keuſchheit erwecken ſolte: Die Leber zu Pulver geſtoſſen/ ſoll die Zahnſchmertzen lindern. Der Koht vertreibet die Wartzen. Wann die Gall in Waſſer zerlaſſen/ ſollen die Wiſeln darnach lauffen.

De Stellione Novæ Hiſpaniæ.

Techichicotl.   Ein Indianiſche Eydex.

Als Jo. Faber Lynceus dieſe Eydex beſchreibet/ ſoll ſie von dem unterſten Küffer an biß den gantzen Unter-Leib hinunter mit einer blaulechten Farb bemahlet ſeyn/ welche Farb auch inwendig auß den Beinen hervor ſcheinet. Von dem Ober-Maul aber/ den gantzen Rücken/ und Schwantz hinab; und außwendig an den Füſſen/ iſt dieſe Eydex grün und mit blauen Flecken über die maſſen ſchön gezieret: Der gantze Leib dieſes Thiers iſt ſchuppigt. Seine Füß (welche in fünff Finger außgetheilet) ſind liecht-grün: Der Schwantz iſt mit etwas roht und gelb durchmiſchet: Es hat länglichte Augen wie die gemeine Eydexen/ in welchen das weiſſe bey etlichen blau/ bey etlichen weiß geſehen wird/ der Aug-Apffel aber ſchwartz iſt.

Von den Indianiſchen Eydexen.

Iguana.   Ein Indianiſche Eydex.

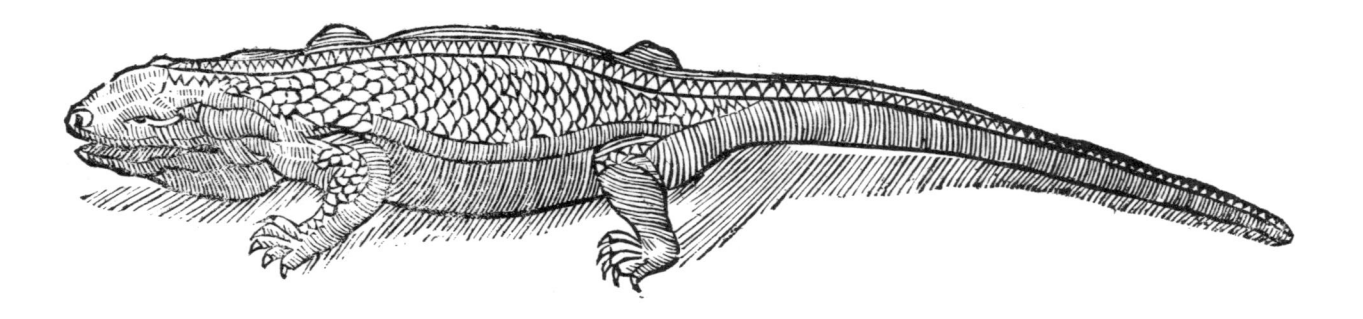

Von Gestalt dieser Thiere.

IN den Antillen oder Vor-Jnsuln Americæ, befinden sich nebenst anderm Ungezieffer/ unterschiedliche Eydexen/ derer Gestalt und Eigenschafft/ folgends soll gedacht werden; Es sind aber die grössesten unnd sonderlichsten die/ welche etliche Jndianer Iguanas, die Brasilianer Senemhi, und die Caraiber Ouàyamaca nennen. Wann sie ihre völlige Grösse erreichet/ sind sie ohngefehr 5. Schuh lang/ von dem Kopff biß an den Schwantz zu rechnen/ der wol eben so lang/ als der übrige Leib ist: Jhre Dicke belangend/ mögen sie einen Schuh lang im Begrieff haben. Nach deme das Land ist/ darauff sie sich nähren/ nach dem haben sie auch unterschiedliche Farben an ihrer Haut. Auß welcher Ursach dann vielleicht die Portugäsen sie Cameleonten genennet/ und darvor gehalten/ daß es eine Art derselben seye. In etlichen Jnsuln haben die Weiblein eine schöne/ grüne Haut/ mit weissen und schwartzen Flecklein gesprengt/ die Männlein aber sind grau: hergegen sind sie in andern schwartz/ und die Weiblein hellgrau mit schwartz und grünen Strichlein untermenget; Ja an etlichen Orthen haben die Männlein und Weiblein alle kleine Schuppen an ihrer Haut/ so glänzend und gleichsam verbrämt/ daß man meynen solte/ wo man sie von weitem siehet/ sie seyn mit einem güldenen oder silbernen Stück überzogen. Auff dem Rücken haben sie Stacheln/ gleich wie eine Sage gestaltet/ welche sie auffrichten und niederlassen/ wann sie wollen/ und von dem Kopff biß ans Ende deß Schwantzes immer kleiner fallen.

Sie haben vier Füsse/ und an jedem fünff Zeen/ daran sehr spitzige Klauen sind. Sie lauffen geschwind/ und klettern auff die Bäume. Wann sie von den Jägern gesehen worden/ so erwarten sie gedultig und ohne Bewegung den Schuß eines Bogens oder Rohrs/ entweder weil sie die Leute gerne sehen/ oder daß sie von Natur dumm sind und sich wenig förchten. Ja sie leyden/ daß man ihnen einen Fallstrick an den Halß leget/ welchen man an eine Stange bindet/ und sie darmit von den Bäumen ziehet/ da sie auff sitzen. Wann sie zornig sind/ blasen sie einen Kropff auff/ der ihnen unter dem Halß hänget/ und sie erschröcklich machet; Sie haben auch ein weites Maul/ eine dicke Zunge/ und etliche ziemliche spitze Zähne. Sie lassen nicht leicht gehen was sie einmal mit den Zähnen gefasset; doch haben sie keinen Gifft.

Die Weiblein legen Eyer/ die so groß als die Eyer der Holtz-Tauben sind/ aber eine weiche Schale haben: Sie verstecken sie ziemlich tieff in den Sand der an dem Ufer deß Meers liget/ und lassen sie von der Sonnen außbrüten/ daher es kommen/ daß sie etliche in ihren Büchern unter die Lufft- und Wasser-Thiere setzen. Die Europeer haben die Weise/ diese Heydexen zu fangen/ von den Wilden gelernet/ und sind auch so kühn worden/ daß sie solche essen. Sie sind überauß schwer zu tödten; man hat wol auff etliche dreymal mit einem Rohr geschossen/ und einen Theyl deß Eingewäyds weggenommen/ gleichwol sind sie nicht gestorben. Wann man ihnen aber ein Hölzlein in die Nase stecket/ oder eine Steck-Nadel in das kleine Löchlein/ welches sie zwischen den beyden Augen haben/ die dann gar leicht hinein gehet/ so sterben sie alsobald. Die Caraiber können sie sehr wol mit einem Fallstrick fangen/ welcher ihnen listiger Weise uffn Halß geworffen wird/ oder wann sie solche im Lauff ertappen/ nehmen sie dieselbe bey dem Schwantz/ welcher/ weil er sehr lang ist/ eine schöne Beute giebt; und ehe sich die Thier umbwenden/ und sie beissen können/ ergreiffen sie solche bey dem Genicke; hernach kehren sie ihnen die Füsse auff den Rücken/ binden sie zusammen/ und behalten sie also über 14. Tage/ ohne einige Speise. Jhr Fleisch ist weiß/ und an etlichen Orten mit Fett bedecket. Die so es essen/ befinden es sehr delicat, bevorab/ wann ihm der sonderliche widrige Geschmack/ den es von Natur hat/ durch gute Gewürtz/ und eine säurliche Brühe benommen wird. Jedoch ist nicht rahtsam/ daß man offt darvon esse/ weil es den Leib zu sehr außtrocknet/ und der Gesundheit etwas schädlich ist. Die Eyer haben kein Weisses/ sondern lauter Gelbes inwendig/ welches die Suppen so wolgeschmack machet/ als unsere Hüner-Eyer.

Ohne diese grosse Eydexen siehet man in diesen Jnsuln noch vier andere Gattungen/ welche viel kleiner sind.

Von einer andern Art frembder Eydexen.

Anolis.   Ein Americanische Eyder.

DJe Anolis sind in allen Wohnungen dieser Jnsuln sehr gemein. Sie sind so groß und lang als unsere Eydexen/ aber sie haben einen länglichtern Kopff/ eine gelbliche Haut/ und auff dem Rücken blaue/ grüne und graue Striche/ welche oben von dem Kopff anfangen/ und biß zu Ende deß Schwantzes gehen. Sie halten sich in den Löchern der Erden auff/ und haben zu Nacht einen weit schärffern und unangenehmern

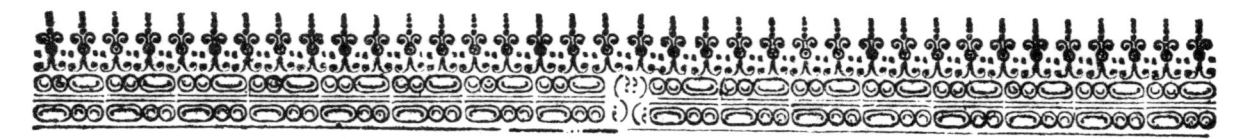

Gesäng oder Geschrey als die Heuschrecken. Sie stehen nimmer still den Tag über/ sondern lauffen stetig umb die Häusser herumb/ und suchen ihre Nahrung.

Von der dritten Art Eydexen dieser Antillen.

Roquet. Ein frembde Eydex.

Die Roquet sind kleiner als die Anolis. Ihre Haut ist färbig mit gelben und schwartzen Tüpfflein besprenget. Die beyden fördere Füsse sind etwas höher als die andern. Sie haben funcklende und überauß frische/ lebhaffte Augen. Den Kopff halten sie allezeit in die Höhe/ und sind so munter/ daß sie ohn Unterlaß herummer hüpffen/ wie die Vögel/ wann sie ihre Flügel nicht gebrauchen wollen. Ihr Schwantz ist so sehr über den Rücken gekrümmet/ daß er fast zween Kreiß über einander machet. Sie sehen die Menschen gar gerne/ und wo sie sich an dem Ort/ da solche sind/ auffhalten/ lassen sie immer die Augen auff dieselbe schiessen. Wann sie ein wenig verfolget werden/ thun sie das Maul auff/ und lassen die Zunge herauß hangen/ wie die kleinen Jagt-Hunde.

Jon

Von der vierdten Art Eydexen dieser Antillen.

Maboujas.   **Ein Eyder.**

Es sind die Maboujas von unterschidlichen Farben. Diejenige/ welche sich in den faulen Bäumen/ und an den sumpffigten Orten auffhalten/ deßgleichen in den tieffen und engen Thälern/ wo die Sonne nicht hinkommen kan/ sind schwartz und überauß abscheulich/ daher ihnen die Wilden/ ohne Zweiffel eben den Namen gegeben/ welcher sonsten den Teuffel bedeutet. Sie sind gemeiniglich nicht viel über einen Daumen dick/ und sechs oder sieben Zoll lang. Ihre Haut ist gleichsam gantz öhligt.

Von der fünfften Art.

Ouleo uma.   **Ein Mücken-Verschlinger.**

Diejenige/ welche von den Frantzosen Mücken-Verschlinger/ wegen ihrer gewöhnlichsten Arbeit/ und von den Caraibern Ouleo uma genennet werden/ sind die kleinesten unter allen kriechenden Thieren/ die auff dieser Insul gefunden werden. Sie gleichen denen/ welche die Lateiner Stelliones nenen. Etliche scheinen/ als wann sie mit einem güldenen Stück bedecket wären/ andere haben eine grüne/ vergüldete/ und noch andre schöne Farben. Sie machen sich so gemein mit den Leuten/ daß sie kühnlich in die Gemächer lauffen/ doch gleichwol keinen Schaden darinn thun; Sondern vielmehr dieselbe von den Fliegen/ und dergleichen Ungezieffer säubern. Welches sie so hurtig und listig verrichten/ daß die Verschlagenheit der Jäger nicht zu vergleichen mit der Arglistigkeit die diese kleine Thierlein haben. Dann sie stellen sich gleichsam auff die Schildwache/ auff ein Brett/ auff den Tisch/ oder auff etwas anders/ so höher als der Bodem ist/ da sie vermeynen daß sich die Fliegen hinsetzen werden/ und ducken sich alsdann nieder. Wann sie nun ihres Raubs gewahr werden/ sehen sie demselben überall nach/ und kehren die Augen davon nicht ab/ sondern so offt die Fliegen ihren Ort verändern/ so offt drehen und wenden sie den Kopff/ und machen allerhand Posituren. Zuweilen richten sie den halben Leib in die Höhe/ stehen auff den fördern Füssen/ schnauben nach ihrem Wildpret/ und thun ihr spitziges Maul/ welches ziemlich weit gespalten/ auff/ als fressen und verschlingen sie die Fliegen allbereit/ in Hoffnung: Man mache sonsten ein Geräusch in dem Gemach/ oder nahe sich sonsten zu ihnen/ so halten sie doch allezeit ein wachendes Auge auff ihre Beute/ und verlassen ihre Stelle nicht; Endlich/ wann sie ihren Vortheil ersehen/ so schiessen sie so gerade auff die Fliegen zu/ daß dieselbige ihnen gar selten entwischen. Es ist wol ein einfältiger und unschuldiger Lust/ wann man betrachtet den sonderbaren Fleiß/ den diese kleine Thierlein anwenden/ ihre Nahrung zu suchen.

Sie sind auch noch so zahm/ daß sie auff den Tisch lauffen/ wann man isset/ und wo sie eine Fliege ersehen/ verfolgen sie dieselbe biß auff die Teller deren so am Tische sitzen und essen/ ja sie fangen sie wol von derselben Händen und Kleydern hinweg. Sonsten sind sie so glatt und sauber/ daß sie niemand einigen Unlusten oder Eckel erwecken/ wann sie über die Speisse hinlauffen. Zur Nachtzeit pflegen sie auch ihre Music zu halten wie die Anolis, und andere kleine Eyderen. Ihr Geschlecht fortzupflantzen/ legen sie Eyer/ so groß als eine Erbse/ welche sie mit ein wenig Erden bedecken/ und von der Sonnen außbrüten lassen. So bald man sie tödtet/ welches wegen der Auffmercksamkeit/ die sie in ihrer Jagt haben/ gar leicht zu thun/ verlieren sie alßbald ihren Glantz/ das Gold/ die schöne Farbe/ und die gantze Zierde ihrer Haut vergehet/ schießt ab/ und wird bleich.

Wo man einige von diesen kriechenden Thieren/ die wir jetzund beschrieben/ vor eine Art deß Cameleons halten solte/ so solten es diese letzten seyn/ weil sie gar leicht die Farbe von allem demjenigen annehmen/ darauff sie zu sitzen pflegen. Dann die/ so sich umb die junge Palmen auffhalten/ sind gantz grün/ wie die Blätter dieser Bäume: Die/ so auff den Pomerantzen-Bäumē lauffen/ sind gantz gelb/ wie derselben Früchte. Ja/ man hat andere gesehen/ die/ weil sie stetig in einer Kammer gewesen/ darinnen ein Umbhang von schieler Taffet an einem Bette gehangen/ einen Hauffen Jungen gebracht/ welche alle an dem Leibe mit vielen Farben bemahlet gewesen/ eben wie der Taffet/ damit das Bett außgezieret worden. Man könte vielleicht diese Würckung den Kräfften ihrer kleinen Einbildungen zuschreiben/ aber wir überlassen diese Spintisirung den Nachgrüblenden.

Von der sechsten Art/ oder den Land-Hechten.

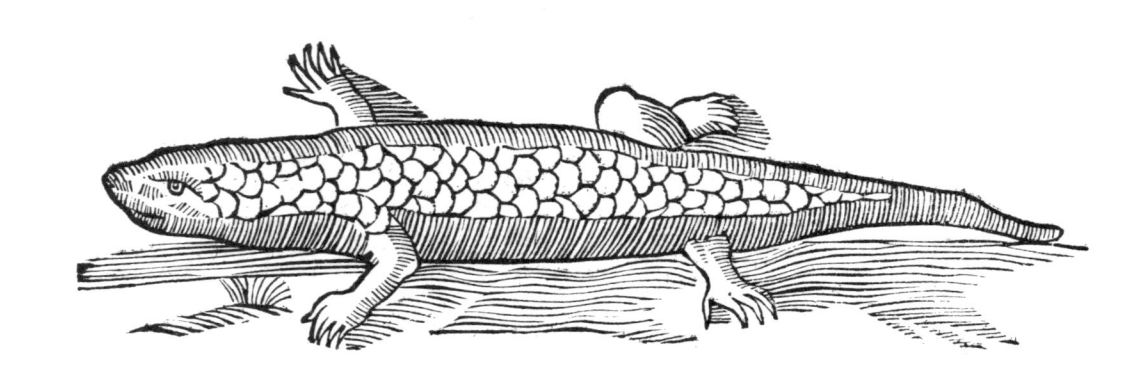

Neulichen dieser Insuln gibt es Thiere/ welche gantz und gar die Gestalt/ Haut und Kopff haben/ wie unsere Wasser-Hechte. Aber an Statt der Floß-Federn haben sie vier Füsse/ daß sie so wol deßwegen/ alß auch ihres zugespitzten Schwantzes halben/ mehr den Eyderen gleichen/ und hierunter können gezählet und gerechnet werden. Auff ihren Füssen aber sind sie so schwach/ daß sie solche nur nach sich ziehen/ und nach Art der Schlangen/ und andern kriechenden Thieren bloß und alleinig auff dem Bauch gehen und kriechen/ oder darmit wir bey der vorigen und ersten Gleichnuß bleiben/ wie die Hechte/ wann sie auß dem Wasser sind/ sich bewegen. Die grössesten sind über funffzehen Zoll nicht lang/ und haben eine rechtmässige Dicke. Ihre Haut ist mit kleinen Schuppen bedecket/ welche sehr hell gläntzen/ und eine Silberfarbe haben. Es haben etliche Raritätliebende von den kleinen in ihren Kunst-Kammern/ die ihnen vor Salamandern gegeben und überreichet worden.

Zur Nachtzeit machen sie ein schröcklich Geschrey unter den Felsen/ und in den Gründen der Höhlen da sie sich auffhalten. Dieses Geschrey ist viel stärcker und unangenehmer als der Frösche und Kröten/ und verändert und verwandelt sich nach der Veränderung deß Orths/ allda sie verborgen ligen. Sonsten lassen sie sich fast so bald nicht sehen/ als nur wann die Nacht herbey kommet/ und wann man sie bey Tage siehet/ so jaget ihre Bewegung/ welche auff vorbesagte Weise geschiehet/ einem eine Forcht unnd Schröcken ein.

Von den Eydexen.

Von der siebenden Art frembder Eydexen.

Wann man in disen Insuln an den sumpffigten Orthen Brunnen oder Cisternen gräbet/ findet man offt eine Art abscheulicher Eydexen. Sie sind ohngefehr sechs Zoll lang. Die Haut auff dem Rücken ist schwartz/ und mit kleinen Schuppen hier und dar besetzet/ welche gläntzen als ob sie mit Oel bestrichen wären. Unten an dem Bauch haben sie auch Schuppen/ gleich wie auff dem Rücken/ aber die Haut ist daselbsten bleichgelb. Der Kopff ist klein und spitzig/ das Maul ziemlich weit/ und die Zähne darinnen sind überaus scharpff. Sie haben zwey kleine Augen/ aber sie können deß Tages Liecht nicht leyden/ dann so bald man sie auß der Erden gebracht/ wollen sie sich wieder verbergen/ bemühen sich ein Loch zu machen/ mit ihren Füssen/ an deren jedem 5. harte und krumme Nägel stehen/ mit welchen sie die Erde öffnen/ gleich wie die Maulwürffe/ und überall wo sie hin wollen kriechen. Sie thun in den Gärten grossen Schaden/ indem sie die Wurtzeln der Bäum benagen und abfressen; Ihre Bisse sind eben so gifftig/ als die Bisse der allerärgsten Schlangen.

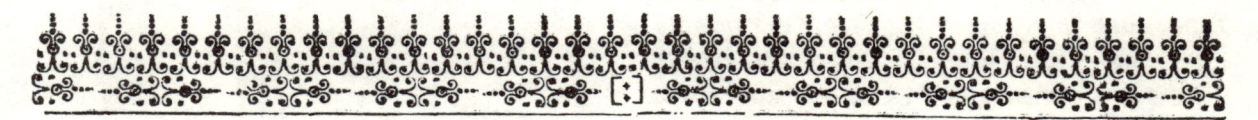

De Axolotl, seu Lusu Aquarum.

Dieses Thier hält sich/ nach Hernandez Beschreibung/ in der See auff/ ist mit einer weichen Haut bedecket/ und hat vier Füß gleich wie die Eydexen/ an der Grösse einer Spannen/ doch auch zuweilen einer Ellen lang/ und eines Daumes dick/ an dem Leibe ist es gantz voll brauner und kleiner Flecken. Es soll diese Eyder an statt der Zungen ein kurtz und breites Krospel haben. Sie schwimmet mit ihren vier Füssen/ welche gleichsam in Finger/ wie bey den Fröschen/ außgetheilet sind: Den Kopff hält dieses Thier allezeit unter sich/ soll einen Scham/ und Monathlich seine Zeit wie die Weiber haben. Es wird auch für ein angenehm Fleisch und Speisse gehalten/ welche sich den Aalen vergleichen soll/ und auff mancherley Arth zubereitet: Als gesotten/ gebraten/ gebraten/ geröstet/ und von den Hispaniern meisten Theils mit Essig/ Pfeffer/ Näglein/ und Spanischen Pfeffer/ von den Indianern aber mit Hispanischen Pfeffer alleine gegessen.

Von noch einer frembden Art der Eydexen.

Chamæleon. Eine Ratt-Eyder.

Von äusserlicher Gestalt dieser Thiere/ und wo sie zu finden.

Dieses ist ein frembdes/ und in unsern Landen unbekandtes Thier/ heist auff Arabisch und Lateinisch Chamæleon, wird in Africa, India, in der Insul Madagascar, und durch gantz Asiam gefunden: vergleicht sich eins Theils einem Eyder oder Crocodyl/ andern Theils einer Ratten/ dahero es seinen Teutschen Namen haben soll. Die Gestalt kan auß beygesetzer Figur ersehen werden. Seine Länge vom Kopff biß an deß Schwantzes anfang ist 7. oder 8. zwerch Finger. Die Leibs-Höhe bald 5. und der Beine Länge vierdthalb zwerch Finger; Ist sonst gantz rauh/ voller Knollen oder Drüsen/ hat einen rauhen Rückgrad/ krumme Klauen/ ist gantz mager/ und soll in dem gantzen Leib kein Blut haben/ als in den Augen und im Hertzen/ hat alles Eingeweyde/ außgenommen das Miltz. Theophrastus sagt/ daß die Lungen fast sein gantzen Leib außfülle. Joh. Laudius schreibt/ daß es ein lange Zung habe/ welche es allezeit benetze/ die Thier damit herbey zu locken. Es hat ein Hertz wie ein Maußhertz/ die Leber ist in 2. Theil getheilet/ hat gantz stracke und längre Beine als die Eydexen. Ihre Farbe sollen sie verändern nach Gestalt derjenigen Dinge/ so bey ihnen und umb sie sind: Meistens werden sie bleich und schwärtzlich gesehen/ und haben eine dünne durchscheinend Haut/ die alle Farben annimmt/ außgenommen roht: die Augen wenden sich ohne Augenlieder hin und her; Summa/ dieses Thier ist gantz scheußlich und heßlich anzuschauen.

Von Art und Natur dieser Thiere.

Diese Thiere sollen einen langsamen Gang haben/ und auff den Baum-Aesten herumb kriechen: Ihr Maul steht allzeit offen/ leben von der Lufft/ oder dem Tau/ ohne Speyß und Tranck/ wiewol etliche sagen/ daß sie mit ihrer langen Zungen die Fliegen fangen und fressen/ und lange Zeit wegen ihrer kalten Natur/ ohne Speiß seyn können. Sie mehren sich durch die Eyer/ verschlieffen sich in die Erden/ und verbleiben deß Winters darinnen/ aber den Sommer über gehen sie herauß.

Von Eigenschafft dieser Thiere.

Kein Thier ist so forchtsam wie dieses/ weßhalben es auch/ wie theils meynen/ so ungestalt seyn soll: Natern und Schlangen sollen ihnen feind seyn/ Item d' Raab/ d' von ihrem Fleisch vergifftet werden soll.

Artzney-Mittel/ so von diesem Thier herkommen.

Die Galle angeschmiert soll in 3. Tagen die Flecken/ Felle/ oder den Staren der Augen vertreiben/ und machen/ daß die außgeropfften Haar nicht wieder wachsen. Die Eyer dieser Thieren sollen mächtig gifftig seyn/ und in einer Stunde tödten. Man pfleget auch an etlichen Orten in Africa von diesen Thieren Roß-Artzney zu machen.

Wider die Stiepen kochet Trallianus dieses Thier in einem Topff biß es zergehe/ und macht ein Salb darvon wider das Podagram. Arnoldus sagt/ daß die Zung gut soll seyn/ vor das Gedächtnuß/ andere brauchen sie den schwangern Weibern. Plinius hält das Hertz vor gut/ wann man es in erst-abgeschorner schwartzer Woll in dem viertägigen Fieber anhänget.

Von dem Crocodyl.

Crocodilus.   **Ein Crocodyl.**

Er Crocodyl/ so auff Arabisch الغريب Griechisch κροκόδειλος, Lateinisch Crocodilus, Frantzösisch une Crocodile, Italiänisch Crocodillo, Hispanisch Crocodito genennet wird/ ist gar ein grosses/ scheußliches/ und grausames Thier/ und auch auß dem Geschlechte der Eydexen; Etliche sollen biß auff die 20. oder 26. Elen mit ihrer Länge kommen/ und gemeiniglich 8 oder 10. Elenbogen lang seyn. Sie sind von der Farb gelb/ oben über den Rücken und an den Seiten mit so starcken Schilden/ ihrer Art nach/ überzogen und gewaffnet/ daß sie auch mit keinem Geschoß mögen verletzet werden. Allein unten am Bauch können sie verwundet werden/ welcher an der Farbe weißlicht/ sonst aber den gantzen Leib durch geschüppet ist.

Aristoteles schreibt/ daß sie unter dem Wasser ein stumpffs oder dunckeles Gesicht haben/ ausserhalb aber gar scharpff sehen.

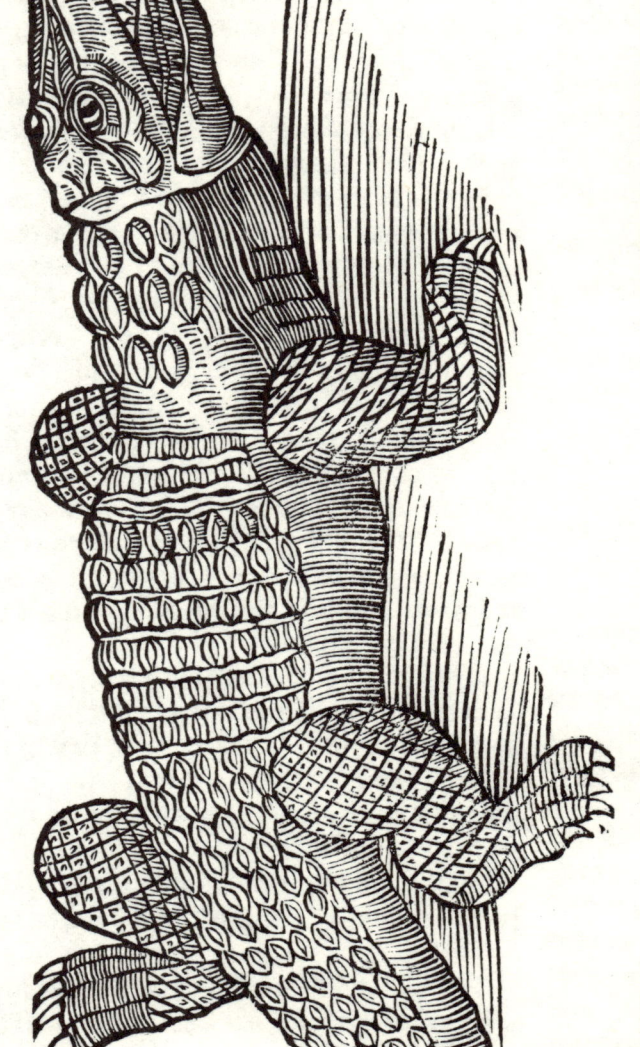

Dieses Thier hat/ vor allen andern Thieren/ diese Eigenschafft an ihm/ daß es den obern Kinbacken mit dem untern bewege: hat keine Zunge/ aber grosse/ lange Zähne/ ordentlich wie ein Kam. Sein Schwantz ist lang/ und bey nah so lang als der gantze Leib/ auch unten und oben gleich wol bewaffnet/ wie der Leib. Und dieweil es ein Wasser-Thier ist/ schwümmets mit dem Schwantz und den Füssen. Ist im übrigen auch von denen Thieren/ so Eyer gebären/ in der Grösse wie die Gänß-Eyer: Hat auch an seinen Füssen starcke Klauen oder scharpffe Nägel.

Die-

Diese Thier sind in unsern Landen nicht gewöhnlich/ sondern werden in Ægypten, in Africa, in dem Fluß Nilo, und beyligenden Pfützen/ wie auch in Mauritania in dem Flusse Darat gefunden.

Von Art und Natur dieser Thiere.

Dieses Thier ist ein Wasser-Thier/ und ob deß wol sich auff das trockene Land herauß begibt/ so mag es doch ein Wasser-Crocodyl genennet werden/ zum Unterscheyd deß Irdischen Crocodyls/ so gar nicht in das Wasser geht. Dieser Wasser-Crocodyl nun nimt seine Speise auß dem Wasser/ seine Kühlung aber auß der Lufft/ dann dieweil er eine Lunge hat/ und den Athem zeucht: kan er weder deß Wassers/ noch der Lufft entbären. Gemeiniglich aber soll er deß Nachts in dem Wasser bleiben: und deß Tages sich auff dem Erdreich auffhalten/ und bißweilen an der Sonnen so gantz stille und unbeweglich ligen/ daß der/ dem es nicht bekandt/ meynen solte/ er wäre todt. Die vier kältesten Monathe deß Winters über/ ligen sie verborgen/ und essen gantz nichts/ wie Aristoteles schreibet. Sie sind nicht der Art/ daß sie ihre Haut abziehen/ und sich verjüngen.

Die Speiß und Nahrung dieser Thiere ist was sie bekommen können/ als: Menschen beydes alte und junge/ allerley Thiere/ Kälber/ und Hunde/ Item allerley Fische/ welche sie dann mit ihren Klauen zerreissen und fressen. Doch schlagen sie erstlich alles mit ihrem Schwantz zu tode/ als in welchem sie die grösseste Krafft haben.

Diese Thier sind sehr fruchtbar/ dann 60. Tage tragen sie die Eyer bey sich/ legen 60. Eyer in der Grösse wie Gäns-Eyer/ und selbige innerhalb 60. Tagen/ nemlich alle Tage eines/ 60. Tage brüten sie solche auß/ und in 60. Tagen erziehen sie ihre Jungen: Ihre Eyer legen sie in das trockene Erdreich/ an sandichte warme Oerter. Sie brüten alle beyde/ das Männlein sowol als das Weiblein/ wie Solinus schreibet/ je eines um das andere.

Kein Thier ist/ das so einen kleinen Anfang oder Ursprung und kleine Geburt hat/ und doch zu einer so mercklichen Grösse komme: Dann ihre Eyer sind (wie gedacht) nur so groß/ als wie ein Gäns-Ey/ und gleichwol kommt ein Crocodyl biß auff 26. Ellen/ wiewol etliche schreiben/ daß er wachse/ so lang er lebe/ und solle er zu einem grossen Alter/ auch biß auff die 60. Jahr kommen.

Von Nutzbarkeit dieses Thiers.

Nebenst nützlichem Gebrauch so von diesem Thier in die Artzney kommet/ dessen unten Meldung geschiehet/ so wird auch das gantze Thier gessen und genutzet: Dann die Chineser sollen die Crocodyl fangen/ sie zähmen/ und wann sie solche ein Zeit lang bey sich ernähret und gemästet haben/ schlachten und essen. Aber die Europeer/ die darvon versucht haben/ sagen/ daß dieses Fleisch/ ob es schon weiß und niedlich/ dannoch unangenehm seye/ weil es einen widrigen/ süßlichten und allzustarcken Bisem-Geschmack habe.

Von angeborner Eigenschafft und natürlicher Zuneygung dieser Thiere.

Der Crocodyl ist ein betrügliches/ listiges/ feindseliges/ rauberisches Thier/ und ein hefftiger Feind aller andern Thieren.

Diese sonderbare Eigenschaft soll dieses Thier an sich haben/ nemlich/ so bald die Jungen außgekrochen sind/ soll der Alte Acht auff sie haben/ welches nun nicht alsobald etwas raubet und ins Maul fasset/ oder etwann ein Stroh-Hälmlein/ Kräutlein/ Eyderlein/ Flieglein/ oder dergleichen käuet/ und damit seine rechte Art anzeiget/ das soll er als ein Banckart halten und zerreissen.

Ein Vöglein/ Trochylus, oder Königlein genannt/ und der grosse Crocodyl haben eine sonderliche Freundschafft und Zuneigung gegen einander/ dann dieweil der Crocodyl ein Wasser-Thier ist/ hat er immerdar in seinem Rachen Aeglen/ und dieweil er Fleisch frißt/ stecken ihm immerdar seine Zähne voll Fleisch/ welches diesem Vogel wol bewust/ wann dann der Crocodyl sich an die Sonne legt zu schlaffen/ welches er thut mit offenem Rachen/ so schläufft das Vögelein in seinen Rachen/ picket und raumet oder stöchert ihm das Fleisch auß den Zähnen/ davon der Crocodyl eine grosse Lust empfähet/ hält dem Vögelein stille/ und den Rachen offen/ aber wan er will/ daß es soll außfliegen/ dieweil er seiner genug hat/ so bewegt er den obern Kinnbacken gemächlich/ und läßt also das Vöglein unverletzt darvon fliegen.

Diese Thier sollen nicht so gar überauß grausam und schädlich seyn/ wann sie nur sonst Fische oder andere Speisse zu essen haben/ sie sollen auch bißweilen gantz zahm gemacht werden. Aber wann sie vom Hunger wütend werden/ sollen sie sich so grausam erzeigen/ daß sie mit einem Schlag ihres Schwantzes auch die allerstärcksten darnieder schlagen/ und sie so dann im Grim aufffressen.

Die Männlein unter diesen Thieren sollen eine inbrünstige Liebe zu ihren Weibern tragen: Dann wann sie bißweilen von den auff dem Nil fahrenden Schiffleuthen in der Brunst gefunden werden/ da das Weiblein auff den Rucken liget/ und die Schiff-Leuthe/ mit einem starcken grausamen Geschrey auff sie zulauffen/ das Männlein aber sich auß Schröcken mit einem schnellen Sprung in das Wasser begibt/ so kan das Weiblein sich von dem Rucken auff den Bauch nicht umbwenden/ wegen seiner kurtzen Füsse/ welches sonst das Mäulein pflegt wieder umbzuwältzen/ und wird also getödtet. Wann nun das Mäulein wieder zurücke kommt/ und an den Orte/ wo das Weiblein

Von dem Crocodil.

lein gelegen/das Blut findet/wird es manchmahl so grausam zornig/daß es den Schiffleuten auff dem Wasser ungestümmiglich nacheylet/ das Schiff mit dem Maul und den Klauen ergreifft/ und dasselbige offtmahls in grosse Gefahr setzet.

Die Schweine sollen eine sonderbare Freundschafft mit dem Crocodil haben/welche sich sicher bey und umb den Fluß Nilum weiden/ unnd von keinem Crocodil verletzt werden.

Hingegen ist die Ratt-Eyder (Ichneumon) dem Crocodil feind und zertritt ihm seine Eyer/wo sie dieselbigen bekommen kan.

Auch wenn der Crocodil schläfft mit offenem Rachen/so kreucht der Ichneumon ihm in den Bauch/ zernagt und zerfrist ihm sein Eingeweid und Bauch/biß er zu demselbigen wiederumb herauß kriechen kann/ welches dann dem Vogel Trochilo wol bekannt/darumb derselbe/ auß Liebe und natürlicher Zuneigung/so er zu dem Crocodil hat/wan er solche Gefahr ersiehet/ den Crocodil aufwecket.

Ein Geschlecht der Affen/Cercopitheci genannt/ deßgleichen ein Geschlecht der wilden Ochsen/und die Habichte/sind dem Crocodil feind.

Vornehmlich aber die Delphinen/welche auß dem Meer in den Fluß Nilum herauffsteigen. Wenn nun dieser einer in dem Wasser einen Crocodil ersiehet/ und wol weiß/ daß er von Natur auf dem Rücken mit sehr scharffen Stacheln/ als gleichsam wie mit Messern/bewaffnet und bewehret/ der Crocodil aber unten am Bauche gantz weich seye/ so begiebt er sich gar still und sachte hinunter in die Tieffe/unter den Crocodil/ und reist mit einem starcken Schuß dem Crocodyl seinen linden Bauch auf einmahl auff. Solcher Gestalt muß dieses grosse und scheußliche Thier von einem Fische/der ihm an Grösse und Stärcke bey weitem nicht gleich ist/sich umbbringen lassen. Also hat ein jegliches Thier seinen natürlichen Feind/der ihm nach dem Leben stehet.

Der Crocodil und Scorpion/ sollen auch eine natürliche Feindschafft gegeneinander haben/ wannenhero die Egypter/wenn sie zween gleiche Feinde haben bedeuten wollen/ einen Crocodil und Scorpion bey einander gemahlet haben.

Etliche Stücke der Artzney/ so von diesen Thieren gebraucht werden.

Diese Thiere haben ein weises Fett/ dessen sich die Medici vor diesem gebrauchten/ die Flüsse zu zertheilen/ welche von einer kalten Feuchtigkeit herkommen/weil dieses Fett warm ist/und ein durchdringende Krafft hat. Und eben auß dieser Ursachen pflegte man die Krancken/ welche von einem Fieber angestossen worden/damit zu reiben/auff daß man ihnen den Schweiß herauß treibe. Es erzählet Plinius viel andere Eigenschafften/welche der Crocodil wider unterschiedliche Krankheiten dienlich an sich habe. Etliche suchen fleissig die kleine Stein/ die er als Beinlein in seinem Kopff hat/ und wann sie solche zu Pulver gestossen/ gebrauchen sie derselben zu Außführung deß Grieses. Man sagt auch/ daß die spitzige Zähn dieses Thiers/ derer auff jeglichem Kinbacken siebe/gut seye vor das Zahnweh/ und die Fäulung der Zähn verhüte/wan man nämlich dieselbe alle Tag mit diesen Zähn stichele. Das Blut von den Crocodilen soll wider alles Gifft/ unnd Dunckelheit der Augen dienen.

Von dem Indischen Crocodil.
Crocodilus terrestris.   Ein Indischer Crocodil.

Von seiner Gestalt und wo er zu finden.

Der irrdische Crocodyl ist vormals den Alten nicht bekannt gewesen unnd erst

erst / nach Entdeckung der alsogenannten Neuen-Welt / auß dem Land Brasilia in unsere Land geschickt worden / eben in solcher Gestalt wie hie vor Augen stehet. Sie sind mehr dann eine Elen lang und 10. quär Finger breit: Ein Vörderbein ist fünffe und ein Hinderbein 8. quär Finger lang / unnd der Schwantz gar lang / mit weissen und braunen Farben underscheiden / der gantze Leib aber mit kleinen / violblauen glänzenden unnd glatten Schupen oder Schieffern bedeckt / welche mitten am Bauche grösser und weiß sind: Dieses Thier sol kein Wasser vertragen können / sondern wenn man ihm Wasser in das Maul schüt / zur Stund sterben / aber kein Gifft haben / sondern von männiglichen auß den Löchern gegraben / gefangen und in der Speiß genossen werden / und nicht anderst ein Fleisch und Geschmack haben / als wie die Schildkrotten. Wenn es getödet und nach zwey oder dreyen Tagen zu dem Feuer oder Wärme gesetzt wird / soll es sich nicht anderst bewegen / als wäre es erst frisch getödet worden.

Von einer andern Art desz Crocodyls.

Crocodilus terrestris, Caudiverbera.   Ein indischer Crocodil.

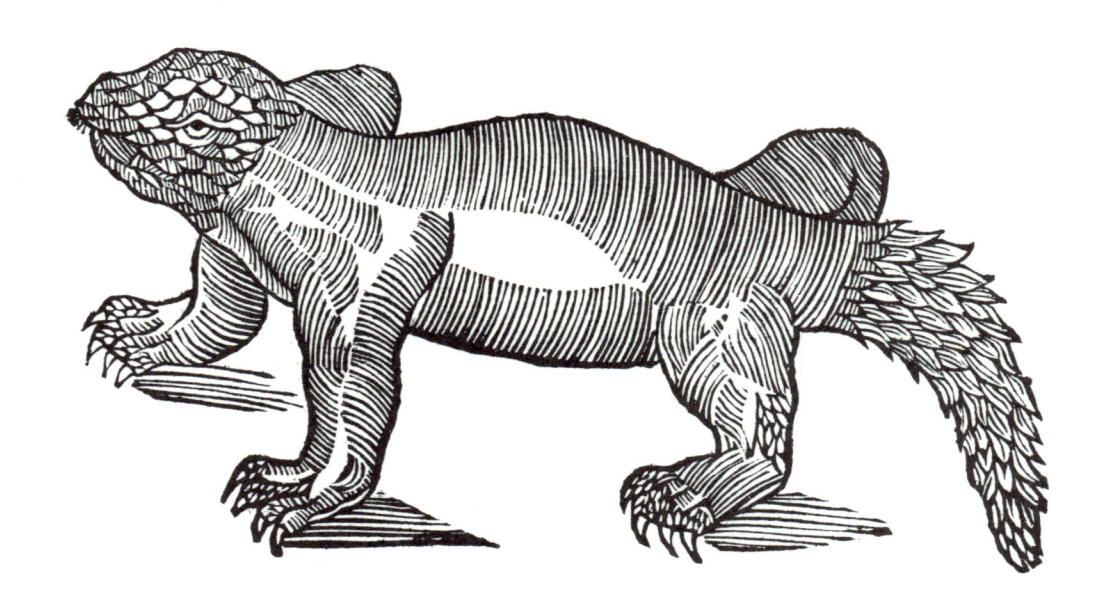

Von äusserlicher Gestalt dieser Thiere und wo sie zu finden.

Diese Thiere werden in Egypten und Arabien gefunden / sind anderen Thieren gantz auffsätzig / und den grossen Eyderen gar ähnlich / aber in diesen Stücken unterschieden / daß die Haut dicker und härter / das Haupt allein / wie auch nur die Gelencke an den Beinen und die Klauen geschupet sind / deßgleichen der Schwantz auch mit Schupen belegt ist / die aber überauß harte sind / und das Ansehen haben / als ob sie Beinern wären / sich auch so ordentlich / als wie die Ziegeln auff den Dächern / auff einander schicken. Mit welchem Schwantze dieses Thier überauß starck schlagen kann / so daß es auch dahero bey den Italiänern den Nahmen bekommen / unnd Caudiverbera, das ist / ein Schwantzschlager / genennt wird.

Von den Fröschen.

Rana.   Ein Frosch.

Rana Aquatica & Innoxia.   Ein Wasser-Frosch.

chem Fuß gleichsam 5. Finger / und zwischen denselben ein zart Häutlein wie die Enten / damit sie besser schwimmen können. Von Farben sind sie unterschiedlich / als braun / gelb / grün / und dergleichen / nachdem sie sich an einem Ort auffhalten. In Engelland soll es keine Frösch geben. In Egypten sollen sie so häuffig seyn / daß sie alles verderben / wann sie von den Störchen nicht auffgelesen werden. In etlichen Insuln sollen sie wegen deß kalten Wassers stumme seyn.

Von dem mancherley Geschlechte dieser Thiere und ihrer Gestalt.

Der Frosch heist auf Arabisch ضفدع Griechisch Βάτραχος, Lateinisch Rana, Französisch une Grenoville, une Raine, Italiänisch Rana, Ranochia, und Hispanisch la rana.

Die Frösche sind auch auß der Zahl der kriechenden Thiere / so sich durch die Eyer mehren / insonderheit das jenige Geschlechte / so die Bäume besteiget.

Die Frösche werden abgetheilet in die / so in den Wässern / und in die / so auff dem trockenen Boden wohnen. Die Wasser-Frösche wohnen theils in den Pfützen / theils in Seen / Flüssen / und an den Gestaden derselbigen / aber keine in dem Meer. Die / so auff dem trockenen Boden wohnen / haben mancherley Gestalt / nach den Orten / wo sie sind; denn sie halten sich auff in Gärten / oder Wiesen / under den dicken Sträuchen / und in holem / faulem und schattechtem Grunde / und ob es zwar ein bekanntes Thier ist / ist doch in Acht zu nehmen / daß weil sie zugleich im Wasser und auf der Erden leben können / keine fleischigte Lung haben / sondern anstatt derselben 2. durchscheinte Bläßlein / welche sie auf und zublassen. Wann man ihnen lebendig das Hertz herauß schneidet / beweget sich dasselbe auff der Hand oder wo man es hinleget offt ein Stund nachdem es herauß genommen / oder so lang biß der Frosch auch stirbet. Die hinderste Beine sind dick von Fleisch / hergegen der fordere Leib gantz mager / hat an jegli-

Von Art und Natur dieser Thiere.

Unsere grüne Wasserfrösche sind der Art / daß sie zur Winterszeit sich in dem Erdreich under dem Wasser auffhalten: Zur Frülingszeit aber begeben sie sich hervor. Solche Wasserfrösche führen alle einerley Geschrey / welches bey den Griechen und Lateinern Coax genennt wird: Sie mehren sich theils durch die Eyer / so die Teutschen Froschmalter / oder Froschleich und Froschgeheck nennen: Theils wachsen auch von sich selbst auß dem Schleim und Koth der faulen Wassern. Auch geschicht es bißweilen / daß es Frösche regnet / worauf etwann die Einwohner durch frembde Nationen auß ihrem Lande sind getrieben und verjagt worden: Massen wir auch lesen im andern Buch Mosis im 8 Capitel / daß eine grosse Menge Frösche auß den Wassern Egypti / die Egyptier sehr gepeiniget haben. Im Frühlinge gebären sie viel Eyer / oder Fröschleiche / in dem Wasser / in welchem mitten inne die Frösche verborgen liegen. Wenn die Eyer außkriechen / werden die Roß-Köpffe / Roßnägel oder Hauptbrüchel (die man an theils Orten auch Kaulärsche / oder Kaul-Krotten / nennt) darauß.

Bbb ij   Dar-

Darnach / wann der May verlauffen ist / und mit folgender Zeit werden sie in Frösche verwandelt. Ihre Speiß soll seyn Kraut / Koth / Schleim und Würmlein / ꝛc.

Von angebohrner Eigenschafft dieser Thiere.

Die Frösche sollen eine grosse Begierd haben nach den Bienen / welche sie zu ihrer Speiß erschnappen / wenn sie auf das Wasser kommen.

Die Iltisse / Nachtvögel / Schlangen / und Störche / stellen alle den Fröschen / als ihrer gewöhnlichen Speisse / nach.

Man sagt / daß / wann man an einen Ort / da die Frösche bey der Nacht schreyen / ein angezündetes Liecht setze / sie alsbald stillschweigen sollen. Der mehrer Theil der alten Scribenten halten dafür / wenn die Frösche / über die massen laut schreien / so sollen sie ein Ungewitter und Regen bedeuten.

Bey uns aber hält man es dafür / daß sie auff den morgenden Tag ein schönes Wetter bedeuten.

Von Nutzbarkeit dieser Thiere und von ihrem Fleische.

Es werden auch / und absonderlich die grüne Frösch von vielen gessen / und auf solche Manier zubereitet: Man schneidet die hindere Füsse mit den Backen ab / und streiffet sie wie die Hasen / von diesen schneidet man die Klauen / und schleimet sie wol mit Saltz / wodurch sie ihren morastigen Geschmack verliehren / machet und backet sie nachgehends / in heisser Butter / als wie die Fisch. In Franckreich wo sie vor ein sonderlich delicat Essen gehalten / werdē sie noch auf ein ander Weiß zubereitet und wie die jungen Hüner / erstlich in Butter geröstet / und nachgehends von Butter / Gewürtz und unzeitigen Trauben ein Brüh darüber gemacht / so die Frantzosen Fricassée nennen.

Jedoch so ist es ein garstiges und ungesundes Essen / welches den Leib deren / so sie essen / bleichfarbig machen soll; vornehmlich sind sie sehr schädlich / wenn sie laichen / und derhalben zur selben Zeit zu meiden.

Etliche Stücke der Artzney / so von den Fröschen gebraucht werden.

Die Wasser-Frösche in altem Wein und Mel gekocht / und gessen / leeren die Wassersüchtigen auß.

In gesaltzenem Wasser gesotten biß sie so dick worden / als Honig / und hernach angeschmiert / vertreiben sie die Flecken und Narben.

In Essig gesotten / und mit Oel und Salpeter gemischt / sind sie eine bequeme Artzney für die Räud an den Pferden.

Auf die pestilentzische Geschwer oder Drüsen binden etliche frische / oder lebendige Wasser-Frösche / und wenn einer stirbt / bindet man einen andern frischen an die Statt / so lang biß keiner weiter drauff erstirbt.

Frische Wasserfrösche zerstossen / oder sonst auffgeschnitten / und hernach auffgebunden lindern alle und jede Schmertzen in den Geleichen oder Gelencken.

Deßgleichen wenn sie in Wasser und Essig gesotten / und in dem Mund gehalten werden / mildern und stillen sie das Zahnweh. Diese gemeine grüne Wasserfrösche in Alembico distilliret / und das Wasser davon auffgehoben / ist eine bequeme und gute Artzney / wann es mit einem Lumpen auffgelegt wird / wider eine jede hitzige Geschwulst / oder sonst einen entzündeten Ort / ohne Geschwulst / item wider die Schwertzen in den Gelencken / so von Hitze kommen sind / item zu den hitzigen und auffgerissenen Händen / wenn man dieselbigen offt damit abwäschet.

Die Aesche von den gebranten Wasser-Fröschen ist eine bewerte Blutstillung / zu einem jeden Blutfluß / er komme her wo von er immer wolle.

Das Fette von den Fröschen in die Ohren getröpfft / benimpt ihren Schmertzen.

Die Galle von Fröschen ist eine sonderbare bewehrte Augen-Artzeney / das Fleisch aber / wie auch das distillirte Wasser davon eine gar gutte / und nützliche Speiß unnd Tranck für die / so abnehmen und gantz außgezehret sind.

Wenn man die Hände zu Anfang deß Mertzens im Froschmalter oder Froschleiche reibt und wäscht / so vergeht davon allerley böse unheylsame Räude an den Händen / auch die / so von den Frantzosen herkommt.

Ferner soll auch eine solche Hand krätzig seyn / den Wurm oder das Ungenannte zu tödten / durch das gantze Jahr.

Von den Fröschen.

Daß man aber solchen Froschleiche zu dem Ungenannten/ das gantze Jahr über in Bereitschafft haben möge/ so fassen etliche dasselbig im Mertzen auf/ thun es in einen Haffen/ und vergraben es under das Erdtreich an einen Sonnichten Ort/ daselbst soll es zu Wasser werden/ und zwar wird es erstlich trübe/ darnach läutert es sich. Wenn man nun das Ungennante oder den Wurm an Leuthen und Vieh tödten will/ so tunckt man Lümplein darein/ und legt es auf den Schaden/ solches ist eine erfahrne und bewährte Artzney.

Die Augen werden wider das Trieffen der Augen angehenget. Die Lung soll wider die Steipe seyn. Die Leber zu Pulver gestossen/ wird wider das viertägige Fieber gebraucht. Plinius will/ daß man den Frosch in einen Ameißhauffen werffen solle/ welchen Theil die Ameisen würden anfallen/ gut seye wider alles Gifft. Democritus fabelt/ daß/ wann man einem lebendigen Frösche die Zung heraußreisse/ ihn hierauff wieder in das Wasser lasse/ und welchem schlaffenden Menschen diese Zung auff das Hertz geleget würde/ alles im Schlaff antwortten/ was sie gefraget würden.

Das distillirte Froschleich-Wasser wird wider die Röhte deß Gesichts und andere Hitz gebrauchet/ deßgleichen auch das Pflaster von Froschleich in hitzigen Schäden ein herrlich Mittel ist.

Becherus schreibet hiervon folgende Reimen:

Der Frosch der ist ein Erd- wie auch ein Wasser-Thier/
Der Apothecken er sechs Stück giebt zum Gebühr.
Der gantze (1.) Frosch ist gutt/ sein (2.) Leber (3.) Hertz und (4.) Gall/
(5.) Froschleich wie auch das (6.) Fett/ das dient in manchem Fall.

1.
Man legt den Frosch auf Biß/ wie auch auf böse Beulen/
Er zieht das Gifft herauß/ und läst die Wunden heilen.

2.
Frösch-Leber dörret man/ thut sie zu Pulver machen/
Ist gutt in Fiebern/ auch in vielen bösen Sachen.

3.
Man thut auf Menschen-Hertz das frische Frosch-Hertz legen/
Es zieht die Hitz herauß/ die sich drinn thut erregen.

4.
Die Frosch-Gall machet man zu einem Pulver zahrt/
Ein halbe Drachma vor dem Fieber wohl bewahrt.

5.
Froschleich macht dick und kühlt/ es lindert auch dabey/
Derhalben nutzet es/ ist gutt in vielerley.

6.
Frosch-Fett den Ohren dient/ so man sie darmit schmiert/
Man träuffelt es hinein/ fein sacht wie sichs gebührt.

Von dem Roßkopff.

Ranæ fœtus caudatus.   Roßkopff/ Kaulkrot/ Kulpoge.

Jeses ist die erste Gestalt/ so auß dem Froschgehecke/ oder Froschleiche erwächst. Dann erstlich wächst auß dem Leich ein rundes schwartzes Fleisch/ darnach der Kopff und der Schwantz/ und endlich wachsen die Füsse/ dann der Schwantz zertheilt sich und giebt die hindern Füsse.

Von dem Laubfrosch.

Ranunculus viridis, sive Calamites, sive Dryopetis.   Ein Laubfrosch.

Von Gestalt dieser Frösche/deßgleichen von ihrer Art und Natur.

Diese Frösche sind bey uns wol bekant/ist das aller kleineste und das allergrüneste Geschlecht/und wohnet in den dicken Sträuchen und in den Rohren/wovon sie bey den Lateinern ihren Nahmen à Calamo, das ist / vom Rohr bekommen haben. Diese Art wird mehrern Theils in den Wäldern gefunden / steigt auch auf die Bäum und Weinräben/und läst von der Höhe sein Geschrey und Stimme hören. Im Winter liegt dieser Frosch in der Erden verborgen/im Sommer aber macht er sich wieder herauß.

Wenn sie auff den Bäumen oder sonst ihr Geschrey führen / verkündigen sie einen bevorstehenden Regen.

Etliche Artzney-Mittel so von diesen Thieren gebraucht werden.

Das Oel von den Fröschen/ dessen droben gedacht worden / wollen etliche/ daß es solle von den kleinen Laubfröschen zubereitet werden.

Die jenige so hitzige Fieber haben/sollen diese Frösche kalt in den Händen halten/soll sehr gutt seyn.

Das Blut von den Fröschen ist ein bewehrtes Psilotrum das ist Mittel wider die außgeropfften Haar/wann nämlich ein Ort damit subtiel bestriechen wird/so läst es weiter keines mehr wachsen.

Item die Zähn damit/und mit dem Safft der Frösche bestriechen/ macht / daß sie ohne Schmertzen können außgezogen werden.

Das Pulver zur Blutstillung / dessen auch droben schon gedacht worden/kan gantz kräfftiglich von diesen Fröschen gemacht werden.

Becherus schreibet hiervon folgende Reimen.

Der Laubfrosch giebt sein Blut / wie auch sich selbsten her/
Sein Blut stillt falsche Lieb / er dient in Wunden sehr.

Plinius schreibet/daß wer diesen Fröschen in das Maul speye und den Husten habe/ dadurch ihn verliehre. Wann man diesen Frosch in der Hand sterben lässet/ vertreibet man das Fieber/deßgleichen sollen auch keinem die Hände schwitzen/ welcher ein solchen Frosch darein gehalten/biß er gestorben.

Von dem Garten-Frosch.

Rana, sive Rubeta Gibbosa.   Ein Garten-Frosch.
 Ein Graß-Frosch.

Von ihrer Gestalt.

Noch ein anderes Geschlechte der Irdischen oder der Erdfrösche / wird bey den Teutschen gefunden in den Gärten/ in den Wäldern und in den Sträuchen/ welcher gantz heßlich ist/und einen höckerichten Rücken hat. Sonst sind diese Frösche in der Grösse wie die gemeine Garten-Frösche / von welchen man keine sondere Stimme

Von den Fröschen.

Stimme hört/ dann allein/ wann sie darzu gezwungen oder geschlagen werden. An der Farb sind sie dunckel/ grün/ und bräunlicht/ die Seiten voller roten Flecklein/ auch die Finger an ihren Füssen roth/ aber oben auff dem Rucken haben sie etliche schwartze Flecken. Sie sind für gifftig zu halten/ welches auch an der Farbe zu sehen.

Von den Krotten.

Rana rubeta.   Eine Krotte/ eine Taachsen/ oder auch Erd-Krotte genannt.

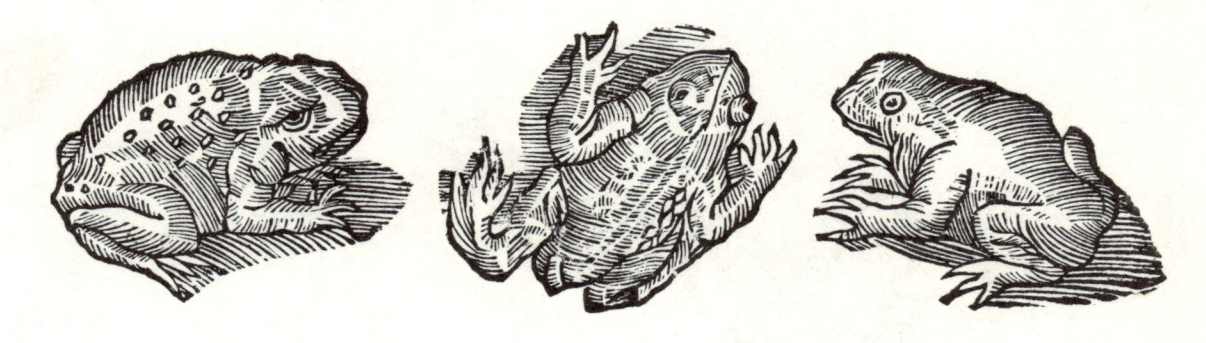

Von dem unterschiedlichen Geschlechte und Gestalt dieser Thiere.

Die Krott heist in griechischer Sprach Μύοξος, Lateinisch Bufo, Französisch Crapaut, Italiänisch Botta, Rospo, und Hispanisch Capo ô escuerco.

Unter denselben nun hat man zweyerley Geschlecht: Das erste sind die grossen Krotten/ deren eigentliche Abbildung allhie zu gegen/ und wovon insonderheit diese Beschreibung redet; Diese Krotten sind ein irrdisches Geschlechte/ weil sie allein in und auf der Erde/ in den Gärten/ Sträuchen und faulen Orten zu finden sind/ und nimmermehr in die Wasser kommen. Darnach ist auch ein kleineres Geschlecht/ so in den Wässern wohnet/ welches Wasserkröttlein können genennet werden/ deren Abbildung drunten zu sehen; In der Schweitz werden sie Gügger/ anderswo aber Uncken genennt/ und das von ihrer Stimme her/ so ihnen angebohren ist. Die Gestalt unserer vorhabenden Erd-Krotten ist wol bekannt/ dieweil sie von männiglichen gesehen werden/ und dahero nicht Noth viel von derselben/ weder von ihren Farben/ noch von anderer Gestalt zu schreiben.

Dieses ist doch zu wissen/ daß die Krotten ein solche dicke und zähe Haut haben/ daß es Müh kostet sie mit einem spitzen Pfahl zu spissen.

Von Natur und Art dieser Thiere.

Diese Thier wohnen (wie gesagt) gemeiniglich in schattichten/ finsteren/ feuchten und unreinen Orten/ lassen sich jedoch auch in dem Graß und Kraut finden: Zur Winterszeit halten sie sich in dem Erd-

Erdreich auff: ihre Speiß ist Erde / Würme und Unflat / belustigen sich auch an der Salbey / und an den Bienen oder Immen. Diese Thiere sehen auch bey der Nacht / als zu welcher Zeit sie sich insonderheit hervor begeben: sie mehren sich eben auf solche Art / gleich wie andere Frösche / wachsen auch von sich selbst auß Unflat unnd Koth: Sie haben auch etwas Stimm / springen nicht / sondern gebrauchen sich eines langsamen zaschenden Gangs / von welchem sie bey den Schweitzern den Namen Taasch / oder Tschasch / bekommen haben. Werden sie geschlagen oder getretten / oder sonst zu Zorn bewegt / so lassen sie etwas feuchtes von sich lauffen / welches die gemeine Leute Seiche heissen / da doch diese Thiere keine Seiche ja auch keine Blase oder Geschirr / so zu dem Harn dienet / in sich haben.

Dieses Thier ist ein überauß kaltes und feuchtes Thier / gantz vergifft / erschröcklich / heßlich und schädlich.

Von innerlicher Eigenschafft dieser Thiere.

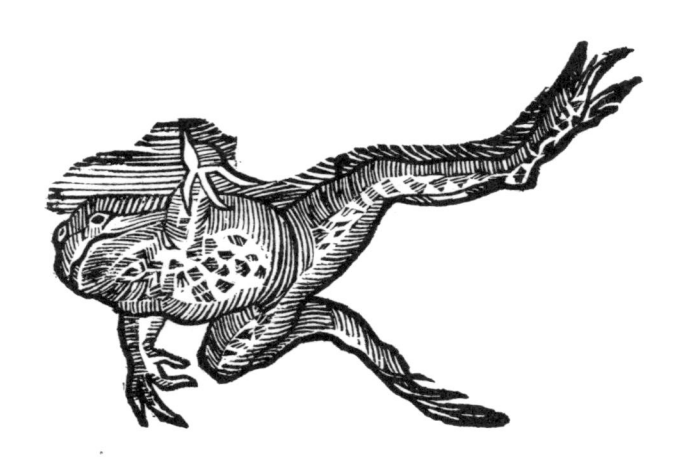

WEnn man dieses Thier schmeißt / wird es so zornig / daß es den Menschen / wenn es könnte / gern beseichen / oder sonst mit seinem gifftigen schädlichen Athem vergifften möchte.

Diese Thiere sind den Bienen gar auffsätzig und schädlich / so daß sie dieselbigen mit ihrem vergifften Athem tödten. Deßgleichen sollen sie auch eine natürliche Feindschafft mit den Spinnen haben / wovon Erasmus in seinem Gespräch von der Freundschafft ein solches Exempel erzählet:

Ich habe (schreibt er daselbst) von Leuten gehört / die es selbst mit Augen gesehen / daß die Spinne eine gleichmässige Feindschafft mit der Krotte habe / als wie diese mit der Schlange / wen aber die Krotte von der Spinne gestochen worden / sollte sie ihr mit dem Kraut Wegrich / oder Wegbreit / wieder helffen / wovon diese seltsame Begebenheit / die sich in Engelland zugetragen / zu vernehmen. Daselbst ists (wie bewust) gebräuchlich / daß man die Gemächer auf dem Boden mit grünen Semden / oder Binsen / zu bestreuen pflegt / umb dadurch die Gemächer im Sommer etwas abzukühlen. Nun brachte einsmahls ein Münch etliche Gebündlein solcher Binsen in seine Zelle / oder Schlaffkammer / und streuete sie ihm darinnen zu rechte. Als er sich aber nach dem Mittags-Essen auf dieselbige niederlegte / unnd auff den Rücken schlieff / da kroch eine grosse Krotte / die mit den Binsen ohngefähr hinein kommen war / hervor / und satzte sich dem schlaffenden Münche recht auf sein Maul / also daß sie sich mit allen vieren an die Ober- und Unter-Leffze anklemmte. Die andern Münche / als sie dieses grausame Spectakel sahen / wusten nicht / wie sie der Sache thun sollten: Denn sollten sie die Krötte abreissen / war nichts anders / als der gewisse Todt zu beförchten; Die Kröte aber also sitzen zu lassen / war ärger als der Todt selbst. Endlich gaben etliche den Rath / man sollte den Münch also auf dem Rucken liegend an ein Fenster tragen / allwo eine grosse Spinne ihr Gewebe hätte / welches dann auch also geschahe. So bald die Spinne ihren Feind ersahe / ließ sie sich geschwinde an einem Faden herab / gab der Kröte einen Stich / und machte sich damit an dem Faden wieder hinauff in ihr Gewebe. Die Kröte lieff zwar davon auf / fiel aber noch nicht ab; Derhalben satzte die Spinne noch einmahl dran / und gab ihr wiederumb einen Stich / wovon die Kröte noch mehr auffschwoll / aber doch noch lebendig blieb. Die Spinne that den dritten Stich / damit zog die Kröte die Füsse zu sich / und fiel todt herab. Eine solche Wohlthat und Danckbarkeit erzeigte die Spinne ihrem Wirthe und Hauß-Herrn.

Wann man Saltz auf die Krotten streuet / soll ihr dasselbige biß auff die Bein fressen / wie Albertus bezeuget.

Von den Krotten.

Mit den Schlangen oder Natern leben sie auch in stätem Kampff/ deßgleichen/ (wie etliche schreiben) mit den Katzen: So ist auch das Iltis wider die Krotten. Und also befindet sich immerdar heimliche Feindschafft und Feundschafft/ nicht allein unter einem und dem andern Thier / sondern auch zwischen den Thieren und Kräutern; Dann die Krotten die Weinblut nicht sollen leyden können/ deßgleichen auch die Weinrauten: Weßwegen dann weil sie der Salbey sehr geneigt sind/ uñ sich gern darunter verbergẽ/ verständige Gärtner allzeit diese beyde Kräuter beysammen setzen/ damit sie auß dem Garten gehalten werden.

Wenn die kleinen Wasserkrotten / oder Uncken/ gegen die Nacht hefftig schreien/ bedeutet es den folgenden Tag schönes Wetter.

Etliche Stück der Artzney so von diesen Thieren herkommen.

Die alten Scribenten haben viel Stücke der Artzney beschrieben/ so von solchen Thieren nützlich zu gebrauchen seyn sollen; Dieweil aber eine Krotte ein scheußliches/ heßliches/ und von Natur/ seines Giffts halben/ schädliches Thier ist/ so sollen allein etliche auff das kürtzeste erzählet werden.

Krottenblutt macht/ daß das Haar abfällt und der Ort kahl bleibt.

Eine gedörte Krott auff die Pestilentz gelegt/ soll viel Giffts an sich ziehen.

Eine Krötte zu Pulver gebrannt und also gebraucht / wie droben von dem Frosche geschrieben worden/ stillt das Blutt: Dergleichen thut auch dieses Thier/ wenn es am Schatten allgemach gedörrt / mit Seiden überzogen/ und in der Hand gehalten wird.

Mann hält insgemein darfür / daß der Krotten-Stein in der Krötten Kopff wachse und gefunden werde; Ist aber falsch: Dann von wegen seiner Farbe/ Gestalt und Krafft/ weil er wider alles Gifft angestrichẽ wird/ hat er seinen Namen/ ist sonst seiner Art nach ein Edelgestein/ gantz hart unnd von grossen Kräfften/ nicht allein wider das Gifft/ sondern auch für etliche gewisse Kranckheiten.

Euserlich ist das Scorpion-Oel gut. Viel halten die Krottenstein hoch.

Dieser Thier Nutzen verfasset Becherus in folgende Reimen:

Der Spinnen Feind die Krott/ ist zwar ein gifftigs Ding /
Gleichwol die Artzeney die hält sie nicht gering.
Wer Krotten-Pulver recht zu præpariren sucht/
Das Wasser treibet es / braucht s in der Wassersucht.
So manden Krottenstein thut an dem Halse tragen/
Er thut die böse Biß/ die Pest/ das Gifft verjagen.

Von dem Gifft dieser Thier und was dafür zu gebrauchen.

Albertus schreibet/ daß die Krotten wenig und ein gelind Gifft bey sich haben/ welches er vielleicht von der Art muß verstanden habẽ/ so sich in den kaltẽ Ländern aufhalten; Da in Gegentheils/ die Krotten in den warmen Ländern so vergifft seyn/ daß wann man das Saltz womit die Krott getödet worden/ im Wasser schmältzen lässet/ dasselbe dermassen vergifften soll/ dz waň man ein Heimbd oder Tuch darinn netze und solches dem Menschen läst an Leib kommen / derselbige mit einer unheilbaren Krätze angestecket werde: Deßgleichen auch von solchem Gifft unterschiedliche andere Zufäll kommen / als Geschwulst/ Schlucken/ kurtzer Athem/ zu weilen auch die Rotheruhr/ Schwindel und dergleichen. Es hat sich einsmahls zugetragen/ daß einer zwischen dem Rohr ohngefähr ein Krott angegriffen/ welcher alles was er zu sich genommen von sich wieder gespiehen/ so lang biß er von andern sich etwas lassen darreichen. Wider dieses Gifft aber befinden sich sonderlich diese Mittel: als gestossene Krebs/ Krottẽ-Pulver/ Hirschhorn/ Theriac, Methridat, und alle andere dem Gifft widerstehende Artzneyen.

Es ist aber nit allein ihr weisser Gifft/ welchen sie auf sich haben/ schädlich/ sondern auch ihr gantzer Leib und wann jemand mit ihrer Seiche berührt wird/ so soll solcher Ort faulen/ und nicht ohne grosse Mühe wiederumb heilen.

Innerhalb dem Leib ist die Krötte tödlich. Auch ist ihr Anhauchen und Gesicht schädlich/ wovon die Menschen gar bleich und ungestalt werden sollen. Sie vergifften auch das Kraut und Laub / wovon sie gefressen haben/ und worüber sie etwann gar langsam gekrochen sind.

Wenn diese Thiere einem Menschẽ in Leib kommen sind/ soll man demselbigen zur stund mit Oel und lauem Wasser zu Hülff komẽ/ daß er sich starck übergebe/ darnach ihm guten alten starcken Wein unnd dessen fein viel zu trincken geben: Deßgleichen ist alter Wein/ wenn er biß auff das Erbrechen getruncken wird/ für sich selbst eine Artzeney: Auch sich hefftig und starck bewegen/ und arbeiten biß auff den Schweiß/ oder sonst in einem Bad wol schwitzen / ist alles gutt und wol dafür zu gebrauchen.

Ein gutter alter uñ ungefälschter Theriac ist auch eine bewehrte Artzeney für solches Gifft/ wenn er in starckem Wein eingenommen wird.

So jemand von diesen Thieren durch den Biß oder sonst äusserlich vergifftet worden/ seyn die Krottensteine/ wenn sie auff die Geschwulst gestrichen werden / eine bewehrte Artzeney. Es

Es geschicht auch bißweilen/daß die Menschen unversehener Weiſſe mit dem Waſſer oder anderm Geträncke etwan Eyer võ Krotten oder Fröſchen in den Leib trincken/welche Eyer darnach in dem Menſchen zu Fröſchen oder Krotten außgebrütet werden/ welches gantz grauſam iſt. Solche müſſen durch ſtarcke Artzeney/entweder oben durch das Ubergeben/oder unten durch den Stulgang von den Menſchen getrieben werden.

Von einer ſonderlichen Art Krotten.

Bufo caudatus.   Ein Art Krotten mit langen Schwäntzen.

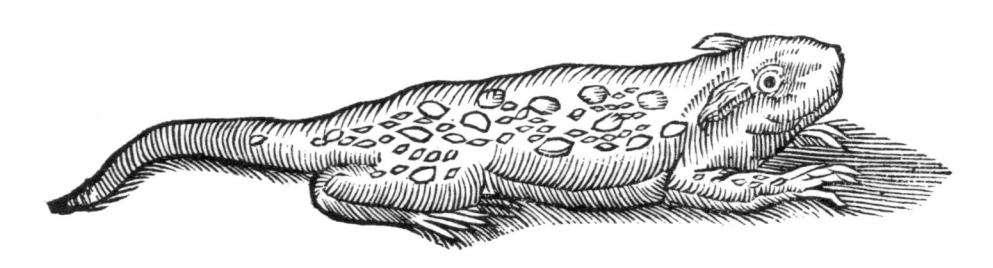

IN Jonſtoni Beſchreibung der vierfüſſigen Thierẽ/werden dieſe zwey Thier abgemahlet/ welche an der Gröſſ und gantzen Geſtalt den gemeinen Krotten gleichen / als daß ſie lange Schwäntz wie Eydexen/ etliche Zähn/etliche aber keine Zähn haben. Wie auch bey den Figuren abzuſehen iſt.

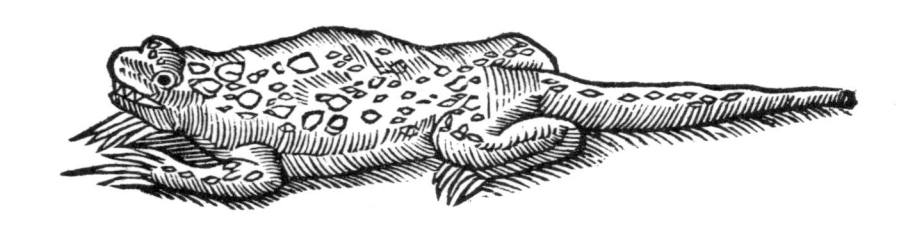

Von den Waſſerkrotten.

Rana paluſtris & venenata. Bufo Aquatilis.   Eine giffige Waſſerkrott.

Von ihrer Geſtalt.

DJeſe giffige Waſſer-Krott wohnet in faulen und ſtinckenden Waſſeren/ iſt ſonſt der Gartenkrott gantz ähnlich/ nur kleiner / jedoch mit ihrem Gifft eben ſo ſchädlich: Dann die jenige/ welche von ſolchen Krotten vergifftet werden/ geſchwellen/ werden bleich/und haben einen ſchweren Athem/ꝛc. Solchen vergifften Perſonen wird eben auch wie den vorigen / mit ſtarckem Bewegen und Lauffen / deßgleichen mit vielem Weintrincken/daß ſie ſich davon übergeben/ auch mit Kalmes und Galgand/geholffen.

Mehr iſt gut dafür Betonien-Wegerich- und Beifuß-Safft/wie auch das Blut von den Schildkrotten getruncken.

Die gifftigen Krotten ſollen einen weiſſen Safft von ſich gehẽ laſſen/der ſehr vergifftig iſt/inſonderheit wenn ſie geſchlagen werden.

Von den Schildkrotten.

Teſtudo.   Eine Schildkrott.

Von den Schildkrotten erſtlich insgemein/darnach auch von einer jeden inſonderheit.

DJe Schildkrott wird auff Griechiſch χελώνη, Lateiniſch Teſtudo, Franzöſiſch / une Tortue, Ital. Teſtudine, und Hiſpaniſch Galapago genannt.

Die Schildkrotten ſind auch unter der Zahl der jenigen vierfüſſigen Thiere / ſo Blut haben/ und ſich durch die Eyer mehren. Solcher ſind dreyerley Geſchlechte. Etliche

Von den Schild-Krotten.

Etliche wohnen allein in dem Erdreich/ etliche in süssen Wassern/ und etliche in dem weiten Meere/ sie ligen aber alle in einem harten Gehäusse/ so vest verschlossen/ daß von ihrem Leibe gantz nichts zu sehen/ dann der Kopff und die äussersten Füsse und Beine/ doch also/ daß sie auch dieselbigen unter die harte und dicke Schale oder Hauß ziehen und verbergen können/ welches so dick ist/ daß auch ein geladener Wagen/ wann er gleich darüber fährt/ dieselbigen nicht zerbrechen mag/ ihr Kopff und die Füsse/ so sie herauß strecken/ sind gantz schuppigt wie eine Schlange oder Natern. Unter allen vierfüssigen Thieren/ die sich durch die Eyer mehren/ haben die Schild-Krotten allein Nieren/ Blase und Harn.

Ihre Eyer sind mit einer harten Schalen überzogen/ und von zweyen Farben/ und so groß als wie die Vögel-Eyer/ hinden unter der Schalen haben sie ein kleines Schwäntzlein wie eine Nater.

Von Art und Natur dieser Thiere.

Unter den Schild-Krotten kommt die Irdische/ welche allein in und auf dem Erdreich wohnet/ niemal ins Wasser/ die aber/ so in den süssen Wassern/ und auch die in dem Meere wohnen/ müssen doch auch von der Lufft leben/ dieweil sie eine Lunge haben/ und auch auff dem trockenen Land ruhen und schlaaffen: Dann sie begeben sich auff dasselbige/ von wegen der Eyer. Sie haben einen gar langsamen und trägen Gang/ und eine Stimme/ wie ein kleines Pfeiffen oder Zischen.

In der Vermehrung sollen sie gantz geil seyn/ und sich gleich wie andere Thiere/ als wie die Hunde zusammen lassen.

Ihre Eyer sollen sie in die Erden verbergen/ so lang biß sie durch die Wärme der Sonnen außgebrütet werden/ und die Junge außkriechen.

Von Nutzbarkeit dieser Thiere.

Ohne das Fleisch/ so von diesen Thieren zur Speiß gebraucht wird/ werden auch sonsten von ihren Schalen gar schöne und köstliche Sachen zubereitet. Es brauchen sie auch etliche Völcker/ als bey welchen sie zu mercklicher Grösse kommen/ für Ziegel/ die Häusser damit zu bedecken/ und an statt der Schiffe. Dann in India sollen die Schildkrotten so groß seyn/ daß eine Schalen davon ein gantzes Häußlein bedecken kan.

Von dem Fleisch dieser Thiere.

Das Fleisch von den Schildkrotten wird an manchen Orten für ein sonderbares Lecker-Bißlein gehalten/ und sol gar wol und kräfftig speisen/ insonderheit denjenigen dienstlich seyn/ so sich von Kranckheiten wieder erholen/ oder sonst außzehren.

Artzney von solchen Thieren ins gemein.

Das Fleisch von diesen Thieren/ wann es zubereitet und gessen wird/ soll den Wassersüchtigen dienstlich seyn.

Das Blut von diesen Thieren/ wann es gemächlich gedörret/ und mit Wein zu trincken eingegeben wird/ ist ein bewehrtes Artzney-Mittel für alles Gifft/ insonderheit wider das Gifft der Natern/ und für die fallende Sucht.

Das Blut von diesen Thieren in Wein gemischt/ und zu trincken gegeben heimlicher weis/ verleydet den Wein.

Von den Irdischen Schild-Krotten.

Testudo terrestris.   Eine Irdische Schild-Krotte.

Von ihrer Gestalt/ und wo sie zu finden.

IN den wüsten Einöden in dem Lande Africa, und zwar in Mauritanien/ Indien/ in Arcadia, uñ etlichen andern Orten/ werden solche Schild-Krotten gesehen und gefunden/ worvon allhier allein eine Schale abgebildet zu sehen. Solche Schalen sind schön/ mit gelber und schwartzer Farbe unterschieden/ und hart wie ein Stein.

Von Art und Natur dieser Thiere.

DIese Schild-Krotten wohnen gemeiniglich in den Feldern/ so mit Früchten besäet sind/ welche von ihnen gessen werden/ wiewol man auch Berg-Schild-Krotten findet: sie fressen sonst auch Schnecken und Würme/ und leben auch vom Thau.

Diese Krotten/ so sie auff den Rücken gewältzt werden/ können sie sich nicht wiederumb umbwenden.

Im Winter halten sie sich unter der Erden auff/ weßwegen man auch ihnen in etlichen Landen gewisse Oerter zuzurüsten pflegt/ mit Maurwerck umbgeben/ darinnen sie in das Erdreich Löcher und Nester machen.

Diese Thier streiten und kämpffen auch wider die Natern und Schlangen/ und verwahren sich vor denselbigen darmit/ daß sie das Kraut Costum, oder Angelic essen.

Von dem Fleisch der irdischen Schild-Krotten.

ES haben die Irdische Schild-Krotten ein besser getemperirtes Fleisch/ als die/ so in Wässern wohnen: doch ist keine vergifft/ sondern so ihr Fleisch zur Speiß gebraucht wird/ macht es fett und starck.

Etliche Stücke der Artzney/ so von diesen Thieren in Gebrauch kommen.

IHr Blut und Gallen ist eine bewehrte Augen-Artzney für die tunckeln Augen/ und für die Flecken in denselbigen/ auch dienstlich wider den Biß deß Scorpions.

Von der Krafft deß Bluts dieser Thiere/ ist bereits droben in der Artzney von den Schild-Krotten ins gemein Meldung geschehen.

Von der andern Schild-Krotten.

Testudo palustris.   **Süß-Wasser-Schild-Krott**

Wo sie zu finden.

DIese Thiere werden/ ohne andre Orte/ auch in der Eydgenoßschafft/ in einem kleinen See/ bey Andelfingen/ in der Landschafft der löblichen Stadt Zürich gelegen/ unnd mit grosser Mänge in Ungarn/ vornehmlich in dem Neusidler-See gefunden/ und häuffig nacher Wienn in Oesterreich gebracht/ und alldar niedlich zugerichtet.

In etlichen fremden Ländern sollen sie biß auf drey Elen kommen.

Von Art/ Natur und Eigenschafft dieser Thiere.

DIese Schild-Krotten haben eine solche Art an sich/ daß/ ob sie gleich in den Wässern wohnen/ sie doch ihre Eyer ausserhalb dem Wasser in das trockene vergraben; dieselbige decken sie fein dicht mit Erde zu/ und brüten sie bey der Nacht mit ihrem übersitzen auß: am dreyssigsten Tage ziehen sie darvon/ und führen also die außgekrochene Zucht in das Wasser.

Artzney von diesen Thieren.

WAs von diesen Thieren kan in die Artzney genommen werden/ sind gar nah allen dreyen unnd vieren Geschlechten gemein.

Die Galle von diesen Thieren vertreibet alle Tunckelheit von den Augen/ und machet sie klar/ lauter und rein.

Dahero reimet Becherus also:

1.

Man henckt im Podagra Schild-Krotten-Beinlein an/
Sie stillen solches und erlegens auff dem Plan.

2.

Schild-Krotten-Blut man in der Colic trincken thut/
Es ist auch vor das Gifft/ und böse Sachen gut.

Von der Meer-Schild-Krotte.

Testudo Marina.   Eine Meer-Schild-Krotte.

Von äusserlicher Gestalt dieser Thiere / und an welchem Ort sie zu finden.

Die Schild-Krotten / so in dem Meer gefangen werden / sind den irdischen gantz ähnlich und gleich an der Gestalt / nur daß sie an etlichen Orten/ als bey den Insulen Tabrobanæ, und in dem Indianischen Meer zu solcher Grösse kommen/ daß eine Schale ein gantzes Hauß bedeckt/ wie Ælianus gedencket/ und Siculus berichtet/ daß die Einwohner in der Insul Mauritii dieselbige brauchen anstatt der Schiffe. Man fängt sie sonst fast an allen Orten deß Meers/ und haben eine solche Schale die oben und unten unzerbrechlich ist/ wie diese Figur außweiset.

Von Art / Natur und Eigenschafft dieser Thiere.

Diese Thiere wohnen in den Schroffen und Felßen/ oder steinigten Orten deß Meers/ und begeben sich bißweilen auff das trockne Ufer herauß (dann sie müssen auch Lufft haben) sonderlich thun sie das bey der Nacht/ zu welcher Zeit sie ihrer Speise nachgehen / als nach dem Kraut und dergleichen. Sonst leben sie auch von den Muschel-Fischen/ massen sie dann ein so starckes Gebiß haben/ daß ihnen nichts zu hart seyn kan. Auff dem trockenen Boden in dem Sande begehen sie sich mit einander / und legen auch ihre Eyer darein/ welche alsdann von der Sonnen Hitze müssen außgebrütet werden: Der Eyer legen sie aber biß auff die zweyhundert in der Grösse als Gäntz-Eyer/ in eine Grube zusammen. Diese Thier dörffen auch wol die Menschen angreiffen an etlichen Oertern/ allwo sie zu gar mercklicher Grösse kommen/ davon unten soll gedacht werden.

Wo und wann diese Thiere gefangen werden.

Zu Ende deß Aprills biß auff den Herbst-Monat/ wann sie ihre Eyer legen/ kan man die Schild-Krotten häuffig fangen/ welches auff folgende Weise geschiehet.

Bey angehender Nacht stellet man Leuthe an das Land/ welche gantz still und ohne Geräusch auff die Schild-Krotten lauren/ die auß dem Meer kriechen/ und ihre Eyer in den Sand legen wollen. Wann dieselbe nun mercken/ daß sie von dem Meer etwas entfernet sind/ und mit ihren Füssen ein Loch von anderthalb Schuch/ zuweilen auch tieffer in die Erde machen/ darinnen sie die Eyer legen wollen; so ergreiffen sie dieselbe darüber/ und kehren sie auff den Rücken; wann sie dann also ligen/ können sie sich nicht wieder umbwenden/ sondern bleiben ligen biß an den Morgen/ da sie mit kleinen Beyschifflein abgeholet/ und in das grosse Schiff gebracht werden. Indeme sie also auff dem Rücken ligen/ siehet man sie weinen/ und höret wie sie Seufftzer von sich stossen. Es ist bekannt/ daß der Hirsch weinet/ wann er in die Enge getrieben wird/ und sich nit mehr retten kan; und ist fast unglaublich/ was man von dem Weinen und Seufftzen der Crocodillen/ die sich an dem Nilfluß auffhalten/ schreibet/ welche die Thränen vergiessen/ wann sie sich gefangen sehen.

Die Schiff-Leut welche in die Cayëman-Inseln fahren/ die Schild-Krotten daselbst zu fangen/ können leichtlich jeden Abend innerhalb drey Stunden/ bey viertzig oder funfftzig umbwenden/ deren die geringste 150. und die gemeineste 200. Pfund wigen/ und findt man etliche/ die zween grosse Eymer voll Eyer in dem Bauch haben. Diese Eyer sind rund/ so groß als ein Ball damit man spielet: Sie haben ihr weisses/ und einen Dotter wie die Hüner-Eyer/ aber die Schale ist nicht so fest/ sondern weichlich als wie ein nasses Pergament. Man backet sie in der Pfannen/ und machet Eyer-Kuchen darauß/ welche keinen unebenen Geschmack haben/ aber trockener sind als die so von Hüner-Eyern gemacht werden. Eine einige Schild-Krotte hat so viel Fleisch/ daß sechzig Menschen einen Tag daran zu essen haben. Wann man sie aufftragen will/ schneydet man ihnen die Schale von dem Bauch weg/ welche die Wilden den untern Schild oder Bruststück nennen/ und an dem obern Schild durch sonderliche Knorspel/ die leicht zu zerschneiden sind/ hänget. Die Schiffleuthe haben den gantzen Tag darmit zu thun/ daß sie die Schild-Krotten/ welche sie bey Nacht fangen/ in Stücke schneiden und einsaltzen.

Diese Thier werden auch auff ein ander Weis in den Oertern an dem Meere gefangen: Dann wann sie zur Mittags Zeit/ wann die Sonn fein warm und heiß scheinet/ sich oben auff dem Wasser daran belustigen und Lufft schöpffen/ so wird ihnen ihre Schalen oder der Schild/ weil er gantz bloß über das Wasser herauß raget/ gantz dürr/ daß sie denselben nicht regen/ noch sich so leichtlich wiederumb zu Grund begeben können/ wannenhero sie also ohne Mühe gefangen werden. Sie werden auch nicht allein gefangen zu der Zeit wann sie sich auff das Land herauß lassen/ oder mit dem Zug-Garn unter andern Meer-Fischen/ sondern auch in den Insuln Americæ, vermittelst eines Instruments, welches man Varre nennet. Dieses ist eine Stange/ in der Länge einer halben Picken/ an deren Ende man einen Nagel/ so an beyden Enden spitzig ist/ einschläget/ welcher in der mitten viereckigt/ und so dick als ein kleiner Finger ist. Dieser Nagel wird biß in die Hälffte in die Stange getrieben/ in welche er ohne Zwang gehet. Etliche pflegen ihn auch zu verkeilen/ damit er desto vester halte/ wann er in die Schalen der Schild-Krotten geschossen wird. Geschiehet also dieser Fang mit der Varre-Stangen auff folgende Weise: Wann zu Nachtzeit der Mond hell scheinet/ und das Meer still ist/ so begibt sich der Ober-Fischer/ welchen sie Varrierer heissen/ in eines der kleinen Schiffe/ Canot genannt/ nebenst zween andern/ deren der eine bey dem Ruder sitzt/ damit er dasselbe zu beyden Seiten mit solcher Geschwind- und Geschicklichkeit regieret/ daß es eben so hurtig/ und mit weit wenigerm Geräusch fortfähret/ als wann es durch viele Rudern getrieben würde. Der andere ist aber mitten in dem Canot, da er die Zug-Schnur hält/ welche an einem Nagel vest angemacht/ damit er desto leichter und geschwinder dieselbe ziehen könne/ wann der Varrierer die Schild-Krotte getroffen.

In dieser Außrüstung nun schiffen sie ohn alles Getümmel in der Stille fort an den Orth/ da sie die Schild-Krotten zu bekommen verhoffen: und wann der Varrierer/ der vornen in dem Canot auffrecht stehet/ einer bey dem Schein deß Wassers/ welches er zuweilen schäumend machet/ gewahr wird: so deutet er mit der Spitze der Varre-Stangen dem/ der das Schiff regieret/ den Ort/ wohin er fahren soll/ und wann er allgemach der Schild-Krotten sich genahet/ schiesst er mit allen Kräfften die Varre-Stangen auff derselben Rückenloß: Der Nagel gehet durch die Schale/ ziemlich tieff in das Fleisch hinein/ das Holtz aber bleibet oben auff dem Wasser. So bald sie sich nun verwund befindet/ gehet sie auff den Grund deß Wassers zu/ mit dem Nagel/ welcher in ihrer Schalen stecken bleibt/ und je mehr sie sich beweget/ je mehr der Nagel hinein gehet. Wann sie sich nun denselben ziemlich bemühet herauß zu bringen/ und die Kräffte/ wegen Vergiessung deß Bluts/ verlohren/ so lässet sie sich leichtlich fangen/ und ziehet man sie ohne Mühe an das Schiff oder Land.

Von

Von dem Fleisch dieser Thiere.

IN dem Oceano sind etliche Insulen/ worinnen die Einwohner allein von diesen Thieren leben / indem sie ihr Fleisch essen. Das Fleisch von den Meer-Schildkrotten in den Antillen oder Insulen Americæ, soll so delicat seyn/ als das beste Kalbfleisch/ wanns es nur frisch und auff den morgenden Tag gehalten worden. Das Fett mit welchem es untermenget / hatt eine gelbgrüne Farb wann es gekocht ist/und sonsten leicht zu verdauen und vor ein gesunde Speiß gehalten wird: Daher es kommet/ daß man die Krancken die in den andern Insuln nicht können geheilet werden / in den Schiffen so Proviant zu holen nach den Cayëmann-Insuln lauffen / dahin überbringet. Welche deß meisten theils/nachdem sie durch diese Speise den Leib gereiniget / und sich erholet haben/ in gutter Gesundheit wieder zu den ihrigen komen. Das Fett dieser Schildkrotten / gibt ein gelbes Oel/ damit man die Speisen backen kan/wanns es noch frisch ist; So es aber alt worden/ wirds es zu dem Brennen gebraucht. Ihre Schalen aber / so hol sind / braucht man zu den Häussern/ zu Schiffe/zum schöpffen / also/ daß nichts an dem Thier ist/das nit seine sonderbare Nutzbarkeit habe.

Etliche Stücke der Artzney/ welche von diesen Thieren herkommen.

DJeweil dieses Thier gantz frembd / ist nicht vonnöten viel Stuck der Artzney von ihm zu erzählen/welche sonst von den Altē mit grossem Fleiß sind beschrieben worden. Nur eines und deß andern zu gedencken/so ist ihr Blut/ wenn es auffgefast und gedörzt wird/nutzlich wider allerley gifftiger Thiere Biß/ auch zu der fallendē Sucht/ als wie von dem Blut der anderen Schildkrotten angezeiget worden.

Die Gall von dieser Schildkrotten ist am gebräuchlichsten / dann sie übertrifft in der Krafft unnd Würckung alle andere Gallen: Ist nützlich zu den Gebrechen der Augen/als für die Dunckelheit / für die Flecken und für den Staar/ ꝛc. Auch zu den Mängeln der Ohren/und etlichen Flechten/ so um sich fressen/ als da sind Anmähler / und dergleichen.

Von den Meer-Schildkrotten Caouannes.

DJese Schildkrotten welche man Caouannes nennt/ sollen einen dicken Kopff haben. Diese Thier stellen sich zur Wehr wann man sie fangen will; Und weilen sie ein schwartz zaserich Fleisch haben / werden sie nicht geachtet / es geschehe dann auß Mangel der andern. Das Oel welches man von ihnen bekommet / dient auch zu nichts anders / als in die Lampen zu füllen.

Von den Schildkrotten Carets.

DJese Art Schildkrotten/ werden von den Frantzosen Carets genannt / und sind von den andern wegen der Grösse zu unterscheiden / indem sie umb ein guttes kleiner sind/ und darinnen / daß sie ihre Eyer nicht in den Sand legen/sondern in den groben Kieß/welcher mit kleinen Kieselsteinen vermischt. Jhr Fleisch hat keinen annemlichen Geschmack/aber die Eyer seynd viel delicater/als die so von den beyde andern Arten geleget werden. Gleichwohl würden sie eben so wenig geachtet werden/als die Caouannes, wo man sie nicht deß köstlichen Schildes wegen fleissig suchete. Dieser Schild bestehet auß funffzehen so wohl kleinen als grossen Blatten/von denen 6. gantz gleich und eben sind; Vier ein wenig gebogen: Unnd die welche den Halß bedecket/ ist als eine außgehölte Drey-Ecke wie ein kleiner Schild gestalt. Dieser Schild wieget gemeiniglich drey oder vier Pfund: jedoch trifft man zuweilen etliche an/die eine solche dicke Schale/ und so lange und breite Blatten haben/ dz sie zusammen ohngefehr sechs oder sieben Pfund wiegen.

Unnd von diesen Carets-Schilden werden heut zu Tag die schöne Kämme/ Schalē/ Schächtlein/ Kästlein/ und andere treffliche Wercke/ welche hoch geschätzet werden/ gemacht. Man besetzet auch mit denselben den kleinen und vornehmstē Haußrath/die Rahmen

men der Spiegel und Taffeln/ und sonderlich werdē die Gebett-Bücher die man bey sich im Sack tragen will / darinnen eingebunden. Wann man diese köstliche Schalen haben will/ so muß man ein wenig Feuer unter den obern Schild/ an welchem die Blatten hangen/ legen: dann so bald diese die Hitz empfinden/ kan man sie ohne Müh mit der Spitze eines Messers auffheben.

Es versichern etliche / daß diese Art Schildkrotten dergestalt frisch unnd munter seyn/ daß/ wañ man ihnen den Schild abnimmet / und sie alsobald wieder in das Meer wirfft/ ein anderer an deß vorigen Stelle wiederumb wachse. Diese Carets werden in der Halb-Insel Jucatan und vielen andern kleinen Inseln/ die in dem Golfo de Hondures liegen/ häuffig gesehen. Darauß dann zu sehen/ daß der Franzoß Pirardus übel berichtet worden/ wañ er in dem zweyten Capitel seines Buchs von den Thierē und Gewächsen deß Morgenländischen Jndien/ schreibet/ daß diese Art Schildkrotten nur in den Maldiven-und Philippinen Inseln gefunden werden.

Man hält davor/ daß das Oel der Carets zu allerhand Glieder-Kranckheiten / die von Kälte ihren Ursprung habē/ dienlich seye. Es wird auch mit guttem Nutzen gebraucht zu Stärckung der Spañadern/ Linderung der Nierenschmertzen/ und allerley kaltē Flüssen.

Welches dann also sey genug gesagt/

und das

E N D E

Der Beschreibung aller vierfüssigen Thiere/ auff dem Erdboden und in Wassern.

INDEX Autorum qui in hoc opere allegantur.

A.
Abſyrtus
Joſeph. Acoſta
Ægineta
Ægyptius
Ælianus
Æſopus
Ætius
Georg. Agricola
Joh. Ammonius Agricola
Albertus
Albertus Magnus
Salomon Albertus
Alciatus
Aldrovandus
Alexander
Alexander Benedictus
Alexander Aphrodiſeus
Julius Alexandrinus
Algiahid
Alvarez
Amatus Luſitanus
Americus Veſputius
Ammianus
Anaxagoras
Apicius
Appion
Joh. Ardenois
Ariſtoteles
Arlunnus
Arnoldus
Arrianus
Avantius
Averroes
Avicenna
Celius Aurelianus
Auſonius

B.
Andreas Baccius
Balbus
Thomas Bartholonus
Beoherus
Belliſarius
Bellonius
Blondius
Bochardus
Mich. Boym
Anton. Braſſavolus
Burrhus

C.
Cæſar
Joh. Cajus
Caj. Caltaginus.
Thom. Calcaginus
Hieronym. Cardanus
Carolus Stephanus
Celius
Celſus
Cheramenes
Clemens
Clitarchus
Cicero
Cluſius
Columella
Tabius Columna
Conſtantinus
Conſtantinus Imp.
Nicol. Contz von Venedig
Crollius

D.
Dalecampius
Damir
Democritus Phyſicus
Diarium Europæum
Diocles
Diodorus
Dionyſius
Dioſcorides

E.
Emphedocles
Eraſmus Roterodamus
Eraſmus Stella
Euphemius

F.
Georg. Fabricius
Fallopius
Fragoſus
Franciſcus Modeſtus

G.
Galenus
Gaſſendus
Gellius
Nicol. Gerbelius
Petr. Gillius
Joh. Andr. Grab.
Gratius

H.
Heraclides
Hermolaus Barbarus
Franciſc. Hernandez
Herodotus
S. Hieronymus
Highmorus
Hippocrates
Homerus
Joh. Dan. Horſtius
Georg. Horſtius
Horus

I.
P. Jarricus
Imperatus
Jonſton.
Irenæus
Iſaacus
Iſidorus

K.
Kiramides

L.
Laurentius
Livius
Lucanus
Lucius Madaurenſis
Lucius Paterenſis
Lucius Samoſatenſis Atheus
Ludwig Roman
Lycoſthenes
Fabius Lynceus

M.
Mago
Mariſio de Magellanes
Marcellus
Georg. Marcrarius
A. Marinus
Martialis
Petr. Martyr
Matthiolus
Megaſtenes
Mercator
Meſarugis
Matthæus von Michau
Monardus
Mutianus

N.
Nicolaus Venetus
Nirenbergius
Nypheus
Gregor. Nyſſenius

O.
Olaus Magnus
Oppianus
Oſthanus
Ovidius

P.
Palephatus
Palladius
Paræus
Paulus der Artzt
Paulus von Venedig
Marc. Paulus
Pavorinus
Pauſanias
Petronius
Peyerius (Autor Prigadami-
 tarum)
Philoſtratus
Phile
Platearius
Jacob. Plateau
Plato
Plinius
Plutarchus
Pollux
Marc. Polus
Polybius
Ferdinand Ponzett
Poſſidonius
Praxagoras
Jacob. Primi Roſius
Mich. Pſellus
Pythagoras

Register.

R
Rasis
Nard. Anton. Rechus
Renodæus
Rontius
Ruelius
Ruffus

S.
Marc. Anton. Sabellicus
Scaliger
Septitius
Serapion
Serenus
Simeon Sethi
Sextius
Sextus
Diodor. Siculus
Socrates
Solinus

Erasm. Stella
Stephanonius
Strabo
Ioh. Stumpffius.

T.
Tabernamontanus
Tacitus
Tertullianus
Theophrastus
Thersites
Thuanus
Tulpius
Ioh. Tzezes

V.
Valerius Maximus
Varinus
Vartomanus
Vegetius

Nicolaus Venetus
Marcell. Vergilius
Andr. Vesalius
Veslingius
Arnold de Villa nova
Virgilius
Vossius
Urbisius.

W.
Weinrichius
Welschius
Wormius
Wotronus

X.
Xenophon

Z.
Zacutus Lusitanus
Zacharias Papa.

Index omnium animalium, quæ in hoc libro continentur.

A.
Agnus	329
Alces	84. seqq.
Algazel	160
Allocamelus	238
Anolis	369
Aper	336
Arctophitecus	178
Aries	327
Asinus	91. seqq.

B.
Bison albus Scoticus	297
Bison veterum	296
Bos	278. seqq.
Bonasus	297
Bonasi cranium	298
Bubalus	58. seqq.
Bubalus Africanus	60
Bufo aquatilis	385
Bufo candatus	ibid.
Burdo	107 seq.

C.
Camelus	232
Camelopardalis	237
Camelo cervus	239
Callitriches	11
Canis	211
Canis velox	219
Canis socius	220
Canis pastoralis	221
Canis bellicosus	ibid.
Canis Britanicus	223
Canis Britanicus venaticus	ibid.
Canis aquaticus	120
Canis aviarius, aquaticus	224
Canis aviarius campestris	ibid.
Canis sagax Sanguinarius	223
Canis Getulus	225
Canis Mexicana	ibid.
Caper	135. 163.
Capra	128. seqq. 144. seqq.
Capra canis	166
Capra Lybica	165
Catoblepa	299
Catus	240
Catus Sylvestris	246
Cepus	10

Cervus, Cerva	189. seqq.
Cervus palmatus	201
Cervus Subulo	208
Cercophitecus	8
Chamæleon	
Citellus	266
Circetus	267
Colon	157
Colopus	164
Cornu incognitæ bestiæ	153
Cornu capræ Bozoarticæ	160
Crocodilus	377
Crocodilus terrestris	366
Crocodilus terrestris caudiverbera	378
Cuniculus	174. seqq.
Cuniculus Indicus	176
Cynocephalus	13

D.
Dabuh	357
Dama vulgaris	202
Dama Plinii	150
Dorcas	144
Dromedarius	235

E.
Elephas	178. seqq.
Equus	306. seqq.

F.
Felis vel catus	240
Felis Zibethi	244. seq.
Fiber	59 seq.
Flirus	165
Furo	344

G.
Galeophitecus	22
Genetha	243
Glis	272
Gulo	358

H.
Hamæster	167
Herinaceus	227
Hinnulus	189
Hircus	135. seqq.
Hircus Bezoarticus	158
Hircus codilarticus	163
Hippelaphus	203. seqq.
Hœdus	138
Hystrix	67. seqq.
Hyæna	356. seq.

I.
Ibex	148
Ibex Lybicus	150
Ichneumon	17
Iguana	368. seq.

L.
Lacertus, Lacerta	360
Lacertus viridis	362
Lacertus aquaticus	363
Leming	275
Leo	247. seq.
Leo capra	164
Leopardus	253
Lepus	167. seq.
Lepus cornutus	173. seq.
Lupus	348
Lupus Marinus	355
Lupus Cervarius	354
Lupus Mexicanus	353
Lupus Scythicus	355
Lutra	302
Lynx & chaos	354

M.
Maboajas	370
Mambrina Syriaca	154
Martes	345
Mazame	206
Meles	63. seq.
Mulus vel Burdo	107. seq.
Moschi capreolus	50. seq.
Mus	260
Mus domesticus major	263
Mus aquaticus	264
Mus Araneus	168
Mus Alpinus	107. seq.
Mus Avellanarum	265
Mus Indicus	275
Mus Lassuius	270
Mus Noricus vel Citellus	166
Mus Ponticus sive Venetus	24
Mus subterraneus	264
Musmon	155. 330
Mustela	342
Mustela Zobela	347

N.
Noerza	347

O.
Onager	105. seq.
Oryx	157
Ovis	

Register.

Ovis	320.seq.	**S.**		Testudo	386
Ovis Arabica	326	Sagoin	22	Testudo palustris	388
Ouleoma	371	Salamandra	164	Testudo terrestris	387
P.		Satyrus	15.seq.	Testudo Marina	390
Pangyfer	206	Sciurus	22.seq.	Thoes	353
Papio	357	Sciurus Getulus	24	Tigris	340
Pardus, Pardalis	253	Scincus	366	Tigris Mexicana	342
Pardalis minor	256	Simivulpa	21	Tragelaphus	199
Pilosus	18.seq.	Simia	1.seq.	Tragelaphus Bellonii	155
platyceros	202	Simia Prasiana	12	**V.**	
Pœphargus	370	Sorex	265	Vacca	278.seqq.
Porcus	331	Sphinx	19	Verres	331.seqq.
Putorius	346	Stellio	367.seq.	Vervex	229
Pygargus veterum	155	Strepsiceros	152	Vitulus	294
R.		Strepsiceros Bellonii	151.seq.	Uncia	256
Rana	379	Strepsiceros Ioh. Caji		Unicornis	71.seq.
Ranunculus viridis	382	Sus	331	Vormela	318
Rana Gibbosa	382	**T.**		Ursus	25.seq.
Rana Rubetta	383	Talpa	257	Ursus veterum	299
Ranæ fœtus caudatus	381	Tarandus	209	Vulpes	101
Rangifer	207	Tatus quatrupus		Vulpes crucigera	126
Rhinoceros	305	Taurus	292	**Z.**	
Roquet	370	Taurus Mexicanus	301	Zebra Indica	120
Rupicapra	140.seq.	Temamæne	159		

Register aller Thiere Nahmen/ so in diesem Thier-Buch enthalten.

A		**E**		Haselmauß	265
Aff	1. & seq.	Elend	84.seq.	Haut (Art der Affen)	178
dessen vielerley Arten	8.seqq. 178.	Elephant	178.seq.	Hecht	
Affen-Wolff	357.seq.	Einhorn	71.seq.	Landhecht	371
Africanischer Büffel	60.61.	Esel	91.seq.	Helfant	178.seq.
Auwer-Ochs	299.seq.	Maul-Esel	170.seq.	Hirsch	189.seq.
Aychhorn	22.seq.	Indianischer Maul-Esel	120	Dann-Hirsch	151.202.
Africanisches Aychhorn	24	Wald-Esel	105.seq.	Palmhirsch	201
B.		Eydex	360.seq.370	Pferd-Hirsch	204. 210
Baahen oder Bawynen	12	Grüner Eydex	362	Hund	211
Bär	25.seqq.	Indianischer Eydex	568	Englischer Bluthund	224
Bärwolff	357.seq.	Frembde Eydex	370	Jagt-Hund	218.223
Bartschwäntzer	11	Americanische Eydex	369	Britanischer Jagt-Hund	ibid.
Biber	39.41	Stern-Eydex	367	Africanischer Hockerhund	225
Bilchmauß	266	Wasser-Eydex	363	Hauß-Hund	220
Bisem-Ratte	264	**F.**		Leithund	218
Bisemthier	50.seq.	Frost-Teuffel	19	Loch-Hund	ibid.
Blumen-Aff	10	Frett/ Frettel oder Furettel	344	Schaaf-Hund	221
Bock	135.162	Frosch	379.seq.	Schirm-Hund	ibid.
Junges Böcklein	138.seq.	Fuchs	121.seq.	Schooß-Hund	218
Reh-Bock	144.seq.	Indianischer Fuchs	126	Britanischer Spür-Hund	222
Spanischer Bock	162	Kreutzfuchs	ibid.	Vogelhund	219.224
Stein-Bock	148	Fuchs-Aff	21	Wasser-Hund	220.224
Indianischer Steinbock	150	**G.**		Hunds-Geyß	166
Brandhirsch	199	Garten-Frosch	382	Hundskopff	13.seq.
Büffel	58	Gembß	140	Hunds-Pard	256
Africanischer Büffel	60.61	Geyß	127.seq.	Hunds-Wolff	357.seq.
Indianischer Büffel	62		263.seq.	**J.**	
C		Geyßbock	135.seq.	Igel	227
Caninichen	174.seq.	Gäyßlein	138.seq.	Iltis	346
Crocodill	377	Reh-Geyß	144.seq.	Indianischer Igel	229.seq.
Irrdischer Crocodill	366.378	Wilde Geyß	139.seq.	Indianischer Büffel	62
D.		Wilde Straub-Geyß	152	Indianisches Dornschwein	70
Dachs	63	Geyßmännlein	15	Indianischer Fuchs	126
dessen unterschiedene Arten/	64.seq.	Grab-Thier	356	Indianische Geyß	154
Dann-Hirsch	251.202	Grimklau	355	Indianischer Hirsch	206
Dornschwein	67.seq.	**H.**		Indianisches Königlein	176
Indianisches Dornschwein	70	Hammester	267	Indianisches Maulthier	170
Dromedaret	234.seq.	Hamniel	327	Indianische Mauß	273.275
		Hase	167.seq.	Indianischer Mur-Aff	12
		Gehörnter Hase	173	Indianischer Ochs	301
				Indía-	

Register.

Indianischer Steinbock	150.seq.	
Jungfrau-Aff	19	

K.
Kalb	294
Kamelthier	231.seq.
Kamel-Pard	236
Hirsch-Kamel	239
Katz	240
Geneth-Katz	242
Meer-Katz	8.seq.
Wilde Katz	246
Zibeth-Katz	244
Americanische Zibeth-Katz	245
Korn-Färcklein	267
Kreutz-Fuchs	126
Krot	383
Kaulkrot	381
Gifftige Wasserkrot	385
Eine Art Krotten mit langē Schwäntzen	ibid.
Kuh	277.seq.
Küniglein	174
Indianisches Küniglein	176

L.
Lamb	329
Lassitz-Mauß	270
Laubfrosch	382
Löw	247
Leopard	253. 256
Luchs	354

M.
Marder	345
Maul-Esel	107
Indianischer Maul-Esel	120
Maulwurff	257.seq.
Mauß	260
Bilchmauß	266
Haselmauß	265
Indianische Mauß	273. 275
Lassitz-Mauß	270
Norwegische Mauß	275
Rell-Mauß	272
Spitz-Mauß	270
Wasser-Mauß	264
Wühl-Mauß	ibid.
Zysel-Mauß	266
Meerkatz	8.seq.
Meer-Wolff	359
Molch	364
Mückenverschlinger	371
Mun-Aff	12
Munstier	296.seq.

N.
Nacht-Wolff	357
Nörth-Wisel	347
Norwegische Mauß	275

O.
Ochs	277.seq.
Auwer-Ochs	299
Indianischer Ochs	301
Indianischer Wolff	353
Otter	302.seq.

P.
Palm-Hirsch	201
Panterthier	253. 256
Pavyon	357.seq.
Pferd	306.seq.
Pferd-Hirsch	204. 210

R.
Ratte	262.seq.
Ratadir	
Rauchwaldmännlein	18. 19
Rennthier	207
Rehbock	144.seq.
Bezoar-Reh	159
Bezoar-Stein	161
Reinthier	206
Rellmauß	272
Rhinocer	305.seq.
Roß	306.seq.

S.
Schaaf	151.seq. 320.seq.
Wild Schaaff	155.seq.
Schärmauß	257.seq.
Schiltkrott	386
Süßwasser Schiltkrott	388
Irrdische Schiltkrott	387
Schwein	331.seq.
Wild-Schwein	336
Spannischer Bock	162
Spiß-Hirsch	208
Steinbock	148.seq.
Spitzmauß	271
Stier	291. seq.
Munstier	296.seq.
Straubgeiß	152
Strobelkopff	12
Su	339

T.
Teuffel	
Forst-Teuffel	19
Thier	
Bisemthier	50. 51. 52.
Tigerthier	340
Mexcanisch Tigerthier	342

V.
Veh	24. 25
Vielfraß	357.seq.
Brister	299.seq.

W.
Wald-Esel	105.seq.
Weißzars	155
Widder	327
Wiesel	342
Wilde Katz	246
Wild Schwein	336
Windspül	223
Wisent	296
Wolff	348
Bär Wolff	357
Indianischer Wolff	353
Meer-Wolff	359
Wolffs-Pard	256
Wormlein/Wieselein	348
Wühlmauß	264.seq.

Z.
Zibeth-Katz	245.seq.
Zobel-Wisel	347
Zysel-Mauß	266

NACHWORT

Je mehr sich die Wissenschaften in unserer Zeit verfeinern, verzweigen und spezialisieren und so für den einzelnen, selbst den Wissenschaftler, immer unüberschaubarer werden, um so mehr wächst das Interesse an der Geschichte der Wissenschaft, an ihren Quellen. Für den heutigen Betrachter stellt sich die Geschichte der Wissenschaft am deutlichsten in den alten wissenschaftlichen Werken, Dokumenten, Aufzeichnungen und Geräten früherer Gelehrter dar, die sich durch alle Wirren, Kriege und Katastrophen hindurch erhalten haben. Zu den wichtigen Werken aus der Frühzeit der Naturwissenschaft zählt auch das Tierbuch des berühmten Züricher Gelehrten Conrad Gesner.

Der am 26. März 1516 in Zürich geborene Polyhistor schrieb unter anderem zahlreiche medizinische, botanische und zoologische Werke, unter denen die *Historia animalium* einen zentralen Platz einnahm.

Bei dem berühmten Züricher Drucker und Verleger Christoph Froschauer erschienen die Bände des großangelegten Werkes zunächst in lateinischer Sprache:

1551: Historia animalium Lib. I de Quadrupedibus viviparis
Geschichte der Tiere, Buch I: Über die vierfüßigen lebendgebärenden Tiere

1554: Historia animalium Lib. II de Quadrupedibus oviparis
Geschichte der Tiere, Buch II: Über die vierfüßigen aus Eiern gebärenden Tiere

1555: Historia animalium Lib. III qui est de avium natura
Geschichte der Tiere, Buch III: Über die Natur der Vögel

1558: Historia animalium Lib. IIII qui est de piscium et aquatalium natura
Geschichte der Tiere, Buch IV: Über die Natur der Fische und der im Wasser lebenden Tiere

1587: Historia animalium Lib. V qui est de Serpentum natura
Geschichte der Tiere, Buch V: Über die Natur der Schlangen

Conrad Gesner war in Zürich als Sohn armer Eltern geboren worden. Bei seinem Onkel, Johannes Frick, bekam er den ersten Unterricht in Botanik und den klassischen Sprachen. Nach dem Tod des Onkels und des Vaters ging der 16jährige nach Straßburg, wo er Hebräisch studierte und griechische Vorlesungen hielt, um sich einen Lebensunterhalt zu verdienen. Ein Jahr später erhielt Gesner von seiner Heimatstadt Zürich ein Stipendium, das ihm das Studium der Medizin in Bourges ermöglichte. 1534 war der 18jährige in Paris, wo er sich auch mit philosophischen Studien sowie den antiken Autoren beschäftigte. Später ging Gesner über Straßburg zurück in die Schweiz, wo er in Basel zunächst seine medizinischen Studien wieder aufnahm. Im Jahre 1537 wurde ihm durch die Stadt Bern ein Lehrstuhl für griechische Sprache in Lausanne angeboten, den er drei Jahre einnahm und nutzte, ohne seine naturwissenschaftlichen Studien aufzugeben. Über Montpellier, wo er den berühmten Arzt Laurent Joubert aufsuchte, kehrte Gesner 1541 nach Zürich zurück, um sich dort als Arzt niederzulassen. Dort raffte ihn 1565 — viel zu früh — die Pest dahin, als er seine Pflicht als Arzt erfüllen wollte.

Conrad Gesners Bedeutung in der Geschichte der Naturwissenschaft besteht vor allem in seinem Versuch, eine umfangreiche enzyklopädische Naturgeschichte zu erarbeiten und zu veröffentlichen. Mit den bedeutendsten Gelehrten seiner Zeit stand er in Verbindung und verschaffte sich von ihnen Beschreibungen und Zeichnungen von Tieren und Pflanzen, die er aus eigener Anschauung noch nicht kannte und die er als Vorlagen für seine Naturgeschichte verwenden wollte. Er hat alle ihm erreichbaren naturwissenschaftlichen Quellen der Antike, der Araber und aus späterer Zeit zusammengetragen. Durch eigene Beobachtung und Forschung versuchte er die überlieferten Kenntnisse zu prüfen, zu berichtigen und zu verbessern. Daß dennoch eine ganze Anzahl von Fabelwesen, an deren Existenz man damals mangels besserer Erkenntnisse glaubte, mit in das Werk hineinkamen, erklärt sich daraus, daß die Naturwissenschaft gerade erst am Beginn einer systematischen Erfassung der Natur stand und es noch keine brauchbaren Ordnungen und Systeme gab, in die Pflanzen und Tiere eingeteilt werden konnten.

Wenn Gesner auch vielfach auf Überlieferungen bei seinen Bildern angewiesen war, so bemühte er sich dennoch darum, möglichst viele der Wirklichkeit entsprechende Darstellungen von Tieren in sein Tierbuch aufzunehmen. Gegenüber älteren Veröffentlichungen, in denen Tiere abgebildet waren, zum Beispiel auch in Kräuterbüchern, waren Gesners Bilder sehr fortschrittlich, weil sie sich um Wirklichkeitsnähe bemühten. Dazu trugen einige Künstler wie Hans Asper, Johann Thoman und Lukas Schan bei. Der Formschneider F O, dessen Namen wir nicht kennen, hat nach diesen Vorlagen so gute Holzschnitte gefertigt, daß man lange Zeit davon ausging, nur ein Künstler allein habe die auf den ersten Blick so einheitlich im Stil wirkenden Illustrationen geschaffen.

Gesners Forschungstätigkeit war so intensiv, daß er auch den späteren Bänden Appendices beigab, in denen er neue Forschungsergebnisse bekanntmachte. Offenbar hatte die lateinische Ausgabe des Tierbuches recht schnell Erfolg, denn bereits 1563 konnte Froschauer in Zürich einen Auszug aus dem Werk in deutscher Übersetzung herausbringen, durch T. Herold und Cunrat Forster „zu mererem nutz aller mengklichen in das Teütsch gebracht, und in ein kurtze komliche ordnung gezogen".

Die deutschen Ausgaben der einzelnen Bände — Tierbuch, Fischbuch, Schlangenbuch, Vogelbuch — erschienen danach in immer wieder neuen, z. T. verbesserten Ausgaben, so 1575, 1583 in Zürich, 1600 und 1606 in Frankfurt am Main. Von 1669 bis 1671 kaum mehr als zwanzig Jahre nach Ende des Dreißigjährigen Krieges, erschien unsere hier faksimilierte Ausgabe des *Gesnerus redivivus:* „An itzo aber ... von neuem übersehen, verb. und um mehr als 100 Figuren erweitert durch Georg Horstium" bei dem Frankfurter Verleger Wilhelm Serlin.

Rund 100 Jahre vergingen seit der Veröffentlichung der ersten lateinischen Ausgabe des Gesnerschen Werkes bis zu dieser revidierten und erweiterten Ausgabe. Der Wissensstand hatte sich in dieser Zeit gemehrt, manche neuen Erkenntnisse, vor allem über ausländische Tiere, waren hinzugekommen. Dennoch blieben die Illustrationen der Erstausgaben weitgehend Vorbild auch für die nach 100 Jahren veranstaltete Neuausgabe.

Deren Holzschnitte aber entstanden zu einer Zeit, als die Holzschnittkunst in Deutschland schon fast ganz zum Erliegen gekommen war. Eine künstlerische Weiterentwicklung hatte es nicht mehr gegeben. Der Dreißigjährige Krieg hatte in Deutschland das kulturelle, vor allem künstlerisches Leben fast völlig ausgelöscht. Im Ausland hatten Kupferstich und Radierung die Buchillustration fast vollständig für sich okkupiert. Das erklärt, warum die Bilder unserer Ausgabe sich so stark an die 100jährigen Vorbilder angelehnt haben, warum sie andererseits aber die Kennzeichen der populären Druckgraphik tragen, wie sie zu jener Zeit in den vielen Flugblättern und „Zeitungen" verbreitet wurden. Dadurch erhalten die Bilder unserer Ausgabe eine Volkstümlichkeit und Anmutung, wie sie schon Conrad Gesner für seine ersten Ausgaben verstanden wissen wollte „... alles zu nutz und gutem allen liebhabern der künsten, Artzeten, Malern, Bildschnitzern, Weydleüten und Köchen gestelt".

Wie Bildtraditionen fortgeführt wurden, mag die Abbildung des indischen Panzernashorns zeigen. Sie geht zurück auf den berühmten Holzschnitt Albrecht Dürers von 1515: Das Rhinozeros.

Der in Lissabon lebende Mähre Valentin Ferdinand berichtete an einen befreundeten Nürnberger Kaufmann von der Ankunft eines dem König von Portugal geschenkten Nashorns. Seinem Brief legte er eine Beschreibung und Skizze bei. Dürer erhielt davon Kenntnis und fertigte nach der — jetzt verlorenen — Skizze eine im Britischen Museum aufbewahrte Federzeichnung an. Im gleichen Jahr entstand der berühmte Einblattholzschnitt, der zum Vorbild für Abbildungen in zoologischen Werken ebenso wurde wie für volkstümliche Abbildungen. Fast alle Nachahmer des Dürerschen Nashorns übernahmen unkontrolliert den eigenartigen Nackensporn, der in der Natur nicht vorkommt und vielleicht nur bei dem in Lissabon eingetroffenen Tier als Rückbleibsel einer Verletzung oder als Mißbildung vorhanden war.

Ein wichtiger Beweggrund für die Wahl dieser Gesner-Ausgabe von 1669 war die Frage der Lesbarkeit für den heutigen Benutzer. Gesners lateinische Ausgaben waren für den Wissenschaftler gedacht, der sich der damals internationalen Sprache der Wissenschaft, des Lateinischen, mühelos bedienen konnte. Aber Verleger und Autor erkannten schon damals sehr schnell, daß man auch andere, zusätzliche Leserkreise ansprechen könnte, wenn man eine deutsche Ausgabe herausgeben würde. Die bald danach realisierte deutsche Ausgabe erhielt deutsche Texte, die recht stark vom Zürich-Deutsch geprägt waren, und die Holzschnitte der Erstausgabe. Als die Ausgaben des 17. Jahrhunderts in Frankfurt gedruckt wurden, wurde es mehr und mehr notwendig, die sprachlichen Unterschiede zu beseitigen und den Text mehr dem mitteldeutschen Sprachgebrauch anzupassen. Aus den Gründen der besseren Lesbarkeit für den heutigen Leser und der größeren Vollständigkeit hat sich der Verlag entschlossen, die Ausgabe von 1669 zur Grundlage dieses originalgetreuen Nachdruckes zu machen. Dies um so mehr, als bereits 1965 die erste deutschsprachige Ausgabe des Tierbuches faksimiliert worden war. So wird es dem speziell interessierten Leser möglich, beide Ausgaben miteinander zu vergleichen — wenn nicht gar auch zu erforschen, wie sich die wissenschaftliche Erkenntniserweiterung auf den Inhalt nach 100 Jahren ausgewirkt hat.

HENNING WENDLAND

Weitergehend interessierte Leser verweisen wir auf folgende Werke:

CONRAD GESNER 1516—1565. Universalgelehrter, Naturforscher, Arzt. Mit Beiträgen von Hans Fischer u. a. Zürich: Orell Füssli. 1967

CLAUS NISSEN, Die botanische Buchillustration. Ihre Geschichte und Bibliographie. Stuttgart 1951, 1966. 3 Bände, 1 Suppl.

CLAUS NISSEN, Die illustrierten Vogelbücher. Ihre Geschichte und Bibliographie. Stuttgart 1953.

CLAUS NISSEN, Die zoologische Buchillustration. Ihre Bibliographie und Geschichte. Stuttgart: 1966, 1978. 2 Bände